Achtsame Hochschulen in der digitalen Gesellschaft

Mike Sandbothe,
Reyk Albrecht
(Hg.)

ACHTSAMKEIT – BILDUNG – MEDIEN | BAND 1

Editorial

Eine zentrale Komponente von Achtsamkeit (*mindfulness*) ist die Einübung einer neutralen Perspektive auf den gesamten Bereich des Mentalen. In der Schriftenreihe *Achtsamkeit - Bildung - Medien* erscheinen Bücher, die sich mit dem Verhältnis von mentalen, medialen und edukativen Praktiken sowie den sich darauf beziehenden Narrativen befassen.

Dies geschieht aus der Sicht unterschiedlicher Disziplinen, Paradigmen und Wissenschaftsverständnisse. Neben den etablierten empirisch-theoretischen Studienformen werden auch Arbeiten publiziert, die vom amerikanischen (Neo-)Pragmatismus, der Aktionsforschung, der phänomenologischen, phronetischen und resonanzsoziologischen Forschung sowie anderen Vorgehensweisen Gebrauch machen, die stärker auf Praxis- und Erfahrungswissen Bezug nehmen.

Die Reihe setzt die Herausforderungen, vor denen Bildungssysteme im 21. Jahrhundert stehen, in Beziehung zu den psycho-sozialen und techno-politischen Disruptionen, die eine ökologisch ausgerichtete Transformation als dringlich erscheinen lassen.

Achtsame Hochschulen in der digitalen Gesellschaft

Mike Sandbothe,
Reyk Albrecht
(Hg.)

[transcript]

Bibliografische Information der Deutschen Nationalbibliothek
Die Deutsche Nationalbibliothek verzeichnet diese Publikation in der Deutschen Nationalbibliografie; detaillierte bibliografische Daten sind im Internet über https://dnb.dnb.de abrufbar.

Erschienen 2025 im transcript Verlag, Bielefeld

Korrektorat: Lektorat Wenke
Design, Satz, Umschlaggestaltung: Nico Baumgarten
Druck: JELGAVAS TIPOGRAFIJA, Lettland
Print-ISBN 978-3-8376-5188-1
PDF-ISBN 978-3-8394-5188-5
https://doi.org/10.14361/9783839451885
Buchreihen-ISSN: 2700-6727
Buchreihen-eISSN: 2700-6727

Gedruckt auf alterungsbeständigem Papier
mit chlorfrei gebleichtem Zellstoff.

Für Philine,
Maya und Joshua

Inhalt

Inhalt

Jon Kabat-Zinn

Vorwort

Es gab nie einen günstigeren Zeitpunkt für die sich entfaltende Verbindung von alten meditativen Weisheitspraktiken und ihren heutigen Ausdrucksformen einerseits und der akademischen Welt der Hochschule andererseits. Mit ihren Aufgaben in Bildung, Wissenschaft und Forschung spielt die Hochschule eine entscheidende Rolle dabei, wie wir uns eine lebensdienliche Zukunft vorstellen und sie gemeinsam gestalten können. Hierbei ist Achtsamkeit wesentlich für die Verwirklichung jeglichen heilenden und transformativen Potenzials auf allen Ebenen, insbesondere als formale, verkörperte Meditationspraxis und als eine allgemeinere, von Moment zu Moment gelebte Art des Seins in der Welt – sei es beim einzelnen Menschen, innerhalb einer sozialen Gruppe oder eines Unternehmens oder beim Umgang mit den gesellschaftlichen und globalen Herausforderungen, die unsere Spezies unwissentlich für sich selbst geschaffen hat und die das Leben auf dem »Raumschiff Erde« – wie es Buckminster Fuller so treffend nannte – bedrohen. Wie die Autor:innen dieses Buches bei zahlreichen Gelegenheiten feststellen, sind wir Homo sapiens sapiens, die Spezies, die sich ihrer selbst bewusst ist und sich darüber bewusst ist, dass sie sich ihrer selbst bewusst ist (oder in einer eher psychologischen Sprache: über Bewusstsein und Metabewusstsein verfügt). Meditative Praktiken sind zusammen mit ihrem felsenfesten ethischen Fundament entscheidend dafür, dass wir dem Namen, den wir uns selbst gegeben haben, gerecht werden können, solange noch Zeit ist. Und es gibt in der Tat eine allgemein empfundene Dringlichkeit, die in diesem kritischen Moment auf dem Planeten Erde betont und ernst genommen werden muss.

Das übergeordnete Prinzip der Arbeit und des Abenteuers der Achtsamkeit ist, dass sie inklusiv und allumfassend ist, innerlich durchdrungen von vollkommener Freundlichkeit und Akzeptanz. Gleichzeitig ist diese einschließende Umarmung selbst zu einem nahtlosen Ganzen vereint in ihrer ethischen Grundlage und ihrer rigorosen Wertschätzung, ihrem Schutz und ihrer Pflege des verkörperten Gewahrseins angesichts all der zerstreuenden Kräfte im eigenen Geist und in der Gesellschaft. So wird Achtsamkeit gegenwärtig – und in Zukunft in zunehmendem Maße – auf jeder nur denkbaren Ebene zum Ausdruck gebracht und gelebt, vom Individuum über Dyaden, Paare, Partner und Freunde, Familien und soziale Gruppen, Nachbarschaften, Gemeinschaften, Unternehmen, Berufe und Berufsgruppen. Sie ist von grundlegender Bedeutung für das Regieren von Städten, Landkreisen, Ländern, Bündnissen zwischen Staaten, konkurrierenden Ideologien und Volkswirtschaften sowie für unsere zunehmende Erkenntnis, dass wir unseren einen Planeten schützen und mit ihm Freundschaft schließen müssen. Die übergeordnete Lernaufgabe besteht darin, herauszufinden, wie wir uns selbst auf all diesen Ebenen so leiten und lenken können, damit wir alles Schöne, Geheimnisvolle und Wunderbare im Leben und auf unserem vollständig miteinander verbundenen lebendigen Planeten, den James Lovelock so treffend und vorausschauend als »Gaia« bezeichnet hat, bewahren können. Daher muss Achtsamkeit, ob sie nun im Kleinen oder Großen geübt wird, in ihrem Wesen als Ausdruck eines universellen Dharmas (Gesetzmäßigkeit) erkannt werden. Dieses Verständnis ist in seinen ausgefeiltesten Ausprägungen im alten Indien entstanden und gründet in den verschiedenen Strömungen des Buddhismus und den älteren, im Nebel der Vorgeschichte verborgenen Vorläuferquellen. Genau wie im traditionellen Buddhismus gibt es, wenn man ihn in seiner Gesamtheit betrachtet, sehr viele Türen in den einen Raum des menschlichen Herzens und des verkörperten wachen Gewahrseins.

Das Prinzip ›viele Türen, ein Raum‹ steht im Mittelpunkt dieses Buches und der neu entstehenden Bewegung an den Hochschulen, die es repräsentiert und zu deren weiterer Entfaltung es hoffentlich beitragen wird. Das Buch erläutert sorgfältig die verschiedenen Türen, die sich derzeit überall auf der Welt öffnen – wie Stressreduktion durch Achtsamkeit (*mindfulness-based stress reduction* – MBSR) und die gesamte Familie der achtsamkeitsbasierten Interventionen (*mindfulness-based interventions* – MBIs) oder der achtsamkeitsbasierten Programme (*mindfulness-based programs* – MBPs), die in den letzten Jahrzehnten entstanden sind. Und an einer gegenüberliegenden Wand desselben Raums befindet sich die Tür des ReSource-Ansatzes mit seiner unterstützenden Evidenzbasis, die auf die kreative Arbeit von Tania Singer und ihren Kollegen zurückgeht. An einer anderen Wand öffnen sich die Türen von Otto Scharmers Theorie U, zusammen mit der Pionierarbeit von Peter Senge, dem Presencing Institute, der ausdrucksstarken Gruppentheaterarbeit von Arawana Hayashi und ihren Kolleginnen und Mitarbeitern in der Welt der Unternehmen und Organisationen. Ein großer Teil dieser Arbeit wurde von David Bohm und seiner Betonung der Kraft des Dialogs inspiriert, die selbst als Kultivierung und Ausdruck von Achtsamkeit in Gruppen betrachtet werden kann.

Hierbei möchte ich bekräftigen, dass das Einnehmen einer formellen Meditationshaltung, entweder allein oder zusammen mit anderen, ein radikaler Akt sowohl der Vernunft als auch der Liebe ist. Und diese Liebe ist, wie die Kultivierung der Achtsamkeit, grundsätzlich selbstlos und erstreckt sich auf jeden Moment und jeden Aspekt des Lebens. Wenn wir das Wort *mindfulness* im Englischen nicht gleichzeitig als ›*heartfulness*‹ hören und verstehen, entgeht uns eine Schlüsseldimension des verkörperten wachen Gewahrseins, die der große vietnamesische Zen-Meister Thich Nhat Hanh als *interbeing* bezeichnete.

All diese Denkansätze und Praxisformen sind Türen, die in den letzten fünf Jahrzehnten entwickelt und erweitert wurden, um das verkörperte wache Gewahrsein und das darin liegende Potenzial zu fördern, sowohl die Gegenwart als auch die Zukunft so zu transformieren, dass das Wohlbefinden auf allen Ebenen bestmöglich unterstützt wird. Gleichzeitig ist es notwendigerweise ein Beitrag dazu, den Schaden zu minimieren, den wir als Spezies und als Individuen uns selbst und anderen wissentlich und unwissentlich zufügen können, wenn wir unsere wahre Natur aus den Augen verlieren.

In der Medizin, wo MBSR zuerst Wurzeln geschlagen hat, gibt es das uralte ethische Grundprinzip des hippokratischen Eides: ›Erstens, keinen Schaden anrichten‹ *(primum non nocere)*. Aber woher sollen wir ohne Achtsamkeit, ohne menschliches Gewahrsein und ohne Priorisierung und Vertrauen in unser inneres Mitgefühl überhaupt wissen, ob wir Schaden anrichten? Wie wir wissen, hat die Medizin schon viel Schaden und Schrecken verursacht, wenn sie den Bezug zu ihrer grundlegenden Ethik verloren hat. Und parallel zum hippokratischen Eid gibt es im Buddhismus das Bodhisattwa-Gelübde, das die Erlösung aller Wesen vom Leiden über die Vollendung des eigenen meditativen Weges stellt. Doch auch hier waren in Myanmar einige buddhistische Mönche trotz des grundlegenden Gebots, nicht einmal die kleinsten Lebewesen zu töten, führend an den jüngsten völkermörderischen Gräueltaten an den Rohingya beteiligt. Ohne eine verkörperte ethische Gründung der eigenen Bekenntnisse bleiben alle geistigen Konstrukte ohne Weisheit oder Mitgefühl.

Reines Gewahrsein (eine andere Beschreibung von Achtsamkeit) und Mitgefühl sind beides bemerkenswerte menschliche Fähigkeiten – man könnte sogar sagen ›Superkräfte‹ – Fähigkeiten, die wir eigentlich schon durch unser Menschsein besitzen. Was wir am meisten brauchen, ist ein verlässlicher Zugang zu diesen Fähigkeiten. Zudem können diese Fähigkeiten durch meditative Übung mittels regelmäßiger Kultivierung, Praxis und Ausformung zu unserem ›Standardmodus‹ werden. Um es noch deutlicher zu sagen: Dieser Zugang erfolgt am zuverlässigsten durch Kultivierung (*bhavana* in Sanskrit). Deshalb ist Meditation notwendigerweise eine Praxis, und zwar eine fortlaufende, ein Weg (vergleichbar mit dem Tao), um eine weise Beziehung zur Erfahrung zu entwickeln – Moment für Moment für Moment, innerlich und äußerlich, individuell und kollektiv. Das ist auch der Grund, warum Achtsamkeit in ihrer Vollendung ein Ausdruck des Dharma, der Gesetzmäßigkeit der Wirklichkeit, ist. Diese Gesetzmäßigkeit kann, wenn sie tief erforscht, beachtet und verkörpert wird, menschliches Lernen, bewusste Einsicht und verkörpertes waches Gewahrsein auf jeder Ebene hervorbringen, vom Individuum bis zum Planeten. Sie führt zur Entschlossenheit und ist gleichzeitig das Mittel, uns selbst in Übereinstimmung mit einer gesellschaftlichen und planetaren Gesetzmäßigkeit in einer Weise zu führen, die Nichtverletzen *(ahimsa)*, Weisheit, Mitgefühl und Wohlbefinden für alle verstärkt, sichert und verbessert.

Die Arbeit, die in diesem zutiefst zukunftsweisenden Buch vorgestellt wird, ist ein wesentliches Element für den Aufbau einer lebenswerten Zukunft für die Menschheit und für die Ausbildung der nächsten Generationen von Studierenden, die dies umsetzen und die Nutznießer ihres eigenen transformativen Engagements sein werden – innerlich und äußerlich, allein und gemeinsam. An dem Tag, an dem ich dies schreibe, brachte die *New York Times* folgende Schlagzeile auf ihrer Titelseite: »Einer der Urväter der Künstlichen Intelligenz verlässt Google und warnt vor Gefahren«. Es folgte der Einführungstext: Ein halbes Jahrhundert lang entwickelte Geoffrey Hinton die Technologie, die Chatbots wie ChatGPT zugrunde liegt. Jetzt befürchtet er, dass sie ernsthaften Schaden anrichten wird. Diese Nachricht ist lediglich ein Indikator, und zwar ein wichtiger, der auf das Ausmaß der Herausforderung hinweist, die uns als Spezies und als Planet bevorsteht. Sie zeigt auch, warum Achtsamkeit so wichtig ist. Weitere Indikatoren und aktivistische Lösungen finden Sie in der Arbeit des Center for Humane Technology und dem preisgekrönten Dokumentarfilm *Das Dilemma mit den sozialen Medien*.[1]

---

1 Vgl. humanetech.com [letzter Zugriff 01.11.2024]; *Das Dilemma mit den sozialen Medien*, USA 2022, R.: Jeff Orlowski.

Die Autor:innen dieses Buches sind zu beglückwünschen, dass sie dieses Werk an der Schnittstelle zwischen dem Analogen und dem Digitalen sowie der Hochschule und ihren zukünftigen Möglichkeiten und Verantwortlichkeiten zu einem so kritischen Zeitpunkt in die Welt gebracht haben. Welch wichtigere Aufgabe könnte die Hochschule zu diesem Zeitpunkt bei der Förderung ihrer Studierenden und der Gestaltung der möglichen Zukunft übernehmen, wenn unser analoges Leben – das Produkt von Milliarden von Jahren der Evolution auf dem Planeten Erde und noch mehr Milliarden im Universum, das diesen kleinen lebendigen Planeten und sein Potenzial für Leben und Empfindsamkeit hervorgebracht hat – bedroht ist? Wir leben in einer Zeit, in der unser Gehirn möglicherweise von einer digitalen Aufmerksamkeitsökonomie verwirrt wird - angetrieben von den drei Geistesgiften, die der Buddha vor so langer Zeit identifizierte: Gier, Hass und Verblendung. Wir leben in einer Welt, in der uns eine achtsame akademische Bildung dabei helfen kann, zu unserer wahren Natur als empfindende und von Natur aus mitfühlende Wesen zu erwachen, solange wir noch die Möglichkeit dazu haben.

Jon Kabat-Zinn
Northampton, Mass.
2. Mai 2023

Aus dem Amerikanischen übersetzt von Mike Kauschke

Mike Sandbothe und Reyk Albrecht

Einleitung

Abstract

Die Herausgeber des Buches *Achtsame Hochschulen in der digitalen Gesellschaft* erläutern, was mit den Wortbildungen achtsame Hochschulen und digitale Gesellschaft gemeint ist. Angesichts der dreifachen Digitalisierung der menschlichen Aufmerksamkeit, die unsere Kultur heute prägt, zeigen sie auf, welche Bedeutung einem erweiterten Achtsamkeitsverständnis in der Hochschule des 21. Jahrhunderts zukommt. Dieses skizzieren sie im Rekurs auf die internationalen Standards säkularer Achtsamkeitstrainings wie sie von Jon Kabat-Zinn, Tania Singer, Otto Scharmer und Arawana Hayashi entwickelt worden sind.

Einführung

Können Hochschulen achtsam sein?[1] Diese Vorstellung erscheint ungewohnt. Menschen, die an Hochschulen studieren, lehren, führen und arbeiten, können regelmäßig individuelle, soziale und ökosystemische Achtsamkeitsübungen praktizieren und dadurch in ihrer Grundhaltung klarer, empathischer und transformativer werden. Die so gewonnene Grundhaltung trägt dazu bei, die gelebte Kultur einer Hochschule zu verändern: die Art, wie gelehrt und gelernt wird, die Art, wie zusammengearbeitet und geführt wird und auch wie Ordnungen, Räume und Strukturen gestaltet werden. Achtsame Hochschulen sind Hochschulen mit einer Hochschulkultur, die durch die Nutzung von Achtsamkeitspraktiken geprägt ist. Die Wortprägung geht zurück auf das von den beiden Herausgebern entwickelte Thüringer Modell *Achtsame Hochschulen* (siehe Albrecht/Güngör/Sandbothe 2020 und Kapitel I.1 in diesem Buch).

Können Gesellschaften digital sein? Vollständig digitale Gesellschaften sind aktuell noch der Roman-, Film- und Computerspielewelt vorbehalten. Unsere analoge Gesellschaft wird aber zunehmend

---

1 Im vorliegenden Band wird das Wort Hochschule in allen Beiträgen in einem weiten Sinn verwendet, der sowohl Universitäten als auch Hochschulen für Angewandte Wissenschaft bzw. Fachhochschulen wie z.B. künstlerische, technische, wirtschaftliche und pädagogische Hochschulen umfasst.

durch digitale Elemente erweitert oder in Teilen ersetzt. Die sich mit der Nutzung digitaler Technologien und in Zukunft insbesondere der Künstlichen Intelligenz ändernden Gewohnheiten nehmen Einfluss auf die Art und Weise, wie wir uns zu uns selbst, zu anderen und zur Welt verhalten. Digitale Gesellschaften sind Gesellschaften, die der Nutzung digitaler Technologien und computerbasierter Informationsnetzwerke eine hohe Priorität einräumen und dadurch die gelebte Kultur beeinflussen (vgl. Harari 2024).

1. Eine neue Balance

Achtsame Hochschulen in der digitalen Gesellschaft – das ist keine abstrakte Theorie oder idealistische Utopie. Es ist ein Erfahrungsbericht darüber, wie Hochschulangehörige aus unterschiedlichen Fachbereichen und Fakultäten eine neue Balance anstreben und diese schrittweise realisieren und im akademischen Alltag leben. Dabei geht es um das Zusammenspiel zwischen der nach *außen* orientierten Ausrichtung unserer Aufmerksamkeit auf analoge bzw. digitale Gegenstände und der nach *innen* orientierten Ausrichtung der Aufmerksamkeit auf unsere Aufmerksamkeitsressourcen selbst.

Bis weit in die zweite Hälfte des 20. Jahrhunderts hinein hat Homo sapiens seine Aufmerksamkeit in der Außenorientierung vor allem auf den analogen Raum konzentriert. Im 19. und 20. Jahrhundert kamen schrittweise die Angebote der traditionellen Massenmedien Presse, Radio, Film und Fernsehen hinzu. Die moderne Kulturindustrie zog die menschliche Aufmerksamkeit auf sich und ließ die sogenannte Aufmerksamkeitsökonomie entstehen (vgl. Franck 1998; Crary 2002; Bernardy 2014). Erst durch die Digitalisierung und insbesondere durch die Ausbreitung des Internets ist unsere Aufmerksamkeit in den beiden ersten Jahrzehnten des 21. Jahrhunderts zunehmend in den digitalen Raum gelenkt worden. Dort werden unsere Aufmerksamkeitsroutinen von Google, Meta, Amazon und Co. aufgezeichnet, ausgewertet und so zu einer kontrollierbaren Ware gemacht (vgl. Zuboff 2018; Orlowski 2020).

Wir erleben derzeit eine dreifache Digitalisierung der menschlichen Aufmerksamkeit. Die *erste* Digitalisierung besteht darin, dass wir mit unserer Aufmerksamkeit immer mehr Zeit in digitalen Räumen verbringen. Die *zweite* besteht darin, dass die Datenspuren, die unsere Aufmerksamkeit im Internet hinterlässt, von globalen Konzernen aufgezeichnet und vermarktet werden. Und die *dritte* Digitalisierung der menschlichen Aufmerksamkeit funktioniert so, dass die Resultate des zweiten Digitalisierungsprozesses mit Hilfe der Künstlichen Intelligenz für hochindividualisierte Beeinflussungsstrategien eingesetzt werden.

Das führt dazu, dass sowohl unsere Aufmerksamkeit in analogen und digitalen Räumen als auch unsere Aufmerksamkeit für unser eigenes Inneres zunehmend extern gesteuert werden. So sagen uns Selbst-Tracking-Apps z.B., wie es uns gerade geht, was wir fühlen, wann wir eine Pause brauchen oder etwas trinken sollten (vgl. Neff/Nafus 2016). Darüber hinaus gibt es auch *Mindfulness*-Apps, die uns an Achtsamkeitsübungen erinnern und unser persönliches Achtsamkeitsprofil mit dem anderer Nutzer:innen vergleichen (vgl. Sommers-Spijkerman et al. 2021). Das Zukunftspotenzial des im Entstehen befindlichen globalen Markts für diese Produkte wird von Analysten für 2029 auf ca. sieben Milliarden Dollar geschätzt (vgl. Statista Market Insights 2024).

Die amerikanische Aufmerksamkeitsforscherin Amishi P. Jha hat die Steuerung unserer Aufmerksamkeit in ihrem Buch *Peak Mind* auf einfache Weise exemplifiziert:

> »Vor Kurzem war ich auf der Suche nach einem Pfannenset mit magnetischem Boden für unser neues Induktionskochfeld. Ich arbeitete mich durch die Trefferseiten, nachdem ich bei Google ›Induktionspfannen‹ eingegeben hatte. [...]. Am nächsten Tag, als ich meinen Gmail-Posteingang öffnete, stand auf einem Werbebanner: ›Hallo Kochgeschirr-Fan!‹ Als ich meine Social Media Apps checkte, war mein Feed voller Pfannen.«
>
> *Amishi P. Jha (2022: 63)*

Aus dieser weit verbreiteten Erfahrung zieht die an der Universität Miami lehrende Psychologieprofessorin den Schluss: »Unsere Aufmerksamkeit wird immer verfolgt. Die Werbeleute wissen besser als jeder andere, wie wertvoll sie ist, und sie wissen ganz genau, wie sie Ihre Aufmerksamkeit kriegen können.« Und Jha fährt fort: »Die Aufmerksamkeit ist zwar eine Superkraft, aber uns ist selten bewusst, wo sie gerade ist, wer oder was sie kontrolliert, geschweige denn, wie oder wann sie abgelenkt wird.« (Ebd.)

Diese auch für politische Ziele eingesetzte Beeinflussung, welche in Verbindung mit der häufigen Nutzung digitaler Medien eine besondere Wirkung entfalten kann, wird durch weitere Effekte begleitet. Die permanente Beanspruchung erschöpft unsere Aufmerksamkeitsressourcen und der Versuch, mehreren Dingen gleichzeitig Aufmerksamkeit zu schenken, beeinträchtigt die Fähigkeit, unsere Aufmerksamkeit länger einer Sache zuzuwenden (vgl. Gausby 2015; Lorenz-Spreen et al. 2019), was wiederum erhebliche Auswirkungen auf Bildungsprozesse und – damit eng verbunden – unser Selbst- und Weltverhältnis hat.

Hinzu kommt eine sich abzeichnende vierte Welle der Digitalisierung der menschlichen Aufmerksamkeit. Diese besteht in dem technikgestützten Versuch, unsere individuelle Aufmerksamkeit mit Hilfe von Künstlicher Intelligenz zu simulieren, also von unserer eigenen Präsenz unabhängig zu machen. Schritte in diese Richtung sind Googles neues Avatar-Feature »attend for me« (vgl. Peters 2023), das Headspace-XR-Angebot von Meta Quest sowie das emotionale KI-Sprachmodell ChatGPT-40 von OpenAI (vgl. Weber-Guskar 2024).

Eine nachvollziehbare Reaktion auf die mehrstufige Digitalisierung der menschlichen Aufmerksamkeit besteht darin, dass immer mehr Menschen lernen möchten, wie sie die Bewegung ihrer Aufmerksamkeit selbst beobachten und ihren eigenen Geist bewusster kontrollieren können (vgl. Hari 2022; Marcus 2022). Dieses Lernbedürfnis wird durch die mediale Berichterstattung über die Ergebnisse der modernen Bewusstseinsforschung verstärkt. So wird sowohl in den klassischen als auch in den sozialen Medien die neurowissenschaftliche Meditationsforschung ausgiebig thematisiert. Diese Forschung führt vor Augen, wie sich Homo sapiens sapiens – also der sich seiner eigenen Bewusstheit bewusste Mensch – schrittweise durch entsprechende Bildungsprozesse auf die Herausforderungen unserer Zeit einstellen kann (vgl. Singer/Bolz 2013; Singer/Ricard 2015; Goleman/Davidson 2018; Ricard/Singer/Karius 2019).

Von zentraler Bedeutung ist dabei die Fähigkeit, eine neue Balance herzustellen, und zwar in doppelter Hinsicht: Zum einen geht es darum, die technologischen Prozesse der Digitalisierung mit neuen Formen der menschlichen Bewusstseinsbildung zu verbinden. Zum anderen und darüber hinaus kommt es darauf an, Bewusstseinsbildung so zu gestalten, dass sie dazu beiträgt, die in der aktuellen Polykrise bestehende Kluft zwischen Wissen und Handeln zu schließen (vgl. Metzinger 2023; Bristow et al. 2024).

2. Achtsamkeit als Basis moderner Bildung

Der MIT-Wirtschaftswissenschaftler Claus Otto Scharmer definiert Achtsamkeit wie folgt: »Achtsamkeit ist die Fähigkeit, sich auf das Erleben des gegenwärtigen Augenblicks einzulassen, während man *der eigenen Aufmerksamkeit gegenüber aufmerksam wird.*« (Scharmer 2019: 33; Hervorhebung im Original)

Wie wichtig das für Bildungsprozesse ist, wusste bereits der Begründer der modernen Experimentalpsychologie. Der Harvard-Professor William James (1842-1910) schrieb vor mehr als 100 Jahren:

> »Die Fähigkeit, die wandernde Aufmerksamkeit immer wieder willkürlich zurückzubringen, ist die wahre Wurzel des Verstandes, des Charakters und des Willens. Niemand ist seiner selbst mächtig, der sie nicht besitzt. Eine Erziehung, die diese Fähigkeit ausbilden würde, wäre die Erziehung *par excellence.*«
> *William James (1909: 226f.; im Original: 1892: 228; 1890: 424)*

Heute schließt der israelische Historiker Yuval Noah Harari daran an, wenn er formuliert: »Wenn wir nicht in der Lage sind, die Realität unseres Atems zu beobachten, ohne uns ablenken zu lassen, wie sollen wir dann die Realität des globalen Wirtschaftssystems oder des Klimawandels beobachten können, ohne in irgendeine beruhigende Träumerei oder Fantasie zu flüchten?« (Harari 2021: 9) Dazu gehören auch politische Ideologien, Wunschdenken, Aktivismus oder das weit verbreitete Gefühl der Handlungsunfähigkeit. Am Ende seiner *21 Lektionen für das 21. Jahrhundert* schreibt Harari:

> »[A]ls aus den Höhlenmalereien nach und nach Fernsehsendungen wurden, wurde es [...] immer einfacher, die Menschen zu täuschen. In naher Zukunft könnten die Algorithmen dies zur Perfektion bringen und es den Menschen nahezu unmöglich machen, ihre wirkliche Realität zu erkennen. [...] Für ein paar Jahre oder sogar Dekaden haben wir noch die Wahl. Wenn wir uns anstrengen, können wir immer noch erforschen, wer wir wirklich sind. Aber wenn wir diese Chance nutzen wollen, sollten wir das jetzt tun.«
> *Yuval Noah Harari (2018: 417)*

Achtsame Hochschulen in der digitalen Gesellschaft – das ist ein Transformationsprojekt, bei dem es darum geht, Bildung neu auszurichten, und zwar so, dass Menschen professionell angeleitet und methodisch versiert lernen können, ihre ›wandernde Aufmerksamkeit‹ bewusst wahrzunehmen und die eigenen Bewusstseinsprozesse immer wieder aufs Neue an den persönlichen Intentionen, gesellschaftlichen Zielen und kulturellen Werten auszurichten. Mehr noch: Im 21. Jahrhundert geht es darum zu lernen, wie wir unsere Aufmerksamkeit sowohl in analogen als auch in digitalen Räumen zu den uns alle betreffenden drängenden Problemen unserer Zeit auf achtsame Weise in Beziehung setzen. Es geht darum, unsere (Hochschul-)Kultur in einer Weise zu entwickeln, die geeignet ist, menschliche Qualitäten und planetare Lebensbedingungen zu erhalten und zu fördern und Bildungsprozesse an disruptive Veränderungen anzupassen.

Dabei handelt es sich um globale Transformationsprozesse wie die Digitalisierung und die Ausbreitung der Künstlichen Intelligenz, den Klimawandel, das Artensterben und neue Krankheiten, die soziale und psychische Spaltung, die Renationalisierung und Remilitarisierung unserer Gesellschaften (vgl. Harari 2018; Latour 2020; Tooze 2021; Dixon-Declève et al. 2022; Harari 2024; Reckwitz 2024; Caesar et al. 2024). Mit Disruptionen solcher Art sind wir als Individuen, Organisationen, Staaten und Kulturen sowie als Lebewesen auf dem Planeten Erde konfrontiert. Das mentale Nadelöhr, das es zu durchschreiten gilt, um diese Probleme aufeinander beziehen und angemessen behandeln zu können, ist das menschliche Bewusstsein, der innere Ort, von dem aus wir als Individuen, Gruppen, Organisationen, Kulturen und Lebewesen aufmerksam sind und wirksam werden, d.h. unsere Haltungen und unser Handeln steuern (vgl. Scharmer 2019; 2020; 2024; Scharmer/Kaufer 2025).

3. Von der Einbahnstraße zur Mehrdimensionalität

Achtsame Hochschulen sind für manche Kritiker:innen schwer nachzuvollziehen. Sie sind der Ansicht, dass Achtsamkeitsübungen so etwas darstellen wie eine Einbahnstraße nach innen. Sie halten methodische Bewusstseinsschulung für eine Technik der Selbstoptimierung bzw. eine Flucht vor den politischen und technologischen Herausforderungen unserer Zeit (vgl. Purser 2021; Schmidt 2024). So werden achtsame Hochschulen in der digitalen Gesellschaft von ihren Kritiker:innen mit Fragen wie den folgenden konfrontiert:

Was haben Achtsamkeitsübungen an Hochschulen und Universitäten zu suchen? Ist die Rede von ›achtsamen Hochschulen‹ nicht eine Contradictio in Adjecto, ein hölzernes Eisen, ein rundes Quadrat? Liegt zwischen Achtsamkeit *und* Hochschule *nicht ein tiefer Graben, ein fundamentaler Widerspruch: auf der einen Seite die spirituellen Gurus und meditierenden Esoteriker:innen, auf der anderen Seite die seriösen*

Professor:innen und säkularen Wissenschaftler:innen? Hier die unpolitische Flucht nach innen und dort die gesellschaftlich bedeutungsvolle Auseinandersetzung mit der Realität?

Der emeritierte Medizinprofessor Jon Kabat-Zinn, die Max-Planck-Neurowissenschaftlerin Tania Singer und der MIT-Wirtschaftswissenschaftler Claus Otto Scharmer haben dazu beigetragen, dass das Wort Achtsamkeit (engl. *mindfulness*) heute in Alltag, Medien, Wirtschaft, Wissenschaft und Politik anders verwendet wird als noch vor einigen Jahren. Wenn wir in den 20er Jahren des 21. Jahrhunderts über Achtsamkeitsübungen reden und diese praktizieren, geht es nicht mehr um religiöse oder spirituelle Praktiken, sondern um säkulare Methoden der Erkundung und Weiterentwicklung des menschlichen Bewusstseins; und zwar in mehreren Dimensionen. Denn nicht nur die Verwendungsweise des Wortes hat sich verändert, sondern auch der Gegenstand, also die Achtsamkeitsübungen selbst.

Kabat-Zinn, Singer, Scharmer und seine Kollegin Arawana Hayashi haben in den vergangenen Dekaden unterschiedliche Sorten von säkularen Übungsanleitungen entwickelt, erprobt und wissenschaftlich evaluiert. Die einen (Kabat-Zinn, Singer) konzentrieren sich auf Praktiken der meditativen Geistesschulung, die am Individuum ansetzen, allein (Body Scan, Sitz- und Bewegungsmeditationen) oder zu zweit (Dyaden) durchgeführt werden können und unsere Aufmerksamkeit und Konzentration, Präsenz und Klarheit, Stress- und Emotionsregulation sowie Empathie und Mitgefühl stärken. Die anderen (Scharmer, Hayashi) zielen mittels achtsamkeitsbasierter Übungen, die in Klein- und Großgruppen u.a. in UN-Organisationen, Regierungen, NGOs, Bildungsinstitutionen und Unternehmen durchgeführt werden, unmittelbar auf die ökosystemische Transformation von sozialen Feldern und kollektiven Bewusstseinszuständen. Die Sichtweise derjenigen, die Achtsamkeit als Einbahnstraße nach innen kritisieren, ist mit Blick auf den internationalen Entwicklungsstand der säkularen, evidenzbasierten Achtsamkeitstrainings der Gegenwart nicht mehr zeitgemäß. Sie verfehlt die Mehrdimensionalität des Gegenstands (vgl. Sandbothe/Albrecht/Ostermaier 2024).

Die von Kabat-Zinn und Singer entwickelten individuellen und dyadischen Übungsanleitungen helfen Menschen dabei, ihre Gedanken, Gefühle, Empfindungen und Wahrnehmungen aus einer offenen und zugewandten Perspektive zu betrachten. So lernen sie, ihr eigenes Mindset, die Mindsets anderer Personen und das Wechselspiel zwischen ihnen bewusst in den Blick zu nehmen und in Krisenzeiten wie der heutigen auf hilfreiche Weise zu verändern (Kabat-Zinn 2020; Singer/Koop/Godara o.J.).

Kabat-Zinn und Singer haben dafür jeweils eigenständige Trainingsprogramme entwickelt: Stressreduktion durch Achtsamkeit (MBSR) entstand bereits 1979 als achtwöchiges Kursangebot an der von Kabat-Zinn geleiteten Stressklinik des University Hospital of Massachusetts (vgl. Kabat-Zinn 2013). Heute wird es weltweit von tausenden professionell ausgebildeten MBSR-Trainer:innen in Kliniken oder privaten (häufig von den Krankenkassen bezuschussten) Kursen angeboten. Für die Schulung der Achtsamkeit im Umgang mit dem eigenen Bewusstsein stehen individuelle Achtsamkeitsübungen im Zentrum, die sich auf dem Sitzkissen oder der Yogamatte durchführen lassen (vgl. Kabat-Zinn 2019).

Das Dyadenprogramm von Tania Singer geht zurück auf Forschungen, die sie im Rahmen des von ihr geleiteten ReSource-Projekts im Zeitraum 2013-2016 am Max-Planck-Institut für Kognitions- und Neurowissenschaft in Leipzig durchgeführt hat (vgl. Max-Planck-Gesellschaft zur Förderung der Wissenschaften o.J.). Stärker als MBSR zielt das zehnwöchige Dyadenprogramm, das Singer 2020/21 im Rahmen der Studie »CovSocial« weiterentwickelt und erforscht hat, auf das zwischenmenschliche Bindungsgefüge (vgl. Matthaeus et al. 2024). Im Zentrum stehen kontemplative Praktiken zu zweit (Dyaden), die am Telefon, via App oder in Präsenz durchgeführt werden können. Die achtsam zuhörende Person fungiert dabei als Zeugin für die Selbstexploration der achtsam sprechenden Person über vorgegebene Fragen, die der Förderung von Empathie und Mitgefühl dienen (vgl. Singer 2024).

Über Kabat-Zinn und Singer hinausgehend haben Scharmer und Hayashi am Presencing Institute in Cambridge, Massachusetts, systemische und ökologische Achtsamkeitsübungen konzipiert und gezielt für die Transformation von Organisationen nutzbar gemacht. Es handelt sich um die interaktiven Gruppenübungen, Menschenskulpturen und theatralen Konstellationen des *Social Presencing Theater* (SPT; vgl. Scharmer 2019; 2020; Hayashi 2021; Scharmer/Kaufer 2025). Die Mitwelt und deren Wechselwirkung mit uns selbst steht hier im Zentrum der eigens für diesen Zweck entwickelten neuartigen Achtsamkeitspraktiken. Das geschieht u.a. durch die *social-arts*-basierte Aufstellung und Bewegung der unterschiedlichen Stakeholder in Raum und Zeit; zum Teil mit theatralen und tänzerischen Mitteln. Durch die Einbeziehung des Planeten Erde als mit aufzustellendem Stakeholder wird dabei der Blick ebenso auf die Nachhaltigkeit und die Zukunft des Lebens gelenkt.

Achtsame Hochschulen in der digitalen Gesellschaft – das ist eine Bewegung, die das Transformationspotenzial sowohl der individuellen und sozialen Mindsets von Personen und Gruppen als auch der systemischen und ökologischen Mindsets von Organisationen, Nationen,

Kulturen und der menschlichen Spezies insgesamt in den Blick nimmt und für Bildungsprozesse zugänglich macht. Vor diesem Hintergrund rekonstruiert der vorliegende Band Entstehungsgeschichte, Gegenwart und Entwicklungsmöglichkeiten evidenzbasierter Hochschulachtsamkeit. Ein detaillierter Überblick über den Aufbau des Buchs und den Inhalt der einzelnen Kapitel findet sich im Anschluss an diese Einleitung (siehe »Das Buch in Kürze« in diesem Buch).

Literatur

Albrecht, Reyk/Güngör, Lena/Sandbothe, Mike (2020): »Achtsamkeit als Metabildung in der digitalen Gesellschaft«, in: Johannes Achatz/Reyk Albrecht/Lena Güngör (Hg.), *Digitalisierung – Werte zählen?*, Würzburg, S. 157-170.

Bernardy, Jörg (2014): *Aufmerksamkeit als Kapital. Formen des mentalen Kapitalismus*, Marburg.

Bristow, Jamie/Bell, Rosie/Wamsler, Christine/Björkman, Tomas/Tickell, Phoebe/Kim, Julia/Scharmer, Otto (2024): *The system within: Addressing the inner dimensions of sustainability and systems transformation* (The Club of Rome. Earth4All: deep-dive paper 17), clubofrome.org/publication/earth4all-bristow-bell [letzter Zugriff 01.11.2024].

Caesar, Levke/Sakschewski, Boris/Andersen, Lauren Seaby/Beringer, Tim/Braun, Johanna/ Dennis, Donovan/Gerten, Dieter/Heilemann, Adrian/Kaiser, Jonas/Kitzmann, Niklas H./Loriani, Sina/ Lucht, Wolfgang/Ludescher, Josef/Martin, Maria/Mathesius, Sabine/Paolucci, Anja/te Wierik, Sofie/Rockström, Johan (2024): *Planetary Health Check Report 2024. A Scientific Assessment of the State of the Planet*, Potsdam Institute for Climate Impact Research.

Crary, Jonathan (2002): *Aufmerksamkeit. Wahrnehmung und moderne Kultur*, Frankfurt a.M.

Dixon-Declève, Sandrine/Gaffney, Owen/Goshu, Jayati/Randers, Jørgen/Rockström, Johan/Stoknes, Per Espen (2022): *Earth For All. Ein Survivalguide für unseren Planeten – Der neue Bericht an den Club of Rome*, München.

Franck, Georg (1998): *Ökonomie der Aufmerksamkeit. Ein Entwurf*, München.

Gausby, Alyson (2015): *Attention Spans* (Report, Consumer Insights, Microsoft Canada), de.scribd.com/document/265348695/Microsoft-Attention-Spans-Research-Report [letzter Zugriff 01.11.2024].

Goleman, Daniel/Davidson, Richard (2018): *Altered Traits: Science Reveals How Meditation Changes Your Mind, Brain, and Body*, New York.

Harari, Yuval Noah (2018): *21 Lektionen für das 21. Jahrhundert*, München.

Harari, Yuval Noah (2021): »Diese Datenkonzentration ist der Königsweg zur Diktatur. Gespräch mit Sebastian Matthes«, in: *Handelsblatt*, 31.12.2021, S. 9, handelsblatt.com/technik/forschung-innovation/handelsblatt-insight-zukunft-historiker-yuval-noah-harari-diese-datenkonzentration-ist-der-koenigsweg-zur-diktatur/27932434.html [letzter Zugriff 01.11.2024].

Harari, Yuval Noah (2024): *Nexus. Eine kurze Geschichte der Informationsnetzwerke von der Steinzeit bis zur künstlichen Intelligenz*, München.

Hari, Johann (2022): *Stolen Focus. Why You Can't Pay Attention, and How to Think Deeply Again*, London u.a.

Hayashi, Arawana (2021): *Social Presencing Theater. The Art of Making a True Move*, Cambridge, Mass.

James, William (1890): *Principles of Psychology*, London.

James, William (1909): *Psychologie*, Leipzig (Original: [1892]: *Psychology: Briefer Course*, New York).

Jha, Amishi P. (2022): *Peak Mind. In nur zwölf Minuten am Tag zu mehr Konzentration und Aufmerksamkeit*, München.

Kabat-Zinn, Jon (2013): *Gesund durch Meditation. Das vollständige Grundlagenwerk zu MBSR*, München (Original: [1990]: *Full Catastrophe Living: Using the Wisdom of Your Body and Mind to Face Stress, Pain, and Illness*, New York).

Kabat-Zinn, Jon (2019): *Wach werden und unser Leben wirklich leben. Wie wir Achtsamkeit praktizieren*, Freiburg i. Br.

Kabat-Zinn, Jon (2020): *Achtsamkeit für alle. Weisheit zur Transformation der Welt*, Freiburg i. Br.

Latour, Bruno (2020): *Kampf um Gaia. Acht Vorträge über das neue Klimaregime*, Berlin.

Lorenz-Spreen, Philipp/Mønsted, Bjarke Mørch/Hövel, Philipp/Lehmann, Sune (2019): »Accelerating dynamics of collective attention«, in: *Nature Communications* 10, 1759, doi.org/10.1038/s41467-019-09311-w.

Marcus, Erica B. (2022): *Attention Hijacked. Using Mindfulness to Reclaim Your Brain from Tech*, Minneapolis.

Matthaeus, Hannah/Godara, Malvika/Silveira, Sarita/Hecht, Martin/Voelkle, Manuel/Singer, Tania (2024): »Reducing Loneliness through the Power of Practicing Together: A Randomized Controlled Trial of Online Dyadic Socio-Emotional vs. Mindfulness-Based Training«, in: *International Journal of Environmental Research and Public Health* 21(5), 570, doi.org/10.3390/ijerph21050570.

Max-Planck-Gesellschaft zur Förderung der Wissenschaften e.V. (Hg.; o.J.): *Das ReSource Projekt*, resource-project.org/ [letzter Zugriff 01.11.2024].

Metzinger, Thomas (2023): *Bewusstseinskultur. Spiritualität, intellektuelle Redlichkeit und die planetare Krise*, Berlin.

Neff, Gina/Nafus, Dawn (2016): *Self-Tracking*, Cambridge, Mass.

Orlowski, Jeff (Regie; 2020): *Das Dilemma mit den sozialen Medien* (Original: *The Social Dilemma*), USA.

Peters, Jay (2023): »Google Meet's new AI will be able to go to meetings for you«, in: *The Verge*, 29.08.2023, theverge.com/2023/8/29/23849056/google-meet-ai-duet-attend-for-me [letzter Zugriff 01.11.2024].

Purser, Ronald E. (2021): *Wie Achtsamkeit die neue Spiritualität des Kapitalismus wurde*, Frankfurt a.M.

Reason Peter/Bradbury, Hilary (Hg.; 2008): *The SAGE Handbook of Action Research. Participative Inquiry and Practice*, Los Angeles u.a.

Reckwitz, Andreas (2024): *Verlust. Ein Grundproblem der Moderne*, Berlin.

Ricard, Matthieu/Singer, Tania/Karius, Kate (2019): *Die Macht der Fürsorge: Für eine gemeinsame Zukunft. Wissenschaft und Buddhismus im Dialog mit dem Dalai Lama*, München.

Sandbothe, Mike/Albrecht, Reyk/Ostermaier, Hubert (2024): *Achtsamkeiten. Übungen für mich, für uns und für die Welt*, 2. Aufl., München.

Scharmer, Claus Otto (2019): *Essentials der Theorie U. Grundprinzipien und Anwendungen*, Heidelberg.

Scharmer, Claus Otto (2020): *Theorie U – Von der Zukunft her führen. Presencing als soziale Technik*, Heidelberg (Original: [2016 (2007)]: *Theory U: Leading from the Future as It Emerges*, 2. Aufl., Oakland).

Scharmer, Claus Otto (2024): »Fourth Person: The Knowing of the Field«, in: *Journal of Awareness-Based Systems Change* 4(1), S. 19–48, doi.org/10.47061/jasc.v4i1.7909.

Scharmer, Claus Otto/Kaufer, Katrin (2025): *Presencing: 7 Practices for Transforming Self, Society, and Business*, Oakland.

Schmidt, Jacob (2024): *Viel Lärm um Achtsamkeit. Oder warum es so schwer ist, in unserer Gesellschaft ein gutes Leben zu führen*, München.

Singer, Tania (2024): »Contemplative Dyads. Training the mind and deepening our connection through relational practices«, in: *Mind & Life Institute: Insights*, 09.01.2024, mindandlife.org/insight/contemplative-dyads/ [letzter Zugriff 01.11.2024].

Singer, Tania/Bolz, Matthias (Hg.; 2013): *Mitgefühl. In Alltag und Forschung* (E-Book), Leipzig, compassion-training.org [letzter Zugriff 01.11.2024].

Singer, Tania/Koop, Sarah/Godara, Malvika (o.J.): *Das CovSocial Projekt: Wie haben sich die Menschen in Berlin während der COVID-19-Pandemie gefühlt? Veränderungen der psychischen Gesundheit, der Resilienz und der sozialen Kohäsion*, Berlin, covsocial.de/wp-content/uploads/2021/11/CovSocial_DE_WEB.pdf [letzter Zugriff 01.11.2024].

Singer Tania/Ricard, Matthieu (2015): *Mitgefühl in der Wirtschaft. Ein bahnbrechender Forschungsbericht*, München.

Sommers-Spijkerman, Marion/Austin, Judith/Bohlmeijer, Ernst/Pots, Wendy (2021): »New Evidence in the Booming Field of Online Mindfulness: An Updated Meta-analysis of Randomized Controlled Trials«, in: *JMIR Mental Health* 8(7), e28168, doi.org/10.2196/28168.

Statista Market Insights (Hg.; 2024): »Meditation Apps – Worldwide«, in: *statista.com*, statista.com/outlook/hmo/digital-health/digital-fitness-well-being/health-wellness-coaching/meditation-apps/worldwide#revenue [letzter Zugriff 01.11.2024].

Tooze, Adam (2021): *Die Welt im Lockdown. Die globale Krise und ihre Folgen*, München.

Weber-Guskar, Eva (2024): *Gefühle der Zukunft. Wie wir mit emotionaler KI unser Leben verändern*, Berlin.

Zuboff, Shoshana (2018): *Das Zeitalter des Überwachungskapitalismus*, Frankfurt a.M.

Mike Sandbothe und Reyk Albrecht

Das Buch in Kürze

Überblick über die einzelnen Kapitel

Das Buch *Achtsame Hochschulen in der digitalen Gesellschaft* ist von einem Wissenschaftsverständnis geprägt, das auf den amerikanischen Pragmatismus und die Aktionsforschung zurückgeht. Für beide Strömungen sind der Vorrang der Praxis, die erfahrungsbasierte Ausrichtung und die damit eng verbundene gesellschaftliche Problemorientierung von zentraler Bedeutung. Dementsprechend entwickelt das Buch nicht erst einen theoretischen Rahmen und macht dann Vorschläge zu seiner Umsetzung. Stattdessen sind alle drei disziplinenübergreifenden Buchteile erfahrungsorientiert ausgerichtet.

Die 46 Beiträger:innen aus den Human-, Ingenieur-, Medizin- und Wirtschaftswissenschaften gehen von den konkreten Erfahrungen des Thüringer Modells *Achtsame Hochschulen* aus (Teil I), um dann zu zeigen, wie diese sich ausweiten, diversifizieren und mit anderen Angeboten vernetzen lassen (Teil II). Der letzte Teil (Teil III) erweitert sowohl den zeitlichen als auch den räumlichen Erfahrungshorizont. Er schaut auf Entwicklungen in der zweiten Hälfte des vergangenen Jahrhunderts zurück, bezieht internationale und mehrdimensionale Perspektiven stärker mit ein und gibt einen Ausblick auf achtsamkeitsbasierte Entwicklungsmöglichkeiten von Hochschulen im 21. Jahrhundert.

Erster Teil

Das Thüringer Modell *Achtsame Hochschulen*

Zu Beginn des *ersten Teils* wird einleitend die Entwicklung vom Thüringer Modell über die überregionale Kooperationsplattform *Achtsame Hochschulen* bis zum Bildungsunternehmen Achtsam.Digital rekonstruiert. Daran anschließend stehen medizinische, sozialwissenschaftliche, phänomenologische und erfahrungsbasierte Evaluationen ausgewählter Achtsamkeitstrainings des Thüringer Modells im Zentrum dieses Teils.

In ihrem Einleitungskapitel (I.1) regen *Mike Sandbothe* und *Reyk Albrecht* die Entwicklung und Etablierung von Achtsamkeitsrankings für Hochschulen an. Vor diesem Hintergrund skizzieren sie die Entwicklungsgeschichte der von ihnen entwickelten Achtsamkeitsformate. Diese reicht von den eindimensionalen Prototypen des Thüringer

Modells Achtsamkeitstraining für Studierende (MBST®), Achtsamkeitstraining für Lehrende (MBTT®), Achtsamkeitstraining für Mitarbeitende (MBET®), Achtsamkeitstraining für Führungskräfte (MBLT®) und Zertifikatsausbildung Achtsame Hochschullehrende (ZAH®) bis zu den mehrdimensionalen Achtsamkeitstrainings von Achtsam.Digital (MBST® 1.0, MBTT® 1.0, MBET® 1.0, MBLT® 1.0, ZAH® 1.0).

Die beiden medizinischen Evaluationskapitel (I.2 und I.3) von *Voss et al.* beziehen sich auf den MBST®-Prototypen. Ein Vergleich verschiedener Parameter von Herzfrequenzvariabilität, Pulswellenvariabilität und Atmung zeigt, dass bereits nach acht Wochen des zwölfwöchigen Trainingsprogramms positive Veränderungen in der autonomen Stressregulation auftreten. Die gesundheitsförderlichen Auswirkungen, insbesondere auf die Gefäßfunktion, halten auch ein Jahr nach Beendigung des MBST® an.

Die beiden sozialwissenschaftlichen Evaluationskapitel (I.4 und I.5) von *Haase und Lautenschläger* beziehen sich auf Prototypen des MBST® und des MBET®. Bei der Messung kamen standardisierte Messinstrumente zum Einsatz. Die Ergebnisse machen deutlich, dass beim Vergleich der Messungen zu Beginn und zum Ende der Veranstaltungszyklen signifikante Änderungen der Achtsamkeit, der subjektiven Stressbelastung sowie der zwanghaften bzw. gesundheitsgefährdenden Internetnutzung bei den Teilnehmenden erkennbar sind.

Nils Altner analysiert in seiner qualitativen Untersuchung (Kapitel I.6) die Tiefenwirkung eines fünftägigen Inkubationsworkshops, der im Rahmen des Thüringer Modells als partielles Stilleretreat mit 30 Hochschullehrenden von 15 Hochschulen aus sechs Bundesländern stattgefunden hat. Die von ihm geführten verkörpert-phänomenologischen Dialoge zeigen, dass die Erfahrungen von wohltuender Stille, Ruhe und Verbundensein bei den Teilnehmenden einen gelassenen Umgang mit den eigenen Meinungen und Standpunkten und mit denen der Kolleg:innen gefördert haben.

Das den ersten Teil abschließende Kapitel (I.7) von *Nicola Döring* beschreibt Erfahrungen als Teilnehmerin an verschiedenen Achtsamkeitskursen des Thüringer Modells im Zeitraum von zwei Jahren. Dazu gehört auch der von Altner untersuchte Inkubationsworkshop. Hinzu kommen Prototypen des MBTT® und der darauf aufbauenden ZAH®. Der subjektiv und anekdotisch verfasste Erfahrungsbericht führt nicht nur vor Augen, welche Erfahrungen die Autorin mit den verschiedenen Kursen gesammelt hat, sondern legt auch ein besonderes Augenmerk darauf, ob und wie die Achtsamkeitskurse Einfluss auf ihr Erleben und Verhalten in der Rolle der Hochschullehrenden genommen haben.

Zweiter Teil
Wegweiser für achtsame Hochschulen

Der *zweite Teil* des Buchs stellt Wegweiser für achtsame Hochschulen zur Verfügung. Im Zentrum stehen Berichte und Analysen von Achtsamkeitstrainer:innen und Hochschullehrenden zu Achtsamkeitsangeboten für Studierende, Lehrende und Mitarbeitende an Hochschulen in Deutschland, Österreich und der Schweiz. Darüber hinaus vermitteln die Kapitel Synergieeffekte, die mit der Verbindung von Achtsamkeitstrainings und wissenschaftlichem Schreiben, Zen-Meditation sowie Erlebnispädagogik erprobt wurden.

Das erste Kapitel (II.1) bündelt Kurzberichte von 17 Achtsamkeitstrainer:innen aus der DACH-Region. Sie erzählen von den charakteristischen Erfahrungen, die sie mit dem Durchführen von Achtsamkeitsseminaren an Hochschulen und anderen Einrichtungen gesammelt haben. In allen Fällen handelt es sich um mehrwöchige Kursangebote, zu denen neben den mehrdimensionalen Trainingsprogrammen MBST® 1.0, MBTT® 1.0 und MBET® 1.0 auch MBSR und andere MBIs gehören.

Die Autor:innen des zweiten Kapitels (II.2) – *Hubert Ostermaier*, Rüdiger Mottl, *Brigitte Mottl* und *Burkhard Schmager* – haben sich im Rahmen des Thüringer Modells als achtsame Hochschullehrende ausbilden und zertifizieren lassen. In ihrem Beitrag stellen sie ein ganzheitliches Konzept der Integration von Achtsamkeit in den Wirtschaftsingenieur-Studiengang der Ernst-Abbe-Hochschule Jena vor. Die Lehrenden selbst haben eine tägliche Achtsamkeitsroutine und verkörpern Achtsamkeit als Grundhaltung. Achtsamkeitsübungen sind integriert in Fachmodule aller Semester. Die Qualifizierungsziele des Studiums sind um wissenschaftliche Erkenntnisse der Achtsamkeitsforschung erweitert und den Studierenden werden regelmäßig MBST®1.0-Seminare mit ECTS-Punkten als Wahlpflichtkurse angeboten.

Beate Priewasser, *Maria Kluge* und *Veronika Schwienbacher* skizzieren im dritten Kapitel (II.3) die Entwicklung des Seminars »Achtsamkeit« am Fachbereich Psychologie der Paris Lodron Universität Salzburg von 2015 bis 2022. Dabei wird deutlich, wie aus einem Theorieseminar mit

Übungen im Laufe der Zeit sowohl durch die persönliche Einbeziehung von Expert:innen aus Praxis und Forschung (wie u.a. Britta Hölzel, Tania Singer, Andreas de Bruin oder Mike Sandbothe) als auch durch die damit verbundene Intensivierung und Diversifizierung der Übungssequenzen ein Lehrveranstaltungstypus entstanden ist, der als Modell dienen kann. Darüber hinaus zeigt das Kapitel auf, welchen Effekt Achtsamkeit als wissenschaftliche Grundhaltung auch und gerade auf der Metaebene der pädagogischen Gestaltung und konzeptionellen Weiterentwicklung von Seminarformen entfalten kann.

Im vierten Kapitel (II.4) berichtet *Stefanie Tränkle* über ihre Erfahrungen mit dem Unterrichten von MBSR und MBST® 1.0 an der Hochschule für Polizei Baden-Württemberg. Sie arbeitet heraus, dass und wie Achtsamkeitsseminare die in diesem Berufsfeld besonders zentralen Aspekte von Stressregulation und Resilienz stärken können. Vor dem Hintergrund der internationalen Forschung zu *mindful policing* macht die Autorin darüber hinaus deutlich, dass die Ausbildung von Polizist:innen in Deutschland in dieser Hinsicht besonderen Entwicklungsbedarf hat.

Wie wirkt sich die formale Achtsamkeitspraxis auf das wissenschaftliche Schreiben aus? Welche Schreibübungen fördern eine achtsame Haltung? Diesen und anderen Fragen gehen *Peter Braun*, *Reyk Albrecht*, *Lena Saniye Güngör* und *Natalie Pfaff* im fünften Kapitel (II.5) nach. Zu diesem Zweck werten sie die Ergebnisse und Erfahrungen aus, die sie in einem Seminar und einer Projektwoche an der Friedrich-Schiller-Universität Jena zum Themenfeld »Achtsamkeit und Schreiben« gesammelt haben. Vor dem Hintergrund der modernen Schreibprozessforschung leiten die Autor:innen daraus sechs Qualitäten ab, die das kognitiv dominierte wissenschaftliche Schreiben fördern und zu einem Schreiben in Achtsamkeit verwandeln.

Im sechsten Kapitel (II.6) beschreibt *Birgit Jäpelt*, wie sie MBST® im Studium Fundamentale der Universität Erfurt zusammen mit der von ihr konzipierten Zen-Lehrveranstaltung »Labor auf dem Sitzkissen« als Tandemangebot etabliert hat. Dabei gibt sie praktische Einblicke in die Arbeit des von ihr an der Universität Erfurt etablierten Zen-Labors und zeigt exemplarisch auf, dass und wie MBST® als Brücke zu weiterführenden und vertiefenden Meditationsformen wie Zen, *Vipassanā*, christliche Meditation oder transzendentale Meditation dienen kann.

Eine Antwort auf die Frage: »Was ist *mindful experience training*?«, geben *Ulrich Lakemann* und *Karin Krudup* in dem daran anschließenden siebten Kapitel (II.7). Der Experte für Erlebnispädagogik und die erfahrene Ausbilderin von Achtsamkeitstrainer:innen haben im Rahmen des Thüringer Modells in zwei Lehrveranstaltungen mit Studierenden und einem fünftägigen Workshop mit Lehrenden erprobt, wie sich die eher gruppenbezogene Erlebnispädagogik auf das Individuum und die eher personenzentrierten Übungen des MBSR auf die Gruppe erweitern lassen. Das Kapitel präsentiert die Ergebnisse einer qualitativen Evaluation und zeigt auf, dass das *mindful experience training* von den Teilnehmenden als zukunftsweisende Vertiefung sowohl der Erlebnispädagogik als auch des Achtsamkeitstrainings wahrgenommen wird.

Dritter Teil
Inspirationsquellen für die Hochschule des 21. Jahrhunderts

Der *dritte* und letzte *Teil* enthält Inspirationsquellen für die Hochschule des 21. Jahrhunderts. Diese Quellen reichen zurück bis in die 50er (Aldous Huxley) und 70er Jahre (Jon Kabat-Zinn) des 20. Jahrhunderts. Des Weiteren enthält der dritte Buchteil ein Kapitel von Claus Otto Scharmer über vertikale Bildung sowie einen Ausblick auf mehrdimensionale Achtsamkeitspraktiken und Methoden des verkörperten Denkens in der Hochschule des 21. Jahrhunderts von Mike Sandbothe, Reyk Albrecht und Thomas Corrinth.

In seinem 1956 publizierten Essay *Bildung für Amphibien*, der im vorliegenden Buch erstmals in deutscher Übersetzung erscheint, skizziert *Aldous Huxley* (Kapitel III.1) die Grundlinien dessen, was er als *nonverbale Humanwissenschaften* bezeichnet. Aus Huxleys Sicht hat das organisierte Bildungswesen in Schulen und Hochschulen den Akzent zu sehr auf die verbale Seite der amphibischen Natur menschlicher Lebewesen gelegt. Als Komplement entwirft Huxley den Lehrplan eines hypothetischen Kurses, der die Schulung unserer sechs Sinne (einschließlich des kinästhetischen), das Training des Gedächtnisses und der Kontrolle des autonomen Nervensystems sowie die Schulung der geistigen Einsicht umfasst. In seinen Ausführungen zu einem zukünftigen System der formalen Bildung rekurriert er u.a. auf Meister Eckhart, Daisetsu Teitaro Suzuki, Jiddu Krishnamurti, F. Matthias Alexander, John Dewey, Eugen Herrigel, Samuel Renshaw und Edmund Jacobson.

Im zweiten Kapitel (III.2) rekonstruiert *Jacob Schmidt* die von Jon Kabat-Zinn in den 70er Jahren des vergangenen Jahrhunderts entwickelte Modellierung von Achtsamkeit als Meilenstein ihrer heutigen Popularität. Das komplexe Feld der zeitgenössischen Achtsamkeitsbewegung differenziert Schmidt in drei idealtypische Modelle. MBSR ordnet er dabei einer interessiert-sorgenden Achtsamkeit zu, die von einer sezierend-distanzierten und einer verfügend-funktionalistischen unterschieden wird. Das Erfolgsrezept von Kabat-Zinn besteht aus

Schmidts Sicht darin, dass er durch Übersetzung, Verwissenschaftlichung und Veralltäglichung die Basis für eine konsequente Verweltlichung meditativer Praktiken gelegt hat. Zugleich problematisiert Schmidt den in Kabat-Zinns kulturpolitischen Äußerungen zum Ausdruck kommenden gesellschaftskritischen Individualismus.

Otto Scharmer bezieht sich im dritten Kapitel (III.3) zwar nicht auf die drei von Jacob Schmidt benannten idealtypischen Achtsamkeitsmodelle, aber er lässt sich durchaus so lesen, dass im Feld der unterschiedlichen Achtsamkeiten ein viertes Modell zu berücksichtigen ist: das systemisch-transformative. In ihm gründet das vertikale Bildungskonzept, das Scharmer in seinem Beitrag anhand von 12 Prinzipien erläutert. Damit die heutigen Studierenden in Zukunft als Führungskräfte auf den Ebenen von Individuen, Gruppen, Organisationen, Systemen, Kulturen und der dies alles umfassenden Umwelt transformativ handeln können, bedarf es seiner Ansicht nach einer Integration ökosystemischer Achtsamkeitspraktiken ins Bildungssystem. Hinzu kommen ein erweitertes Wissenschaftsverständnis, das Daten aus den Perspektiven der ersten, zweiten und dritten Person integriert, sowie ein vertikales Vertiefen des Lernzyklus von kopfzentriert zu ganzheitlich.

In ihrem Abschlusskapitel (III.4) setzen *Mike Sandbothe*, *Reyk Albrecht* und *Thomas Corrinth* das Konzept der *vertikalen Bildung* von Otto Scharmer in Beziehung zu Aldous Huxleys Entwurf der *nonverbalen Humanwissenschaften*. Auf dieser Basis unterscheiden sie eindimensionale und mehrdimensionale Achtsamkeitstrainings und zeigen auf, wie mehrdimensionale Achtsamkeitstrainings zusammen mit Methoden des verkörperten Denkens (*thinking at the edge*, mikrophänomenologisches Interview) als Brücke zur vertikalen Bildungslandschaft in der Hochschule des 21. Jahrhunderts dienen können.

Sowohl sein disziplinen- und fachbereichsübergreifender Charakter als auch die Praxis- und Erfahrungsorientierung machen das vorliegende Buch zu einem wertvollen Instrument zukünftiger Hochschulentwicklung. Zugleich zeigt es auf, in welche Richtung diese unter Bedingungen der Polykrise weist. Eine Bildungsreform, die diesen Namen verdient, setzt voraus, dass synchron mit dem Hochschulsystem auch das Schulsystem eine neue Entwicklungsstufe erreicht. Schließlich stellt die Hochschulreife die Zielperspektive und damit auch den Flaschenhals jeder ernstzunehmenden Schulreform dar. Verändern sich die Hochschulen, dann ändert sich die Zielperspektive der Schulbildung und damit das Bildungssystem.

Teil I

Das Thüringer Modell
Achtsame Hochschulen

Mike Sandbothe und Reyk Albrecht

Entstehung, Aufbau und Vision des weltweit ersten Programmpakets von Achtsamkeitstrainings für Hochschulen

Abstract

Die Entwickler des Thüringer Modells *Achtsame Hochschulen* und Gründer des Bildungsunternehmens Achtsam.Digital rekonstruieren in diesem Kapitel Alleinstellungsmerkmale und Entstehungskontexte, Aufbau und Vision sowie Transfer und Transformation der von ihnen für Hochschulangehörige entwickelten Achtsamkeitstrainings. Die Autoren machen deutlich, wie hochschulübergreifende komparative Achtsamkeitsrankings die Etablierung von achtsamen Hochschulen fördern könnten und welche kulturpolitische Bedeutung sie mit mehrdimensionalen Achtsamkeitstrainings in Zeiten der Polykrise verbinden. In ihrem Fazit schlagen die Autoren eine erweiterte Definition von Achtsamkeit vor, die individuelle, soziale und ökosystemische Dimensionen integriert.

Einleitung

Wozu achtsame Hochschulen?

In seinem *Field of the Future*-Blog hat Otto Scharmer zum Ende des Jahres 2023 einen Artikel mit dem Titel »2023 in Eight Points: Meditating On Our Planetary Moment« veröffentlicht (Scharmer 2023a). Darin zitiert er den Politiker, Essayisten und Menschenrechtler Václav Havel wie folgt: »Hoffnung […] ist nicht die Überzeugung, dass etwas gut ausgeht, sondern die Gewissheit, dass etwas Sinn hat – egal wie es ausgeht.« (Havel 1987: 220) Havel beschreibt damit die innere Quelle, die auch unseren Einsatz für achtsame Hochschulen von Anfang an gespeist hat und dies noch immer tut.

Das UNESCO-Programm *Bildung für nachhaltige Entwicklung: die globalen Nachhaltigkeitsziele verwirklichen* (2021) hebt die wesentliche Rolle der Bildung für die Umsetzung der globalen Nachhaltigkeitsagenda 2030 hervor (vgl. UNESCO o.J.). In der *Berliner Erklärung zur Bildung für nachhaltige Entwicklung* (2021) heißt es:

»Wir sind zuversichtlich, dass Bildung entscheidend zur positiven Veränderung von Denkweisen und Weltanschauungen beiträgt und alle Dimensionen einer nachhaltigen Entwicklung von Wirtschaft, Gesellschaft und Umwelt zusammenführen und damit sicherstellen kann, dass die Entwicklungspfade nicht ausschließlich auf Wirtschaftswachstum zu Lasten des Planeten, sondern im Rahmen der Belastbarkeitsgrenzen der Erde auf das Wohl aller ausgerichtet sind.«

UNESCO/BMBF (o.J.: Präambel, Punkt 3)

Dabei kommt den Hochschulen eine entscheidende Rolle zu. Denn an ihnen werden Multiplikator:innen der wirtschaftlichen und gesellschaftlichen Entwicklung sowie Führungskräfte der Zukunft ausgebildet. Evidenzbasierte Achtsamkeitstrainings können hier Grundlagen für einen nachhaltigen Bewusstseinswandel legen.

Zugleich geht deren Bedeutung und Anwendbarkeit über den akademischen Kontext hinaus. Vergleichbare Formen nachhaltiger Bewusstseinsbildung braucht es zeitnah auch für Kindergärten, Schulen und Weiterbildungseinrichtungen sowie für Unternehmen, NGOs, Regierungen, UN, EU und andere Organisationen, um die beschriebenen Prozesse und Herausforderungen lebensdienlich und gemeinwohlorientiert zu gestalten (vgl. Bristow/Bell/Nixon 2020; Egel/Suarez 2025; Suarez/Egel 2025).

Wann ist eine Hochschule achtsam? Aus unserer Sicht ist das eine Frage, zu deren Beantwortung die Instrumente der empirischen Sozialwissenschaften hilfreich sein können. In der Achtsamkeitsforschung stehen eine Reihe international anerkannter Fragebögen zur Verfügung (vgl. Gherardi-Donato et al. 2020; Medvedev et al. 2022). Wenn man diese um weitere ergänzt und zur regelmäßigen Befragung von Hochschulangehörigen nutzt, dann lässt sich ein Achtsamkeitsranking erstellen. Hochschulen erreichen darin unterschiedliche Achtsamkeitsindizes und lassen sich miteinander vergleichen. Auf diesem Weg kann die Frage: »Wann ist eine Hochschule achtsam?«, empirisch umformuliert werden: »Wo steht diese oder jene Hochschule im nationalen Achtsamkeitsranking?« Oder auch: »Wo stehen die Hochschulen dieses oder jenes Landes im internationalen Achtsamkeitsranking?«

Eine sich daraus ergebende Frage lautet: »Wozu braucht es achtsame Hochschulen?« Oder anders formuliert: »Warum wäre es sinnvoll, Achtsamkeitsrankings für Hochschulen zu etablieren?« Zur Beantwortung von Fragen dieser Art hat Scharmer bereits vor einem Jahrzehnt hilfreiche Hinweise gegeben.

Im Jahr 2015 ist in dem von Philip Kovce und Birger P. Priddat herausgegebenen Band *Die Aufgabe der Bildung: Aussichten der Universität* ein Beitrag von Scharmer mit dem Titel »Die Universität als Ort der Erneuerung« erschienen. Darin schreibt der international renommierte Wirtschaftswissenschaftler: »Seit Jahren nutze ich [...] Achtsamkeitstechniken für die Stimulierung von Innovationsprozessen, *leadership development* und in der Lehre.« (Scharmer 2015: 228) Später im gleichen Text heißt es: »Die knappste Ressource in Ländern wie Deutschland ist nicht technisches oder praktisches Wissen – es ist Transformationswissen, also die Fähigkeit, sich selbst zu sehen, zu reflektieren und zu entwickeln als Individuum, Team, Institution und System.« (Ebd.: 231)

Genau hier kommt die Achtsamkeit ins Spiel. Das Neue an der neuen Hochschule des 21. Jahrhunderts ist aus Scharmers Sicht »die Integration des Dreiecks von Wissenschaft, gesellschaftlicher Transformation und der Evolution des Selbst (Bewusstsein).« (Ebd.: 231) Daraus folgert der Aktionsforscher mit Blick auf die Hochschulentwicklung: »Praktisch bedeutet dies, dass die individuellen Lern- und Entwicklungsangebote zu Themen wie *mindfulness*, Meditation, Presencing etc. sowohl an Universitäten als auch an Weiterbildungseinrichtungen immer mehr in den Mittelpunkt rücken.« (Ebd.)

Ob Scharmers These über den Zusammenhang von Achtsamkeitsschulung und Transformationskompetenz stichhaltig ist, werden zukünftige Forschungen zeigen. Sobald die entsprechenden Daten erhoben werden, ist es naheliegend, zu untersuchen, ob und wie die Achtsamkeitsindizes von Hochschulen und relevante Transformationsindizes in Wirtschaft und Gesellschaft korrelieren. Einen bewährten und wissenschaftlich erforschten Weg, Achtsamkeit an Hochschulen zu fördern, zeigen die Kapitel im vorliegenden Band auf.

Schon jetzt lässt sich mit hoher Wahrscheinlichkeit sagen, dass Hochschulen ihre Position in zukünftigen Achtsamkeitsrankings verbessern, wenn sie professionelle Achtsamkeitstrainings für alle vier Gruppen von Hochschulangehörigen anbieten: für die Studierenden, die Lehrenden, die Mitarbeitenden und die Führungskräfte. Diese Einschätzung ergibt sich aus den Erfahrungen, die mit dem Thüringer Modell *Achtsame Hochschulen* und der daraus hervorgegangenen Ausgründung Achtsam.Digital gesammelt worden sind.

Im *ersten* Abschnitt dieses Kapitels werden Alleinstellungsmerkmale und Entstehungskontexte, Formatentwicklung, Aufbau und Vision des Thüringer Modells *Achtsame Hochschulen* skizziert. Im *zweiten* Abschnitt schildern wir, wie es dazu kam, dass wir mitten in der Covid-19-Pandemie das Bildungsunternehmen Achtsam.Digital gegründet haben, und wie sich die mehrdimensionalen Achtsam.Digital-Kurse von den Achtsamkeitstrainings des Thüringer Modells unterscheiden. Der *dritte* Abschnitt des Kapitels führt am Beispiel des Achtsamkeitstrainings für Studierende (MBST® 1.0) den Aufbau der Achtsam.Digital-Formate und ihre Funktion als propädeutische Brückenprogramme vor Augen. Abschließend wird im *vierten* Abschnitt ein Ausblick auf die Bedeutung mehrdimensionaler Achtsamkeitstrainings für die Hochschule des 21. Jahrhunderts gegeben und eine erweiterte Definition von Achtsamkeit vorgeschlagen.

1. Das Thüringer Modell *Achtsame Hochschulen*

Beim Thüringer Modell *Achtsame Hochschulen* handelt es sich um einen Ansatz, in dessen Rahmen zielgruppenspezifische Achtsamkeitstrainings für Studierende, Lehrende, Mitarbeitende und Führungskräfte an Hochschulen entwickelt, erprobt und evaluiert wurden. Dem Transfer und der Verstetigung dieses Ansatzes dienen die überregionale Kooperationsplattform *Achtsame Hochschulen* und das *Mindful Universities Research Lab*.[1] Letzteres plant für die nächsten Jahre ein Forschungsvorhaben, in dem es um die Messung der Achtsamkeitsindizes ausgewählter Hochschulen geht.

Bevor wir näher auf Alleinstellungsmerkmale und Entstehungskontexte des Thüringer Modells eingehen, sind die folgenden Bemerkungen zu unserer Verwendungsweise des Wortes Achtsamkeit und der von uns geprägten Wortbildung achtsame Hochschulen hilfreich.

1 Vgl. für die überregionale Plattform: achtsamehochschulen.de/, und für das *Mindful Universities Research Lab*: achtsamehochschulen.de/mindful-universities-research-lab/ [letzter Zugriff 01.11.2024].

Pragmatismus und Praxeologie

Die internationale Achtsamkeitsforschung operiert mit unterschiedlichen Achtsamkeitsdefinitionen (vgl. Nilsson/Kazemi 2016; Krägeloh et al. 2019). In diesem Rahmen wird zwischen Achtsamkeit als Praxis *(practice)*, Zustand *(state)*, Fähigkeit *(skill)* und Haltung *(trait)* unterschieden (vgl. Weghaupt 2024: 115-118). Die mit dem Wort Achtsamkeit bezeichneten Zustände, Fähigkeiten und Haltungen erscheinen dabei sowohl als zu erforschende Eigenschaften von Menschen als auch als Wirkungsdimensionen bestimmter Übungen und Praktiken.

Bei unserer Verwendung des Wortes Achtsamkeit lassen wir uns von der Perspektive des amerikanischen Pragmatismus leiten (vgl. Brandom 2011). Diese legt nahe, die komplexen und nur schwer zu untersuchenden Phänomene des Inneren (Zustände, Fähigkeiten, Haltungen) von den sichtbaren, konkreten und relativ einfach zu benennenden Praktiken her in den Blick zu nehmen, die mit der Hervorbringung bzw. Kultivierung der genannten Phänomene in Beziehung gebracht werden. In der zeitgenössischen Soziologie wird ein ähnlicher Ansatz als Praxeologie bezeichnet (vgl. Reckwitz/Rosa 2021). Sowohl pragmatistische als auch praxeologische Perspektiven sind beim Thema Achtsamkeit naheliegend, da hier die in unterschiedlichen Trainingsprogrammen angeordneten Achtsamkeitsübungen als präzise zu beschreibende Praktiken herangezogen werden können (vgl. Schmidt 2020).

Dementsprechend wurde im Rahmen des Thüringer Modells das Wort Achtsamkeit als Chiffre für die von den Projektteilnehmenden erprobten Praktiken und gesammelten Erfahrungen verwendet. In der Einleitung zu diesem Buch haben wir eine korrespondierende Verwendungsweise für die Wortbildung achtsame Hochschulen vorgeschlagen. Sie lautet: »Achtsame Hochschulen sind Hochschulen mit einer Hochschulkultur, die durch die Nutzung von Achtsamkeitspraktiken geprägt ist« (siehe die »Einleitung« in diesem Buch, S. 18).

Den international etablierten Fragebögen, die in zukünftigen Achtsamkeitsrankings zum Einsatz kommen können, liegen unterschiedliche Achtsamkeitskonstrukte zugrunde, die auf semantischen Vorentscheidungen basieren und sich in *Mixed-methods*-Ansätzen triangulieren lassen. Wenn sich solche Rankings an Hochschulen etablieren, kann die pragmatistische bzw. praxeologische Verwendungsweise der Wortbildung achtsame Hochschulen durch eine stärker semantisch geprägte Definition ergänzt werden. Am Ende dieses Kapitels machen wir darüber hinaus einen Vorschlag zu einer erweiterten semantischen Definition von Achtsamkeit.

Alleinstellungsmerkmale und Entstehungskontexte

Das Thüringer Modell *Achtsame Hochschulen* ist das weltweit erste Programmpaket zur Implementierung von Achtsamkeitstrainings in die unterschiedlichen Funktionsbereiche von Hochschulen. Es führt die kulturellen Querschnittsthemen Achtsamkeit, Digitalisierung und Transformation mit Blick auf das Hochschulsystem zusammen. Im Zentrum des in den Jahren 2015 bis 2019 entwickelten ganzheitlichen Ansatzes stehen zielgruppenspezifische säkulare Achtsamkeitstrainings für Studierende, Lehrende, Mitarbeitende und Führende an Hochschulen.

Andere Ansätze, Projekte und Modelle, die im gleichen Zeitraum oder zuvor entstanden sind, haben sich auf die Studierenden beschränkt oder konzentriert. Im internationalen Kontext ist hier auf das von Holly Rogers und Margret Maytan für Studierende der Duke University in Durham (North Carolina, USA) seit 2005 entwickelte vierwöchige Programm *Koru Mindfulness* hinzuweisen (vgl. Rogers/Maytan 2019). In Deutschland zählt das von Andreas de Bruin an der Hochschule München und der Ludwig-Maximilians-Universität München entwickelte Münchner Modell *Achtsamkeit und Meditation im Hochschulkontext* zu den Pionierprogrammen für Studierende (Bruin 2021; 2022).

Hervorzuheben ist dabei, dass das Münchner Modell, anders als das aus vier Kurseinheiten à 75 Minuten bestehende *Koru Mindfulness* an der Duke University (vgl. Rogers/Maytan 2019: 59), seit 2010 »Achtsamkeit und Meditation« als vollwertige Lehrveranstaltung angeboten hat, die in jeder der 14 oder 15 Semesterwochen 90 Minuten beansprucht und mit ECTS-Punkten honoriert wird (Bruin 2021: 57–75). Dieser Ansatz, der Achtsamkeitskurse in das reguläre Angebot von Studiengängen einbaut, verbindet das Münchner mit dem Thüringer Modell (vgl. Kohls 2022: 363f.; Heger in Vorb.).

Der darin zum Ausdruck kommende integrative Aspekt gesellt sich als zweites Charakteristikum des Thüringer Modells zu dem bereits genannten Alleinstellungsmerkmal der Ganzheitlichkeit hinzu. Beide hängen eng zusammen. Der *ganzheitliche Ansatz* manifestiert sich in der Ausrichtung auf alle vier Zielgruppen von Hochschulangehörigen. Der *integrative Aspekt* besteht darin, dass die Eingliederung der Achtsamkeitskurse z.B. für Studierende als vollwertige Seminare in die einzelnen Studiengänge, für Mitarbeitende in die Arbeitszeit bzw. für Lehrende und Führungskräfte in die hochschuleigene Weiterbildung erfolgt.

Als drittes Charakteristikum des Thüringer Modells ist sein *pragmatischer Ansatz* zu nennen. Im Sinne des *design thinking* (vgl. Plattner/Meinel/Leifer 2015; Brown 2019) und der Aktionsforschung (vgl. Reason/

Bradbury 2008) erfolgt die Formatentwicklung direkt im Feld. Durch die zeitnahe Auswertung der in die Kurse integrierten interaktiven Feedback-Schleifen und die Erfahrungsberichte, die von den Teilnehmenden eingereicht werden, können die Formate im *rapid prototyping* kontinuierlich an die Bedürfnisse der Teilnehmenden angepasst und gezielt optimiert werden.

Verbunden damit ist viertens die *Bottom-up-Strategie*, die für alle Zielgruppen des Thüringer Modells eingesetzt wird. Dies bedeutet, dass bei der Implementierung der Achtsamkeitstrainings in jeder Zielgruppe mit Koalitionen der Willigen bzw. Methoden der Schwarmbildung gearbeitet wird (vgl. Miller 2010). Ein solches Vorgehen respektiert die akademische Selbstverwaltung sowie die Freiheit von Forschung und Lehre. Die Achtsamkeitsangebote werden dort genutzt, wo sie willkommen sind.

Als Entstehungskontexte des Thüringer Modells *Achtsame Hochschulen* sind zwei Forschungs- und Entwicklungsprojekte zu nennen, die von der Gesundheitskasse AOK PLUS im Zeitraum von 2015 bis 2019 mit zwei Millionen Euro gefördert wurden. Dabei handelt es sich um das Innovationsprojekt *Gesundes Lehren und Lernen an der Ernst-Abbe-Hochschule Jena* (2015-2019) und das darauf aufbauende Thüringer Modellprojekt *Achtsame Hochschulen in der digitalen Gesellschaft* (2017-2019; vgl. Albrecht/Güngör/Sandbothe 2020; Sandbothe 2020).

Die Fundamente für das Thüringer Modell wurden in den Jahren 2015 bis 2017 an der Ernst-Abbe-Hochschule Jena und der Friedrich-Schiller-Universität Jena gelegt. Darauf aufbauend sind die in Jena entwickelten Trainingsprogramme im Rahmen des Thüringer Modellprojekts von 2017 bis 2019 an sechs Hochschulen des Freistaats exemplarisch erprobt, wissenschaftlich evaluiert und prototypisch weiterentwickelt worden. Zu den drei Initialhochschulen des Modellprojekts – den beiden Jenaer Hochschulen und der Technischen Universität Ilmenau – kamen die Universität Erfurt, die Hochschule Nordhausen und die Bauhaus-Universität Weimar hinzu.

Die Achtsamkeitstrainings für Studierende und Mitarbeitende wurden jeweils vor Ort an den beteiligten Hochschulstandorten in Thüringen (Erfurt, Ilmenau, Jena, Nordhausen, Weimar) angeboten. Die Achtsamkeitstrainings für Lehrende und Führende wurden zentral für alle beteiligten Hochschulen an der Ernst-Abbe-Hochschule Jena bzw. im Augustinerkloster Erfurt durchgeführt.

Die Finanzierung des dem landesweiten Transfer dienenden Modellprojekts lag in den Händen der AOK PLUS, des Thüringer Ministeriums für Wirtschaft, Wissenschaft und digitale Gesellschaft sowie der drei Initialhochschulen in Jena und Ilmenau. Als Konsortialführer fungierte die Ernst-Abbe-Hochschule Jena. Die Bereitschaft dieser unterschiedlichen Akteure zu kooperieren und das Forschungs- und Entwicklungsvorhaben zu fördern, ermöglichte den Erfolg des Thüringer Modells *Achtsame Hochschulen*. Insgesamt erreichten dessen Veranstaltungsangebote im Zeitraum von 2015 bis 2019 mehr als 10.000 Personen.

Ein für den weiteren Transfer wichtiges Resultat der Projektarbeit ist die aus dem Thüringer Modell entstandene überregionale Kooperationsplattform *Achtsame Hochschulen*. Sie vernetzt mehr als 800 Hochschulangehörige aus circa 150 Hochschulen und Universitäten in Deutschland, Österreich und der Schweiz (Stand: Dezember 2024). Diese arbeiten gemeinsam daran, Achtsamkeit länderübergreifend in Hochschulen voranzubringen, indem sie u.a. eigenständige Achtsamkeitsseminare mit ECTS-Punkten in die Studiengänge oder ins Studium generale bringen und/oder kurze Achtsamkeitsübungen in ihre jeweiligen Fachveranstaltungen integrieren (vgl. die Kapitel in diesem Buch sowie Dievernich/Döben-Henisch/Frey 2019; Albrecht/Güngör/Sandbothe 2020; Bruin 2021; 2022; Aatz 2023; Konrad et al. 2023; Miksch/Ostermaier 2024; Sandbothe/Albrecht/Ostermaier 2024).

Das Thüringer Modell hat Kolleg:innen in anderen Bundesländern zu Nachfolgeprojekten inspiriert. Zu nennen sind hier die beiden ganzheitlich angelegten Projekte *Achtsame Hochschule Hessen* und *Achtsamkeit in der Bildung und Hochschulkultur*. Ersteres wird an der Hochschule Darmstadt koordiniert und bezieht sowohl Studierende und Lehrende als auch Mitarbeitende und Führungskräfte mit ein. Letzteres wird an der Universität Leipzig koordiniert und konzentriert sich auf Studierende und Lehrende im Kontext der Lehrer:innenausbildung. Weitere Vorhaben sind in Vorbereitung.

Professionelle Formatentwicklung und kulturpolitische Vision

Die intensive Auseinandersetzung mit Jon Kabat-Zinns achtwöchigem Trainingsprogramm Stressreduktion durch Achtsamkeit (MBSR) hat uns (Mike Sandbothe und Reyk Albrecht) von Anfang an verbunden. Dieses Programm entwickelte der amerikanische Medizinprofessor und Molekularbiologe 1979 in der von ihm geleiteten Stressklinik am University Hospital of Massachusetts für chronische Schmerzpatient:innen sowie ›austherapierte‹ Patient:innen z.B. mit Aids, Krebs oder schweren Depressionen (vgl. Kabat-Zinn 2013). Um die Potenziale dieses Programms für die Akteur:innen an Hochschulen besser verstehen und nutzen zu können, absolvierten wir die eineinhalbjährige MBSR-

Trainer:innenausbildung. Das geschah unter Leitung von Karin Krudup an dem von Linda Lehrhaupt gegründeten Institut für Achtsamkeit.[2]

Unterstützt wurden wir bei unserer Arbeit von dem erfahrenen MBSR-Lehrer und in Jena promovierten Mediziner Bernd Langohr, dem Gründer und langjährigen Vorsitzenden des MBSR-Verbandes Günter Hudasch sowie von Karin Krudup, die seit vielen Jahren den deutschsprachigen Ausbildungsbereich des größten Ausbildungsinstituts für MBSR-Lehrer:innen in Europa leitet. Langohr, Hudasch und Krudup halfen uns dabei, das achtwöchige klinische Trainingsprogramm von Kabat-Zinn auf die Bedürfnisse von Studierenden, Lehrenden, Mitarbeitenden und Führenden an Hochschulen zuzuschneiden.

Es war keine leichte Aufgabe, ein international renommiertes und weltweit evaluiertes Programm aus dem medizinischen Bereich für die Bildungszwecke von Hochschulen zu transformieren (vgl. Sanghvi/Bristow 2024). Schnell zeigte sich, dass allein schon die zeitlichen Extensionen des Kursformats einer Anpassung bedurften. Das von Kabat-Zinn für die Stressklinik des University Hospital of Massachusetts entwickelte achtwöchige MBSR-Programm bestand aus 2,5 Stunden Präsenztreffen pro Woche verbunden mit einer 30- bis 60-minütigen täglichen Achtsamkeitspraxis der Teilnehmenden und einem Achtsamkeitstag im Schweigen von etwa sechs Stunden. Sich auf ein solches Zeitformat einzulassen, setzt eine hohe Motivation bzw. erheblichen Leidensdruck sowie eine gewisse zeitliche Planungsfreiheit voraus. Das kann bei schwerkranken Patient:innen gegeben sein, ist aber bei den mehr oder weniger gesunden Angehörigen von Hochschulen nicht vorauszusetzen.

Wichtig war es uns von Anfang an, durch neue Namen – Achtsamkeitstraining für Studierende (MBST®), Achtsamkeitstraining für Lehrende (MBTT®), Achtsamkeitstraining für Mitarbeitende (MBET®) und Achtsamkeitstraining für Führungskräfte (MBLT®) – hervorzuheben, dass es sich bei den von uns entwickelten zwölfwöchigen Trainingsprogrammen nicht einfach um ›MBSR light‹ handelt, sondern um speziell für Hochschulen entwickelte Achtsamkeitsformate, die sich von MBSR inspirieren lassen und zugleich eigene Wege gehen.

Dieser Entscheidung kam entgegen, dass Kabat-Zinn in dem von ihm mitherausgegebenen *Mindfulness-Based Stress Reduction (MBSR) Authorized Curriculum Guide 2017* wie folgt formulierte:

2 Vgl. hierzu die Homepage institut-fuer-achtsamkeit.de/ [letzter Zugriff 01.11.2024].

»Currently, there are a wide-range of mindfulness-based programs that have developed out of the basic structure and format of MBSR. We applaud these adaptations and experiments while strongly urging our colleagues to call what they do MBSR only if they adhere to the structure and standards described herein. Without such adherence, the veracity of MBSR will be diminished and the scientific results increasingly suspect.«

Kabat-Zinn (2017: 4)

Tatsächlich liegt der weltweite Erfolg von MBSR darin, dass es einen Standard gesetzt hat, der international in einer Vielzahl von Studien und Metastudien evaluiert werden konnte.[3] Wichtig war und ist dabei die Identität der evaluierten Programmstruktur. An diesem Erfolgsmodell haben wir uns in doppelter Hinsicht orientiert: zum einen, indem wir mit den im Rahmen des MBSR-Programms zum Einsatz kommenden säkularen Achtsamkeitsübungen wie Body Scan, achtsames Yoga, Sitz- und Gehmeditation in transformierter Gestalt weitergearbeitet haben, und zum anderen, indem wir uns selbst um die Etablierung eines Standards für Achtsamkeitstrainings an Hochschulen bemühen. Unser Fokus lag und liegt dabei auf einer professionellen Vereinheitlichung der akademischen Achtsamkeitsausbildung auf internationalem Niveau.

Eine Grundausbildung in säkularen Achtsamkeitsübungen wird (zumindest für die nächsten fünf bis zehn Jahre) an Hochschulen benötigt, weil die Schulen diese grundlegende Bildungsaufgabe bisher nicht hinreichend erfüllen. Schülerinnen und Schüler kommen mit einem Abitur an die Hochschulen, das Achtsamkeitskompetenzen nicht berücksichtigt. Deshalb sind noch immer viele von ihnen Achtsamkeitsanalphabet:innen. Das Gleiche gilt auch für die Mehrheit der Lehrenden, Mitarbeitenden und Führenden an Hochschulen. Sie haben in der Schule nicht gelernt, welche Sitztechniken es für das Meditieren gibt bzw. wie sich Body Scans, achtsame Bewegungsübungen, Sitz- und Gehmeditationen durchführen und in den Tagesablauf integrieren lassen.

Normalerweise können die Lehrveranstaltungen, die an Hochschulen angeboten werden, von einem Basiswissen und grundlegenden Fachkompetenzen ausgehen, die an den Schulen als Standard vermittelt werden. Nimmt man die Kulturtechnik des Alphabets als Beispiel, dann ist es so, dass das Alphabet oder der Satzbau an Hochschulen normalerweise nicht unterrichtet werden müssen. Die sprachlichen

3 Vgl. hierzu die Homepage der American Mindfulness Research Association: goamra.org/ [letzter Zugriff 01.11.2024].

Standards werden an den Schulen vermittelt. Die Hochschulen können sich auf Individualisierung, Diversifizierung und Spezialisierung konzentrieren (vgl. Rorty 1999).

Bei der nicht minder grundlegenden Kulturtechnik der Achtsamkeit aber fehlt genau dafür derzeit noch die schulische Grundlage. Daher sind die Basisfähigkeiten in einem ersten Schritt an den Hochschulen selbst zu vermitteln, bevor es in einem zweiten und dritten Schritt Sinn ergibt, das Spektrum der Achtsamkeitsübungen gezielt zu diversifizieren. Das anzuerkennen fällt auch und gerade achtsamkeitsorientierten Hochschullehrenden nicht immer leicht. Für sie sind Individualisierung, Diversifizierung und Spezialisierung der gewohnte Modus ihrer akademischen Praxis.

In der derzeit noch andauernden Entwicklungsphase der Achtsamkeitsbildung haben wir es sowohl an Schulen als auch an Hochschulen mit einer Pluralität unterschiedlicher Ansätze zu tun (vgl. Gunnlaugson et al. 2014; Schonert-Reichl/Roeser 2016; Lemon/McDonough 2018). Dort, wo es Initiativen gibt, konkurrieren unterschiedliche Angebote miteinander und eine Abstimmung der Akteur:innen findet nur selten statt. Häufig prägen private Vorlieben den Charakter der durchgeführten Veranstaltungen. Demgegenüber sichert die kooperative Entwicklung eines gemeinsamen säkularen Kanons, der sich an international erforschten Achtsamkeitstrainings wie MBSR orientiert, nicht nur die Aussagekraft der Begleitforschung, sondern legt zugleich die bewusstseinskulturelle Grundlage für das Bildungssystem des 21. Jahrhunderts. Das jedenfalls ist die kulturpolitische Vision, die dem Thüringer Modell zugrunde liegt.

Basiskurse und Weiterbildungsangebote

Das Programmangebot, das vom Thüringer Modell *Achtsame Hochschulen* entwickelt worden ist, setzt sich aus grundlegenden Basiskursen und darauf aufbauenden Weiterbildungsangeboten zusammen. Die auf die jeweiligen Bedürfnisse der akademischen Zielgruppen angepassten prototypischen Basisprogramme MBST®, MBTT®, MBET® und MBLT® wurden mit Hilfe etablierter sozialwissenschaftlicher und medizinischer Methoden evaluiert (siehe die Kapitel I.2 bis I.5 in diesem Buch). Eine Beschreibung des Kursaufbaus erfolgt im Schlussteil dieses Beitrags am Beispiel des Curriculums des MBST® 1.0.

Ausgehend von den Basiskursen wurden Weiterbildungsangebote für die unterschiedlichen Zielgruppen konzipiert und durchgeführt. Auf der Grundlage eines gemeinsamen Kanons von evidenzbasierten Achtsamkeitsübungen eröffneten sich hier Spielräume für Individualisierung, Diversifizierung und Spezialisierung. So wurde im Rahmen des Thüringer Modells die *Zertifikatsausbildung Achtsame Hochschul-*

lehrende (ZAH®) entwickelt. Sie richtet sich an Hochschullehrende, die bereits am zwölfwöchigen MBTT® teilgenommen und eine regelmäßige Achtsamkeitspraxis in ihren Tagesablauf integriert haben. Die Weiterbildung umfasst fünf Module à 1,5 Tage und unterstützt die Teilnehmenden dabei, Achtsamkeitsübungen u.a. in die Lehre, die Gremien- und Teamarbeit zu integrieren.

Der Prototyp für diese Weiterbildung wurde 2017/18 von uns entwickelt und an der Ernst-Abbe-Hochschule Jena erprobt. In der Folgezeit wurde die ZAH® an der Hochschule Osnabrück (2019/20), der University of Applied Sciences Frankfurt a.M. (2020/21), der Hochschule Nordhausen (2020/21), der Universität Leipzig (2022/23) sowie am Hochschuldidaktischen Zentrum Sachsen (2022/23), dem Berliner Zentrum für Hochschullehre (2023) und der Hochschule Darmstadt (2023) durchgeführt. Bei der Umsetzung haben die Hochschulen in Osnabrück und Frankfurt a.M. ihre je eigenen Akzente gesetzt. Zu diesem Zweck wurden u.a. Anleihen bei der von Myrna und Greg Lewis in Südafrika entwickelten *Deep-Democracy*-Methode[4] oder beim sozialen Buddhismus der koreanischen Dharma-Meisterin Ji Kwang Dae Poep Sa Nim (vgl. Dae Poep Sa Nim 2016) gemacht. Die Erfahrungen, die an den verschiedenen Standorten mit dem Weiterbildungsangebot gesammelt wurden, sind zugleich ein lehrreiches Beispiel für die Dialektik von Standardisierung und Diversifizierung.

Der ZAH®-Prototyp war so angelegt, dass die Hochschullehrenden in fünf Aufbaumodulen lernen konnten, standardisierte Achtsamkeitsübungen in ihren Fachveranstaltungen sowie in der Gremien- und Teamarbeit anzuleiten. Die Teilnehmenden hatten zuvor das zwölfwöchige MBTT® besucht und in diesem Rahmen eine regelmäßige Achtsamkeitspraxis entwickelt. Sie konnten sich also bereits selbst anleiten, hatten aber noch keine Erfahrungen damit, Achtsamkeitsübungen für andere anzuleiten. Damit dies gelingen kann, ist die Authentizität der Anleitung ein zentraler Erfolgsfaktor. Letztere wiederum ist eine Folge der eigenen regelmäßigen Achtsamkeitspraxis. Wer sich selbst regelmäßig anleitet, verstimmlicht die bereits eingeübte stille Selbstanleitung, wenn er oder sie Studierende, Mitarbeitende oder Kolleg:innen anleitet. Zugleich ist es von Vorteil, wenn er oder sie diejenigen standardisierten Übungen nutzt, welche die Studierenden im MBST®, die Mitarbeitenden im MBET® oder die Kolleg:innen im MBTT® bzw. im MBLT® trainieren.

Es waren vermutlich sowohl das Fehlen dieses ganzheitlichen Rahmens als auch der Mangel eines geteilten Achtsamkeitsalphabets, die in Osnabrück und Frankfurt a.M. zu ambivalenten Rückmeldungen der

4 Vgl. lewisdeepdemocracy.com/ [letzter Zugriff 01.11.2024].

Teilnehmenden geführt haben (siehe Kapitel I.7 in diesem Buch). Aus diesem Grund ist die ZAH® zu einer stärker standardisierten Form zurückgekehrt (vgl. Achtsam.Digital 2024).

Demgegenüber haben Individualisierung, Diversifizierung und Spezialisierung in anderen Weiterbildungsangeboten des Thüringer Modells eine erfolgreiche Verankerung gefunden. Dabei handelt es sich um die von uns sogenannten Inkubationsworkshops. Von diesen retreatartigen Kompaktformaten wurden in der Projektlaufzeit die folgenden Veranstaltungen umgesetzt:

- »Stressbewältigung durch Achtsamkeit« (Schlosshotel Eyba, 2015)
- »Achtsamkeitspraxis in Hochschulen und Unternehmen« (Kloster Donndorf, 2016)
- »Interaktionspädagogik mit Thiagi« (Russischer Hof Weimar, 2018)
- »Achtsame Erlebnispädagogik« (Schlosshotel Eyba, 2018)
- »Achtsames Schreiben« (Jugendbildungsstätte Hütten, 2019)
- »Achtsame Hochschulen – Innehalten und Vorwärtsschreiten« (Benediktushof Holzkirchen, 2019)

Die mehrtägigen Workshops haben die unterschiedlichen Statusgruppen sowohl der kooperierenden als auch weiterer interessierter Hochschulen zusammengebracht. Die an ausgewählten Orten außerhalb des akademischen Settings durchgeführten Retreats leisteten neben einer Sensibilisierung für wichtige Themen der Achtsamkeitspraxis einen wirksamen Beitrag zur Entwicklung tragfähiger Beziehungen und nachhaltiger Freundschaften über Statusgruppen-, Fachbereichs-, Hochschul- und Landesgrenzen hinweg.

Zugleich war hier der Ort für die Ausdifferenzierung des Achtsamkeitsfeldes und das Experimentieren mit anschlussfähigen Praktiken, die über die in den Basiskursen vermittelten Standards hinausgehen (siehe Kapitel II.5 und II.7 in diesem Buch). Die besondere Kraft des Formats wird darüber hinaus in Erfahrungsberichten und mikrophänomenologischen Untersuchungen deutlich, die sich in der Fachliteratur zum Inkubationsworkshop »Achtsame Hochschulen – Innehalten und Vorwärtsschreiten« finden (siehe Kapitel I.6 und I.7 in diesem Buch sowie Bruin 2021: 31-36).

Wichtige Katalysatoren des Thüringer Modells waren auch die durchgeführten Großveranstaltungen. So haben die »Jenaer Achtsamkeitstage«, die 2016 parallel an Schulen und Hochschulen durchgeführt wurden, gezeigt, dass die Förderung von Achtsamkeitskompetenzen im gesamten Bildungssystem anzugehen ist und die Entwicklung eines gemeinsamen Achtsamkeitsalphabets für Kindergärten, Schulen und Hochschulen eine wichtige Zukunftsaufgabe darstellt (vgl. Iwers/Roloff 2021; Bogner/Harant 2022; Sandbothe 2024).

Am Ende der Projektlaufzeit hat die Abschlusstagung »Achtsam.Digital – Die Hochschule des 21. Jahrhunderts« über 150 Achtsamkeitsexpert:innen von 25 Hochschulen aus zwölf Bundesländern zu Workshops mit Otto Scharmer und Christine Wank nach Jena geführt (vgl. Spannbauer 2019). Die achtsamkeitsbasierte Transformationsmethodologie der von Scharmer entwickelten Theorie U half dabei, blinde Flecken zu entdecken und innovative Perspektiven zu eröffnen (vgl. Scharmer 2019b; 2020). Hier entstand auch die für unsere spätere Arbeit zukunftsweisende Idee, die primär auf individuellen Achtsamkeitsübungen basierenden Kursprogramme des Thüringer Modells um soziale und ökosystemische Achtsamkeitsübungen zu erweitern.

2. Vom Thüringer Modell zu Achtsam.Digital

Im Dezember 2019 wurden die beiden Forschungs- und Entwicklungsprojekte, aus denen das Thüringer Modell *Achtsame Hochschulen* hervorgegangen ist, erfolgreich abgeschlossen und positiv evaluiert. Am 11. März 2020 stufte die Weltgesundheitsorganisation die Verbreitung von Covid-19 als Pandemie ein. Und mit ihr kamen die E-Mails und die Anrufe von Hochschulangehörigen und Hochschulleitungen aus Deutschland, Österreich und der Schweiz. Auslöser für die große Achtsamkeitsnachfrage war vor allem die überbordende mentale, psychische und gesundheitliche Belastung, die an den Hochschulen seit dem ersten Onlinesemester im Sommer 2020 manifest wurde (vgl. Aristovnik et al. 2020; Besa et al. 2021; Allgayer et al. 2022; Anders et al. 2022: 179–198; Deutscher Hochschulverband 2022a). Hinzu kam der kollektive Stresstest, der auch und gerade an Hochschulen mit dem zunehmenden Bewusstsein für die lokalen, regionalen, nationalen und globalen Herausforderungen des Klimawandels verbunden ist.

Sollten wir einen neuen Drittmittelantrag schreiben? Aber an wen? Achtsamkeit stand im Jahr 2020 noch nicht auf der Agenda der einschlägigen Förderinstitutionen in Deutschland und Europa. Außerdem hatten wir im Laufe unserer Projektarbeit ausreichend intensive Erfahrungen mit dem Thema »Bürokratie in Wissenschaft und Forschung« (vgl. Deutscher Hochschulverband 2022b) gesammelt. Als Antwort auf die überregionale Nachfrage haben wir angesichts fehlender Fördermöglichkeiten und aufgrund der von uns angestrebten Agilität im März 2021 mitten in der Pandemie die Achtsam.Digital GmbH & Co. KG gegründet.

Der Name Achtsam.Digital geht auf die gleichnamige Abschlusskonferenz des Thüringer Modells zurück. Er bringt zum Ausdruck, dass die zunehmende Digitalisierung unserer Gesellschaften mit einem achtsamen Bewusstseinswandel zu verknüpfen ist. Durch diese Verbindung lässt sich die mentale, psychische und gesundheitliche Überforderung der Menschen verringern und ihre Transformationskompetenz stärken. Darüber hinaus macht der Name deutlich, dass sich Achtsamkeit auch im Onlineformat auf wirksame Weise unterrichten lässt (vgl. Mrazek et al. 2019). Beide Bedeutungsaspekte von Achtsam.Digital betonen, dass Achtsamkeit und Digitalisierung nicht gegeneinander zu stellen sind, sondern sich wechselseitig unterstützen und stärken können.

Die Auseinandersetzung mit der Polykrise (vgl. Tooze 2021) und die Anregungen von Scharmer (vgl. Scharmer 2019a) führten uns dazu, die im Thüringer Modell entwickelten Trainingsprogramme um soziale und ökosystemische Achtsamkeitsübungen zu erweitern. Um den Unterschied zu den Prototypen des Thüringer Modells und die Offenheit für zukünftige Entwicklungen deutlich zu machen, bezeichnen wir die neuen Formate mit dem Zusatz 1.0: MBST® 1.0, MBTT® 1.0, MBET® 1.0, MBLT® 1.0 und ZAH® 1.0.

Während die Achtsamkeitskurse des Thüringer Modells eindimensional an den individuellen Übungen des MBSR ausgerichtet waren, orientieren sich die mehrdimensionalen Trainingsangebote von Achtsam.Digital darüber hinaus an den internationalen Standards von dyadischen, sozialen, systemischen und ökologischen Achtsamkeitsübungen (siehe Kapitel III.4 in diesem Buch). Diese wurden von Tania Singer (vgl. Singer/Koop/Godara o.J.; Singer 2024), Otto Scharmer (vgl. Scharmer 2019b; 2020; Scharmer/Kaufer 2025) und Arawana Hayashi (vgl. Hayashi 2021) gesetzt (siehe die »Einleitung« in diesem Buch).

Sowohl in Bezug auf die von Kabat-Zinn und Singer als auch in Bezug auf die von Scharmer und Hayashi entwickelten Trainingsprogramme haben die Achtsam.Digital-Kurse propädeutische Funktion. Die als Bildungsangebote für Hochschulen konzipierten Kurse konkurrieren nicht mit den voraussetzungsreicheren Programmen, sondern bereiten auf diese vor. Als Brückenprogramme tragen die Achtsam. Digital-Kurse dazu bei, auch und gerade an Hochschulen den Boden für die Skalierung von MBSR (Kabat-Zinn), Dyadentraining (Singer) und *Social Presencing Theater* (Scharmer/Hayashi) zu bereiten.

Mit dieser Brückenbildung lässt sich eine weiter reichende kulturpolitische Vision verbinden. Sie kommt durch den Übergang von der horizontalen Wissenswelt des 19. und 20. Jahrhunderts zur vertikalen Bildungslandschaft des 21. Jahrhunderts zum Ausdruck. Letztere unterscheidet sich von der in Schulen und Hochschulen bis heute üblichen horizontalen Wissensvermittlung dadurch, dass sie in enger Verbindung mit den kognitiven Kompetenzen auf gleichberechtigte Weise auch emotionale und voluntative Fähigkeiten trainiert (siehe Kapitel III.3 und III.4 in diesem Buch).

Das Praxisbuch *Achtsamkeiten. Übungen für mich, für uns und für die Welt* macht den Übergang zur vertikalen Bildungswelt für alle Menschen auch außerhalb des Bildungssystems zugänglich (Sandbothe/Albrecht/Ostermaier 2024). Das Zusammenspiel der verschiedenen Übungsformen ist in dem Youtube-Video *Bewusstseinswandel durch transformative Praktiken: Achtsamkeit, Dyaden, Social Presencing Theater* dokumentiert (vgl. Achtsame Hochschulen 2024).

Zu jedem der zwölfwöchigen Kursformate von Achtsam.Digital (MBST® 1.0, MBTT® 1.0, MBET® 1.0, MBLT® 1.0) sowie zur ZAH® 1.0 gibt es professionelle Trainer:innenhandbücher. Diese werden von den über 50 zertifizierten Achtsam.Digital-Trainer:innen (Stand: Oktober 2024) zur standardisierten Durchführung der mehrdimensionalen Brückenformate in Schulen, Hochschulen, Universitätskliniken, Unternehmen und anderen Organisationen verwendet.

Im Zeitraum von 2021 bis 2024 wurden 150 Achtsam.Digital-Kurse mit mehr als 2500 Teilnehmenden an Organisationen in Deutschland, Österreich und der Schweiz durchgeführt. Dazu gehören u.a. das Berliner Zentrum für Hochschullehre, die Hochschuldidaktik Sachsen, Hochschulen und Universitäten in Berlin, Bremen, Darmstadt, Dresden, Düsseldorf, Erfurt, Freiburg, Furtwangen, Heidelberg, Göttingen, Innsbruck, Jena, Leipzig, Luzern und Salzburg, die Duale Hochschule Baden-Württemberg und die Hochschule für Polizei Baden-Württemberg sowie die Universitätskliniken in Jena, Göttingen und Ulm, die Charité Berlin, die Stiftung der deutschen Wirtschaft und die ZEISS AG.

Die Hochschulkurse werden vom Lehrpersonal der jeweiligen Hochschule im Rahmen ihres Lehrdeputats oder von externen Trainer:innen durchgeführt. Sowohl das interne Lehrpersonal als auch die externen Trainer:innen durchlaufen zuvor einen sechstägigen Praxisworkshop, leiten selbständig einen Zwölf-Wochen-Zertifzierungskurs, schreiben dazu einen Erfahrungsbericht und nehmen danach regelmäßig an Vertiefungsworkshops teil. Zum Ausbildungsteam von Achtsam.Digital gehören neben den Ausbildungsleitern Mike Sandbothe und Reyk Albrecht u.a. die Neurowissenschaftlerinnen Britta Hölzel und Olga Klimecki, die Aufmerksamkeitspsychologin Amishi Jha, der Resilienzforscher Niko Kohls, der Wirtschaftswissenschaftler Hubert Ostermaier, die Tanzwissenschaftlerin Taiya Mikisch sowie die beiden erfahrenen Achtsamkeitstrainerausbildenden Karin Krudup und Günter Hudasch.

3. Exemplarische Darstellung des Aufbaus der Achtsam.Digital-Basiskurse

Ein wichtiges Ziel der zwölfwöchigen Basiskurse ist es, die Teilnehmenden dabei zu unterstützen, 15 bis 20 Minuten Achtsamkeitsübungen in ihren Tagesablauf zu integrieren. Dass es zur Erreichung dieses Ziels förderlich ist, die Praxis ins Zentrum der Kurse zu rücken und den Anteil an theoretischen Inputs zu minimieren, war ein grundlegendes Lernergebnis unserer Forschungs- und Entwicklungsarbeit. Zu einem ähnlichen Resultat sind auch Amishi Jha und ihr Team bei der Erprobung von Achtsamkeitstrainings für das US-Militär gekommen (vgl. Jha et al. 2017). Der Praxisanteil der Achtsam.Digital-Basiskurse liegt bei ca. 95 Prozent. Das schließt den systematisch strukturierten Erfahrungsaustausch über die in den Kurseinheiten gemeinsam praktizierten Achtsamkeitsübungen ein.

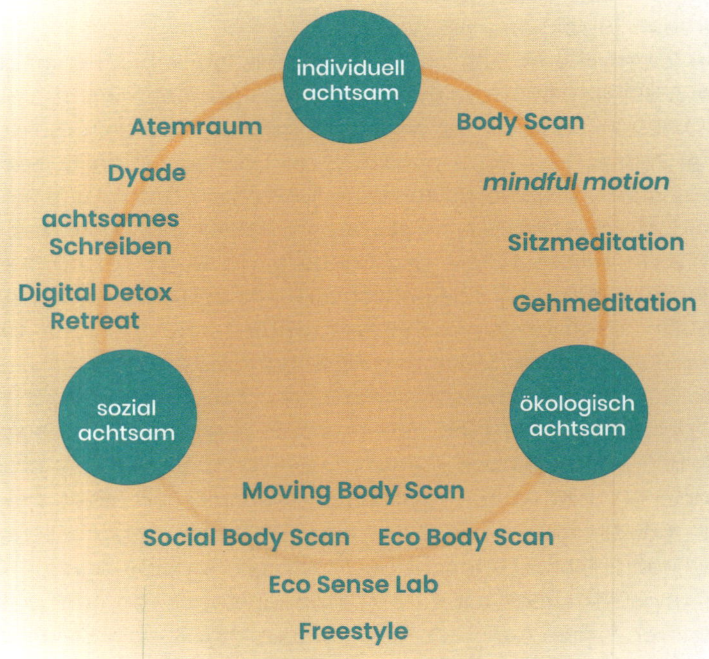

Abbildung 1: Achtsam.Digital Übungskanon 1.0

Essentials und Curriculum

Anhand des zwölfwöchigen MBST® 1.0 wird der Aufbau der Achtsam.Digital-Basiskurse nachfolgend exemplarisch erläutert. Wie auch die anderen Basisprogramme (MBTT® 1.0, MBET® 1.0, MBLT® 1.0) bietet MBST® 1.0 den Teilnehmenden die Möglichkeit, individuelle, soziale und ökosystemische Achtsamkeitsübungen in ihrem Zusammenspiel kennenzulernen. Es folgt zunächst ein Überblick über die Essentials des Trainingsprogramms.

MBST® 1.0 besteht aus insgesamt zwölf Veranstaltungen. Diese werden wöchentlich in Präsenz oder online durchgeführt. Mit beiden Varianten haben wir Erfahrungen gesammelt. Es kann sinnvoll sein, parallel sowohl Präsenz- als auch Onlinekurse durchzuführen, da die Formen unterschiedliche Möglichkeiten der Unterstützung für die Teilnehmenden bieten: z.B. die Unterstützung der Gruppe in einem vor privaten Störfaktoren geschützten Raum auf der einen Seite und Privatheit oder Integration in die eigene Lebenswelt auf der anderen Seite.

Das Format setzt sich aus elf Einheiten je 90 Minuten und einer Einheit von 300 Minuten in Woche sieben (Digital Detox Retreat) zusammen. Die klassische Seminardauer von 90 Minuten erlaubt eine gute Integration in die Studiengänge von Hochschulen. Die Blockveranstaltung von 300 Minuten ermöglicht die Erfahrung einer vertieften Achtsamkeitspraxis und einer bewussten Medien- und Kommunikationsabstinenz. Die Gesamtstundenzahl entspricht einer klassischen Lehrveranstaltung von zwei Semesterwochenstunden.

In den wöchentlichen Treffen stehen die gemeinsame Übungspraxis und der Erfahrungsaustausch über die wechselnden Übungsformen im Vordergrund. Die aufeinander aufbauenden individuellen, sozialen und ökosystemischen Übungen ermöglichen ein systematisches Kennenlernen des Gesamtgefüges der mehrdimensionalen Achtsamkeitspraxis. Die verschiedenen Dimensionen stehen nicht in einem hierarchischen, sondern in einem unterstützenden Verhältnis, was auch dadurch unterstrichen wird, dass sich die abschließenden Einheiten nach der ökosystemischen Achtsamkeitspraxis wieder der individuellen Praxis und deren Verankerung in der eigenen Lebenswelt zuwenden.

Die individuellen Achtsamkeitsübungen wie Atemraumübung, Body Scan, *mindful motion*, Sitz- und Gehmeditation bilden zusammen mit grundlegenden sozialen Achtsamkeitsübungen wie dem kollektiven Stimmungsbild (Wetterbericht) oder der Dyade das Rückgrat und prägen die ersten sieben Wochen des zwölfwöchigen Kurses. Hinzu kommen eigens für den Hochschulkontext entwickelte Formen des achtsamen Schreibens.

Sowohl die individuelle Achtsamkeitspraxis als auch die dyadischen Achtsamkeitsübungen werden zwischen den Kurseinheiten kultiviert. Dies geschieht für die individuellen Achtsamkeitsübungen im Umfang von 15 bis 20 Minuten täglich und für die Dyaden einmal wöchentlich (per Telefon oder Videokonferenz). Die individuellen Achtsamkeitsübungen, die die Teilnehmenden zu Hause durchführen, werden durch Audiodateien mit den entsprechenden Anleitungen unterstützt. Eine Übertragung in alltägliche Handlungsbezüge erfolgt durch kleine Aufgabenstellungen. Die Teilnehmenden notieren sich die von ihnen gesammelten Praxiserfahrungen in ihrem Achtsamkeitstagebuch. Mit Hilfe des auf diese Weise kontinuierlich wachsenden persönlichen Erfahrungsberichts wird der Gesamtprozess durch die Teilnehmenden reflektiert und durch wöchentliche *Buddy*-Dyaden unterstützt.

Letztere sind interaktiver angelegt als im Dyadentraining von Singer. Ähnlich wie im Einsichtsdialog bzw. im *interpersonal mindfulness program* von Gregory Kramer wird dem kommunikativen Austausch zwischen den Partner:innen bewusst Raum gegeben (vgl. Kramer/Meleo-Meyer/Turner 2008; Kramer 2009; Ostermaier 2019). Erst am Ende des Semesters lernen die Teilnehmenden darüber hinaus die Dyadenform von Singer kennen, bei der es sich um eine Meditation zu zweit ohne dialogischen Austausch handelt.

In den Wochen acht bis elf stehen soziale und ökosystemische Übungsformen auf dem Programm. Hier finden sich Achtsamkeitsübungen für Klein- und Großgruppen, die vom *Social Presencing Theater* und der Theorie U inspiriert sind. Den durch Kabat-Zinn etablierten Begriff des Body Scan führt der Kursaufbau dabei systematisch weiter. In Woche acht wird der (bereits in Woche drei eingeführte) Body Scan mit dem Moving Body Scan, ausgehend von den muskulären Impulsen des eigenen Körpers, in Bewegung gebracht. Woche neun bietet mit dem Social Body Scan eine Möglichkeit, den sozialen Körper in Vierergruppen wahrzunehmen und mehrdimensionales Feedback-Geben auf den Ebenen Neugierde, Mitgefühl und Mut zu üben. In Woche zehn erlaubt der Eco Body Scan einen *social-arts*-basierten Kontakt mit dem komplexen Zusammenspiel von Lebenswelt und Ökosystem am Beispiel der konkreten Lernsituation der Studierenden.

Die Wochen elf und zwölf verbinden die ökosystemische mit der individuellen Praxis in Form eines Eco Sense Lab und der Möglichkeit, mit dem Freestyle die eigene Form der Achtsamkeitspraxis zu erkunden. Darüber hinaus werden die Studierenden bei der Etablierung ihres je eigenen Achtsamkeitspfades unterstützt und über konkrete Vertiefungsmöglichkeiten sowie ausgewählte Fachliteratur informiert. Abschließend werden die im Kurs gesammelten Erfahrungen von den Teilnehmenden in Form eines zehnseitigen Erfahrungsberichtes ausformuliert und eingereicht. Einen Überblick über das Kurs-Curriculum gibt Abbildung 2.

Woche 1	Informationsveranstaltung Ziel, Ablauf und wissenschaftliche Grundlagen des Kurses
Woche 2	Atemraum, *door-opener*, *Buddy*-Dyaden achtsames Zuhören, Sprechen und Schreiben
Woche 3	Body Scan Aufmerksamkeit lenken, Wahrnehmung schulen und Akzeptanz trainieren am eigenen Körper
Woche 4	*mindful motion* Muskel-Skelett-System achtsam bewegen und Umgang mit Grenzen schulen
Woche 5	Sitzmeditation eine Haltung verkörperter Würde annehmen
Woche 6	Gehmeditation erleben und für den Buddy notieren, wie der Geist mit dem Körper geht
Woche 7	Digital Detox Retreat fünf Stunden im Schweigen und ohne soziale Medien mit einer Auswahl angeleiteter Achtsamkeitsübungen
Woche 8	Moving Body Scan sich von den Bewegungen des eigenen Körpers überraschen lassen
Woche 9	Social Body Scan in der Kleingruppe zuhören mit Neugierde, Mitgefühl und Mut: sich wechselseitig Feedback geben für eine achtsame Studiumsgestaltung
Woche 10	Eco Body Scan die eigenen Beziehungen zu Studium und Welt in einer sozialen Aufstellung sichtbar machen
Woche 11	Eco Sense Lab und Freestyle mit offenen Sinnen durch die Welt gehen und die eigene Achtsamkeitsübung finden
Woche 12	Abschlussveranstaltung auf den Kurs zurückblicken, Kenntnisse zur Achtsamkeits- forschung vertiefen und den eigenen Achtsamkeitspfad im Leben etablieren

Abbildung 2: MBST® 1.0-Kursübersicht

Die Achtsam.Digital-Basiskurse für Lehrende, Mitarbeitende und Führende (MBTT® 1.0, MBET® 1.0, MBLT® 1.0) orientieren sich ebenfalls am mehrdimensionalen Ansatz, indem sie mit jeweils zielgruppenspezifischer Auswahl und Akzentsetzung individuelle, soziale und ökosystemische Achtsamkeitsübungen auf systematische Weise miteinander verbinden. Das Gleiche gilt für die ZAH® 1.0., die entsprechende Anleitungskompetenzen für Lehrerinnen und Lehrer an Schulen und Hochschulen vermittelt.

Wer möchte, kann die Achtsam.Digital-Basiskurse als Intervention sehen und die Wirkung messen. Alternativ besteht die Möglichkeit, sie als Bildungsangebote zu verstehen, die abseits von einer konkreten Zielorientierung erfahrbar machen, welche Sorten von Achtsamkeiten es gibt und wie diese sich (für jede und jeden spezifisch) anfühlen. Die Kurse bieten eine achtsame Bewusstseinsbildung als Komplementärangebot in einer Bildungswelt, welche durch kognitive Inhalte, Leistungs- und Ergebnisorientierung sowie durch die von der Künstlichen Intelligenz beschleunigte Digitalisierung geprägt ist (vgl. Schmohl/Watanabe/Schelling 2023).

4. Ausblick

Welche Rolle können die von Achtsam.Digital entwickelten Trainingsprogramme für die Entstehung einer vertikalen Bildungslandschaft in Zeiten der Polykrise spielen? Die Basiskurse sowie die darauf aufbauenden Weiterbildungsangebote (ZAH® 1.0, Inkubationsworkshops) bieten einen erprobten Weg zur Entwicklung achtsamer Hochschulen. Dieser ist geprägt von einem säkularen Achtsamkeitspragmatismus sowie der propädeutisch konzipierten Verbindung von individuellen, sozialen und ökosystemischen Achtsamkeitsübungen. Es gibt immer mehr Hochschulen, die diesen Weg beschreiten.

Hierdurch kann ein wichtiger Beitrag dazu geleistet werden, zukünftige Generationen von Studierenden auf der Grundlage einer achtsamen Bewusstseinskultur auszubilden. Was die Angehörigen und Absolvent:innen achtsamer Hochschulen auszeichnet, ist die Fähigkeit, nicht nur unter Bedingungen von Volatilität, Ungewissheit, Komplexität und Ambiguität (vgl. Bennis/Nanus 1985), sondern auch unter Bedingungen von Brüchigkeit, Angst, Nichtlinearität und Unverständlichkeit (vgl. Cascio 2020) gesellschaftliche Verantwortung in Zeiten der Polykrise zu übernehmen.

Die besondere Bedeutung des neuen Bildungsparadigmas betont der israelische Historiker Yuval Noah Harari in seinen *21 Lektionen für das 21. Jahrhundert*. Das letzte Kapitel dieses Buchs trägt den Titel »Meditation«.

Darin schildert Harari nicht nur seine persönlichen Erfahrungen mit der *Vipassanā*-Technik (vgl. Harari 2018: 409), die – wie das von ihr inspirierte Trainingsprogramm MBSR – durch individuelle Achtsamkeitsübungen geprägt ist. Darüber hinaus hebt er auch hervor: »Einige Universitäten und Labore haben tatsächlich damit begonnen, Meditation als Forschungsinstrument und nicht nur als bloßen Gegenstand für Hirnstudien zu nutzen.« (Ebd.: 415) Und er fügt hinzu: »Doch dieser Prozess steckt noch in den Kinderschuhen, was nicht zuletzt damit zu tun hat, dass es aufseiten der Forscher außergewöhnliche Investitionen erfordert. Ernsthafte Meditation verlangt ein ungeheures Maß an Disziplin.« (Ebd.)

Tatsächlich handelt es sich bei den Investitionen, die es braucht, um mit Hilfe des vertikalen Bildungsparadigmas eine nachhaltige Bewusstseinskultur auf den Weg zu bringen, nicht im Wesentlichen um finanzielle Mittel. Der Finanzbedarf von achtsamen Schulen und Hochschulen ist im Verhältnis zu den Mitteln, die für die Digitalisierung des Bildungssystems eingesetzt werden, verschwindend gering. Aber das von Harari benannte Investment in die eigene geistige Disziplin ist eine reale Hürde für die flächendeckende Implementierung von tiefgreifenden individuellen Meditationspraktiken im Bildungssystem. Aus diesem Grund ist es so wichtig, mit einfachen Basisangeboten zu starten und die Anforderungen, was die individuellen Achtsamkeitsübungen angeht, nicht zu hochzuschrauben. Zugleich sind dabei auch messbare Spreading-Effekte mit zu berücksichtigen (vgl. Engert et al. 2023).

Der von uns beschrittene Weg besteht darin, das Verständnis und die Praxis von Achtsamkeit über die individuellen Übungen hinaus auf die sozialen und ökosystemischen Übungen auszudehnen. Der Zugang zu Letzteren ist niedrigschwelliger als der Zugang zu einer tiefgreifenden individuellen Meditationsroutine, wie Harari sie beschreibt: »Seit diesem ersten Kurs im Jahr 2000 begann ich damit, jeden Tag zwei Stunden zu meditieren, und jedes Jahr begebe ich mich einen oder zwei Monate lang in einen Meditationsretreat« (Harari 2018: 410).

Durch das Beispiel von Hararis persönlicher Meditationspraxis wird nachvollziehbar, wie Thomas Metzinger in seinem Buch *Bewusstseinskultur. Spiritualität, intellektuelle Redlichkeit und die planetare Krise* zu der folgenden Bemerkung kommt: »Die Trägheit der physikalischen Prozesse, die dem Klimawandel zugrunde liegen, aber eben auch die Trägheit des menschlichen Geistes und der von ihm geschaffenen politischen Institutionen wird von Optimisten systematisch unterschätzt.« (Metzinger 2023: 16) Am Ende des gleichen Buchs formuliert der Philosoph: »Das Worst-Case-Szenario bestünde darin, dass sich die planetare Krise weiter in einem unkontrollierten und katastrophalen Prozess beschleunigt, während sich kaum jemand für Bewusstseinskultur interessiert.« (Ebd.: 174)

Ähnlich wie Harari verwendet Metzinger ein Verständnis von Bewusstseinskultur, in dessen Zentrum individuelle Meditationsübungen stehen. Dabei bleibt der in diesem Beitrag skizzierte Kanon der sozialen und ökosystemischen Achtsamkeitsübungen unberücksichtigt. Zugleich übersieht Metzinger, dass der von ihm geforderte »Aufbau eines sozialen Netzwerks, einer Art kultureller Plattform« (ebd.: 182) bereits in vollem Gang ist. So zählt die von Otto Scharmer initiierte »multi-local capacity-building platform in systems change« (Scharmer 2023b) im Jahr 2024 bereits mehr als 240.000 Teilnehmende aus 186 Nationen.

Ebenso wie das Achtsamkeitsverständnis von Harari und Metzinger geht auch die kanonische Achtsamkeitsdefinition von Kabat-Zinn auf Erfahrungen zurück, die sich vor allem auf individuelle Achtsamkeitsübungen beziehen. Sie lautet: »Achtsamkeit beinhaltet, auf eine bestimmte Weise aufmerksam zu sein: bewusst, im gegenwärtigen Augenblick und ohne zu urteilen« (Kabat-Zinn 2010: 18). Aufgrund des weltweiten Erfolgs von MBSR ist *Achtsamkeit* zu einem Wort geworden, das beansprucht, den Zeitgeist auf den Begriff zu bringen (vgl. Kabat-Zinn 2020). Aber genau genommen ist Achtsamkeit mehr als das. Im Unterschied zu anderen den Zeitgeist benennenden Worten wie *Digitalisierung* oder *Transformation* geht es bei Achtsamkeit um eine Metakompetenz, die es braucht, um den Zeitgeist zu erspüren und zu benennen.

Vor diesem Hintergrund schlagen wir vor, Kabat-Zinns Achtsamkeitsdefinition unter Berücksichtigung der Erfahrungen zu erweitern, die sich mit den sozialen und ökosystemischen Achtsamkeitsprogrammen von Scharmer und Hayashi verbinden. Unsere erweiterte Achtsamkeitsdefinition lautet: *Das Wort Achtsamkeit bezieht sich auf die somatische, emotionale und kognitive Feinsensorik, die es braucht, um intuitiv wahrzunehmen und zu erkennen, was an der Zeit ist. Achtsam sein bedeutet, ein Gespür für die Gegenwart zu entwickeln und wahrnehmen zu können, welche Zukunft geboren und welche Vergangenheit transformiert werden möchte.*

Wer in diesem erweiterten Sinn achtsam ist, kann sowohl im privaten als auch im öffentlichen Bereich erfassen, was lebens- und weltgeschichtlich ansteht – und dazu beitragen, dass es geschehen darf. Genau das braucht es für situationsangemessenes Verhalten, insbesondere in Krisenzeiten. Die von uns vorgeschlagene Achtsamkeitsdefinition speist sich aus der Hoffnung, die wir eingangs im Rekurs auf Václav Havel beschrieben haben. Unser Engagement für achtsame Hochschulen und die im Entstehen befindliche transformative Bewusstseinskultur gründet in einer intrinsischen Handlungsmotivation, die uns jenseits von Optimismus und Pessimismus mit vielen Akteur:innen weltweit verbindet. Auch wenn die achtsame Hochschule noch nicht als physischer Raum existiert, so ist sie doch als soziales Feld bereits hochschulübergreifend wirksam: ein Feld, das sich aus »microcosms of the future« zusammensetzt, die immer mehr zu »ecosystems of coherence« zusammenwachsen (Scharmer 2023a).

Literatur

Aatz, Helmut (2023): *Achtsam Studieren*, Opladen/Toronto.

Achtsam.Digital (Hg.; 2024): *Zertifikatsausbildung Achtsame (Hoch-)Schullehrende (ZAH® 1.0). Kursbeschreibung und Kursinhalte*, Erfurt, achtsam.digital/wp-content/uploads/2023/04/ZAH-Curriculum-2023.pdf [letzter Zugriff 01.11.2024].

Achtsame Hochschulen (Hg.; 2024): »Bewusstseinswandel durch transformative Praktiken: Achtsamkeit, Dyaden, Social Presencing Theater«, in: *Youtube*, Kanal »Achtsame Hochschulen«, youtube.com/watch?v=FzAlgnsgpFg [letzter Zugriff 01.11.2024].

Albrecht, Reyk/Güngör, Lena/Sandbothe, Mike (2020): »Achtsamkeit als Metabildung in der digitalen Gesellschaft«, in: Johannes Achatz/Reyk Albrecht/Lena Güngör (Hg.), *Digitalisierung – Werte zählen?*, Würzburg, S. 157–170.

Allgayer, Kathrin/Bäßler, Carolin/Jutz, Regina/Niederberger, Marlen (2022): »Hochschulbeschäftigte in der Coronapandemie«, in: *Prävention und Gesundheitsförderung* 17(4), S. 428–434, doi.org/10.1007/s11553-021-00898-x.

Anders, Yvonne/Hannover, Bettina/Jungbauer-Gans, Monika/Köller, Olaf/Lenzen, Dieter/McElvany, Nele/Seidel, Tina/Tippelt, Rudolf/Wilbers, Karl/Wößmann, Ludger (2022): *Bildung und Resilienz. Gutachten*, hg. v. der vbw – Vereinigung der Bayerischen Wirtschaft e.V., Münster.

Aristovnik, Alexander/Keržič, Damijana/Ravšelj, Dejan/Tomaževič, Nina/Umek, Lan (2020): »Impacts of the COVID-19 Pandemic on Life of Higher Education Students: A Global Perspective«, in: *Sustainability* 12(20), 8438, doi.org/10.3390/su12208438.

Bennis, Warren/Nanus, Burt (1985): *Leaders: Strategies for Taking Charge*, New York.

Besa, Kris-Stephen/Kochskämper, Dorothee/Anna Lips/Schröer, Wolfgang/Thomas, Severine (2021): *Stu.diCo II – Die CoronaPandemie aus der Perspektive von Studierenden*, Hildesheim, doi.org/10.18442/194.

Bogner, Dirk Paul/Harant, Martin (Hg.; 2022): *Bildung und Achtsamkeit. Theorie und Praxis des Kontemplativen im Bildungsprozess*, Wiesbaden.

Brandom, Robert (2011): *Perspectives on Pragmatism. Classical, Recent, and Contemporary*, Cambridge (Mass.)/London.

Bristow, Jamie/Bell, Rosie/Nixon, Dan (2020): *Mindfulness: developing agency in urgent times*, Sheffield, themindfulnessinitiative.org/agency-in-urgent-times [letzter Zugriff 01.11.2024].

Brown, Tim (2019 [2009]): *Change by Design. How Design Thinking Transforms Organisations and Inspires Innovation*, New York.

Bruin, Andreas de (2021): *Achtsamkeit und Meditation im Hochschulkontext. 10 Jahre Münchner Modell*, Bielefeld.

Bruin, Andreas de (2022): *Münchner Modell. Achtsamkeit und Meditation im Hochschulkontext. Interviews, Artikel, Übungen*, o.O., transcript-verlag.de/shopMedia/service_media/books/ts5638/publikation-mumo-update.pdf [letzter Zugriff 01.11.2024].

Cascio, Jamais (2020): »Facing the Age of Chaos«, in: *Medium*, 29.04.2020, medium.com/@cascio/facing-the-age-of-chaos-b00687b1f51d [letzter Zugriff 01.11.2024].

Dae Poep Sa Nim, Ji Kwang (2016): *108 Lehren des sozialen Buddhismus*, Bielefeld.

Deutscher Hochschulverband (Hg.; 2022a): *Forschung & Lehre* 29(3): Studierende.

Deutscher Hochschulverband (Hg.; 2022b): *Forschung & Lehre* 29(8): Bürokratie und Wissenschaft in Wissenschaft und Forschung.

Dievernich, Frank E.P./Döben-Henisch, Gerd-Dietrich/Frey, Reiner (2019): *Bildung 5.0: Wissenschaft, Hochschulen und Meditation. Das Selbstprojekt*, Weinheim.

Egel, Eleftheria/Suarez, Mauricio Campos (Hg.; 2025): *Inner Development Goals: Stories of Collective Leadership in Action*, Band 2: *From »We« to »Systems Change«*, Berlin.

Engert, Veronika/Klimecki, Olga Maria/Kanske, Philipp/The Mindful Uni-versities Research Group (2023): »Spreading positive change: Societal benefits of meditation«, in: *Frontiers in Psychiatry* 14, 1038051, doi.org/10.3389/fpsyt.2023.1038051.

Gherardi-Donato, Edilaine Cristina Da Silva/Moraes, Vinícius Santos de/Esper, Larissa Horta/Zanetti, Ana Carolina Guidorizzi/Fernandes, Maria Neyrian de Fátima (2020): »Mindfulness Measurement Instruments: A Systematic Review«, in: *International Journal of Psychiatry Research* 3(4), doi.org/10.33425/2641-4317.1066.

Gunnlaugson, Olen/Sarath Edward W./Scott, Charles/Bai, Heesoon (Hg.; 2014): *Contemplative Learning and Inquiry Across Disciplines*, New York.

Harari, Yuval Noah (2018): *21 Lektionen für das 21. Jahrhundert*, München.

Havel, Vaclav (1987): *Fernverhör. Ein Gespräch mit Karel Hvížd'ala*, Reinbek b. Hamburg.

Hayashi, Arawana (2021): *Social Presencing Theater. The Art of Making a True Move*, Cambridge (Mass.).

Heger, Steffi (in Vorb.): *Achtsamkeit im Studium der Sozialen Arbeit. Eine rekonstruktive Studie zu Best-Practice-Entwicklungen von Achtsamkeit in Bachelorstudiengängen der Sozialen Arbeit mit Transferbeispielen in die Praxis*, Jena.

Iwers, Telse/Roloff, Carola (Hg.; 2021): *Achtsamkeit in Bildungsprozessen. Professionalisierung und Praxis*, Wiesbaden.

Jha, Amishi P./Witkin, Joanna E./Morrison Alexandra B./Rostrup, Nina/Stanley, Elizabeth (2017): »Short-Form Mindfulness Training Protects Against Working Memory Degradation over High-Demand Intervals«, in: *Journal of Cognitive Enhancement* 1(2), S. 154-171, doi.org/10.1007/s41465-017-0035-2.

Kabat-Zinn, Jon (2010): *Im Alltag Ruhe finden. Meditationen für ein gelassenes Leben*, München (Original: [1994]: *Wherever You Go, There You Are: Mindfulness Meditation in Everyday Life*, New York).

Kabat-Zinn, Jon (2013): *Gesund durch Meditation. Das vollständige Grundlagenwerk zu MBSR*, München (Original: [1990]: *Full Catastrophe Living: Using the Wisdom of Your Body and Mind to Face Stress, Pain, and Illness*, New York).

Kabat-Zinn, Jon (2017): *Mindfulness-Based Stress Reduction (MBSR) Authorized Curriculum Guide*, mit einem Vorwort v. Saki F. Santorelli, hg. u. überarb. v. Melissa Blacker, Saki F. Santorelli, Florence Meleo-Meyer u. Lynn Koerbel, Worcester, rightdecisions.scot.nhs.uk/m/2105/mbsr-curriculum-guide-2017.pdf [letzter Zugriff 01.11.2024].

Kabat-Zinn, Jon (2020): *Achtsamkeit für alle. Weisheit zur Transformation der Welt*, Freiburg i. Br.

Kohls, Niko (2022): *Mehr Lebensfreude durch Achtsamkeit und Resilienz*, München.

Konrad, Annika C./Engert, Veronika/Albrecht, Reyk/Dobel, Christian/Döring, Nicola/Haueisen, Jens/Klimecki, Olga/Sandbothe, Mike/Kanske, Philipp (2023): »A multicenter feasibility study on implementing a brief mindful breathing exercise into regular university courses«, in: *Scientific Reports* 13, 7908, doi.org/10.1038/s41598-023-34737-0.

Krägeloh, Christian/Henning, Marcus A./Medvedev, Oleg N./Feng, Xuan Joanna/Moir, Fiona/Billington, Rex/Siegert, Richard J. (2019): *Mindfulness-based Intervention Research. Characteristics, Approaches, and Developments*, London/New York.

Kramer, Gregory (2009): *Einsichts-Dialog: Weisheit und Mitgefühl durch Meditation im Dialog. Eine buddhistische Praxis*, Freiamt im Schwarzwald.

Kramer, Gregory/Meleo-Meyer, Florence/Turner, Martha Lee (2008): »Cultivating Mindfulness in Relationship: Insight Dialogue and the Interpersonal Mindfulness Program«, in: Steven F. Hick/Thomas Bien (Hg.), *Mindfulness and the Therapeutic Relationship*, New York, S. 195-214.

Lemon, Narelle/McDonough, Sharon (2018): *Mindfulness in the Academy. Practices and Perspectives from Scholars*, Singapur.

Medvedev, Oleg N./Krägeloh, Christian U./Siegert, Richard J./Singh, Nirbhay N. (Hg.; 2022): *Handbook of Assessment in Mindfulness Research*, Cham, doi.org/10.1007/978-3-030-77644-2.

Metzinger, Thomas (2023): *Bewusstseinskultur. Spiritualität, intellektuelle Redlichkeit und die planetare Krise*, München.

Miksch, Antje/Ostermaier, Hubert (2024): *Achtsamkeit im Studium. Impulse für eine gesundheitsförderliche Hochschulentwicklung*, Berlin.

Miller, Peter (2010): *Die Intelligenz des Schwarms: Was wir von Tieren für unser Leben in einer komplexen Welt lernen können*, Frankfurt a.M.

Mrazek, Alissa J./Mrazek, Michael D./Cherolini, Casey M./Cloughesy, Jonathan N./Cynman, David J./Gougis, Lefeba J./Landry, Alex P./Reese, Jordan V./Schooler, Jonathan W. (2019): »The future of mindfulness training is digital, and the future is now«, in: *Current Opinion in Psychology* 28, S. 81-86, doi.org/10.1016/j.copsyc.2018.11.012.

Nilsson, Håkan/Kazemi, Ali (2016): »Reconciling and Thematizing Definitions of Mindfulness: The Big Five of Mindfulness«, in: *Review of General Psychology* 20.2, S. 183-193, doi.org/10.1037/gpr0000074.

Ostermaier, Hubert (2019): »Mit Dyaden zu achtsamer Lehr- und Lernkultur«, in: *DUZ Magazin* 5, S. 60-63.

Plattner, Hasso/Meinel, Christoph/Leifer, Larry (Hg.; 2015): *Design Thinking Research: Building Innovators*, Heidelberg.

Reason, Peter/Bradbury, Hilary (Hg.; 2008): *The SAGE Handbook of Action Research. Participative Inquiry and Practice*, Los Angeles u.a.

Reckwitz, Andreas/Rosa, Hartmut (2021): *Spätmoderne in der Krise. Was leistet die Gesellschaftstheorie?*, Berlin.

Rogers, Holly/Maytan, Margret (2019 [2012]): *Mindfulness for the Next Generation. Helping Emerging Adults Manage Stress and Lead Healthier Lives*, 2. Aufl., New York.

Rorty, Richard (1999): »Education as Socialization and as Individualization«, in: ders.: *Philosophy and Social Hope*, London/New York.

Sandbothe, Mike (2020): »Wozu ›Gesundes Lehren und Lernen‹?«, in: ders.: Perspektiven pragmatischer Medienphilosophie. Grundlagen – Anwendungen – Praktiken, Bielefeld, S. 201-226, doi.org/10.1515/9783839452059-013 [zuerst in: Reyk Albrecht/Nikolaus Knoepffler/Wolfram Eberbach (Hg.; 2015): *Wozu gesund? Prävention als Ideal*, Würzburg, S. 105-123].

Sandbothe, Mike (2024): »Achtsame Schulen und Hochschulen im Aufbruch«, doi.org/10.13140/RG.2.2.28550.18241.

Sandbothe, Mike/Albrecht, Reyk/Ostermaier, Hubert (2024): *Achtsamkeiten. Übungen für mich, für uns und für die Welt*, 2. Aufl., München.

Sanghvi, Menka/Bristow, Jamie (2024 [2019]): *Fieldbook for Mindfulness Innovators*, London, themindfulnessinitiative.org/fieldbook-for-mindfulness-innovators [letzter Zugriff 01.11.2024].

Scharmer, Claus Otto (2015): »Die Universität als Ort der Erneuerung«, in: Philip Kovce/Birger P. Priddat (Hg.), *Die Aufgabe der Bildung. Aussichten der Universität*, Marburg, S. 226-233.

Scharmer, Claus Otto (2019a): »Achtsamkeit und die Transformation der Gesellschaft«, in: *Youtube*, Kanal »Achtsame Hochschulen«, youtube.com/watch?v=H-ymjafNz1U [letzter Zugriff 01.11.2024].

Scharmer, Claus Otto (2019b): *Essentials der Theorie U. Grundprinzipien und Anwendungen*, Heidelberg.

Scharmer, Claus Otto (2020): *Theorie U – Von der Zukunft her führen. Presencing als soziale Technik,* Heidelberg (Original: [2016 (2007)]: *Theory U: Leading from the Future as It Emerges*. Oakland).

Scharmer, Claus Otto (2023a): »2023 in Eight Points: Meditating On Our Planetary Moment«, in: *Medium*, 30.12.2023, medium.com/presencing-institute-blog/2023-in-eight-points-meditating-on-our-planetary-moment-3081cf51ed5d [letzter Zugriff 01.11.2024].

Scharmer, Claus Otto (2023b): »Philanthropy 4.0: What Form of Giving Enables Transformative Change?«, in: *Medium*, 21.12.2023, medium.com/presencing-institute-blog/philanthropy-4-0-what-form-of-giving-enables-transformative-change-215683aa80b1 [letzter Zugriff 01.11.2024].

Scharmer, Claus Otto/Kaufer, Katrin (2025): *Presencing: 7 Practices for Transforming Self, Society, and Business*, Oakland.

Schmidt, Jacob (2020): *Achtsamkeit als kulturelle Praxis. Zu den Selbst-Welt-Modellen eines populären Phänomens*, Bielefeld.

Schmohl, Tobias/Watanabe, Alice/Schelling, Kathrin (2023): *Künstliche Intelligenz in der Hochschulbildung. Chancen und Grenzen des KI-gestützten Lernens und Lehrens*, Bielefeld.

Schonert-Reichl, Kimberly A./Roeser, Robert W. (Hg.; 2016): *Handbook of Mindfulness in Education. Integrating Theory and Research into Practice,* New York u.a.

Singer, Tania (2024): »Contemplative Dyads. Training the mind and deepening our connection through relational practices«, in: *Mind & Life Institute: Insights*, 09.01.2024, mindandlife.org/insight/contemplative-dyads/ [letzter Zugriff 01.11.2024].

Singer, Tania/Koop, Sarah/Godara, Malvika (o.J.): *Das CovSocial Projekt – Veränderungen der psychischen Gesundheit, der Resilienz und der sozialen Kohäsion*, Berlin, covsocial.de/wp-content/uploads/2021/11/CovSocial_DE_WEB.pdf [letzter Zugriff 01.11.2024].

Spannbauer, Christa (Regie, Drehbuch; 2019): »Erfahrungen und Perspektiven – Achtsame Hochschulen in der digitalen Gesellschaft«, Deutschland, in: *Youtube*, Kanal »Achtsame Hochschulen«, youtube.com/watch?v=LFuGbJ3NIrw [letzter Zugriff 01.11.2024].

Suarez, Mauricio Campos/Egel, Eleftheria (Hg.; 2025): *Inner Development Goals: Stories of Collective Leadership in Action*, Band 1: *From »I« to »Us«*, Berlin.

Tooze, Adam (2021): *Die Welt im Lockdown. Die globale Krise und ihre Folgen*, München.

UNESCO (Hg.; o.J.): »UNESCO-Programm ›BNE 2030‹«, in: *unesco.de*, o.D., unesco.de/bildung/bildung-fuer-nachhaltige-entwicklung/unesco-programm-bne-2030 [letzter Zugriff 01.11.2024].

UNESCO/BMBF – Bundesministerium für Bildung und Forschung (Hg.; o.J.): *Berliner Erklärung zur Bildung für nachhaltige Entwicklung*, bne-portal.de/bne/shareddocs/downloads/files/Berliner_Erklärung_barrierefrei.pdf [letzter Zugriff 01.11.2024].

Weghaupt, Dominik: *Achtsamkeit und pädagogische Professionalität in der Lehrer*innenbildung*, Bielefeld 2024.

Andreas Voss, Martin Bogdanski,
Mike Sandbothe und Reyk Albrecht

Medizinische Evaluation: Achtsamkeitstraining für Studierende (MBST®) führt zu einer physiologischen Stressreduktion

Abstract

In der heutigen schnelllebigen Zeit ist chronischer Stress zu einem ernsthaften Problem mit häufig schwerwiegenden Folgen für unsere körperliche und geistige Gesundheit geworden. Das Konzept der Achtsamkeit und das daraus abgeleitete Programm zur Stressreduktion durch Achtsamkeit (MBSR) gelten als wirksame Stressbewältigungstechniken für kranke wie auch für gesunde Menschen.

In dieser Studie haben wir das an der Ernst-Abbe-Hochschule Jena prototypisch entwickelte Achtsamkeitstraining für Studierende (MBST®) mit Hilfe von Methoden der Biosignalanalyse im Zeitraum vom 11. April 2017 bis 31. März 2020 evaluiert, um dessen Auswirkungen auf die autonome Regulation der Trainingsteilnehmenden zu untersuchen. Als Biosignale wurden über 20 Minuten kontinuierlich das Elektrokardiogramm, die Fingerpulskurve und die Atmungsaktivität von Studierenden, die entweder der Interventionsgruppe (IGR, N = 38) oder einer passiven Kontrollgruppe (N = 35) angehörten, vor und nach der achtwöchigen MBST®-Intervention erfasst und ausgewertet.

Der Vergleich verschiedener linearer und nichtlinearer Parameter der Herzfrequenzvariabilität, der Pulswellenvariabilität und der Atmung zeigte in der IGR nach acht Wochen MBST® signifikante, positive Veränderungen in der autonomen Regulation. Diese ist mit einer Stressreduktion assoziiert und stellt damit einen gesundheitlichen Nutzen des MBST®-Programms für Studierende dar.[1]

1 Das Kapitel ist eine Übersetzung von Voss et al. 2020 in leicht abgeänderter Fassung.

Einführung

Hochschulen bieten anerkanntermaßen ein stressiges Umfeld, das sich oft negativ auf die akademische Leistung, die physische Gesundheit und das psychische Wohlbefinden der Studierenden auswirkt. Eine Studie unter Medizinstudent:innen im Grundstudium in den Vereinigten Staaten von Amerika zeigte bereits 1994, dass 23 Prozent von ihnen an einer klinischen Depression litten und 57 Prozent unter psychischem Stress standen (vgl. Mosley et al. 1994). Ähnliche Ergebnisse belegen auch neuere Studien in Deutschland. So sind hier Studierende überdurchschnittlich gestresst. Das ging auch aus einer repräsentativen Onlinebefragung des Lehrstuhls für Marketing der Universität Potsdam und des Lehrstuhls für Marketing und Business Development der Universität Hohenheim unter mehr als 18.000 Hochschüler:innen hervor (vgl. Herbst et al. 2016). Es haben mittlerweile zwischen 15 und 20 Prozent der 2,8 Millionen Studierenden in Deutschland, die früher als ›gesunde Gruppe‹ galten, eine psychische Erkrankung (vgl. Schug 2018). So konnte bei ihnen nachgewiesen werden, dass immer häufiger Stress und Versagensängste zu psychischen Belastungen und im schlimmsten Fall zum völligen Versagen im Studium führen. Studierende, die für Prüfungen lernen, berichten häufig über Stress. Von ihnen wird erwartet, dass sie eine große Menge an Wissen und Fähigkeiten erwerben und beherrschen. Die persönlichen und sozialen Opfer, die sie erbringen müssen, um gute akademische Ergebnisse zu erzielen, setzen sie in einem hart umkämpften Umfeld unter viel Stress. Dieser Stress kann schwerwiegende Folgen haben, die u.a. zur Entwicklung von Depressionen und Angstzuständen führen können. Studien über psychologische Probleme wie Stress, Depression und Angst unter Studierenden haben ergeben, dass diese Störungen bisher zu wenig diagnostiziert und behandelt wurden. Wenn diese Störungen nicht erkannt werden, führt dies zu einer erhöhten psychologischen Morbidität mit unerwünschten Auswirkungen auf die berufliche Laufbahn bzw. sogar auf das gesamte Leben der Betroffenen (vgl. Tyssen et al. 2001).

Die Früherkennung psychologischer Probleme verkürzt deren Dauer und führt langfristig zu weit weniger sozialen Beeinträchtigungen. Daher ist es wichtig, Symptome von psychischem Stress bei Studierenden rechtzeitig zu erkennen, um die Behandlung dieser Probleme zu erleichtern.

Damit es gar nicht erst zu solchen Problemen kommt, können präventive Maßnahmen bereits heute erfolgreich eingesetzt werden. Dazu zählen insbesondere Methoden der achtsamkeitsbasierten Stressreduktion. Als medizinisches Behandlungsprogramm wurden Achtsamkeitsübungen in den 1970er Jahren von Jon Kabat-Zinn eingeführt (vgl. Kabat-Zinn 1982). Das Konzept wurde von buddhistischen Praktiken inspiriert und für die westliche Welt adaptiert. Darüber hinaus bildete es die Grundlage für das Programm zur achtsamkeitsbasierten Stressreduktion (MBSR) als Behandlungsprotokoll, um Achtsamkeit zunächst Menschen mit chronischen Schmerzen und anderen Krankheiten und später auch gesunden Menschen zu vermitteln (vgl. Kabat-Zinn 2013). Heute gilt MBSR als eine wirksame Methode zur Stressreduktion und als eine Technik zur Stressbewältigung in vielen Lebensbereichen (vgl. Frank et al. 2015; Ștefan/Căpraru/Szilágyi 2018). Inwieweit jedoch diese Methoden bei Studierenden wirken, wurde in der im Folgenden beschriebenen Studie zum physiologischen Nachweis einer Stressreduktion durch Anwendung eines speziell für Studierende zugeschnittenen, prototypischen Achtsamkeitstrainings – MBST® – untersucht (vgl. Voss/Bogdanski et al. 2020).

1. Psychische Belastungen bei Studierenden

Der Job bzw. die Ausbildung stehen laut einer 2016 durchgeführten Studie auf Platz eins der Stressursachen in Deutschland (vgl. Wohlers/Hombrecher 2016). Demnach fühlen sich 46 Prozent der Befragten durch Schule, Studium und Beruf belastet. Weiterhin wurde anhand der Untersuchung von annähernd 190.000 Studierenden eine gestiegene psychische Belastung festgestellt. Studierende kontaktieren häufiger Psychotherapeut:innen und bekommen öfter Antidepressiva verordnet als berufstätige Erwachsene gleichen Alters. Dies geht vermehrt mit affektiven Störungen, Depressionen oder Angststörungen einher.

Die Gründe für die Zunahme des Stresslevels bei Studierenden sind vielschichtig. Aktuell werden die folgenden Gründe (vgl. ebd.) für einen erhöhten Stress bei Studierenden diskutiert:

- höherer Lernumfang aufgrund der Zunahme des Wissens, das vermittelt wird; Umstellung auf Bachelor/Master (stärkere Verschulung, stärkere Fixierung auf Regelstudienzeiten, höhere Dichte von Prüfungen)
- zunehmende Digitalisierung (Reizüberflutung durch rasante Entwicklung von Medien, Verkehr, ...)
- Wandel der Gesellschaft (Überstress wird kommuniziert, Studierende outen sich und werden daher besser als früher erfasst)
- gestiegenes Ablenkungspotenzial durch vielfache Angebote (Kunst, Kultur, ...), was zu Lasten der eigentlich notwendigen Lernzeit geht (damit entsteht im Unterbewusstsein ein permanentes ›Schuldgefühl‹)
- Belastung durch erforderlichen Nebenjob zur Finanzierung des Studiums
- zunehmende Versagensängste
- Streben nach Anerkennung, gestiegene Ansprüche an sich selbst

2. Stress und autonome Regulation

Im täglichen Leben verwenden wir oft den Begriff Stress, um negative Situationen zu beschreiben. Dies führt viele Menschen zu der Annahme, dass jeder Stress schlecht für sie sei. In Anlehnung an das Yerkes-Dodson-Gesetz (vgl. Yerkes/Dodson 1908) kann man einen Zusammenhang zwischen Stresslevel und (kognitiver) Leistungsfähigkeit herstellen (siehe Abbildung 1).

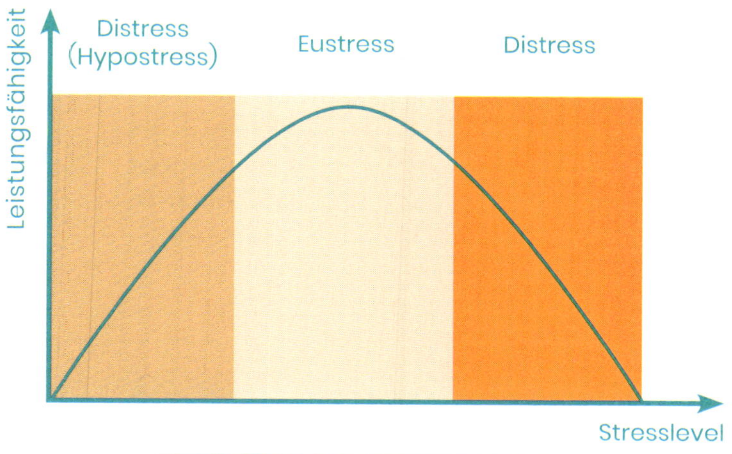

Abbildung 1: Leistungsfähigkeit in Abhängigkeit vom Stresslevel

Dabei stellt Eustress (positiver Stress) jede Art von herausforderndem Reiz dar, der das Individuum belastet, aber mit dem Ergebnis, dass es sich energetisiert und motiviert fühlt, darauf zu reagieren oder nutzbringend für sich selbst zu handeln. Distress hingegen ist die am häufigsten genannte Art von Stress, die negative Auswirkungen hat. Auf der einen Seite führt eine intellektuelle Unterforderung (Distress als sogenannter Hypostress) zu Langeweile, Müdigkeit, Frustration und Unzufriedenheit. Auf der anderen Seite jedoch führt eine Überbelastung zu einer Reduzierung der Problemlösungsfähigkeit, zu einem geringen Selbstwertgefühl, zu Frustration bis hin zur Erkrankung. Wenn man kontinuierlich oder häufig einer Stressbelastung ohne angemessene Erholungszeiten ausgesetzt ist, kann der wahrgenommene psychische Stress chronisch werden, sich (spiralförmig) aufschaukeln und damit körperliche und psychische Krankheiten verursachen bzw. fördern (siehe Abbildung 2, in Anlehnung an Langs 2016). Zu derart initiierten Erkrankungen zählen z.B. ein beeinträchtigtes Immunsystem und das gestiegene Risiko für Herz-Kreislauf-Erkrankungen oder Diabetes (vgl. Wirtz/Känel 2017). Schließlich kann chronischer psychischer Stress auch zu Angststörungen, Depressionen oder Burnout führen (vgl. Marin et al. 2011).

Abbildung 2: Stressspirale, Auswirkung von chronischem Stress auf den Menschen

Das autonome Nervensystem (ANS) reguliert die Funktionen unserer inneren Organe wie Herz, Lunge, Magen und Darm. Dabei erfolgen die Regulationen unbewusst, arbeiten selbständig (autonom) und sind somit unserem Willen nicht unterworfen. So funktionieren beispielsweise Atmung und Herzschlag, ohne dass wir uns darum kümmern müssen. Das ANS wird unterteilt in das sympathische Nervensystem (SNS) und das parasympathische Nervensystem (PNS). Diese beiden Subsysteme werden in Zeiten der Erregung oder Erholung aktiviert. Dabei führt die Aktivierung des SNS zu einer Kampf- oder Fluchtreaktion und die Aktivierung des PNS zu einer Ruhe- und Verdauungsreaktion. Vereinfacht ausgedrückt steht das SNS mehr für Aktivität und das PNS mehr für Passivität. Beide Subsysteme arbeiten so, dass der Körper optimal und an die aktuelle Situation angepasst versorgt wird. Am Beispiel des Herzens verdeutlicht, führt eine verstärkte Aktivierung des SNS zu einer Erhöhung der Herzfrequenz, während eine verstärkte Aktivierung des PNS eine Reduzierung der Herzfrequenz bewirkt.

Chronische Stressbelastungen induzieren nachhaltige Veränderungen in den Regulationsmustern des ANS, die eine Disbalance zwischen sympathischer und parasympathischer Regulation zur Folge haben. Der Zusammenhang zwischen Stresseinflüssen und einem erhöhten Risiko einer koronaren Herzerkrankung wird durch eine Steigerung der Aktivität des Sympathikus erklärt (vgl. Collins/Karasek/Costas 2005). Die sympathisch-parasympathische Balance wird demnach durch chronisch psychosozialen Stress negativ verändert (vgl. Rozanski/Blumenthal/Kaplan 1999). Unter Stressbelastung steigt also die Aktivität des SNS an.

3. Erfassung von Stress durch Messung von Körpersignalen

Schwerpunkt der Messungen von Stressaktivierung sind die Signale, die den Zustand des ANS beschreiben. Deren Messung erfolgt nichtinvasiv und ist damit wenig belastend für den Menschen. Ein wichtiges Signal ist hierbei die Herzfrequenzvariabilität (HRV). Vereinfacht betrachtet ist die HRV (auch Herzratenvariabilität, engl. *heart rate variability*) der natürliche Anstieg und Fall der Herzfrequenz als Antwort auf Atmung, Blutdruck, Hormone, Stress und Gefühle. Je größer die HRV, desto regulierungsfähiger und gesünder sind das Herz und Nervensystem und umgekehrt. Auf diese Art und Weise spiegelt die HRV die gesamte psycho-physiologische (Verstand, Seele und Körper) Gesundheit und Balance des Körpers wider. Dabei stellt die HRV auch den einfachsten Weg dar, die autonome Regulation zu bewerten. Dies erfolgt auf Basis mathematischer Analysen der Schlag-zu-Schlag-Variabilität normaler Herzschläge (R-R-Abstände im EKG). Die Fluktuationen der Herzfrequenz zeigen die Wechsel in der autonomen kardialen Regulation, da der Sinusknoten im Vorhof des Herzens permanent durch sympathische und parasympathische Impulse moduliert wird (vgl. Malik et al. 1996).

Was schränkt jedoch die Herzfrequenzvariabilität ein? Angesichts eines stressauslösenden Ereignisses (Stressor) muss der Körper mit einer passenden Antwort reagieren. Diese Leistungs- und Stressantwort erfolgt in Form von erhöhtem Puls und Blutdruck, Freisetzung von speziellen Hormonen, Anspannen der Muskeln etc. Alle diese Reaktionen sind sinnvoll und notwendig für das normale Funktionieren unseres Körpers. Probleme entstehen jedoch, wenn der Körper mehr als notwendig auf diese Weise reagieren muss bzw. keine Möglichkeit bekommt, zwischen den Herausforderungen auch Erholungsphasen zu haben, um zum balancierten Gleichgewicht zurückzukehren. Das Resultat ist ein durchweg erhöhter Puls, eine verringerte HRV, eine erhöhte Blutdruckvariabilität, ein anhaltendes, extremes Niveau der zerstörenden Stresshormone, unterdrückte immune Tätigkeit und der Ausbruch der mit Stress in Verbindung stehenden Symptome und Krankheiten. Anhaltender Stress verursacht weiterhin eine erhöhte Wachsamkeit, Aufmerksamkeit und Erregung, erhöht damit den Blutdruck und steigert die Atemfrequenz. Daraus folgt, dass man durch Messungen des EKGs (HRV), der Pulskurve als Surrogat für den Blutdruck (Blutdruckvariabilität; vgl. Isabelle et al. 2016) und der Atemfrequenz (Atemfrequenzvariabilität) eine relativ einfache Methode zur Beschreibung bzw. Bewertung der autonomen Regulation zur Verfügung hat (vgl. Leder et al. 2002). Damit können ergänzende Informationen zur Charakterisierung der autonomen Regulation gewonnen werden, die zur erweiterten Charakterisierung des Stresszustandes beitragen können.

Zusammenfassend ist festzustellen, dass mit der Messung der Funktion des ANS mittels der HRV, der Puls- und Blutdruckvariabilität sowie des Einflusses der Atmung eine zuverlässige Diagnostik zur Verfügung steht, die nicht nur einen sehr hohen prädiktiven Wert im Hinblick auf präventive Maßnahmen hat, sondern auch die physiologische Grundlage für alle kurativen Therapien innerhalb der regulativen Medizin liefert (Biofeedbackverfahren, kontrollierte Atmung, Bewegungstherapien, Yoga etc.; vgl. Karavidas et al. 2007). Sie ermöglicht weiterhin auch die Erfolgskontrolle für diese Therapien.

4. Physiologischer Nachweis einer Stressreduktion durch MBST®

Die hier vorgestellte Studie (für Details siehe Voss/Bogdanski et al. 2020) war als (eingeschränkt randomisierte) kontrollierte Studie konzipiert, in der die messbaren Auswirkungen einer zwölfwöchigen MBST®-Intervention für Studierende der Ernst-Abbe-Hochschule Jena untersucht werden sollten. Alle Teilnehmer:innen wurden zu mehreren Zeitpunkten innerhalb des Evaluationszeitraums vom 11. April 2017 bis 31. März 2020 vor, während (nach acht Wochen MBST®), am Ende und über Monate nach Abschluss der MBST®-Intervention gemessen (siehe Abbildung 3). An dieser Stelle betrachten wir nur die Entwicklung der autonomen Regulation innerhalb der ersten beiden Messpunkte.

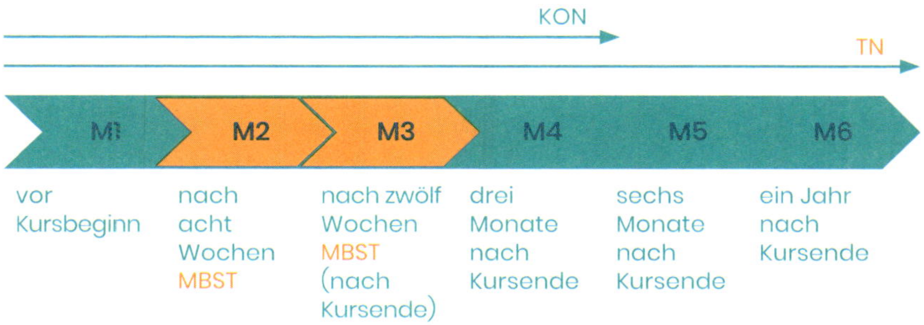

M0: Eingewöhnungsmessung (später nicht berücksichtigt)
M1: Messung unmittelbar vor Beginn des MBST®
M2: Messung nach acht Wochen MBST®
M3: Messung nach insgesamt zwölf Wochen MBST®
M4: Messung drei Monate nach MBST®
M5: Messung sechs Monate nach MBST®
M6: Messung zwölf Monate nach MBST®

Abbildung 3: Zeitlicher Studienablauf

Wir untersuchten den Effekt des MBST® nach acht Wochen in einer IGR bzw. Trainingsgruppe im Vergleich zu einer Kontrollgruppe (KON), die dieses Training nicht besuchte, aber ansonsten der IGR glich und den gleichen Studienablauf hatte (siehe Tabelle 1).

Studierende mit bekannter Herzerkrankung, Bluthochdruck, Diabetes, Schwangere, (Halb-)Profisportler:innen und solche mit fortgeschrittener Erfahrung im Achtsamkeitstraining wurden ausgeschlossen.

Messung

Die Messungen erfolgten nacheinander im selben Raum und wurden immer von der gleichen Person durchgeführt. Die Teilnehmer:innen wurden gebeten, in ruhigem Zustand auf einem Bürostuhl zu sitzen, und sollten sich während der Aufnahmen möglichst nicht bewegen. Es erfolgte eine zehnminütige Aufzeichnung folgender Biosignale (siehe Abbildung 4): Elektrokardiogramm (EKG) mit zwei Kanälen, Fingerpuls-Photoplethysmogramm (PPG) und zwei Kanäle der Atemtätigkeit (RESP, über einen Atemgürtel). Daraus leiteten wir folgende Informationen ab:

- EKG → HRV
- PPG → Pulsfrequenzvariabilität, Pulskurvenform
- RESP → Atemfrequenzvariabilität

Gruppe	N (Teilnehmer:in)	Geschlecht (weiblich/ männlich)	Alter (Jahre)	BMI (kg/m^2)
IGR	38	32/6	24.5 ± 3.7	22.2 ± 2.8
KON	35	31/4	24.1 ± 7.1	22.6 ± 5.0

Tabelle 1: Studienteilnehmende: IGR und KON (Alter als Mittelwert ± Standardabweichung; Body-Mass-Index [BMI])

1 EKG-Elektroden Kanal 1 (unter T-Shirt)
2 EKG-Elektroden Kanal 2 (unter T-Shirt)
3 Atemgurt 1
4 Atemgurt 2
5 Fingerpulssensor
6 Pulsuhr

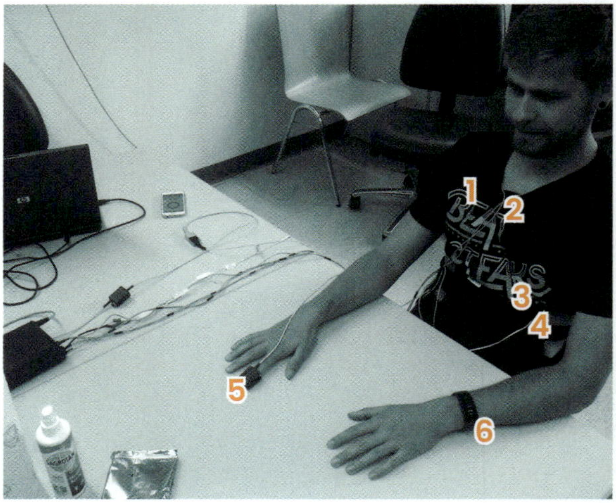

Abbildung 4: Messplatz

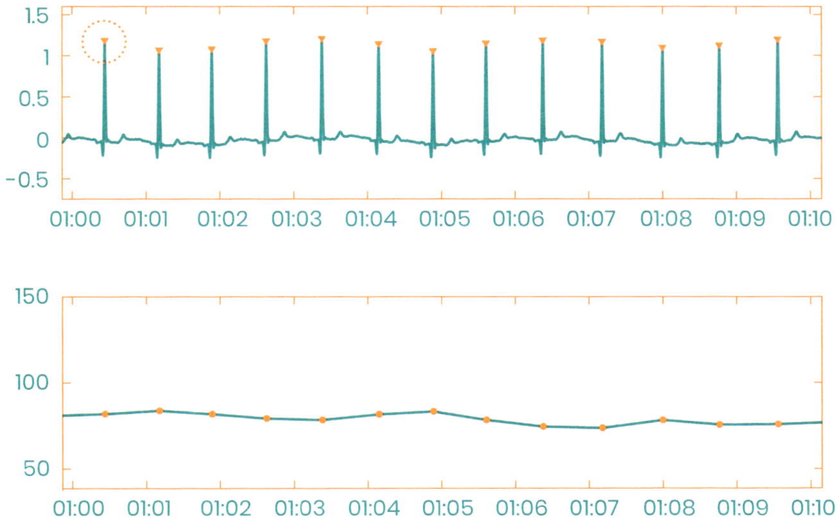

x-Achse: Angaben in mV

y-Achse: Zeit in Minuten:Sekunden

Bei allen EKG-Zyklen wurde die Spitze (Peak) erkannt, was hier durch ein kleines, auf den Kopf gestelltes Dreieck markiert ist (der gestrichelte Kreis schließt ein solches Dreieck beispielhaft ein).

Abbildung 5: Peak-Erkennung im EKG

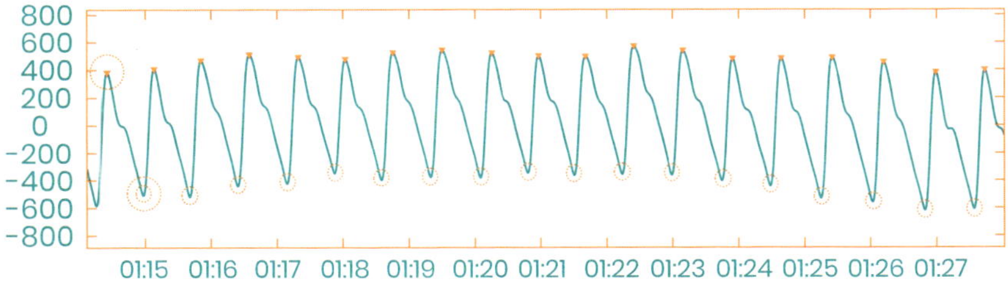

x-Achse: Angaben in mV

y-Achse: Zeit in Minuten:Sekunden.

Bei allen Puls-Zyklen wurde die Spitze (Peak, Systole) erkannt, was hier durch ein kleines, auf den Kopf gestelltes Dreieck markiert ist. Das jeweilige Minimum (Tal, Diastole) wird durch einen kleinen Kreis markiert. Der größere gestrichelte Kreis deutet auf je ein Beispiel dieser Markierungen hin.

Abbildung 6: Peak-Erkennung in der Pulskurve

Signalverarbeitung

Nach ihrer Erfassung mussten die Rohdatenaufzeichnungen vorverarbeitet werden, um sie in eine verwertbare Form zu bringen. Dazu wurden (von ehemals jeweils zwei Kanälen) der EKG- bzw. RESP-Kanal mit der höheren Signalqualität zur weiteren Verarbeitung ausgewählt. Im nächsten Schritt wurden charakteristische Merkmale aus den Signalen gewonnen (z.B. Peaks, siehe Abbildung 5).

In einem dritten Schritt wurden die Ergebnisse überprüft und manuell bearbeitet, um falsche Peaks zu verwerfen oder gegebenenfalls übersehene Peaks hinzuzufügen. Die erkannten Peaks aus dem EKG (R-Peaks) lieferten die Peak-zu-Peak-Intervallzeitreihe (Abstände zwi-

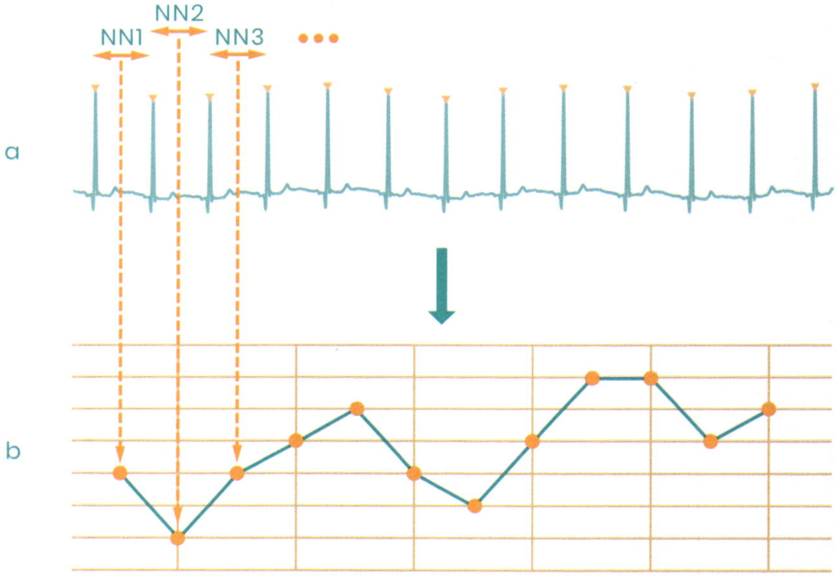

a: EKG-Abschnitt: Die Abstände zwischen zwei benachbarten normalen Herzschlägen werden als NN bezeichnet und durchnummeriert (beispielhaft sind hier nur die ersten drei benannt).

b: Die Werte der jeweiligen Herzschlagabstände werden auf der y-Achse als Sekundenwerte über die Zeit (x-Achse) aufgetragen. Die sich daraus ergebende Linie (Zeitreihe) wird als Tachogramm bezeichnet.

c: Pulskurvenabschnitt: Die jeweiligen Maxima (als PSYS bezeichnet) werden durchnummeriert (beispielhaft sind hier nur die ersten drei benannt).

d: Die Werte der jeweiligen systolischen Maxima werden auf der y-Achse über die Zeit (x-Achse) aufgetragen. Die sich daraus ergebende Linie (Zeitreihe) wird als Pulssystogramm bezeichnet.

schen den einzelnen R-Peaks über die Zeit aufgetragen, die auch als Tachogramm oder NN-Reihen bezeichnet werden, siehe Abbildung 7a, b) für die spätere Analyse der HRV. Darüber hinaus erhielten wir aus dem PPG (siehe Abbildung 6) alle Zeitpunkte und Amplituden der systolischen Maxima (Systole, PSYS) und diastolischen Minima (Diastole, PDIA), die auch (über die Zeit aufgetragen) als Pulssystogramm und Pulsdiastogramm (siehe Abbildung 7c, d) bezeichnet werden (in Analogie zu Blutdruckdaten). Daraus können wir die Pulswellenvariabilität (PWV) als eine Art Surrogat für die Blutdruckvariabilität (BPV) analysieren. Schließlich lieferten die charakteristischen Punkte der Maxima und Minima im RESP-Signal die Zeitreihen für Inspiration (RESPin) und Exspiration (RESPex) der Atemtätigkeit.

Auf der Grundlage der vorverarbeiteten Zeitreihen führten wir mehrere Methoden zur Merkmalsextraktion durch. Diese Methoden liefern Informationen, die die Merkmale von NN-, PSYS-, PDIA- und RESP-Zeitreihen als Marker der autonomen Regulation und damit als Marker eines bestimmten Belastungsniveaus beschreiben. Diese Methoden umfassen Berechnungen im Zeit- und Frequenzbereich sowie mit der nichtlinearen Dynamik (NLD), die als Ergebnis sowohl uni- als auch multivariate Parameter ergeben. Standardparameter für die HRV im

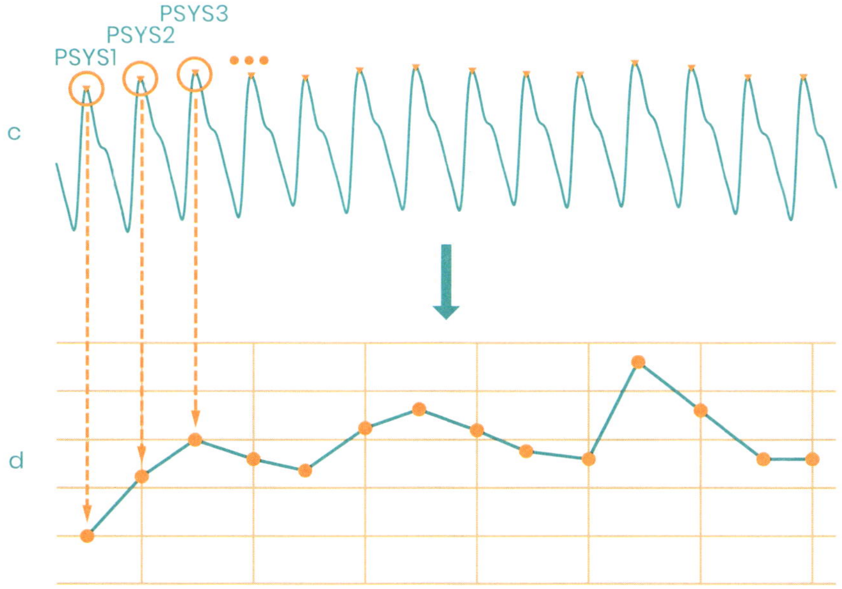

Abbildung 7: Gewinnung der NN-Zeitreihen aus dem EKG und die PSYS-Zeitreihen aus dem Pulssignal

Zeit- und Frequenzbereich wurden entsprechend der Task Force der European Society of Cardiology und der North American Society of Pacing and Electrophysiology berechnet (vgl. Malik et al. 1996).

In Übereinstimmung mit anderen Forschungsergebnissen und klinischen Praktiken ist das PPG geeignet, um kardiovaskuläre Indizes zu erhalten, die Aufschluss über das Verhalten des Gefäßsystems geben können (vgl. Martinez et al. 2018). Neben der HRV aus dem EKG ist es daher ein weiterer Ansatz, die Ausprägungen der autonomen Regulation einer Person anhand der Analyse des PPG in Form der PWV zu beschreiben. Für die Auswertung der PWV berechneten wir ebenfalls Standardparameter, die wir aus der Analyse der Blutdruckvariabilität kennen, zur Beschreibung der systolischen und diastolischen Amplituden und deren Variabilitäten (vgl. Voss/Malberg et al. 2000).

Neben diesen Standardparametern berechneten wir weitere Parameter, die die Variabilitäten und Wechselwirkungen in den untersuchten Zeitreihen noch detaillierter beschreiben und insbesondere die nichtlinearen Wechselwirkungen charakterisieren. Zu diesen Parametern gehören Indizes aus Korrelations- und Transinformationsberechnungen (vgl. Hoyer et al. 2002).

Darüber hinaus verwendeten wir Methoden zur Quantifizierung der Komplexität als Ausdruck der Vorhersagbarkeit für die gegebene Zeitreihe. Dies geschah durch Berechnung verschiedener Entropien (vgl. Voss/Kurths et al. 1995; Baumert et al. 2004; Valencia et al. 2009) für die jeweilige Zeitreihe (NN, PSYS und PDIA).

Mit Methoden der symbolischen Dynamik aus der NLD berechneten wir Wortwahrscheinlichkeiten, um die Zeitreihen und ihre Variabilität nichtlinear und detaillierter zu beschreiben (gilt für HRV und PWV; vgl. Kurths et al. 1995; Voss/Kurths et al. 1996).

Ein weiterer NLD-Ansatz, den wir zur Analyse nichtlinearer Interaktionen zwischen NN- und PSYS-/PDIA-Zeitreihen verwendeten, waren Methoden der bivariaten und multivariaten hochauflösenden symbolischen Dynamik (vgl. Schulz et al. 2013).

Schließlich führten wir erweiterte Poincaré-Plot-Analysen durch, eine zusätzliche NLD-Methode, die eine Entwicklung der Zeitreihe im nichtlinearen Raum ermöglicht (vgl. Voss/Fischer et al. 2010). Die berechneten Parameter wurden statistisch analysiert, um signifikante Veränderungen von M1 (vor der MBST®) zu M2 (nach acht Wochen MBST®) sowohl in der IGR als auch in der KON zu identifizieren. Hierzu verwendeten wir nichtparametrische Tests für unsere gepaarten Daten (Wilcoxon-Test gekoppelt mit dem Kolmogorov-Smirnov-Test).

Auf der Grundlage der erhaltenen Ergebnisse konnten wir die Interventionsgruppe innerhalb der ersten acht Wochen des MBST®-Trainings auf statistisch signifikante Veränderungen prüfen und untersuchen, ob diese Veränderungen auch für die Kontrollgruppe (im gleichen Zeitraum) zutrafen. Darüber hinaus führten wir einen Mann-Whitney-U-Test durch, um mögliche Startunterschiede zwischen beiden Gruppen bei M1 zu untersuchen. Auch hier verwendeten wir einen nichtparametrischen Test, der nicht die rigorosen Annahmen parametrischer Tests erfordert. Alle statistischen Tests wurden auf den Signifikanzniveaus $\alpha 1 = 0{,}05$, $\alpha 2 = 0{,}01$ und $\alpha 3 = 0{,}001$ durchgeführt, um signifikante, höher signifikante bzw. hochsignifikante Parameter zu identifizieren. Dabei wurden hochkorrelierte Parameter ($r > 0{,}8$) ausgeschlossen.

Ergebnisse

Wir untersuchten Veränderungen in der autonomen Regulation für die IGR nach acht Wochen MBST® (von M1 bis M2) im Vergleich zur KON. Generell zeigten die Messungen signifikant veränderte Parameter (n = 17) in der IGR im Gegensatz zur KON, wo keine signifikante Veränderung nachweisbar war. Die Aufteilung nach Signifikanzstärke und Parameterdomäne zeigt dabei Tabelle 2.

Parameterdomäne	PSYS	PDIA	NLD, Kopplung
Signifikanzlevel		Anzahl Parameter	
*	1	1	-
**	2	-	8
***	3	-	5

*: leicht signifikant $\alpha < 0{,}05$; **: signifikant $\alpha < 0{,}01$; ***: hochsignifikant $\alpha < 0{,}001$

Tabelle 2: Anzahl der unterschiedlich signifikanten Parameter in den verschiedenen Domänen

Interessanterweise gab es fast keine signifikanten Veränderungen bei den Standardparametern aus den Zeit- und Frequenzbereichen. Die RESP- und HRV-Parameter waren innerhalb der IGR überhaupt nicht signifikant verändert. Nur drei Standardparameter, die mit der Variabilität in PSYS und PDIA zusammenhängen, zeigten signifikante Veränderungen. Dies waren die Standardabweichungen von PSYS und PDIA sowie der Variationskoeffizient in PSYS. Hingegen zeigten die 14 Parameter aus der NLD (symbolische Dynamik, Komplexität, Poincaré-Plot-

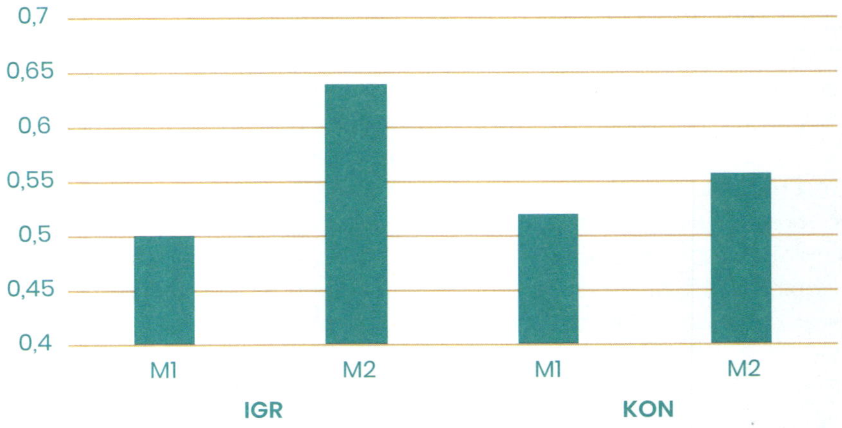

Abbildung 8: PWV_SymDyn – Entwicklung des PWV-Parameters, der die Verringerung der vaskulären Variabilität repräsentiert von M1 nach M2 für die Gruppen IGR (links) und KON (rechts)

Analysen) bzw. aus den Kopplungsanalysen deutliche Veränderungen in der IGR. Diese deuten alle auf eine hochsignifikante Verringerung der PWV nach acht Wochen MBST®-Training hin (siehe Abbildung 8).

Entsprechende signifikante Veränderungen von M1 zu M2 traten innerhalb des KON nicht auf. Besonders auffällig ist, dass ausschließlich die PSYS- und PDIA-Parameter und deren Interaktionen, anders als die der HRV oder RESP, Ausdruck signifikanter und vor allem nichtlinearer Veränderungen infolge dieser MBST®-Untersuchung sind.

Der direkte Vergleich zwischen IGR und KON bei M1 (vor dem MBST®-Training) zeigte praktisch keinen Unterschied (mit Ausnahme eines einzigen leicht signifikanten Kopplungsparameters), was bedeutet, dass beide Gruppen aus der gleichen Population stammten und daher vergleichbare Ausgangsbedingungen erfüllten.

5. Zusammenfassung und Diskussion

In dieser explorativen Studie untersuchten wir die Auswirkungen einer auf Studierende zugeschnittenen achtsamkeitsbasierten Intervention auf die autonome Regulation. Dies erfolgte auf der Basis des im Rahmen des Thüringer Modells *Achtsame Hochschulen* entwickelten, prototypischen MBST®-Programms, das aus MBSR für die Anforderungen des täglichen Lebens an der Hochschule adaptiert wurde. Unmittelbar vor und nach acht Wochen Training wurden Messungen von EKG, PPG und Atemaktivität bei den Probanden aus der IGR und bei einer (nichtinterventionellen) passiven KON durchgeführt. Der Vergleich der berechneten Variabilitätsparameter aus den NN-, PSYS-, PDIA- und RESP-Zeitreihen ergab signifikante Veränderungen in der IGR nach acht Wochen MBST®-Intervention, nicht aber in der KON.

Als Ergebnis konnten wir zeigen, dass das MBST®-Training die autonome Regulation im Hinblick auf eine Stressreduktion in einem positiven Sinne erheblich beeinflusst. Mehrere Parameter, die das Verhalten der autonomen Regulation charakterisieren, veränderten sich innerhalb der IGR signifikant, während dieselben Parameter innerhalb der KON unverändert blieben. Im Detail scheinen die Standardparameter, die die Variabilitäten der Herzfrequenz, der Pulswelle oder der Atemaktivität in linearen Funktionen und Interaktionen beschreiben, für den Nachweis der Wirksamkeit des MBST®-Trainings weniger geeignet zu sein. Hingegen scheinen Parameter aus der NLD, die den Grad der Komplexität quantifizieren und nichtlineare Interaktionen (Kopplungen) zwischen den physiologischen Subsystemen in der autonomen Regulation beschreiben, in erster Linie gute Indikatoren für die Effektivität des Trainings zu sein. Darüber hinaus können die Variabilitäten von PSYS und PDIA, die die aus der Finger-PPG abgeleitete PWV als eine Art Ersatz für die systolische und diastolische Blutdruckvariabilität repräsentieren, die kardiovaskulären Aktivitäten als Haupttreiber der beobachteten Effekte charakterisieren. Die HRV konnte dabei überraschenderweise keine signifikanten Veränderungen zeigen.

Wenn wir uns die Richtungen der veränderten Werte der IGR im Detail ansehen, können wir feststellen, dass sich die veränderten Parameter wie erwartet verhalten haben. In Ruhe sollte eine gesunde Person in der Regel eine relativ hohe HRV, aber eine niedrige BPV aufweisen, was auf eine gute kardiovaskuläre Interaktion und Ansprechbarkeit im Gegensatz zu einer reduzierten HRV und/oder erhöhten BPV bei verschiedenen (kardiologischen und nichtkardiologischen) Erkrankungen hinweist (vgl. Malik et al. 1996; Acharya et al. 2006; Parati et al. 2015). Einerseits kann eine verminderte HRV und/oder erhöhte BPV (wie auch PWV) ein Anzeichen für einen Stresszustand unter einer schweren körperlichen oder mentalen Belastung sein, wie beim Sport oder bei Prüfungen. Andererseits könnte dies ansonsten auf eine Dysfunktion der autonomen Regulation hindeuten, die mit einem höheren Risiko für Herz-Kreislauf-Erkrankungen und Mortalität oder psychische Störungen verbunden ist. Mehrere Studien untersuchten den Zusammenhang von verschiedenen Erkrankungen mit Veränderungen der BPV (vgl. Sung et al. 2014; Gosmanova et al. 2016).

In dieser Hinsicht haben sich die Veränderungen der signifikanten Parameter innerhalb der IGR von M1 zu M2 als konsistent herausgestellt. Sowohl die Standardparameter als auch die Parameter der NLD und Kopplungsanalyse zeigten als Folge nach acht Wochen MBST® in der IGR:

- Die Pulswellenvariabilität ist reduziert.
- Die Komplexität der Pulswellenvariabilität ist reduziert.
- Die Kopplungen haben sich verstärkt (was eine reduzierte Variabilität impliziert).

Zusammenfassend weisen diese Befunde auf eine reduzierte systolische und diastolische Variabilität in den Pulswellen-Zeitreihen hin und implizieren daher ein geringeres Stressniveau und eine bessere Regulation der autonomen Körperfunktionen ausschließlich für die MBST®-Interventionsgruppe bereits nach acht Wochen Training.

Auch wenn diese vorläufigen Ergebnisse einen allgemeinen Einblick in die erwarteten Auswirkungen des MBST® auf die Funktionen der autonomen Regulation bei Hochschulstudierenden geben, sind einige Einschränkungen dieser Studie zu beachten: Das Geschlechterverhältnis war zugunsten der Frauen verschoben. Obwohl es sich hier nicht um eine rein randomisierte Studie handelt, kann davon ausgegangen werden, dass der Auswahlprozess der Proband:innen mit der Zufälligkeit der Anmeldung (Zeitpräsenz, Kenntnis der Studie, ...) ein nahezu randomisiertes Verfahren war. Darüber hinaus ist die aktuelle Auswertung für bestimmte protokollierte Metainformationen wie Altersgruppen, Geschlecht, BMI, Menge der sportlichen Aktivitäten (Profisportler:innen waren bereits ausgeschlossen), Menge der Vorerfahrungen in Meditation oder Yoga (diejenigen mit MBSR-Erfahrung waren bereits ausgeschlossen) sowie die Menge der unabhängigen Achtsamkeitspraxis zu Hause noch nicht kontrolliert. Es ist daher zu beachten, dass einige dieser ausgelassenen Informationen die Ergebnisse beeinflussen könnten.

Aus unseren vorliegenden Ergebnissen schließen wir, dass das durchgeführte MBST®-Programm tatsächlich eine statistisch gesicherte Verbesserung der autonomen Regulation bei den MBST®-Teilnehmenden zeigt. Auf Grundlage unserer Ergebnisse gehen wir davon aus, dass die durch die MBST® verursachten Veränderungen in der autonomen Regulation mehr nichtlinearer Art sind und daher wahrscheinlich schlechter durch klinische etablierte einfache lineare Parameter festgestellt werden können. Schließlich lassen die erhaltenen Ergebnisse die Annahme eines positiven Einflusses auf die Gesundheit der MBST®-Teilnehmer:innen zu.

Literatur

Acharya, Rajendra U./Joseph, Paul K./Kannathal, N./Lim, Min Choo/Jasjit, Suri S. (2006): »Heart rate variability: a review«, in: *Medical and Biological Engineering and Computing* 44(12), S. 1031-1051, doi.org/10.1007/s11517-006-0119-0.

Baumert, Mathias/Baier, Vico/Haueisen, Jens/Wessel, Niels/Meyerfeldt, Udo/Schirdewan, Alexander/Voss, Andreas (2004): »Forecasting of Life Threatening Arrhythmias Using the Compression Entropy of Heart Rate«, in: *Methods of Information in Medicine* 43(2), S. 202-206, doi.org/10.1055/s-0038-1633859.

Collins, Sean M./Karasek, Robert A./Costas, Kevin (2005): »Job Strain and Autonomic Indices of Cardiovascular Disease Risk«, in: *American Journal of Industrial Medicine* 48(3), S. 182-193, doi.org/10.1002/ajim.20204.

Frank, Jennifer L./Reibel, Diane/Broderick, Patricia/Cantrell, Todd/ Metz, Stacie (2015): »The Effectiveness of Mindfulness-Based Stress Reduction on Educator Stress and Well-Being: Results from a Pilot Study«, in: *Mindfulness* 6(2), S. 208-216, doi.org/10.1007/s12671-013-0246-2.

Gosmanova, Elvira O./Mikkelsen, Margit K./Molnar, Miklos Z./Lu, Jun L./Yessayan, Lenar T./Kalantar-Zadeh, Kamyar/Kovesdy, Csaba P. (2016): »Association of Systolic Blood Pressure Variability With Mortality, Coronary Heart Disease, Stroke, and Renal Disease«, in: *Journal of the American College of Cardiology* 68(13), S. 1375-1386, doi.org/10.1016/j.jacc.2016.06.054.

Herbst, Uta/Voeth, Markus/Eidhoff, Anne Theresa/Müller, Mareike/Stief Sarah (2016): *Studierendenstress in Deutschland – eine empirische Untersuchung*, Berlin, uni-heidelberg.de/md/journal/2016/10/08_projektbericht_stressstudie.pdf [letzter Zugriff 01.11.2024].

Hoyer, Dirk/Leder, Uwe/Hoyer, Heike/Pompe, Bernd/Sommer, Michael/Zwiener, Ulrich (2002): »Mutual information and phase dependencies: measures of reduced nonlinear cardiorespiratory interactions after myocardial infarction«, in: *Medical Engineering & Physics* 24(1), S. 33-43, doi.org/10.1016/S1350-4533(01)00120-5.

Isabelle, Marc/Chimenti, Stefano/Beaussier, Hélène/Gransagne, Denis/Villeneuve, Nicole/Safar, Michel E./Duchatelle, Véronique/Vilaine, Jean-Paul/Vayssettes-Courchay, Christine/Bezie, Yvonnick (2016): »SBP, DBP, and pulse blood pressure variability are temporally associated with the increase in pulse wave velocity in a model of aortic stiffness«, in: *Journal of Hypertension* 34(4), S. 666-675, doi.org/10.1097/HJH.0000000000000838.

Kabat-Zinn, Jon (1982): »An outpatient program in behavioral medicine for chronic pain patients based on the practice of mindfulness meditation: theoretical considerations and preliminary results«, in: *General Hospital Psychiatry* 4(1), S. 33-47, doi.org/10.1016/0163-8343(82)90026-3.

Kabat-Zinn, Jon (2013): *Gesund durch Meditation: Das vollständige Grundlagenwerk zu MBSR*, München. (Original: [1990]: *Full Catastrophe Living: Using the Wisdom of Your Body and Mind to Face Stress, Pain, and Illness*, New York).

Karavidas, Maria Katsamanis/Lehrer, Paul M./Vaschillo, Evgeny/Vaschillo, Bronya/Marin, Humberto/Buyske, Steven/Malinovsky, Igor/Radvanski, Diane/Hassett, Afton (2007): »Preliminary results of an open label study of heart rate variability biofeedback for the treatment of major depression«, in: *Applied Psychophysiology and Biofeedback* 32(1), S. 19-30, doi.org/10.1007/s10484-006-9029-z.

Kurths, Juergen/Voss, Andreas/Saparin, Peter/Witt, Annette/Kleiner, H[.] J[.]/Wessel, Niels (1995): »Quantitative analysis of heart rate variability«, in: *Chaos* 5(1), S. 88-94, doi.org/10.1063/1.166090.

Langs, Gernot (2016): »Stress – die größte Gesundheitsgefahr des 21. Jahrhunderts«, in: *btc-distelmeyer.de*, 17.07.2016, btc-danielmeyer.de/blog/stress-die-groesste-gesundheitsgefahr-des-21-jahrhunderts/ [letzter Zugriff 09.12.2021].

Leder, Uwe/Baumert, Mathias/Baier, Vico/Liehr, M[.]/Osterziel, Karl Josef/Figulla, Hans-Reiner/Voss, Andreas (2002): »Nachlast und Blutdruckamplitude bei dilatativer Kardiomyopathie/Afterload and Blood Pressure Amplitude in Dilated Cardiomyopathy«, in: *Biomedical Engineering/Biomedizinische Technik* 47(7-8), S. 191-194, doi.org/10.1515/bmte.2002.47.7-8.191.

Malik, Marek/Bigger, J. Thomas/Camm, A. John/Kleiger, Robert E./ Malliani, Alberto/Moss, Arthur J./Schwartz, Peter J. (1996): »Heart rate variability. Standards of measurement, physiological interpretation, and clinical use«, in: *European Heart Journal* 17(3), S. 354-381, doi.org/10.1093/oxfordjournals.eurheartj.a014868.

Marin, Marie-France/Lord, Catherine/Andrews, Julie/Juster, Robert-Paul/Sindi, Shireen/Arsenault-Lapierre, Geneviéve/Fiocco, Alexandra J./Lupien, Sonia J. (2011): »Chronic stress, cognitive functioning and mental health«, *Neurobiology of Learning and Memory* 96(4), S. 583-595, doi.org/10.1016/j.nlm.2011.02.016.

Martinez, Gloria/Howard, Newton/Abbott, Derek/Lim, Kenneth/Ward, Rabab/Elgendi, Mohamed (2018): »Can Photoplethysmography Replace Arterial Blood Pressure in the Assessment of Blood Pressure«, in: *Journal of Clinical Medicine* 7(10), 316, doi.org/10.3390/jcm7100316.

Mosley, Thomas H. Jr./Perrin, Sean G./Neral, Susan M./Dubbert, Patricia M./Grothues, Carol A./Pinto, Bernadine M. (1994): »Stress, coping, and well-being among third-year medical students«, in: *Academic Medicine* 69(9), S. 765-767, doi.org/10.1097/00001888-199409000-00024.

Parati, Gianfranco/Ochoa, Juan Eugenio/Lombardi, Carolona/Bilo, Grzegorz (2015): »Blood pressure variability: assessment, predictive value, and potential as a therapeutic target«, in: *Current Hypertension Reports* 17(4), 537, doi.org/10.1007/s11906-015-0537-1.

Rozanski, Alan/Blumenthal, James A./Kaplan, Jay (1999): »Impact of Psychological Factors on the Pathogenesis of Cardiovascular Disease and Implications for Therapy«, in: *Circulation* 99(16), S. 2192-2217, doi.org/10.1161/01.CIR.99.16.2192.

Schug, Markus (2018): »Studenten im Stress. Projekt gesundes Studium«, in: *faz.net*, 16.08.2018, faz.net/aktuell/rhein-main/region-und-hessen/studie-viele-studenten-haben-psychische-erkrankungen-15740104.html [letzter Zugriff 01.11.2024].

Schulz, Steffen/Tupaika, Nadine/Berger, Sandy/Haueisen, Jens/Bar, Karl-Jürgen/Voss, Andreas (2013): »Cardiovascular coupling analysis with high-resolution joint symbolic dynamics in patients suffering from acute schizophrenia«, in: *Physiological Measurement* 34(8), S. 883-901, doi.org/10.1088/0967-3334/34/8/883.

Ştefan, Catrinel A./Căpraru, Călin/Szilágyi, Melinda (2018): »Investigating Effects and Mechanisms of a Mindfulness-Based Stress Reduction Intervention in a Sample of College Students at Risk for Social Anxiety«, in: *Mindfulness* 9(5), S. 1509-1521, doi.org/10.1007/s12671-018-0899-y.

Sung, Jidong/Woo, Jong-Min/Kim, Won/Lim, Seoung-Kyeon/Chung, Ahn-Soo (2014): »Relationship between Blood Pressure Variability and the Quality of Life«, in: *Yonsei Medical Journal* 55(2), S. 374-378, doi.org/10.3349/ymj.2014.55.2.374.

Tyssen, Reidar/Vaglum, Per/Grønvold, Nina T./Ekeberg, Øivind (2001): »Suicidal ideation among medical students and young physicians: a nationwide and prospective study of prevalence and predictors«, in: *Journal of Affective Disorders* 64(1), S. 69-79, doi.org/10.1016/S0165-0327(00)00205-6.

Valencia, Jose F./Vallverdú, Montserrat/Schroeder, Rico/Voss, Andreas/Vázquez, Rafael/Bayés de Luna, Antonio/Caminal, Pere (2009): »Complexity of the short-term heart-rate variability«, in: *IEEE Engineering in Medicine and Biology Magazine* 28(6), S. 72-78, doi.org/10.1109/MEMB.2009.934621.

Voss, Andreas/Bogdanski, Martin/Langohr, Bernd/Albrecht, Reyk/Sandbothe, Mike (2020): »Mindfulness-Based Student Training Leads to a Reduction in Physiological Stress«, in: *Frontiers in Psychology* 11, 645, doi.org/10.3389/fpsyg.2020.00645.

Voss, Andreas/Fischer, Claudia/Schroeder, Rico/Figulla, Hans-Reiner/Goernig, Matthias (2010): »Segmented Poincare plot analysis for risk stratification in patients with dilated cardiomyopathy«, in: *Methods of Information in Medicine* 49(5), S. 511–515, doi.org/10.3414/ME09-02-0050.

Voss, Andreas/Kurths, Jürgen/Kleiner, Hans J./Witt, Annette/Wessel, Niels (1995): »Improved analysis of heart rate variability by methods of nonlinear dynamics«, in: *Journal of Electrocardiology* 28(s1), S. 81–88, doi.org/10.1016/S0022-0736(95)80021-2.

Voss, Andreas/Kurths, Jürgen/Wessel, Niels/Witt, Annette/Kleiner, Hans J./Dietz, Rainer (1996): »Multiparametric Heart Rate Variability Analysis for High Risk Stratification after Myocardial Infarction«, in: *Clinical Science* 91(s1), S. 118–119, doi.org/10.1042/cs0910118supp.

Voss, Andreas/Malberg, Hagen/Schumann, Agnes/Wessel, Niels/Walther, Thomas/Stepan, Holger/Faber, Renaldo (2000): »Baroreflex sensitivity, heart rate, and blood pressure variability in normal pregnancy«, in: *American Journal of Hypertension* 13(11), S. 1218–1225, doi.org/10.1016/s0895-7061(00)01199-7.

Wirtz, Petra H./Känel, Roland v. (2017): »Psychological Stress, Inflammation, and Coronary Heart Disease«, in: *Current Cardiology Reports* 19, 111, doi.org/10.1007/s11886-017-0919-x.

Wohlers, Katja/Hombrecher, Michaela (2016): »Entspann dich, Deutschland. TK-Stressstudie 2016«, Hamburg, tk.de/resource/blob/2026630/9154e4c71766c410dc859916aa798217/tk-stressstudie-2016-data.pdf [letzter Zugriff 01.11.2024].

Yerkes, Robert M./Dodson, John D. (1908): »The relation of strength of stimulus to rapidity of habit-formation«, in: *Journal of Comparative Neurology and Psychology* 18(5), S. 459–482, doi.org/10.1002/cne.920180503.

Andreas Voss, Martin Bogdanski, Mario Walther, Bernd Langohr, Reyk Albrecht, Georg Seifert und Mike Sandbothe

Medizinische Evaluation: Achtsamkeitstraining für Studierende (MBST®) führt zu nachhaltiger Reduzierung von stressassoziierten Biomarkern

Abstract

In der digitalen Gesellschaft ist chronischer Stress zu einem zunehmenden Problem geworden, da er zu psycho-physiologischen Gesundheitsproblemen führen kann. Auch Hochschulstudierende sind aufgrund der Anforderungen vieler Kurse und Prüfungen mit Stress konfrontiert. Die positiven Auswirkungen der Stressreduktion durch Achtsamkeit (MBSR) auf die Stressbewältigung und die Selbstregulierung sind bereits untersucht worden. Im Rahmen des Thüringer Modells *Achtsame Hochschulen* wurde prototypisch eine neue, auf Studierende zugeschnittene Achtsamkeitsintervention entwickelt – das Achtsamkeitstraining für Studierende (MBST®). In dieser Studie stellen wir Längsschnittergebnisse der MBST®-Evaluation vor (Gesamtdauer der Evaluation 11. April 2017 bis 31. März 2020). Biosignal-Analysemethoden, einschließlich Pulswellenvariabilität (PWV), Herzfrequenzvariabilität und Atmungsaktivität, wurden eingesetzt, um den Zustand der autonomen Regulation der Teilnehmer:innen während der zwölfwöchigen Intervention und bei der Nachuntersuchung zu bewerten. Die Fortschritte der Interventionsgruppe (IGR, N = 31) bis zu drei Monate nach Ende des MBST® wurden mit denen einer Kontrollgruppe (N = 34) verglichen. Darüber hinaus wurde der Langzeiteffekt für die IGR bis zu einem Jahr nach der Intervention untersucht. Die Analyse ergab signifikante positive Veränderungen der PWV ausschließlich für die IGR. Dieser positive Effekt, insbesondere auf die Gefäßfunktion, hält auch ein Jahr nach Beendigung von MBST® an. Die Ergebnisse lassen den Schluss zu, dass das physiologisch reduzierte Stressniveau durch Anwendung des MBST®-Programms als ein vorteilhaftes, nachhaltiges und präventives Gesundheitsprogramm für Studierende an Hochschulen angesehen werden kann.[1]

1 Das Kapitel ist eine Übersetzung von Voss et al. 2022 in leicht abgeänderter Fassung.

Einführung

Die ursprünglich von Jon Kabat-Zinn entwickelte Methode in der Schmerztherapie (vgl. Kabat-Zinn 2013) ist später in weitere Felder eingeführt worden. Für das MBST®-Format wurde die MBSR-Methode ergänzt und modifiziert und so speziell auf die Bedürfnisse der Studierenden in ihrem Studienalltag zugeschnitten.

Das vermittelte Training sollte u.a. die Stressbewältigung sowie die Selbst- und Emotionsregulation stärken und damit zu einem persönlichen gesundheitlichen Nutzen beitragen. Die Entwicklung dieses prototypischen Ansatzes haben wir durch wissenschaftliche Untersuchungen auf der Basis physiologischer Biomarker begleitet. Im Rahmen der Evaluationsstudie (siehe Kapitel I.2 in diesem Buch) erhoben wir mittels wiederholter Messungen von Elektrokardiogramm (EKG), Fingerpuls-Photoplethysmogramm (PPG, abgeleitet aus der Pulsoxymetrie) und Atemaktivität (RESP) Informationen über den Zustand der autonomen Regulation der Teilnehmer:innen der MBST®-IGR sowie einer passiven Kontrollgruppe. Daraus konnten verschiedene Maße der Herzfrequenzvariabilität (HRV), PWV und Atemaktivität, die die autonomen Funktionen in verschiedenen Bereichen der Biosignalanalyse charakterisieren, extrahiert und statistisch analysiert werden. Auf dieser Grundlage fanden wir in dieser ersten Studie einen signifikanten Effekt im Sinne einer reduzierten vaskulären Regulation (Gefäßregulation anhand spezifischer PWV-Parameter). Diese Verbesserung wurde ausschließlich bei MBST®-Teilnehmer:innen beobachtet. Sie geht mit einer reduzierten Stresssituation einher und zeigt damit einen positiven gesundheitlichen Nutzen nach acht von zwölf Wochen Intervention.

Das Ziel der nun vorliegenden Longitudinalstudie war es, im Längsschnitt zu untersuchen, inwieweit und wie lange sich auch nach Abschluss der kompletten MBST®-Intervention eine Stressreduktion nachweisen lässt. Zunächst gingen wir dabei der Fragestellung nach, welche Wirkung am Ende der zwölfwöchigen Intervention nachgewiesen werden kann (bislang hatten wir das nur bis zur achten Woche der Intervention evaluiert) und wie sich der Zustand in der Nachbeobachtung bis zu drei Monate nach Ende der Intervention entwickelt – auch im Vergleich mit der Entwicklung der Kontrollgruppe im selben Zeitraum. Dann haben wir uns entschieden, darüber hinaus die Langzeiteffekte für die MBST®-Teilnehmer:innen über mehrere Monate bis hin zu einem Jahr nach Kursende zu untersuchen.

1. Studienbeschreibung und Methodik

In dieser quasirandomisierten, kontrollierten Studie wurde die physiologische Wirkung des zwölfwöchigen MBST®-Kurses auf Studierende untersucht. Die Studienteilnehmer:innen wurden dazu mehreren klinischen Messungen vor, während und nach Ende des Kurses unterzogen. Dabei wurden Parameter der HRV, PWV und RESP sowohl von der IGR als auch von einer passiven Kontrollgruppe (KON) erfasst. Die Auswertung dieser Messwerte anhand verschiedener Methoden der Biosignalanalyse führte schließlich zu statistischen Vergleichen innerhalb und zwischen den beiden Gruppen mit je 40 Teilnehmenden. Somit konnten am Ende Veränderungen über die Zeit sowie Gruppenunterschiede in Funktionen der autonomen Regulation untersucht werden.

Alle Verfahren, die in dieser Evaluationsstudie mit Probanden durchgeführt wurden, wurden von der institutionellen Ethikkommission des Universitätsklinikums Jena genehmigt und in Übereinstimmung mit der Deklaration von Helsinki von 1964 sowie späteren Änderungen durchgeführt. Von allen Studienteilnehmer:innen wurde nach erfolgter Aufklärung über Inhalte und Ziele der Evaluationsstudie eine schriftliche Zustimmung eingeholt.

1.1 MBST®-Intervention

Basierend auf klassischen Elementen der achtsamkeitsbasierten Stressreduktion (MBSR), die ursprünglich von Jon Kabat-Zinn (vgl. 2013) eingeführt wurde, ist im Rahmen des Thüringer Modells *Achtsame Hochschulen* eine neue Achtsamkeitsintervention für Studierende an Hochschulen entwickelt und etabliert worden (siehe Kapitel I.1 in diesem Buch). Der Hauptgrund für die Änderung des autorisierten MBSR-Curriculums war das Ziel, einen Kurs mit einer Zeitstruktur anzubieten, die den Standards von akademischen Seminaren in Deutschland entspricht (90 Minuten pro Woche in einem Semester), sodass Studierende dafür universitäts- und fakultätsübergreifend Leistungspunkte erhalten können. Darüber hinaus hat sich gezeigt, dass die Dauer der MBSR-Übungen (ca. 2,5 bis 3,5 Stunden pro wöchentlicher Sitzung) zwar im klinischen Kontext von MBSR sowie in ambulanten MBSR-Kursen nützlich ist, aber für Studierende in einem akademischen Umfeld zu lang ist. Das Gleiche gilt für den Achtsamkeitstag.

Die sich daraus ergebenden Veränderungen in der zeitlichen Struktur des Curriculums sowie die Notwendigkeit, im Kurs direkt auf die spezifischen Themen der Studierenden einzugehen und die Anzahl der medizinischen Inputs zu reduzieren, haben zu einer deutlichen Veränderung des Kursformats geführt, was sich im neuen Namen MBST® ausdrückt. Dies ist gleichzeitig eine Antwort auf die folgende Forderung, die im autorisierten *Curriculum Guide* für MBSR zu finden ist:

> »Derzeit gibt es eine Vielzahl von achtsamkeitsbasierten Programmen, die sich aus der Grundstruktur und dem Format von MBSR entwickelt haben. Wir begrüßen diese Anpassungen und Experimente, fordern unsere Kollegen jedoch nachdrücklich auf, das, was sie tun, nur dann MBSR zu nennen, wenn sie sich an die hier beschriebene Struktur und die Standards halten.«
>
> *Jon Kabat-Zinn (2017: 4)*

Die zwölfwöchige MBST®-Intervention umfasst wöchentliche 90-minütige Sitzungen und einen fünfstündigen ›Achtsamkeitsretreat-Tag‹. Darüber hinaus gibt es eine Einführungs- und eine Abschlusssitzung zu Beginn und am Ende. Die gelehrten Praktiken bestehen aus informellen und formellen Übungen (wie Body Scan, verschiedene Meditationen und Achtsamkeitsyoga), die von MBSR-Trainer:innen angeleitet werden. Das Training soll u.a. die Stressbewältigung sowie die Selbst- und Emotionsregulierung stärken und so zur persönlichen Gesundheit und zur Verbesserung der Lebensqualität beitragen. Die Durchführung sowie Materialvorbereitung und -bereitstellung wurde von den zwei erfahrenen MBST®-Trainern und Projektbeteiligten Reyk Albrecht und Bernd Langohr übernommen.

1.2 Teilnehmer:innen und Messungen

Alle Teilnehmer:innen dieser Evaluationsstudie waren Studierende aus verschiedenen Fachbereichen der Ernst-Abbe-Hochschule oder Friedrich-Schiller-Universität in Jena. Von der Evaluation ausgeschlossen wurden Personen mit Diabetes, Bluthochdruck, Herzerkrankungen, Schwangere, (semi-)professionelle Sportler:innen sowie solche mit

Gruppe (Messung)	N [Teilnehmer:innen]	Geschlecht [w/m]	Alter [MW ± SD, Jahre]
IGR (M4)	31	28/3	24,4 ± 3,8
IGR (M6)	22	20/2	24,6 ± 3,6
KON (M4)	34	31/3	24,2 ± 7,2

Tabelle 1: Teilnehmer:innenzusammensetzung pro Gruppe

fortgeschrittener Erfahrung im Achtsamkeitstraining. In diesen Fällen wäre eine von vornherein (teils deutlich) veränderte autonome Regulation zu erwarten, was wiederum die Messergebnisse verfälschen würde. Zusätzlich sei erwähnt, dass die Teilnehmer:innenzusammensetzung mehr Frauen als Männer aufwies, was aber für beide Gruppen gleichermaßen zutraf. Die Einschreibung folgte der zeitlichen Reihenfolge der Anmeldung (quasirandomisiert), wonach die ersten 40 Einschreibungen der Interventionsgruppe und die weiteren 40 nachfolgenden der Kontrollgruppe zugeordnet wurden.

Die klinischen Evaluationsmessungen erfolgten zu mehreren, fest vereinbarten Zeitpunkten. Diese starteten (nach einer Kennenlernmessung M0 unmittelbar vor Beginn) mit der Messung M1, gefolgt von den Messungen M2 nach acht Wochen und M3 nach Ende des zwölfwöchigen MBST®-Interventionsprogramms. Um die Nachhaltigkeit dieser Intervention zu untersuchen, wurden beide Gruppen zusätzlich drei Monate nach dem MBST® noch einmal gemessen (Messung M4). Somit lag eine vergleichbare Datenbasis vor (während und nach Abschluss der Intervention) und es war eine Nachverfolgung zusätzlich möglich. Bis zu diesem Zeitpunkt M4 absolvierten 31 IGR- und 34 KON-Teilnehmer:innen die Messungen. Darüber hinaus wurden die Interventionsteilnehmer:innen sechs Monate (Messung M5) und ein Jahr nach Ende des Kurses (Messung M6) untersucht, um die Nachhaltigkeit der Intervention zu prüfen. Diese lange Zeitspanne wurde von insgesamt 22 der IGR-Teilnehmer:innen lückenlos abgedeckt. Weitere Einzelheiten über die Teilnehmer:innen sind in Tabelle 1 aufgeführt. Eine Übersicht und kurze Beschreibung der Messpunkte können Tabelle 2 entnommen werden.

Jede Messung wurde einzeln in einem ruhigen Raum auf dem Campus durchgeführt. Nachdem der durchführende wissenschaftliche Mitarbeiter die Proband:innen über die Studieninhalte sowie -abläufe auf-

Messung	Beschreibung	Anmerkungen
M0	Anpassungs-messung	zum Kennenlernen des Messablaufs
M1	vor MBST®-Beginn	Semesterstart
M2	nach acht Wochen MBST®	während des Semesters
M3	nach Ende der zwölf Wochen MBST®	gegen Semesterende, vor Prüfungsbeginn
M4	drei Monate nach MBST®-Ende, letzte Messung für KON	nach Sommerferien, zum Start des Folgesemesters
M5	sechs Monate nach MBST®-Ende	gegen Semesterende, vor Prüfungsbeginn
M6	ein Jahr nach MBST®-Ende, letzte Messung für IGR	gegen Semesterende, vor Prüfungsbeginn

Tabelle 2: Messplanung und Beschreibung

geklärt und diese dann ihre Einwilligung zur Teilnahme erklärt hatten, wurde die medizinische Messtechnik (nichtinvasive Ableitung des EKG, des Pulses und der Atmung) angelegt. Die Ableitung der Herzaktivität mittels EKG erfolgte über zwei bipolare Kanäle äquivalent zu den Einthoven-Ableitungen II und III. Die Pulswelle wurde per PPG mittels Fingerstück am rechten Zeigefinger aufgezeichnet und diente der kardiovaskulären Aktivitätsbestimmung. Außerdem wurden jeweils ein Atemgurt um den Brustkorb sowie auf Bauchhöhe angebracht, um je nach Person die Atemaktivität sowohl aus primärer Brustatmung als auch Bauchatmung zu erfassen. Ein Biosignalverstärker erfasste die Signale und ein damit verbundener PC zeichnete diese auf. Nach visueller Überprüfung der Signalqualität und Einpendeln der Signale auf ein stabiles Niveau wurde die etwa elfminütige Messung zur Aufnahme gestartet. Während dieser Messzeit wurden der Teilnehmer bzw. die Teilnehmerin gebeten, ruhig und entspannt auf einem Stuhl zu sitzen, sich möglichst nicht zu bewegen und nicht zu sprechen, um Störungen in der Signalaufzeichnung zu vermeiden. Für die späteren Auswertungen wurden zehnminütige Messabschnitte aus diesen Aufzeichnungen genutzt.

1.3 Signalverarbeitung und Analyse

Signalaufbereitung

Um den Zustand der autonomen Regulation und daraus das körperliche Stressniveau durch verschiedene Parameter abbilden zu können, mussten die aufgezeichneten Rohdaten aus EKG, PPG/Pulswelle und Atemaktivität zunächst einer Vorverarbeitung unterzogen werden. Zu den ersten Schritten zählten hierbei das Kürzen auf zehn Minuten Aufzeichnung und das spezifische, digitale Filtern jedes Signals mit dem Ziel, das Nutzsignal deutlicher hervorzuheben und Störungen aller Art zu erkennen und zu beseitigen. Zudem wurden aus den jeweils zwei EKG- und Atemkanälen die Kanäle mit besserer Signalqualität für die Weiterverarbeitung ausgewählt. In einem weiteren Arbeitsschritt wurden die markanten R-Zacken der Herzschläge im EKG erkannt und deren zeitliche Abstände als Schlag-zu-Schlag-Intervalle (auch RR-Intervalle) in einer neuen Zeitreihe – dem Tachogramm – aufgetragen. Die EKG-Schlagerkennung erfolgte automatisiert mit anschließender manueller Nachkontrolle sowie nachgeschalteter adaptiver Filterung. Danach wurden die korrigierten Zeitreihen der Schlagabstände (Tachogramme) als NN-Intervalle (normal-zu-normal) gekennzeichnet. Auf ähnliche Weise wurden auch markante Punkte in der Pulswelle und der Atemaktivität erfasst und daraus auswertbare Datenfolgen extrahiert. Aus den so aufgearbeiteten Signalen konnten schließlich zahlreiche charakteristische Merkmale bestimmt werden. Die Analyse der NN-Intervalle lieferte dabei die Bestimmung der HRV. Die Zeitpunkte und Amplituden der systolischen Maxima und diastolischen Minima aus der Pulswelle bildeten das Pulssystogramm (PSYS) und das Pulsdiastogramm (PDIA). Die Auswertung dieser Datenreihen ergab zahlreiche Maße der PWV, analog zur Blutdruckvariabilität (BPV) aus kontinuierlichen Blutdruckaufzeichnungen. Die Kurvenmaxima und -minima aus der aufgezeichneten Atemaktivität führten zu den Zeitreihen für Inspiration (RESPin) und Exspiration (RESPex), welche der Einschätzung der Einatmungs- und Ausatmungsphasen sowie des gesamten Atemzyklus dienten.

Parameterberechnung

Wesentliche Merkmale zur Charakterisierung der autonomen Regulation wurden mittels Zeit- und Frequenzanalysen sowie der nichtlinearen Dynamik (hier insbesondere der symbolischen Dynamik) gewonnen. Bei der Auswahl der 32 für die Auswertung interessantesten Parameter orientierten wir uns an Erfahrungen aus unseren vorhergehenden Studien (siehe Kapitel I.2 in diesem Buch) sowie den Empfehlungen für Standardparameter der Arbeitsgruppe der Europäischen

Gesellschaft für Kardiologie und der Nordamerikanischen Gesellschaft für Herzschrittmacher und Elektrophysiologie (vgl. Malik et al. 1996). Dabei wurden u.a. Mittelwerte, Streumaße, Anstiege, Abstandsmaße, Frequenzparameter sowie nichtlineare Faktoren bestimmt. Anhand dieser Merkmale aus verschiedenen Disziplinen der Biosignalanalyse wird der physiologische Zustand der Teilnehmer:innen ermittelt. Dies betrifft insbesondere Funktionen des autonomen Nervensystems und die darin wirkenden antagonistischen Anteile von Sympathikus und Parasympathikus. Das sympathovagale Gleichgewicht kann Aufschluss über das körperliche Stressniveau, aber auch über krankheitsbedingte Funktionsstörungen oder Ungleichgewichte geben. Daher sind diese Biomarker ein wertvoller Maßstab für die Bewertung von Interventionen oder Therapien sowie für die Erkennung oder Differenzierung von Krankheitsbildern (Malik et al. 1996).

Statistische Auswertung

Um die unterschiedlichen Zustände in den Gruppen über die Zeit zu untersuchen, wurden die 32 ausgewählten Parameter in mehreren Schritten statistisch ausgewertet. Als Erstes wurden die berechneten Maße aus HRV, PWV und RESP durch Standardisierung in eine gemeinsame Dimension transformiert. Darauf aufbauend wurde die Anzahl der Variablen mittels Faktorenanalyse verringert. Nach dieser Vorbereitung konnten schließlich die eigentlichen statistischen Vergleiche anhand von multivariaten Varianzanalysen (MANOVA) angestellt werden. Das wird im Folgenden etwas detaillierter beschrieben.

Die Transformation der Parameterdaten durch Standardisierung in Vorbereitung der Faktorenanalyse war nötig, um die unterschiedlichen Skalierungen, Größenverhältnisse und Einheiten der verschiedenen abgeleiteten Maße zu vereinheitlichen. Die Unterschiede in physiologischer sowie technischer Hinsicht leiten sich sowohl aus der Herkunft der verschiedenen Biosignale als auch aus den methodischen Berechnungsansätzen ab. Somit liegen die Werte der elektrophysiologischen Erfassung der Herzaktivität (EKG-Ableitung) in einer anderen Dimension und Größenordnung als die optische Signalerfassung der Pulsation in den Blutgefäßen (Pulswelle aus PPG). Ebenso sind Werte aus der Zeitanalyse nicht direkt vergleichbar mit denen aus der Frequenzanalyse oder nichtlinearen Dynamik. Etwaige Dimensionsunterschiede würden durch falsche Gewichtungen zu Unter- oder Überschätzungen in der Faktorenanalyse führen. Die Standardisierung wurde auf Basis der initialen Messung (M1) über beide Gruppen hinweg vorgenommen. Da dies die Ausgangslage für die weitere Entwicklung beider Gruppen bildete und beide tatsächlich auf gleichem Niveau hinsichtlich der Messwerte starteten, wurde diese Messung als Referenzpunkt gewählt.

Mit dem Ziel, die Variablenmenge von 32 Parametern bei 34 (KON) bzw. 31 (IGR) untersuchten Fällen (Proband:innen) weiter zu verringern und somit die statistische Aussagekraft zu steigern (Verhältnis gemessener Variablen zu beobachteten Fällen), wurde vor der abschließenden MANOVA eine Faktorenanalyse durchgeführt. Diese Methode schätzt in einem Modell Zusammenhänge von Vektoren aus den gegebenen Daten ab, um diese in neuen Faktoren zusammenzufassen. Diese neu definierten, künstlichen Variablen (Faktoren) stellen praktisch eine Gruppierung der Messvariablen mit ähnlicher Bedeutung dar. Jeder Faktor repräsentiert eine lineare Kombination von Messvariablen und damit deren Informationen als erklärte Varianz mit einem eigenen Wert (Score). Die einzelnen Variablen (unsere 32 berechneten Parameter) sind anhand ihres Beitrages zum Informationsgehalt eines Faktors gewichtet und gerichtet. Anhand dieses Verfahrens kann die Variablenanzahl zum Teil deutlich reduziert und dennoch ein erheblicher Anteil an Informationsgehalt der ursprünglichen Messvariablen erhalten werden. In dieser Evaluationsstudie konnten somit die 32 Parameter auf sieben Faktoren (weniger als ein Viertel) komprimiert werden, wobei 87 Prozent des Informationsgehaltes (erklärte Gesamtvarianz) erhalten blieb. Die Zusammensetzung der berechneten Faktoren war nachvollziehbar und eine Interpretation mit Bezug auf die zu untersuchenden Variabilitätsmaße nach wie vor möglich. So repräsentierten die sieben erhaltenen Faktoren beispielsweise die HRV im Zeit- oder Frequenzbereich, die reinen Amplitudenverläufe oder weitere Variabilitätsmaße der PWV sowie Kopplungsmaße aus HRV und PWV in separaten Faktoren-Scores.

Nach der Standardisierung und Faktorenanalyse erfolgte die Auswertung der multivariaten Daten aus den zwei Gruppen zu mehreren Messzeitpunkten mittels der zweifaktoriellen MANOVA mit Messwiederholung. Zunächst untersuchten wir das Verhalten von IGR und KON bis zum Messzeitpunkt M4 (drei Monate nach MBST®). Für die Bewertung des nachhaltigen Effekts des MBST® wurden anschließend die multivariaten Daten der Interventionsgruppe in einer einfaktoriellen MANOVA mit Messwiederholung bis hin zu einem Jahr nach Intervention (Messzeitpunkt M6) ausgewertet. Da die multivariate Analyse der MANOVA über mehrere Ebenen von Gruppeneffekt (zwei Gruppen) und Zeiteffekt (bis zu sechs Messungen) hinweg die Daten modelliert und auswertet, kann damit nur bestimmt werden, ob allgemein in den Gruppen und Zeiten mittlere, signifikante Unterschiede festzustellen sind. Um die Ergebnisse noch detaillierter darstellen zu können, ist es sinnvoll, paarweise Einzelvergleiche (Post-hoc-Tests) durchzuführen. In dieser Studie wurde dafür der Ansatz der Vergleiche der geschätzten Randmittel (engl. *estimated marginal means*) gewählt, welcher auf Basis der erstellten Modelldaten der MANOVA erfolgte. Im Gegensatz zum Vergleich von tatsächlichen Messwerten wurden hier Modellwerte der bereinigten Gruppenmittel der einzelnen Ebenen (Gruppe, Zeit, Messvariable) aus der MANOVA herangezogen. Auf diese Weise konnte daher genauer untersucht werden, zu welchem Zeitpunkt welche Gruppenunterschiede festzustellen waren oder auch welche Messvariable im Einzelnen welche Wirkung auf Gruppen- oder Zeiteffekt hatte.

1.4 IGR und KON bis M4

Zu Beginn der Evaluationsstudie gab es bei Messung M1 praktisch keine Unterschiede zwischen beiden Gruppen – die Ausgangssituation beider Gruppen war also vergleichbar.

Die MANOVA-Untersuchung von Gruppen- und Zeithaupteffekten auf Grundlage der sieben Faktoren als abhängige Variablen ergab einen statistisch signifikanten multivariaten Zeiteffekt. Dies bedeutet über beide Gruppen hinweg eine signifikante Veränderung über die Zeit, jedoch gab es keinen multivariaten signifikanten Effekt für die Gruppenunterscheidung über alle Zeiten hinweg und auch keinen signifikanten Interaktionseffekt von Zeit und Gruppe. Die Post-hoc-Tests der modellbasierten geschätzten Randmittel zeigten ebenfalls keine signifikanten, multivariaten Unterschiede zwischen IGR und KON innerhalb der einzelnen vier Zeiten (M1 bis M4). Demgegenüber bestätigte sich jedoch der signifikante, multivariate Zeiteffekt innerhalb beider Gruppen. Unter Einbeziehung aller sieben Faktoren zusammen zeigte sich, dass beide Gruppen sich jeweils über die Zeit statistisch signifikant veränderten, jedoch zu keinem Messzeitpunkt ein statistisch signifikanter Unterschied zwischen beiden Gruppen bestand. Bei genauerer Betrachtung der paarweisen Einzelvergleiche fanden wir jedoch Hinweise auf spezifische signifikante Veränderungen im Zeitverlauf innerhalb des die PWV repräsentierenden Faktors. Beide Gruppen zeigten gleichermaßen signifikante Unterschiede der Messungen M1, M2 oder M3 im Vergleich zur Messung M4. Darüber hinaus waren jedoch exklusive Veränderungen bei der IGR im Messintervall M1 zu M2 zu beobachten. Da M4 vermutlich stark durch stressreduzierende und erholsame Effekte der Sommerpause an der Hochschule beeinflusst wurde, richteten wir unser Hauptaugenmerk auf die Messungen im Interventionszeitraum M1 bis M3 (Vorher-nachher-Vergleich). Der Unterschied zwischen den Zeiten M1 und M3 war für die KON nie signifikant, unabhängig davon, welches Modell für die statistische Anpassung bei Mehrfachvergleichen gewählt wurde. Die multivariaten Ergebnisse der MANOVA auf der Grundlage von acht PWV-Einzelparametern des PWV-Faktors zeigten statistisch signifikante Haupteffekte für Gruppe und Zeit. Dies bedeutet einen multivariaten Unterschied zwischen beiden Gruppen über alle Zeitpunkte hinweg sowie Unterschiede im Zeitverlauf zwischen beiden Gruppen.

Schließlich bewerteten wir die paarweisen Einzelvergleiche zwischen den Gruppen über die einzelnen Zeiten hinweg, um die acht spezifischen PWV-Parameter separat zu bewerten. Hier stellte sich nach Normierung ein sichtbarer Unterschied zwischen beiden Gruppen von M1 zu M2 und M3 in den einzelnen Merkmalen heraus. Nach diesen direkten Vergleichen zwischen den Gruppen untersuchten wir paarweise Längsschnittvergleiche hinsichtlich der Veränderungen im Zeitverlauf innerhalb der jeweiligen Gruppe. Zunächst fielen erneut signifikante Unterschiede in Bezug auf M4 auf. Dies betraf alle acht PWV-Parameter und beide Gruppen, so wie es schon die detaillierten Ergebnisse der ersten MANOVA im speziellen PWV-Faktor gezeigt hatten. Zusätzlich konnten wir jedoch signifikante Veränderungen von M1 zu M2 bzw. zu M3 ausschließlich für die IGR feststellen. Im Einzelnen zeigten die Entropie, als Ausdruck für die Vielfältigkeit, sowie die symbolische Dynamik, als Maß für erhöhte oder gesenkte Variabilität, ein Sinken der PWV für die IGR im Laufe der Intervention an. Dies äußerte sich in statistisch signifikanten Veränderungen von M1 zu M2 (PSYS_renyi2[2] $p \leq 0{,}031$; PSYS_wpsum02[3] $p \leq 0{,}007$) sowie von M1 zu M3 (PSYS_renyi2 $p \leq 0{,}041$; PSYS_wpsum02 $p \leq 0{,}018$). Die Ergebnisse der anderen PWV-Parameter unterstützten dieses Ergebnis der exklusiven Veränderungen für die IGR lediglich als Trends. Der Vergleich von M2 zu M3 ergab keine signifikanten Unterschiede, was auf ein konstantes Niveau nach acht bis zwölf Wochen MBST® hindeutet. Mit Ausnahme von M4 konnten wir keine signifikanten Veränderungen im gleichen Zeitraum bei der KON feststellen. Auch wenn beide Gruppen fast gleichermaßen von den Sommerferien zu M4 profitierten und zu diesem Zeitpunkt eine signifikante Veränderung in Richtung Ruhe bzw. Entspannung aufwiesen, konnte dennoch in den einzelnen PWV-Parametern auch zu diesem Zeitpunkt eine Differenz zwischen beiden Gruppen dargestellt werden (siehe Abb. 1, Verlauf der

2 PSYS_renyi2 - Rényi-Entropie des Histogramms der PSYS-Amplitudenwerte mit Ordnung 2 (siehe Voss et al. 2022)

3 PSYS_wpsum02 - relativer Anteil (Summe/Total) von Wörtern (aus der symbolischen Dynamik), die nur aus den Symbolen „0“ und „2“ bestehen (siehe Voss et al. 2022)

PWV hier repräsentiert durch den Einzelparameter PSYS_sdAMP[4]) für die IGR und die KON. Demnach ist der über den Interventionszeitraum M2 und M3 aufgebaute Unterschied zwischen IGR und KON auch nach deutlicher Einwirkung des Ferieneffekts noch sichtbar.

1.5 IGR bis M6

Für die Untersuchung der Langzeitentwicklung der IGR (die KON stand nicht mehr zur Verfügung) bis zu einem Jahr nach Kursende standen nur noch Daten von 22 IGR-Teilnehmer:innen zur Verfügung, die von Anfang bis Ende der Studie durchgängig an den Messungen teilgenommen hatten. Die MANOVA auf Grundlage der beobachteten Messdaten der acht PWV-Parameter ergab einen statistisch signifikanten Zeiteffekt über alle Parameter und Messzeiten hinweg. Wiederum zeigten die paarweisen Einzelvergleiche ähnliche Ergebnisse wie die zuvor erläuterten Auswertungen für die IGR von M1 bis M4. Die meisten Einzelvergleiche mit Bezug zu M4 oder M6 wiesen signifikante Unterschiede zu allen anderen Zeitpunkten auf.

Die Einzelanalysen (siehe auch Abbildung 1) zeigten einen sichtbaren Verlauf mit abnehmender PWV nach acht Wochen MBST® (M1 bis M2), gefolgt von einem leichten Anstieg der Variabilität nach Kursende und kurz vor den Prüfungen (M3). Dennoch blieb der Stand hier unter dem Startniveau von M1. Drei Monate nach Ende der Intervention und nach den Sommerferien (M4) kam es dann zu einem deutlichen Sinken der PWV-Parameter. Nach weiteren drei Monaten und vor den nächsten Prüfungen (M5) kam es erneut zu einem deutlichen Anstieg auf nahezu Startniveau. Ein Jahr nach Beendigung der MBST®-Intervention und während des darauffolgenden Semesters (M6) zeigte die PWV zwar einen nichtsignifikanten, aber im Trend deutlich erkennbaren erneuten, starken Rückgang auf das Niveau von M4. Um einen Gesamtüberblick zu geben, sind in Abbildung 1 einige relevante Daten in einem gemischten Diagramm integriert, um den Fortschritt von IGR und KON bis zu drei Monaten nach MBST® (M4) sowie die Langzeitentwicklung der Interventionsteilnehmer:innen bis zu einem Jahr nach Kursende (M6) zu veranschaulichen. Die zugrundeliegenden Daten basieren auf der vollen Proband:innenstärke für beide Gruppen bis M4 und setzen sich dann mit einer reduzierten Proband:innenzahl in der IGR bis M6 fort. Lineare Trendlinien unterstützen die Visualisierung des Fortschritts. Insbesondere zeigt die Grafik sowohl den sich aufbauenden Unter-

4 PSYS_sdAMP - Standardabweichung der systolischen Amplitudenverläufe aus dem Pulswellensignal ist ein Maß für die Abschätzung der vaskulären Variabilität (siehe Voss et al. 2022)

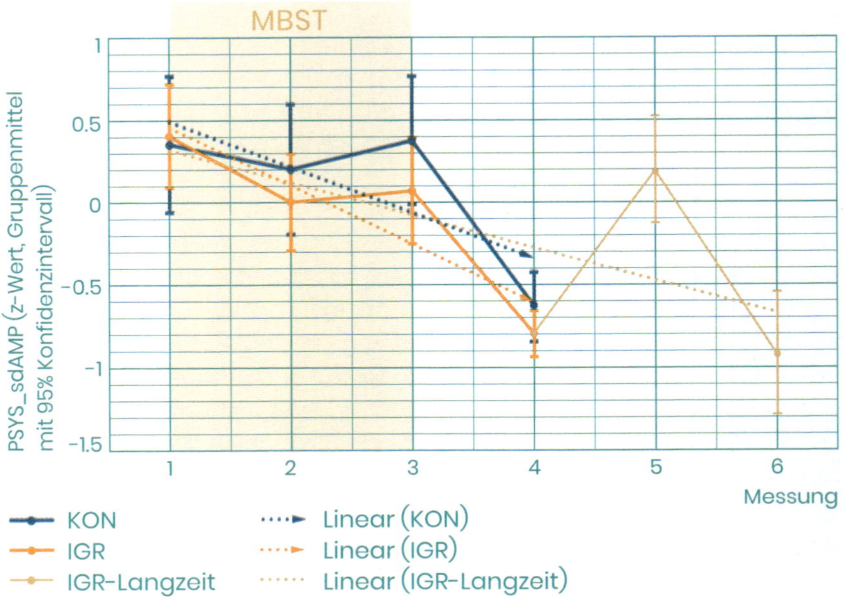

Abbildung 1: Repräsentativer Parameter der Pulswellenvariabilität (PWV) – Verlauf der PWV (dargestellt durch PSYS_sdAMP-Parameter) für die IGR und die KON über den gesamten Studienzeitraum (Messungen M1 bis M6); M1 bis M3: Interventionszeitraum; M4 bis M6: drei, sechs und zwölf Monate nach Ende der Intervention; direkter Vergleich zwischen IGR und KON bis M4; die Messungen M5 und M6 zeigen ausschließlich die Langzeitentwicklung für die IGR (Daten von der KON nicht verfügbar); eine Reduzierung des PSYS_sdAMP Wertes ist assoziiert mit einer verbesserten Stresssituation

schied in der vaskulären Variabilität (dargestellt durch PSYS_sdAMP) zwischen der IGR und der KON aufgrund signifikanter MBST®-induzierter Veränderungen als auch den anhaltenden Trend der ehemaligen MBST®-Teilnehmer:innen in der Studiennachverfolgung.

1.6 Wöchentliche formale Übungszeit der Teilnehmer:innen

Die von den Teilnehmer:innen berichteten Übungsaufwendungen außerhalb der wöchentlichen Kurssitzungen stellen eine zusätzliche Information zur Einordnung der quantitativen Ergebnisse dar. Die Übersicht in Abbildung 2 veranschaulicht die wöchentliche Gesamttrainingszeit aller Teilnehmer:innen (in Prozent, relativ zur maximalen Summe kurz nach Beginn der Intervention) sowie die individuelle durchschnittliche Trainingszeit (mittlerer wöchentlicher, zeitlicher Aufwand in Minuten). Im Laufe des zwölfwöchigen MBST®-Kurses ging demnach die wöchentlich protokollierte Gesamtübungszeit im Vergleich zur ersten Woche schließlich auf etwa 65 Prozent zurück. Der individuelle, wöchentliche

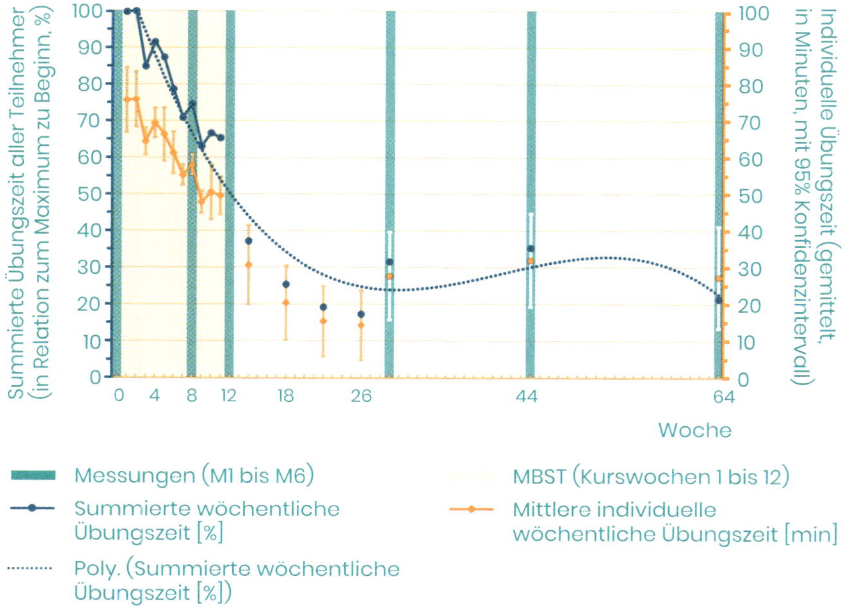

Abbildung 2: Berichtete, wöchentliche, formale Übungszeiten der MBST Teilnehmer.innen (ohne offiziell angeleitete Kurssitzungen) – Darstellung der von den Interventionsteilnehmer.innen gemeldeten wöchentlichen Übungszeiten; ohne die Kurssitzungen; linke Achse/blaue Kurve: gesamte wöchentliche Übungszeit summiert über alle Teilnehmer.innen in Prozent (relativ zum Maximum zu Kursbeginn); rechte Achse/orange Kurve: individuelle wöchentliche Übungszeit im Durchschnitt pro Teilnehmer.in in Minuten; die klinischen Evaluationsmessungen fanden in den Wochen W0 (vor der Intervention), W8, W12 (Ende der Intervention), W29 (drei Monate nach Ende), W44 (sechs Monate nach Ende) und W64 (ein Jahr nach Ende) statt.

Zeitaufwand für das häusliche Üben sank von durchschnittlich 75 Minuten nach Beginn auf 50 Minuten am Ende der Intervention. Die erhobenen Übungszeiten der Nachbeobachtung erfolgten in zunehmenden Zeitintervallen und zeigten einen weiteren Rückgang in den Wochen nach Kursende, jedoch auch wieder einen leichten Anstieg nach drei bis zwölf Monaten nach Kursende (M4 bis M6). Die Eindrücke aus den persönlichen Kurzinterviews ergaben, dass Teilnehmer:innen die erlernten Übungen entweder ganz aufgegeben oder zunehmend in ihren Alltag integriert hatten. Ein moderater Zwischenweg wurde dagegen seltener berichtet. Basierend auf diesen Informationen mit zunehmend divergierendem Engagement bei der Fortführung der Übungspraxis sind die Ergebnisse für die IGR bis M6 daher von limitierendem Wert.

2. Zusammenfassung und Fazit

In der vorliegenden Längsschnittstudie untersuchten wir die Auswirkungen des zwölfwöchigen achtsamkeitsbasierten Studierendentrainings MBST® auf die autonome Regulation der Interventionsteilnehmer:innen. Neben detaillierten methodischen Elementen sollte diese auf Studierende zugeschnittene Intervention vor allem das Stressmanagement sowie die Selbst- und Emotionsregulation zur Bewältigung des Hochschulalltags stärken. Die möglichen positiven physiologischen Auswirkungen wurden durch die Analyse von HRV-, PWV- und Atmungsmaßen bewertet. Der Vergleich schloss die Bewertung einer passiven KON ein, um Gruppen- und Zeiteffekte zwischen und innerhalb beider Gruppen abzuschätzen. Die statistische Analyse basierte hauptsächlich auf zwei methodischen Schritten: einer Faktorenanalyse zur Zusammenfassung und Reduktion des umfangreichen Parametersatzes sowie einer MANOVA mit zusätzlichen Post-hoc-Tests für multivariate und univariate Zeit- und Gruppeneffekte. Insbesondere Letztere ergaben detaillierte Einblicke in die Zusammenhänge und Unterschiede der zugrundeliegenden Daten.

2.1 Vergleich von IGR und KON bis drei Monate nach MBST®-Ende

Zusammenfassend lässt sich für die MBST®-IGR ein positiver Einfluss auf die Gefäßfunktionen feststellen. Der erste Schritt mit einer MANOVA mit Komponenten einer Faktorenanalyse zur Abschätzung von HRV, PWV und Atmungsaktivität wies auf statistische Unterschiede innerhalb der PWV hin. Im zweiten Schritt ergaben die paarweisen Einzelvergleiche Hinweise auf eine signifikant reduzierte PWV nach zwölf Wochen Intervention ausschließlich bei den MBST®-Teilnehmer:innen. Es ist zu erkennen, dass beide Gruppen über die Messzeitpunkte hinweg dem gleichen Trend folgen, wenn auch in unterschiedlichem Maße. Dies korreliert mit der Studiensituation während des Semesters und deckt sich mit unseren Wahrnehmungen auf dem Campus und dem Feedback der Teilnehmer:innen. Es spiegelt sich in leichtem Stress zu Beginn des Semesters aufgrund neuer Kurse und Anforderungen (M1), weniger Stress in der Mitte des Semesters (M2), hohem Stress zur Prüfungszeit am Ende des Semesters (M3) und deutlicher Entspannung in den Semesterferien (M4) wider. Dennoch scheint MBST® mit den vermittelten Methoden zur Stressbewältigung zu wirken, da der beschriebene Trend der Stresswirkung zu den Messzeitpunkten in der IGR geringer ausfällt bzw. hier eine stärkere Resistenz oder Anpassung zu beobachten ist.

Obwohl beide Gruppen zu Beginn fast den gleichen Ausgangswert hatten, wuchs der Unterschied in der PWV zwischen IGR und KON im Laufe der Interventionsdauer. Selbst in einer Phase erhöhten Stresses aufgrund von Prüfungen an der Hochschule am Ende der Intervention hielt der beobachtete Effekt an. Darüber hinaus war der Unterschied bei der dreimonatigen Nachbeobachtung nach Ende des Kurses zwar geringer, aber immer noch sichtbar. Obwohl die Auswirkungen der Sommerpause auf beide Gruppen zu diesem Zeitpunkt viel größer waren, was zu einer geringeren PWV und weniger Stress beider Gruppen führte, gab es immer noch einen messbaren Unterschied zugunsten der IGR. Abgesehen von dem durch die PWV abgeschätzten vaskulären Zustand konnten wir keine Hinweise auf signifikante Veränderungen der von uns erhobenen HRV-Merkmale oder der Atemfrequenz feststellen, weder im Zeitverlauf noch zwischen den Gruppen.

Die wichtigste Erkenntnis aus dieser Studie ist, dass insbesondere die vaskuläre Komponente (als Äquivalent für den Blutdruck) durch MBST® positiv beeinflusst wird. Speziell die Parameter der systolischen Gefäßvariabilität zeigten signifikante Unterschiede in der nichtlinearen Dynamik (renyi2, wpsum02) und im Zeitbereich (sdAMP). Dies kann als deutliches Anzeichen für eine Stressreduktion interpretiert werden, auf die gleich noch näher eingegangen werden soll. Zusätzlich unterstützt der Trend der weiteren, aber nichtsignifikanten PWV-Parameter dieses Ergebnis.

Die kurzfristige BPV oder die kurzfristige PWV auf Schlag-zu-Schlag-Basis als lineare und nichtlineare Marker des (Herz-)Gefäßsystems wurden unseres Wissens bisher in keiner anderen Studie zum MBST® untersucht. Einige wenige systematische Übersichten und Metaanalysen legen nahe, dass achtsamkeitsbasierte Interventionen den Blutdruck senken können (vgl. Zhang et al. 2021). Diese Studien zeigten meist nur eine Senkung des systolischen und diastolischen Blutdrucks bei Menschen mit Hypertonie (vgl. Clemow et al. 2018). Erhöhte Stresswerte werden, unabhängig von traditionellen Risikofaktoren, mit dem Auftreten koronarer Herzkrankheiten, einer erhöhten Sterblichkeit und einem schlechteren Gesundheitszustand bei Patient:innen mit akutem Herzinfarkt oder Bluthochdruck in Verbindung gebracht. Dies ist eine Folge des veränderten (kardio-)vaskulären Zustands. Langfristige Blutdruckschwankungen stehen wiederum mit kardiovaskulären Erkrankungen und erhöhter Sterblichkeit in Verbindung, die über die Auswirkungen des mittleren Blutdrucks hinausgehen (vgl. Stevens et al. 2016). Die noch begrenzte Datenlage zur mittelfristigen und kurzfristigen BPV weist auf ähnliche Zusammenhänge hin (vgl. Palatini et al. 2014). Der Blutdruck ist eine kontinuierliche und keine statische Variable. Personen, die in der Klinik oder zu Hause ähnliche Blutdruckwerte aufweisen, können sich in Bezug auf ihre durchschnittlichen Tages- und Nachtwerte, den Schlag-zu-Schlag-Blutdruckschwankungen während des

Wachzustandes und des Schlafes, den Reaktionen auf psychische und physische Reize sowie den Schwankungen zwischen Messerhebungen oder zu den Jahreszeiten erheblich unterscheiden (vgl. Floras 2013).

Eine hohe BPV kann ein Prädiktor für das Risiko einer Demenz oder kognitiven Beeinträchtigung sein. Der zusätzliche Beitrag der BPV überstieg nachweislich den des mittleren Blutdrucks (vgl. Heus et al. 2021). Bei einer kleinen Gruppe von Patient:innen mit leichtem Bluthochdruck konnte gezeigt werden, dass die BPV in signifikantem Zusammenhang mit der Lebensqualität steht (vgl. Sung et al. 2014). Daraus wurde gefolgert, dass eine Verbesserung der Lebensqualität zu einer günstigen Veränderung (Verringerung) der BPV führen kann. Dementsprechend könnte die in unserer Studie festgestellte Verringerung der vaskulären Variabilität durch die MBST®-Intervention eine klare Reaktion in diese Richtung sein, hin zu einer entspannteren und damit gesünderen Regulierung.

Das Gehirn steuert das Herz direkt über die sympathischen und parasympathischen Zweige des autonomen Nervensystems. Die Herzfunktion kann durch die Aktivierung der autonomen Herznerven als Reaktion auf Signale von Baro-, Chemo-, Nasopharyngeal- und anderen Rezeptoren sowie durch zentrale autonome Befehle – einschließlich mit Stress, körperlicher Aktivität, Erregung und Schlaf verbundener – tiefgreifend verändert werden (vgl. Silvani et al. 2016). Die autonome Steuerung des Herzens wird dabei durch ein zentrales autonomes Netzwerk miteinander verbundener Hirnstrukturen reguliert. So hat sich gezeigt, dass ein erhöhter mittlerer arterieller Blutdruck mit der Reaktion mehrerer Hirnregionen korreliert, von denen angenommen wird, dass sie für die Kontrolle kardiovaskulärer Reaktionen auf Verhaltensstressoren verantwortlich sind (vgl. Gianaros et al. 2005). Wir vermuten, dass die von uns festgestellte Verringerung der vaskulären Variabilität infolge der Stressreduzierung ihren Ursprung in diesen beteiligten Gehirnregionen hat und letztlich über den Baroreflex vermittelt wird. In diese Richtung weist auch eine Studie von Sevinc et al. (vgl. 2021), die zeigt, dass Achtsamkeitstraining bei gesunden älteren Erwachsenen die Kognition verbessert und die intrinsische Konnektivität zwischen bestimmten Hirnarealen stärkt.

2.2 Exklusiver Langzeitausblick für IGR bis zu einem Jahr nach Interventionsende

Was den Längsschnittverlauf ausschließlich für die IGR mit Nachbeobachtung bis zu einem Jahr nach Beendigung des MBST® betrifft, so können wir die Ergebnisse und den Trend der verringerten vaskulären Variabilität bestätigen. Dennoch ist es erwähnenswert, dass die Gefäßvariabilität der ehemaligen Teilnehmer:innen am Ende des folgenden Semesters (sechsmonatige Nachbeobachtung zu M5) fast auf das Niveau vor der Intervention anstieg und damit höher war als zu Interventionsende. Ein Jahr nach Kursende stellten wir jedoch wiederum einen weiteren starken Rückgang des PWV fest, was auf einen positiven Langzeiteffekt hindeutet. Die lineare Trendfunktion für den Verlauf der PWV-Maße der (ehemaligen) MBST®-Teilnehmer:innen unterstützt die Einschätzung eines nachhaltigen positiven Effekts.

2.3 Mögliche Einschränkungen dieser Studie

In Anbetracht aller Daten und Ergebnisse sollten jedoch einige Einschränkungen dieser Studie beachtet werden. Da dieses Format speziell für Hochschulstudierende konzipiert wurde, sind die Schlussfolgerungen nicht unbedingt für die breite Öffentlichkeit gültig. Zudem muss angeführt werden, dass die meisten Teilnehmer:innen Studierende der Sozialwissenschaften waren (neben denen der Wirtschaftswissenschaften und des Ingenieurwesens) und dass das Geschlechterverhältnis zugunsten der Frauen ausfiel. Diese doppelte Unausgewogenheit in Kombination mit möglichen mit der Zusammensetzung der Teilnehmer:innen zusammenhängenden Affinitäten oder Sensibilitäten könnte zu spezifischen Einflüssen auf die Wirkung von *Mind-Body*-Interventionen führen. Das Anmeldeverfahren war zwar quasirandomisiert (nach chronologischer Anmeldung), aber nicht streng nach den Verfahren einer randomisierten kontrollierten Studie. Darüber hinaus haben wir den Einfluss einiger Metainformationen als Kofaktoren wie Alter, Geschlecht, sportliche Aktivitäten und Meditations- oder Yogaerfahrung noch nicht untersucht. Diese könnten die Auswirkungen des MBST®-Trainings auf die Teilnehmer:innen und damit die Ergebnisse der Studie beeinflussen. Bestimmte Erkrankungen und Faktoren haben wir jedoch bereits zum Zeitpunkt der Anmeldung aufgrund von Zulassungsbedingungen ausgeschlossen. Dazu gehörten Faktoren wie Herz-Kreislauf-Erkrankungen, Diabetes, Schwangerschaft, das Ausüben von Leistungssport und fortgeschrittene Erfahrung mit Achtsamkeitsinterventionen. Darüber hinaus kann der Ausblick auf die Entwicklung der ehemaligen Interventionsteilnehmer:innen bis zu einem Jahr in der Nachbeobachtung nur als Orientierung dienen. Für die Zeit nach der dreimonatigen Nachbeobachtung gab es keine gegenüberstellenden Aufzeichnungen von der KON, was einen detaillierten Vergleich zwischen den Gruppen hinsichtlich der Langzeiteffekte über diesen Zeitraum hinaus verhindert. Außerdem könnten sich viele Faktoren im Alltag der ehemaligen Teilnehmer:innen im Laufe der Zeit verändert haben (etwa Studienanforderungen/-phase, Privates, aber auch der Grad der Integration von MBST®-Elementen in die tägliche Routine). Die Erkenntnisse aus den Antworten der Teilnehmer:innen über das (im Durchschnitt) abnehmende, aber auch stark divergierende Ausmaß der berichteten Übungspraxis zu Hause während und nach der MBST®-Intervention könnten diesen Punkt unterstreichen.

Wie bereits erwähnt, ist die Stressreduzierung sowohl für den Einzelnen als auch für die öffentliche Gesundheit in einer Vielzahl von Bereichen von großer Bedeutung. Für Jugendliche und Studierende werden in dieser Hinsicht verschiedene Ansätze verfolgt (vgl. Tortella et al. 2021), wie beispielsweise der Einsatz von Yoga (vgl. Elstad et al. 2020), Meditation (vgl. Kashevnik et al. 2021), Biofeedback-Verfahren (vgl. Subhani et al. 2018; Can et al. 2020) und ebenso verschiedene achtsamkeitsbasierte Interventionen (vgl. Kuhlmann et al. 2016; Klingbeil et al. 2017; Zhang et al. 2021).

Die Verwendung von Fragebögen zur Ermittlung und/oder Bewertung von Stress oder Stressniveaus war bzw. ist immer noch der wichtigste Ansatz. Es besteht jedoch ein wachsendes Interesse an der Ermittlung der physiologischen Parameter, die die autonome Regulierung repräsentieren und mit der Erkennung von Stress sowie der Reduzierung des Stressniveaus korrelieren. Dazu gehören insbesondere die elektrodermale Aktivität (Hautleitwert), die Herzfrequenz, die HRV, die Atmung, der Blutdruck, der Puls und die Gefäßvariabilität (vgl. Subhani et al. 2018; Kashevnik et al. 2021; Vavrinsky et al. 2021; Zhang et al. 2021). Stress wirkt sich auf das kardiovaskuläre System aus, was sich anhand von Parametern der Pulskurve (siehe Kapitel I.2 in diesem Buch) oder des Blutdrucks (vgl. Celka et al. 2020) feststellen lässt. Die physiologische Reaktion auf einen akuten Stressor ist in der Regel viel stärker als die auf einen langsamen Anstieg oder das Beibehalten eines erhöhten Stressniveaus (vgl. Kuhlmann et al. 2016; Neureiter et al. 2017; van der Zwan et al. 2019; Meeuwsen et al. 2021). Dieser Effekt ist besonders deutlich in Studien, die die Reaktion der autonomen Regulation in Form von HRV und Atmung untersuchten. Im Gegensatz dazu scheinen die Parameter des vaskulären Systems (etwa mittels PWV) unserer Erfahrung nach empfindlicher auf den letztgenannten Effekt (einer langsamen, steten Entwicklung) zu reagieren. Somit lässt sich festhalten, dass die MBST®-Intervention insbesondere eine positive Wirkung auf bestimmte Parameter des Herz-Kreislauf-Systems hat, und zwar nicht nur akut, sondern auch dauerhaft, was als vielversprechender Marker für eine nachhaltige Reduzierung des Stressniveaus bei Studierenden angesehen werden kann.

2.4 Implikationen der Studie

Die Wirkungsanalyse von Achtsamkeitstrainings war bereits in der Vergangenheit Gegenstand zahlreicher wissenschaftlicher Studien. Die Artikel von Haase und Lautenschläger (siehe Kapitel I.4 und I.5 in diesem Buch) widmen sich speziell den im Rahmen des Thüringer Modells *Achtsame Hochschulen* konzipierten und durchgeführten Formaten. Sie gehen insbesondere der Frage nach, inwieweit sich MBST® auf Achtsamkeit, Stresswahrnehmung, Internetsucht und Wohlbefinden von Studierenden auswirken kann. Mit standardisierten Instrumenten wurden 197 Teilnehmende in zwölf MBST®-Kursen zwischen April 2018 und Juli 2019 befragt. Die Ergebnisse zeigen, dass sich aus dem Vergleich der Messungen zu Beginn und am Ende der Veranstaltungszyklen signifikante Veränderungen der Achtsamkeit, des subjektiven Stressniveaus und der zwanghaften oder ungesunden Internetnutzung der Teilnehmer:innen erkennen lassen.

Auch wenn die Analysen von Haase und Lautenschläger aufgrund des explorativen Studiendesigns Einschränkungen aufweisen, insbesondere das Fehlen einer Kontrollgruppe, und auch wenn mit dem gewählten Forschungsdesign keine kausalen Zusammenhänge abgeleitet werden können, so unterstreichen sie doch das Potenzial von MBST® für Studierende im Hinblick auf Stressbewältigung und die Verbesserung des Alltagslebens. Ihre Studie ergänzt die vorliegende Untersuchung und weist auf die Wirksamkeit von MBST® auch in Bezug auf die lebensdienliche Nutzung digitaler Medien hin.

Die Kehrseite der Vielzahl neuer digitaler Möglichkeiten und der ständigen Erreichbarkeit ist das Gefühl, permanent getrieben zu sein. Zu beobachten sind eine Entgrenzung und neue Suchtgefahren (vgl. Brewer 2018; Shapka 2019). So hat die Digitalisierung auch erhebliche Auswirkungen auf die psychische Landschaft der Studierenden und ebenso auf ihre körperliche Gesundheit. Gleichzeitig ist die beobachtete exzessive Nutzung von Smartphones und sozialen Medien ein Risikofaktor für die schulischen Leistungen (vgl. Domoff/Foley/Ferkel 2020). Hier hat MBST® den Studien zufolge das Potenzial, auf verschiedenen Ebenen entgegenzuwirken.

Dies gilt insbesondere im Hinblick auf einen besorgniserregenden Trend: Trotz der Vielzahl sozialer Medien beobachten Studien eine wachsende Einsamkeit (vgl. z.B. Spitzer 2018: 117ff.). Sherry Turkle, Professorin für Wissenschaft, Technologie und Gesellschaft am Massachusetts Institute of Technology, formuliert es folgendermaßen:

»Wir verfallen in den Glauben, dass wir weniger einsam sind, wenn wir immer verbunden sind. Aber wir sind in Gefahr, weil das Gegenteil der Fall ist: Wenn wir nicht in der Lage sind, allein zu sein, werden wir noch einsamer. Und wenn wir unseren Kindern nicht beibringen, allein zu sein, werden sie nur wissen, wie man einsam ist.«

Sherry Turkle (2015; Übersetzung d. Verf.)

2.5 Fazit

Die Ergebnisse dieser MBST®-Evaluierungsstudie, die auf der Analyse von Schlüsselparametern der autonomen Regulierung beruhen, dargestellt durch die Gefäßvariabilität (bzw. PWV), die HRV und die Atmungsaktivität, beruhen, zeigen eine anhaltende positive Wirkung in Bezug auf eine Stressreduktion. Die Teilnehmer:innen profitieren in erster Linie von einer verringerten vaskulären Variabilität, die eine verbesserte autonome Funktion durch eine gesenkte PWV widerspiegelt. Dieser Effekt ist bereits nach acht Wochen Intervention zu beobachten und bestätigt die Ergebnisse unserer ersten Vorstudie. Außerdem hält diese Wirkung bis zu drei Monate nach Ende der zwölfwöchigen Interventionsphase an. Darüber hinaus deuten die Ergebnisse der erweiterten Langzeitanalyse mit Beobachtungen bis zu einem Jahr nach dem MBST®-Ende auf einen lang anhaltenden Effekt bei den Teilnehmer:innen hin. Dieser Effekt könnte durch fortgesetztes Üben und die Integration der erlernten Übungen sowie Konzepte in den Alltag noch verstärkt werden. Perspektivisch könnten unsere Ergebnisse Anhaltspunkte für zukünftige Anwendungen zur Überwachung des individuellen Stressniveaus und des Interventionsfortschritts durch Wearables mit Pulswellenanalyse liefern.

Abschließend können wir festhalten, dass aufgrund der positiven physiologischen Wirkung die MBST®-Intervention einen sinnvollen und vor allem auch nachhaltigen Beitrag zur Stressreduktion und damit zur Gesundheitsprävention bei Studierenden leisten kann.

Literatur

Brewer, Judson (2018): *Das gierige Gehirn. Der achtsame Weg, Alltagssüchte loszuwerden*, München.

Can, Yekta Said/Iles-Smith, Heather/Chalabianloo, Niaz/Ekiz, Deniz/Fernandez-Alvarez, Javier/Repetto, Claudia/Riva, Guiseppe/Ersoy, Cem (2020): »How to Relax in Stressful Situations: A Smart Stress Reduction System«, in: *Healthcare* 8(2), S. 100–119, doi.org/10.3390/healthcare8020100.

Celka, Patrick/Charlton, Peter H./Farukh, Bushra/Chowienczyk, Philip/Alastruey, Jordi (2020): »Influence of mental stress on the pulse wave features of photoplethysmograms«, in: *Healthcare Technology Letters* 7(1), S. 7–12, doi.org/10.1049/htl.2019.0001.

Clemow, Lynn P./Pickering, Thomas G./Davidson, Karina W./Schwartz, Joseph E./Williams, Virginia P./Shaffer, Jonathan A./Williams, Redford B./Gerin, William (2018): »Stress management in the workplace for employees with hypertension: a randomized controlled trial«, in: *Translaltional Behavioral Medicine* 8(5), S. 761–770, doi.org/10.1093/tbm/iby018.

Domoff Sarah E./Foley, Ryan P./Ferkel, Rick (2020): »Addictive phone use and academic performance in adolescents«, in: *Human Behavior and Emerging Technologies* 2.2, S. 33–38, doi.org/10.1002/hbe2.171.

Elstad, Tiril/Ulleberg, Pål/Klonteig, Sandra/Hisdal, Jonny/Dyrdal, Gunvor Marie/Bjorndal, Arild (2020): »The effects of yoga on student mental health: a randomised controlled trial«, in: *Health Psychology and Behavioral Medicine* 8(1), S. 573–586, doi.org/10.1080/21642850.2020.1843466.

Floras, John S. (2013): »Blood Pressure Variability: A Novel and Important Risk Factor«, in: *Canadian Journal of Cardiology* 29(5), S. 557–563, doi.org/10.1016/j.cjca.2013.02.012.

Gianaros, Peter J./Derbyshire, Stuart W.G./May, J. Christopher/Siegle, Greg J./Gamalo, Mark A./Jennings, J. Richard (2005): »Anterior cingulate activity correlates with blood pressure during stress«, in: *Psychophysiology* 42(6), S. 627–635, doi.org/10.1111/j.1469-8986.2005.00366.x.

Heus, Rianne A.A. de, et al. (2021): »Association Between Blood Pressure Variability With Dementia and Cognitive Impairment: A Systematic Review and Meta-Analysis«, in: *Hypertension* 78(5), S. 1478–1489, doi.org/10.1161/HYPERTENSIONAHA.121.17797.

Kabat-Zinn, Jon (2013): *Gesund durch Meditation: Das vollständige Grundlagenwerk zu MBSR*, München. (Original: [1990]: *Full Catastrophe Living. Using the Wisdom of Your Body and Mind to Face Stress, Pain, and Illness*, New York).

Kabat-Zinn, Jon (2017): *Mindfulness-Based Stress Reduction (MBSR) Authorized Curriculum Guide*, mit einem Vorwort v. Saki F. Santorelli, hg. u. überarb. v. Melissa Blacker, Saki F. Santorelli, Florence Meleo-Meyer u. Lynn Koerbel, Worcester, rightdecisions.scot.nhs.uk/m/2105/mbsr-curriculum-guide-2017.pdf [letzter Zugriff 01.11.2024].

Kashevnik, Alexay/Othman, Walaa/Ryabchikov, Igor/Shilov, Nikolay (2021): »Estimation of Motion and Respiratory Characteristics during the Meditation Practice Based on Video Analysis«, in: *Sensors* 21(11), S. 3771–3793, doi.org/10.3390/s21113771.

Klingbeil, David A./Renshaw, Tyler L./Willenbrink, Jessica B./Copek, Rebecca A./Chan, Kai Tai/Haddock, Aaron/Yassine, Jordan/Clifton, Jesse (2017): »Mindfulness-based interventions with youth: A comprehensive meta-analysis of group-design studies«, in: *Journal of School Psychology* 63, S. 77–103, doi.org/10.1016/j.jsp.2017.03.006.

Kuhlmann, Sophie Merle/Huss, Michael/Burger, Arne/Hammerle, Florian (2016): »Coping with stress in medical students: results of a randomized controlled trial using a mindfulness-based stress prevention training (MediMind) in Germany«, in: *BMC Medical Educcation* 16(1), S. 316-327, doi.org/10.1186/s12909-016-0833-8.

Malik, Marek/Bigger, J. Thomas/Camm, A. John/Kleiger, Robert E./ Malliani, Alberto/Moss, Arthur J./Schwartz, Peter J. (1996): »Heart rate variability. Standards of measurement, physiological interpretation, and clinical use«, in: *European Heart Journal* 17(3), S. 354-381, doi.org/10.1093/oxfordjournals.eurheartj.a014868 (auch in: *Circulation* 93(5), S. 1043-1065, doi.org/10.1161/01.CIR.93.5.1043).

Meeuwsen, Kyle D./Groeneveld, Kayleah M./Walker, Linda A./Mennenga, Anna M./ Tittle, Rachel K./White, Elyse K. (2021): »Z-score neurofeedback, heart rate variability biofeedback, and brain coaching for older adults with memory concerns«, in: *Restorative Neurology and Neuroscience* 39.1, S. 9-37, doi.org/10.3233/ RNN-201053.

Neureiter, Elisabeth/Hajfani, Loreen/Ahnis, Anne/Mierke, Annett/Rose, Matthias/Danzer, Gerhard/Klapp, Burghard F. (2017): »An introduction to the ›Psycho-Physiological-Stress-Test‹ (PPST) – A standardized instrument for evaluating stress reactions«, in: *PLoS One* 12(12), e0187859, doi.org/10.1371/journal.pone.0187859.

Palatini, Paolo, et al. (2014): »Added Predictive Value of Night-Time Blood Pressure Variability for Cardiovascular Events and Mortality: The Ambulatory Blood Pressure-International Study«, *Hypertension* 64(3), S. 487-493, doi.org/10.1161/ HYPERTENSIONAHA.114.03694.

Sevinc, Gunes, et al. (2021): »Mindfulness Training Improves Cognition and Strengthens Intrinsic Connectivity Between the Hippocampus and Posteromedial Cortex in Healthy Older Adults«, in: *Frontiers in Aging Neuroscience* 13, 702796, doi.org/10.3389/fnagi.2021.702796.

Shapka, Jennifer D. (2019): »Adolescent technology engagement: It is more complicated than a lack of self-control«, in: *Human Behavior and Emerging Technologies* 1, S. 103-110. doi.org/10.1002/hbe2.144.

Silvani, Alessandro/Calandra-Buonaura, Giovanna/Dampney, Roger A.L./Cortelli, Pietro (13.05.2016): »Brain-heart interactions: physiology and clinical implications«, in: *Philosophical Transactions of the Royal Society A. Mathematical, Physical and Engineering Science* 374(2067), doi.org/10.1098/rsta.2015.0181.

Spitzer, Manfred (2018): *Einsamkeit – die unerkannte Krankheit: schmerzhaft, ansteckend, tödlich*, München.

Stevens, Sarah L./Wood, Sally/Koshiaris, Constantinos/Law, Kathryn/Glasziou, Paul/Stevens, Richard J./McManus, Richard J. (2016): »Blood pressure variability and cardiovascular disease: systematic review and meta-analysis«, in: *The BMJ* 354, i4098, doi.org/10.1136/bmj.i4098.

Subhani, Ahmad Rauf/Kamel, Nidal/Mohamad Saad, Mohamad Naufal/Nandagopal, Nanda/Kang, Kenneth/Malik, Aamir Saeed (2018): »Mitigation of stress: new treatment alternatives«, *Cognitive Neurodynamics* 12(1), S. 1-20, doi.org/10.1007/s11571-017-9460-2.

Sung, Jidong/Woo, Jong-Min/Kim, Won/Lim, Seoung-Kyeon/Chung, Ahn-Soo (2014): »Relationship between Blood Pressure Variability and the Quality of Life«, in: *Yonsei Medical Journal* 55(2), S. 374-378, doi.org/10.3349/ymj.2014.55.2.374.

Tortella, Gonzalo R./Seabra, Amedea B./Padrao, Jorge/Diaz-San Juan, Rodrigo (2021), »Mindfulness and Other Simple Neuroscience-Based Proposals to Promote the Learning Performance and Mental Health of Students during the COVID-19 Pandemic«, in: *Brain Sciences*, 11(5), S. 552-572, doi.org/10.3390/brainsci11050552.

Turkle, Sherry (2015): *Reclaiming Conversation: The Power of Talk in a Digital Age*, New York.

Vavrinsky, Erik/Stopjakova, Viera/Kopani, Martin/Kosnacova, Helena (2021): »The Concept of Advanced Multi-Sensor Monitoring of Human Stress«, in: *Sensors* 21(10), S. 3499-3526, doi.org/10.3390/s21103499.

Voss. Andreas/Bogdanski, Martin/Walther, Mario/Langohr, Bernd/Albrecht, Reyk/Sandbothe, Mike (2022): »Mindfulness-Based Student Training Improves Vascular Variability Associated With Sustained Reductions in Physiological Stress Response«, in: *Frontier in Psychology* 10, 863671 doi.org/10.3389/fpubh.2022.863671.

Zhang, Dexing/Lee, Eric Kam Pui/Mak, Eva C.W./Ho, C[.] Y[.]/Wong, Samuel Yeung Shan (2021): »Mindfulness-based interventions: an overall review«, in: *British Medical Bulletin* 138(1), S. 41-57, doi.org/10.1093/bmb/ldab005.

Zwan, Judith Esi van der/Huizink, Anaj C./Lehrer, Paul M./Koot, Hans M./Vente, Wieke de (2019): »The Effect of Heart Rate Variability Biofeedback Training on Mental Health of Pregnant and Non-Pregnant Women: A Randomized Controlled Trial«, in: *International Journal of Environmental Research and Public Health* 16(6), S. 1051-1066, doi.org/10.3390/ijerph16061051.

Finanzierung und potenzielle Interessenkonflikte

Die vorgelegte Studie wurde von der Krankenkasse AOK PLUS als Mitglied des AOK-Bundesverbands GbR in Deutschland finanziert. Eine Einflussnahme durch den Geldgeber fand nicht statt. Das Projekt wurde zusätzlich kofinanziert durch die Ernst-Abbe-Hochschule Jena.

Heiko Haase und Arndt Lautenschläger

Sozialwissenschaftliche Evaluation: Achtsamkeitstrainings für Studierende (MBST®) und Mitarbeitende (MBET®) führen zu einer signifikanten Veränderung von Achtsamkeit, Stressempfinden und Internetabhängigkeit

Abstract

Die Wirkungsanalyse von achtsamkeitsfördernden Veranstaltungen war in der Vergangenheit bereits Gegenstand zahlreicher wissenschaftlicher Untersuchungen. Der vorliegende Beitrag widmet sich zwei ausgewählten Maßnahmen, die im Rahmen des Thüringer Modells *Achtsame Hochschulen* konzipiert und durchgeführt wurden. Gefragt wird, inwieweit die Veranstaltungsformate Achtsamkeitstraining für Studierende (MBST®) und Achtsamkeitstraining für Mitarbeitende (MBET®) eine Wirkung auf Achtsamkeit, Stressempfinden, Internetabhängigkeit sowie Wohlbefinden entfalten können. Bei der Messung kamen standardisierte Messinstrumente (FFA-14, PSS-10, CIUS-14, WHO-5) zum Einsatz. Die Ergebnisse zeigen, dass sich aus dem Vergleich der Messungen zu Beginn und zum Ende der Veranstaltungszyklen signifikante Änderungen der Achtsamkeit, der subjektiven Stressbelastung sowie der zwanghaften bzw. gesundheitsgefährdenden Internetnutzung bei den Teilnehmer:innen erkennen lassen. Zudem hat die Höhe des Initialwertes der vorgenannten Parameter einen signifikanten Einfluss auf die Wirkung der Maßnahme. Es werden sowohl theoretische als auch praktische Implikationen herausgestellt.

1. Theoretischer Hintergrund und Forschungsfrage

In den vergangenen Jahrzehnten hat die Stressbelastung in vielen Lebensbereichen erheblich zugenommen. Laut einer Untersuchung der Techniker Krankenkasse (vgl. Wohlers/Hombrecher 2016) sind vor allem Arbeit, Ausbildung oder Studium Bereiche, in denen Stress vermehrt auftritt. Auffallend ist dabei, dass die Gruppe der 18- bis 29-Jährigen besonders stark gestresst ist. Eine Studie des AOK-Bundesverbandes (vgl. Herbst et al. 2016) unterstreicht, dass vor allem Studierende stärker gestresst sind als der Durchschnitt der Beschäftigten in Deutschland. Die negativen Auswirkungen von Stress auf das Wohlbefinden und die Gesundheit von Studierenden waren bereits Gegenstand empirischer Untersuchungen (vgl. beispielsweise El Ansari/Oskrochi/Stock 2013).

Angesichts dieser Entwicklungen haben Hochschulen zahlreiche Maßnahmen ergriffen, um die Stressbelastung unter Studierenden zu verringern. Eine Metastudie in mehreren Ländern belegt die Wirksamkeit kognitiver, verhaltensbezogener und achtsamkeitsbasierter Interventionsansätze zur Stressreduzierung (vgl. Regehr/Glancy/Pitts 2013). Vor allem achtsamkeitsbasierte Meditation erwies sich auch im Ergebnis der umfassenden Literaturanalyse von Bamber und Kraenzle Schneider (vgl. 2016) als besonders erfolgversprechende Maßnahme zur Bewältigung von Stress bei Studierenden.

Zahlreiche empirische Individualstudien belegen die positive Wirkung von MBSR-basierten Interventionsansätzen (vgl. Kabat-Zinn et al. 1992) auf Achtsamkeit, Stressempfinden und Wohlbefinden von Studierenden verschiedener Fachrichtungen, so etwa an Hochschulen in den USA (vgl. Rosenzweig et al. 2003; Cohen/Miller 2009; Felton et al. 2015), im Vereinigten Königreich (vgl. Collard/Avny/Boniwell 2008; Galante et al. 2018; Lynch et al. 2018; Palmer/Rodger 2009), in Korea (vgl. Kang/Choi/Ryu 2009; Song/Lindquist 2015), in Norwegen (vgl. de Vibe et al. 2013) und in Spanien (vgl. Gallego et al. 2015). Zwar wurden auch an Hochschulen in Deutschland achtsamkeitsbasierte Veranstaltungen implementiert, es mangelt jedoch bislang an Erkenntnissen zu ihrer Wirksamkeit.

Vor diesem Hintergrund zielt der vorliegende Beitrag darauf ab, die im Rahmen des Thüringer Modells *Achtsame Hochschulen* konzipierten und erprobten Veranstaltungsformate MBST® und MBET® (siehe Kapitel I.1 in diesem Buch) zu evaluieren und deren Wirkung darzustellen. Hinzu kommt, dass die Untersuchung dabei auch den Aspekt einer durch Stress ausgelösten Internetabhängigkeit einschließt. Insbesondere steht die Beantwortung der folgenden Forschungsfrage im Mittelpunkt: Inwieweit sind MBST® und MBET® geeignet, Achtsamkeit und Wohlbefinden zu erhöhen bzw. Stressempfinden und Internetabhängigkeit der Teilnehmer:innen zu verringern? Die Analyse bezieht sich auf Daten, die bei Student:innen und Mitarbeiter:innen thüringischer Hochschulen erhoben wurden. Konkret geht es um Erkenntnisse dahingehend, ob und inwieweit eine Veranstaltungsteilnahme tatsächlich mit dem Erreichen einer höheren Achtsamkeit sowie eines geringeren Stressempfindens verbunden ist. Ebenso wird untersucht, ob eine Verhaltensänderung bei der Nutzung internetfähiger Geräte beobachtbar ist und ob sich das Wohlbefinden insgesamt verbessert.

Im nachfolgenden Abschnitt 2 dieses Kapitels werden die für die Analyse verwendeten Messinstrumente vorgestellt. Abschnitt 3 beschreibt das Evaluationskonzept und das Vorgehen bei der Datenerhebung. Abschnitt 4 präsentiert die Ergebnisse, die schließlich in eine Zusammenfassung und in Schlussfolgerungen münden.

2. Merkmale und Messinstrumente

Die Wirkungsanalyse beruht auf der Verwendung von Messinstrumenten, deren Nutzen wissenschaftlich dokumentiert und validiert ist. Dazu gehören die nachstehenden Instrumente (selbstadministrierte Fragebögen):

- Achtsamkeit: FFA-14 nach Walach et al. (vgl. 2004)
- empfundene Stressbelastung: PSS-10 nach Cohen/Kamarck/Mermelstein (vgl. 1983)
- Internetabhängigkeit: CIUS-14 nach Meerkerk et al. (vgl. 2009)
- allgemeines Wohlbefinden: WHO-5 gemäß der Psychiatric Research Unit (vgl. o.J.)

Achtsamkeit wird im Rahmen der gegenwärtigen Analyse auf Basis der Kurzfassung des Freiburger Fragebogens zur Achtsamkeit (FFA) ermittelt. Die Messung basiert auf einer Selbsteinschätzung, wobei unterschiedliche achtsamkeitsbezogene Aspekte, so etwa eine gegenwärtige und nichtidentifizierende Aufmerksamkeit, eine akzeptierende nichturteilende Haltung, ganzheitliches Annehmen sowie das prozesshafte und einsichtsvolle Verstehen unter einem FFA-Generalfaktor subsumiert werden (vgl. Walach et al. 2004). Der Fragebogen enthält in seiner Kurzversion 14 Aussagen. Die Beurteilungen, inwieweit diese Aussagen zutreffen, werden auf einer Skala von 1 (fast nie) bis 4 (fast immer) codiert. Durch Addition wird ein Gesamtwert gebildet, der Werte zwischen 14 und 56 annehmen kann, wobei ein hoher Wert für eine hohe Achtsamkeit steht.

Die Messung der individuell wahrgenommenen Stressbelastung erfolgt unter Verwendung der *perceived stress scale* (PSS) nach Cohen/Kamarck/Mermelstein (vgl. 1983). Die Selbsteinschätzung der Stressbelastung umfasst zehn Aussagen über das Ausmaß, in dem bestimmte Situationen innerhalb der vergangenen vier Wochen als unvorhersehbar, unkontrollierbar oder belastend wahrgenommen wurden. Die Beurteilungen der Aussagen sind auf einer fünfstufigen Skala von 0 (nie) bis 4 (sehr oft) codiert. Der Gesamtpunktwert ergibt sich aus der Addition der Einzelwerte, wobei die Codierung der Aussagen 4, 5, 7 und 8 vorher zu invertieren ist. Der Gesamtstresswert kann somit zwischen 0 und 40 variieren, wobei ein hoher Wert eine hohe empfundene Stressbelastung bedeutet. Nach Cohen/Kamarck/Mermelstein (vgl. ebd.) sind Werte um 13 als mittleres Stressniveau zu bewerten, ab einem Wert von 20 ist von einem hohen Stresslevel auszugehen.

Zur Erfassung einer zwanghaften bzw. gesundheitsgefährdenden Internetnutzung wurde die *compulsive internet use scale* (CIUS-14) nach Meerkerk et al. (vgl. 2009) verwendet. Dieses Messinstrument basiert auf insgesamt 14 Aussagen und eruiert mittels Selbsteinschätzung internetbezogene Störungen sowie riskante bzw. schädliche Nutzungsweisen, die mit negativen Folgen verbunden sind. Die Beurteilung der Aussagen erfolgt auf einer fünfstufigen Skala mit den Werten von 0 (nie) bis 4 (sehr oft). Der Summenwert aller 14 Aussagen liegt zwischen 0 und 56, wobei ein hoher Wert eine starke Internetabhängigkeit induziert.

Zur Einschätzung des Wohlbefindens kam der WHO-5-Wohlbefindens-Index (vgl. Psychiatric Research Unit o.J.) zum Einsatz. Dieses Messinstrument besteht aus fünf einzelnen Aussagen, die mittels Selbstbeurteilung einzuschätzen sind. Bei jeder Aussage sind Werte von 0 bis 5 möglich. Durch Aufsummieren dieser Werte ergibt sich ein

Gesamtwert von 0 bis 25, wobei ein niedriger Wert einem geringen subjektiven Wohlbefinden entspricht. Ein Wert kleiner als 13 ist gegebenenfalls ein Indikator für eine mögliche Depression.

Zudem erhob der Fragebogen, der für unsere Untersuchung zum Einsatz kann, die Übungspraxis zur Achtsamkeit, d.h. die Anzahl der Tage pro Woche, an denen meditiert wurde oder Achtsamkeitsübungen stattfanden, sowie die durchschnittliche Dauer der Übungen. Daraus wurde eine fünf Kategorien umfassende Variable abgeleitet, welche die Intensität des Übungsgeschehens operationalisiert: (1) Übungen an weniger als zwei Tagen oder weniger als zehn Minuten pro Tag, (2) Übungen an zwei Tagen mindestens zehn Minuten oder an drei Tagen zehn bis 30 Minuten, (3) Übungen an drei Tagen 30 bis 60 Minuten oder an mehr als drei Tagen zehn bis 30 Minuten, (4) Übungen an drei Tagen mehr als 60 Minuten oder an vier Tagen mehr als 30 Minuten, (5) Übungen an mehr als vier Tagen und mindestens 30 Minuten.

Die Erfassung soziodemographischer Angaben erstreckte sich auf Merkmale wie Alter, Geschlecht, Hochschulzugehörigkeit und Studienrichtung.

3. Evaluationskonzept und Datenbasis

Das Evaluationskonzept beruht auf den Erkenntnissen von zwei Vorstudien (November bis Dezember 2015 sowie Mai 2017 bis Januar 2019), die an der Ernst-Abbe-Hochschule (EAH) Jena durchgeführt wurden. Die aus diesen Studien resultierenden Erfahrungen mit diversen Skalen mündeten in das im vorherigen Abschnitt dargestellte Messinstrument, das nunmehr die Basis des Evaluationskonzepts bildet. In diesem Rahmen fanden von April 2018 bis Juli 2019 schriftliche Befragungen von Teilnehmer:innen an MBST® und MBET® zu zwei unterschiedlichen Zeitpunkten (Pretest-Posttest-Design) statt.

Dementsprechend erfolgte die jeweils erste Datenerhebung vor bzw. zu Beginn einer Veranstaltungsreihe (Anfangsmessung T1) und die zweite zum Ende einer Veranstaltungsreihe (Endmessung T2). Zur Gewährleistung eines praktikablen und standardisierten Vorgehens kamen zwei Fragebogenversionen zum Einsatz: Fragebogen F1 enthält nur diejenigen Konstrukte, die der Wirkungsmessung dienen (vier Seiten auf zwei Blättern, beidseitig bedruckt). Fragebogen F2 ist auf den ersten vier Seiten (zwei Blätter, beidseitig bedruckt) identisch mit dem Fragebogen F1. Der zweite Teil des Fragebogens M2 (weitere vier Seiten, beidseitig bedruckt) erfasst Informationen zum Teilnehmendenfeedback sowie zu soziodemographischen Merkmalen. Beide Fragebogenversionen verlangen die Angabe eines eindeutigen persönlichen

Codes, der von den Teilnehmer:innen selbständig zu bilden ist. Über diesen Code lassen sich die Fragebögen aus den unterschiedlichen Messungen einander eindeutig zuordnen.

Der Fragebogen F1 wurde am Veranstaltungsbeginn ausgegeben, jedoch nur, wenn sich die Veranstaltung über einen Zeitraum von mindestens vier Wochen erstreckte. Am Veranstaltungsende war Fragebogen F2 auszugeben. Die Fragebögen wurden in den jeweiligen Veranstaltungen von den Dozent:innen ausgeteilt, nach dem Ausfüllen eingesammelt und an das Evaluationsteam der EAH Jena weitergeleitet. Um die Zuordnung der Fragebögen zu den Veranstaltungen zu ermöglichen, wurden Veranstaltungsformat bzw. -name, Hochschule, Dozent:in sowie Veranstaltungszeitraum auf einem Beiblatt notiert und den ausgefüllten Fragebögen vorangestellt.

Insgesamt wurden zwölf MBST®- und sechs MBET®-Kurse evaluiert, die im Zeitraum von April 2018 bis Juli 2019 stattfanden. Die Anzahl der Teilnehmer:innen an dieser Evaluierung ist aus Tabelle 1 ersichtlich. Die effektive Stichprobengröße beträgt 197. Die Stichprobe umfasst Veranstaltungsteilnehmer:innen, die sowohl an der Anfangsmessung T1 als auch an der Endmessung T2 teilgenommen haben. Eine Übersicht der demographischen Merkmale der Teilnehmer:innen in der Stichprobe ist in Tabelle 2 dargestellt.

Bei den MBST®-Teilnehmer:innen wurde zusätzlich die Studienrichtung erfasst. Demnach waren 54,4 Prozent der studentischen Teilnehmer:innen in einem gesellschafts- oder sozialwissenschaftlichen Studiengang, 14,3 Prozent in einem wirtschaftswissenschaftlichen Studiengang und 17,7 Prozent in einem Lehramtsstudiengang eingeschrieben.

4. Ergebnisse

Die Ergebnisse der Anfangs- und Endmessungen sind in Tabelle 3 dargestellt. Im Detail sind hier die wichtigsten Lageparameter der in Abschnitt 2 erörterten Skalen für Achtsamkeit, Stressempfinden, Internetabhängigkeit sowie Wohlbefinden wiedergegeben. Zudem enthält die Tabelle das Cronbach'sche Alpha zur Beurteilung der internen Konsistenz der Skalen.

Der Tabelle ist zu entnehmen, dass sich in Bezug auf die Gesamtstichprobe die Mediane (M) des Achtsamkeitsgesamtwertes in der Anfangsmessung und in der Endmessung unterscheiden. Zur Endmessung wurden höhere Werte ($M = 39{,}0$; $SD = 4{,}5$) als zur Anfangsmessung ($M = 35{,}0$; $SD = 5{,}2$) beobachtet. Dieser Unterschied ist nach dem Wilcoxon-Test als signifikant einzustufen ($Z = 5{,}480$; $p \leq 0{,}001$).

	T1 (Anfangsmessung)	T2 (Endmessung)	Teilnahme an T1 und T2
Evaluations-teilnehmer:innen MBST®	241	183	154
Evaluations-teilnehmer:innen MBET®	62	64	43
Gesamt	303	247	197

Tabelle 1: Stichprobengröße

Hinsichtlich der empfundenen Stressbelastung waren zur Endmessung niedrigere Werte (M = 14,0; SD = 6,1) als zur Anfangsmessung (M = 18,5; SD = 6,8) festzustellen. Diese Differenz ist ebenfalls statistisch signifikant (Z = -4,359; p ≤ 0,001).

Auch der Summenwert für die zwanghafte bzw. gesundheitsgefährdende Internetnutzung weist einen Unterschied zwischen Anfangs- und Endmessung auf. Zur Endmessung wurden niedrigere Werte (M = 15,0; SD = 9,2) als zur Anfangsmessung (M = 19,0; SD = 10,0) beobachtet. Der Wilcoxon-Test bestätigt die Signifikanz dieser Veränderung (Z = -3,078; p = 0,002).

Wie Tabelle 3 ebenfalls zu entnehmen ist, existieren auch beim WHO-5-Wohlbefindens-Index unterschiedliche Werte in Bezug auf die Anfangs- und Endmessungen. Zur Endmessung liegen die Werte (M = 15,0; SD = 4,3) über denen der Anfangsmessung (M = 13,0; SD = 4,2), dieser Unterschied ist allerdings statistisch nicht signifikant (Z = 1,817; p = 0,070).

Bei der Übungspraxis der Achtsamkeit lag auch ein Unterschied zwischen den Anfangs- und Endmessungen vor. Der Skalenwert, der die Intensität des Übungsgeschehens abbildet, weist eine mögliche Bandbreite von 1 bis 5 auf. Zur Endmessung waren höhere Werte (M = 2,0; SD = 1,08) als zur Anfangsmessung (M = 0; SD = 1,07) festzustellen. Diese Differenz ist nach dem Wilcoxon-Test als signifikant einzustufen (Z = 9,419; p ≤ 0,001).

Zur weiteren Konkretisierung der Ergebnisse wurden die Mittelwertunterschiede zwischen den Anfangs- und Endmessungen für die Gruppen MBST® und MBET® separat betrachtet und in Abbildung 1 graphisch dargestellt. Detaillierte Ergebnisse für das Wohlbefinden

	MBST® (n = 154)	MBET® (n = 43)	gesamt (n = 197)
Geschlecht			
männlich	37 (24,0 %)	8 (18,6 %)	45 (22,8 %)
weiblich	112 (72,7 %)	33 (76,7 %)	145 (73,6 %)
keine Angabe	5 (3,3 %)	2 (4,7 %)	7 (3,6 %)
Alter			
Mittelwert (MW)	25,0	42,1	28,4
Standardabweichung (SD)	4,5	9,7	9,0
Hochschule			
Bauhaus-Universität Weimar	6 (3,9 %)	1 (2,3 %)	7 (3,6 %)
EAH Jena	50 (32,5 %)	9 (20,9 %)	59 (29,9 %)
Friedrich-Schiller-Universität Jena	33 (21,4 %)	12 (27,9 %)	45 (22,8 %)
Hochschule Nordhausen	17 (11,0 %)	1 (2,3 %)	18 (9,1 %)
Technische Universität Ilmenau	11 (7,1 %)	13 (30,2 %)	24 (12,2 %)
Universität Erfurt	34 (22,1 %)	6 (14,0 %)	40 (20,3 %)
keine Angabe	3 (2,0 %)	1 (2,3 %)	4 (2,0 %)

Tabelle 2: Beschreibung der Stichprobe

Variable	n	MW	SD	M	min.	max.	mögliche Bandbreite	Alpha
FFA-14 (T1)	192	35,6	5,2	35,0	24	49	14-56	0,79
FFA-14 (T2)	184	38,7	4,5	39,0	28	50	14-56	0,80
PSS-10 (T1)	194	18,2	6,8	18,5	1	35	0-40	0,89
PSS-10 (T2)	193	15,1	6,1	14,0	0	29	0-40	0,88
CIUS-14 (T1)	193	18,6	10,0	19,0	0	47	0-56	0,91
CIUS-14 (T2)	196	15,8	9,2	15,0	0	41	0-56	0,90
WHO-5 (T1)	197	13,4	4,2	13,0	5	24	0-25	0,76
WHO-5 (T2)	195	14,2	4,3	15,0	1	23	0-25	0,82

Tabelle 3: Deskriptive Ergebnisse

werden dabei aufgrund der fehlenden signifikanten Veränderung nicht weiter betrachtet. Zusätzlich sind unter Abbildung 1 die Ergebnisse des Wilcoxon-Tests aufgeführt, der die Unterschiede zwischen den Messzeitpunkten auf statistische Signifikanz überprüft.

In Abbildung 1 sind zudem die Unterschiede zwischen den Gruppen MBST® und MBET® zu erkennen. So ist das Niveau der Achtsamkeitsübungspraxis bei den Mitarbeitenden signifikant höher, und dies so wohl zu Beginn eines Veranstaltungszyklus als auch am Ende. Außerdem ist das Niveau der zwanghaften bzw. gesundheitsgefährdenden Internetnutzung bei den Studierenden höher.

Die Effektstärke r nach Cohen (vgl. 1992) lässt Aussagen zur Intensität der beobachteten Veränderungen zu. So ist der Effekt hinsichtlich der erhöhten Achtsamkeit sowohl bei Mitarbeiter:innen (r = 0,53)

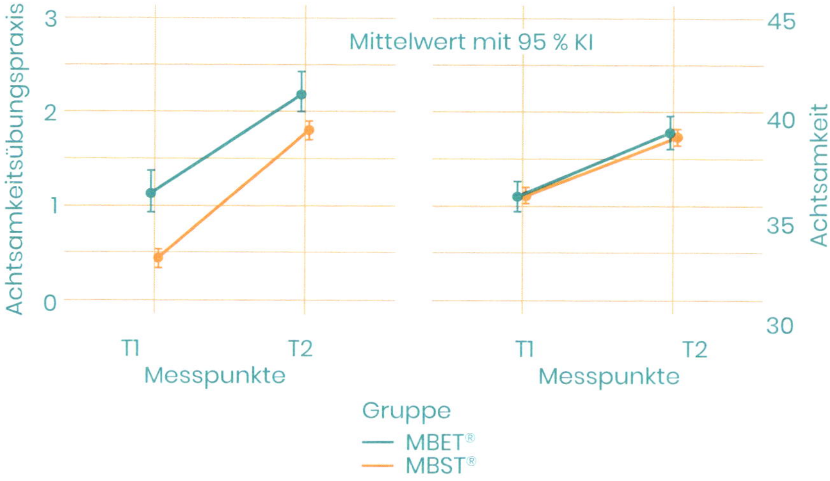

T1: MBET®: Z = 3,8265; p ≤ 0,001; r = 0,60; MBST®: Z = 8,6111; p ≤ 0,001; r = 0,69
T2: MBET®: Z = 3,2354; p = 0,001; r = 0,53; MBST®: Z = 4,6784; p ≤ 0,001; r = 0,38

Abbildung 1: Darstellung der Mittelwertunterschiede zwischen T1 und T2

als auch bei Studierenden (r = 0,38) als stark zu bewerten. Der Effekt im Sinne einer reduzierten zwanghaften bzw. gesundheitsgefährdenden Internetnutzung ist bei beiden Gruppen jedoch nur schwach (r = -0,25 bzw. r = -0,21). Die Wirkung der achtsamkeitsbasierten Interventionsmaßnahmen auf eine erhöhte Achtsamkeit und ein reduziertes Stressempfinden ist zudem bei Mitarbeiter:innen stärker als bei Studierenden.

Eine weitere Analyse widmet sich der Frage nach möglichen Einflussfaktoren auf die beobachteten Veränderungen. Betrachtet werden dabei insbesondere das jeweilige Ausgangsmessniveau zum Zeitpunkt T1, die Übungspraxis sowie soziodemographische Merkmale der Teilnehmer:innen. Für die zu erklärenden Merkmale, d.h. die Veränderungen der Achtsamkeit, des Stressempfindens und der Internetabhängigkeit, wurde jeweils eine multivariate Regressionsanalyse durchgeführt. Die Ergebnisse dieser Analyse sind in Tabelle 4 in der Form von standardisierten Betakoeffizienten dargestellt.

Der Tabelle ist zu entnehmen, dass die Höhe des jeweiligen Initialwertes (T1) einen maßgeblichen Einfluss auf die Wirkung der Maßnahme hat. Demzufolge fällt bei Kursteilnehmer:innen mit einem geringen Anfangsniveau des jeweiligen Parameters die Wirkung signifikant höher aus. Zudem scheint hinsichtlich der Wirkung auf das Stressempfinden das Geschlecht einen Einfluss zu haben, denn bei Frauen war

	ΔT2-T1 Achtsamkeit	ΔT2-T1 Stressempfinden	ΔT1-T2 Internetabhängigkeit
Achtsamkeit (T1)	**-0,72 (t = -11,2)*** **	0,07 (t = 1,2)	-0,05 (t = -0,9)
Stressempfinden (T1)	-0,03 (t = -0,5)	**-0,67 (t = -10,9)*** **	0,02 (t = 0,3)
Internetabhängigkeit (T1)	-0,01 (t = -0,2)	0,02 (t = 0,4)	**0,66 (t = 12,0)*** **
Δ T2-T1 Achtsamkeitspraxis	0,03 (t = 0,5)	-0,02 (t = -0,4)	**0,13 (t = 2,6)* **
Alter	0,10 (t = 1,7)	-0,10 (t = -1,8)	**0,30 (t = 5,9)*** **
Geschlecht (0 = m, 1 = w)	-0,03 (t = -0,5)	**0,11 (t = 2,0)* **	0,07 (t = 1,4)
R2	0,51 (F = 27,9***)	0,53 (F = 31,5***)	0,58 (F = 38,2***)

*: p ≤ 0,05; **: p ≤ 0,01; ***: p ≤ 0,001

Tabelle 4: Ergebnisse der multivariaten Datenanalyse

eine stärkere Niveauänderung im Vergleich zu Männern festzustellen. Änderungen in der Internetabhängigkeit sind neben dem Anfangsniveau auch vom Alter und der Veränderung der Achtsamkeitspraxis abhängig. Mit anderen Worten: Je älter die Personen der Stichprobe sind und je intensiver sie Achtsamkeitsübungen praktizieren, umso stärker reduzierte sich die zwanghafte bzw. gesundheitsgefährdende Internetnutzung im Verlauf der Veranstaltung.

5. Schlussfolgerungen

Das Ziel dieses Kapitels bestand darin, eine Wirkungsanalyse der im Rahmen des Thüringer Modells *Achtsame Hochschulen* konzipierten Veranstaltungsformate MBST® und MBET® vorzunehmen. Dabei konnten aus dem Vergleich der Messungen zu Beginn und zum Ende der Veranstaltungszyklen signifikante Veränderungen hinsichtlich der Achtsamkeit, des Stressempfindens sowie einer zwanghaften bzw.

gesundheitsgefährdenden Internetnutzung bei den Teilnehmer:innen nachgewiesen werden. Zudem hat die Höhe des jeweiligen Initialwerts der Achtsamkeit, des Stressempfindens und der Internetabhängigkeit einen maßgeblichen Einfluss auf den Effekt der achtsamkeitsbasierten Interventionsmaßnahmen.

Aus diesen Ergebnissen resultieren sowohl theoretische als auch praktische Implikationen. Hochschulen, die achtsamkeitsbasierte Veranstaltungen in die akademischen Curricula aufnehmen möchten, ist nahezulegen, insbesondere Teilnehmer:innen mit anfänglich niedrigeren Achtsamkeits- und höheren Stresswerten zu adressieren, um eine maximale Kurswirkung zu erzielen. Angesichts der positiven Wirkung achtsamkeitsbasierter Ansätze auf Internetabhängigkeiten ist außerdem zu erwägen, separate Kurse auf MBSR-Basis mit dem Ziel der Reduktion einer problematischen Internetnutzung bzw. Internetabhängigkeit zu entwickeln. Beide Empfehlungen setzen allerdings voraus, im Vorfeld einer Veranstaltungskonzeption die jeweiligen Niveaus von Achtsamkeit, Stress, Wohlbefinden und Internetabhängigkeit bei den potenziellen Teilnehmer:innengruppen zu ermitteln, um die Inhalte ihren Bedürfnissen anpassen zu können.

In theoretischer Hinsicht lässt sich festhalten, dass das bei der Evaluation des Thüringer Modells *Achtsame Hochschulen* eingesetzte Messinstrument und die darin verwendeten Skalen valide Ergebnisse zeigten. Damit vermittelt diese Studie nicht nur Erfahrungen zur Vorgehensweise bei der Evaluation MBSR-basierter Veranstaltungsformate wie MBST® und MBET®, sie leistet auch einen Beitrag zu ihrer empirischen Validierung an Hochschulen in Deutschland. Zu konstatieren ist jedoch, dass die vorliegende Analyse Limitationen aufweist, die sich aus dem Studiendesign ergeben, insbesondere aus dem Fehlen einer Kontrollgruppe. Auch sind mit dem gewählten Forschungsdesign Kausalzusammenhänge nicht abzuleiten, weshalb die Ergebnisse in vorsichtiger Weise zu interpretieren sind. Als weiterer Forschungsbedarf verbleibt damit der Einsatz eines Kontrollgruppendesigns, um herauszufinden, inwieweit die identifizierten Änderungen zweifelsfrei auf eine Kursteilnahme zurückzuführen sind. Die in diesem Band erschienenen Kapitel von Voss et al. (siehe Kapitel I.2 und I.3) leisten hierzu einen Beitrag. Darüber hinaus liefert eine Zusammenhangsanalyse von Lautenschläger und Haase Erkenntnisse zur Wechselwirkung der untersuchten Konstrukte, die ebenfalls in diesem Band veröffentlicht ist (Kapitel I.5).

Literatur

Bamber, Mandy D./Kraenzle Schneider, Joanne (2016): »Mindfulness-based meditation to decrease stress and anxiety in college students: A narrative synthesis of the research«, in: *Educational Research Review* 18, S. 1-32, doi.org/10.1016/j.edurev.2015.12.004.

Cohen, Jacob (1992): »A power primer«, in: *Psychological Bulletin* 112(1), S. 155-159, doi.org/10.1037/0033-2909.112.1.155.

Cohen, Jeanette Sawyer/Miller, Lisa J. (2009): »Interpersonal mindfulness training for well-being: A pilot study with psychology graduate students«, in: *Teachers College Record* 111(12), S. 2760-2774, doi.org/10.1177/016146810911101202.

Cohen, Sheldon/Kamarck, Tom/Mermelstein, Robin (1983): »A Global Measure of Perceived Stress«, in: *Journal of Health and Social Behavior* 24(4), S. 385-396, doi.org/10.2307/2136404.

Collard, Patrizia/Avny, Nadav/Boniwell, Ilona (2008): »Teaching Mindfulness Based Cognitive Therapy (MBCT) to students: The effects of MBCT on the levels of Mindfulness and Subjective Well-Being«, in: *Counselling Psychology Quarterly* 21(4), S. 323-336, doi.org/10.1080/09515070802602112.

De Vibe, Michael/Solhaug, Ida/Tyssen, Reidar/Friborg, Oddgeir/Rosenvinge, Jan H./Sørlie, Tore/Bjørndal, Arild (2013): »Mindfulness training for stress management: a randomised controlled study of medical and psychology students«, in: *BMC Medical Education* 13, 107, doi.org/10.1186/1472-6920-13-107.

El Ansari, Walid/Oskrochi, Reza/Stock, Christiane (2013): »Symptoms and health complaints and their association with perceived stress: students from seven universities in England, Wales and Northern Ireland«, in: *Journal of Public Health* 21(5), S. 413-425, doi.org/10.1007/s10389-013-0571-x.

Felton, Tasha M./Coates, Lindsey/Christopher, John Chambers (2015): »Impact of Mindfulness Training on Counseling Students' Perceptions of Stress«, in: *Mindfulness* 6(2), S. 159-169, doi.org/10.1007/s12671-013-0240-8.

Galante, Julieta/Dufour, Géraldine/Vainre, Maris/Wagner, Adam P./Stochl, Jan/Benton, Alice/Lathia, Neal/Howarth, Emma/Jones, Peter B. (2018): »A mindfulness-based intervention to increase resilience to stress in university students (the Mindful Student Study): a pragmatic randomised controlled trial«, in: *The Lancet Public Health* 3(2), S. e72-e81, doi.org/10.1016/S2468-2667(17)30231-1.

Gallego, José/Aguilar-Parra, José M./Cangas, Adolfo J./Langer, Álvaro I./Mañas, Israel (2015): »Effect of a Mindfulness Program on Stress, Anxiety and Depression in University Students«, in: *The Spanish Journal of Psychology* 17, E109, doi.org/10.1017/sjp.2014.102.

Herbst, Uta/Voeth, Markus/Eidhoff, Anne Theresa/Müller, Mareike/Stief Sarah (2016): *Studierendenstress in Deutschland – eine empirische Un-tersuchung*, Berlin, uni-heidelberg.de/md/journal/2016/10/08_projektbericht_stressstudie.pdf [letzter Zugriff 01.11.2024].

Kabat-Zinn, Jon/Massion, A.O./Kristeller, Jean/Peterson, Linda Gay/Fletcher, Kenneth E./Pbert, Lori/Lenderking, William R./Santorelli, Saki F. (1992): »Effectiveness of a meditation-based stress reduction program in the treatment of anxiety disorders«, in: *American Journal of Psychiatry* 149(7), S. 936-943, doi.org/10.1176/ajp.149.7.936.

Kang, Yune Sik/Choi, So Young/Ryu, Eunjung (2009): »The effectiveness of a stress coping program based on mindfulness meditation on the stress, anxiety, and depression experienced by nursing students in Korea«, in: *Nurse Education Today* 29(5), S. 538-543, doi.org/10.1016/j.nedt.2008.12.003.

Lynch, Siobhán/Gander, Marie-Louise/Nahar, Ananda/Kohls, Nico/Walach, Harald (2018): »Mindfulness-Based Coping With University Life: A Randomized Wait-List Controlled Study«, in: *SAGE Open* 8(1), S. 215824401875837, doi.org/10.1177/2158244018758379.

Meerkerk, Gert-Jan/Eijnden, Regina J.J.M. van den/Vermulst, Ad A./Garretsen, Henk (2009): »The Compulsive Internet Use Scale (CIUS): Some Psychometric Properties«, in: *CyberPsychology & Behavior* 12(1), S. 1–6, doi.org/10.1089/cpb.2008.0181.

Palmer, Angèle/Rodger, Susan (2009): »Mindfulness, stress, and coping among university students«, in: *Canadian Journal of Counselling* 43(3), S. 198–212.

Psychiatric Research Unit (Hg.; o.J.): »WHO-5 Questionnaires«, in: *psykiatri-regionh.dk*, o.D., psykiatri-regionh.dk/who-5/who-5-questionnaires/Pages/default.aspx [letzter Zugriff 01.11.2024].

Regehr, Cheryl/Glancy, Dylan/Pitts, Annabel (2013): »Interventions to reduce stress in university students: a review and meta-analysis«, in: *Journal of Affective Disorders* 148(1), S. 1–11, doi.org/10.1016/j.jad.2012.11.026.

Rosenzweig, Steven/Reibel, Diane K./Greeson, Jeffrey M./Brainard, George C./Mohammadreza, Hojat (2003): »Mindfulness-Based Stress Reduction Lowers Psychological Distress in Medical Students«, in: *Teaching and Learning in Medicine* 15(2), S. 88–92, doi.org/10.1207/S15328015TLM1502_03.

Song, Yeoungsuk/Lindquist, Ruth (2015): »Effects of mindfulness-based stress reduction on depression, anxiety, stress and mindfulness in Korean nursing students«, in: *Nurse Education Today* 35(1), S. 86–90, doi.org/10.1016/j.nedt.2014.06.010.

Voss, Andreas/Bogdanksi, Martin/Walther, Mario/Langohr, Bernd/Albrecht, Reyk/Seifert, Georg/Sandbothe, Mike (2022): »Mindfulness-Based Student Training Improves Vascular Variability Associated With Sustained Reductions in Physiological Stress Response«, in: *Frontiers in Public Health* 10, 863671, doi.org/10.3389/fpubh.2022.863671.

Walach, Harald/Buchheld, Nina/Buttenmüller, Valentin/Kleinknecht, Norman/Grossman, Paul/Schmidt, Stefan (2004): »Empirische Erfassung der Achtsamkeit – Die Konstruktion des Freiburger Fragebogens zur Achtsamkeit (FFA) und weitere Validierungsstudien«, in: Thomas Heidenreich/Johannes Michalak (Hg.), *Achtsamkeit und Akzeptanz in der Psychotherapie. Ein Handbuch*, Tübingen, S. 727–770.

Wohlers, Katja/Hombrecher, Michaela (2016): »Entspann dich, Deutschland. TK-Stressstudie 2016«, Hamburg, tk.de/resource/blob/2026630/9154e4c71766c410dc859916aa798217/tk-stressstudie-2016-data.pdf [letzter Zugriff 01.11.2024].

Arndt Lautenschläger und Heiko Haase

Sozialwissenschaftliche Evaluation: Zusammenhänge zwischen Internetabhängigkeit, Stressempfinden, Achtsamkeit und Wohlbefinden

Abstract

Der Nachweis, dass Achtsamkeitsmeditationen Gesundheit und Wohlbefinden fördern, ist bereits Ergebnis zahlreicher Studien. Das vorliegende Kapitel untersucht, ob Zusammenhänge zwischen Internetabhängigkeit, Stressempfinden und Achtsamkeit bestehen und inwieweit sich Wechselwirkungen mit dem allgemeinen Wohlbefinden beobachten lassen. Es geht der Frage nach, ob Maßnahmen zur intendierten Stressbewältigung auch zur Reduzierung einer zwanghaften bzw. gesundheitsgefährdenden Nutzung des Internets beitragen können. Zu diesem Zweck wird in dieser Studie die Korrelationen zwischen Achtsamkeit und Stressempfinden sowie deren Wirkung auf Wohlbefinden und Internetabhängigkeit empirisch analysiert. Im Rahmen einer Querschnittsuntersuchung wurden Teilnehmer:innen an den im Rahmen des Thüringer Modells *Achtsame Hochschulen* entwickelten Veranstaltungsformaten Achtsamkeitstraining für Studierende (MBST®, 13 × 90 Minuten zuzüglich 240 Minuten Achtsamkeitsnachmittag) und Achtsamkeitstraining für Mitarbeitende (MBET®) befragt. Genutzt wurden standardisierte Fragebogenkonstrukte (FFA-14, PSS-10, CIUS-14, WHO-5). Die Zusammenhangsanalyse bestätigt, dass ein hohes Stressempfinden eine Internetabhängigkeit begünstigen kann. Insofern sind achtsamkeitsfördernde Maßnahmen zur Stressreduktion geeignet, einer zwanghaften bzw. gesundheitsgefährdenden Nutzung des Internets entgegenzuwirken.

1. Theoretischer Hintergrund und Forschungsfrage

Das Internet ist für viele Menschen zu einem nicht mehr wegzudenkenden Lebensbestandteil geworden. Die zunehmende Zeit, die Menschen in der Onlinewelt verbringen, birgt allerdings auch Gefahren, die nicht nur in eine Vernachlässigung anderer Lebensbereiche münden, sondern auch zu Abhängigkeiten führen können. Die repräsentative PINTA-Studie des Bundesgesundheitsministeriums (vgl. Rumpf et al. 2013) geht von einer geschätzten Prävalenz von 1,5 Prozent der Bevölkerung für das Vorliegen einer Internetabhängigkeit aus, die allerdings bei jüngeren Altersgruppen deutlich höher ausfällt, sogar bis zu 8,6 Prozent bei weiblichen Jugendlichen. Die Studie führt weiterhin aus, dass ein problematischer Internetgebrauch bei durchschnittlich 4,6 Prozent der Befragten auftritt und wiederum hohe Raten von bis 17,2 Prozent bei Mädchen in der Altersgruppe von 14 bis 16 Jahren erreichen kann. Kuss/Griffiths/Binder (vgl. 2013) untersuchten Studierende einer Universität in England und fanden heraus, dass 3,2 Prozent der Befragten klinisch signifikante Internetabhängigkeiten aufwiesen.

Die problematische Internetnutzung und Internetabhängigkeit sind somit Phänomene, die immer häufiger und vor allem bei jüngeren Personen anzutreffen sind. Der Rückzug in die virtuelle Welt dient dabei oftmals der Problemverdrängung bzw. der scheinbaren Stressreduktion. So identifizierten beispielsweise Hou et al. (vgl. 2017) einen Zusammenhang zwischen Stressempfinden und der problematischen Nutzung sozialer Medien. Canale et al. (vgl. 2019) zeigten in ihrer Studie auf, dass Stressanfälligkeit einen Faktor darstellt, der die abusive Nutzung von Onlinespielen begünstigt. Deatherage/Servaty-Seib/Aksoz (vgl. 2014) stellten in ihrer Untersuchung von College-Schüler:innen fest, dass vor allem Mädchen Stress mit einer intensiveren Internetnutzung kompensieren.

Insofern scheint Stressempfinden ein nicht zu vernachlässigender Auslöser problematischer Internetnutzung und Internetabhängigkeit zu sein. Müller und Wölfling (vgl. 2011) empfehlen, Stressvulnerabilität mit Methoden aus Stressbewältigungstrainings bzw. sozialen Kompetenztrainings zu bearbeiten. Konkret legen Gámez-Guadix und Calvete (vgl. 2016) nahe, MBSR-basierte Interventionsmaßnahmen (vgl. Kabat-Zinn/Massion/Kristeller 1992) auch als protektiven Ansatz zur Verringerung des problematischen Internetgebrauchs bei Jugendlichen in Betracht zu ziehen. Tatsächlich belegen zahlreiche empirische Studien die positive Wirkung dieser Interventionsansätze auf Stressempfinden und Wohlbefinden, insbesondere bei Studierenden (vgl. Rosenzweig et al. 2003; Kang/Choi/Ryu 2009; Palmer/Rodger 2009; de Vibe et al. 2013; Felton/Coates/Christopher 2015; Gallego et al. 2015; Song/Lindquist 2015; Galante et al. 2018).

Vor diesem Hintergrund widmet sich das vorliegende Kapitel der Frage, inwieweit Zusammenhänge zwischen Internetabhängigkeit, Stressempfinden und Achtsamkeit bestehen. In ihm wird auch untersucht, ob Wechselwirkungen mit dem allgemeinen Wohlbefinden vorhanden sind. Als Internetabhängigkeit wird das Phänomen bezeichnet, das Internet in zwanghafter bzw. gesundheitsgefährdender Weise zu nutzen.

Im Rahmen einer empirischen Querschnittsuntersuchung wurden dazu Teilnehmer:innen an den Veranstaltungsformaten MBST® und MBET® des Thüringer Modells *Achtsame Hochschulen* befragt. Die Auswertung der Daten soll Strukturen und Korrelationen aufdecken, auf deren Basis theoretische Kausalitäten formuliert werden, die abschließend in ein Pfadmodell münden. Im sich anschließenden Abschnitt 2 dieses Kapitels werden die für die Analyse verwendeten Messinstrumente sowie die Datenbasis vorgestellt. Abschnitt 3 erläutert die Ergebnisse der Datenauswertung. Abschnitt 4 fasst die Erkenntnisse zusammen und leitet Schlussfolgerungen ab.

2. Merkmale, Messinstrumente und Datenbasis[1]

Bei der Zusammenhangsanalyse kommen wissenschaftliche Messinstrumente zum Einsatz, die umfangreich dokumentiert und validiert sind. Sie umfassen die nachstehenden Konstrukte, die mittels eines standardisierten, schriftlichen Erhebungsdesigns erfasst werden:

Achtsamkeit: FFA-14 nach Walach et al. (vgl. 2004)

Achtsamkeit wird im Rahmen der gegenwärtigen Analyse mittels der Kurzfassung des Freiburger Fragebogens zur Achtsamkeit (FFA) ermit-

---

1 Die verwendete Methodik ähnelt dem Abschnitt 2 im vorangegangenen Kapitel (I.4), da beide Untersuchungen auf demselben Datensatz beruhen.

telt. Die Messung basiert auf einer Selbsteinschätzung, wobei unterschiedliche achtsamkeitsbezogene Aspekte, so etwa eine gegenwärtige und nicht-identifizierende Aufmerksamkeit, eine akzeptierende nicht-urteilende Haltung, ganzheitliches Annehmen sowie das prozesshafte und einsichtsvolle Verstehen unter einem FFA Generalfaktor subsumiert werden (vgl. Walach et al. 2004). Der Fragebogen enthält in seiner Kurzversion 14 Aussagen. Die Beurteilungen, inwieweit diese Aussagen zutreffen, werden auf einer Skala von 1 (fast nie) bis 4 (fast immer) codiert. Durch Addition wird ein Gesamtwert gebildet, der Werte zwischen 14 und 56 annehmen kann, wobei ein hoher Wert für eine hohe Achtsamkeit steht.

Internetabhängigkeit: CIUS-14 nach Meerkerk et al. (vgl. 2009)

Zur Erfassung einer zwanghaften bzw. gesundheitsgefährdenden Internetnutzung wurde die *compulsive internet use scale* (CIUS-14) nach Meerkerk et al. (vgl. 2009) verwendet. Dieses Messinstrument basiert auf insgesamt 14 Aussagen und eruiert mittels Selbsteinschätzung internetbezogene Störungen sowie riskante bzw. schädliche Nutzungsweisen, die mit negativen Folgen verbunden sind. Die Beurteilung der Aussagen erfolgt auf einer fünfstufigen Skala mit den Werten von 0 (nie) bis 4 (sehr oft). Der Summenwert aller 14 Aussagen liegt zwischen 0 und 56, wobei ein hoher Wert eine starke Internetabhängigkeit induziert.

Empfundene Stressbelastung (Stressempfinden): PSS-10 nach Cohen/Kamarck/Mermelstein (vgl. 1983)

Die Messung der individuell wahrgenommenen Stressbelastung erfolgt unter Verwendung der *perceived stress scale* (PSS) nach Cohen/Kamarck/Mermelstein (vgl. 1983). Die Selbsteinschätzung der Stressbelastung umfasst zehn Aussagen, die auf das Ausmaß abzielen, in dem bestimmte Situationen innerhalb der vergangenen vier Wochen als unvorhersehbar, unkontrollierbar oder belastend wahrgenommen wurden. Die Beurteilungen der Aussagen sind auf einer fünfstufigen Skala von 0 (nie) bis 4 (sehr oft) codiert. Der Gesamtpunktwert ergibt sich aus der Addition der Einzelwerte, wobei die Codierung der Aussagen 4, 5, 7 und 8 vorher zu invertieren ist. Der Gesamtstresswert kann somit zwischen 0 und 40 variieren, wobei ein hoher Wert eine hohe empfundene Stressbelastung bedeutet. Nach Cohen/Kamarck/Mermelstein (vgl. ebd.) sind Werte um 13 als mittleres Stressniveau zu bewerten, ab einem Wert von 20 ist von einem hohen Stresslevel auszugehen.

Allgemeines Wohlbefinden: WHO-5 gemäß der Psychiatric Research Unit (vgl. o.J.)

Zur Ermittlung des Wohlbefindens kam der WHO-5-Wohlbefindens-Index (vgl. Psychiatric Research Unit o.J.) zum Einsatz. Dieses Messinstrument besteht aus fünf einzelnen Aussagen, die mittels Selbstbeurteilung einzuschätzen sind. Bei jeder Aussage sind Werte von 0 bis 5 möglich. Durch Aufsummieren dieser Werte ergibt sich ein Gesamtwert von 0 bis 25, wobei ein niedriger Wert einem geringen subjektiven Wohlbefinden entspricht. Ein Wert kleiner als 13 ist gegebenenfalls ein Indikator für eine mögliche Depression.

Darüber hinaus wurden Kontrollvariablen erhoben, um zusätzliche Einflüsse auf die Zusammenhänge zwischen den vorgenannten Konstrukten feststellen zu können. Dazu gehört die Übungspraxis zur Achtsamkeit, d. h. die Anzahl der Tage pro Woche, an denen meditiert oder Achtsamkeitsübungen durchgeführt wurden, sowie die durchschnittliche Dauer der Übungen. Daraus wurde eine fünf Kategorien umfassende Variable abgeleitet, welche die Intensität des Übungsgeschehens operationalisiert: (1) Übungen an weniger als zwei Tagen oder weniger als zehn Minuten pro Tag, (2) Übungen an zwei Tagen mindestens zehn Minuten oder an drei Tagen zehn bis 30 Minuten, (3) Übungen an drei Tagen 30 bis 60 Minuten oder an mehr als drei Tagen zehn bis 30 Minuten, (4) Übungen an drei Tagen mehr als 60 Minuten oder an vier Tagen mehr als 30 Minuten, (5) Übungen an mehr als vier Tagen und mindestens 30 Minuten.

Zudem wurde als Kontrollvariable einbezogen, wie intensiv die Veranstaltungsteilnehmer:innen körperliche und sportliche Aktivitäten durchführen. Der Fragebogen orientierte sich hierbei an der Studie »Gesundheit in Deutschland aktuell« 2012 des Robert Koch-Institutes (vgl. 2014), um die Intensität der Betätigung zu messen. Die Befragten sollten dazu die Dauer ihrer körperlichen und sportlichen Aktivitäten in einer durchschnittlichen Woche angeben, wobei Antwortmöglichkeiten in Form einer fünfstufigen Skala vorgegeben waren: (0) keine sportliche Betätigung, (1) weniger als 1 Stunde in der Woche, (2) regelmäßig, 1 bis 2 Stunden in der Woche, (3) regelmäßig, 2 bis 4 Stunden in der Woche, (4) regelmäßig, mehr als 4 Stunden in der Woche. Soziodemographische Merkmale, wie das Geschlecht der Befragten und deren Beschäftigungsstatus (d.h. Hochschulmitarbeiter:in vs. Student:in) wurden als Kontrollvariablen in der Analyse ebenfalls berücksichtigt.

In die Auswertung fließen Daten einer Befragung von Veranstaltungsteilnehmer:innen an insgesamt zwölf MBST®- und sechs MBET®-Kursen ein, die im Zeitraum von April 2018 bis Juli 2019 an sechs thüringischen Hochschulen stattfanden. Die Fragebögen wurden am jeweiligen Veranstaltungsende von den Dozent:innen ausgeteilt und nach dem Ausfüllen eingesammelt. Insgesamt liegen 247 Beobachtungen vor. Die Stichprobe setzt sich zusammen aus Angaben von 174 Studierenden (74,4 %) sowie 60 Mitarbeiter:innen (25,6 %). Unter den Befragten sind 57 Männer (24,4 %) und 177 Frauen (75,6 %), 13 Personen gaben kein Geschlecht an. Das Durchschnittsalter beträgt 29 Jahre (Standardabweichung [SD] = 9,7).

3. Ergebnisse der Zusammenhangsanalyse

Ziel der Querschnittsanalyse ist die Ableitung eines Zusammenhangsmodells, um insbesondere festzustellen, inwieweit Maßnahmen zur intendierten Stressbewältigung auch zur Reduzierung einer zwanghaften bzw. gesundheitsgefährdenden Nutzung des Internets beitragen können. Die Analyse beinhaltet zunächst eine deskriptive Darstellung der erhobenen Daten. Zur Identifikation von Zusammenhängen werden sodann bivariate Korrelationen durchgeführt und als Maß der Korrelationskoeffizient nach Pearson verwendet. Im Anschluss erfolgt eine

	n	M	SD	Median	min	max	mögliche Bandbreite
Internetabhängigkeit (CIUS-14)	243	15,6	9,2	15,0	0	41	0 - 56
Stressempfinden (PSS-10)	240	15,3	6,4	14,0	0	34	0 - 40
Achtsamkeit (FFA-14)	229	38,6	4,5	39,0	28	50	14 - 56
Wohlbefinden (WHO-5)	243	14,2	4,4	15,0	1	23	0 - 25
sportliche Aktivität	228	2,2	1,2	2,0	0	4	0 - 4
Achtsamkeitspraxis	245	1,8	1,1	2,0	0	4	0 - 4

MW: Mittelwert; SD: Standardabweichung; M: Median

Tabelle 1: Deskriptive Ergebnisse

	1.	2.	3.	4.	5.	6.
Internet-abhängigkeit						
Stress-empfinden	0,32***					
Achtsamkeit	-0,18**	-0,46***				
Wohlbefinden	-0,18**	-0,63***	0,47***			
sportliche Aktivität	-0,09	-0,11	0,12	0,30***		
Achtsamkeits-praxis	-0,25***	-0,10	0,18**	0,16*	0,14*	
Geschlecht (m=0, w=1)	-0,11	0,18**	-0,05	-0,06	-0,20**	0,11
Status (Stud.=0, Besch.=1)	0,36***	-0,01	-0,02	0,01	-0,11	0,07

*p < 0,05; **p < 0,01; ***p < 0,001

Tabelle 2: Darstellung der Korrelationskoeffizienten

multivariate Datenanalyse mit einer linearen Regression. Auf Basis der bis dahin gewonnenen Erkenntnisse erfolgt schließlich eine Modellbildung und -überprüfung anhand von Mediatoranalyse und Strukturgleichungsmodellanalyse.

Die Ergebnisse der deskriptiven Datenanalyse sind in Tabelle 1 dargestellt.

Tabelle 2 enthält als Ergebnis der bivariaten Korrelationsanalyse die Pearson-Korrelationskoeffizienten. Die statistisch signifikanten Zusammenhänge sind gekennzeichnet. Es ist zu erkennen, dass zwischen den betrachteten Größen vielfältige Wechselbeziehungen bestehen.

Um diese Zusammenhänge näher zu untersuchen und Wechselwirkungen zwischen den einzelnen Variablen zu identifizieren, werden im Folgenden drei multivariate lineare Modelle postuliert, bei denen jeweils Internetabhängigkeit, Stressempfinden und Wohlbefinden als Regressanden (Kriteriumsvariablen) fungieren. Achtsamkeit wird in

	Internetabhängigkeit			Stressempfinden			Wohlbefinden		
	Beta	SE	t	Beta	SE	t	Beta	SE	t
Achtsamkeit	-0,11	0,14	-1,5	-0,15*	0,08	-2,5	0,20***	0,05	3,5
Internetabhängigkeit				0,27***	0,04	4,6	0,10	0,03	1,6
Stressempfinden	0,37***	0,12	4,6				-0,53***	0,04	-8,8
Wohlbefinden	0,14	0,18	1,6	-0,56***	0,09	-8,8			
sportliche Aktivität	-0,16*	0,53	-2,3	0,18**	0,32	3,0	0,33***	0,20	6,2
Achtsamkeitspraxis	-0,14*	0,56	-2,2	0,05	0,34	1,0	0,02	0,22	0,3
Geschlecht	-0,18**	1,37	-2,9	0,19***	0,81	3,5	0,12*	0,55	2,3
Status	-0,38***	1,35	-6,2	0,11*	0,88	2,0	0,12*	0,58	2,2
R2	0,30 (F=13,12***)			0,48 (F=26,94***)			0,51 (F=29,95***)		

*p < 0,05; **p < 0,01; ***p < 0,001

Tabelle 3: Multivariate Datenanalyse

jedem dieser Modelle als Regressor definiert, um dessen Einfluss darstellen zu können. Tabelle 3 enthält für jedes der drei Modelle die standardisierten Beta-Regressionskoeffizienten, die einerseits eine Aussage über die Richtung des Zusammenhangs, andererseits über dessen Stärke ermöglichen.

Wie Tabelle 3 zu entnehmen ist, existieren starke positive Zusammenhänge zwischen Achtsamkeit und Wohlbefinden einerseits sowie zwischen sportlicher Aktivität und Wohlbefinden andererseits. Die empfundene Stressbelastung korreliert dagegen negativ mit dem Wohlbefinden. Zudem sind Achtsamkeit und empfundene Stressbelastung negativ miteinander korreliert. Zwischen einer bedenklichen Internetnutzung und der empfundenen Stressbelastung besteht ein positiver Zusammenhang, womit die Befunde aus der Li-

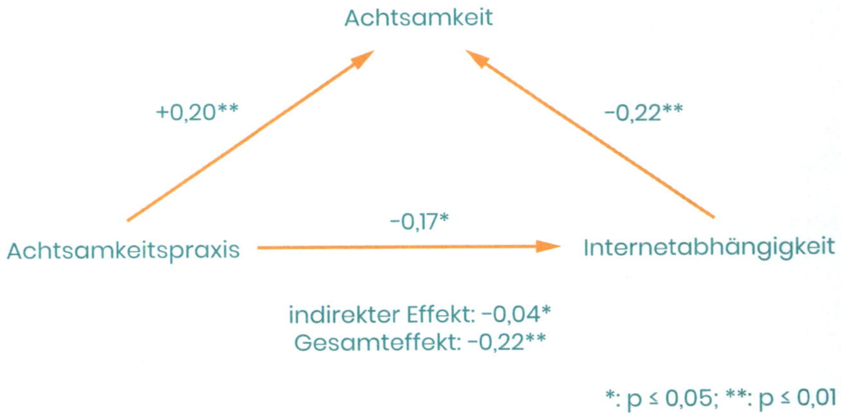

Abbildung 1: Mediatoranalyse

teratur bestätigt werden (vgl. Deatherage/Servaty-Seib/Aksoz 2014; Hou et al. 2017; Canale et al. 2019). Darüber hinaus ist keine Wechselwirkung zwischen Achtsamkeit und Internetabhängigkeit sowie Wohlbefinden und Internetabhängigkeit erkennbar. Auffallend ist außerdem, dass auch das Geschlecht einen Einfluss auf die empfundene Stressbelastung in der Weise hat, dass Frauen über eine signifikant höhere Stressbelastung berichten. Die Durchführung individueller Achtsamkeitsübungen (Achtsamkeitspraxis) korreliert positiv mit der Achtsamkeit, d.h., Teilnehmer:innen, die zu Hause regelmäßig und intensiv Achtsamkeitsübungen praktizierten, wiesen eine höhere Achtsamkeit auf.

Um im Weiteren detaillierter zu untersuchen, inwiefern Achtsamkeit und Achtsamkeitspraxis auf die Internetabhängigkeit wirken und welcher Einfluss dabei dem Stressempfinden zukommt, wurden zwei Mediatoranalysen durchgeführt. Die jeweiligen Ergebnisse sind in den Abbildungen 1 und 2 dargestellt.

Abbildung 1 ist zu entnehmen, dass die Intensität der Achtsamkeitspraxis sowohl einen negativen direkten als auch negativen indirekten Effekt auf eine Internetabhängigkeit hat. Es ist einerseits zu vermuten, dass mit einer Erhöhung der Achtsamkeit auch eine bewusstere Internetnutzung erfolgt (indirekter Effekt). Andererseits steht die Zeit, die für das Praktizieren von Achtsamkeitsübungen aufgewendet wird, nicht mehr für eine übermäßige Internetnutzung zur Verfügung.

Abbildung 2 ist zu entnehmen, dass der zunächst identifizierte Zusammenhang zwischen Achtsamkeit und Internetnutzung (vgl. Tabelle 2) zwar als Gesamteffekt vorhanden ist, aber größtenteils auf einem

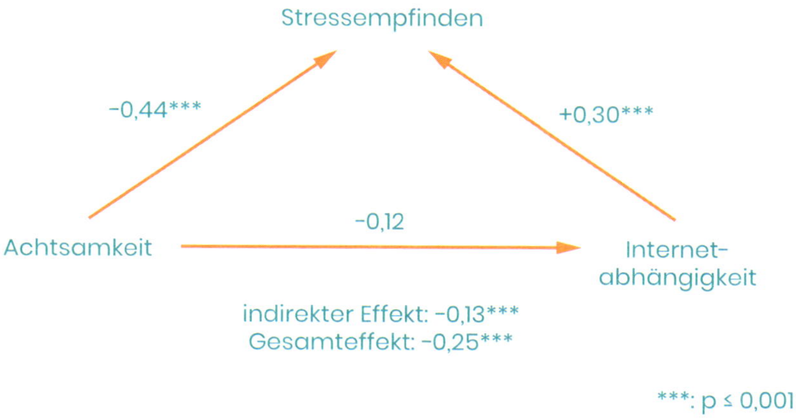

Abbildung 2: Mediatoranalyse 2

indirekten Effekt basiert. So bewirkt eine Erhöhung der Achtsamkeit eine Reduktion des Stressempfindens und diese wiederum geht mit der Reduzierung einer zwanghaften bzw. gesundheitsgefährdenden Internetnutzung einher.

Zusammenfassend wurden die identifizierten Zusammenhänge in ein Pfadmodell überführt, das in Abbildung 3 dargestellt ist. Die Ableitung kausaler Verbindungen erfolgte dabei theoriebasiert. Demzufolge sind für ein hohes Wohlbefinden eine geringe Stressbelastung, sportliche Aktivitäten sowie eine hohe Achtsamkeit entscheidend. Letztere wiederum trägt zur Verringerung einer empfundenen Stressbelastung bei (vgl. Rosenzweig et al. 2003; Kang/Choi/Ryu 2009; Palmer/Rodger 2009; de Vibe et al. 2013; Felton/Coates/Christopher 2015; Gallego et al. 2015; Song/Lindquist 2015; Galante et al. 2018). Die Durchführung von Achtsamkeitsübungen und ein geringeres Stressempfinden wirken einer zwanghaften bzw. gesundheitsgefährdenden Internetnutzung entgegen (Deatherage/Servaty-Seib/Aksoz 2014; Gámez-Guadix/Calvete 2016; Hou et al. 2017; Canale et al. 2019).

4. Schlussfolgerungen

Das vorliegende Kapitel beschäftigte sich mit den Zusammenhängen zwischen Internetabhängigkeit, empfundener Stressbelastung, Achtsamkeit und Wohlbefinden. Im Rahmen der Befragung von Teilnehmer:innen an den Veranstaltungsformaten MBST® und MBET® des Thüringer Modells *Achtsame Hochschulen* wurden dabei die Merkmale Achtsamkeit und Stressempfinden sowie deren Wirkung auf Wohlbe-

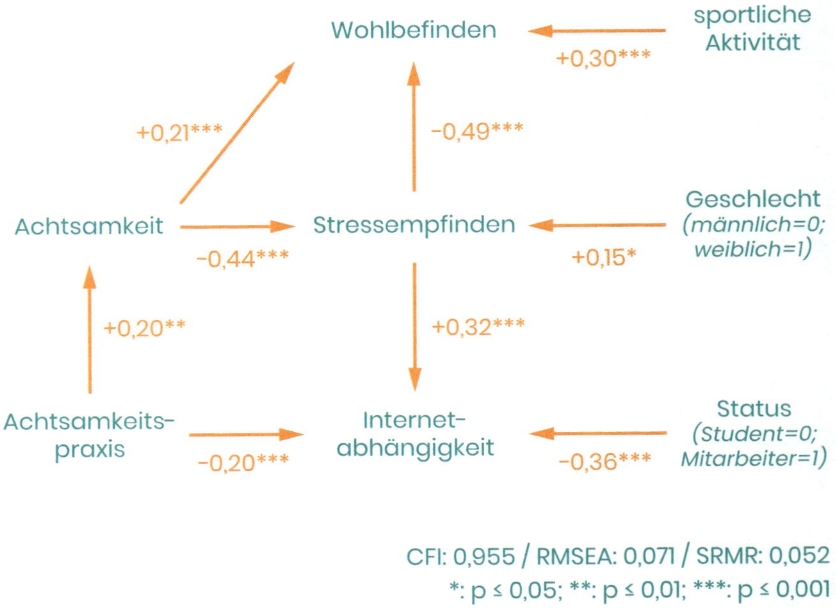

Abbildung 3: Pfadmodell

finden und Internetabhängigkeit in einem Pfadmodell empirisch untersucht. Die Zusammenhangsanalyse bestätigt, dass ein hohes Stressempfinden eine Internetabhängigkeit begünstigen kann. Achtsamkeit wiederum kann die empfundene Stressbelastung reduzieren und wirkt positiv auf das Wohlbefinden der Befragungsteilnehmer:innen.

Schlussfolgernd lässt sich postulieren, dass achtsamkeitsfördernde Maßnahmen zur Stressreduktion geeignet sind, den relevanter werdenden Phänomenen der problematischen Internetnutzung und Internetabhängigkeit entgegenzuwirken. Damit leistet diese Studie einen Beitrag zur Erforschung der Auswirkungen, die mit einer zunehmenden Digitalisierung der Gesellschaft einhergehen. Angesichts der enormen Bedeutung, die der Digitalisierung und Internetnutzung in heutiger Zeit zukommt, wird empfohlen, die Forschungsarbeiten zu diesen Themen weiter zu intensivieren, insbesondere mit Fokus auf ihre Folgen für Lebensgewohnheiten und Stress. Vor allem die Rolle von Achtsamkeitstechniken bei der Vorbeugung einer stressbedingten Internetabhängigkeit ist noch stärker wissenschaftlich zu analysieren. Darüber hinaus ist es naheliegend, die Problematik der zwanghaften bzw. gesundheitsgefährdenden Internetnutzung in speziellen MBSR-basierten Veranstaltungsformaten zu adressieren.

Schließlich ist zu beachten, dass das zugrundeliegende Studiendesign einige Limitationen aufweist. So basiert die Zusammenhangsanalyse auf Beobachtungen bei Proband:innen, die an MBST® und MBET® teilgenommen haben. Dies könnte zu einer Stichprobenverzerrung aufgrund von Selbstselektivität führen. Zudem handelt es sich um eine Querschnittsuntersuchung, bei der die zeitliche Relation der betrachteten Merkmale forschungsdesignbedingt keine Berücksichtigung fand. Eine höhere Aussagekraft wäre mit Längsschnittuntersuchungen sowie mit kontrollgruppenbasierten Studiendesigns (siehe Kapitel I.2 und I.3 in diesem Buch) und repräsentativen Stichprobenauswahlen zu erzielen.

Literatur

Canale, Natale/Marino, Claudia/Griffiths, Mark D./Scacchi, Luca/Monaci, Maria Grazia/Vieno, Alessio (2019): »The association between problematic online gaming and perceived stress: The moderating effect of psychological resilience«, in: *Journal of Behavioral Addictions* 8(1), S. 174-180, doi.org/10.1556/2006.8.2019.01.

Cohen, Sheldon/Kamarck, Tom/Mermelstein, Robin (1983): »A Global Measure of Perceived Stress«, in: *Journal of Health and Social Behavior* 24(4), S. 385-396, doi.org/10.2307/2136404.

De Vibe, Michael/Solhaug, Ida/Tyssen, Reidar/Friborg, Oddgeir/Rosenvinge, Jan H./Sørlie, Tore/Bjørndal, Arild (2013): »Mindfulness training for stress management: a randomised controlled study of medical and psychology students«, in: *BMC Medical Education* 13, 107, doi.org/10.1186/1472-6920-13-107.

Deatherage, Scott/Servaty-Seib, Heather L./Aksoz, Idil (2014): »Stress, Coping, and Internet Use of College Students«, in: *Journal of American College Health* 62(1), S. 40.46, doi.org/10.1080/07448481.2013.843536.

Felton, Tasha M./Coates, Lindsey/Christopher, John Chambers (2015): »Impact of Mindfulness Training on Counseling Students' Perceptions of Stress«, in: *Mindfulness* 6(2), S. 159-169, doi.org/10.1007/s12671-013-0240-8.

Galante, Julieta/Dufour, Géraldine/Vainre, Maris/Wagner, Adam P./Stochl, Jan/Benton, Alice/Lathia, Neal/Howarth, Emma/Jones, Peter B. (2018): »A mindfulness-based intervention to increase resilience to stress in university students (the Mindful Student Study): a pragmatic randomised controlled trial«, in: *The Lancet Public Health* 3(2), S. e72-e81, doi.org/10.1016/S2468-2667(17)30231-1.

Gallego, José/Aguilar-Parra, José M./Cangas, Adolfo J./Langer, Álvaro I./Mañas, Israel (2015): »Effect of a Mindfulness Program on Stress, Anxiety and Depression in University Students«, in: *The Spanish Journal of Psychology* 17, E109, doi.org/10.1017/sjp.2014.102.

Gámez-Guadix, Manuel/Calvete, Esther (2016): »Assessing the Relationship between Mindful Awareness and Problematic Internet Use among Adolescents«, in: *Mindfulness* 7(6), S. 1281-1288, doi.org/10.1007/s12671-016-0566-0.

Hou, Xiang-Ling/Wang, Hai-Zhen/Guo, Cheng/Gaskin, James/Rost, Detlef H./Wang, Jin-Liang (2017): »Psychological resilience can help combat the effect of stress on problematic social networking site usage«, in: *Personality and Individual Differences* 109(4), S. 61-66, doi.org/10.1016/j.paid.2016.12.048.

Kabat-Zinn, Jon/Massion, A.O./Kristeller, Jean/Peterson, Linda Gay/Fletcher, Kenneth E./Pbert, Lori/Lenderking, William R./Santorelli, Saki F. (1992): »Effectiveness of a meditation-based stress reduction program in the treatment of anxiety disorders«, in: *American Journal of Psychiatry* 149(7), S. 936-943, doi.org/10.1176/ajp.149.7.936.

Kang, Yune Sik/Choi, So Young/Ryu, Eunjung (2009): »The effectiveness of a stress coping program based on mindfulness meditation on the stress, anxiety, and depression experienced by nursing students in Korea«, in: *Nurse Education Today* 29(5), S. 538-543, doi.org/10.1016/j.nedt.2008.12.003.

Kuss, Daria J./Griffiths, Mark D./Binder, Jens F. (2013): »Internet addiction in students: Prevalence and risk factors«, in: *Computers in Human Behavior* 29(3), S. 959-966, doi.org/10.1016/j.chb.2012.12.024.

Meerkerk, Gert-Jan/Eijnden, Regina J.J.M. van den/Vermulst, Ad A./Garretsen, Henk (2009): »The Compulsive Internet Use Scale (CIUS): Some Psychometric Properties«, in: *CyberPsychology & Behavior* 12(1), S. 1-6, doi.org/10.1089/cpb.2008.0181.

Müller, Kai W./Wölfling, Klaus (2011): »Computerspiel- und Internetsucht: Diagnostik, Phänomenologie, Pathogenese und Therapie«, in: *Suchttherapie* 12(2), S. 57-63, doi.org/10.1055/s-0031-1275314.

Palmer, Angèle/Rodger, Susan (2009): »Mindfulness, stress, and coping among university students«, in: *Canadian Journal of Counselling* 43(3), S. 198–212.

Psychiatric Research Unit (Hg.; o.J.): »WHO-5 Questionnaires«, in: *psykiatri-regionh.dk*, o.D., psykiatri-regionh.dk/who-5/who-5-questionnaires/Pages/default.aspx [letzter Zugriff 01.11.2024].

Robert Koch-Institut (Hg.; 2014): *Daten und Fakten: Ergebnisse der Studie »Gesundheit in Deutschland aktuell 2012«*, Berlin, rki.de/DE/Content/Gesundheitsmonitoring/Gesundheitsberichterstattung/GBEDownloadsB/GEDA12.html [letzter Zugriff 01.11.2024].

Rosenzweig, Steven/Reibel, Diane K./Greeson, Jeffrey M./Brainard, George C./Mohammadreza, Hojat (2003): »Mindfulness-Based Stress Reduction Lowers Psychological Distress in Medical Students«, in: *Teaching and Learning in Medicine* 15(2), S. 88–92, doi.org/10.1207/S15328015TLM1502_03.

Rumpf, Hans-Jürgen/Meyer, Christian/Kreuzer, Anja/John, Ulrich (2013): *Prävalenz der Internetabhängigkeit (PINTA). Bericht an das Bundesministerium für Gesundheit*, Greifswald/Lübeck, berlin-suchtpraevention.de/wp-content/uploads/2016/10/2011_PINTA-Studie.pdf [letzter Zugriff 01.11.2024].

Song, Yeoungsuk/Lindquist, Ruth (2015): »Effects of mindfulness-based stress reduction on depression, anxiety, stress and mindfulness in Korean nursing students«, in: *Nurse Education Today* 35(1), S. 86–90, doi.org/10.1016/j.nedt.2014.06.010.

Voss, Andreas/Bogdanksi, Martin/Walther, Mario/Langohr, Bernd/Albrecht, Reyk/Seifert, Georg/Sandbothe, Mike (2022): »Mindfulness-Based Student Training Improves Vascular Variability Associated With Sustained Reductions in Physiological Stress Response«, in: *Frontiers in Public Health* 10, 863671, doi.org/10.3389/fpubh.2022.863671.

Walach, Harald/Buchheld, Nina/Buttenmüller, Valentin/Kleinknecht, Norman/Grossman, Paul/Schmidt, Stefan (2004): »Empirische Erfassung der Achtsamkeit – Die Konstruktion des Freiburger Fragebogens zur Achtsamkeit (FFA) und weitere Validierungsstudien«, in: Thomas Heidenreich/Johannes Michalak (Hg.), *Achtsamkeit und Akzeptanz in der Psychotherapie. Ein Handbuch*, Tübingen, S. 727–770.

Nils Altner

Phänomenologische Evaluation: Ergebnisse aus Interviews mit Hochschullehrenden nach dem Inkubationsworkshop »Achtsame Hochschulen – Innehalten und Vorwärtsschreiten«

Abstract

Im Thüringer Modell *Achtsame Hochschulen* fand 2019 ein Stilleretreat mit 30 Hochschullehrenden von 15 Hochschulen aus sechs Bundesländern statt. Im Anschluss wurden in neun als verkörpert-phänomenologische Dialoge geführten Interviews die Wirkungen auf die Lehrenden selbst sowie auf ihre Lehre und Forschung erhoben. Der vorliegende Text stellt die Ergebnisse sowie diese vom Autor speziell für die evaluative Begleitung von meditativ-introspektiven Bildungsangeboten entwickelte qualitative Forschungsmethode vor. Es zeigt sich, dass die gemeinsamen vertieften Erfahrungen von wohltuender Stille, Ruhe und Verbundensein nachwirkend einen gelasseneren Umgang mit den eigenen Meinungen und Standpunkten und mit denen der akademischen Kolleg:innen fördern. Dies wird als positiv wirkend auf die Lehre, Forschung und die Umgangskultur an den Hochschulen beschrieben.

Einleitung

Im Kontext des Thüringer Modells *Achtsame Hochschulen* fand im Herbst 2019 ein fünftägiges Retreat mit Sitz- und Gehmeditationen sowie Schweige- und Gesprächsphasen statt, an dem 30 Hochschullehrende von 15 Hochschulen aus sechs Bundesländern teilgenommen haben. Im Anschluss an das Retreat wurden im Zeitraum von Oktober 2019 bis Februar 2020 in neun als achtsame phänomenologische Dialoge geführten Interviews die Wirkungen auf die Lehrenden selbst sowie auf ihre Lehre und Forschung aus der *First-* und *Second-person*-Perspektive erhoben. Der vorliegende

»Entwickle Techniken,
die es dem System erlauben,
sich selbst zu erspüren und zu sehen.«
Claus Otto Scharmer (2019: 141)

Text stellt diese vom Autor speziell für die evaluative Begleitung von meditativ-introspektiven Bildungsangeboten entwickelte qualitative Forschungsmethode kurz vor und fasst dann die Kernaussagen der Gespräche zusammen. Dazu zählen:

1. Hochschullehrende berichten, dass die Erfahrung von Stille, Präsenz und Verbundensein eine wohltuende und gesundheitsfördernde Wirkung auf sie selbst gehabt hat.
2. Das gemeinsame Einlassen und Eintauchen in die Stille ermöglichten eine Erfahrung des Da-Seins als Ruheort innerer Beheimatung.
3. Einige Aussagen deuten darauf hin, dass auf dieser Basis anstelle der für viele Intellektuelle typischen Identifikation mit ihren Gedankeninhalten und wissenschaftlichen Überzeugungen, die im akademischen Alltag zuweilen ›verkrampft‹ verteidigt werden, ein gelassenerer und damit wissenschaftlicherer Umgang mit den eigenen sowie mit fremden Ideen und Überzeugungen treten kann.
4. Weiter wird berichtet, dass, wenn Hochschullehrende Studierenden ähnliche Erfahrungen ermöglichen und sie im Rahmen der Lehre zu persönlich relevanten inneren Entwicklungs- und Erkenntnisprozessen einladen, sie dies auch gesundheitlich stärkt und ein unbeschwerteres Fragen, Forschen und Entdecken ermöglicht. An die Stelle der Furcht, unter hohem Druck in Tests zu versagen, kann dann die Freude und Neugier am Noch-nicht-Wissen, Fragen, Suchen und Entdecken treten.

Bezogen auf mögliche Implikationen für die Kulturentwicklung an Hochschulen werden folgende Erwartungen und Intentionen hypothesenhaft formuliert: Wenn Lehrende und Studierende bewusst Stille, achtsame Präsenz, Mitgefühl und Verbundensein kultivieren, reduziert das ihre Angst, die psychische Belastung sinkt und Offenheit für Neues und Fremde(s) kann wachsen. Daraus könnten mehr Engagement und Verantwortung für das Ganze entstehen, denn über persönliche Interessen und Vorteile hinaus würde die Motivation für Lehren, Lernen und Entwicklung sowie für gemeinwohl- und demokratieförderndes Engagement gestärkt. Theoretische Bezüge zu neurologischen Korrelaten von Körperpräsenz, Verkörperung und Egotranszendenz ergänzen das Kapitel.

1. Die Ausgangssituation

Bereitet unser öffentliches Bildungssystem die nächste Generation gut auf den Erhalt und die Weiterentwicklung der humanistisch-demokratischen Gesellschaft vor, auf deren Werte und Errungenschaften wir zu Recht stolz sein können? Folgende Aussagen der 18-jährigen Abiturientin Pauline Brünger (vgl. 2020) aus Köln zu ihren Schulerfahrungen lassen Zweifel daran aufkommen. Die Schülerin schreibt, »dass wir dazu erzogen werden, still zu sein und unseren Verstand auszuschalten, dass wir nicht über das hinausdenken sollen, was uns Lehrpläne oder sonstige Autoritäten vorgeben. Wir lernen: Etwas Eigenes einbringen oder verändern, das ist nicht möglich« (ebd.). Und sie teilt ihre persönliche Haltung dazu mit: »[D]ass unsere Schulen progressives Denken und Handeln so stark unterbinden, macht mir Angst« (ebd.).

Klimaveränderungen, zunehmender Rechtsradikalismus oder das Flüchtlingsthema werden in den meisten Schulen und Hochschulen gar nicht oder nur am Rande behandelt. Welche Schule oder Hochschule bezieht bewusst ihr Reinigungs- und Küchenpersonal oder ihre Strom- und Wärmeversorger in ihren pädagogischen Wahrnehmungshorizont ein? Wollen Jugendliche und junge Erwachsene sich für eine ökologische Zukunft engagieren, ist ihnen das meist nur außerhalb und als Gegenentwurf zur Schule oder Hochschule möglich. Zwar haben die Scientists for Future 2019 den Bundesnachhaltigkeitspreis gewonnen, doch bleiben die von den Wissenschaftler:innen und der Fridays for Future vorgeschlagenen Handlungen seitens der meisten einflussreichen Gestalter:innen von Bildung, Politik und Wirtschaft bislang weiterhin aus. Bemühungen seitens der Bundesregierung, dies mit einem Aktionsplan zur Bildung für nachhaltige Entwicklung (BNE) zu ändern, gibt es, sie können aber nicht alle erreichen (vgl. BMBF o.J.).

In einer klugen Analyse der Entwicklung des Bildungssystems zeigt die amerikanische Hochschullehrende Sheryl Lieb (vgl. 2018), wie in den USA seit den 1980er Jahren die Bildung vom Kindergarten bis zur Universität zunehmend vor allem von neoliberalen Marktinteressen geprägt wird. Dies zeige sich u.a. in der Allmacht kompetitiver Tests auf allen Ebenen der Bildung vom Individuum bis hin zu Staaten. Ziel sei, so Lieb, die Erziehung zur größtmöglichen Konformität mit den äußeren Anforderungen und Anreizen des Marktes. Lieb beobachtet aktuell bei jungen Studierenden eine Haltung zum Lernen, die vor allem auf den kurzfristigen Erwerb von Fakten und Daten und auf das Bestehen von Tests hin geprägt ist. Ihre Einladungen zur persönlichen und kritischen Auseinandersetzung mit Lerninhalten, ihre Fragen nach persönlichen Interessen, Lernmotiven und Werten, ihre Angebote zu Reflexionen und Diskussionen über die inneren, subjektiven Dimensionen des Menschseins stießen zunehmend auf Unverständnis und Ablehnung. Studierende seien stattdessen vor allem auf die Verwertbarkeit von Testergebnissen für die Optimierung ihrer Chancen auf dem Arbeitsmarkt fokussiert. Bildung im humanistischen und existenziellen Sinne fände kaum mehr statt und werde auch nicht mehr nachgefragt. Diese Entwicklung bezeichnet Lieb als *Dehumanisierung der Bildung*. Der am Massachusetts Institute of Technology forschende Organisationsentwickler Claus Otto Scharmer verwendet für die testzentrierte Bildungskultur den sarkastischen Begriff vom »Bulimie-Lernen« – schnell rein, schnell raus (Scharmer 2019: 157). In einer sozialen Analyse der auf optimierten Output orientierten »Ökonomisierung des deutschen Bildungssystems« vertritt Ralf Klausnitzer (2019) die Ansicht, dass diese vor allem der Zementierung der sozialen Ungleichheit diene. Was bilden wir eigentlich und wofür? Die nordrhein-westfälische Landeszentrale für politische Bildung befragte kurz vor der Pandemie repräsentativ 1000 Bürger:innen nach ihrem demokratiebezogenen Wissen, Erleben und Umsetzen im Alltag. Der NRW-Demokratiebericht stellte dann folgenden Befund fest:

> »Während Demokratie als Staatsform stark in den Köpfen der Menschen verankert ist, gilt das etwas weniger stark von Demokratie als Lebensform. Je näher Demokratie und die damit verbundenen Prozesse (z.B. Konfliktaustrag) rücken und je stärker die eigene Haltung gefragt ist (z.B. Kompromissfähigkeit, Toleranz), desto niedriger ist die Zustimmung.«
>
> *LZpB NRW (2021: 35)*

Angesichts der wachsenden Zustimmung für autoritäre Parteien fragen wir, ob und wie sich dieses *knowledge-action gap* möglichst bald schließen lässt. Wie lassen sich Grundwerte der humanistischen, demokratiefördernden und gemeinwohlorientierten Bildung und Erziehung in der Wissenschaft und im Bildungssystem stärken? Sarah Beudt (vgl. 2020) schätzt die Zahl der aktuell an deutschen Hochschulen und Universitäten prekär beschäftigten Lehrbeauftragten auf ca. 100.000. Laut ihren Angaben sind z.B. 93 Prozent der wissenschaftlichen Mitarbeiter:innen an der Freien Universität Berlin prekär beschäftigt. Der Konkurrenzdruck untereinander sei dabei extrem hoch, weil nur ein kleiner Teil Aussicht auf eine Festanstellung habe. »Jeder schielt auf die eigene Karriere. Daher gibt es nur wenig Solidarität«, wird eine betroffene Person zitiert (ebd.). Welche Wirkungen haben Hochschulen als theoretisch zur bewussten Selbstreflexion und Selbstgestaltung prädestinierte und kulturprägende Arbeitgeber und Bildungsorte in unserem Land, wenn die Kultur des Miteinanders dort stark von Unsicherheit, Angst, Eigennutz und Feindseligkeit geprägt ist?

2. Achtsame Hochschulen

Zeitgleich zur achtsamkeits-, akzeptanz- und mitgefühlsbasierten »dritten Welle der Verhaltensinterventionen« (Hayes/Follette/Linehan 2004: 5f.; Übersetzung d. Verf.) in psychotherapeutischen und präventiven Settings vollzieht sich derzeit international eine pädagogische Entwicklung, die in den englischsprachigen Ländern mit Begriffen wie *contemplative education* (Waters et al. 2014) oder *mindful education* (vgl. Ergas/Hadar 2019) bezeichnet wird. Einzelne Pädagog:innen, Teile von Kollegien, Kitas und Schulen (vgl. Altner 2020), Hochschulen (siehe alle weiteren Kapitel in diesem Buch sowie Dievernich/Döben-Henisch/Frey 2019; Bruin 2021) bis hin zur Grundschullandschaft einer ganzen Stadt (vgl. Altner et al. 2018) wenden einen Teil ihrer Aufmerksamkeit sich selbst zu und beschäftigen sich mit Methoden der gezielten Stärkung der wohlwollenden und mitfühlenden Präsenz im pädagogischen Alltag. Zahlreiche Studien und Metaanalysen dokumentieren stressreduzierende, beziehungs- und gesundheitsfördernde Effekte bei Lehrer:innen und Schüler:innen sowie auch positive Auswirkungen auf Emotionsregulation, Konzentration und Leistung (vgl. Zenner/Herrnleben-Kurz/Walach 2014). Befunde aus dem von unserer Arbeitsgruppe *Gesundheitsförderung und Prävention* an der Universität Duisburg-Essen begleiteten NRW-Landesmodellprojekt in allen 21 Grundschulen der Stadt Solingen bestätigen dies (vgl. Altner et al. 2018). Die Analyse von Gesundheitsparametern bei Studierenden, die im Rahmen des Thüringer Modells *Achtsame Hochschulen* an dem Achtsamkeitstraining für Studierende (MBST®) teilgenommen haben, repliziert diese Effekte (siehe die Kapitel I.2 bis I.5 in diesem Buch). Nachdem im Wintersemester 2017/18 30 Hochschullehrende an der sechsmonatigen Zertifikatsausbildung Achtsame Hochschullehrende (ZAH®) an der Ernst-Abbe-Hochschule Jena teilgenommen hatten, endete im Mai 2020 die zweite ZAH® mit 21 Kolleg:innen an der Hochschule Osnabrück. Weitere solcher Multiplikator:innenschulungen an deutschen Hochschulen und am Berliner Zentrum für Hochschullehre wurden seitdem umgesetzt und sind auch in Zukunft geplant.

3. Die Intervention

Eine Erfahrung des gemeinsamen fünftägigen Schweigens

Im Kontext des Thüringer Modells fand im Herbst 2019 für Hochschullehrende der Inkubationsworkshop »Achtsame Hochschulen – Innehalten und Vorwärtsschreiten« mit hohem Schweigeanteil statt. Alle Teilnehmenden hatten Vorerfahrungen mit Achtsamkeits- und Mitgefühlsmeditation. Sie hatten entweder im Rahmen der Angebote des Thüringer Modells entwickelte Achtsamkeitstrainings für Lehrende (MBTT®) oder andere Meditationskurse absolviert. Zwölf Frauen und 18 Männer im Alter zwischen Anfang 30 und Ende 60 nahmen an den ersten drei Tagen teil, sechs Frauen und 14 Männer an allen fünf Tagen. Die 30 Hochschullehrenden von 15 deutschen Hochschulen und Universitäten, darunter auch Rektor:innen und Kanzler:innen, verbrachten gemeinsam fünf Tage in einem Schweigeretreat im Benediktushof, einem Zentrum für Meditation und Achtsamkeit in der Nähe von Würzburg. Neben einer Einführung in die Philosophie und Praxis der Zen-Meditation wurden gemeinsam stille Meditationen, Yoga, Qigong, Gehmeditationen, Mitgefühlsmeditationen sowie eine Stunde Hausarbeit pro Tag und Mahlzeiten im Schweigen praktiziert. Angeleitet wurden die Praxiselemente von der Ausbildungsleiterin des Instituts für Achtsamkeit, Karin Krudup, und dem Gründer des Verbands der Achtsamkeitslehrenden, Günter Hudasch, sowie dem Qigonglehrer Kai Yin und dem Zen-Meister Alexander Poraj. An den Tagen vier und fünf gab es optional die Möglichkeit zu jeweils zwei Stunden Austausch in einem Gesprächskreis. Diese wurde von etwa der Hälfte der Teilnehmenden genutzt. Die anderen wählten, weiter in stiller Meditation zu bleiben.

4. Die Gesprächspartner:innen

Der Autor, der am Retreat teilnahm, fragte nach dem Workshop die Bereitschaft zu Reflexionsgesprächen bei zwölf Teilnehmer:innen an, davon stimmten vier Frauen und fünf Männer zu, ein ca. 45-minütiges Gespräch per Zoom oder Telefon zu führen. Einer sagte aus Kapazitätsgründen ab, von zweien kam keine Antwort. Eine der befragten Personen war Hochschullehrende im Promotionsprozess, eine promovierte und eine habilitierte, fünf arbeiteten als Professor:innen. Eine Person bekleidete ein Rektorenamt, eine andere war Hochschulpräsident und eine weitere Kanzler a.D. Neben den Erfahrungen im Retreat wurden ebenfalls Bezüge der Achtsamkeitspraxis zur eigenen Lehre und Forschung erfragt (siehe Kapitel II.2 in diesem Buch). Dabei kam mit dem verkörperten achtsamen phänomenologischen Dialog ein Interviewformat zum Einsatz, das sich vor allem auf das sinnen-ästhetisch körperlich spürbare Erleben der Befragten fokussiert. Deshalb spreche ich auch gern vom *leib-phänomenologischen Dialog*. Vorliegender Text stellt zunächst diese Dialogform kurz vor, fasst dann die Aussagen zusammen und leitet mögliche Effekte und Entwicklungsschritte zum Thema Achtsamkeit im Hochschulkontext ab.

5. Die Gesprächsmethode

Der verkörpert-phänomenologische Dialog

Kennzeichnend für die Didaktik *kontemplativer Bildung* (vgl. Waters et al. 2014) sind die bewusste Anregung und Wahrnehmung innerer Erfahrungen und die Gestaltung innerer Entwicklungs- und Wachstumsprozesse. Aus dieser Haltung heraus entstand die Form des hier vorgestellten *achtsamen phänomenologischen Dialogs* in einem etwa 15-jährigen Prozess des Unterrichtens und Begleitens von Studierenden der Bildungswissenschaften und der Medizin sowie von *mind-body*-medizinischen Therapeut:innen, Kursleiter:innen für MBSR und Pädagog:innen, die Achtsamkeit und Mitgefühl bewusst in ihre Arbeit integrieren möchten. Wichtige Inspirationen für diese Gesprächsform sind neben Arbeiten von Martin Heidegger (vgl. 1947) und Carl Rogers (vgl. 1973) die *mindful inquiry* (vgl. Crane et al. 2015), Gregory Kramers (vgl. 2007) *Insight Dialogue* sowie Erkenntnisse des *authentic relating* von John Thompson und Sean Wilkinson (vgl. 2018).

Im verkörpert-phänomenologischen Dialog ergründet der oder die Fragende gemeinsam mit der befragten Person deren inneres Erleben. Dabei stehen innerpsychische und körperliche Aspekte im Zentrum des Interesses. Durch ergründendes Nachfragen wird die bewusste Verkörperung innerer Erfahrungen im aktuellen Moment angestrebt.

Das Absehen oder Ausklammern von eigenen Meinungen und (Vor-) Urteilen vor allem seitens der fragenden, aber auch der befragten Person und das bewusste Konzentrieren auf aktuell wahrnehmbare vor allem körperliche Phänomene (im Gegensatz zu Meinungen oder abstrakten Vorstellungen) weist Gemeinsamkeiten mit dem Erkenntnisprozess der philosophischen Schule der Phänomenologie auf. Diese bewusste Konzentration auf gegenwärtig wahrnehmbare Phänomene im Gespräch ähnelt dem Fokus auf den Moment während einer introspektiven Meditation (vgl. Patrick 1994). Dabei können im Verlauf dieses ergründenden, zum Teil mikrophänomenologischen Gesprächs vorbewusste Wahrnehmungen der befragten Person ins Bewusstsein treten (vgl. Petitmengin 2006). Im Unterschied zum mikrophänomenologischen Interview, wie es vor allem Claire Petitmengin entwickelt hat und beschreibt, zielt der leib-phänomenologische Dialog nicht in erster Linie auf eine möglichst detaillierte Sequenzierung von meist vorbewussten Mikrogesten des Erlebens. Das Führen eines phänomenologischen Dialogs entspringt vielmehr einer Haltung, die transformative Bildungs- und Entwicklungsprozesse anregen, zu Bewusstsein bringen und verstehen möchte. In diesem Sinne lädt der verkörpert-phänomenologische Dialog zu einer empathisch verkörperten Begegnung ein, bei der die Aufmerksamkeit beider Sprechender vor allem auf die innere Erfahrung der befragten Person gerichtet ist. Die potenziell transformative Kraft eines solchen Dialogs speist sich aus der dialektischen Dynamik von Einsicht, Sein-Lassen, Benennen und Verwandlung, wie sie auch in der meditativen Introspektion einer Person in ihr eigenes Erleben wirkt. Mit dem phänomenologischen Dialog wird diese introspektive Dialektik in das Gespräch zweier Menschen übertragen. *Damit stellen wir eine Methode der Vertiefung, Sichtbarmachung und Erkenntnisfindung zu Bildungsprozessen vor, die vor allem durch meditative und introspektive Erfahrungen, Übungspraktiken und Entwicklungen angeregt werden.* Ähnlich wie der sokratische Dialog, aber stärker körperbezogen, kann der achtsame leib-phänomenologische Dialog transformative innere Bewusstseinsprozesse zur Sprache bringen und damit stärken. Karen Eriksen beschreibt die zugrundeliegende Erkenntnis im Rekurs auf den amerikanischen Entwicklungsforscher Robert Kegan so: »[A]ccurately empathizing with another person's experience might be the most powerful driver for their taking the risk of making change« (Eriksen 2006: 299).

Wird das Miteinander im phänomenologischen Dialog als sicher und vertrauensvoll erlebt und lassen sich beide Gesprächspartner:innen auf die sich in der Situation zeigenden verkörperten Erfahrungen ein, eröffnet sich zuweilen ein gemeinsamer Erfahrungsraum, in dem neue

Erkenntnisse über – für das Menschsein oft sehr relevante – Bewusstseinsprozesse in Form von Sprache zu Bewusstsein kommen. Malte Brinkmann (vgl. 2015) weist in seiner pädagogischen Phänomenologie auf den Bezug zwischen *etwas zeigen* und *sich zeigen* hin. Im phänomenologischen Dialog tritt anstelle des Zeigens auf etwas, das außerhalb der Person liegt, das Sich-Zeigen »als Sichtbar-Werden eines Anderen [...], der [oder] die [...] mich anspricht und auf den [oder] die [...] ich antworte« (ebd.: 541). Dabei zeigt sich in dieser Gesprächsform die befragte Person nicht nur der fragenden, sondern oft auch sich selbst mit für sie neuen Aspekten ihres Bewusstseins. Das Ich kann hier Ich am Du werden, wie Martin Buber (vgl. 1962: 15) es beschreibt. Der dialogisch-partizipative Forschungsansatz der AG *Gesundheit und Prävention* an der Universität Duisburg-Essen basiert auf der Grundannahme, dass in einem vertrauensvoll geführten achtsamen leib-phänomenologischen Dialog im Zusammenspiel der *First-* und der *Second-person*-Perspektive für die fragende, aber auch für die befragte Person neue Erkenntnisse und Entwicklungen entstehen können.

Die folgenden *Leitprinzipien* des verkörpert-phänomenologischen Dialogs dienen dabei der fragenden Person als Orientierung und Schrittfolge für die Gestaltung einer achtsam verkörperten und explorierenden Dialogführung (vgl. Altner/Adler 2021):

Prinzip 1: einen sicheren Rahmen setzen und innerlich bewusst auf das Miteinander-Verbundensein einstellen
Prinzip 2: nach den Phänomenen der Empfindungen fragen, geleitet von den eigenen Empfindungen
Prinzip 3: verlangsamen, fokussieren und bei den gegenwärtigen Empfindungen bleiben
Prinzip 4: freundlich beobachten, was auftaucht, Anspannung reduzieren, atmen und vertrauensvoll auf somatische Markierungen warten
Prinzip 5: versuchen, im Gespräch mit dem Gegenüber in dessen Welt zu sein
Prinzip 6: offen sein für die gemeinsame Erfahrung und sich mit Hingabe einbringen
Prinzip 7: Dankbarkeit ausdrücken
Prinzip 8: Stille willkommen heißen

In den nach diesen Prinzipien geführten Interviews erforschen die beiden Gesprächspartner:innen gemeinsam noch unbekanntes inneres Terrain. So kommt es im Verlauf des Gesprächs nicht selten dazu, dass die befragte Person ihrerseits Fragen an die bisher fragende Person stellt. In fünf der neun Interviews war das der Fall. Ziel der Gespräche war es, exemplarisch Momente der Veränderung in Haltung und Verhalten bei Hochschullehrenden zu identifizieren, die aus einer vertieften gemeinsamen Erfahrung von Stille, Achtsamkeit und Mitgefühl in einer Gruppe von Kolleg:innen entstanden sind.

Aufbereitung der Ergebnisse

Aufgrund der Gesprächsmitschnitte wurden die Aussagen in Anlehnung an die qualitative Inhaltsanalyse von Mayring thematisch codiert und in Themengruppen zusammengefasst (vgl. Mayring/Brunner 2010). Gesprächsführung, Codierung, Interpretation und Texterstellung lagen dabei alle beim Autor.[1] Bei diesem Vorgehen wurden hier wiederkehrende, ähnliche individuelle Aussagen wie z.B.: »Ich ruhe im Dasein, da kann mir nichts passieren ... Ich kann jetzt spüren, dass ich im Dasein meinen Ruheort gefunden habe«, zu übergeordneten Themen zusammengefasst, in diesem Fall *Präsenz*. Die Hauptsuchrichtung in der Gesprächsführung sowie später beim Identifizieren der übergeordneten Themen betraf dabei die Verbindungen zwischen der Teilnahme am stillen Achtsamkeitsretreat, der eigenen Achtsamkeitspraxis, Veränderungen der intrapersonellen Wahrnehmung und Regulation, veränderten interpersonellen Beziehungen sowie den damit verbundenen Veränderungen in Selbstverständnis, Haltung und Praxis als Hochschullehrende:r. Die Hauptintention des gewählten Verfahrens lag dabei weniger beim Überprüfen oder Quantifizieren, sondern beim Generieren von Hypothesen. Die in diesem Prozess herausgearbeiteten und nachfolgend aufgeführten, jeweils durch charakteristische Ankerbeispiele veranschaulichten sechs Themen lassen sich in diesem Sinne als Forschungshypothesen verstehen, die in weiteren Untersuchungen auf ihre Gültigkeit und Relevanz über die Befragten und das Thüringer Modell hinaus für Bildung im Hochschulkontext überprüft werden können.

Ergebnisse

Alle Gespräche begannen mit der Eingangsfrage: »Wenn Du an die Woche des gemeinsamen In-der-Stille-Seins zurückdenkst, was hat Dich besonders berührt oder bewegt?« Eine weitere Frage war: »Wie wirken sich Deine Erfahrungen mit der Praxis von Achtsamkeit und Mitgefühl auf Deine Arbeit an der Hochschule aus?«

---

1 Für nachfolgende Projekte steht an, mit Inter-Codierer-Übereinstimmung zu experimentieren.

Als die beiden Haupterfahrungen, die sowohl persönlich als besonders berührend und bewegend beschrieben wurden als auch als besonders relevant für die Arbeit, lassen sich Präsenz und Verbundensein identifizieren.

Präsenz wird in der gemeinsamen Stille erlebt

Sechs von neun Personen beschreiben das Gefühl, ganz präsent und da zu sein, als stark, beruhigend, belebend, verbindend und friedlich. Z.B.:

> »Der weite tiefe Raum jenseits der Gedanken ist eine innere Qualität, die mir das volle Dasein im Denken und Handeln ermöglicht. Die Hintergrundgeräusche treten zurück und ich erlebe mich als präsent und ganz da.«

> »[A]lles war stimmig und die Zeitkomponente fiel weg. Ich habe mich im Großen aufgehoben gefühlt, im Einklang zu sein. So ein Gefühl von ›alles ist gut‹, ›alles ist rund‹.«

> »Ich ruhe im Dasein, da kann mir nichts passieren. Ich schwebe nicht in einem Gedankengebäude, das jederzeit von anderen angreifbar oder zerstörbar ist und das ich deshalb mit allen Mitteln verteidigen muss. Ich kann jetzt spüren, dass ich im Dasein meinen Ruheort gefunden habe.«

Ein starkes Gefühl von Verbundensein wird empfunden

Sechs von neun Personen berichten über ein starkes Gefühl des in der Stille mit sich selbst und mit den anderen Verbundenseins. Z.B.:

> »Gemeinsam in Stille präsent sein, mit dem Atem, im Körper, beim Qigong und Gehen, aber auch bei der Hausarbeit und beim Pflaumenessen im Garten, nährt und verbindet mich nach innen, uns untereinander, zum Gebäude, der Natur und zur Mitwelt.«

> »Das stille Miteinandersitzen und das Miteinandergehen draußen spüre ich wie in einer gemeinsamen Hülle. Das Eingehülltsein von dem gemeinsamen Stillsein und An-diesem-Ort-Sein in unserer Gruppe spüre ich als sehr berührend und verbindend.«

»Im Body Scan hatte ich ein starkes Gefühl von Verbundensein mit mir und mit den anderen im Raum. Das hat mich beeindruckt, weil es ja jeder für sich gemacht hat - und doch war da dieses starke Gefühl, das ich gar nicht richtig zusammengefasst kriege. Mein Herz war warm und ich habe gelächelt. Ein Gefühl der Nähe hat sich eingestellt. Das gemeinsame Am-Boden-Liegen im Body Scan und das Sich-verbunden-Fühlen mit allen im Raum hat für mich die vorher empfundene Distanz zwischen den Statusgruppen (Promovierte, Habilitierte, Professor:innen, Präsidenten, Kanzler) aufgelöst. Danach hatte ich das Empfinden, wir waren gleich in unserem Menschsein.«

»In der gemeinsamen Praxis in der Stille habe ich eine große und verbindende Kraft gespürt. Die Menschen in der Runde, die ja sonst stark verkopft sind, konnten einander mit offenem Herzen begegnen. Oft ist die intellektuelle Maschine ja auch eher kalt und brutal. In all ihrer Unterschiedlichkeit ist da etwas, das trotz der großen Unterschiede zwischen den Menschen ein starkes verbindendes Element ist, das prägt seitdem auch mein und unser berufliches Selbstverständnis.«

Persönliche Relevanz

Sechs Personen nennen Beispiele dafür, wie sie die Stille, Präsenz und Verbundenheit nach innen und außen als freudvoll, wohltuend und stärkend erleben. Z.B.:

»Wenn ich mich in der Meditation als eins mit dem Ganzen erlebe, spüre ich Freiheit, Leichtigkeit, Freude. Wenn ich dann z.B. vor einem Komposthaufen stehe, spüre ich, dass auch die winzigen Lebewesen dort drin mit mir verbunden sind. Sprache wird an dieser Stelle reduziert und holprig.«

»Ich hatte eine starke Erfahrung, wo ich morgens bei der Gehmeditation draußen, ganz intensiv und klar eine Kindheitserinnerung hatte, wie durch meine Mutter auf meine Schwester und mich die Liebe hindurchwirkte. Und ich habe gespürt, wie die Liebe durch mich und durch uns alle in die Welt wirkt.«

»Ich bin danach mit viel Kraft in meine Arbeit zurückgekommen. Ich spüre im Bauch jetzt zwei-, dreimal am Tag ganz

> körperlich meine Mitte. Sie entspannt sich dann und gibt mir ein wohliges Gefühl von gelöster Wärme. Das ist ein ganz friedliches Gefühl.«

> »Aus der Stille und der Gemeinschaft heraus dann plötzlich wieder mit meinem Alltag allein konfrontiert zu sein, da war ich erstmal einen Tag lang durch den Wind. Am Montag war ich dann aber sehr gesammelt und präsent und konnte direkt am Morgen sehr gut und erfolgreich ein potenziell schwieriges Gespräch führen.«

Eine Person reflektiert ihre Motive dafür, Achtsamkeit im Hochschulkontext stärken zu wollen:

> »Was will ich damit? Diese Frage treibt mich weiter um. Ich frage mich auch, ob ich mich damit aufwerten will. Will ich mich nur besser fühlen, weil ich mich damit über den anderen erhebe? Was ist mein Motiv? Da spüre ich eine Angst in mir. Ich habe lange das Spiel mitgespielt, mich gegen andere aufzuwerten. Das muss und will ich jetzt nicht mehr.«

Wissenschaftliche Relevanz

Drei Befragte beziehen ihre Erfahrungen mit Stille und Verbundensein direkt auf ihre wissenschaftliche Arbeit:

> »Die Erfahrung der Weite erlebe ich als einen offenen und entspannten Raum auch im Miteinander außerhalb der Meditation. Ich denke weniger angestrengt, die Gedanken tauchen müheloser aus dem stillen Raum auf. Wissenschaft gewinnt, wenn Wissenschaftler:innen sich selbst immer wieder geistig öffnen über ihr verkrampftes Festhalten an Ideen hinaus.«

> »Für mich sind in der Woche neue Verknüpfungen zwischen meiner Erfahrung mit Stille und wissenschaftlicher Ethik entstanden. Wenn wir einander in der Stille begegnen, dort Gemeinsames erleben, dann kann ich den anderen, auch wenn er ganz anders denkt als ich, annehmen, akzeptieren und anhören, weil ich eine gemeinsame Basis mit ihm habe.«

Relevanz für Studierende

Sechs von neun Personen reflektieren ihre Erfahrungen mit der Einbeziehung von bewusster Aufmerksamkeit, der Reflexion persönlicher Entwicklungen in Verbindung mit Stille und Meditation in Lehrveranstaltungen und beschreiben die Relevanz für die Studierenden und für sich selbst. Z.B.:

> »Achtsame Elemente in die Vorlesung einzubauen, traue ich mich noch nicht. Das würde ich gerne wollen. Ich weise aber schon mal darauf hin, eventuell auf die Handyzerstreuung zu verzichten. Ich versuche, den Studierenden zuzuhören und mich ihnen zuzuwenden und sie ernst zu nehmen.«

> »Wenn ich morgens mit einer kleinen Affirmation, z.B.: ›Mögen wir heute gut lernen‹, mich erinnere und dann den Hörsaal betrete, bin ich ganz anders gesammelt, nachsichtiger und freundlicher mit den Studierenden.«

> »Ich hatte mir vorgenommen, in eine Vorlesung eine kurze achtsame Stille einzubauen, war dann aber zu Beginn unsicher, ob das wirklich passt. Da kam eine Studierende zu mir und sagte, wie wohltuend sie die Stille beim letzten Mal erlebt hatte. Das hat mich so gefreut und beflügelt! Ich war gar nicht sicher, ob die 100 Studierenden damit was anfangen konnten und ob ich das gut gemacht hatte. Dann habe ich sehr gern und, glaube ich, auch authentisch eine Stille nach der Pause angeleitet.«

Die Studierenden erleben sich als ruhiger, konzentrierter, entspannter und spüren den Nutzen für sich.

> »In unseren Achtsamkeitslehrformaten entwickeln sich die Studierenden persönlich ganz anders, als das in anderen Formaten sichtbar wird. Z.B. berichtete eine Person, wie sie im Verlauf das Semesters lernt, ganz anders mit ›Störgeräuschen‹ umzugehen. Bisher hat sie sich als da sehr empfindlich erlebt. Innere Entwicklungsprozesse werden möglich und werden einander mitgeteilt.«

> »In einem Format zum wissenschaftlichen Schreiben habe ich Studierende angeregt, persönliche Entwicklungsportfolios zu gestalten. Die Texte haben mich zum Teil sehr berührt,

weil ich sie da noch mal auf eine andere Weise kennenlernte. Z.B. wird sichtbar, wie Studierende sich zunehmend trauen, sich mit ihren Argumenten, so unfertig sie auch sein mögen, zu zeigen. Das ist aus meiner Sicht die [...] Grundlage für Lernen. Wenn ich nicht offen bin mit dem noch Unfertigen, mir selbst und anderen gegenüber, kann keine Entwicklung stattfinden! Wenn ich mich nicht nur über das Fertige, Sichere, Abgeschlossene definiere, öffne ich mich für Unsicherheiten, Fragen, auch Fehlgehen, Entdecken und Neues Finden. Das ist doch die Basis jedes Forschens!«

Relevanz für die Entwicklung der Hochschulkultur

Sieben von neun Personen bringen Beispiele und Ideen für mehr Stille und Verbundensein im Hochschulalltag und stellen Bezüge zur Kulturentwicklung und ihrem gesellschaftlichen Auftrag her. Z.B.:

»Das stille Essen habe ich als so erholsam und lecker erlebt. Ich habe schon mit unseren Mensaverantwortlichen gesprochen. Vielleicht gelingt es, einen Raum des Stillen Essens einzurichten.«

»Über die Tage der gemeinsamen Stille sind die Gesichter all der Hochschullehrenden weicher und gelöster geworden. Viele Kolleg:innen daheim haben meine Berichte aus der stillen Woche sehr aufmerksam und interessiert angehört.«

»Aufgrund dieser Erfahrung vermute ich: Ein akademischer Diskurs aus der gemeinsamen Stille und Praxis von verkörperter Präsenz heraus verläuft anders als ohne. Das Verbindende zwischen den Menschen wirkt dann stärker. Stille kann auch trennen. Aber wenn sie in gemeinsamen Formen als verbindende Praxis ausgeübt wird, kann eine wache, wertschätzende Resonanz entstehen.«

»Wir hatten bei dem Treffen ja auch Präsident:innen von Hochschulen dabei, und alle haben sich Zeit genommen, um dieses stille Leben zu teilen. Die Diskurse waren sehr wertschätzend. Auch bei Meinungsverschiedenheiten haben alle versucht, die verschiedenen Meinungen nebeneinander stehen zu lassen. Das hat mir gut gefallen.«

»Wenn wir einander auf der menschlichen Ebene so persönlich nahegekommen sind und unsere Verbundenheit ganz stark und dankbar erlebt haben, hat das doch vielleicht auch Auswirkungen auf unser Miteinander auf wissenschaftlicher Ebene, wo wir einander ja bisher eher bekämpfen und diskreditieren. Auf Basis dieser Verbindung können wir vielleicht auch unsere Unterschiede im Denken als bereichernd erleben und nutzen. Du bist dann anders bereit, dich einzulassen auf die Dinge, die die Menschen mitbringen. Auf einer rein intellektuellen Ebene prallt das eher aufeinander.«

»Intentionale Stille öffnet einen Beziehungsraum zwischen Menschen, der das Verbindende stärkt. Lass uns in den Schulen und Hochschulen überall Inseln der gemeinsamen Stille schaffen! Ich bin gespannt, was daraus entsteht.«

»Wenn die Fassaden wegfallen, wenn Menschen sich die Mühe machen, um diese Schablonen auszublenden, und sich fragen, was ist denn wirklich da? Wenn du mich fragst, was ich wirklich gespürt habe, dann entstehen schöne Gespräche. Kann ein Habitus der gemeinsamen Stille Menschen auch aus verschiedenen Zielgruppen und Kulturen verbinden?«

»In der Beschäftigung mit den großen Fragen unseres Menschseins auf der Erde bekommt das Thema *Achtsamkeit und Herzensbildung* die globale Relevanz. Sonst bleibt es in einer Nische. Wir sollten an der Hochschule die Fragen stellen: Wer sind wir als Menschen? Was haben wir auf der Erde zu tun? Wie kommen wir zu guten Lösungen? Diese Fragen sollten wir mit den Studierenden viel mehr bearbeiten! Auch unseren Bezug zur Umwelt oder besser Mitwelt müssen wir neu anschauen. Dann packen wir unseren Auftrag, einen Beitrag zur Gesellschaft zu leisten, mit mehr Demut an.«

Zusammenfassung

Hochschullehrende berichten, die Erfahrung von Präsenz und Verbundensein habe eine wohltuende und stärkende Wirkung auf sie selbst. Das gemeinsame Einlassen und Eintauchen in die Stille ermöglichten eine *Erfahrung von Da-Sein als Ruheort*. Weiter wird berichtet, dass das Selbst sich dort als beheimatet erleben kann. Drei Befragte sprechen explizit darüber, wie dann anstelle der für viele Intellektuelle typischen

Identifikation mit ihren Gedankeninhalten, wissenschaftlichen Positionen etc. ein freundlicherer, objektiverer und damit wissenschaftlicherer Umgang mit den eigenen und fremden Ideen und Überzeugungen treten kann. Weiter wird anhand von Beispielen berichtet, dass, wenn Hochschullehrende Studierenden ähnliche Erfahrungen ermöglichen und sie zur Erkenntnissuche und zu inneren Entwicklungsprozessen einladen, die für sie persönlich relevant sind, sie dies auch zum eigenen Fragenstellen, Forschen und Entdecken ermutigt. An die Stelle der Furcht, als inkompetent zu erscheinen oder in Tests zu versagen, kann dann die Freude und Neugier am Nichtwissen, Fragen, Suchen und Erkennen treten. *Bezogen auf mögliche Implikationen für die Kulturentwicklung an Hochschulen wird formuliert, dass, wenn Lehrende und*

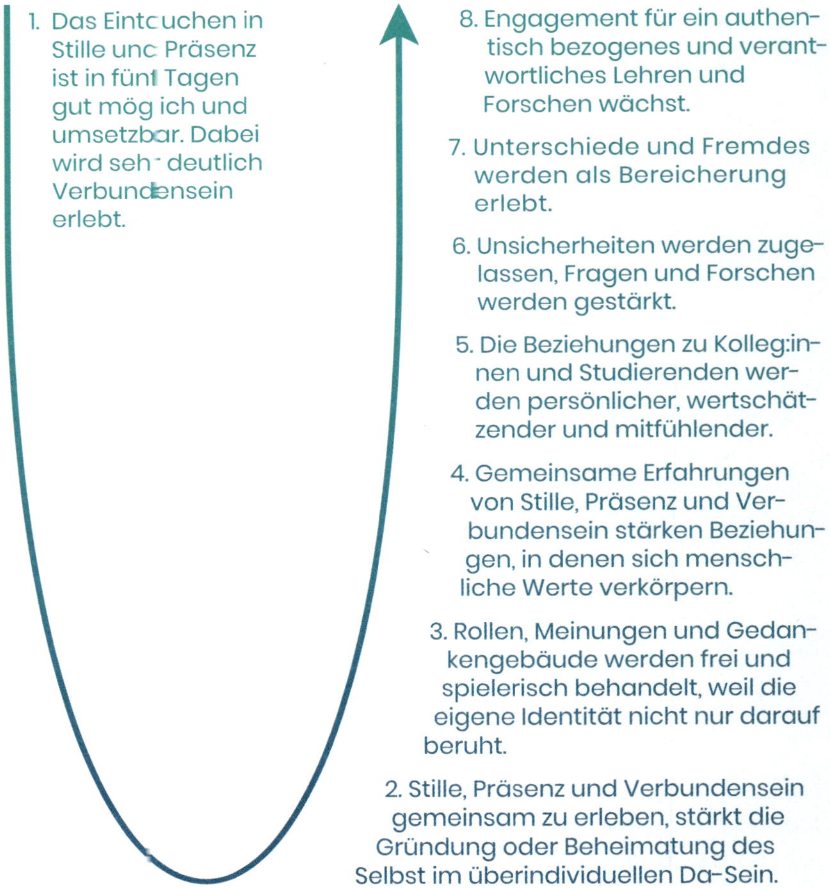

Abbildung 1: Aus dem Eintauchen in Stille und Präsenz entstehen Bildungsprozesse

Studierende Stille, achtsame Präsenz und mitfühlendes Verbundensein pflegen würden, ihr Engagement und ihre Verantwortung für das Ganze wachsen könnten, weil ihre Motivation für Lernen und Entwicklung über persönliche Interessen und Vorteile hinaus ginge.

Das Eintauchen in die Stille und die beschriebenen daraus entstehenden Entwicklungen zur demokratischen Gestaltung ihrer Beziehungen im Hochschulkontext bis hin zum Engagement für die Lebenswelt, die vom Innern der Personen ausgehen, lassen sich graphisch darstellen, indem die Leserichtung zuerst dem Pfeilverlauf von oben nach unten folgt. Damit wird die Abwärtsbewegung des Eintauchens in die Stille und Präsenz nachvollzogen, aus deren Tiefe dann von unten nach oben wiederauftauchend die Schritte zwei bis acht entstehen (siehe Abbildung 1).

6. Diskussion

Ziel der Gespräche war es, exemplarisch berührende und bewegende Erfahrungen aus der Stillezeit in Worte zu fassen und Momente der Veränderung in Haltung und Verhalten bei Hochschullehrenden zu identifizieren, die aus einer vertieften gemeinsamen Erfahrung von Stille, Achtsamkeit und Mitgefühl in einer Gruppe von Hochschullehrenden entstanden sind. Damit innere Erfahrungen und Entwicklungen spürbar und mitteilbar werden, bedarf es einer vertrauensvollen, interessierten und empathischen Gesprächssituation. In der Praxis der achtsamen leib-phänomenologischen Dialoge intendiert die fragende Person, genau diese Aspekte verkörpert ins Gespräch einzubringen. Hinweise darauf, dass dies in den hier vorgestellten Gesprächen gelungen ist, geben die mitgeteilten, zum Teil sehr persönlichen, während des Retreats erlebten Erfahrungen und Zusammenhänge von verinnerlichter Stille, Präsenz, Verbundensein und ihre Relevanz für das Selbstverständnis der Hochschullehrenden, für ihre Beziehungen sowie für ihre Lehre und Forschung.

Diese Qualitäten wurden von allen Befragten als Basis einer verstärkt verkörperten und wertebasierten Beziehungsgestaltung zu sich selbst, zu den Kolleg:innen vor Ort im Retreat sowie von einigen im Nachgang auch zu den Kolleg:innen und Studierenden am eigenen Hochschulstandort beschrieben. Diese Beziehungen werden als »persönlich« oder »menschlich« erlebt. Status- und Hierarchieunterschiede wurden auf dem Retreat außerhalb der eigenen Hochschule als wenig relevant erlebt. Alle Befragten beziehen implizit oder auch explizit die Elemente von Achtsamsein, Stille und persönlicher Reflexion in ihre Lehre ein. Dazu berichten sie, dass Studierende sich dann mehr trauen, sich auch mit ihren Unsicherheiten, Fragen, ihrem Suchen und Finden der eigenen Stimme vor den Lehrenden und ihren Kommiliton:innen zu zeigen. Bei Auseinandersetzungen mit Kolleg:innen, die Positionen vertreten, die sich von den eigenen unterscheiden, wird von einigen Lehrenden berichtet, dass sie sich als weniger aggressiv und ›verkrampft‹ erleben und stattdessen offener und spielerischer mit dem Anderssein der anderen umgehen. Als Grund dafür ›entdeckt‹ ein Befragter im dezidiert auf seine Körperempfindungen fokussierten leib-phänomenologischen Ergründen während des Interviews sein leibhaftig verkörpertes Erleben »des Daseins als Ruheort« für sein Selbst unabhängig von seinen kognitiven Überzeugungen und Meinungen. Diese an Erik Eriksons (vgl. 1999: 241f.) *Urvertrauen* erinnernde Erfahrung und Erkenntnis lässt sich mit neurowissenschaftlichen Erkenntnissen verknüpfen.

7. Neurologische Korrelate von Ego-Desidentifikation, Körperpräsenz und embodiment

Die Neurowissenschaften interessieren sich für die Veränderungen, die während der Meditation im Gehirn auftreten. Es gibt zunehmend Hinweise darauf, dass im Gehirn andere Netzwerke als im Alltagszustand aktiv sind, wenn eine Person ihre Aufmerksamkeit willentlich z.B. in Form einer Achtsamkeitsmeditation für 30 Minuten auf ihre Sinnes- und Körperempfindungen im gegenwärtigen Moment konzentriert. Im Vergleich zum unbeabsichtigten quasiautomatischen mentalen Alltagsmodus verlagert sich dabei die Aktivität vom sogenannten *default mode network* (DFM) zum Salienz-Netzwerk (SN) und dem somatosensorischen Kortex. Diese Verlagerung scheint die neurologische Entsprechung für den Wechsel vom nichtachtsamen zum achtsam präsenten Modus zu sein (vgl. Lutz et al. 2015). Wenn Menschen über einen längeren Zeitraum immer wieder den achtsamen Modus aktivieren, stärken sie die Nervenverknüpfungen in den entsprechenden Netzwerkarealen. Hirnphysiologisch lässt sich z.B. schon nach einem Achtwochenkurs in Achtsamkeit sehen und abbilden, dass in den Hirnstrukturen des somatosensorischen Kortex, der für die Körperbinnenwahrnehmung verantwortlich ist, die Verknüpfungen der Nervenenden messbar mehr und dichter werden (vgl. Lazar et al. 2005; Hölzel et al. 2010). Das bedeutet, dass dem Bewusstsein der achtsamkeitspraktizierenden Personen zunehmend auch subtile und bisher vorbewusste Wahrnehmungen aus ihrem eigenen Körper zur Verfügung stehen. Sie spüren sich feiner und differenzierter.

Antoine Lutz et al. (vgl. 2015) fassen die weitgehend MRT-basierten neurowissenschaftlichen Erkenntnisse über das Engagement neuronaler Netze während der Achtsamkeitspraxis zusammen. Gemäß ihres

Resümees besteht das *default mode network* (DMN) aus Hirnregionen um die vordere und hintere Mittellinie (hinterer cingulärer Kortex, PCC, und Precuneus sowie innerhalb des mittleren präfrontalen Kortex, PFC) des lateralen parietalen Kortex und des mittleren Temporallappens. Einige Daten sprechen dafür, dass das DMN besonders aktiv ist, wenn die Person ihre geistige Aktivität sich selbst überlässt. Dann scheinen regelmäßig wiederkehrende und im Wesentlichen selbstreferenzielle mentale Prozesse stattzufinden, die sich auf die Rolle des Selbst in der Vergangenheit und in der Zukunft konzentrieren und diese analysieren. Brewer et al. (vgl. 2011) haben gezeigt, dass das absichtliche Verschieben in einen mentalen Zustand, in dem die Aufmerksamkeit auf aktuelle Momentempfindungen gerichtet ist – wie es viele meditative Praktiken veranlassen –, das DMN, insbesondere die Aktivität im PCC, deutlich reduzieren. Die Autoren und die Autorin zeigen auch, dass bei Meditationserfahrenen eine verstärkte Verknüpfung zwischen dem sogenannten Salienz-Netzwerk (SN) und dem zentralen exekutiven Netzwerk (ZEN) besteht.

Das SN umfasst die bilateralen anterioren *insulae* und den dorsalen anterioren cingulären Kortex sowie die subkortikalen Strukturen der Amygdala und der *Substantia nigra* bzw. der *Area tegmentalis ventralis*. Das SN ist aktiv, wenn die Aufmerksamkeit auf aktuelle Momentempfindungen gerichtet ist. Dies geschieht normalerweise und unbeabsichtigt aufgrund unerwarteter sensorischer Inputs, die für das »Erkennen emotionaler und belohnender Ausprägungen« wichtig sind (Lutz et al. 2015: 21; Übersetzung d. Verf.). Meditative Praktiken aber – z.B. auch künstlerisches Gestalten – senken die Wahrnehmungsschwelle für diese sinnlichen Momentempfindungen, indem sie absichtlich die Aufmerksamkeit für sie erhöhen, sowohl in der Zeitlänge als auch in der Wahrnehmungstiefe. Das neurologische Korrelat ist möglicherweise das intentionale Aktivieren des SN in Verknüpfung mit dem ZEN. Laut Lutz et al. besteht dieses »dorsale Top-Down-Aufmerksamkeitssystem« (ebd., Übersetzung d. Verf.) aus dem bilateralen dorsolateralen PFC, dem ventrolateralen PFC, dem dorsomedialen PFC und dem lateralen parietalen Kortex einschließlich des rostro-lateralen PFC. Die Konzentration auf ein Objekt oder eine Aktivität durch Auswahl und Fokussierung der Aufmerksamkeit scheint die Hauptfunktion dieses Netzwerks zu sein. Weiterführende Untersuchungen könnten überprüfen, ob die beschriebenen Zustände der verkörperten Präsenz auch außerhalb meditativer Übungspraxis tatsächlich mit einer Verschiebung der Aktivität vom DFM hin zum SN und dem ZEN einhergeht.

8. Präsenz, Verbundensein und deren gesundheitliche Implikationen

Wenn in der Meditation, in der achtsamen Körperarbeit und auch im achtsamen leib-phänomenologischen Dialog die Aufmerksamkeit intentional immer wieder auf die Präsenz und das Verbundensein mit den aktuell körperlich empfundenen Sinneseindrücken gelenkt wird, findet dabei eine Verschiebung der momentanen Identitätsbasis statt – so die Aussagen einiger der von uns Befragten. Diesen Wechsel beschreiben sie als merklich weniger identifiziert mit kognitiven Inhalten und als deutlich präsenter im Körper. Z.B.:

> »Kognitive Unterschiede und Auseinandersetzungen sind dann spielerischer, weniger bedrohend. Ich kann dann woanders ruhen in meinem Selbstwert. Ich muss dann nicht mehr unbedingt Recht haben, um mich sicher zu fühlen. Meine Identität ist nicht abhängig von meinem Rechthaben.«

In dieser verkörperten Präsenz erleben die Befragten z.B.

> »ganz körperlich meine Mitte. Sie entspannt sich dann und gibt mir ein wohliges Gefühl von gelöster Wärme. Das ist ein ganz friedliches Gefühl.«

> »Am Montag war ich dann aber sehr gesammelt und präsent und konnte direkt am Morgen sehr gut und erfolgreich ein potenziell schwieriges Gespräch führen.«

Diese Erfahrung von Mitte, friedlicher Sammlung, Ruhe, gelöster Wärme und Präsenz spricht für eine Herabregulation des für die Stresserregung verantwortlichen sympathischen Nervensystems in eine entspannte oder besser wohlgespannte, weil dennoch aufmerksame, mit Aktivität im parasympathischen Nervensystem einhergehende Wachheit.

> »Ich ruhe im Dasein, da kann mir nichts passieren. Ich schwebe nicht in einem Gedankengebäude, das jederzeit von anderen angreifbar oder zerstörbar ist und das ich deshalb mit allen Mitteln verteidigen muss. Ich kann jetzt spüren, dass ich im Dasein meinen Ruheort gefunden habe.«

In diesem Zustand ist das Bewusstsein offen für Empfindungen von Bezogen- und Verbundensein. Hormonell sollte dieser Zustand von einer deutlichen Verringerung der Konzentration von Adrenalin, Kortisol und

Dopamin bei erhöhter Sekretion von Oxytozin gekennzeichnet sein. Dies ließe sich in weiterführenden Studien untersuchen. Die psychische und körperliche Befriedung und Friedlichkeit ist die Hauptursache für die gesundheitsfördernden Effekte von Meditation, weil dabei alle mit Dauerstress assoziierten Belastungen des Organismus harmonisiert werden. Dazu zählen: Muskelspannung, Blutdruck und Puls (vgl. Ditto/Eclache/Goldman 2006), immunologische, hirnphysiologische und epigenetische Stressmuster (vgl. Muehsam et al. 2017). Ebenso gibt es Hinweise darauf, dass sich die Herzfrequenzvariabilität und damit die Selbstregulationsfähigkeit des Organismus verbessert (vgl. Krygier et al. 2013). Und es liegen Hinweise dafür vor, dass eine längerfristige Meditationspraxis epigenetische Alterungsmuster verlangsamt (vgl. Chaix et al. 2017). Die dabei erlebte existenzielle Gründung des Selbst im Dasein wird nicht nur als wohltuend, sondern auch als befreiend für den Intellekt und das Verhalten erlebt.

9. Persönlichkeitsentwicklung, wissenschaftliches Arbeiten und pro-demokratische Bildung fürs Gemeinwohl

Auf der Persönlichkeitsebene finden wir in den vorliegenden Gesprächen Aussagen zu einer Öffnung des Erfahrungszentrums. Die anfänglich vor allem als Ich-bezogen erlebten Erfahrungen, so wurde berichtet, erweiterten sich im Verlauf der fünf Tage von einer Verbundenheit in der Gruppe über ein Bewusstsein für die Zugehörigkeit zur Menschheit bis hin zu Erfahrungen von Verbundensein mit der Natur. Neff und Vonk (vgl. 2008) sprechen von einer Verschiebung an der Basis des Selbstgefühls vom Selbstwert *(self-esteem)* zum Selbstmitgefühl *(self-compassion)*. Daraus kann dann Mitgefühl auch mit anderen erwachsen bis hin zu einem alle Menschen einschließenden oder sogar einem öko-systemischen (alles Lebendige einschließenden) Mitgefühl und Engagement. Claus Otto Scharmer beschreibt die gesellschaftliche Relevanz dieser Erweiterung und die besondere Bedeutung der Hochschulen in diesem Prozess (siehe Kapitel III.3 in diesem Buch). In den *Essentials der Theorie U* nennt er die Entwicklung vom »Egosystem-Bewusstsein zum Ökosystem-Bewusstsein« (Scharmer 2019: 121) den Kern seines Konzepts eines »Upgrade[s] unseres mentalen und institutionellen Betriebssystems« (ebd.: 10). Wollen wir mit unseren Bildungsangeboten zum Erreichen der von den Vereinten Nationen aufgestellten Ziele für eine nachhaltige Entwicklung auf der Erde beitragen (vgl. UN o.J.)? Wenn ja, wäre zu prüfen, wie wir Bildung stärker am Gemeinwohl und an demokratisch-partizipativer Co-Kreation orientieren können. Praktische Umsetzungswege und Qualitätskriterien liegen für die Gemeinwohlökonomie bereits vor (vgl. Felber 2018).

In der Übertragung in den Hochschulalltag beschreiben sich Befragte nach der gemeinsamen Stilleerfahrung als weniger identifiziert mit Attributen des Egos wie Status, Rolle, Meinung und Überzeugung. Sie berichten davon, wie sie Haltungen, die auf Verteidigung und/oder auf das Erreichen persönlicher Vorteile gegenüber Kolleg:innen und Studierenden ausgerichtet sind, in Frage stellen und aufgeben. Das wird teils als verunsichernd, teils als entlastend und befreiend beschrieben. In diesem neuen Wahrnehmungs- und Gestaltungsraum kann es dann zu einer Verschiebung der kommunikativen Grundintention kommen, indem die Ausrichtung auf egozentrisch kalkulierte Vorteile zurücktritt, die Jürgen Habermas (1981: 131) »egozentrisches Nutzenkalkül« nennt. Stattdessen wird das Interesse an den inneren Dimensionen des gemeinsamen Mensch- und Lebendigseins gestärkt. Wenn das Selbst sich nicht mehr mit seinen auch wissenschaftlichen Überzeugungen und Meinungen identifiziert, und diese daher nicht mehr verteidigen muss, sollte das mit einer kreativeren, demokratischeren, offeneren und damit auch wissenschaftlicheren Haltung einhergehen. Dazu wären weitere Untersuchungen interessant. Aufgrund der Aussagen der befragten Beteiligten lässt sich zeigen, dass das Stilleretreat ihnen das Einnehmen dieser neuen Haltung und das Ausprobieren dieser neuen Kommunikationsform unter besonders geschützten und gestalteten ›Laborbedingungen‹ ermöglicht hat. Aus diesen für die meisten Befragten sehr positiven Referenzerfahrungen sind sie mit gestärkter Motivation für die Übertragung in ihren Hochschulalltag gegangen und experimentieren dort damit weiter.

Limitierende Faktoren für die Verallgemeinerbarkeit dieser Befunde liegen offensichtlich in der großen Offenheit und hohen Motivation der selbstselektierten Gruppe für diese Form der gemeinsamen Selbstpraxis der Bewusstseinsbildung. Auch ist dabei Vorsicht geboten, Achtsamkeit und Achtsamkeitspraxis als Allheilmittel misszuverstehen. Allzu leicht wären dann Diskriminierungs- und Ausgrenzungsprozesse möglich gegenüber Menschen, die sich dieser Entwicklung entziehen. Im Kontext der drängenden gesundheitlichen, sozialen, politischen, wirtschaftlichen und ökologischen Herausforderungen ist es sicher von Wert, die mit der Forschung und Lehre an Hochschulen verbundenen Ziele, Haltungen und Verhaltensweisen bis hin zu hochschuldidaktischen und ethischen Fragen differenziert, mit Mitgefühl, Engagement und am besten auch gemeinsam mit Studierenden und prekär Beschäftigten weiterführend zu bearbeiten. Im Auftrag des NRW-Ministeriums für Kultur und Wissenschaft führt der Autor mit Kolleg:innen aktuell ein Landesmodellprojekt zur achtsamkeitsbasierten und gewaltfreien Bildung von Demokratiefähigkeiten an Hochschulen durch.[2]

10. Fazit

Die leib-phänomenologisch dialogische Untersuchung der Wirkungen von gemeinsamer Stille und körperfokussierter mitfühlender Achtsamkeit fand bei einer selbstselektierten Gruppe von Hochschullehrenden Hinweise auf gangbare Wege für eine zeitgemäße Förderung humanistischer und demokratiefördernder Potenziale in Wissenschaft und Bildung. Dies erscheint in Zeiten knapper Ressourcen, prekärer Arbeitsbedingungen, zunehmender fundamentalistischer und nationalistischer Polarisierung und Segregation bei zugleich wachsender Diversität und Digitalisierung inmitten unabsehbarer ökologischer und gesundheitlicher Herausforderungen als ein relevanter Beitrag zur Entwicklung von Lehre und Forschung. Zum tieferen Verständnis der Möglichkeiten und Grenzen der Übertragung und Skalierung bedarf es weiterer Angebote und begleitender Untersuchungen.

2 Vgl. de.wikiversity.org/wiki/FRIDA [letzter Zugriff 01.11.2024].

Literatur

Altner, Nils (2020): »Kostbare Augenblicke: Mitgefühl und der Rhythmus des Lebens in Kita und Grundschule«, in: Jutta Gruber/Detlev Vogel (Hg.), *Achtsamkeit. Für Selbstwirksamkeit, Resilienz und Partizipation*, Weimar, S. 16-20.

Altner, Nils/Adler, Bettina (2021): »Being Really Present as a Teacher. Mindful Presence and Embodied Phenomenological Dialogues promote intra- and interpersonal Development as well as Cultural Changes in an Education for the Common Good«, in: Telse Iwers/Carola Roloff (Hg.), *Achtsamkeit in Bildungsprozessen: Professionalisierung und Praxis*, Wiesbaden, S. 169-184, doi.org/10.1007/978-3-658-30832-2.

Altner, Nils/Erlinghagen, Marcel/Körber, Daniela/Cramer, Holger/Dobos, Gustav (2018): »Achtsamkeit in den Grundschulen einer ganzen Stadt fördern – ein NRW-Landesmodellprojekt«, in: *Gruppe. Interaktion. Organisation Zeitschrift für Angewandte Organisationspsychologie* 49(2), S. 157-166, doi.org/10.1007/s11612-018-0417-7.

Beudt, Sarah (2020): »Befristet ohne Ende. Der Betrieb an den Unis wird von unterbezahlten Lehrkräften getragen«, in: *Der Freitag* vom 20.02.2020.

BMBF – Bundesministerium für Bildung und Forschung (Hg.; o.J.): Was ist BNE?, bne-portal.de/bne/de/einstieg/was-ist-bne/was-ist-bne_node.html [letzter Zugriff 01.11.2024].

Brewer, Judson A./Worhunsky, Patrick D./Gray, Jeremy R./Tang, Yi-Yuan/Weber, Jochen/Kober, Hedy (2011): »Meditation experience is associated with differences in default mode network activity and connectivity« in: *PNAS* 108(50), S. 20254-20259, doi.org/10.1073/pnas.1112029108.

Brinkmann, Malte (2015): »Pädagogische Empirie. Phänomenologische und methodologische Bemerkungen zum Verhältnis von Theorie, Empirie und Praxis«, in: *Zeitschrift für Pädagogik* 61(4), S. 527-545.

Bruin, Andreas de (2021): *Achtsamkeit und Meditation im Hochschulkontext. 10 Jahre Münchner Modell*, Bielefeld.

Brünger, Pauline (2020): »Klima in die Klassen!«, in: *Der Freitag* vom 20.02.2020.

Buber, Martin (1962): *Das dialogische Prinzip*, Münster.

Chaix, Raphaëlle/Alvarez-López, Maria Jesús/Fagny, Maud/Lemee Laure/Regnault, Béatrice/Davidson, Richard J./Lutz, Antoine/Kaliman, Perla (2017): »Epigenetic clock analysis in long-term meditators«, in: *Psychoneuroendocrinology* 85 (Supplement C), S. 210-214, doi.org/10.1016/j.psyneuen.2017.08.016.

Crane, Rebecca S./Stanley, Steven/Rooney, Michael/Bartley, Trish/Cooper, Lucinda/Mardula, Jody (2015): »Disciplined Improvisation: Characteristics of Inquiry in Mindfulness-Based Teaching«, in: *Mindfulness* 6(5), S. 1104-1114, doi.org/10.1007/s12671-014-0361-8.

Dievernich, Frank E.P./Döben-Henisch, Gerd-Dietrich/Frey, Reiner (2019): *Bildung 5.0: Wissenschaft, Hochschulen und Meditation. Das Selbstprojekt*, Weinheim.

Ditto, Blaine/Eclache, Marie/Goldman, Natalie (2006): »Short-term autonomic and cardiovascular effects of mindfulness body scan meditation«, in: *Annales of Behavioral Medicine* 32(3), S. 227-234, doi.org/10.1207/s15324796abm3203_9.

Ergas, Oren/Hadar, Linor L. (2019): »Mindfulness *in* and *as* education: A map of a developing academic discourse from 2002 to 2017«, in: *Review of Education* 7(3), S. 757-797, doi.org/10.1002/rev3.3169.

Eriksen, Karen (2006): »Robert Kegan, PhD: Subject-Object Theory and Family Therapy«, in: *The Family Journal* 14(3), S. 299-305, doi.org/10.1177/1066480706287795.

Erikson, E. (1999): *Kindheit und Gesellschaft*, übers. v. Marianne Eckhardt-Jaffe, Stuttgart. (EA: Zürich 1957).

Felber, Christian (2018): *Gemeinwohl-Ökonomie*, München.

Habermas, Jürgen (1981): *Theorie des kommunikativen Handelns*, Band 1: *Handlungsrationalität und gesellschaftliche Rationalisierung*, Frankfurt a. M.

Hayes, Steven C./Follette, Victoria, M./Linehan, Marsha M. (Hg.; 2004): *Mindfulness and Acceptance. Expanding the Cognitive-Behavioral Tradition*, New York.

Heidegger, Martin (1947): *Platons Lehre von der Wahrheit. Mit einem Brief über den Humanismus*, Bern.

Hölzel, Britta K./Carmody, James/Vangel, Mark/Congleton, Christina/Yerramsetti, Sita M./Gard, Tim/Lazar, Sara W. (2010): »Mindfulness practice leads to increases in regional brain gray matter density«, in: *Psychiatry Research* 191(1), S. 36-43, doi.org/10.1016/j.pscychresns.2010.08.006.

Klausnitzer, R. (2019): »Was bleibt, ist Ungleichheit«, in: *Der Freitag plus*, 07.01.2020, freitag.de/autoren/ralf-klausnitzer/was-bleibt-ist-ungleichheit [letzter Zugriff 01.11.2024].

Kramer, Gregory (2007): *Insight Dialogue: The Interpersonal Path to Freedom*, Boston.

Krygier, Jonathan R./Heathers, James A.J./Shahrestani, Sara/Abbott, Maree/Gross, James J./Kemp, Andrew H. (2013): »Mindfulness meditation, well-being, and heart rate variability: a preliminary investigation into the impact of intensive Vipassanā meditation«, in: *International Journal of Psychophysiology* 89(3), S. 305-313, doi.org/10.1016/j.ijpsycho.2013.06.017.

Lazar, Sara W., et al. (2005): »Meditation experience is associated with increased cortical thickness«, in: *Neuroreport* 16(17), S. 1893-1897, doi.org/10.1097/01.wnr.0000186598.66243.19.

LZpB NRW – Landeszentrale für politische Bildung Nordrhein-Westfalen (Hg.; 2021): *Demokratiebericht zur Lage der politischen Bildung in Nordrhein-Westfalen. Politische und demokratische Lebenswelten der nordrhein-westfälischen Bevölkerung*, Düsseldorf, politische-bildung.nrw.de/fileadmin/imperia/md/content/projekte/Demokratiebericht/K10_LzpB_Demokratiebericht_A4_06-2021_web.pdf [letzter Zugriff: 01.11.2024].

Lutz, Antoine/Jha, Amishi P./Dunne, John D./Saron, Clifford D. (2015): »Investigating the Phenomenological Matrix of Mindfulness-related Practices from a Neurocognitive Perspective«, in: *American Psychologist* 70(7), S. 632-658, doi.org/10.1037/a0039585.

Mayring, Philipp/Brunner, Eva (2010): »Qualitative Inhaltsanalyse«, in: Barbara Friebertshäuser/Antje Langer/Annedore Prengel (Hg.), *Handbuch qualitative Forschungsmethoden in der Erziehungswissenschaft*, 3. Aufl., Weinheim/München, S. 323-334.

Muehsam, David/Lutgendorf, Susan/Mills, Paul J./Rickhi, Badri/Chevalier, Gaétan/Bat, Namuun/Chopra, Deepak/Gurfein, Blake (2017): »The embodied mind: A review on functional genomic and neurological correlates of mind-body therapies«, in: *Neuroscience & Biobehavioral Reviews* 73, S. 165-181, doi.org/10.1016/j.neubiorev.2016.12.027.

Neff, Kristin D./Vonk, Roos (2008): »Self-Compassion Versus Global Self-Esteem: Two Different Ways of Relating to Oneself«, in: *Journal of Personality* 77(1), S. 23-50, doi.org/10.1111/j.1467-6494.2008.00537.x.

Patrick, Linda E. (1994): »Phenomenological method and meditation«, in: *The Journal of Transpersonal Psychology* 26(1), S. 37-54.

Petitmengin, Claire (2006): »Describing one's subjective experience in the second person: An interview method for the science of consciousness«, in: *Phenomenology and the Cognitive Sciences* 5, S. 229-269.

Rogers, Carl R. (1973): *Die klient-bezogene Gesprächstherapie*, München.

Scharmer, Claus Otto (2019): *Essentials der Theorie U. Grundprinzipien und Anwendungen*, Heidelberg.

Thompson, John/Wilkinson, Sean (2018): »The Five Principles Can Be Lights on a Path to Presence with Each Other«, transformationalconnection.com/five-principles [letzter Zugriff 12.12.2024].

UN (Hg.; o.J.): *Take Action for the Sustainable Development Goals*, o.D., un.org/sustainabledevelopment/sustainable-development-goals/ [letzter Zugriff 01.11.2024].

Waters, Lea/Barsky, Rdam/Ridd, Amanda/Allen, Kelly (2014): »Contemplative Education: A Systematic, Evidence-Based Review of the effect of Meditation Interventions in Schools«, in: *Educational Psychology Review* 27(1), S. 103-134, doi.org/10.1007/s10648-014-9258-2.

Zenner, Charlotte/Herrnleben-Kurz, Solveig/Walach, Harald (2014): »Mindfulness-based interventions in schools-a systematic review and meta-analysis«, in: *Frontiers in Psychology* 5, 603, doi.org/10.3389/fpsyg.2014.00603.

Finanzierung und potenzielle Interessenkonflikte

Diese Arbeit war möglich aufgrund der Förderung des Autors durch das Institut für Achtsamkeit, Verbundenheit und Engagement gGmbH (AVE-Institut) – vielen Dank dafür! Einen Teil seines Einkommens erzielt der Autor mit Achtsamkeits- und Mitgefühlsschulungen für Pädagog:innen, Ärzt:innen und Therapeut:innen.

Nicola Döring

Erfahrungsbericht: Achtsamkeitsformate für Hochschullehrende

Abstract

Der Beitrag beschreibt Erfahrungen als Teilnehmerin an sieben verschiedenen Achtsamkeitskursen. Fünf der Kurse stehen dabei in Verbindung mit dem Thüringer Modell *Achtsame Hochschulen*: 1. Stressreduktion durch Achtsamkeit (MBSR) an der TU Ilmenau, 2. Achtsamkeitstraining für Lehrende (MBTT®) im Erfurter Augustinerkloster, 3. Inkubationsworkshop im Benediktushof, 4. Achtsamkeitstraining für Mitarbeitende (MBET®) an der TU Ilmenau, 5. »De-Mystifying Mindfulness«-MOOC von der Universität Leiden (via *Coursera*), 6. Zertifikatsausbildung Achtsame Hochschullehrende (ZAH®) an der Hochschule Osnabrück und 7. Kurse der Achtsamkeitsapp 7Mind. Erkenntnisse und Effekte der Kurse im Zusammenhang mit Hochschullehre werden reflektiert.

Einleitung

Autogenes Training, Atemgymnastik, psychologische Selbsterfahrung, themenzentrierte Interaktion, progressive Muskelrelaxation, Qigong, Pilates, Yoga: Mit verschiedenen geistigen und körperlichen Übungsformen war ich schon in Berührung gekommen, als ich im Wintersemester 2018/19 begann, mich systematisch mit der bewussten Kultivierung von Achtsamkeit *(mindfulness)* zu befassen. Ein alter Freund hatte mir Achtsamkeitstraining wärmstens empfohlen und zeitgleich wurde ich auf die Angebote des Thüringer Modells *Achtsame Hochschulen* aufmerksam (siehe Kapitel I.1 in diesem Buch). Seitdem habe ich an sieben verschiedenen Achtsamkeitskursen teilgenommen. Fünf der sieben besuchten Trainingsprogramme stehen in Verbindung mit dem Thüringer Modell *Achtsame Hochschulen*. Das vorliegende Kapitel beschreibt und reflektiert meine ganz subjektiven Erfahrungen mit diesen verschiedenen Kursformaten. Das Teilen dieser Erlebnisse mag dazu beitragen, weitere Hochschullehrende zur Beschäftigung mit Achtsamkeit zu motivieren, mit anderen zertifizierten achtsamen Hochschullehrenden im Austausch zu bleiben sowie das Kursangebot weiterzuentwickeln und zu verstetigen.

Ein besonderes Augenmerk liegt im vorliegenden Kapitel nicht nur darauf, welche Erfahrungen ich mit den verschiedenen Kursen gesammelt habe (Abschnitt 2), sondern auch darauf, ob und wie die Achtsamkeitskurse Einfluss auf mein Erleben und Verhalten in der Rolle der Hochschullehrenden genommen haben (Abschnitt 3). Als Professorin für Medienpsychologie und Medienkonzeption an der Technischen Universität Ilmenau unterrichte ich sowohl größere Pflichtvorlesungen als auch kleinere Seminare aus dem Wahlpflichtbereich und betreue zahlreiche Abschlussarbeiten. Neben der Lehre ist mein Hochschulalltag von Tätigkeiten in der akademischen Selbstverwaltung sowie durch empirische Forschungsaktivitäten geprägt. Alle drei Arbeitsfelder empfinde ich als wichtig und sinnstiftend, oftmals erlebe ich aber auch Stress. Von der Beschäftigung mit Achtsamkeit erhoffe ich mir einen bewussteren Umgang mit den Herausforderungen und eine Stärkung der metakognitiven Kompetenz.

Nicht zuletzt fasziniert mich Achtsamkeit als Wissenschaftlerin (vgl. Döring/Bortz 2016: 15): Das Konzept der Achtsamkeit steht im Zentrum eines boomenden interdisziplinären Forschungsfeldes, das durch ein fruchtbares Spannungsverhältnis zwischen zeitgenössischer psychologischer und medizinischer Forschung einerseits sowie buddhistischer Bewusstseinslehre mit mehr als 2500-jähriger Tradition andererseits (vgl. z.B. Feng et al. 2018; van Dam et al. 2018; Bernstein/Vago/Barnhofer 2019) geprägt ist. Der Forschungsboom bedient dabei keinen blinden ›Hype‹, der Achtsamkeit unkritisch hochjubelt. Denn Grenzen und Gefahren von Achtsamkeit sowie bisherige Limitationen der Achtsamkeitsforschung werden mittlerweile intensiv behandelt (vgl. z.B. Schindler 2020). Anstelle von Pauschalbeurteilungen geht es also zunehmend darum, im Detail zu rekonstruieren, welche Achtsamkeitspraxis von welcher Zielgruppe in welchem Kontext mit welcher Intention wie geübt wird und welche als wünschenswert und/oder unerwünscht angesehenen Effekte sie hervorbringt.

1. Impressionen aus den verschiedenen Kursformaten

Wie ich die verschiedenen Achtsamkeitskurse erlebt habe, wird im Folgenden in chronologischer Reihenfolge möglichst anschaulich geschildert. Alle sieben beschriebenen Kurse sind der Achtsamkeitskultivierung im säkularen Verständnis von Jon Kabat-Zinn (vgl. 2015: 1481) gewidmet, d.h., es geht um die bewusste Lenkung der Aufmerksamkeit auf den gegenwärtigen Moment und um das Gewahrwerden dieses Moments in nichtreaktiver, nichturteilender Art und Weise mit offenem Herzen. Zur *richtigen Haltung* der Achtsamkeitskultivierung gehören laut Kabat-Zinn (vgl. 2019: 69) nicht nur mentale und emotionale Qualitäten wie Geduld, Akzeptanz und Loslassen, sondern auch soziale Qualitäten wie Wohlwollen, Mitgefühl und Rücksichtnahme, die im buddhistischen Achtsamkeitsverständnis eine zentrale Rolle spielen (vgl. Purser/Milillo 2014). Durch das bewusste Wahrnehmen des gegenwärtigen Moments mit der richtigen Haltung soll der sogenannte Autopilot – der aus automatischen, oft egozentrischen Bewertungen und impulsiven Reaktionsmustern besteht und häufig Leid und Stress erzeugt – ausgeschaltet werden. Da wir größtenteils im Autopilotmodus unterwegs sind, muss der Modus der Achtsamkeit, der mit mehr Gelassenheit und Frieden einhergeht, aktiv eingeübt werden, um einen größeren Raum im Leben einnehmen zu können. Deswegen existieren mittlerweile so viele verschiedene Achtsamkeitskurse für unterschiedliche Zielgruppen und Kontexte (vgl. Creswell 2017).

1.1 Stressreduktion durch Achtsamkeit (MBSR) an der TU Ilmenau

Meine Auseinandersetzung mit der bewussten Kultivierung von Achtsamkeit begann im Wintersemester 2018/19 mit einem klassischen Kurs in MBSR gemäß dem Konzept von Jon Kabat-Zinn (vgl. 2019). Dieser Kurs wurde im Rahmen des Thüringer Modells *Achtsame Hochschulen* von der MBSR-Trainerin Iris Hobler aus Weimar an der TU Ilmenau durchgeführt. Die Kosten wurden für alle Teilnehmenden vom Thüringer Modellprojekt übernommen. Rund 20 Studierende und Mitarbeitende unserer Universität haben daran teilgenommen. Getroffen haben wir uns von Januar 2019 bis März 2019 acht Mal montags von 11:00 bis 13:30 Uhr in einem Sitzungsraum im ersten Stock des sogenannten Kontorhauses, einem kleinen Universitätsgebäude in Form eines Fachwerkhauses, unter dem die Ilm hindurchfließt: Von drinnen kann man das Rauschen und Rinnen des Flusses gut hören. Der im Schweigen verbrachte Achtsamkeitstag, der einen ganzen Samstag füllte, fand ebenfalls im Kontorhaus und auf dem dahinter gelegenen Platz statt.

Der Kurs folgte dem etablierten MBSR-Format mit Meditations- und Yogaübungen im Sitzen, Liegen und Stehen, Gehmeditationen drinnen und draußen sowie Reflexionen in der gesamten Gruppe und in der

Dyade. Zu jeder Sitzung bekamen wir ausgedruckte Handouts mit Erklärungen, Zitaten und Übungsaufgaben sowie Audioanleitungen (z.B. für den Body Scan). Unserer Trainerin war es wichtig, immer wieder auch auf Selbstmitgefühl *(self-compassion)* als einer zentralen Komponente von Achtsamkeit hinzuweisen und damit dem häufig destruktiven inneren Kritiker und Antreiber eine freundliche Stimme der Selbstfürsorge an die Seite zu stellen. Tatsächlich war es ein schönes Ritual, wenn sie uns am Beginn jeder Sitzung einlud, uns erst einmal selbst dafür zu danken, zum Kurs gekommen zu sein.

Neugier, Frustration und Audioanleitungen

Den MBSR-Kurs habe ich mit großer Neugier erlebt, aber auch mit Frustration. Als Anfängerin war ich überfordert von der Fülle der verschiedenen Hausaufgaben zur formalen und informellen Achtsamkeitspraxis, die Woche für Woche gestellt wurden. Das ohnehin im Hochschulalltag vorherrschende Stressgefühl durch überlange To-do-Listen und verpasste Deadlines wurde bei mir verstärkt durch den Umstand, praktisch jede Woche mit unerledigten Achtsamkeitshausaufgaben zum Kurs zu kommen. Die Trainerin ermahnte uns mehrfach, das Üben zu intensivieren. Zwar war es erleichternd zu hören, dass auch die anderen Kursteilnehmenden die Aufgaben meist nicht geschafft hatten, aber das ungute Gefühl blieb. Ich weiß auch nicht, wie es zu lösen ist: Eine Fülle verschiedener Übungen und Aufgaben anzubieten, ist sicher gut und wichtig, um gerade Neulingen das Spektrum der Möglichkeiten innerhalb der MBSR-Welt aufzuzeigen. Und der MBSR-Kurs erfordert, wie jedes Lernangebot, natürlich berechtigterweise entsprechenden Zeit- und Arbeitsaufwand. Vielleicht gehört diese Frustration zum Einsteigen und zur Erfahrung eines *ersten* Achtsamkeitskurses einfach dazu.

Beim Üben zu Hause habe ich mit den Audioanleitungen gearbeitet und schnell gemerkt, wie unterschiedlich verschiedene Stimmen und Formulierungen auf mich wirken. Ich habe einige Zeit damit verbracht, unterschiedliche Audioaufzeichnungen des Body Scans und anderer Meditationen im Internet zu suchen und auszuprobieren: auf Deutsch und auf Englisch, mit und ohne Hintergrundmusik, kürzer und länger, mit Sprecher und mit Sprecherin. Ein Aha-Erlebnis einer für mich wirklich stimmigen Anleitung hatte ich dabei allerdings nicht.

Achtsames Sehen, Hören und Essen

Im Rückblick ist von allen Übungen in der Gruppe interessanterweise das achtsame Sehen und Hören mit seinen Präsenzmomenten am stärksten in Erinnerung geblieben: die Sehmeditation zum Fenster hinaus in die winterlichen Bäume und das frische Rauschen des Flusses, dem ich oft gelauscht habe. Gleichzeitig ist unvergessen, wie laut in unserem Meditationsraum im Kontorhaus die Uhr an der Wand tickte. Warum man laut tickende Uhren überhaupt produziert und nutzt, wo es doch lautlose Modelle gibt, wird mir ein ewiges Rätsel bleiben. Natürlich lässt sich das Ticken der Uhr, das permanent an das Verrinnen der Zeit und damit an die eigene Sterblichkeit erinnert, als dringliche und willkommene Einladung zu mehr Präsenz verstehen; das ist theoretisch schon klar. Praktisch erlebte ich das unerbittliche Uhrenticken jedoch als lästige weitere Lärmverschmutzung unserer Umwelt und konnte von diesem Gedanken beim besten Willen nicht abrücken. Nur manchmal setzte sich das Rauschen der Ilm durch.

Der im Schweigen verbrachte Achtsamkeitstag war in meinem Erleben stark vom Thema Essen geprägt. Ein großes veganes Buffet wurde liebevoll und detailliert geplant, vorbereitet und aufgebaut. Das meiste davon ist am Ende übriggeblieben. Diesen großen Aufwand und Überfluss beim Essen, die damit einhergehenden umfassenden Diskussionen zum Mitbringen, Abwaschen und Wiederfinden von Geschirr, zum Einpacken, Aufbewahren und Mitnehmen der ganzen Reste empfand ich als ablenkend. Dieses Übermaß und diese Betriebsamkeit standen für mich im Widerspruch zu der Idee von Achtsamkeit und Stille, die ich an der Stelle eher mit Minimalismus und Askese verbinde. Aber offenbar hatte die Gruppe hier das Bedürfnis, viel Kreativität und Engagement in die Verpflegung zu legen. Vielleicht war das ein Ausdruck von besonderer Selbstfürsorge und für einige in der Gruppe auch ein guter Einstieg in achtsames Essen?

Die Atmosphäre in der Gruppe erlebte ich durchgängig als harmonisch und stützend. Hochkochende Gefühle oder Diskussionen gab es nicht, auch keine spürbaren Konflikte oder Spannungen. Wie viel sanfte und freundliche zwischenmenschliche Verbindung im gemeinsamen Schweigen und Meditieren entsteht, hätte ich vorab nicht vermutet. Am Ende des Kurses war es richtig traurig, als Gruppe auseinanderzugehen und sich von der Trainerin zu verabschieden. Es wurde zwar über Anschlussmöglichkeiten gesprochen, aber letztlich hat sich die Gruppe zerstreut. Zurückgeblieben ist noch ein weißer Stein, ein kleiner Handschmeichler, den in ähnlicher Form alle Kursteilnehmenden von der Trainerin geschenkt bekamen.

1.2 Achtsamkeitstraining für Lehrende (MBTT®) im Erfurter Augustinerkloster

Im Sommersemester 2019 folgte ein MBTT® im Erfurter Augustinerkloster. Bei meinem Durchgang handelte es sich bereits um den zweiten Durchlauf des MBTT®-Formates im Rahmen des Thüringer Modells

Achtsame Hochschulen. Angeleitet wurde dieser Kurs von Bernd Langohr. Auch hier wurden die Kosten durch das Projekt getragen. Das MBTT®-Format ist speziell auf Hochschullehrende ausgerichtet, d.h., neben der persönlichen Achtsamkeitspraxis geht es auch ausdrücklich darum, Achtsamkeit im Hochschulalltag zu behandeln. Wir haben uns von April 2019 bis Juni 2019 sechs Mal alle 14 Tage mittwochabends von 18:00 bis 21:00 Uhr in einem Souterrainraum des evangelischen Augustinerklosters in Erfurt getroffen. Der Achtsamkeitstag im Schweigen fand an einem sehr sommerlichen Samstag in der Turnhalle der Universität Erfurt und im angrenzenden Schulgarten statt, in dem die Blumen blühten und die Insekten summten. Teilgenommen haben knapp 20 Hochschullehrende aus den Thüringer Hochschulen in Erfurt, Ilmenau, Jena, Nordhausen und Weimar.

Der Kurs begann aufreibend: Als wir am ersten Kurstag in der Mitte der Sitzung gegen 20:30 Uhr eine Pause einlegten, stellte sich heraus, dass Unbekannte sich ins Haus geschlichen und unsere an der Garderobe abgelegten Jacken und Taschen durchsucht und zum Teil entwendet hatten. Es war bitter, ausgerechnet beim Meditieren in einem Kloster bestohlen zu werden. Wir haben die Papierkörbe im Haus und in der Umgebung nach weggeworfenen Taschen durchsucht und die Polizei alarmiert, die letztlich den Diebstahl eines Laptops und einer Brieftasche aufnahm. Trotz dieses Schocks haben wir die Sitzung gemeinsam geordnet beendet. Den Hauptbetroffenen ist es gelungen, Ruhe zu bewahren, und insgesamt hat das Vorkommnis sogar zu mehr Gruppenzusammenhalt geführt.

Üben zu Hause und in der Gruppe

Die zentralen Übungen der formellen und informellen Achtsamkeitspraxis in diesem MBTT®-Kurs waren mir aus dem MBSR-Kurs vertraut (z.B. Body Scan, Sitzmeditation, Gehmeditation, achtsames Yoga). Als Arbeitsmaterialien erhielten wir Handouts sowie Audioanleitungen. Die vom MBTT®-Lehrer Bernd Langohr bereitgestellten Audioanleitungen waren für mich gut nutzbar, denn sie sind mit sehr guter Tonqualität aufgezeichnet und angenehm beruhigend und melodisch eingesprochen. Ich habe mehrfach mit der Aufzeichnung zum 20-minütigen Body Scan geübt. Längere Meditationen fand ich überfordernd. Zudem habe ich die dreiminütige Atemraummeditation öfter genutzt. Im MBTT®-Kurs war es wie im MBSR-Kurs weiterhin sehr schwierig für mich, täglich zu Hause zu üben. In manchen Wochen ist es gut gelungen, dann habe ich wieder den Faden verloren. Ich hatte somit dauerhaft ein schlechtes Gewissen und das ungute Gefühl, im Kurs nicht richtig mitzukommen und das Versäumte auch nicht aufholen zu können.

Wenn ich manchmal zu Hause zumindest eine Kurzmeditation durchgeführt hatte, war das schon eine Erleichterung und Freude.

Da wir uns nur 14-täglich getroffen haben, war zusätzlich zum Gruppentreffen ein wöchentlicher Kontakt mit einem Dyadenpartner vorgesehen. Hierbei sollte in Form von achtsamem Sprechen und Zuhören jeweils im Wechsel drei Minuten lang am Telefon ausgetauscht werden, welche Erfahrungen wir mit der eigenen Achtsamkeitspraxis in der vergangenen Woche gemacht hatten. Meine Dyadenpartnerin und ich telefonierten regelmäßig, wobei wir oft beide von der Erfahrung berichteten, die täglichen Übungen zu Hause nicht wirklich geschafft zu haben. Ich war mehrmals verblüfft, wie unbekümmert sie damit umgehen konnte, nicht zum Üben gekommen zu sein. Mich selbst wurmte es sehr, mich mit der regelmäßigen Praxis zu Hause so schwerzutun.

Gerade deswegen war es so wichtig, sich regelmäßig in der Gruppe zu treffen und gemeinsam unter Anleitung zu üben sowie darüber zu sprechen, wie und wo im Hochschulalltag mehr Achtsamkeit integriert werden kann (z.B. durch bewusste Pausen vor Lehrveranstaltungen, um nicht hektisch zu starten). Die schlichten und gleichzeitig erhabenen Räumlichkeiten des Klosters mit ihren dicken Steinmauern vermittelten schon aus sich heraus eine Atmosphäre der Kontemplation. Mehrfach haben wir Gehmeditationen auch im Hof und im Kreuzgang des Klosters durchgeführt. Es war berührend, sich vorzustellen, wer wohl alles über die sieben Jahrhunderte des Klosterbestehens hinweg durch diesen Kreuzgang geschritten war.

Müdigkeit, Kerzen und Blumen

Da wir uns relativ spät abends trafen, war Müdigkeit ein Thema. Regelmäßig sind beim Meditieren im Liegen einzelne Gruppenmitglieder eingeschlafen, nicht selten laut schnarchend. Während unsere MBSR-Trainerin Schlafende durch Zupfen am großen Zeh geweckt hat, vertrat unser MBTT®-Lehrer die Position, dass die Schnarchgeräusche der anderen beim eigenen Meditieren helfen können, indem sie als Anker im Hier und Jetzt dienen. Obwohl ich das konzeptuell verstehe, fällt es mir sehr schwer, mich durch Nebengeräusche nicht stören zu lassen. Der MBTT®-Trainer riet mir, meine Reaktionen auf Geräusche einfach zu beobachten, um festzustellen, ob und wie sie sich eventuell im Verlauf der Zeit ändern. Meine Hauptreaktion blieb jedoch ein starkes Erleben von Unmut. Gleichzeitig stellte ich fest, durch meine eigene Müdigkeit beim Meditieren oft nicht in einen präsenten, geistig wachen Zustand zu kommen, sondern eher in eine Art Dösen und Dämmern zu geraten. Hierzu gab mir der MBTT®-Lehrer den nützlichen Tipp, mit geöffneten Augen zu meditieren, um besser im Hier und Jetzt zu bleiben.

Sehr spannend war für mich der Austausch mit den anderen Hochschullehrenden in der Gruppe. Besonders beeindruckend fand ich eine Teilnehmerin, die ihre tägliche Morgenmeditation in einer eigens dafür eingerichteten Meditationsecke mit Kerzen und Blumen richtig zelebriert. Ich für meinen Teil war schon stolz, wenn ich überhaupt irgendwo auf meinem orangenen Meditationskissen auf dem Boden saß.

1.3 Inkubationsworkshop im Benediktushof

Im Oktober 2019 hatte ich dann Gelegenheit, an dem Inkubationsworkshop »Achtsame Hochschulen – Innehalten und Vorwärtsschreiten« des Thüringer Modells teilzunehmen. Bei dem Inkubationsworkshop handelte es sich um ein fünftägiges Retreat im Benediktushof. Für die Kosten kam das Projekt auf. Der Benediktushof ist ein im bayerischen Holzkirchen gelegenes Zentrum für Meditation und Achtsamkeit, dessen spirituelle Leitung durch die Zen-Tradition geprägt ist. Mit Ausnahme von dem Café im Buchladen und dem externen Restaurant ist überall auf dem Gelände Schweigen angesagt.

Am Inkubationsworkshop nahmen rund 30 Hochschullehrende einschließlich Hochschulleitungen aus Thüringen und anderen Bundesländern teil. Einige von ihnen kannte ich bereits aus dem MBTT®-Kurs in Erfurt. Das Zusammensein beim Inkubationsworkshop war durch umfassendes Praktizieren von frühmorgens bis spätabends geprägt. Dabei ging es um klassische Achtsamkeitspraxis in der MBSR-Tradition, aber einführend auch um Zen-Meditation. Die Zen-Meditation wurde von dem Zen-Meister Alexander Poraj erklärt und angeleitet, die Achtsamkeitspraxis von den MBSR-Lehrenden Günter Hudasch und Karin Krudup. Während mir die Übungen aus der MBSR-Welt geläufig waren, war es schwierig für mich, in so kurzer Zeit gedanklich Anschluss an die abstrakten und oft bewusst paradoxen Konzepte des Zen-Buddhismus zu finden, die Alexander Poraj uns in einigen Vorträgen näherzubringen versuchte. Das Zusammentreffen von MBSR- und Zen-Welt erzeugte dabei spürbare Spannungen und sehr unterschiedliche Reaktionen in der Gruppe, die ich als Neuling in der Szene mit Staunen beobachtete.

Schweigen und Reden

Der Inkubationsworkshop war überwiegend als Schweigeretreat angelegt. Da es einer Reihe der teilnehmenden Hochschullehrenden aber auch wichtig war, sich über Erfahrungen mit Achtsamkeit in der Lehre auszutauschen, wurden an zwei Tagen optional sprechende Teilgruppen in das Programm aufgenommen. Somit gab es für alle die Möglichkeit, ganz individuell zwischen Stille und kommunikativem Austausch zu wählen. Ich habe mich für die Redegruppe entschieden, da ich sehr neugierig darauf war, mehr über die Praxiserfahrungen der bereits zertifizierten achtsamen Hochschullehrenden zu erfahren. Wenn die Kolleg:innen von der Ernst-Abbe-Hochschule Jena erzählten, wie sie Achtsamkeitsübungen in ihre Lehrveranstaltungen integrieren, wie sie sich selbst beim Anleiten derselben fühlen und wie die Studierenden darauf reagieren, dann war das ungemein inspirierend. Mitgenommen habe ich, dass Studierende unterschiedlicher Fächer sich durchaus bereitwillig und gerne auf Achtsamkeitsübungen im Hörsaal einlassen und sich dadurch das Klima spürbar verändert, die Studierenden ›zutraulicher‹ werden, mehr Fragen stellen und sich häufiger an die Dozierende oder den Dozierenden wenden, wie Ostermaier et al. es beschreiben (siehe Kapitel II.2 in diesem Buch).

Spannend fand ich den während des Retreats intensiv erlebten Kontrast zwischen gemeinsamer Stille und gemeinsamem Austausch. Wenn wir diskutierend aus der Redegruppe zum schweigenden Mittagessen zurückkehrten, brauchte es innerlich und äußerlich immer eine kleine Weile, wieder auf die Stille umzuschalten, in der die Schweigegruppe bereits am Tisch saß. Tatsächlich hat mir das schweigende Einnehmen der Mahlzeiten im Benediktushof besonders gut gefallen. Da alle Tischgespräche entfielen, konnte ich mich viel besser entspannen und das einfache vegane Essen bewusster genießen. Für mich war das achtsame Essen bei den stillen Mahlzeiten die eindrücklichste informelle Achtsamkeitspraxis des Retreats.

Retreats für Lerchen und Eulen

Die Gesamterfahrung des Inkubationsworkshops war für mich gemischt. Das intensive Praktizieren von formalen und informellen Achtsamkeitsübungen sowie der praxisnahe achtsamkeitspädagogische und hochschuldidaktische Austausch mit den bereits zertifizierten achtsamen Hochschullehrenden waren äußerst bereichernd. Gleichzeitig fiel es mir schwer, mich auf den streng getakteten und sehr früh morgens startenden Tagesablauf mit wenig Rückzugsmöglichkeiten einzustellen. Ich war deswegen dauerhaft stark übermüdet und hatte in der Folge vor Ort einige gesundheitliche Probleme. Auch wenn ich das Konzept des Retreats faszinierend finde, ist es in der Umsetzung für mich nicht besonders praktikabel, da der Ablauf einfach nicht mit meinem Biorhythmus harmoniert. Ich habe mich im Nachgang nach unterschiedlichen Retreatformaten umgeschaut, aber das Grundprinzip mit extremem Frühaufstehen und wenig Rückzugsmöglichkeiten scheint sich durchzuziehen. Vielleicht stoße ich noch einmal auf eine Retreatform, die nicht nur für Lerchen, sondern auch für Eulen geeignet ist (für weitere Retreaterfahrungen siehe Kapitel I.6 in diesem Buch).

1.4 Achtsamkeitstraining für Studierende (MBET®) an der TU Ilmenau

Im Wintersemester 2019/20 besuchte ich an der TU Ilmenau einen Kurs zum MBET®, der im Rahmen des Thüringer Modells *Achtsame Hochschulen* angeboten und finanziert wurde. Die Besonderheit dieses Kursformates besteht darin, dass die Einheiten mit 60 Minuten bewusst kurzgehalten sind und sich somit wöchentlich in die Arbeitszeit einfügen lassen. Wir trafen uns über die gesamte Vorlesungszeit hinweg von Oktober 2019 bis Februar 2020 jede Woche montags von 13:30 bis 14:30 Uhr in einem kleinen Seminarraum im Erdgeschoss des Meitnerbaus der TU Ilmenau. Insgesamt waren es 13 Sitzungen. Geleitet wurde der Kurs von der MBSR-Lehrerin Sabine Trott aus Ilmenau. Teilgenommen haben rund ein Dutzend Mitarbeitende der TU Ilmenau aus den Bereichen Forschung, Technik und Verwaltung. Meist saßen wir im Stuhlkreis und haben Sitzmeditationen geübt. Einige Male wurden auch die von der Kursleiterin mitgebrachten Yogamatten ausgerollt und Meditationskissen genutzt oder Gehmeditationen durchgeführt.

Gehen ohne Ziel

Für mich war der Termin am Montagmittag ideal, um regelmäßig gleich zum Wochenstart einen gemeinsamen Achtsamkeitsimpuls in der Gruppe zu erleben. Was mir auch sehr gefiel, waren die kleinen Einheiten: In jeder Kurssitzung wurde im Wesentlichen eine praktische Übung durchgeführt (z.B. ein Body Scan oder eine Gehmeditation) und diese reflektiert. Dabei war es spannend, von der Vielfalt des Erlebens zu hören, etwa wie manche sich bei einer Gehmeditation primär auf das Sehen oder das Hören oder den Wind auf der Haut oder die Atmung oder die Bewegung des Gehens fokussieren. Ich stellte bei der Gehmeditation draußen vor dem Universitätsgebäude fest, dass ich anfing, mich an frühere Gehmeditationen zu erinnern und mein Geist dann begann, diese Erinnerungen zu sortieren und zu komplettieren: »Wo genau und wann habe ich schon Gehmeditationen im Freien gemacht? War das wirklich in allen bereits besuchten Achtsamkeitskursen der Fall gewesen? Offensichtlich ja: beim ersten MBSR-Kurs auf dem Platz hinter dem Kontorhaus, beim MBTT®-Kurs im Kreuzgang des Klosters, beim Inkubationsworkshop auf dem Hof rund um den Brunnen …« Diese Gedankengänge bemerkend habe ich mich dann gefragt, ob es wirklich so wichtig ist, das jetzt gedanklich im Detail zu rekonstruieren, und bin bewusst zum Gehen, zum Steinplattenweg, zum Atmen, zur frischen Luft und dem Nieselregen zurückgekehrt.

Manchmal wurde neben dem Üben auch ein Thema kurz theoretisch besprochen (z.B. achtsame Kommunikation, Selbstfürsorge). Zu jeder Sitzung gab es zudem digital bereitgestellte Handouts und Audioanleitungen für die Übungen. Sehr schön fand ich, dass Audioanleitungen nicht nur von der Kursleiterin selbst, sondern auch von anderen Sprechern (Bernd Langohr, Reyk Albrecht) zur Verfügung gestellt wurden. Beim praktischen Üben ist es hilfreich, zwischen verschiedenen Anleitungen wählen zu können. Nicht selten habe ich die Drei-Minuten-Atemraum-Meditationen, eingesprochen von Sabine Trott, Bernd Langohr und Reyk Albrecht, direkt hintereinander geübt. Dass ich alle drei Sprechenden und MBSR-Lehrenden persönlich kannte und ihren jeweils individuellen Stil heraushören konnte, verlieh dem Üben mit diesen Audioanleitungen eine angenehm vertraute Note.

Rosinen und Transformationen

Die Kompaktheit der Einheiten des MBET®-Kurses fand ich sehr passend, da sich bei mir dadurch kein Überforderungsgefühl einstellte. Auch bestand von vornherein nicht die Gefahr, sich im Theoretisieren und Diskutieren zu verlieren. Es tat gut, Übungen und Inhalte, die ich aus dem MBSR- und dem MBTT®-Kurs sowie dem Inkubationsworkshop schon kannte, noch einmal in Ruhe zu wiederholen und aufzufrischen. Interessant war es, bekannte Übungen nun teilweise ganz anders zu erleben. So war die Rosinenübung, die wir schon im MBSR-Kurs kennengelernt hatten, beim zweiten Mal im MBET®-Kurs deutlich intensiver mit allen Sinnen erlebbar. Interessant ist wirklich, wie eine Rosine zwischen den Fingern knistert, wenn man genau hinhört.

Sehr gut gefallen hat mir die unprätentiöse Art der Kursleiterin, die in ihren kurzen Erklärungen ganz lebenspraktisch am Stresserleben im Hochschulalltag und an den typischen Hürden beim bewussten Einüben von Achtsamkeit ansetzte. Auch ihre beiläufigen Äußerungen fand ich aufschlussreich, etwa wenn sie eigene Ausführungen selbst an einem bestimmten Punkt abkürzte mit dem Hinweis: »Das ist nur Gerede, müsst ihr gar nicht beachten«, und dann lieber Stille zuließ. Sie machte auch wiederholt ihre Haltung deutlich, dass Achtsamkeit für sie nicht Selbstoptimierung innerhalb eines an ständiger Leistungssteigerung und permanenter Konkurrenz orientierten Systems bedeutet, sondern letztlich immer auf die Frage verweist: »Wie (und wozu) wollen wir eigentlich leben (und arbeiten)?« Achtsamkeitspraxis an der Hochschule ist somit auch transformativ, verweist auf notwendige Veränderungen im Sinne von achtsamer Lehre, achtsamer Zusammenarbeit und achtsamer Führung.

Die Stimmung in der Gruppe war sehr harmonisch. Die kurzen Blitzlichtrunden zum Austausch waren hilfreich, um das eigene Erleben einordnen zu können. Faszinierend waren auch einzelne Impulse aus der Gruppe: So berichtete ein Teilnehmer, wie er am Wochenende erfolgreich den übervollen Kopf freibekommen hatte, indem er bei einem längeren Spaziergang die Augen geschlossen hielt und sich von seiner Partnerin führen ließ. In der Vorweihnachtszeit brachte eine Teilnehmerin einen Adventskalender für alle mit, der täglich eine kleine Achtsamkeitsübung vorschlug. An einem Montag im Dezember gab es wegen Umbauten im Nebenraum ziemlich viel Lärm, was wir gleich aufgegriffen haben, um Stress durch Lärm zu behandeln. Während der fünf Monate dieses MBET®-Kurses hatte ich im Vergleich zu den zuvor besuchten MBSR- und MBTT®-Kursen erstmals das Gefühl, inhaltlich gut mitzukommen und nicht durch eine Fülle unerledigter Aufgaben quasi abgehängt zu sein. Das mag teils am kompakten Kursformat liegen, teils aber auch daran, dass ich mittlerweile schon einige Vorerfahrungen mitbrachte und das Auffrischen eben leichter fällt als der Neueinstieg.

1.5 »De-Mystifying Mindfulness«-MOOC von der Universität Leiden

Durch Zufall stieß ich im November 2019 über ein Youtube-Video auf einen gerade beginnenden Onlinekurs zum Thema Achtsamkeit, der auf der Plattform *Coursera* in Form eines *massive open online course* (MOOC) durchgeführt wird. MOOCs dienen dazu, qualitativ hochwertige Hochschulkurse standortübergreifend kostenfrei für alle Interessierten zur Verfügung zu stellen. Dabei kann die Zahl der Teilnehmenden beliebig hoch sein. Alle Lehrmaterialien und Lernaufgaben werden über die Onlineplattform verwaltet, sind wöchentlich getaktet und beinhalten auch Interaktionen zwischen den Lernenden. Das Geschäftsmodell der Plattform *Coursera*, die von den in Stanford als Professor bzw. Professorin tätigen Andrew Ng and Daphne Koller gegründet wurde, besteht darin, die Daten der Lernenden zu nutzen sowie kostenpflichtige Zertifikate anzubieten. Zudem sammeln manche MOOCs Spenden für ihren Ausbau und ihre Pflege.

Das Achtsamkeits-MOOC unter dem Titel »De-Mystifying Mindfulness« wird von dem Philosophieprofessor und Achtsamkeitslehrer Chris Goto-Jones, ehemals Universität Leiden in den Niederlanden, jetzt University of Victoria in Kanada, angeboten. Ziel des Kurses ist es, sowohl praktische Erfahrungen mit Achtsamkeitskultivierung zu sammeln als auch theoretisches Wissen über Achtsamkeit zu vertiefen. Der Kurs gliedert sich in sechs wöchentliche Lektionen und erstreckte sich bei meinem Durchgang von November 2019 bis Januar 2020. Als Zeitaufwand für den Kurs werden insgesamt 30 bis 40 Stunden veranschlagt, also etwa sechs Stunden pro Woche, die sich auf Theoriearbeit und tägliches praktisches Üben aufteilen. Wer die erfolgreiche Kursteilnahme mit einem Zertifikat belegt haben möchte, bezahlt 27 Euro.

Theorie, Praxis und Onlineaustausch

Der Kurs beginnt mit einer Einführung in Achtsamkeit und stellt dabei verschiedene Mythen und Stereotype von Achtsamkeit vor (Lektion 1). Anschließend wird Achtsamkeit aus psychologischer (Lektion 2), philosophischer und spiritueller (Lektion 3) sowie politischer (Lektion 4) Perspektive betrachtet. Lektion 5 widmet sich der Frage, wie Achtsamkeit gelehrt und gelernt wird, welche Voraussetzungen etwa Achtsamkeitslehrer:innen mitbringen sollten. In der abschließenden Lektion 6 konzipieren und realisieren die Teilnehmenden ein eigenes kleines Achtsamkeitsprojekt und reichen die zugehörige Projektdokumentation ein. Die Inhalte jeder Lektion werden durch Videos, Texte, Wissenstests, Reflexionsaufgaben und Forumsdiskussionen bearbeitet. Bei einzureichenden Aufgaben erfolgt die Bewertung meist als Peer-Review durch die Mitlernenden. Sehr beeindruckt war ich davon, wie strukturiert und aufwändig die Materialien aufbereitet waren. Man kann gut auf der Kursseite navigieren, die erledigten und ausstehenden Aufgaben einsehen und auch ergänzendes Hintergrundmaterial nutzen, wie z.B. kurze Videointerviews mit Achtsamkeitsexpert:innen aus der buddhistischen Praxis wie Stephen Batchelor und aus der klinisch-psychologischen Arbeit wie Willem Kuyken.

Zu jeder wöchentlichen Lektion gehört zudem ein sogenanntes Meditationslabor, das dazu einlädt, im Selbstversuch Meditationen zu erproben und zu reflektieren, wozu pro Woche jeweils drei verschiedene Achtsamkeitspraktiken aus der MBSR-Schule vorgegeben sind. Audioanleitungen (in englischer Sprache) werden dafür bereitgestellt, die von Chris Goto-Jones selbst sowie von Rebecca Crane und von Mark Williams eingesprochen sind. Ich habe mit den Anleitungen gern geübt. Besonders gut gefallen hat mir der 15-minütige Body Scan von Rebecca Crane, der gleichzeitig durch beide Beine und beide Arme geht und sich dadurch für mich angenehmer und symmetrischer anfühlt als viele längere Body Scans, die typischerweise die linke und die rechte Körperhälfte jeweils separat nacheinander durchgehen.

An dem Achtsamkeits-MOOC hat mich nicht nur das Thema Achtsamkeit interessiert, sondern auch die Umsetzung als Onlinekurs. Das MOOC wird seit 2016 mehrmals im Jahr angeboten und hat insgesamt bereits rund 120.000 Einschreibungen sowie sehr positive Kursbewertungen gesammelt. Bei meinem Durchgang waren im Endeffekt rund 20 Personen aktiv sichtbar in den Foren dabei. Ein Abschlussprojekt haben außer mir zwei weitere Teilnehmende eingereicht. In meinem Projekt ging es um die Einbindung von Achtsamkeitsübungen in die Hochschullehre. Der Kreis der Lernenden im MOOC war demographisch und geographisch ausgesprochen divers, vom jungen ostasiatischen Teilnehmer, der das Meditieren bereits von seinen Eltern gelernt hatte, über die an Angststörungen leidende nordamerikanische Studentin, die sich Erleichterung erhoffte, bis zur russischen Unternehmerin, die berichtete, wie sehr man sich in ihrem Umfeld über Achtsamkeit lustig macht und dass sie das Thema trotzdem ihren Mitarbeiter:innen nahebringen möchte. Leider war es im Kursformat nicht möglich, in einen intensiveren Austausch untereinander einzutreten: In den Onlineforen wurden interessante kurze Statements veröffentlicht, die sich jedoch nicht zu Gesprächen weiterentwickelten. Dazu war angesichts der Fülle des Materials und der Aufgaben nicht genug Zeit. Und auf eine Förderung der Kommunikation untereinander, wie sie in einem sogenannten cMOOC (*connectionist* MOOC) üblich sind, war der instruktional konzipierte Kurs vom Typ xMOOC (*instructional* MOOC) letztlich auch nicht angelegt.

Anti-McMindfulness und Anti-Anti-McMindfulness

In Ergänzung zu den bisherigen Kursen bot mir das Achtsamkeits-MOOC mehr theoretischen Hintergrund und mehr Bezüge zur internationalen Achtsamkeitscommunity. Viele der im MOOC behandelten Fragen waren auch bei den anderen Achtsamkeitskursen immer wieder kurz angeklungen: Welche Bedeutung hat Spiritualität für Achtsamkeit? Ist authentische Achtsamkeit genuin mit sozialer Verantwortungsübernahme bis hin zu politischem Engagement und Aktivismus verbunden? Wie steht es mit der Gefahr der Kommerzialisierung, Verwässerung und Instrumentalisierung von Achtsamkeit in der kapitalistischen Konsumgesellschaft? Sind westliche säkulare Angebote der Achtsamkeitskultivierung nicht längst zur wohlfeilen, schnellen *McMindfulness* ohne ethischen Anspruch verkommen und dienen lediglich der egozentrischen Selbstoptimierung? (Vgl. Purser 2019; Purser/Loy 2013)

Kritik am säkularen Achtsamkeitsverständnis hörte und las ich immer wieder, konnte die pauschale Anti-*McMindfulness*-Position aber deutlich weniger überzeugend finden als die Anti-Anti-*McMindfulness*-Position, welche auch eine vermeintlich einfache säkulare Achtsamkeitspraxis verteidigt (vgl. z.B. Repetti 2016). Gerade der Vorwurf, Achtsamkeitspraxis sei verfehlt und unethisch, wenn sie ›nur‹ ein psychologisches ›Wohlfühlprogramm‹ darstelle, kommt mir sehr überspitzt und psychologiefeindlich vor. Als würden in der Psychologie und Psychotherapie die Zusammenhänge zwischen individuellem Leid und gesellschaftlichen Verhältnissen ausgeblendet. Dabei engagieren sich viele Psychotherapeut:innen ausdrücklich gesellschaftskritisch. Und als ob Menschen nach einer Psychotherapie schnurstracks in ihre krankmachenden Beziehungen, Familien und Arbeitskontexte zurückkehren und dort genauso weitermachen würden wie vorher.

Die Verknüpfungen zwischen individueller und gesellschaftlicher Transformation scheinen mir noch ungenügend geklärt, und auch die Grenzen zwischen ›negativer‹ Selbstoptimierung, ›positiver‹ Selbstentfaltung und Selbstverwirklichung sind vermutlich oftmals fließend. Natürlich kann Achtsamkeitspraxis instrumentalisiert werden. Das gilt aber auch (und womöglich sogar noch stärker) für jede Praxis und Schule, die hohe moralische Ansprüche vertritt und sich auf ehrwürdige Traditionen beruft und sich damit Themen wie Alleinvertretungsanspruch, Überheblichkeit, spirituelle Arroganz, Gurutum und blinde Flecken einhandelt. Ungenügend aufgearbeitet ist schließlich das Problemfeld von systematischem Machtmissbrauch, Homophobie, Antifeminismus und sexuellen Übergriffen in international agierenden buddhistischen Gruppierungen und Organisationen (vgl. z.B. Scherer 2011; Anders 2019). Die Existenz von derartigem »Macho Buddhism« (Scherer 2011) lässt die Behauptung bezweifeln, nur mit traditioneller buddhistischer Ausrichtung sei Achtsamkeitspraxis wirklich ethisch und transformativ. Jedenfalls regte das MOOC mit seinen Fragen zu ethischen und politischen Dimensionen von Achtsamkeit eigene Positionsklärungen und weiterführende Lektüre bei mir an.

Sehr eindrücklich bewusst geworden ist mir im Achtsamkeits-MOOC zudem, wie problematisch es ist, unser heutiges säkulares Verständnis von Achtsamkeit in der westlichen Welt mit einer vermeintlich einheitlichen ›fernöstlichen‹ oder ›buddhistischen‹ Lehre zu kontrastieren, da sich dahinter so viele verschiedene historisch, geographisch und soziokulturell ausdifferenzierte Ansätze und Lehren verbergen. Sehr erhellend fand ich die Stellen in Lektion 3 des MOOC, in denen der ideale Umgang mit Gefühlen gemäß säkularer Achtsamkeitslehre mit den Vorstellungen anderer Denkschulen verglichen wurde, etwa dem Stoizismus. Als Lücke empfand ich es dann, dass der Kurs keine genaueren Bezüge zwischen dem Achtsamkeitskonzept und verwandten Konzepten in der westlichen Philosophie und christlichen Tradition aufzeigte, wie etwa den Ansätzen der christlichen Kontemplation.

1.6 Zertifikatsausbildung Achtsame Hochschullehrende (ZAH®) an der Hochschule Osnabrück

Im Wintersemester 2019/20 besuchte ich die ZAH®, die vom Thüringer Modell *Achtsame Hochschulen* zusammen mit der Frankfurt University of Applied Sciences (UAS) und der Hochschule Osnabrück durchgeführt und von der AOK Hessen gefördert wurde. Der Teilnahmebeitrag war dadurch auf 180 Euro pro Person für Organisation und Verpflegung reduziert. Der Kurs war in fünf jeweils zweitägige Module (Freitag und Samstag) eingeteilt, die zwischen Oktober 2019 und Mai 2020 im Meditationsraum des Gebäudes SL auf dem Campus Westerberg der Hochschule Osnabrück stattfanden. Der Meditationsraum ist ein großer, heller Eckraum im zweiten Stock, in dem in hohen Regalen Decken, Kissen und Matten bereitgehalten werden. Teilgenommen haben rund 20 Hochschullehrende von acht Hochschulen aus sechs Bundesländern: Neben Niedersachsen (Hochschule Osnabrück, Universität Hannover) waren Nordrhein-Westfalen (Hochschule Bochum), Hessen (Frankfurt UAS, TU Darmstadt), Thüringen (TU Ilmenau), Sachsen (HTW Dresden) und Berlin (Alice Salomon Hochschule Berlin) vertreten. Einige Teilnehmende kannte ich bereits aus dem Inkubationsworkshop im Benediktushof. Für mich war diese Zertifikatsausbildung ein Aufbaukurs nach meinem MBTT®-Kurs im Augustinerkloster. Er sollte neben der Förderung der eigenen Praxis auch die Integration von Achtsamkeit in die Lehre verstärkt behandeln.

Metta, Mantra und Deep Democracy

Das erste Modul wurde von Boris Bornemann angeleitet und stand unter dem Titel »Achtsamkeit vertiefen«. Theoretisch ging es um die Definition und Wirkung von Achtsamkeit und um empirische Befunde aus dem *ReSource*-Projekt, der bislang weltweit größten Studie zu Meditation und mentalem Training, an der Boris Bornemann maßgeblich beteiligt war (vgl. Singer et al. 2016). Zudem haben wir viel geübt, vor allem auch Metta-Meditationen, die wohlwollende Freundlichkeit und liebevolle Güte *(loving kindness)* sich selbst, anderen Menschen und letztlich allen Lebewesen und der ganzen Welt gegenüber zum Zentrum haben.

Im zweiten Modul berichtete Reiner Frey von der Frankfurt UAS von dem sogenannten Selbstprojekt, einem Lehr- und Forschungsprojekt seiner Hochschule, das auf Selbsterkenntnis und Selbstentfaltung der Studierenden durch Meditation angelegt ist (vgl. Dievernich/Döben-Henisch/Frey 2019). Zudem erklärte Reiner Frey, der eine 30-jährige Meditationspraxis in verschiedenen buddhistischen Schulen mitbringt, buddhistische Traditionen und leitete diverse buddhistische Meditationen einschließlich Mantra-Singen an.

Das dritte Modul war dem *Deep-Democracy*-Ansatz von Greg und Myrna Lewis gewidmet, der auch als *Lewis Deep Democracy* bezeichnet wird (vgl. Lewis/Woodhull 2018) und eine Entscheidungs- und Konfliktlösungsmethode darstellt. Christiane Leiste von der Hochschule Osnabrück erklärte die Theorie und Methodik und wir führten gemeinsam einen Gruppenentscheidungsprozess zu der Frage durch, ob und unter welchen Bedingungen zu einer politischen Podiumsdiskussion an der Hochschule neben den anderen Parteien auch die AfD eingeladen werden sollte, obwohl diese Partei demokratie- und menschenfeindliche Positionen vertritt. Die Besonderheit des *Deep-Democracy*-Ansatzes besteht darin, nicht einfach nach der Mehrheitsentscheidung zu gehen, sondern speziell die kritischen und skeptischen Stimmen (also die Minderheit der Nein-Sager:innen) mit der Frage: »Was braucht ihr, um mitmachen/zustimmen zu können?«, aktiv einzubeziehen. Dadurch kann die Entscheidung im besten Fall zu einer noch klügeren Lösung reifen, die am Ende von allen Beteiligten mitgetragen wird.

Achtsamkeitspädagogik

Im vierten Modul stand die Anleitung ausgewählter achtsamkeitspädagogischer Übungen im Zentrum. Die Achtsamkeitslehrerin Karin Krudup, die ich schon aus dem Inkubationsworkshop im Benediktushof kannte, leitete dieses Modul an. Es bestand aus einer Mischung aus Theorie, Praxis und vielen Übungen in Kleingruppen. Es machte sehr viel Spaß, Achtsamkeitsübungen wie Dyaden oder aktivierende Übungen wie die 1-2-3-Übung, bei der zu zweit abwechselnd körpersprachlich bis drei gezählt wird, selbst auszuprobieren und anzuleiten. Am Ende der Sitzung skizzierten wir in der Abschlussrunde unsere Ideen für das Zertifizierungsprojekt. Diese waren sehr vielfältig: Manche wollten Achtsamkeitsübungen in Team- oder Gremiensitzungen bis hin zum Senat ihrer Hochschule einführen. Manche wollten in ihren Lehrveranstaltungen verstärkt Achtsamkeitsübungen anleiten. Obwohl ich selbst bereits mit der Integration von Achtsamkeitsübungen in die Lehre experimentiert hatte, definierte ich mein Projekt bewusst grundlegender und setzte auf der Ebene der eigenen Achtsamkeitspraxis an, die ich als tägliche Morgenroutine etablieren wollte.

Das fünfte und letzte Modul war dann das Zertifizierungsmodul, bei dem die verschiedenen Achtsamkeitsprojekte der Teilnehmenden vorgestellt und reflektiert wurden. Geleitet wurde dieses Modul wiederum von Karin Krudup zusammen mit dem Bildungs- und Gesundheitswissenschaftler und Achtsamkeitslehrer Nils Altner.

Während dieses Zertifikatskurses machte ich die bislang größten Fortschritte, sowohl hinsichtlich meiner eigenen Achtsamkeitspraxis als auch bei der Integration von Achtsamkeit in die Lehre. Die äußerst engagierte und teilweise bereits sehr meditationserfahrene Gruppe, das gemeinsame Praktizieren und die konkret auf die eigene Hochschullehre bezogenen Praxisübungen der letzten beiden Module brachten mich einen großen Schritt voran. Besonders schön war auch die ständige Begleitung durch meine meditationserfahrene, warmherzige und unterstützende Dyadenpartnerin Anna Eger vom Gesundheitsmanagement der TU Darmstadt, mit der ich wöchentlich telefonierte und von der ich viele Details zur eigenen Achtsamkeitspraxis und zur Anleitung von Achtsamkeitsübungen lernen konnte. Verzichtbar gewesen wären für mich in diesem Kurs die buddhistischen Elemente und die *Deep-Democracy*-Inhalte. Lieber hätte ich die achtsamkeitspädagogischen Übungen wiederholt und vertieft. Tatsächlich kam auch in jenen beiden Modulen etwas Spannung und Unmut in der Gruppe auf, da eben die Passfähigkeit und Präsentationsform dieser Inhalte in einer Zertifikatsausbildung für achtsame Hochschullehrende nicht von allen gleichermaßen nachvollzogen werden konnten.

Ein großer Pluspunkt des Kurses war der sehr engagierte und teilweise untereinander bereits bekannte Kreis der Hochschullehrenden. Wenn wir uns nach vier Wochen wiedersahen, war das überschwänglich und erinnerte manche an die Stimmung bei einem Klassentreffen. Da sich der Zertifikatskurs über acht Monate erstreckte, gab es genügend Zeit, ein Gemeinschaftsgefühl aufzubauen. Zwischen den Modulen in Osnabrück fanden die wöchentlichen Telefonate in der Dyade statt. Zudem trafen wir uns im März 2020 auch einmal zu einer Onlinevideokonferenz.

1.7 Achtsamkeitsapp 7Mind

Im Januar 2020 begann ich erstmals, mit einer Achtsamkeitsapp zu üben. Die Wahl fiel auf die App 7Mind, da ich über diese App sehr positive Erfahrungsberichte aus meinem Freundeskreis gehört hatte. Zudem hatte ich die App bereits meinen Studierenden empfohlen, denn die Kosten von rund 75 Euro für das Jahresabonnement werden den Studierenden der TU Ilmenau erlassen.

App-basierte Einzelmeditationen und Kurse

Die App enthält Einzelmeditationen (sogenannte Singles), aber auch ganze Meditationskurse, deren tägliche Sitzungen aufeinander aufbauen. Ich habe mit dem Grundlagenkurs zum Meditieren begonnen, der sich mit der Basiseinheit und vier Intensiveinheiten über insgesamt fünf Wochen erstreckt, und dann mit dem Stresskurs weitergemacht, der ebenfalls eine Basiseinheit und vier Intensiveinheiten beinhaltet und bei täglichem Üben wiederum fünf Wochen dauert. Die App enthält kürzere wie längere Meditationen bis zu 60 Minuten. Sie ist sehr leicht bedienbar und übersichtlich strukturiert. Im Profil zeigt sie die bisherigen Meditationen mit der App an (Anzahl der Meditationen, Anzahl der aufeinanderfolgenden Tage mit Meditationen und bisherige Meditationszeit).

Die App bietet Meditationsanleitungen durch den Sprecher und 7Mind-Mitgründer Paul J. Kohtes und die Sprecherin Dorothea Gädeke. Die Tonqualität, die Wortwahl und Intonation der Audioanleitungen sind durchgängig von hoher Qualität. Insgesamt fühlt sich die App für mich wie eine geduldige, freundliche Begleiterin an. Grundelemente der Meditationen wie z.B. das Beobachten des Atems, der Körperempfindungen und der Gedanken waren mir bereits aus den Meditationen früherer Achtsamkeitskurse bekannt. Gleichzeitig kamen hier nun neue Aspekte hinzu wie beispielsweise die Idee, sich beim Meditieren selbst von außen zu sehen, um eine Überidentifikation mit den eigenen Gedanken oder mit schmerzenden Körperteilen aufzulösen. Dazu gehörte auch der Vorschlag, bei Atemmeditationen die fortlaufende Fokussierung auf den Atem zu erleichtern, indem man dabei »Einatmen – Ausatmen« denkt oder die Hand beim Einatmen sanft schließt und beim Ausatmen öffnet.

Motivierendes und demotivierendes Monitoring

Für erfahrende Meditierende mag eine App im doppelten Sinne wie ein Notbehelf wirken, da das System sowohl das Durchführen der Meditationen überwacht als auch die Inhalte der Meditationen durch die Audioanleitungen vorgibt. Für mich als Anfängerin hat sich die App allerdings teilweise als nützliche Hilfe erwiesen, um regelmäßiges Meditieren als positive Gewohnheit zu etablieren. Die sich in meinem Profil in der App sichtbar verlängernde Serie der aufeinanderfolgenden Tage mit dokumentierten Meditationen wirkte oftmals motivierend. Doch dieses Monitoring kann auch demotivierend wirken, wenn es die fehlenden Meditationstage aufnimmt und somit die eigenen Versäumnisse vor Augen führt. Unter meinen bisherigen MBSR-Trainer:innen gab es unterschiedliche Einschätzungen zu Apps: Einerseits wurde die Gefahr gesehen, dass Apps einem äußerlichen Leistungs- und Wettbewerbsgedanken verhaftet sind, also letztlich im Geist von *McMindfulness* stehen (vgl. Purser/Loy 2013; Purser 2019) und so der Verinnerlichung einer authentischen achtsamen Haltung eher im Wege stehen. Anderseits wurden Apps aber auch als zeitgemäße Vermittlungsformen betrachtet und ausdrücklich empfohlen. Ich persönlich würde sagen, dass es mit der App genau wie mit allem anderen auch ist, mit jedem Kurs, jedem Retreat, jedem Buch und jeder Audioanleitung: Man kann das jeweilige Achtsamkeitsangebot achtsam oder unachtsam nutzen. Von der konkreten medialen Erscheinungsform allein ist das nicht abhängig.

Der Mainstream der nationalen und internationalen Achtsamkeitsszene nutzt inzwischen digitale Medien ganz selbstverständlich. Namhafte Achtsamkeitslehrende geben Vorträge, Interviews und Anleitungen auf Youtube, bieten strukturierte Onlinekurse und eben auch Smartphone-Apps an. Neben der App 7Mind bin ich im Zuge der Achtsamkeitskurse durch die Lehrenden u.a. auch auf die Achtsamkeitsapps Balloon mit dem Sprecher Boris Bornemann und auf die App Am Mindfulness mit dem Sprecher Nils Altner aufmerksam geworden, konnte sie aber bislang noch nicht ausprobieren.

2. Erkenntnisse und Effekte

Was sind nun nach gut einem Jahr der systematischen Beschäftigung mit Achtsamkeit und ihrer Kultivierung meine zentralen Erkenntnisse? Erlebe ich persönlich ähnliche Effekte, wie sie in der Achtsamkeitsforschung beschrieben werden? Die folgende Reflexion gliedert sich in drei Aspekte, die in der Achtsamkeitspädagogik mit Blick auf die Lehrenden differenziert werden (vgl. Hawkins 2017): *being mindful* (eigene Achtsamkeitspraxis der Lehrkraft), *teaching mindfully* (Lehren mit achtsamer Haltung) und *teaching mindfulness* (Integration von Achtsamkeitsübungen in die Lehre).

2.1 Being mindful

In der ZAH® wurde die eigene Achtsamkeitspraxis stets als die Basis aller weiteren Schritte dargestellt. Das propagieren auch die einschlägigen Fachbücher (vgl. z.B. Cook-Cottone 2017; Nath Hanh/Weare 2017). Denn wenn man nicht selbst eine achtsame Haltung entwickelt und verkörpert und regelmäßig Achtsamkeitsübungen durchführt, werden Achtsamkeitsanleitungen für Studierende unauthentisch und aufgesetzt erscheinen.

Pflege der Achtsamkeitspraxis

Das unmittelbare Erleben der gemeinsamen Meditationen in den Kursen und der eigenen Meditationspraxis zu Hause ist sehr unterschiedlich. An manchen Tagen sind beim Meditieren sehr viel Unruhe und Gedanken sowie schmerzhafte Körperempfindungen beobachtbar, an anderen Tagen ist der Geist ruhiger, zuweilen gibt es Momente der Präsenz und inneren Stille, allerdings selten und flüchtig. Ich bemühe mich, diese unterschiedlichen Erfahrungen als Teil des Prozesses zu betrachten und keine zu hohen Erwartungen an das Meditationserleben zu stellen, um mich nicht unter Druck zu setzen, sozusagen auf Kommando noch besser und noch tiefer zu meditieren. Ich glaube, dass selbst Meditationssitzungen, in denen der Geist sehr unruhig ist und immer wieder längere Zeit abschweift, bevor ich es realisiere und die Aufmerksamkeit wieder auf den Atem zurücklenke, ihre Wirkung tun.

Das gemeinsame Eintauchen ins Meditieren in einer Gruppe erleichtert mir oft die eigene Konzentration und ist deswegen eine wichtige Ergänzung zum Üben allein. Ohne die kontinuierliche Begleitung durch die verschiedenen Achtsamkeitskurse, die Anleitung durch kompetente Achtsamkeitslehrende und den Austausch mit anderen Übenden in den Gruppen wäre es mir nicht möglich gewesen, die Kultivierung von Achtsamkeit systematisch über Wochen und Monate hinweg zu betreiben. Dass ich so lange und so begeistert dabeibleiben konnte, lag wesentlich an den Kursen und der Gemeinschaft mit den anderen Übenden.

Präsenzmomente im Alltag

Sehr deutlich spürbar ist für mich seit Beginn der ersten bewussten Achtsamkeitsübungen eine Zunahme achtsamer Momente im Alltag. Wie automatisch gibt es nun im Alltagsbetrieb, der manchmal eben durchaus Züge des berüchtigten Hamsterrades trägt, Momente des Innehaltens und der bewussten Wahrnehmung. Sei es, dass ich im Vorbeigehen plötzlich kurz Naturphänomene wie Windböen, Regentropfen und Sonnenschein bemerke oder bei sozialen Interaktionen das Gegenüber deutlicher wahrnehme. Diese Achtsamkeitsmomente im Alltag sind immer unverhofft und sehr schön. Inzwischen habe ich angefangen, im Alltag auch bewusster innezuhalten, tiefe Atemzüge zu nehmen oder zwischendurch ganz bewusst eine Weile nur die Umgebung zu betrachten. Interessant finde ich, wie diese Effekte sich praktisch von allein gehäuft einstellen, und zwar ganz klassisch in der Warteschlange an der Kasse, an der roten Ampel, beim Geschirrspülen oder beim Kaffeetrinken. Es ist eine Art des Präsentwerdens, wodurch sich auch banale oder eher als lästig eingestufte Tätigkeiten plötzlich interessant und entspannend anfühlen.

Selbstregulation in belastenden Situationen

Ein besonderer Test für die eigene achtsame Haltung sind natürlich Belastungssituationen. Hier ist es besonders herausfordernd, die Situation von der eigenen Bewertung gedanklich zu trennen und Raum zu schaffen, um eine passende Reaktion zu finden und nicht einfach impulsiv zu reagieren.

Sehr eindrücklich war für mich die Situation eines Autounfalls an einem Samstagvormittag, bei dem niemand verletzt wurde, der aber letztlich angesichts der Kollision mit einem Felsbrocken den Totalschaden meines Wagens bedeutete und bei mir im ersten Moment starkes Stresserleben und Gedanken auslöste wie: »Oje, warum ist das jetzt passiert? Ausgerechnet heute. Eben war die Welt doch noch in Ordnung. Jetzt ist das ganze Wochenende verdorben. Und dabei hätte ich echt mal gerne ein erholsames Wochenende gehabt. Der ganze organisatorische Kram, der jetzt noch folgt. Was soll ich denn machen? Kann man das zumindest notdürftig erst einmal reparieren? Mein schönes Auto. So ein Mist aber auch ...« Es war eine Mischung aus Enttäuschung, Erschöpfung und auch Wut auf den Unfallfahrer, den ich ans Steuer gelassen hatte.

In diesem Moment habe ich tatsächlich bewusst umgeschaltet, eine achtsame Haltung eingenommen und mich von meinen spontan aufkommenden Gedanken distanziert. Ich habe mir klargemacht, dass es ja generell nichts bringt, innerlich gegen die Vergangenheit zu rebellieren, und die Situation, wie sie jetzt ist, nun einmal als solche hinzunehmen ist. Zudem habe ich Dankbarkeit aktiviert, da ja zum Glück nichts Schlimmeres passiert ist. Letztlich habe ich meine Gedanken zu dem komplett verdorbenen Wochenende betrachtet, als sich selbst erfüllende Prophezeiung beiseitegeschoben und stattdessen gedacht, dass ich trotz dieses Missgeschicks ja dennoch ein schönes Wochenende haben könnte. Am Ende habe ich den verstörten und schuldbewussten Unglücksfahrer umarmt und gesagt: »Du kannst gern mein Auto kaputtfahren, das macht mir nichts, ich mag dich trotzdem.« Diese Wendung innerhalb von fünf Minuten stillen Nachdenkens ganz ohne äußeres Drama hinzubekommen, fand ich erleichternd. Zwar war die Stimmung im Nachgang noch eine Weile etwas gedämpft, aber ich war nicht mehr im akuten Stress- und Streitmodus.

Fazit

Effekte von Achtsamkeitsübungen haben sich bei mir relativ schnell positiv bemerkbar gemacht, manchmal subtil als Präsenzmoment im Alltag, manchmal prägnant als verbesserte Selbstregulation in heiklen Situationen, wie es auch Studienergebnisse zeigen (vgl. Keng/Smoski/Robins 2011). Dennoch sind Achtsamkeitsübungen natürlich kein einfaches Allheilmittel und es bleiben zumindest für mich als Anfängerin genügend herausfordernde und leidvolle Situationen im Leben bestehen.

2.2 Teaching mindfully

Wenn ich versuche auf den Punkt zu bringen, ob und wie sich im Zuge der Kultivierung von Achtsamkeit auch ein Lehren mit achtsamerer Haltung eingestellt hat, kann ich drei kleine Veränderungen benennen.

Begrüßung und Befinden

Seit der Beschäftigung mit Achtsamkeit habe ich mir angewöhnt, am Beginn von Lehrveranstaltungen bei der Begrüßung ausführlicher als zuvor nach dem Befinden der Studierenden zu fragen. Manchmal erfahre ich dann z.B. in Seminaren, dass die Studierenden durch eine direkt davorliegende Sitzung schon sehr erschöpft sind oder umgekehrt, dass sie einen freien Vormittag hatten. Darauf kann ich mich dann einstellen. In größeren Vorlesungen kann die Frage: »Wie geht es Ihnen heute – geht es Ihnen gut?«, natürlich weniger klar beantwortet werden. Es ist eher ein Moment der Kontaktaufnahme, in dem ich durch die Reihen schaue und mich freue, wenn ich einzelne Studierende enthusiastisch Nicken oder »Daumen hoch« zeigen sehe. Für mich steht das insofern mit Achtsamkeit in Verbindung, als es ein Innehalten darstellt und den Einstieg in die Lehrveranstaltung auf persönlicherer Ebene gestaltet. In individuellen Beratungen zu Abschlussarbeiten verbringe ich mittlerweile auch mehr Zeit damit, mich genauer darüber auszutauschen, wie es den Studierenden geht und welchen Bezug sie persönlich zu dem wissenschaftlich bearbeiteten Thema haben.

Pausieren und Durchatmen

Generell mache ich seit Längerem bei 90-minütigen Vorlesungen in der Mitte eine 5-minütige Pause. Da ich alle Studierenden bitte, die Digitalgeräte während des Unterrichts beiseitezulegen, um digitale Ablenkung *(digital distraction)* zu vermeiden, wird die Pause von ihnen vor allem genutzt, um zu schauen, ob es Neuigkeiten auf dem Smartphone gibt. Zusätzlich mache ich inzwischen inspiriert durch die Achtsamkeitspraxis weitere kleine Pausen und versuche bewusst, Anspannungssituationen in Entspannungssituationen umzuwandeln. So kommt beispielsweise in medienpsychologischen Veranstaltungen oft Unruhe auf, wenn ich Theorien oder Methoden anhand von praktischen Medienbeispielen erkläre. Denn die Studierenden identifizieren sich teilweise stark mit den genannten Musikstars, Social-Media-Influencer:innen oder TV-Serien – oder eben mit der Ablehnung derselben. Sie jubeln begeistert, weil sie die Serie *Game of Thrones* oder das Game Grand Theft Auto ›feiern‹, und lachen verächtlich, weil sie den Musiker Justin Bieber oder die Youtuberin Bibi von Bibis Beautypalace einfach nur »lächerlich« finden und »nicht ernst nehmen« können. Die dadurch entstehende Unruhe kostet immer viel Zeit und strengt mich an, wenn ich dann zur Ruhe mahnen und zum Weitermachen antreiben muss. Ich habe schon überlegt, alle anschaulichen Beispiele zu streichen, da sie offenbar so ein starker Störfaktor sind.

Im Zuge der Achtsamkeitskultivierung versuche ich nun, die Unruhe für mich selbst als Pause zum Durchatmen zu nutzen und eben nicht gleich zum Weitermachen zu drängen. Ich beobachte das Geschehen und ruhe mich etwas aus. Offenbar braucht das Umschalten vom Alltagsmodus der starken Identifikation mit Medienbeispielen auf einen wissenschaftlichen Betrachtungsmodus der erkenntnissuchenden Neugier etwas mehr Zeit und wiederholte Übungsdurchgänge. Wenn die Aufwallung abgeebbt ist, lade ich noch einmal in Ruhe zur Reflexion der Situation ein. Da dieser Lernschritt zur Entwicklung von Metakognition und wissenschaftlicher Haltung bezüglich unserer lebensweltlichen Untersuchungsgegenstände in der Medienpsychologie und Kommunikationswissenschaft so wichtig ist, reserviere ich dafür jetzt von voneherein mehr Zeit.

Metta-Gedanken

Aus meiner Übungspraxis von Metta-Meditationen habe ich eines Tages spontan ein kleines Ritual entwickelt. Immer wenn ich vor der Vorlesung die schwere Hörsaaltür im Helmholtzbau öffne, denke ich mir: »Mögen wir heute gut lernen.« So ein Gedanke ist keine große Sache, aber es ist schön, ihn zu haben.

Fazit

Ähnlich wie im sonstigen Alltagsleben beobachte ich auch in der Lehre Veränderungen meines Erlebens und Verhaltens, die ich mit der Achtsamkeitspraxis in Verbindung bringe und als spürbare kleine Verbesserungen bewerte – auch wenn man in der Welt der Achtsamkeit ja gar nicht so viel bewerten und urteilen soll. Natürlich hängt gute Lehre noch an vielen anderen Faktoren, etwa fachlichen, didaktischen, zeitlichen und räumlichen. Bei aller Begeisterung für Achtsamkeit soll das nicht vergessen werden. Und wenn Jon Kabat-Zinn (vgl. 2019: 69ff.) die sieben zentralen Säulen der inneren Einstellung bei der Kultivierung von Achtsamkeit nennt (1. Nichturteilen, 2. Geduld, 3. den Geist des Anfängers bewahren, 4. Vertrauen, 5. Nichterzwingen, 6. Akzeptanz, 7. Loslassen) und dann noch weitere Qualitäten wie Wohlwollen, Mitgefühl und Rücksichtnahme hinzufügt, dann klingt das für mich immer noch recht abstrakt und abgehoben vom Alltag im Hörsaal und im Seminarraum. Es wäre darüber nachzudenken, wie wir die Haltungen von sogenannten achtsamen Hochschullehrenden denn praxisnäher beschreiben und mit Beispielen aus dem Lehralltag unterlegen können.

2.3 Teaching mindfulness

Angeregt durch den MBTT®-Kurs im Augustinerkloster, den Erfahrungsaustausch mit bereits zertifizierten achtsamen Hochschullehrenden beim Inkubationsworkshop im Benediktushof und den Übungen in der ZAH® an der Hochschule Osnabrück habe ich im Wintersemester 2019/20 vorsichtig begonnen, mit drei verschiedenen Achtsamkeitsübungen in Lehrveranstaltungen zu experimentieren. Das Ziel der Integration von Achtsamkeitsübungen in die Lehre ist dabei ein doppeltes: Zum einen geht es darum, die Lehr-Lern-Situation unmittelbar zu verbessern (z.B. durch stärkere geistige Fokussierung), zum anderen aber auch darum, Studierende an die Kultivierung von Achtsamkeit heranzuführen und ihnen Impulse zu geben, im Zuge ihrer akademischen Ausbildung auch ihre metakognitive Kompetenz weiterzuentwickeln.

Dyade

Die Dyade als Einsichtsdialog in der Tradition von Gregory Kramer (vgl. 2009) mit abwechselnd achtsamem Sprechen und achtsamem Zuhören habe ich mehrfach in der Lehre ausprobiert – wie es auch von zertifizierten achtsamen Hochschullehrenden aus dem Thüringer Modell beschrieben wird (vgl. Ostermaier 2019). Besonders gut gelungen schien mir die Dyade in Erstsitzungen am Semesterbeginn, wenn ich den Studierenden den Anstoß gab, sich darüber auszutauschen, aus welchen Gründen sie Kommunikationswissenschaft an der TU Ilmenau studieren oder warum sie gerade dieses Wahlpflichtmodul gewählt haben. Die Energie im Raum ging schlagartig nach oben und alle konnten sich beteiligen, sich kennenlernen und mit ihren eigenen Zielen und Werten auseinandersetzen. Ich habe die Dyade auch mit methodischen Fragen in einem Forschungsseminar wie: »Welche Vorschläge haben Sie zum Design der anstehenden Studie?«, erprobt – dabei gerieten die Studierenden schnell ins gemeinsame Diskutieren und warteten den Rollenwechsel nicht ab. Die Dyade als spezifische achtsame Austauschform will also gezielt platziert und geübt werden, bevor sie sich als echter Einsichtsdialog entfaltet.

Atemraum-Meditation

Da ich die Atemraum-Meditation persönlich sehr mag, wollte ich sie gern auch den Studierenden anbieten. Ich fragte meine MBSR-Lehrerin Karin Krudup, ob ich dafür eine Audioaufzeichnung in den Hörsaal mitnehmen oder selbst anleiten soll. Sie gab mir den klaren Tipp, selbst anzuleiten. Als ich das zum ersten Mal tat, war ich doch recht aufgeregt in dieser neuen Rolle und auch angesichts der vielen Details, die zu der Anleitung gehören. Ich glaube, ich habe dann sogar vergessen, am Anfang zu erwähnen, dass man die Augen schließen kann. Allerdings habe ich vorne gesessen und alles vorgemacht, wenn auch mit stark klopfendem Herzen. Obwohl es mir selbst noch etwas holprig vorkam, haben die Studierenden interessiert mitgemacht. Auch andere Hochschullehrende haben in den Kursen berichtet, dass sie anfangs eine deutliche Hemmschwelle verspürten, Meditationen im Hörsaal anzuleiten, dieses ungewohnte Angebot aber letztlich in allen Studiengängen gut angenommen wurde.

Stille Minute

Am besten bewährt hat sich bislang für mich die sogenannte Stille Minute. Vorab erkläre ich kurz, dass wir eine Übung machen, um uns zu fokussieren und zu konzentrieren, man dafür gar nichts Besonderes tun muss und wir einfach die Stille genießen und wirken lassen. Ich erwähne kurz die aufrechte Sitzposition und das Schließen der Augen und dass natürlich alles eine Einladung und völlig freiwillig ist. Dann gebe ich ein Startsignal mit der Zimbel und wir sitzen einige Zeit, bis ich das Gefühl habe, dass es nun reicht und mit der Zimbel die Stille Minute beende. Diese Übung ist insofern niedrigschwellig, als meine eigene Hemmschwelle dabei nach kurzer Zeit sehr gering war und die Studierenden bereitwillig mitmachten.

Und nicht nur das: In einer Sitzung, in der ich noch im Zweifel war, ob ich nun eine Meditation einbauen soll oder nicht, kam in der Pause eine Studentin zu mir und fragte: »Meditieren wir heute noch? Das war nämlich sehr schön letztes Mal.« Ich freute mich sehr und sagte sofort: »Na klar, gleich nach der Pause.« Ich habe dann eine Stille Minute angeleitet und es war wirklich sehr ruhig. Dann kam eine Person verspätet in den Hörsaal zurück, die Tür knallte, es polterte, einige begannen zu kichern. Ich sagte nur: »Ja, die Stille ist natürlich nicht perfekt. Nichts im Leben ist perfekt. Da gibt es manchmal auch Unruhe, verschiedene Geräusche. Aber das macht nichts, die Stille wirkt trotzdem ...« Sofort beruhigte sich alles. Insgesamt war das eine sehr schöne gemeinsame Meditation und ein stimmiges Erlebnis. Am Ende derselben Sitzung kam ein Student zu mir und fragte, ob er denn den Flügel spielen darf. Ich war sehr perplex: »Welchen Flügel?« Er zeigte auf den Flügel, der direkt neben meinem Pult stand, den ich aber nie als solchen wahrgenommen hatte. Da stand einfach immer etwas Schwarzes im Helmholtz-Hörsaal, um das ich jede Woche auf dem Weg zum Pult herumgegangen bin. Er setzte sich dann an den Flügel und spielte einige Melodien, während alle ihre Sachen packten und hinausgingen. Der Hörsaal bekam dadurch unverhofft eine völlig neue Farbe.

Bei den ersten Versuchen mit der Stillen Minute habe ich sie einmal ganz am Anfang der Vorlesung und einmal nach der Pause in der Mitte platziert. Manche Kolleg:innen berichten, dass sie mittlerweile jede Veranstaltung mit einer fünfminütigen stillen Meditation einleiten und/oder beenden, was ich noch probieren möchte. Ich habe auch schon ein Kolloquium abgehalten, wo wir vor jedem einzelnen Vortrag eine Stille Minute genossen haben. Einerseits dachte ich, dass das angesichts der Aufregung der Kandidat:innen, die den Stand ihrer Abschlussarbeiten präsentieren, besonders gut passen würde. Andererseits war ich nachher unsicher, ob das vielleicht doch etwas zu viel des Guten war. Hier sind Dosierung und Platzierung der Stillen Minuten für mich noch genauer zu erkunden. Auch die Wirkungen auf die Studierenden sind mir noch nicht ganz klar: So gibt es beispielsweise die Beobachtung, dass direkt nach einer Stillen Minute der Energie- und Lärmpegel rapide steigt. Wenn man sich durch die Meditation mehr Ruhe und Fokus in der Gruppe versprochen hatte, ist das erst einmal ein kontraproduktiver Effekt.

Fazit

Insgesamt sehe ich die Integration von Achtsamkeitsübungen in die Lehre als sinnvoll an, da sie – je nach Übung – Konzentration, Interaktion, Ruhe und Aktivierung fördern können und das Klima im Hörsaal und Seminarraum verändern. Auch war für mich deutlich erkennbar, dass die junge Generation Interesse an Achtsamkeitskultivierung mitbringt und für Themen wie mentale Gesundheit, aber auch soziale Verantwortung sensibilisiert ist. Insofern ist es sinnvoll, diese Interessensgebiete der Studierenden in der Lehre aufzugreifen.

Gleichzeitig ist für mich während der ersten Versuche deutlich geworden, wie viele Fragen sich bei der praktischen Umsetzung ergeben und dass es ein längerer Prozess ist, bis man die passenden Achtsamkeitsübungen für die jeweilige Situation parat hat und mit Leichtigkeit umsetzen kann. Die Fachliteratur könnte hierzu noch eine Sammlung von *Good-practice*-Beispielen von Achtsamkeitsübungen mit unterschiedlichen Zielsetzungen, Zielgruppen und Zeitdauern für die Hochschullehre vertragen. Denn bei meiner Suche nach Literatur bin ich bislang nur auf achtsamkeitspädagogische Bücher für den Schulunterricht gestoßen (vgl. z.B. Kaltwasser 2016; Cook-Cottone 2017; Nath Hanh/Weare 2017; Altner 2019) oder auf Beiträge für die Hochschulbildung, die sofort bei anspruchsvollen curricularen Veränderungen im Sinne kontemplativer Pädagogik und Bildung mit starkem Fokus auf wertorientierter Selbsterfahrung ansetzen (vgl. z.B. Barbezat/Bush 2014). Es wäre hilfreich, aus dem Netzwerk der zertifizierten achtsamen Hochschullehrenden eine Sammlung von bewährten Übungen mit genauen Instruktionen für die Lehrenden und Beschreibungen der Sichtweisen der Studierenden zu generieren.

3. Zusammenfassung und Ausblick

Meine Bilanz nach gut einem Jahr ist eindeutig positiv. Überzeugt von Sinn und Nutzen der Kultivierung von Achtsamkeit war ich von Anfang an. Zweifel hatte ich vor allem, ob es mir gelingen würde, eine regelmäßige Achtsamkeitspraxis in meinen Alltag zu integrieren. Zu Herzen gegangen ist mir, dass die Studierenden nicht nur bereitwillig mitgemacht, sondern die Achtsamkeitsübungen mehrfach explizit nachgefragt haben. Das motiviert dazu, kleine Achtsamkeitsübungen als regulären Bestandteil in den Unterricht aufzunehmen.

Natürlich stehe ich noch ganz am Anfang und werde auch weiterhin Anleitung und Inspiration benötigen, um den Weg zur Kultivierung von Achtsamkeit weiterzugehen. Dazu wünsche ich mir regelmäßige Kursangebote vor Ort, am besten auch wirklich im Hochschulkontext, um mit ausgebildeten MBSR-Lehrer:innen und in der Gruppe mit anderen Hochschulangehörigen zu üben und sich auszutauschen. Ich bin überzeugt, dass es sich lohnt, an Hochschulen *lokale Achtsamkeitscommunitys* aufzubauen, da damit nicht nur die Einzelnen gesünder und empathischer leben und arbeiten, sondern sich auch transformative Ideen und Initiativen für das System Hochschule ergeben. Tatsächlich stärkt es das Gemeinschaftsgefühl an der Hochschule, einmal fakultäts- und statusgruppenübergreifend zusammenzusitzen und zur Abwechslung einmal nicht zu reden, ja am besten bewusst gar nichts zu tun. Im Sinne eines ganzheitlichen Gesundheitsmanagements an der Hochschule sind diverse Veränderungen möglich. Wichtig wäre beispielsweise die Einrichtung eines festen Meditationsraumes auf dem Campus, der für Kurse, aber auch für individuelles Meditieren und Pausieren genutzt werden kann.

Darüber hinaus wünsche ich mir für die Pflege und Weiterentwicklung achtsamer Lehre die Fortsetzung der ZAH®, damit der Kreis der achtsamen Hochschullehrenden bundesweit wachsen kann. Wichtig ist auch die regionale Fortsetzung des Coachings für die zertifizierten achtsamen Hochschullehrenden, damit wir uns in Thüringen hochschulübergreifend in regelmäßigen Abständen speziell über das achtsame Unterrichten sowie über praktikable und sinnvolle achtsamkeitspädagogische Ansätze in den verschiedenen Veranstaltungsformen und Fächern austauschen können. Nicht zuletzt haben sich im Rahmen der praxisbezogenen Achtsamkeitskurse auch Anknüpfungspunkte für Forschungsprojekte und Forschungskooperationen ergeben.

Literatur

Altner, Nils (2019): *Wege zu mehr Achtsamkeit und Mitgefühl in der Schule: Eine Schatzkiste voller Übungen und Spielideen*, Hannover.

Anders, Anne Iris Miriam (2019): »Psychische Auswirkungen von Machtmissbrauch in buddhistischen Gruppierungen und essenzielle Aspekte bei psychotherapeutischen Interventionen für Betroffene«, in: *SFU Forschungsbulletin* 7(1), S. 32-50, doi.org/10.15135/2019.7.1.32-50.

Barbezat, Daniel P./Bush, Mirabi (2014): *Contemplative Practices in Higher Education. Powerful Methods to Transform Teaching and Learning*, San Francisco.

Bernstein, Amit/Vago, David R./Barnhofer, Thorsten (2019): »Understanding mindfulness, one moment at a time: an introduction to the special issue«, in: *Current Opinion in Psychology* 29, S. vi-x, doi.org/10.1016/j.copsyc.2019.08.001.

Cook-Cottone, Catherine (2017): *Mindfulness and Yoga in Schools: A Guide for Teachers and Practitioners*, New York.

Creswell, J. David (2017): »Mindfulness Interventions«, in: *Annual Review of Psychology* 68(1), S. 491-516, doi.org/10.1146/annurev-psych-042716-051139.

Dievernich, Frank E.P./Döben-Henisch/Gerd-Dietrich/Frey, Reiner (2019): *Bildung 5.0: Wissenschaft, Hochschulen und Meditation. Das Selbstprojekt*, Weinheim.

Döring, Nicola/Bortz, Jürgen (2016): *Forschungsmethoden und Evaluation in den Sozial- und Humanwissenschaften*, 5. Aufl., Heidelberg.

Feng, Xuan Joanna/Krägeloh, Christian U./Billington, D. Rex/Siegert, Richard (2018): »To what extent is mindfulness as presented in commonly used mindfulness questionnaires different from how it is conceptualized by senior ordained buddhists?«, in: *Mindfulness* 9(2), S. 441-460, doi.org/10.1007/s12671-017-0788-9.

Hawkins, Kevin (2017): *Mindful Teacher, Mindful School. Improving Wellbeing in Teaching and Learning*, London.

Kabat-Zinn, Jon (2015): »Mindfulness«, in: *Mindfulness* 6(6), S. 1481-1483, doi.org/10.1007/s12671-015-0456-x.

Kabat-Zinn, Jon (2019 [1991]): *Gesund durch Meditation. Das große Buch der Selbstheilung mit MBSR*, München.

Kaltwasser, Vera (2016): *Praxisbuch Achtsamkeit in der Schule. Selbstregulation und Beziehungsfähigkeit als Basis von Bildung*, Weinheim/Basel.

Keng, Shian-Ling/Smoski, Moria J./Robins, Clive J. (2011): »Effects of mindfulness on psychological health: A review of empirical studies«, in: *Clinical Psychology Review* 31(6), S. 1041-1056, doi.org/10.1016/j.cpr.2011.04.006.

Kramer, Gregory (2009): *Einsichts-Dialog: Weisheit und Mitgefühl durch Meditation im Dialog*, Freiamt im Schwarzwald.

Lewis, Myrna/Woodhull, Jennifer (2018): *Inside the NO: Five Steps to Decisions that Last*, o.O.

Nath Hanh, Thich/Weare, Katherine (2017): *Happy Teachers Change the World: A Guide for Cultivating Mindfulness in Education*, Berkeley.

Ostermaier, Hubert (2019): »Mit Dyaden zu achtsamer Lehr- und Lernkultur«, in: *DUZ Magazin* 5, S. 56-60.

Purser, Ronald (2019). *McMindfulness: How Mindfulness Became the New Capitalist Spirituality*, New York.

Purser, Ronald/Loy, David (2013): »Beyond McMindfulness«: in: *huffpost.com*, 01.07.2013, huffingtonpost.com/ron-purser/beyond-mcmindfulness_b_3519289.html [letzter Zugriff 01.11.2024).

Purser, Ronald/Milillo, Joseph (2014): »Mindfulness Revisited. A Buddhist-Based Conceptualization«, in: *Journal of Management Inquiry* 24(1), S. 3-24, doi.org/10.1177/1056492614532315.

Repetti, Rick (2016): »Meditation Matters: Replies to the Anti-McMindfulness Bandwagon!«, in: Ronald Purser/David Forbes/Adam Burke (Hg.), *Handbook of Mindfulness. Culture, Context, and Social Engagement*, Cham, S. 473-493, doi.org/10.1007/978-3-319-44019-4_32.

Scherer, Burkhard (2011): »Macho Buddhism. Gender and Sexualities in the Diamond Way«, in: *Religion and Gender* 1(1), S. 85-103, doi.org/10.1163/18785417-00101005.

Schindler, Simon (2020): »Ein achtsamer Blick auf den Achtsamkeits-Hype«, in: *Organisationsberatung, Supervision, Coaching* 27(1), S. 111-124, doi.org/10.1007/s11613-020-00641-z.

Singer, Tania/Kok, Bethany E./Bornemann, Boris/Zurborg, Sandra/Bolz, Matthias/Bochow, Christina (2016): *The ReSource Project. Background, design, samples, and measurements*, 2. Aufl., Leipzig, hdl.handle.net/11858/00-001M-0000-002B-242E-6 [letzter Zugriff 01.11.2024].

Van Dam, Nicholas T., et al. (2018): »Mind the Hype: A Critical Evaluation and Prescriptive Agenda for Research on Mindfulness and Meditation«, in: *Perspectives on Psychological Science* 13(1), S. 36-61, doi.org/10.1177/1745691617709589.

Teil II

Wegweiser für Achtsame Hochschulen

Martina Aßmann, Asena Boyadzhieva, Laura Fitz, Andreas Franze, Jan Giebel, David Graefe, Astrid Hermesmeyer-Kühler, Evelin Kramer, Klaus Kramer, Taiya Mikisch, Richard Möllers, Lena Ramstetter, Kirstin Reil, Denisa Sandbothe, Gerda Schneider, Theresa Strasser, Stefanie Tränkle und Matthias Wigger

Erfahrungen mit Achtsamkeitsangeboten an Hochschulen und anderen Einrichtungen in der DACH-Region

Abstract

Dieses Kapitel bündelt in Einzelberichten, Anekdoten und Vignetten die Erfahrungen, die unterschiedliche Achtsamkeitslehrer:innen in den letzten Jahren mit Achtsamkeitstrainings an Hochschulen und anderen Einrichtungen in Deutschland, Österreich und der Schweiz (DACH) gesammelt haben.

Einleitung der Herausgeber

Es kommen Achtsamkeitslehrer:innen zu Wort, die ihr Studium vor kurzem abgeschlossen und die Hochschule verlassen haben und/oder an einer Doktorarbeit schreiben bzw. als wissenschaftliche Mitarbeiter:innen tätig sind (Gruppe 1). Darüber hinaus äußern sich Achtsamkeitslehrer:innen, die schon viele Jahre als Coach:in oder Trainer:innen tätig sind und in diesem Rahmen auch Achtsamkeitstrainings für Hochschulen anbieten (Gruppe 2). Last, but not least berichten Achtsamkeitslehrer:innen, die im Hauptberuf Hochschullehrer:innen sind und Achtsamkeitsseminare im Rahmen ihres Lehrdeputats durchführen (Gruppe 3).

In der Gruppe 1 finden sich Beiträge von Asena Boyadzhieva (Wien), Laura Fitz (Innsbruck), das Autor:innenteam Jan Giebel, Lena Ramstetter und Theresa Strasser (Salzburg) und Richard Möllers (Köln).

Die Gruppe 2 besteht aus Beiträgen von dem Autorenduo David Graefe und Taiya Mikisch (Göttingen), Martina Aßmann (Hamburg), Astrid Hermesmeyer-Kühler (Villingen-Schwenningen), Gerda Schneider (Tuttlingen), Matthias Wigger (Luzern) und Denisa Sandbothe (Erfurt).

Gruppe 3 bündelt die Beiträge von Stefanie Tränkle (Freiburg), Klaus und Evelin und Klaus Kramer (Ulm), Kirstin Reil (Bremen) und Andreas Franze (Dresden).

Gruppe 1

Asena Boyadzhieva

Mehrdimensionales Achtsamkeitstraining mit Schüler:innen an der AMADEUS International School in Wien und am Leibniz-Institut für Photonische Technologien in Jena

In einer sich ständig beschleunigenden technologischen Gesellschaft kann die Entscheidung zur Verlangsamung der radikalste Akt gewaltlosen Widerstands sein – und vielleicht unterschätzen wir seine Kraft. Still und offen im Geist zu bleiben, während die Welt an uns vorbeirauscht, ist eine Gelegenheit, die Entfaltung des Wandels zu beobachten. Auf diese Weise wird eine gewisse Autonomie über die Bewegungsrichtung gewonnen. Die Kultivierung einer achtsamen Hochschulkultur ist also der Weg, Lehrende und Studierende zu befähigen, eine Zukunft mitzugestalten, die wir alle lieben können. Meine Erfahrungen mit der Umsetzung von Achtsamkeitspraktiken in verschiedenen Bildungsbereichen unterstützen diese Vision. Ob bei Grundschüler:innen, Gymnasiast:innen, Student:innen oder Doktorand:innen: Ich beobachte eine wachsende Reaktion auf soziale und ökologische Praktiken. Diese können auf einer gut entwickelten Grundlage von Achtsamkeit und Sinneswahrnehmung gedeihen.

In den letzten zwei Jahren habe ich Schüler:innen im Alter von sechs bis 17 Jahren an der AMADEUS International School Vienna und in einem privaten Rahmen Achtsamkeit beigebracht. Sie alle schienen von einem mehrdimensionalen, spielerischen und phantasievollen Ansatz zu profitieren, einer Art Erweiterung des Begriffs Achtsamkeit, die über das hinausgeht, was in den letzten Jahren zum Markenzeichen geworden ist. Zu meiner Überraschung kannten sogar die Jüngsten das Wort und selbst unter ihnen gab es Skeptiker:innen. Statt uns also zu sehr auf die Konzepte zu konzentrieren, gingen wir direkt zum Spiel über. Für die Kleinsten stand der Körper im Mittelpunkt. Sie lernten, wie er sich bewegt, wie er sich anfühlt und wie er mit anderen interagiert. Ältere Kinder profitieren immer noch von vielen bewegungsbasierten Übungen, aber hier sehe ich einen klaren Bedarf an der Entwicklung von emotionalem Bewusstsein und Selbstregulierungsfähigkeiten. Auch sozial orientierte Übungen haben sich als sehr nützlich erwiesen. Jugendliche sind nicht so leicht zu beeindrucken. Aber diejenigen, mit denen ich gearbeitet habe, waren bereit, verschiedene Erfahrungen zu machen. Sie wollten wissen, warum wir die Übungen durchführen und was sie mit ihrem Leben zu tun haben. Ich konnte beobachten, wie sie sich mit allen drei Dimensionen der Achtsamkeit auseinandersetzten. Sie forderten einen Wandel und wollten daran teilhaben. Abgesehen von einigen Anpassungen an das Alter und den Kontext haben jedoch alle Kinder nach einer Verbindung gesucht.

Nach meinem Dafürhalten lehrt die Verknüpfung individueller, gesellschaftlicher und umweltbezogener Achtsamkeitspraktiken im Bereich der Bildung unsere neuen Denker:innen, beim Handeln auch zu fühlen und zu spüren. Damit der gut geschulte säkulare Verstand sich entspannen und dem Körper das Reden überlassen kann, braucht er jedoch eine gewisse kognitive Ebene des Verständnisses dessen, was geschieht. So hatte ich zum Beispiel die Gelegenheit, während der »PRIORITY Training School – Recent Trends in Microplastic Research«, die vom 22. bis 26. Mai 2023 am Leibniz-Institut für Photonische Technologien in Jena stattfand, Achtsamkeit zu vermitteln. Jeder Tag begann mit einer kurzen Achtsamkeitssitzung (zehn bis 15 Minuten) und am Nachmittag gab es eine längere Sitzung (ca. 45 Minuten). Es gab auch einen Tagesausflug nach Dresden, bei dem ich während der Fahrt im Bus einige Achtsamkeitsübungen angeboten habe. Die Teilnahme war freiwillig. Die meisten Sitzungen hatten zwischen 20 und 40 Teilnehmer:innen, allesamt Forschende, die sich intensiv mit Umweltfragen beschäftigen. Einige sahen die globale Situation optimistisch, andere waren überwältigt. Einige hatten eine eigene Achtsamkeitspraxis, für andere war es eine erste Einführung. Einige waren offen, es auszuprobieren, andere zögerten. Soweit ich sehen konnte, waren diejenigen, die bereits Erfahrung hatten, offener, verschiedene Methoden auszuprobieren. Diejenigen, denen die Praktiken neu waren, die sich aber trauten, sie auszuprobieren, schienen die individuellen Achtsamkeitsübungen zu bevorzugen, insbesondere die achtsame Bewegung. Die Umfrage, die ich nach dem Kurs durchführte, ergab, dass die

Mehrheit der Teilnehmer:innen die Sitzungen genossen hatte und sich mehr Achtsamkeitsübungen in akademischen Einrichtungen wünschte. Einige gaben jedoch an, dass einzelne Übungen zu »spirituell« oder künstlerisch für eine rational orientierte Gruppe von Teilnehmer:innen waren. Mein Vorschlag, den Versuch zu unternehmen zu hören, was ein Stein zu sagen hat, schien die Grenze zu überschreiten – Lektion gelernt: das Vokabular an das Publikum anpassen.

Daher arbeite ich derzeit an einem Projekt für junge Erwachsene und Lehrkräfte mit, das die Praktiken mit einem kognitionswissenschaftlich fundierten Konzept verbindet, um eine bewusste Beziehung zur Technologie zu fördern und einen kreativen Dialog mit der sich abzeichnenden Zukunft einzuleiten. Die Wiederherstellung der Verbindung zu sich selbst, zu anderen und zur Welt könnte der Schlüssel zu vielen der Probleme sein, mit denen die Menschheit konfrontiert ist. Wir brauchen ein Bildungssystem, das diesen Prozess ermöglicht und unterstützt. *Achtsame Hochschulen in der digitalen Gesellschaft* leistet einen wichtigen Beitrag zum dringend notwendigen Wandel innerhalb der Hochschulstrukturen.

Laura Fitz

Aller Anfang ist schwer – Achtsamkeitstraining für Studierende (MBST® 1.0) an der Universität Innsbruck

Nachdem ich die Ausbildung zur Trainerin für das Achtsamkeitstraining für Studierende (MBST® 1.0) von Achtsam.Digital abgeschlossen hatte, wusste ich, dass es ernst wird. Ich wollte ein MBST® 1.0-Seminar an der Universität Innsbruck, in meiner Heimatstadt und der Universität, an der ich studiere, anbieten. Durch Gespräche mit unterschiedlichen Personen wurde mir schnell klar, dass ein MBST® 1.0-Seminar im Rahmen des Psychologiecurriculums der Universität ohne Lehranstellung anzubieten unmöglich ist. Daher überlegte ich, das Training selbständig und ohne Entlohnung durchzuführen. Allerdings hätte ich dafür als Privatperson die Räumlichkeiten der Universität Innsbruck anmieten müssen, was für mich finanziell nicht tragbar war. Diesen Einfall verwarf ich somit wieder. Ich wandte mich an die ÖH (Österreichische Hochschülerinnen- und Hochschülerschaft an der Universität Innsbruck) und schilderte mein Anliegen. Zu meinem Glück fand ich dort Unterstützung und Zustimmung, dass Achtsamkeit für Studierende zugänglich sein sollte. Die ÖH ermöglichte es mir, im Rahmen der ÖH UNIT Academy ein MBST® 1.0 anzubieten. Dieses Angebot ist für Studierende der Universität Innsbruck kostenlos und steht allen Studienrichtungen offen. Die ÖH UNIT Academy bietet eine breite Palette an Soft Skills und Zusatzqualifikationen, von Präsentationstraining und Rhetorik bis hin zu Stressmanagement – und nun auch mein Achtsamkeitstraining.

Mit großer Vorfreude plante ich mein Achtsamkeitstraining und realisierte schnell, dass die Rahmenbedingungen Anpassungen erforderten. Somit kürzte ich das eigentlich zwölfwöchige Curriculum auf acht Termine herunter, wodurch der Fokus des MBST® 1.0 auf individuellen Achtsamkeitsübungen lag. Da das Achtsamkeitstraining ein rein freiwilliges Angebot darstellt, ohne Verpflichtung, an allen acht Terminen teilzunehmen, hatte ich starke Bedenken, ob Studierende überhaupt daran interessiert sind, wöchentlich die Trainingseinheiten wahrzunehmen. Der mir zur Verfügung gestellte Raum war ein großer, selbstorganisierter Lernraum im Gebäude der ÖH, den alle Studierenden buchen können. In ihm standen Tische, Stühle für 20 Personen, ein Beamer und PC, zwei Sofas sowie ein paar Topfpflanzen. Ohne viele Materialien – ich konnte keine Yogamatten, Sitzkissen oder Sitzbänkchen für alle Teilnehmenden bereitstellen, da ich über diese Materialien als Privatperson nicht verfüge und es keine Möglichkeit gab, welche auszuleihen – begann ich im März 2024 mein MBST® 1.0.

Die Nachfrage war groß: 36 Personen wollten teilnehmen, 20 Personen konnte ich in meinem MBST® 1.0 aufnehmen. So startete mein achtsames Experiment an der Universität Innsbruck und es wurde zu einem vollen Erfolg. Wir führten Body Scans auf den selbst mitgebrachten Yogamatten der Teilnehmenden durch, erkundeten die richtige Sitzposition für Meditationen auf Decken und Kissen, die ich von zu Hause mitgebracht hatte, und praktizierten achtsames Schreiben mit Stiften, die aus meiner Schulzeit stammten. Die Materialien und auch das räumliche Umfeld waren retrospektiv nicht ideal – das realisierte nicht nur ich, sondern es wurde mir auch am Ende des Kurses von den Teilnehmer:innen mitgeteilt. Ein einladender Raum trägt unterstützend dazu bei, dass sich Teilnehmer:innen wohl und sicher fühlen. Erst dann kann ein vollständiges Niederlassen in die Achtsamkeitsübungen erfolgen.

Dessen ungeachtet bin ich froh und dankbar, dieses MBST® 1.0 durchgeführt zu haben. Durch die minimalistische und improvisierte Art des Trainings konnte ich lernen, dass Achtsamkeit immer möglich ist, auch wenn das perfekte Sitzbänkchen fehlt. Ich konnte wunderbare Studierende kennenlernen, die großes Interesse an Achtsamkeit hatten und motiviert waren, dieser Praxis einen dauerhaften Platz in ihrem Leben zu geben. Die Rückmeldungen waren durchweg positiv: Viele Teilnehmende fanden das MBST® 1.0 hilfreich und integrierten einige Übungen in ihren Alltag – sowohl formell als auch informell.

Ich bin überzeugt, dass Achtsamkeitstrainings im Hochschulkontext unglaublich wichtig sind, um das Stresserleben der Studierenden zu senken und ihnen ein mächtiges Werkzeug für ihren weiteren persönlichen sowie beruflichen Lebensweg mitzugeben. Beispielsweise lernte ich durch dieses MBST® 1.0 eine Teilnehmerin kennen, die Grundschullehramt studiert und bereits unterrichtet. Sie möchte nun Achtsamkeit mit ihren Schüler:innen praktizieren und hat mich eingeladen, sie auf diesem Weg zu begleiten und zu unterstützen.

Ich bin dankbar für die Erfahrungen, die ich mit diesem ersten MBST® 1.0 für mich persönlich sammeln durfte und für all die Unterstützung, die ich vonseiten der ÖH erfuhr. Mein Ziel besteht darin, pro Semester ein MBST® 1.0 für Studierende der Universität Innsbruck anzubieten – hoffentlich das nächste MBST® 1.0 im zwölfwöchigen Format mit eigenen Yogamatten und Sitzkissen für alle Teilnehmer:innen. Wenn ich daran denke, freue mich schon riesig auf die kommenden Trainings und die neuen Erfahrungen, die ich dabei machen werde.

Jan Giebel, Lena Ramstetter und Theresa Strasser

Die innere Arbeit sozialer Gerechtigkeit – MBST® 1.0 an der Universität Salzburg

Im Proseminar »Die innere Arbeit sozialer Gerechtigkeit«, das als frei wählbarer Kurs im Rahmen der »Gender, Diversity, and Equality«-Studienergänzung der Paris Lodron Universität Salzburg für Studierende aller Fachrichtungen zugänglich ist, besteht die Chance, achtsamkeitsbasierte Techniken in Kombination mit theoretischen Ansätzen aus der Sozialpsychologie kennenzulernen.

Die Sitzkissen sind vorbereitet, Studierende kommen nach und nach in das Tanzstudio im Unipark Nonntal. Wir beginnen im Sitzen, Liegen, Stehen oder Gehen. Jede der Einheiten startet mit der Meditationstechnik, die es für die Woche zu üben gilt. Wir tauschen uns über die Praxis der letzten Woche aus, erkunden Herausforderungen und Einsichten in Dyaden oder im Plenum. Den theoretischen Input der Woche vertiefen die Teilnehmenden in Fokusgruppen und wir besprechen die Ergebnisse in der Raummitte.

Was Achtsamkeit mit Stereotypen, Vorurteilen und Diskriminierung zu tun hat und wie sich Körperbewusstsein auf unsere Empathiefähigkeit und das Prinzip der geteilten Menschlichkeit auswirkt, haben Studierende nach diesem Semester nicht nur gelesen, sondern vor allem spüren und erfahren dürfen. Wöchentliche Praxisreflexionen sorgen für einen vertieften Erfahrungsprozess und diese sind – neben zwei weiteren Arten von Reflexionsberichten – Teil des Curriculums. Studierende geben hier Einblicke in ihre individuelle Meditationspraxis – so können wir als Team einen Überblick über die Prozesse gewinnen und diese entsprechend begleiten. Es folgen ausgewählte Zitate:

»Das Erkennen von Gemeinsamkeiten mit eigentlich mir fremden Personen aus dem Kurs hat meine Perspektive erweitert und mir geholfen, eine tiefere Verbundenheit mit anderen Menschen zu entwickeln. Mir wurde die Komplexität des menschlichen Erlebens bewusst, die ich immer öfter probiere in sozialen Interaktionen mitzudenken.«

Teilnehmende Person (Wintersemester [WS] 2023/24)

»Die Konzepte des Perspektivenwechsels im Kontext von Empathie und *Common Humanity* begleiten mich immer noch [...]. Ich habe dabei die Erkenntnis gewonnen, mit mehr Selbstmitgefühl und mit einem Verständnis für Herausforderungen, die den meisten Menschen gemein sind, auf mich selbst zu schauen. D.h., ich probiere meine Fehler und Schwierigkeiten nicht mehr als isolierte Ereignisse zu betrachten, sondern im Kontext des Menschseins zu relativieren.«

Teilnehmende Person (WS 2023/24)

»Verschiedene Meditationen, insbesondere solche, die den Körper miteinbeziehen, haben mir geholfen, eine tiefere Verbindung zu meinem eigenen Körper herzustellen. Durch die Praxis habe ich gelernt, auf die Bedürfnisse meines Körpers zu hören und Signale besser zu verstehen. Darüber hinaus war es sehr wertvoll zu hören, wie es den anderen Kursteilnehmer:innen während der Meditationen erging, da dies ein Gefühl der Gemeinschaft und des Zusammenhalts schuf.«

Teilnehmende Person (WS 2023/24)

»Durch regelmäßiges Üben von Mitgefühl und Achtsamkeit habe ich gelernt, wie wichtig diese innere Arbeit ist und wie sie mein Wohlbefinden und meine Beziehungen zu anderen beeinflusst.«

Teilnehmende Person (WS 2023/24)

Richard Möllers

Achtsamkeitsangebote im Spannungsfeld Universität – zwischen äußeren Anforderungen und innerer Transformation

Ich bin Richard, achtsamkeitsbegeisterter Psychologe, Trainer und Coach. Seit 2020 gebe ich an verschiedenen Universitäten Kurse, Trainings und Lehrveranstaltungen zu den Themen Achtsamkeit, Resilienz, Selbstführung und emotionale Intelligenz. 2023 habe ich dann die Ausbildung zum Achtsamkeitstrainer bei Achtsam.Digital gemacht, um meine bestehenden Erfahrungen zu vertiefen und eine Zertifizierung zu erhalten.

Einerseits gibt es von Achtsam.Digital klare Vorgaben zu den verschiedenen Kursformaten, sei es das Achtsamkeitstraining für Studierende (MBST® 1.0), das Achtsamkeitstraining für Mitarbeitende (MBET® 1.0) oder Lehrende (MBTT® 1.0). Darunter fällt der Fokus auf die soziale und systemisch-ökologische Achtsamkeit, um die individuelle Achtsamkeit zu ergänzen. Außerdem steht die Praxis mit einem Anteil von 95 Prozent (bei nur fünf 5 Prozent Theorie) im Zentrum, und auch zur Leistungserbringung der Studierenden gibt es Vorgaben. Mir gefällt das Bestreben nach Standardisierung, weil so gewährleistet werden kann, dass die Qualität erfüllt wird.

Andererseits merke ich immer wieder, dass ich bei manchen Universitäten hier an Grenzen stoße. Jede Universität hat ihr eigenes Konzept verschiedener Kategorien an Kompetenzentwicklung, häufig auch Schlüsselqualifikationen genannt. Dadurch ergeben sich unterschiedliche Erwartungen an den Kurs. Mal ist es gewünscht, einen klaren Fokus auf die Praxis zu legen, manchmal wünschen sich Universitäten mehr Theorie-Input, manchmal brauchen sie einen ganz anderen Qualifikationsnachweis von Studierenden wie z.B. eine Präsentation.

Wie sollen Trainer:innen also damit umgehen, wenn sie beispielsweise einen MBST® 1.0-Kurs geben möchten, die Universität jedoch möchte, dass Resilienz, Stressmanagement oder emotionale Intelligenz im Fokus stehen? Achtsamkeit kann hier durchaus einfließen, sogar die Grundlage für die Bearbeitung der Themen darstellen, aber gilt dies noch als MBST® 1.0-Kurs? Muss es anders benannt werden? Sollte ich einen Kurs gleich absagen, wenn ich merke, dass die inhaltliche Vorstellung zu weit weg liegt?

Das sind Fragen, die sich aus meiner Tätigkeit immer wieder ergeben und die immer wieder neu beantwortet werden müssen.

Gruppe 2

David Graefe und Taiya Mikisch

Achtsamkeitstraining für Studierende (MBST® 1.0) und Achtsamkeitstraining für Mitarbeitende (MBET® 1.0) an der Georg-August-Universität Göttingen und der Universitätsmedizin Göttingen

An der Universitätsmedizin Göttingen und der Georg-August-Universität Göttingen ist in den letzten Jahren im Hinblick auf die Achtsam.Digital-Curricula MBST® 1.0 und MBET® 1.0 viel passiert. Wir, das sind David Graefe, Medizinstudent an der Universitätsmedizin Göttingen, und Taiya Mikisch, freiberufliche Trainerin und Facilitatorin für Achtsamkeit und Mentale Gesundheit im akademischen Kontext, haben gemeinsam seit dem Wintersemester 2021/22 MBST® 1.0-Kurse an der Universitätsmedizin in Göttingen aufgebaut. Außerdem habe ich (Taiya) an der Georg-August-Universität im Rahmen der Personal- und Organisationsentwicklung Achtsamkeitskurse für Mitarbeitende (MBET® 1.0) gegeben.

In diesem Bericht wollen wir einerseits schildern, wie wir die Rahmenbedingungen geschaffen haben, damit diese Kurse regelmäßig stattfinden können. Andererseits werden wir Einblicke in die Kurse geben, Erfahrungen der Teilnehmenden schildern und auf dieser Grundlage darüber nachdenken, wie eine Grundausbildung in den ›drei Achtsamkeiten‹ Einfluss auf das aktuelle oder zukünftige berufliche Umfeld der Teilnehmenden nehmen kann.

Achtsamkeitstraining für Studierende (MBST® 1.0) an der Universitätsmedizin Göttingen

Der Beruf des Arztes oder der Ärztin ist ein anspruchsvoller Beruf, der ein hohes Maß an Verantwortung mit sich bringt. Medizinische Institutionen und damit auch Ärzt:innen stehen unter dem Druck, Abläufe ökonomisch sinnvoll zu gestalten. Arbeitsbedingungen bringen oft ein hohes Maß an Stress mit sich – sei es beispielsweise durch eine schnelle Taktung der Besuche von Patient:innen in Arztpraxen oder lange Dienste in Kliniken. Schon angehende Mediziner:innen durchlaufen ein herausforderndes Studium. Viele von ihnen nehmen diese Lebensphase als belastend wahr. Studien haben gezeigt, dass es unter Medizinstudierenden eine erhöhte Prävalenz von Depressionen, Angststörungen und Suizidalität gibt.

Das Üben von Achtsamkeit im Rahmen der medizinischen Ausbildung macht angehende Ärzt:innen mit Techniken der Selbstfürsorge vertraut, um einer Überlastung vorzubeugen. Gleichzeitig wird im MBST® 1.0-Curriculum auch der Aspekt der sozialen Achtsamkeit großgeschrieben – so kann durch das Üben von Zuhören auch der Kontakt zu zukünftigen Patient:innen verbessert werden. Techniken wie Dyaden und der Social Body Scan können das Empathievermögen stärken, das im Laufe des Medizinstudiums abnimmt – möglicherweise als Folge von hoher Arbeitsbelastung und der Desensibilisierung gegenüber Krankheit und Mortalität. Im Rahmen des Eco Body Scans haben die Teilnehmenden außerdem die Möglichkeit, sich als Teil ihres Umfeldes zu reflektieren und so auch die Kontexte von Universität und Klinik, aber auch mögliche berufliche Zukunftsszenarien sichtbar und spürbar zu machen. Hierdurch wird die Grundlage dafür gelegt, dass auch zukünftige Ärzt:innen in Führungspositionen Entscheidungen treffen können, die ein nachhaltig gestaltetes Arbeitsumfeld begünstigen.

Die Evaluationen der bisher abgehaltenen zehn Kurse in Göttingen zeigen eine vielversprechende Resonanz. Die Absolvent:innen berichten, dass ihnen die Bewältigung ihres Alltags durch Achtsamkeit leichter fällt. Sie beschreiben einen besseren Umgang mit digitalen Medien. Sie können sich mehr auf den Moment konzentrieren und nehmen einen besseren Zugang zu ihren Gedanken und Gefühlen wahr: »Viele Dinge kann ich bewusster erleben, ohne in Gedanken schon wieder beim nächsten zu sein«. Die Teilnehmenden beschreiben eine Verbesserung ihrer Emotionsregulation: »bessere Kontrolle bzw. Wahrnehmen von Emotionen und Stimmungen und dem Ergründen bzw. manchmal auch einfach Loslassen«. Sie verwenden Strategien aus den Kursen, um mit Prüfungsangst umzugehen: »Ich habe die Atemraumübung vor meinen mündlichen Testaten angewendet«. Durch das Training in der Gruppe und die sozialen Achtsamkeitsübungen verbessert sich das soziale Verhalten und das Gruppengefühl: »[I]ch habe das Gefühl, bewusster auf andere Menschen im Gespräch achten zu können«. Die Medizinstudierenden üben sich darin, ihre eigene Befindlichkeit wahrzunehmen und zu artikulieren.

Das Format wird an der Universitätsmedizin Göttingen durch eine begleitende Studie unter Aufsicht von Frau Professorin Andrea Antal (Neurologie) evaluiert. Mit einem Prä-Post-Interventionsdesign wird versucht, die Auswirkungen des Kurses mittels Fragebögen zum Wohlbefinden, Stressempfinden, der Achtsamkeit und Resilienz zu ermitteln. Nun wird die Studie um weitere gemessene objektive Stressparameter erweitert. Sie soll dazu beitragen, dass auch in Zukunft Kurse wie dieser in Göttingen und anderen Hochschulen angeboten werden können. Aktuell werden diese Kurse durch Studienqualitätsmittel und Spenden finanziert. Im Sommersemester 2024 wird der Kurs erstmals als Wahlpflichtseminar für Medizinstudierende angeboten, ausgerichtet durch Dr. Broschmann und Professor Christoph Herrmann-Lingen, Leiter der Klinik für Psychosomatische Medizin und Psychotherapie der Universitätsmedizin Göttingen.

All dies ist allerdings keinesfalls von allein geschehen. Um diese Kurse so zu etablieren, musste ich (David) mit einigen Herausforderungen umgehen. So musste ich zahlreiche Telefonate führen, um den Nutzen der Kurse zu erklären, Fragen beantworten, Konzepte schreiben und einreichen, Modalitäten diskutieren und vor allem: es wieder und wieder versuchen, wenn die Umsetzung eines Kurses aus finanziellen oder inhaltlichen Gründen verschoben oder abgelehnt werden sollte. Für diesen Prozess waren Personen wie z.B. Professor Herrmann-Lingen und Studierende hilfreich, die selbst von der Relevanz der Kurse überzeugt waren und als Mitglieder von Gremien mit darüber entscheiden konnten, ob die Kurse stattfinden konnten. Solche Verbündeten waren wichtig, um die Kurse in Göttingen zu etablieren.

Achtsamkeitstraining für Mitarbeitende (MBET® 1.0) an der Georg-August-Universität Göttingen

»Dieser Kurs hilft mir, einen weiteren Burnout zu vermeiden.«
Zitat einer Teilnehmerin

Für die Arbeitswelt wird insgesamt seit Jahren ein immer höherer individueller Belastungsgrad festgestellt. Die Fälle von Burnout und damit einhergehender Arbeitsunfähigkeit sind gestiegen. Für akademisches Personal an Hochschulen im sogenannten Mittelbau zeigen sich die gleichen Tendenzen: Eine Erhebung der Max-Planck-Gesellschaft hat gezeigt, dass beispielsweise Postdocs überdurchschnittlich häufig an Angst und Depressionen leiden.

Seit einigen Jahren biete ich (Taiya) immer wieder kürzere oder ausführlichere Workshops rund um das Thema Achtsamkeit im Arbeitskontext für das Programm der Personal- und Organisationsentwicklung der Georg-August-Universität Göttingen an. Da der Wunsch nach einem Format geäußert wurde, das die Teilnehmenden über eine längere Zeit begleitet, habe ich 2023 dort zwei MBET® 1.0-Kurse durchgeführt. Die Teilnehmenden kamen aus unterschiedlichen Bereichen der Universität, sowohl in Bezug auf ihren fachlichen Hintergrund als auch auf ihren Tätigkeitsbereich; es waren akademisches Personal und auch Angestellte aus Technik und Verwaltung vertreten. Einige von ihnen besuchten den Kurs als Teil des sogenannten betrieblichen Eingliederungsmanagements (BEM), das Mitarbeitenden nach einer längeren Krankheitsphase (psychisch oder physisch) ermöglicht, ihre regelmäßige Arbeit wieder aufzunehmen.

Ich habe seitens der Teilnehmenden eine große Offenheit erlebt, sich auf die Kursinhalte einzulassen: Beide Kurse waren von einer hohen Verbindlichkeit gekennzeichnet. Gerade auch Teilnehmende aus dem BEM-Programm formulierten und zeigten ein hohes Maß an Bereitschaft, sich mit den vorgestellten Übungen auseinanderzusetzen und sie in ihren Alltag zu integrieren, um ihren Umgang mit den eigenen physischen und psychischen Herausforderungen zu unterstützen. Besonders positiv wurde es von den Teilnehmenden erlebt, dass dieses Angebot von der Universität als Arbeitgeberin bereitgestellt wurde. Da der Kurs in der Arbeitszeit stattfand, wurde ein Signal gesetzt, sich um die eigene physische und mentale Gesundheit zu kümmern.

Die Teilnehmenden berichteten im Feedback zum Kurs, dass ihnen ein klareres Wahrnehmen der eigenen Befindlichkeit und das Ernstnehmen eigener Grenzen möglich ist – beispielsweise das Einrichten fester Tage im Homeoffice oder das Etablieren einer guten Pausengestaltung – und dass sie mehr Entspannung und Fokus durch das regelmäßige Praktizieren der Atemraumübung wahrnehmen konnten. Auch beschrieben einige Teilnehmende ein verändertes Kommunikationsverhalten im beruflichen und privaten Umfeld, gekennzeichnet durch eine Verminderung der eigenen Reaktivität und eine klare Wahrnehmung der Bedürfnisse des Gegenübers im Gespräch mit Kolleg:innen. Einige Teilnehmende setzen das ›*Buddy*-Treffen‹ mit dem regelmäßigen Üben der Dyade nach Ende des Kurses weiter fort.

Bei beiden Kursen, MBST® 1.0 und MBET® 1.0, haben die Teilnehmenden das Etablieren der täglichen Praxis in ihrem anspruchsvollen Alltag als größte Herausforderung wahrgenommen. Häufig berichten sie über den Stress, der durch den zeitlichen Aufwand ausgelöst wird. Hier ergibt sich die Möglichkeit, eine urteilsfreie und freundliche Haltung dem eigenen Verhalten gegenüber zu kultivieren und gleichzeitig immer wieder die eigene psychische und mentale Gesundheit zu priorisieren und ihr Zeit einzuräumen.

Für mich (Taiya) als Tanzwissenschaftlerin ist der starke Fokus der Curricula auf Körperwahrnehmung und Bewegung, aber auch das Begreifen des Körpers als Ort der Wissensproduktion (gleichwertig mit Kognition) wertvoll und zukunftsweisend. Zukünftigen Ärzt:innen und Mitarbeitenden einer so wichtigen Bildungsinstitution wie der Universität die Fähigkeit der Wahrnehmung und der körperlichen und emotionalen Intelligenz mit auf den Weg zu geben, ist eine Grundmotivation für meine Arbeit mit den Curricula MBST® 1.0 und MBET® 1.0.

Mich (David) motiviert es, dass ein solches Training im Klinikalltag helfen kann, die Lebens- und Gefühlssituationen von Menschen besser zu verstehen und die Therapie somit anders auf ihre Bedürfnisse anzupassen. Ein Verständnis der eigenen Überlastungsstörungen wie Depression, Angststörungen etc. führt zu einem besseren Verständnis solcher Störungen bei Patient:innen. Dies hilft allen Beteiligten im Gesundheitswesen.

Martina Aßmann

Meine Erfahrungen mit dem Achtsamkeitstraining für Studierende (MBST® 1.0) an der Ernst-Abbe-Hochschule Jena

Den Entwicklern von Achtsam.Digital ist es gelungen, auf strukturierte Weise Achtsamkeit im Hochschulkontext zu etablieren. Dazu wurden die formalen Achtsamkeitsübungen der klassischen *mindfulness-based interventions* (MBIs) zeitlich etwas gekürzt und um Übungen von Arawana Hayashi und Otto Scharmer aus dem *Social Presencing Theater* ergänzt. Die Kurseinheiten wurden an den Hochschulalltag angepasst. Auf diese Weise konnten Achtsamkeitskurse in den studentischen Alltag im Rahmen von Wahlpflichtkursen Einzug finden, für die Student:innen dann eine Gratifikation im ECT-System bekommen. Damit hat sich für die achtsamkeitsbasierten Programme neben den Maßnahmen des studentischen und betrieblichen Gesundheitsmanagements eine Tür geöffnet, die einigen Student:innen leichter zu fallen scheint.

Aus Dankbarkeit und Wertschätzung für diesen Erfolg wollte ich das MBST® 1.0 unbedingt selbst kennenlernen und habe eine entsprechende Ausbildung bei Achtsam.Digital absolviert. Als langjährige Trainerin und Ausbilderin für die Programme Stressbewältigung durch Achtsamkeit (MBSR) und achtsamkeitsbasierte kognitive Therapie (MBCT) bin ich grundsätzlich eher kritisch und skeptisch, was neue Programme betrifft.

Während der Ausbildungswochenenden konnte ich mich dann aber doch auf den Selbsterfahrungsanteil und die mir nur zum Teil bekannten Übungen einlassen, allen voran hier der Moving Body Scan. Mein bewertender Geist war voll wach: Liegt nicht das große Potenzial der Achtsamkeit und des konventionellen Body Scans darin, die eigenen Impulse wahrzunehmen und mehr oder weniger zeternd weiterziehen zu lassen? Jetzt sollte ich meinen Bewegungsimpulsen einfach bewusst folgen.

Überraschenderweise stellte ich fest, dass ich gar nicht aufmerksam für meine Bewegungsimpulse bin, sondern offenbar sehr nachhaltig gelernt habe, sie schnell weiterziehen zu lassen und ihnen gar keine Aufmerksamkeit zu schenken. Ich habe die Impulse für Bewegung zunächst einmal wiederentdeckt, gestaunt und auch bemerkt, wie sehr sie durch meine eigenen Kognitionen beeinflusst waren, wie: »Strecken wäre jetzt gut«, oder: »Die rechte Hüfte müsste mal wieder ordentlich gedehnt werden.« Es war richtig schwer für mich, dem Körper wieder zuzuhören und nur dem Körper. Ich lernte, dass der Moving Body Scan eine hilfreiche Art ist, sich auf ganz feine Weise losgelöst von Bewertungen im Körper zu verankern.

Beim Unterrichten eines studentischen Onlinekurses fiel mir dann auf, dass es jungen Menschen sehr entgegenkommt, den Bewegungsimpulsen zu lauschen und sich auf diese Weise wieder mit dem Körper zu verbinden, vielleicht sogar den Wunsch nach Bewegung wieder zu finden, der ihnen durch langes Verharren an Bildschirmen im Rahmen des Covid-Onlinestudiums abhandengekommen ist. Viel, viel später habe ich gelernt, dass der Moving Body Scan eine Variante des *20 Minute Dance* ist, einer *Embodiment*-Übung aus dem *Social Presencing Theater*. Und noch viel später habe ich verstanden, dass dies für einige Menschen ein guter Einstieg für das (Wieder-)Erlernen der Körperwahrnehmung ist. Heute ist diese Übung fest in meinem Workshoprepertoire und aus meiner Sicht eine wunderbare Methode, besonders kognitiv ausgerichtete Menschen zu ihrem Körper zurückzubringen *(re-embodiment)*, jenseits von gut oder schlecht, schmerzhaft oder nicht schmerzhaft, richtig oder falsch.

Der Social Body Scan ist eine Diskursform, die uns immer wieder aus der üblichen Form des Austausches herausbringt und zu Perspektivwechseln einlädt, eigentlich ein bisschen dazu zwingt. Meiner Erfahrung nach bringt dieser Kontakt mit den Komfortzonen Widerstände hervor, und so hatte ich immer ein bisschen Angst oder zumindest Respekt davor, die Übung anzuleiten. Ich war überrascht und begeistert, wie einfach es den Studierenden gelingt, sich darauf einzulassen, zu welchen Gedanken und Erkenntnissen die Übung geführt hat und wie wohltuend der Perspektivwechsel von den Studierenden wahrgenommen wurde.

Die MBI-Programme leben von der *inquiry*, dem erforschenden Dialog, in dem die Workshopleitung aus einer inneren Haltung des Nichtwissens Fragen zu den konkreten Erfahrungen der Teilnehmenden stellt und diese dann in den Kontext des jeweiligen Rahmens einordnet. Dabei hält der oder die Anleitende den Raum und bezeugt die Erfahrung und die Erkenntnisse, die sich daraus ergeben. Meiner Erfahrung nach findet hier viel persönliche Entwicklung und vertiefende Transformation im gemeinsamen Raum des Erforschens und Nichtwissens statt: Im MBST® 1.0-Programm wird zu Beginn bewusst versucht, möglichst vielen Teilnehmer:innen eine Stimme zu geben und zunächst einmal möglichst viele zu hören. Erst im weiteren Verlauf und mit zunehmender Vertrautheit innerhalb der Gruppe wird die vertiefende Fragetechnik des *inquiry* angewendet.

Abschließend bleibe ich dabei, dass ich vor den Entwicklern und Vermittlern dieses Programms, das Achtsamkeitsübungen mit systemischen Ansätzen aus der Tradition von Arawana Hayashi und Otto Scharmer verbindet und für den Hochschulalltag greifbar macht, den Hut ziehe. Mich selbst hat es dazu inspiriert, mich mit der Arbeit von Arawana Hayashi auseinanderzusetzen und das große Potenzial von Verkörperung weiter zu erforschen.

Astrid Hermesmeyer-Kühler

Achtsamkeitsseminare an der Dualen Hochschule Baden-Württemberg und der Hochschule Furtwangen

Seit 2020 biete ich Achtsamkeitsseminare an der Dualen Hochschule (DH) Baden-Württemberg und seit 2023 auch an der Hochschule Furtwangen an. Die Kurse sind gut belegt und die Studierenden interessieren sich für das Thema Achtsamkeit, weil sie Handwerkszeug für den Umgang mit persönlichen Schwierigkeiten, Stress und Herausforderungen im Studium suchen und froh sind, einen Ort zu finden, an dem diese Themen besprochen werden können.

Achtsamkeit ist eine zentrale Ressource für Resilienz und persönliches Wachstum. Damit ist Achtsamkeit auch eine wichtige Grundlage, um sowohl auf persönliche als auch auf aktuelle gesellschaftliche Herausforderungen zu reagieren. Viele Hochschulen bieten daher zur Erweiterung des bestehenden Fächerkanons Achtsamkeitsseminare an. Diese werden über die reine Wissensvermittlung hinaus Orte erweiterter Bildung, die auch die Entwicklung eines neuen Bewusstseins ermöglichen. Von diesen Seminaren und den Rückmeldungen der Studierenden möchte ich hier berichten.

Im dritten Semester werden an der DH Baden-Württemberg zwei parallellaufende Achtsamkeitsseminare von mir angeboten, nämlich »mindful@DH« und »Die Ruhe im Zentrum« mit jeweils 24 Unterrichtseinheiten. »Die Ruhe im Zentrum« läuft im Rahmen eines Workshops an drei aufeinanderfolgenden Tagen, »mindful@DH« startet mit einem ganztägigen Präsenzseminar, auf das dann fünf wöchentliche Onlineseminare folgen.

Die formale Einbindung in den regulären Unterricht an der Dualen Hochschule ist meines Erachtens ein wichtiger Faktor für die Verbindlichkeit der Teilnehmenden und sorgte bisher mit jeweils zwölf bis 16 Teilnehmenden für stets ausgebuchte Kurse. Schwieriger war dies nach meiner Erfahrung an der Hochschule Furtwangen, wo es trotz engagierten Werbens der zuständigen Leiterin für *Learning Support* kaum gelang, die Kurse mit fünf bis sechs Teilnehmer:innen zu belegen, und auch die Kontinuität der Teilnahme weniger gegeben war. Da viele Studierende schon die normalen Unterrichtsverpflichtungen als Stress erleben, scheint ein zusätzliches Achtsamkeitsseminar nicht sehr attraktiv zu sein.

Die zeitliche Strukturierung spielt eine große Rolle und sollte in den Unterrichtsrahmen passen. Bewährt hat sich im Kurs »mindful@DH« bisher der Start mit einem ganztätigen Präsenzseminar und anschließenden fünf Onlineveranstaltungen zu je 2,5 Stunden. Das Präsenzseminar ermöglicht das persönliche Kennenlernen. Die Verteilung auf fünf Termine erlaubt zumindest annähernd ein prozesshaftes Lernen und fördert als Onlineveranstaltung die Integration der Achtsamkeitsübungen in den eigenen Alltag und das persönliche Umfeld. Die Inhalte und Übungen des »Mindful@DH«-Kurses folgen dem MBST® 1.0.

Der Dreitagesworkshop »Die Ruhe im Zentrum« mit den Themen aus dem klassischen MBSR-Kurs wird in dieser zeitlichen Konzentration ebenfalls gerne angenommen. Der Workshop ist sehr intensiv und erlebnisreich, erlaubt aber kein prozesshaftes Lernen. Hier werde ich in Zukunft sicher noch andere Formate anbieten, vielleicht auch Folgeseminare, falls seitens der Hochschule Interesse besteht.

Die meisten Studierenden bringen Themen wie Prüfungsangst, Stress, Angst vor Referaten und Überforderung mit in die Seminare, ebenso wie auch ihre Zweifel, ob sie überhaupt am richtigen Ort sind. Diese Themen finden in den auf Wissensvermittlung und kognitive Lernprozesse konzentrierten Lehrveranstaltungen wenig Berücksichtigung. In den Achtsamkeitsseminaren werden sie durch die Übungen zur achtsamen Wahrnehmung in der Kleingruppenarbeit und bei der Besprechung im Plenum adressiert. Häufig führt schon allein das Erleben der solidarischen Rückmeldung zur gegenseitigen Stärkung. Auch manche Schwierigkeiten in der Praxisphase des Studiums spielen an der DH eine Rolle. Da geht es z.B. um bedrückende Erfahrungen mit schwierigen Klient:innen oder um die Frage, wie man sich in der Praxisstelle gegenüber als Zumutung erlebten Arbeitsanforderungen abgrenzt. Manche Studierenden kommen direkt von der Schule und erleben den ersten Praxisschock.

Meine Haltung als Dozentin spielt für die Atmosphäre im Kurs eine wichtige Rolle. So ist z.B. die Betonung der Freiwilligkeit der persönlichen Beiträge für einen achtsamen Umgang mit sich selbst und die Wahrnehmung der eigenen Grenzen außerordentlich wichtig. Am Schluss der Seminare gibt es keine Verpflichtung zu einer schriftlichen Auswertung, aber ich bitte in der letzten Stunde um eine E-Mail zu folgenden Themen: Was habe ich gelernt? Was nehme ich mit? Was waren die Hindernisse, sich auf das Thema einzulassen? Die wiederholte Aufforderung, auf sich selbst zu achten, und ein guter Kontakt zur Gruppe schaffen eine Atmosphäre der Freiheit und des Vertrauens. Wichtig ist hier z.B. der Bericht über die ›persönliche Wetterlage‹ zu Beginn des Seminares, unterstützt durch unterschiedliches Bildmaterial.

Auch geht es in einem Achtsamkeitsseminar nicht ohne die Berücksichtigung der Bedürfnisse der Studierenden. So ist es für mich manchmal eine Herausforderung, zu Beginn des Seminares einen motivierenden Einstieg trotz bleierner Müdigkeit und Erschöpfung der Teilnehmenden zu finden. Ein interessanter Kursverlauf scheint dann in weite Ferne gerückt. Ist diese Hürde genommen, gelingt meist eine intensive und bereichernde Lernerfahrung, und es gibt erstaunte Rückmeldungen zum Schluss, dass man nun vollkommen wach sei und sich wundere, wie schnell die Zeit vorbeigegangen sei.

Besonders die meditativen Übungen (Sitzmeditation, Body Scan, Moving Body Scan, kurze Eingangsmeditation) tragen zum Ankommen und zur Erfahrung der Ruhe bei. Stille und Konzentration auf Weniges ist Erholung für die Seele und lässt die meisten Studierenden erst einmal im Hier und Jetzt ankommen; manche allerdings erleben gerade in der Stille ihre eigene Unruhe oder andere unangenehme Gefühle. Darüber hinaus gehört für mich auch dazu, im weiteren Verlauf des Seminares immer wieder darauf zu achten, ob eine weitere Methodik vorgestellt wird oder doch eher bei einer bereits geübten verweilt und diese vertieft wird. Ein Weniger an Übungsangeboten ist manchmal ein Mehr, um sich auf unterschiedliche eigene Erfahrungen, angenehme und unangenehme (!), einlassen zu können und mit diesen ungewohnten Formen und Inhalten zu lernen.

So können dann die Erlebnisse und Hindernisse während und in der Meditation auch auf den eigenen Alltag übertragen werden:

> »Ich musste mir intensiv Zeit für mich selbst nehmen und über meinen eigenen Schatten springen. Es war schön zu sehen, wenn eine Methode geklappt hat. Andererseits war es auch sehr deprimierend, wenn eine Meditation nicht so geklappt hat, wie ich es mir gewünscht hatte. Hier ist vor allem der Umgang mit solchen ›Rückschlägen‹ sehr wichtig, denn gerade in der Sozialen Arbeit klappt auch nicht immer alles so, wie man das gerne hätte.«

Der Austausch in Kleingruppen ist von zentraler Bedeutung. Die Studierenden teilen untereinander ihre Erfahrungen und bestärken sich so gegenseitig. Hier hat mich vor allem die Kommunikationsübung Social Body Scan aus dem MBST® 1.0-Kurs mit den drei Ebenen des Feedbacks (Neugier, Mitgefühl, Mut) sehr positiv überrascht. Die unterschiedlichen Ebenen lösen oft einen Energieschub aus – und machen Freude. Auch die kreativen Übungen aus dem MBST® 1.0-Kurs sind für eine andere, ressourcenorientierte Lernerfahrung von enormer Bedeutung. Die spielerischen Elemente des Eco Body Scans z.B. motivieren und fördern den freudigen und freundlichen Zugang zu den individuellen Schwierigkeiten. Neue Räume entstehen. Ein entspannter Blick auf das eigene Studium sowie überraschende Einsichten sind das Resultat dieser Arbeit. Die von den Teilnehmenden gebastelten Skulpturen sind so wunderbar vielfältig und werden meist voller Stolz und Freude präsentiert.

Ich möchte mich an dieser Stelle herzlich bei den unterstützenden Professor:innen und Mitarbeiter:innen der Hochschulen bedanken, die diese Seminare möglich gemacht haben. Auch den Studierenden gilt mein Dank für ihre Offenheit und ihren Mut, sich auf diese ungewohnten Inhalte einzulassen. Für mich selbst ist es genauso beglückend wie für die Teilnehmer:innen, wenn sie neue Erfahrungen machen und mit mehr Selbstvertrauen und veränderten Perspektiven aus dem Seminar gehen. Achtsamkeit wirkt, diese Erfahrung machen wir gemeinsam, und sie bestärkt mich weiterzumachen. Das nächste Projekt an der Hochschule ist ein Workshop für die Mitarbeitenden.

Gerda Schneider

Achtsamkeitstraining für Mitarbeitende (MBET® 1.0) an der Hochschule Furtwangen

Im Wintersemester 2022/23 startete ich mit zwölf Teilnehmenden mein erstes MBET® 1.0 an der Hochschule Furtwangen. Im Wintersemester 2023/24 schloss ich meinen dritten Kurs ab. Die Teilnehmenden waren Mitarbeitende und Lehrende der Hochschule.

MBET® 1.0 besteht aus zwölf wöchentlichen Terminen, die jeweils eine Stunde dauern. Der erste Kurs fand jeweils am Montag von 16:00 bis 17:00 Uhr statt, die weiteren im Sommersemester 2023 jeweils am Freitag von 12:30 bis 13:30 Uhr und im WS 2023/24 von 16:00 bis 17:00 Uhr. Mein Resümee: Den perfekten Zeitraum gibt es nicht. Die Rückmeldungen zeigten jedoch, dass Freitag für die meisten Teilnehmenden angenehmer als Montag war.

Das Onlineformat bot sich an, weil die Hochschule Furtwangen drei Standorte hat, die räumlich bis zu 55 Kilometer auseinanderliegen. Neben dem Hochschulcampus Furtwangen gibt es noch den Campus Villingen-Schwenningen und den Campus Tuttlingen. So konnte der Kurs standortübergreifend angeboten werden. Beim ersten Kurs war der Onlineunterricht aufgrund der Pandemie noch das gängige Format, im Laufe der nächsten Kurse stellte ich eine gewisse ›Onlinemüdigkeit‹ fest. Einerseits schätzen die Teilnehmenden sehr, dass sich der Aufwand in Grenzen hält und der Kurs im Homeoffice absolviert werden kann, andererseits gibt es ein Bedürfnis nach Nähe, Präsenz und persönlichem Austausch.

Die Teilnehmenden werden beim ersten Termin, der auch als Informationsveranstaltung dient, darauf hingewiesen, dass eine tägliche Praxis von 15 bis 20 Minuten Bestandteil dieses Kurses ist. Die Praxis und der Austausch darüber werden durch die Bildung von sogenannten *Buddy*-Paaren unterstützt. D.h., jeweils zwei Personen treffen sich einmal wöchentlich und tauschen sich zu ihren Erfahrungen mit den Übungen aus. Dies tun sie in einer Dyade, d.h., eine Person spricht und die andere Person hört zu – voller Aufmerksamkeit, ohne zu unterbrechen, zu vergleichen, zu bewerten oder eigene Geschichten einzubringen. Mehrere Teilnehmende berichteten, dass diese Art der Kommunikation als wohltuend empfunden wurde und die Begleitung durch einen *Buddy* wertvoll gewesen sei.

Fast alle Termine beginnen mit einer kurzen Atemraumübung und einem ›Wetterbericht‹. Ich merkte im Laufe der Kurse, dass solche Rituale wichtig sind. Sie helfen den Teilnehmenden, die mitten aus dem Arbeitsalltag kommen, sich zu zentrieren und sich auf sich zu fokussieren, vom Tun in das Sein zu kommen, in einen anderen Modus zu wechseln.

Immer wieder hörte ich, dass es erstaunlich sei, wie »wenig Zeit« man doch brauche, um zu sich zu kommen – um den Körper zu spüren, sich auf den Atem zu fokussieren, die Gedanken bewusst wahrzunehmen. Diese Übung begleitet den ganzen Kurs und ist zentral.

Im Laufe des Kurses lernen die Teilnehmenden viele Übungen kennen, die sie in ihren Alltag integrieren können. Achtsame Körperbewegungen, Körperwahrnehmungsübungen, Sitz- und Gehmeditationen, Klopfmeditation, achtsame Kommunikation, achtsames Essen und Sehen bzw. Wahrnehmung der Natur – all diese Übungen bieten Abwechslung und einen ›Blumenstrauß‹ an Möglichkeiten, um Achtsamkeit im Alltag zu praktizieren.

Die Erfahrungen und die Umsetzung im Alltag werden ganz unterschiedlich beschrieben: »Ich mache jetzt mehr Pausen.« »Ich habe mir angewöhnt, vor längeren Schreibübungen achtsame Körperbewegungen zu machen, und merke, dass ich viel konzentrierter bin.« »Die Atemraumübung ist mein Alltagsbegleiter geworden.« »Wenn ich zu Besprechungen gehe, mache ich eine Gehmeditation und bin präsenter.« »Ich schaffe das in meinem Alltag nicht, ich habe keine Zeit zu üben.« »Ich habe die Natur bei meinem letzten Spaziergang ganz anders wahrgenommen.« …

Die Grundsätze des MBET® 1.0-Programms: *less is more, keep it simple* und *slow down*, sind hilfreich und doch herausfordernd – für die Teilnehmenden und für mich. Wir sind es gewohnt, uns mit theoretischen und wissenschaftlichen Hintergründen auseinanderzusetzen. Bei diesem Kurs geht es um die Praxis, um Erfahrungen, um das Fühlen und Spüren, das bewusste Wahrnehmen der Innenwelt. In einer Welt, in der kognitive Fähigkeiten so wichtig sind, können Übungen, in denen es darum geht, mit dem Körper, mit dem Atem, mit den Gefühlen in Kontakt zu kommen, eine große Kraft entfalten – wenn man sich darauf einlassen will. Es ist eine Chance, seine eigenen Muster zu erkennen, sich selbst zu reflektieren und einen Zugang zu seinem Körper, seinen Gefühlen und Bewertungen zu bekommen. Es eröffnet Möglichkeiten, neue Wege im Umgang mit dem täglichen Stress zu finden und die vorhandenen Ressourcen zu nutzen. Die Mischung aus individuellen, sozialen und ökologischen Achtsamkeitsübungen ist wohldosiert und in den Alltag integrierbar.

Zwölf Wochen sind lang und doch zu kurz, um tiefer in die Praxis einzusteigen. Ich hätte mir so manches Mal mehr Zeit für den Austausch gewünscht, aber vielleicht ist auch in diesem Fall weniger mehr.

Das Achtsamkeitstraining birgt in einer sich transformierenden Welt, die durch Digitalisierung, Komplexität und Unsicherheit geprägt ist, eine große Schatzkiste an Möglichkeiten, bewusster und achtsamer mit sich, anderen Menschen und der Umwelt umzugehen: mit Neugierde, Mitgefühl und Mut. Das Ziel ist, mit den Herausforderungen des Alltags souverän und gesund umzugehen. Dieser Kurs zeigt Wege zu diesem Ziel auf. Mir ist folgende Erkenntnis wichtig: »Ich kenne das Ziel, den Weg und die Strecke wähle ich selbst. Ich muss gar nichts; ich entscheide mich dafür oder dagegen – jetzt, in diesem Moment.« Wenn wir hier und jetzt kluge Entscheidungen treffen, können wir zuversichtlich in die Zukunft blicken.

Matthias Wigger

Dem Wunsch nach Digital Detox folgen. Achtsamkeitstraining für Studierende (MBST® 1.0) an der Hochschule Luzern

»Ich wollte nur kurz Nachrichten checken danach, und schon war ich wieder voll drin!«, berichtete mir eine Kursteilnehmerin im MBST® 1.0-Termin nach dem Digital Detox Retreat. Darüber hinaus thematisierte sie die Dankbarkeit, sich fast einen Tag Zeit für Stille ohne Kommunikationsmittel genommen zu haben. Danach ging es im Eilzugtempo zurück in den Sog des Digitalen, das »Nur-noch-schnell-das-Machen«, den Autopilotenmodus.

In steigender Tendenz zeigt sich, dass Kursinteressierte sich mit großer Erleichterung Ruheinseln oder Auszeiten erlauben wie in MBST® 1.0- und MBSR-Kursen. Nur schon die wöchentlich eineinhalb Stunden der einzelnen MBST® 1.0-Kurstermine schätzen die Teilnehmenden als persönliche Ruhezeiten, ohne etwas tun zu müssen – und eben auch ohne digitale Verbundenheit inklusive den dazugehörigen (gefühlten) Pflichten.

Dieses scheinbar nie pausierende Dringend- und Abhängigsein von gewissen Gruppennachrichten im Arbeits- und Studienbereich resultiert dann im Gegenzug auch mal im Wunsch nach Einschränkung der digitalen Kommunikation. Nicht alles muss in Chatgruppen organisiert werden: lieber sich wieder einmal ›in echt‹ treffen und weniger Zeit verlieren.

Um dem Suchtpotenzial von digitalen Werkzeugen unseres Alltags entgegenzuwirken, greifen Studierende der Kurse aus Eigenmotivation manchmal zu drastischeren Methoden: Nimmt die Beschäftigung mit gewissen, nicht bewusst benutzten Apps übermäßig viel Zeit in Anspruch (»Ups, das waren jetzt zwei Stunden!?«), werden sie auch für eine Zeit einfach mal gelöscht.

Mehr Bewusstheit zurückzubringen in den Alltag wirkt auch für diese Herausforderung unserer Zeit nachhaltiger – ob in den digitalen oder in den analogen Medien. Es empfiehlt sich daher, regelmäßige Übungen, die einen unterstützen, ganz bewusst zu wählen und zu entscheiden, wofür du dir Zeit nimmst und wie viel.

Der große Bogen des MBST® 1.0-Kurses – von den individuellen Übungen über die sozialen zu den ökosystemischen und zurück – hatte mich bereits in der Weiterbildungsausschreibung von Achtsam.Digital angesprochen und überzeugt mich nun auch als Anleitender dieses Kurskonzepts.

Die individuellen Übungen des MBSR sind clever ergänzt z.B. durch Moving Body Scan, Social Body Scan oder Eco Body Scan und eröffnen den Teilnehmenden weitere Ebenen und neue Perspektiven. Die Vielfalt der achtsamkeitsbasierten Werkzeuge ist für die Übenden ein wahrer Geschenkkorb. Er mag auch einzelne Werkzeuge enthalten, die bei manchen nicht sehr viel auslösen, aber auch vieles, was Freude bereitet, Ruhe bringt oder kreative Prozesse in Gang setzt.

Aus meinen ersten MBST® 1.0-Kurserfahrungen nehme ich zwischendurch ein schnelles Weitergehen von einer Übung zur nächsten wahr – mit wenig Zeit für Verweilen, Vertiefen und Wiederaufnehmen. Für nächste Ausgaben des MBST® 1.0-Kurses möchte ich deshalb ein Augenmerk darauf haben, den spannenden Übungen mehr Raum und Zeit zu geben.

Mein Ziel ist es, Schritt für Schritt auf der Basis von MBSR und MBST® 1.0 den Studierenden und anderen Interessierten im Hochschulkontext Möglichkeiten zu bieten, den Begleiterscheinungen der fortschreitenden Digitalisierung bewusst und mit Selbstfürsorge zu begegnen, sich ab und zu *Digital-detox*-Zeiten zu erlauben – ohne ein schlechtes Gewissen haben zu müssen.

Um dieses Ziel und MBSR-/MBST® 1.0-Kurse im Hochschulprogramm zu verankern, benötigt es Zeit und Geduld: ein gutes Übungsfeld für die eigene Praxis.

Denisa Sandbothe

Achtsamkeitstraining für Studierende (MBST® 1.0) und Achtsamkeitstraining für Mitarbeitende (MBET® 1.0) an den Hochschulen Nordhausen und Darmstadt sowie den Universitäten Erfurt und Jena

Zwischen dem Wintersemester 2019/20 und dem Sommersemester 2024 habe ich insgesamt 21 MBST® 1.0 und MBET® 1.0-Seminare in Präsenz und online an den Hochschulen Nordhausen und Darmstadt sowie an den Universitäten Erfurt und Jena gehalten. Die MBST® 1.0-Kurse waren jeweils in unterschiedliche Kontexte eingebettet und fanden unter bestimmten Rahmenbedingungen statt.

An der Hochschule Nordhausen wurden die Kurse für Bachelor- und Masterstudierende im Fachbereich Wirtschafts- und Sozialwissenschaften als Wahlpflichtmodul angeboten. Im Studienbereich

Gesundheits- und Sozialwesen war das Angebot u.a. für die Studiengänge Gesundheits- und Sozialwesen, Heilpädagogik, Therapeutische Soziale Arbeit und im Studienbereich Management für die Studiengänge Sozialmanagement, Innovations- und Changemanagement sowie Public Management & Governance zugänglich. Mit regelmäßiger Teilnahme, dem Führen eines Achtsamkeitstagebuchs und der Abgabe eines persönlichen Erfahrungsberichts konnten in den Kursen Creditpoints erworben werden. Die Kurse fanden in einem mit Matten, Decken und Sitzkissen ausgestatteten Seminarraum statt, der Platz für 17 Studierende bot.

An der Universität Erfurt wurde der MBST® 1.0-Kurs im Rahmen des Studium Fundamentale im Wahlpflichtbereich angeboten und war somit für Studierende aus allen Studiengängen zugänglich. Nach regelmäßiger Teilnahme und einer Hausarbeit mit einem wissenschaftlichen Theorieteil zum Thema Achtsamkeit/Meditation sowie einem persönlichen Erfahrungsbericht zum Kurs konnten ein benoteter Schein und Creditpoints erworben werden. Gemäß der Prüfungs- und Studienordnung der Universität Erfurt war eine zweite Lehrperson vorgesehen, die das Seminar begleitet. Meine Ko-Lehrenden waren die wissenschaftliche Mitarbeiterin an der Professur für Inklusive Unterrichtsforschung, Dr. Birgit Jäpelt, und ihre temporäre Vertreterin Michelle König. Die Kurse fanden in einem mit Matten, Decken und Sitzkissen ausgestatteten Kursraum des Hochschulsports statt. Die Raumgröße ermöglichte eine Teilnahme für bis zu 24 Studierende.

An der Friedrich-Schiller-Universität Jena (FSU) wurden die MBST® 1.0-Kurse als Onlineveranstaltung über das Studentische Gesundheitsmanagement für alle Studierenden der FSU angeboten. In diesem Rahmen konnte eine Teilnahmebescheinigung, aber kein Leistungsnachweis mit Creditpoints erworben werden. Die Anmeldezahlen variierten an der FSU in den verschiedenen Semestern zwischen zehn und 20 Teilnehmenden. Aufgrund des Add-on-Charakters des Angebots im Rahmen des Studentischen Gesundheitsmanagements lag die durchschnittliche Drop-out-Rate bei ca. 50 Prozent. Bei den MBST® 1.0-Kursen an der Hochschule Nordhausen und der Universität Erfurt, die mit Creditpoints integraler Bestandteil des Studiums waren, gab es im Regelfall keine Kursabbrecher:innen.

Die Achtsamkeitskurse für die Mitarbeitenden (MBET® 1.0) fanden an der Hochschule Nordhausen und der Uni Erfurt über das Gesundheitsmanagement statt. An der Hochschule Darmstadt wurden die MBET® 1.0-Kurse als eigenständiges Projekt beworben. Die Teilnehmenden aller MBET® 1.0-Kurse kamen aus verschiedenen Bereichen und Fakultäten der Hochschulen. Vertreten waren Angestellte aus Technik und Verwaltung, akademische Mitarbeitende und Lehrkräfte sowie vereinzelt auch Professor:innen. An den Hochschulen Nordhausen und der Darmstadt fanden die Kurse während der Arbeitszeit statt, was sich positiv auf die Verbindlichkeit auswirkte.

Die Studierenden und Mitarbeitenden brachten in der Regel keine oder kaum Vorerfahrungen im Bereich Meditation und Achtsamkeit mit. Einige waren geübt in Yoga und kannten demzufolge kürzere Atemübungen und Körperreisen. Für die Mehrzahl der Teilnehmenden jedoch war das Themenfeld neu. Die Motivation reichte von der Neugierde, ein solches Kursformat im Hochschulkontext kennenzulernen und zu erfahren, was sie von der Achtsamkeitspraxis lernen könnten, bis hin zum konkreten Wunsch, das eigene Stresserleben und stressbedingte Beschwerden wie beispielsweise Schlafprobleme, Konzentrationsschwierigkeiten und Ängste zu reduzieren.

Wie es bei den meisten Tätigkeiten ist, die man dauerhaft in sein Leben integrieren möchte, dauert es seine Zeit, bis eine Gewohnheit daraus erwächst. Die größte Herausforderung für die Mehrzahl der Teilnehmenden der MBST® 1.0- und MBET® 1.0-Kurse besteht in der Etablierung und Aufrechterhaltung der regelmäßigen Übungspraxis. Um die Teilnehmenden darin zu unterstützen, habe ich im Jahr 2020 damit begonnen, die im Kurs eingeführten Dyaden auf die Übungspraxis zwischen den Kurseinheiten auszuweiten. Die Teilnehmenden sollten sich mit einem festen *Buddy* einmal wöchentlich verabreden und über ihre Achtsamkeitspraxis in Dyaden-Form sprechen. Im Anschluss daran berichteten viele Teilnehmende, dass ihnen die zusätzliche wöchentliche zehn- bis 15-minütige Verabredung mit dem *Buddy* eine Stütze war, um die Tagespraxis beizubehalten. Heute sind die wöchentlichen *Buddy*-Dyaden ein unverzichtbarer Bestandteil der MBST® 1.0- und MBET® 1.0-Curricula.

Insgesamt erlebte ich ein großes Interesse und eine Offenheit gegenüber dem Thema Achtsamkeit und den einzelnen Übungen, auch wenn diese für die meisten Teilnehmenden ungewohnt waren und eine neue Erfahrung darstellten. Dies beinhaltete beispielsweise auch das Ausziehen von Straßenschuhen im Seminarraum, das Sitzen auf Matten und Kissen auf dem Boden, die Vereinbarung des ›Arbeits-Du‹ und den ehrlichen und offenen Austausch über die Erfahrungen der Teilnehmenden mit der Gruppe.

In den MBST® 1.0-Kursen standen manche Teilnehmenden dem Digital Detox Retreat skeptisch gegenüber. In der siebten Woche des Kurses über einen Zeitraum von fünf Stunden Achtsamkeitsübungen im Schweigen zu praktizieren und auf digitale Medien zu verzichten, erschien ihnen als Herausforderung. Im Nachgang zu den Retreats erwies sich diese Erfahrung als intensiv und für viele sogar als eine der spannendsten und nachhaltigsten während des gesamten Seminars.

Insbesondere die kurzen, regelmäßigen Übungseinheiten wie die tägliche Atemraumübung und die wöchentlichen *Buddy*-Dyaden entwickelten sich bei der Mehrheit der Teilnehmenden in beiden Kursformaten zu den beliebtesten Übungseinheiten. Einige Teilnehmende in den Feedbackrunden berichteten, dass sich ihr Kommunikationsverhalten veränderte, gekennzeichnet durch ein aufmerksameres Zuhören und Wahrnehmen des Gegenübers sowie eine aufmerksame Wahrnehmung der eigenen Gedanken und Handlungsimpulse. Fast allen Teilnehmenden gelang es, die drei- bis fünfminütige Atemraumübung fest in ihren Tagesablauf zu integrieren.

Als die Achtsam.Digital-Curricula im Jahr 2021 überarbeitet wurden und die sozialen und ökosystemischen Übungen dazu kamen, empfand ich das als großen Gewinn für die Kurse. Die Möglichkeit, Achtsamkeit über seinen eigenen Tellerrand hinaus zu erleben und Übungen mit anderen Teilnehmenden in der größeren Gruppe zu praktizieren, wie es beim Social Body Scan oder beim Eco Body Scan der Fall ist, wurde von vielen Teilnehmenden in den Rückmeldungen als interessant, bereichernd und aufschlussreich empfunden. Dabei nicht nur seinen eigenen, sondern den sozialen Körper in einem System (z.B. Hochschule) mit all seinen Schwierigkeiten und Blockaden zu spüren und zu erleben, wie sich das System aus dem Inneren heraus dahingehend verändern möchte, dass die Akteure miteinander kooperieren wollen und sich annähern, war immer wieder sehr bewegend für die Teilnehmenden und mich.

Zusammenfassend kann ich berichten, dass nahezu alle Teilnehmenden von dem breiten Spektrum an mehrdimensionalen Achtsamkeitsübungen profitieren konnten. In einer Welt, die sich in einem rasanten transformativen Wandel befindet, der in einem hohen Ausmaß geprägt wird durch Unsicherheit, Technologisierung und der Destruktion vielfältigen Lebens auf diesem Planeten, erscheint es mir umso wichtiger, Menschen aller Altersgruppen Werkzeuge an die Hand zu geben, mit deren Hilfe sie resilienter werden und mit Neugierde, Mitgefühl und Handlungskraft achtsamer mit sich selbst, ihren Mitmenschen und ihrer Umwelt umgehen können. Die Welt braucht Bildungssysteme, die diese Fähigkeiten unterstützen und fördern. Achtsame Hochschulen können diesen notwendigen Beitrag dazu leisten, und ich bin zutiefst dankbar, ein Teil dieser Initiative geworden zu sein.

Gruppe 3

Stefanie Tränkle

Achtsamkeitskurse für Studierende an der Hochschule für Polizei Baden-Württemberg

Die Schuhe im Flur, neben der Tür des Kursraumes stehen mal hübsch nebeneinander, mal wild durcheinander, sind aber immer ein Anlass zu heimlicher Freude, weil es gelungen ist, einen regulären Achtsamkeitskurs im Rahmen der Wahlmodulangebote an der Hochschule für Polizei Baden-Württemberg zu implementieren.[1] Ein Besprechungsraum auf dem Campus verwandelt sich für einen Abend in der Woche in eine kleine Meditationshalle. Auch die Uniformen bleiben draußen, die Studierenden erscheinen im Sportoutfit. Das Ausziehen von Schuhen ist in der Polizei ein besonderes Thema. ›Sockig‹ einen Raum zu betreten und sich auf eine der Matten am Boden zu setzen bedeutet, vulnerabel zu sein und die im Einsatz so wichtige Eigensicherung aufzugeben. Zu Anfang der Kurse ist Unsicherheit zu spüren. Manche sind scheu, weil sie sich in diesem frei wählbaren Kurs außerhalb ihrer gewohnten Studiengruppe befinden. Von Woche zu Woche jedoch tauen sie immer mehr auf und begeben sich immer offener in die Übungen, lassen immer mehr Erlebnisqualitäten zu. Welche Erfahrungen ich als Trainerin von MBSR und MBST® 1.0 in bislang zehn Kursen gemacht habe, möchte ich im Folgenden schildern.

Ganz eindeutig: In einem MBSR-Kurs wird mehr geweint als in einem anderen Format. Belastende Erlebnisse können emotional ›verdaut‹ werden. Da sind die Hilflosigkeit, die entsteht, wenn der letzte Moment im Leben eines Suizidenten der Blickkontakt zur Beamtin ist, die den Sprung in den Tod nicht verhindern kann, oder die eigenen Schattenseiten, wenn sich Überforderung als Aggressivität gegen das eigene Kind richtet. Oder es wird der Berufswunsch reflektiert: zur Polizei gegangen zu sein aus der Motivation heraus, die eigene Mutter vor der Gewalttätigkeit des Partners schützen zu wollen. Auch Trauerprozesse kommen immer wieder im Kurskontext vor. (Selbst-)Mitgefühl als Thema ist daher im Kurs ein zentrales Element und im MBSR-Format hat dies genügend Raum. Die Kurse zu unterrichten, lehrt mich Demut. Es ist etwas anderes, sich mit Polizeiarbeit aus soziologisch-kriminologischer Sicht analytisch zu befassen oder mittendrin zu sein im emotionalen Erleben der Studierenden.

1 Die Rahmenbedingungen, das Setting und die Praxislandschaft von *mindfulness-based interventions* in der Polizeiwelt sowie die Forschungslage werden in Kapitel II.4 in diesem Buch dargelegt.

Organisatorisch ungünstig sind die langen Abende eines MBSR-Kurses. Die Studierenden sind nach dicht getakteten Vorlesungstagen schlichtweg erschöpft oder aber haben wenig Geduld, weil noch so viel anderes in den Tag passen muss.

Das Zwölf-plus-zwei-Wochen-Format eines MBST® 1.0-Kurses hingegen passt gut in den Semesterablauf. Die Übungen mit metaphorischen Namen (*Flutlicht, door opener*) sind ansprechend. Das 90-Minuten-Format erweist sich als geeignet: lange genug, um einzutauchen in die Übungen, aber kurz genug, um in einen langen Vorlesungstag zu passen. Und wenn man ehrlich ist: Wer macht schon den Body Scan in voller Länger von 45 Minuten? Die Übungsmotivation der Teilnehmenden ist bei 20 Minuten höher.

Mein Lieblingsmoment im MBST® 1.0-Kurs ist der Beginn: Wenn das Herumwuseln zum Umbau des Raumes beendet ist und dabei alle individuell von mir begrüßt wurden, finden wir ohne weitere Vorrede ins Sitzen und in die Atemraumübung. Es wird ein Feld aufgespannt, in dem sich stille Ernsthaftigkeit und achtsame Präsenz entfalten. Die Atemraumübung soll drei Minuten dauern, aber wir haben sie immer weiter auf bis zu 15 Minuten ausgedehnt. Die Studierenden nehmen aus diesem schlichten Übergangsritual den Erfahrungswert mit, dass es möglich ist, mitten im stressigen Alltag innezuhalten und sich auf den Atem zu besinnen.

Das Anliegen eines MBST® 1.0-Kurses ist anspruchsvoll: Die interaktiven Übungen mit dem Konzept der aufeinander aufbauenden pluralen Achtsamkeiten sind eine Herausforderung. Zwar setzen die Studierenden die Übungsanleitung um, aber es stellt sich keine spielerische Leichtigkeit ein, die Atmosphäre wird zäh. Ich selbst fühle mich mit dem Anleiten der Übungen in diesem Kontext nicht wirklich wohl. Didaktisch löse ich solche Situationen des Befremdens, indem ich mich vom Curriculum löse und einen Schritt zurück gehe, beispielsweise eine Dyade anleite statt eines Social Body Scans.

Woher kommt dieses Befremden? Zum einen sind interaktive Übungen im Kontext einer Polizeihochschule eindeutig kulturfremd. Es gibt eine Kluft zwischen dem Kurssetting und der Polizeikultur und deren professionellem Selbstbild. Zum anderen scheint mir, dass die interaktiven Übungen nicht so recht zur Interessenlage der Studierenden passen. Diese suchen einen leistungsfreien Raum der Erholung und haben Sehnsucht danach, einfach nur da sein zu dürfen und *me-time* zu haben. Sie suchen Ressourcen, um mit Leistungsstress, Prüfungsangst und persönlichen Belastungen umgehen zu können. Die berufserfahrenen Studierenden absolvieren ein volles Bachelorstudium in nur drei Semestern – und viele haben Kinder (häufig auch mehrere) zu Hause.

Hinzu kommt bei vielen das Pendeln ins ganze Bundesland. Da ist nicht viel Luft für die komplizierte Anleitung und die vielen Rollenwechsel in einem Social Body Scan. Und dann gibt es die Studierenden, die einfach Neugierde mitbringen und lernen wollen, wie Meditieren eigentlich geht, und die Stille suchen. Natürlich ist die nicht ganz kompatible Interessenlage auch dadurch bedingt, wie die Kurse ausgeschrieben werden. Absichtsvoll wird mein Angebot als »Anti-Stress-Training« bzw. »Training für mentale Resilienz« etikettieret, um es anschlussfähig zu machen und gegen Infragestellung zu immunisieren.

In der Gesamtschau scheint das Bedürfnis der Studierenden also eher auf der Ebene der individuellen Achtsamkeit zu liegen. Vielleicht ist es eine Frage des Tempos: Mein Eindruck ist, dass im System der Achtsamkeiten die individuelle Ebene etabliert sein muss, bevor man weitergehen kann. Die interaktiven Übungen eines MBST® 1.0-Kurses scheinen mir in diesem Kontext eher geeignet für einen Aufbaukurs. MBST® 1.0 mit dem Konzept der pluralisierten Achtsamkeiten ist zwar vom Setting her geeignet, um sich in den Semesterablauf einzufügen, aber inhaltlich und didaktisch anspruchsvoll. *Mindfulness*-Angebote in der Polizeiwelt, insbesondere in der Ausbildungs- bzw. Studiumsphase, sind ein sehr junges Pflänzchen, das kein gedeihliches Umfeld hat, sondern erst noch Wurzeln ausbilden muss. Zwar werden die Angebote von Studierenden mit großer Dankbarkeit angenommen. Damit dies aber gelingt, sollte die Wahl des konkreten Kurssettings auf die organisatorischen Rahmenbedingungen, die berufsspezifische Kultur sowie die Interessenlage der Studierenden abgestimmt sein. Vielleicht ist im Kontext der Polizeihochschule die Zeit noch nicht reif für den visionären, gesellschaftstransformierenden Ansatz von MBST® 1.0.

Evelin Kramer und Klaus Kramer

Achtsamkeitskurse in der studentischen Lehre am Universitätsklinikum Ulm

Die Studierenden der Gegenwart sind die Träger:innen der Medizin von morgen. In einer biographisch sensiblen Phase artikulieren sie deutlich ihr Bedürfnis nach einer am Erwerb von Fähigkeiten orientierten Lehre (nicht nur Wissen), in der auch die Dimensionen der Ganzheit des Menschen einbezogen werden. Basis unseres Angebots sind zwei zusammengehörige Wahlpflichtfachkurse: »Einführung in die Integrativmedizin (IM)«, »Klassische Naturheilverfahren« und »Anthroposophische Medizin unter besonderer Berücksichtigung der Achtsamkeit«, sowie drei Achtsamkeitsmeditationskurse unter dem Titel »Stressbewältigung durch Achtsamkeit (MBSR)« – in differenzierten Ausrichtungsversionen: d.h. digital oder in Präsenz; abends oder früh morgens *(early bird)*. Mit diesen fünf integrativ-medizinischen Kursen werden 130 bis 150 Lehrstunden pro Semester unter Einbezug von 60 bis 75 Studierenden vorgehalten (120 bis 150 pro Jahr). Die Nachfrage ist groß, die Kurse sind wenige Minuten nach der digitalen Ausschreibung ausgebucht und werden in der Akzeptanzlehrevaluation sehr gut bewertet (in der Regel 54 bis 58 von 60 Punkten, d.h. mehr als 90 Prozent). Über den Verlauf eines gesamten Studienjahrgangs werden 360 Studierende erreicht (d.h. mehr als 20 Prozent).

Die Kurse zur Achtsamkeit und Meditation folgen dem wissenschaftlich etablierten, strukturierten MBSR-Curriculum (nach Jon Kabat-Zinn) und werden unter Berücksichtigung der Lehrevaluation schrittweise weiterentwickelt, ausgebaut und wissenschaftlich begleitet. Der Kurs dauert neun Wochen (und gliedert sich in neun mal 2,5 Stunden pro Woche plus ein Achtsamkeitstag à 7,5 Stunden im Schweigen nach dem sechsten Kurstag). Ergänzt durch ein ausführliches Kursheft (Inhalt und Struktur) sowie Audiodateien (angeleitete Übungen) werden praktische Übungen wie Body Scan, Sitzmeditation, Gehmeditation, Yoga im Liegen, Yoga im Stehen und Selbstmitgefühlmeditation angeleitet und nachfolgend geübt und intendiert regelmäßig praktiziert. Das schult die Differenzierung für die in unserem Bewusstsein auftretenden Inhalte – im Denken, Fühlen und Wollen bzw. *open mind, open heart, open will*.

Für viele Studierende ist das Bedürfnis, im Umgang mit der Stressquelle ›Leistungsdruck‹ Instrumente an die Hand zu bekommen, um Schritt für Schritt selbständiger und freier damit umgehen zu lernen (Handlungskompetenz), die Motivation für die Kursteilnahme. Bei den von uns ausgerichteten Achtsamkeitskursen geht es darum, an den konkreten individuellen Erfahrungen des Alltags anzuknüpfen und in Bezug auf die Wahrnehmung unserer Bewusstseinsinhalte immer differenzierter zu werden.

Im Kontext der Achtsamkeitskurse sowie, parallel dazu, aus der Fachschaft Medizin entwickelten die Studierenden aus eigener Initiative eine Selbsthilfegruppe *Mental Health*, die sich regelmäßig zum Austausch trifft und aus der heraus einmal pro Semester eine universitätsöffentliche *Mental Health Week* ausgerichtet wird. Dazu wurden für die Thematik offene Professor:innen und Lehrende eingeladen, um zu ausgewählten Themen eigene Erfahrungsberichte über Herausforderungen aus ihrem Leben zu geben. Das hat zur Enttabuisierung der *Mental-health*-Thematik wesentlich beigetragen. Diese studentische *Mental-Health*-Gruppe wurde von der Universität Ulm für ihre Initiative mit einem Universitätspreis ausgezeichnet.

Der regelmäßige Austausch mit den Studierenden hat sich für uns als beidseitig sehr belebend und fruchtbar erwiesen. Die Sorgen der Studierenden wurden dabei immer wieder sichtbar. Sogenannte Stressfaktoren oder Herausforderungen des Lebens beziehen sich nicht pauschal auf ›das Studium‹, sondern bedürfen vielmehr einer differenzierteren Betrachtung in Bezug auf die unterschiedlichen Lebenskontexte. Individuelle Krisen und Sorgen, mediale Überflutung, digitale Dauerbelastung, Stress im sozialen Bereich sowie auch ökosoziale und globale Krisen verlangen ein differenziertes Wahrnehmungsvermögen in Bezug auf eine situative Lebensweltorientierung und die Möglichkeit selbstwirksamer (Gegen-)Steuerung.

Das entspricht dem Ansatz von Achtsam.Digital, der unter Berücksichtigung von individuellen, sozialen und kontextualen Lebensdimensionen ein Achtsamkeitscurriculum entwickelt hat, welches Studierende, Lehrende und Mitarbeitende berücksichtigt. Dabei bezieht das Zwölf-Wochen-Seminar die vordergründig individuell orientierte Schule von Jon Kabat-Zinn (MBSR), interpersonelle Achtsamkeitsübungen von Gregory Kramer und Tania Singer (Dyaden) sowie Übungen zum Sozialen und zur Ökologie von Otto Scharmer und Arawana Hayashi *(Social Presencing Theater)* mit ein. Die von Achtsam.Digital entwickelten MBST® 1.0 und MBTT® 1.0 wenden wir in Ulm und anderen Hochschulen mit guten Erfahrungen an.

Ganz gleich, in welchen Bezügen und mit welchen Zielgruppen wir *mindfulness* praktizieren, schlussendlich geht es dabei um Präsenz im Augenblick und die daraus resultierende Entscheidungsfähigkeit. Das ist die Grundlage für individuelle Gesundheit, gesunde Kommunikationsstrukturen in einem gesunden sozialen Umfeld sowie die Gesundheit des Planeten und damit für ein im erweiterten Sinne erfülltes Leben. Die Praxis der Achtsamkeit leistet bei Studierenden der Medizin einen wesentlichen Beitrag zu deren mentaler und physischer Gesunderhaltung (individuell). Beim Umgang mit Patient:innen benötigen die Mediziner:innen von morgen neben der fachlichen Kompetenz Empathiefähigkeit, hohe soziale Kompetenz, (Selbst-)Mitgefühl und – allem voran – die Fähigkeit zur Selbstfürsorge. Die Kursteilnehmenden bestätigen, dass die Praxis der Achtsamkeit die Entwicklung und Vertiefung dieser nichtkognitiven Kompetenzen fördert.

Die Kultur der Achtsamkeit ist Bewusstseinsbildung und entwickelt Fähigkeiten für den Umgang mit individuellen und globalen Herausforderungen unserer Zeit und Zukunft.

Andreas Franze

Erfahrungen mit Achtsamkeitsangeboten an der Hochschule für Technik und Wirtschaft Dresden

Kurz nach meiner Berufung an die Hochschule für Technik und Wirtschaft (HTW) Dresden habe ich im Frühjahr 2019 an der Veranstaltungsreihe »Achtsam.Digital – Die Hochschule des 21. Jahrhunderts« in Jena teilgenommen. Inspiriert durch die angebotenen Vorträge und Workshops fasste ich den Entschluss, das Thema Persönlichkeitsentwicklung, das ich auch zuvor schon in meinen Lehrveranstaltungen platziert hatte, um die Kulturtechnik der Achtsamkeit zu erweitern.

In den folgenden Jahren wuchs diese Initiative hochschulübergreifend zunächst innerhalb Dresdens und dehnte sich schließlich über ganz Sachsen aus. Um diesen Prozess zu veranschaulichen, seien an dieser Stelle stichwortartig einige Meilensteine angegeben:

2018

- Gründung des NaHiD (Netzwerk Achtsamer Hochschulen in Dresden)
- Aufnahme in die überregionale Kooperationsplattform *Achtsame Hochschulen*
- Achtsamkeit als eigenständiges Thema im Lenkungskreis Betriebliches Gesundheitsmanagement der HTW Dresden
- Einige Lehrende der HTW Dresden setzen in Vorlesungen ›achtsame Impulse‹ ein.

2019

- Achtsamkeitsangebote am Dies academicus
- Kolumne im Verwaltungsnewsletter
- Angebot von Medien zu Kurzmeditationen im internen Bereich
- Organisation von jährlichen Kurzretreats für Hochschullehrende und Studierende (NaHiD)
- Angebot eines zwölfwöchigen Achtsamkeitskurses für Beschäftigte (MBET® 1.0)
- wöchentliche Offene-Online-Hochschul-Mittagsmeditation

2020

- Erste Lehrende der HTW Dresden absolvieren erfolgreich die Zertifikatsausbildung Achtsame Hochschullehrende (ZAH®).

2021

- Pilotstudie zum »Achtsamen Ankommen« in mehreren Lehrveranstaltungen

- Das wahlobligatorische Modul »Stressmanagement und Resilienz« ist in einem Studiengang verankert und wird als Studium Integrale angeboten (vergleichbar zu MBST® 1.0).
- Kooperation mit der HTW-Bibliothek zur Schaffung eines *silent space* für individuelle Meditation und Körperübungen

2022
- Co-*teaching* eines MBTT® 1.0-Kurses mit Susanne Krämer im Rahmen des Projektes *Achtsamkeit in der Bildung und Hochschulkultur*, Teilnehmer:innen aus ganz Sachsen (vornehmlich Hochschullehrende)

Im Folgenden möchte ich meine Erfahrungen mit dem MBST® 1.0 im Rahmen des Moduls »Stressmanagement und Resilienz« sowie mit dem MBTT® 1.0 schildern.

Als Kursleiter habe ich seit dem Wintersemester 2021/22 regelmäßig MBST® 1.0-Kurse an meiner Hochschule durchgeführt. Diese Kurse sind Teil des Moduls »Stressmanagement und Resilienz« im Studiengang Infrastrukturmanagement und sind mit fünf ECTS-Punkten verbunden. Ich biete in jedem Semester mindestens einen, meistens jedoch zwei Kurse für Studierende an. Insgesamt habe ich im Zeitraum von 2021 bis 2024 zehn Kurse mit insgesamt 172 Absolvent:innen geleitet. Das Curriculum umfasst einen zwölfwöchigen Kurs mit jeweils 90-minütigen Seminaren.

Zusätzlich zu MBST® 1.0 habe ich als Kursleiter einmalig im Sommer 2022 einen MBTT® 1.0-Kurs gemeinsam mit Susanne Krämer (Leipzig) im Rahmen des Projektes »Achtsamkeit in der Bildung und Hochschulkultur« durchgeführt. An diesem Kurs nahmen Lehrende aus ganz Sachsen teil, vornehmlich aus dem Hochschulbereich.

In ihrem Ansatz sind die Curricula der Formate MBST® 1.0 und MBTT® 1.0 so gestaltet, dass sie in ihrer Struktur und ihren Anleitungen stets sehr einfach gehalten sind. Darüber hinaus steht das Praktizieren und Austauschen von Erfahrungen im Mittelpunkt und macht etwa 95 Prozent der Kurszeit aus. So bleibt in einem Kurs viel Zeit für reflektierende Plenumsgespräche und Dialoge.

Die Leitung der MBST® 1.0-Kurse sowie des MBTT® 1.0-Kurses hat meine eigene Achtsamkeitspraxis als Kursleiter vertieft und mein persönliches Wohlbefinden gesteigert. Die Vorbereitung und Durchführung der Kurse haben mir geholfen, meine eigene Achtsamkeit zu kultivieren und einen Raum für Achtsamkeit und Selbstfürsorge zu schaffen. Als Kursleiter habe ich besonders die achtsamen Dialoge (Dyaden) sowie die Übungen zur Achtsamkeit im Alltag geschätzt und in meinen Kursen bevorzugt angewendet.

Die Angebote für Studierende (MBST® 1.0) haben dazu beigetragen, dass Achtsamkeit an der HTW Dresden als wichtiger Bestandteil der persönlichen Entwicklung und des Studienalltags wahrgenommen wird. Ich habe eine zunehmende Offenheit sowie ein wachsendes Vorwissen bei den Teilnehmenden festgestellt. Beim Kursangebot für Lehrende (MBTT® 1.0) bin ich im Leitungstandem mit Susanne Krämer in meiner Rolle als Kursleiter gereift, da die Kursteilnehmer:innen aus meiner Sicht höhere Anforderungen an wissenschaftliche Belege, eine konzeptionelle Einordnung und Stringenz verlangten.

Beiden Kursformaten gemeinsam sind die Fragen der Teilnehmenden rund um Herausforderungen bei der Gewohnheitsentwicklung, Widerständen während der Meditation und die Integration von Achtsamkeitspraktiken in den Alltag. Diese Fragen spiegeln die Bedeutung wider, die Achtsamkeit für die persönliche Entwicklung und das Wohlbefinden sowohl der Studierenden als auch der Lehrenden an unserer Hochschule hat.

Die HTW Dresden ist aus meiner Sicht auf einem vielversprechenden Weg hin zu einer achtsamen Hochschule. Obwohl die Entwicklung langsam voranschreitet, ist sie wie das Wachstum eines Samens – bei geduldiger und behutsamer Behandlung nachhaltig. Als Initiator dieser Bewegung ist es für mich wichtig, auch auf meine eigenen Ressourcen zu achten und die Entwicklung der achtsamen Hochschule nicht allein an meine Person zu knüpfen. Meines Erachtens ist es entscheidend, dass die Bemühungen um Achtsamkeit an der HTW Dresden von einer breiten Unterstützung und einem gemeinsamen Engagement aller Beteiligten getragen werden. Die große ideelle Unterstützung durch die Hochschulleitung sowie die zunehmende Offenheit und das steigende Vorwissen bei Studierenden, Beschäftigten und Lehrenden sind vielversprechende Anzeichen für die Zukunft einer achtsamen Hochschulkultur an der HTW Dresden.

Abschließend möchte ich meinen aufrichtigen Dank gegenüber Mike Sandbothe und Reyk Albrecht zum Ausdruck bringen. Ihre kontinuierliche Inspiration und Unterstützung haben einen maßgeblichen Einfluss auf meine Arbeit gehabt und mich dazu motiviert, weiterhin an der Idee einer achtsamen Hochschule an der HTW Dresden festzuhalten. Durch ihre Rückfragen, Beratungen, Vorlagen, Weiterbildungen und emotionale Unterstützung haben sie mich ermutigt und gestärkt, meine Vision zu verfolgen und umzusetzen. Ihre Begeisterung für dieses Thema hat mich inspiriert und wird weiterhin eine wichtige Quelle meiner Motivation sein.

Hubert Ostermaier, Rüdiger Mottl,
Brigitte Mottl und Burkhard Schmager

Vier Ebenen der Integration von Achtsamkeit in das Wirtschaftsingenieurstudium an der Ernst-Abbe-Hochschule Jena

Abstract

Vier achtsame Hochschullehrende am Fachbereich Wirtschaftsingenieurwesen der Ernst-Abbe-Hochschule Jena berichten über ihre langjährigen Erfahrungen mit der Umsetzung und der Wirkung von Achtsamkeit in der Lehre. Sie stellen ein ganzheitliches, sich vom ersten bis zum letzten Semester erstreckendes Konzept der Integration von Achtsamkeit in den Wirtschaftsingenieurstudiengang der Ernst-Abbe-Hochschule Jena vor. Ihr Ansatz umfasst vier Ebenen: Die Lehrenden haben selbst eine tägliche Achtsamkeitspraxis und verkörpern Achtsamkeit als Grundhaltung, Achtsamkeitsübungen sind integriert in möglichst viele Fachmodule aller Semester, die Qualifizierungsziele des Studiums sind um wissenschaftliche Erkenntnisse der Achtsamkeitsforschung erweitert, und den Studierenden werden Intensivierungsmöglichkeiten in Form ganzsemestriger Achtsamkeitsmodule geboten. Die Wirkmechanismen einer achtsamen Lehre systematisieren die Autorin und die Autoren in Form einer Achtsamkeitspyramide.

Einleitung

Wie haben wir die Integration von Achtsamkeitsangeboten in das Wirtschaftsingenieurstudium an der Ernst-Abbe-Hochschule (EAH) Jena vollzogen? Welche Wirkung lässt sich bei Studierenden und Lehrenden beobachten? Welche Erfahrungen haben wir gemacht, welcher Weg liegt hinter uns?

Wir, das sind vier achtsame Hochschullehrende am Fachbereich Wirtschaftsingenieurwesen der EAH Jena mit den Lehr- und Forschungsgebieten: allgemeine Betriebswirtschaftslehre, betriebliches Rechnungswesen, Controlling, Data-Mining, Unternehmensführung, Produktionsmanagement sowie Arbeitswissenschaft.

Wir alle waren vor der Teilnahme am Thüringer Modell *Achtsame Hochschulen* Anfängerin und Anfänger auf dem Gebiet der Achtsamkeitsübungen. Einer von uns hatte frühere Erfahrungen in Tai-Chi und Meditation, einer mit autogenem Training. Fünf Jahre der aktiven Teilnahme am Thüringer Modell waren geprägt vom Kennenlernen, Ausprobieren und Etablieren einer eigenen Achtsamkeitspraxis. »Das hat mir jetzt gutgetan«, verlautete es regelmäßig nach den Achtsamkeitsübungen aus der Gruppe. Die Hinwendung zur Achtsamkeitspraxis hatte einen unmittelbaren positiven Effekt auf unser Wohlbefinden.

Die Wege zur Achtsamkeit sind verschieden. So schildert Nicola Döring in diesem Band ihre persönlichen Erfahrungen und ihr Auf und Ab der Emotionen auf ihrem Weg der Achtsamkeit (siehe Kapitel I.7 in diesem Buch). Für uns waren die Erfahrungen in den jeweils fünftägigen, außerhalb der Hochschule durchgeführten Inkubationsworkshops besonders wertvoll: im Jahr 2015 »Stressbewältigung durch Achtsamkeit« auf Schloss Eyba (Saalfeld/Saale), im Jahr 2016 »Achtsamkeitspraxis in Unternehmen und Hochschulen« im Kloster Donndorf (Kyffhäuserkreis), im Jahr 2018 »Achtsame Erlebnispädagogik« auf Schloss Eyba (siehe Kapitel II.7 in diesem Buch) sowie im Jahr 2019 der Abschlussworkshop »Achtsame Hochschulen – Innehalten und Vorwärtsschreiten« im Benediktushof Holzkirchen bei Würzburg (siehe Kapitel I.6 und I.7 in diesem Buch sowie Bruin 2021: 31-36).

Am meisten geprägt hat uns die im Rahmen des Thüringer Modells erfolgte gemeinsame Teilnahme am einsemestrigen Achtsamkeitstraining für Lehrende (MBTT®) und den darauf aufbauenden fünf Modulen der Zertifikatsausbildung Achtsame Hochschullehrende (ZAH®) in den Jahren 2017 und 2018 (siehe Kapitel I.1 in diesem Buch).

Die gemeinsame Praxis und unsere täglichen individuellen Übungen zu Hause haben uns verändert. Die Momente gemeinsam empfundener Freude, tiefgehende Diskussionen und Erkenntnisse, gemeinsam praktiziertes Schweigen, eindrucksvolle dialogische Gesprächsmeditationen (Dyaden) und viele weitere Achtsamkeitsübungen haben dazu geführt, dass wir individuell und in unserem Miteinander gereift sind. Nicht nur unser Wohlbefinden, sondern auch unsere Sichtweisen, Gewohnheiten sowie vor Beginn der Ausbildung zu achtsamen Hochschullehrenden eingeschliffene Verhaltens- und Handlungsweisen – all das hat sich im Laufe der Zeit gewandelt.

Durch die Etablierung und Weiterentwicklung unserer täglichen individuellen Achtsamkeitspraxis haben wir unterstützt durch die ZAH® den Mut gefunden und Ansätze entwickelt, um diese in die Lehre einzubringen. Nachfolgend schildern wir die Erfahrungen, die wir als zertifizierte achtsame Hochschullehrende in drei Jahren in Sachen Hochschulachtsamkeit mit angehenden Wirtschaftsingenieur:innen sowie Studierenden des E-Commerce oder der Umwelttechnik sammeln konnten. Unser Weg ist von Versuch und Irrtum gekennzeichnet.

1. Achtsamkeitsangebote und Wirtschaftsingenieurwesen

Wie passt das zusammen?

Achtsamkeitspraxis in der Lehre, das bedeutet: innehalten, auflockern, in Übungen gegenwärtig sein, sich vorurteilsfrei seinen und den Gedanken der anderen stellen. Achtsamkeitsangebote in einem technisch-wirtschaftlich orientierten Studium brauchen – aufgrund des eher funktionalen und technischen Charakters der Lehrinhalte – eine unmittelbar erfahrbare Wirksamkeit für die Studierenden, aber auch für die Lehrenden. Sonst finden sie keine hinreichende Akzeptanz.

Bewegungsbasierte Achtsamkeitsübungen reduzieren in der konkreten Lehr- bzw. Lernsituation für die Studierenden die physische Belastung des zu vielen Sitzens. Gleichzeitig wirkt die Achtsamkeitspraxis psychischen Belastungen entgegen. Den sich häufig einstellenden Überforderungen im Unterricht wird durch eine gesteigerte Konzentrationsfähigkeit begegnet oder auch durch die Vermittlung von Lehrinhalten nicht nur auf Kopfebene, sondern auch durch Herz und Hand. Die Lehrenden profitieren ebenfalls davon. Denn achtsame Hochschullehrende sind präsenter, agieren in Lehrveranstaltungen im Hier und Jetzt. Es entsteht eine stärkere Nähe zu den Studierenden. Derartige Effekte einer besseren Konzentration, einer Auflockerung der Lernatmosphäre und einer Verbesserung der Beziehungsqualität konnten wir in allen Lehrveranstaltungen beobachten.

In diesem Kapitel gehen wir folgender Frage nach: Was können Achtsamkeitsangebote in Studiengängen bewirken, die auf das Managen von Unternehmen und das Bewältigen der technischen Herausforderungen von morgen gerichtet sind?

Was umfasst das Wirtschaftsingenieurwesen?

> »Die typischen Aufgaben von Wirtschaftsingenieurinnen und Wirtschaftsingenieuren finden sich [...] in der Integration wirtschaftlicher und technologischer Lösungen und nachhaltiger Systeme für Wirtschaft und Gesellschaft. Dies erfolgt zunehmend im Zusammenspiel von Akteuren in institutionellen, sozialen und digitalen Netzwerken. Es beinhaltet auch die Konzeption komplexer Anlagen und Systeme, deren Management und Vertrieb ebenso wie die Leitung anspruchsvoller Projekte oder die Analyse von technischen Fragestellungen unter wirtschaftlichen Gesichtspunkten.«
>
> *FFBTWI/VWI (2019)*

Das Entwickeln und Realisieren zukunftsorientierter wirtschaftlich-technologischer Lösungen, welche den internationalen Nachhaltigkeitszielen der Vereinten Nationen gerecht werden, erfordert Neugierde, Mitgefühl und Mut. Die Achtsamkeitsangebote für Studierende im Fachbereich Wirtschaftsingenieurwesen der EAH Jena eröffnen hierfür einen individuell-sozialen und einen systemisch-ökologischen Entwicklungsraum.

Wie nehmen Studierende die Achtsamkeitsangebote im Studium an? Generell haben wir festgestellt: Die unmittelbaren Effekte ganz konkreter Achtsamkeitsübungen, die im Rahmen unserer für Wirtschaftsingenieur:innen typischen Fachveranstaltungen durchgeführt werden, haben für die Akzeptanz eine immense Bedeutung. Zeigen sie doch jungen Menschen auf, welche Wirkung individuelle und dialogische Meditationsübungen oder auch achtsame Bewegungsangebote für sie selbst und für die Kommiliton:innen entfalten können. Die eigene Scheu, sich diesem Feld zuzuwenden, wird leichter überwunden. Praktizieren junge Menschen aktiv in Hochschulseminaren und Vorlesungen Achtsamkeitsübungen und empfinden dies für sich als hilfreich, so kann dies für die Studierenden eine Wirkung entfalten, die nicht nur zu einem unmittelbaren Wohlbefinden, sondern auch zu einer Bewusstseinsbildung und Entwicklung von Kompetenzen führt, welche für die Bewältigung ihrer späteren beruflichen Herausforderungen essenziell sein können.

2. Die zu entwickelnden Persönlichkeitseigenschaften
Versuch einer Herleitung

Welchen beruflichen Herausforderungen müssen sich die Studierenden als zukünftige Entscheidungsträger:innen stellen? Der Anspruch an sie besteht darin, angesichts dynamischer, disruptiver Umweltentwicklungen die richtigen zukunftsweisenden Entscheidungen zu fällen. Hierzu müssen sie nicht nur schwache Signale erkennen, sondern darüber hinaus den Mut zu komplexen Entscheidungen und neuen Wegen aufbringen. Sollen diese neuen Lösungen von Wirtschaft und Gesellschaft akzeptiert werden – und damit erfolgreich sein – so müssen diese im Konsens mit ethischen Ansprüchen stehen. Kurzum: Die beruflichen Herausforderungen sind immens – geprägt von steigender Unsicherheit und gleichzeitig großer Verantwortung.

Was wünschen sich Unternehmen als ideale Persönlichkeitseigenschaften ihrer Entscheidungsträger:innen? Und weitergedacht: Wie kann die Entwicklung dieser Eigenschaften im Rahmen eines Studiums gefördert werden?

Unternehmen benötigen Mitarbeiter:innen, die insbesondere über folgende Persönlichkeitseigenschaften verfügen:

1. Kreativität
2. Veränderungsbereitschaft
3. problemorientiertes Denken und Lösungsorientiertheit
   (vgl. Beutelsbacher 2019)

Angesichts der zunehmenden Digitalisierung unseres Lebens passen hierzu die Forderungen des Philosophen Julian Nida-Rümelin an das deutsche Bildungswesen. Er betrachtet die humanistischen Bildungsideale als aktueller denn je. Diese lassen sich seiner Meinung nach mit den Begriffen Urteilskraft, Entscheidungsfähigkeit und Verantwortung zusammenfassen, um im Rahmen der digitalen Transformation souverän mit Software und Daten umzugehen (vgl. Nida-Rümelin 2020).

Was bieten Unternehmen ihren Mitarbeiter:innen, damit sich diese auch innovativ entfalten können? Der Zukunftsforscher Christian Schuldt hebt in einem Interview innovative Unternehmen wie Google oder Apple hervor. Diese schaffen organisatorische und kulturelle Freiräume, welche die Mitarbeiter:innen eigenverantwortlich, ohne Kontrolle und Leistungsdruck nutzen können, um an innovativen Experimenten zu tüfteln (vgl. Rösgen 2018).

Der Managementforscher Claus Otto Scharmer vom Massachusetts Institute of Technology formuliert die Anforderungen an die Persönlichkeit der Menschen ähnlich (vgl. Scharmer/Käufer 2008 sowie Kapitel III.3 in diesem Buch):

1. Öffnung des Denkens *(listening with open mind)*: Diese Aufgeschlossenheit erfordert/fördert Neugierde *(curiosity)*.
2. Öffnung des Fühlens *(listening with open heart)*: Diese Offenherzigkeit erfordert/fördert Mitgefühl *(compassion)*.
3. Öffnung des Willens *(listening with open will)*: Etwas wirklich zu wollen erfordert/fördert Mut *(courage)*.

Das bloße Anwenden bisheriger Lösungen *(downloading)* führt nicht zu neuen Wegen. Ein ›*closed mind*‹ erzeugt Angst *(fear)*, ein ›*closed heart*‹ Hass *(hate)* und ein ›*closed will*‹ Uneinsichtigkeit *(ignorance)*. Die Öffnung des Willens drückt demgegenüber die Bereitschaft aus, Bestehendes zu überdenken, loszulassen und neue Wege zu beschreiten.

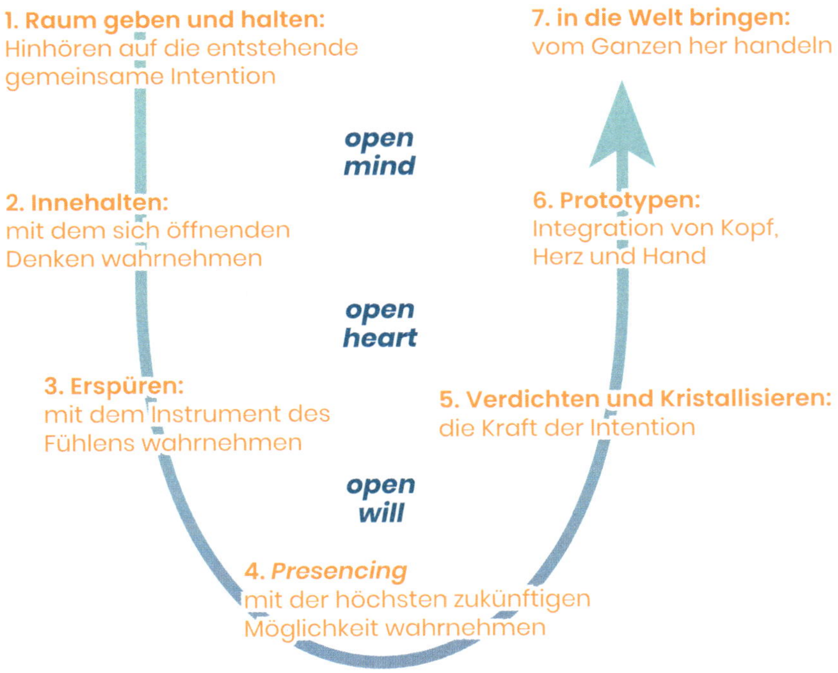

Abbildung 1: Drei Ebenen des Zuhörens und sieben Kernfähigkeiten der Führung nach der Theorie U (Scharmer/Käufer 2008: 10)

Scharmer postuliert sieben Kernfähigkeiten für eine zukunftsorientierte Führung, die er in einem sogenannten U-Prozess anordnet. Bezogen auf die hierfür notwendigen Persönlichkeitseigenschaften der Entscheidungsträger:innen formuliert er sehr prägnant:

> »Bei der Bewegung auf der linken Seite des U geht es darum, einen Öffnungsprozess zu durchlaufen und mit Widerständen auf der Ebene der Gedanken, des Gefühls und des Willens umzugehen; die Bewegung auf der rechten Seite des U ist eine Wiedereingliederung der Intelligenz des Kopfes, des Herzens und der Hände im Zusammenhang mit praktischen Anwendungen. Die inneren Widerstände oder Feinde auf der linken Seite des U-Prozesses, dem Weg nach unten, sind die Stimme des Urteilens (SdU), die Stimme des Zynismus (SdZ) und die Stimme der Angst (SdA). Dementsprechend sind die inneren Widerstände auf der rechten Seite des U, in traditionelle Formen des Agierens zurückzufallen, z.B. Handeln ohne Improvisation und Achtsamkeit (reaktive Handlung ohne Lernen), endloses Reflektieren ohne einen Willen zum Handeln (Analyse-Paralyse-Syndrom) und Besprechungen ohne eine Ankoppelung zum wirklichen Handeln und Lernen.«
>
> *Claus Otto Scharmer/Katrin Käufer (2008: 10)*

Als Zwischenfazit kann festgehalten werden, dass Studierende, die über die genannten Persönlichkeitseigenschaften verfügen oder diese entwickeln, für die Bewältigung zukunftsorientierter Herausforderungen tendenziell besser vorbereitet sind. Es geht dabei um die Person als Ganze. Natürlich ist der berufliche Alltag ein wichtiger Teil im Leben eines Menschen und der berufliche Erfolg prägt auch wesentlich das individuelle Selbstwertgefühl. Zugleich ist das Privatleben – hier speziell die Fähigkeit, sich selbst als Person anzunehmen – wesentlich für das eigene Selbstwertgefühl und damit die Quelle für Zufriedenheit und Resilienz. Es geht bei einer achtsamkeitsorientierten Bildung nach unserer Ansicht deshalb zuerst um den Menschen als Ganzen und erst in zweiter Linie um die Bewältigung der Herausforderungen in Unternehmen.

3. Ziele der Integration von Achtsamkeitspraxis in das Wirtschaftsingenieurstudium an der Ernst-Abbe-Hochschule Jena

Mit der Integration von Achtsamkeitspraxis in den Lehralltag des Wirtschaftsingenieurstudiums an der EAH möchten wir auf mehreren Ebenen zur Persönlichkeitsentwicklung der Studierenden beitragen. Es ist ein Angebot, um beruflich, aber auch privat im Umgang mit sich selbst nachhaltige Veränderungen zu erzielen. Wir wollen hier bewusst Studierende dazu anzuregen, ihre eigenen individuellen Wege für ein Mehr an Achtsamkeit zu gehen.

Konkret handelt es sich um Angebote, an welchen die Studierenden im Rahmen ihrer normalen Fachveranstaltungen teilnehmen. Sie bestimmen selbst, inwieweit sie sich auf die Übungen einlassen. Unsere Erfahrung zeigt eine grundsätzlich hohe Akzeptanz unserer Studierenden, da sie als unmittelbaren Effekt eine stärkere Konzentrationsfähigkeit und Entspannung der Unterrichtssituation wahrnehmen.

Was kann die Achtsamkeitspraxis für die angehenden Wirtschaftsingenieur:innen darüber hinaus bewirken? Wir differenzieren vier Ziele:

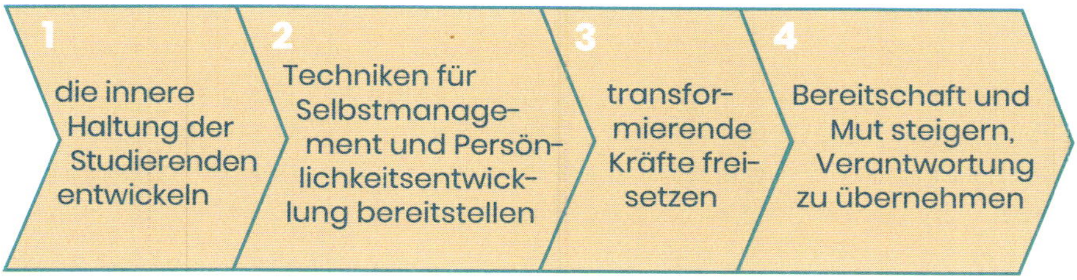

Abbildung 2: Zielsetzungen achtsamer Lehre am Fachbereich Wirtschaftsingenieurwesen der EAH Jena

1. die innere Haltung der Studierenden entwickeln:
   Ziel der Achtsamkeitspraxis ist es, gegenwärtiger zu sein, eine höhere Präsenz zu haben. Wir sehen dies als eine grundlegende innere Haltung an. Darüber hinaus können auch das Mitgefühl der Studierenden gestärkt und eine offenere Grundhaltung bewirkt werden. Aber dies setzt eine Einsicht, ein Zulassen voraus und eine intensive Achtsamkeitspraxis.
2. den Studierenden Techniken für ihr Selbstmanagement, ihre Persönlichkeitsentwicklung an die Hand geben:
   Ziel der Achtsamkeitspraxis ist es, durch regelmäßige Übung einen besseren Zugang zu eigenen Ressourcen zu ermöglichen sowie die Wahrnehmungs- und Urteilsfähigkeit zu schulen.
3. transformierende Kräfte freisetzen:
   Ziel der Achtsamkeitspraxis ist es, die Bereitschaft zu neuem Denken, Fühlen und Handeln und das Gespür für nachhaltige Lösungen zu fördern.
4. die Bereitschaft und den Mut steigern, Verantwortung zu übernehmen:
   Ziel der Achtsamkeitspraxis ist es, sich selbst bewusster zu werden und das Vertrauen in sich selbst und die Fähigkeit zu steigern, Verantwortung für sich, für andere und für die Umwelt zu übernehmen.

4. Der Weg zur achtsamen Persönlichkeit

Die Achtsamkeitspyramide

Was verbirgt sich hinter diesen Wirkmechanismen konkret? Die folgende Abbildung zeigt ein Spektrum der Wirkung von Achtsamkeitsangeboten auf, welche nach den vier genannten Zielsetzungen systematisiert sind.

Wir wählen die Bezeichnung Achtsamkeitspyramide aus folgenden Gründen: Die einzelnen Wirkmechanismen der Achtsamkeit lassen sich thematisch zusammenhängend den vier Zielkategorien zuteilen: 1. innere Haltung, 2. Techniken für Selbstmanagement und Persönlichkeitsentwicklung, 3. transformierende Kräfte sowie 4. Übernahme von Verantwortung. Diese Zielkategorien bilden Stufen, die in gewissem Sinn aufeinander aufbauen – nicht stringent, nicht in einer starren Logik, aber doch erkennbar. Die innere Haltung ist das Fundament, auf welchem Selbstmanagement und Persönlich-

Abbildung 3: Die Achtsamkeitspyramide

keitsentwicklung sowie die mögliche Entwicklung von Transformationskraft und Verantwortungsbereitschaft aufsetzen.

Folgende Beispiele aus unserem Hochschulalltag sollen verdeutlichen, wie wir die einzelnen Wirkmechanismen dieses Konzeptes in verschiedenen Studiensituationen ansprechen und mit Leben füllen:

Präsenz steigern, Offenheit und Mitgefühl entwickeln

Gegenwärtigsein: Dies ist die unmittelbare Wirkung jeder Achtsamkeitsübung, von einem einfachen Bewegungsspiel über eine Stille Minute und eine Atemraumübung bis hin zu einer Dyade oder einem Body Scan. Diese innere Haltung wird von Anfang an mit jeder Praxis trainiert. Zugleich lässt sich beobachten, dass Mitgefühl und Nähe zu und zwischen den Studierenden mit ins Spiel kommen. Diese und andere Aspekte von Achtsamkeit können dann in der intensiveren Gruppenerfahrung im Rahmen des einsemestrigen Achtsamkeitstrainings für Studierende (MBST® 1.0) bewusst gemacht und weiterentwickelt werden (siehe Kapitel I.1 in diesem Buch).

Sich konzentrieren können

Die Studierenden erfahren durch Stille Minuten oder durch Atemraumübungen, wie sich ihre Konzentrationsfähigkeit verändert. Gezielt verfolgt werden kann diese Wirkung z.B. mit derartigen Achtsamkeitsangeboten vor Probeklausuren.

Freude empfinden und Emotionen regulieren

Kurze, bewusst gesetzte Auszeiten im täglichen ›Lehrveranstaltungsmarathon‹ in Form von Fünf-Minuten-Pausen oder auch von Bewegungsspielen lockern auf und ermöglichen es den Studierenden durchzuatmen. In achtsam geprägten Arbeitssituationen etwa durch den Einsatz von Dyaden kann offener mit Enttäuschungen, aber auch mit Freude über erfolgreiche Leistungen umgegangen werden.

Wahrnehmung und Urteilskraft stärken

Auch hier kann durch den Einsatz Stiller Minuten oder der Atemraumübung gezeigt werden, dass die Erarbeitung und das Verständnis kniffliger Formeln den Studierenden leichter fallen. Auch bei weitergehenden komplexen Fragestellungen hat sich dies gezeigt.

Selbstwirksamkeit steigern

Wir zielen darauf ab, dass die Studierenden in der Studiensituation die eigene Wirkung bewusster erleben können. Beispielsweise erfahren Studierende in Teamentwicklungsmaßnahmen, dass sie mit ihrer Präsenz etwas bewirken, ihre Meinungen und Erkenntnisse erfolgreich einbringen können und dass sie in Gesprächen ernst genommen werden. In einer Atmosphäre gegenseitiger Offenheit wagen auch die Zurückhaltenden unter den Studierenden, sich in Gruppenarbeiten mehr einzubringen. Damit haben sie die Chance, dass sie ihre eigenen Stärken intensiver wahrnehmen und dies auch in Vorträgen besser realisieren.

Zuhören können

Ein zentraler Lerneffekt von dialogischen Meditationen (Dyaden) ist die verbesserte Fähigkeit, dem Gegenüber bewusster zuzuhören, ohne zu unterbrechen und ohne zu kommentieren (vgl. Ostermaier 2019).

Leiden/Stress mindern und Gesundheit/Resilienz fördern

Viele der genannten Maßnahmen wirken hier zusammen: zur Ruhe kommen, eigene Stärken erkennen und auch die eigenen Beweggründe hinterfragen. Beständige Wirkungen sind durch intensivere Praxis und das vertiefte Auseinandersetzen mit sich selbst im MBST® 1.0-Modul zu erwarten.

Veränderungsbereitschaft entwickeln

Ein aktives Sicheinbringen in ein Seminar, Freude zu empfinden bei der Erarbeitung von Lösungen in einem Labor, die Möglichkeit haben, seine Ideen in einer respektvollen Atmosphäre zu äußern: All das kann dazu beitragen, Studierende zu einem Mehr an Neugierde und Veränderungsbereitschaft zu führen.

Zum Perspektivenwechsel befähigen

Geeignete Ansätze, um Perspektivenwechsel im Seminarkontext bewusst zu machen, sind beispielsweise interaktive Trainingsmethoden nach Dr. Sivasailam »Thiagi« Thiagarajan (vgl. Thiagarajan/Bergh 2014). Derartige handlungsorientierte Trainingsmethoden lösen Lernprozesse aus, die auf Erfahren, Entdecken und Reflektieren beruhen. Auch durch Dyaden lässt sich ein Perspektivenwechsel gezielt trainieren, da man sich voll und ganz dem Gegenüber widmet und dessen Position nachvollzieht.

Intuition und Imagination stärken

Intuition ist ein wesentliches Element von Kreativität – die Fähigkeit, seine Gefühle und Ideen zu erkennen und diesen zu vertrauen. In Sitz-, Geh- und Bewegungsmeditationen schulen wir dieses ›Auf-sich-Hören‹. Für Kreativität ist die eigene Vorstellungskraft gleichermaßen wichtig: der Phantasie freien Lauf zu lassen, zu neuen Einsichten zu gelangen und diese Gedanken und Einsichten auch zu verbalisieren. In diesem Prozess vollzieht sich die Wirkung einer Dyade im Sinne des Einsichtsdialoges nach Gregory Kramer (vgl. Kramer 2009).

Das Selbstbewusstsein fördern

Selbstbewusstsein fördern in seiner erweiterten Form: Es geht darum, sich seiner selbst bewusst zu werden als Individuum, als soziales Wesen und als Teil seiner Umwelt. Dies üben wir beispielsweise im Body Scan und in der Dyade sowie im Social Body Scan und Eco Body Scan (zu den letztgenannten Übungen siehe Kapitel I.1 in diesem Buch sowie Sandbothe/Albrecht/Ostermaier 2024). Der Schritt von ›sich selbst bewusst sein‹ hin zu einem Mehr an Selbstbewusstsein ist dann nur folgerichtig – als Grundlage für ein Mehr an Bereitschaft und Mut, Verantwortung zu übernehmen.

5. Vier Ebenen der Integration von Achtsamkeit in das Wirtschaftsingenieurstudium

Wir unterscheiden vier verschiedene Ebenen der Integration von Achtsamkeitspraxis. Diese Ebenen stehen gleichwertig nebeneinander und decken verschiedene Segmente ab, die wir im Rahmen der Integration von Achtsamkeitspraxis in das Wirtschaftsingenieurstudium für wesentlich halten. Anzusetzen ist grundsätzlich bei den Dozent:innen und bei der Frage, inwieweit diese Achtsamkeit verkörpern. Darüber hinaus werden Achtsamkeitspraktiken vielfältig in den wirtschaftlich-technisch ausgerichteten Modulen des Wirtschaftsingenieurstudiums eingesetzt – in der von uns verfolgten letzten Ausbaustufe vom ersten bis zum letzten Semester des Bachelor- und Masterstudiengangs. Die Achtsamkeit integrieren wir in die Qualifikationsziele des Studiums und behandeln sie theoretisch mit ihren Hintergründen und Wirkungen in ausgewählten Modulen des Bachelor- und Masterstudiums. Last, but not least haben die Studierenden mit dem studiengangsübergreifenden Wahlpflichtangebot MBST® 1.0 die Möglichkeit, in einem speziell für Studierende entwickelten zwölfwöchigen Achtsamkeitstraining, das mit Creditpoints versehen ist, ihre persönliche Achtsamkeitspraxis über das erreichte Basisniveau hinaus weiterzuentwickeln.

Erste Ebene: Die Dozent:innen verkörpern Achtsamkeit

Dies bedeutet: als Lehrende präsent zu sein, vorurteilsfreier, empathischer und für die Belange von Studierenden offen/offener zu sein, den Wissensstand der Studierenden zu erkennen und die Bereitschaft zu haben, sie dort mit kreativen Lösungen abzuholen. All das gelingt uns nicht immer in gleichem Maße, aber erkennbar leichter, seitdem wir uns bemühen, selbst achtsamer mit uns und unserer Umwelt umzugehen. An dieser Stelle sei ein Hinweis angefügt, um einem Missverständnis vorzubeugen: Achtsamkeitsbasiertes Lehren und Lernen ist nicht gleichzusetzen mit Behutsamkeit oder einem ›Kuschelkurs‹.

Insgesamt sind wir überzeugt, dass achtsam agierende Dozent:innen einen entscheidenden Beitrag für die Entwicklung einer auf respektvollem Miteinander und fruchtbaren Diskursen beruhenden Lehr- und Lernkultur an unseren Hochschulen leisten.

Zweite Ebene: Integration von Achtsamkeitsübungen in die Lehrmodule des Wirtschaftsingenieurstudiums

Die Integration von Achtsamkeitsübungen in die Lehrmodule des Wirtschaftsingenieurstudiums bestimmt sich vor allem nach den folgenden Kriterien: Inwieweit fühlen sich die Lehrenden in ihrer Übung selbst wohl? Passt die Übung zu ihnen, sind sie in der Übungsanleitung authentisch oder wirkt es aufgesetzt? Wir haben als vier unterschiedliche Lehrende vier unterschiedliche Ansätze. Entsprechend unterscheiden sich unsere eingesetzten Achtsamkeitsübungen. Im Folgenden führen wir die Achtsamkeitspraktiken auf, mit denen wir in den letzten Jahren Erfahrungen gemacht haben.

Besonders bewährt hat sich aus unserer Sicht die einfachste Form von Achtsamkeit: die achtsame Pause während einer Lehrveranstaltung nach 45 bis 60 Minuten. Hierbei wird für fünf Minuten der Unterricht an einer geeigneten Stelle unterbrochen. Minimale Aufgabenstellung ist, dass die Studierenden sich im oder außerhalb des Veranstaltungsraumes bewegen und nach fünf Minuten wieder auf ihrem Platz sitzen. Alternativ können Bewegungsübungen oder auch einfache Bewegungsspiele am Platz angeleitet werden. Auch das achtsame Wahrnehmen der Umgebung – Flure, Ausblicke aus den Fenstern, an denen man sonst ›unachtsam‹ vorbeiläuft – kann eine variierende Aufgabenstellung sein.

Im Folgenden soll die Dyade als beispielhaftes Unterrichtsformat ausführlicher erläutert werden. Praktiziert wird diese Form der strukturierten Gesprächsmeditation auf Basis des vom amerikanischen Meditationslehrer Gregory Kramer in seinem gleichnamigen Buch entwickelten Konzeptes des Einsichtsdialogs (vgl. Kramer 2009). Entscheidend bei dieser interpersonalen Praxis ist die innere Haltung der beiden Gesprächspartner:innen. Der oder die Zuhörende ist bereit, dem oder der Sprechenden ohne Kommentar und Interpretation zuzuhören; vorurteilsfrei und mit voller Konzentration auf das Gesagte. Der oder die Sprechende übermittelt dem interessierten Zuhörer oder

der Zuhörerin seine oder ihre Gedanken zu einem bestimmten Thema, indem er oder sie kontemplativ nach innen schaut und authentisch reflektierend über seine oder ihre eigenen Gedanken und Gefühle berichtet. Dabei wird er oder sie von seinen oder ihren eigenen Worten vielleicht sogar überrascht. Und er oder sie kann, ohne unterbrochen oder bestätigt zu werden, seine oder ihre Ausführungen beenden. Diskutiert wird erst, nachdem beide zu Wort gekommen sind. Es ist eine strikte Konzentration auf das Gegenwärtige: bei dem Zuhörer oder der Zuhörerin auf das Wort des Gegenübers und bei dem oder der Sprechenden auf das Entstehen und Vergehen der eigenen Gefühle und Gedanken und damit eine dialogische Art von Meditation. Hierin liegt der entscheidende Unterschied zu einem herkömmlichen Dialog: zuzuhören, ohne sich unmittelbar einzubringen, eine strikte Zeitbegrenzung beim Sprechen einzuhalten, Pausen auszuhalten und vor allem sich auf das Gegenüber einzulassen.

Eingesetzt werden kann die Dyade im Fachunterricht in vielfältiger Form: von der Reflexion neuer Lerninhalte über die Lernzielkontrolle und den Praxistransfer bis hin zur Schulung der Kommunikationsfähigkeit und der freien Rede. Voraussetzung für eine hohe Akzeptanz durch die Studierenden ist, dass sie sich für die Diskussionsthemen interessieren und im Idealfall auch mit diesen identifizieren.

Weitere von uns in der Lehre praktizierte Achtsamkeitsformen sind die Stille Minute sowie die Atemraumübung. Darunter verstehen wir unterschiedliche Kurzmeditationen von einer bis hin zu fünf Minuten. Das geht mit 20, aber auch mit 100 Studierenden und mehr. Es ist jedoch in einer Veranstaltung mit wirtschaftlichen oder technischen Inhalten, wie z.B. Bilanzierung, Kostenrechnung, Personalmanagement, Unternehmensführung oder Arbeitswissenschaft, durchaus eine Herausforderung für die Lehrenden, derartige Meditationen anzuleiten. Wir setzen diese Formate gezielt ein und immer mit Bezug zur Situation, z.B. wenn die Studierenden unruhig, aufgebracht sind und ein neues schwieriges Thema ansteht oder auch als Konzentrationsübung vor einer Probeklausur; als ein Angebot, einfach mal für sich auszuprobieren, ob Meditation ein Weg für einen selbst sein kann, sich besser zu konzentrieren, zur Ruhe zu kommen oder auch kreativer zu werden. Entsprechend unserer Leitlinie leiten wir die Meditation mit einer gewissen Lockerheit an. Eine interessante Variation: Die Dozierenden stoppen die Zeit und lassen die Atemzüge in einer Minute zählen.

Die bislang aufgeführten Formate – Pausen, Bewegungsübungen, Stille Minuten und Atemraumübungen – sind weitgehend neutral zu den behandelten Fachinhalten. Eine gewisse Ausnahme sind die Dyaden, in welchen wir Fachthemen oder den Bezug zur Lebenssituation der Studierenden herstellen. Doch auch diese spezielle Form der Gesprächsführung ist im Grunde in ihrer Strukturiertheit immer identisch einzusetzen.

Darüber hinaus gibt es noch Achtsamkeitsübungen, die stärker auf die jeweiligen Lehrinhalte abgestimmt sind: z.B. die Wirkungen einer Arbeitsglocke und unterschiedlicher Sitzpositionen aus ergonomischer Sicht im Modul »Arbeitswissenschaft« oder kreativitätsfördernde Übungen im Rahmen des Moduls »Marketing«. Diese Formate stehen unter der Zielsetzung, nicht nur kopfgesteuert zu lehren, sondern eine Kombination von Kopf, Herz und Hand zu realisieren. Das ist im Einzelnen nicht neu. Aber Bewährtes aufzunehmen und in ein achtsames Gesamtkonzept zu integrieren, ist unser Ziel.

Dritte Ebene: Theoretische Einordnung von Achtsamkeit in die Qualifikationsziele des Studiums

Das Studium des Wirtschaftsingenieurwesens soll Kompetenzen entwickeln, die es ermöglichen, technisch-wirtschaftliche Aufgabenstellungen einschätzen zu können. Diese Ausrichtung des Studiums bietet uns die Chance, inhaltlich die Bedeutung der Achtsamkeit für die Führung in Unternehmen zu vertiefen. Theoretische Konzepte liegen dazu vor; Unternehmen bieten erste Anwendungserfahrungen. In unserem konsekutiven Bachelor-Master-Studienmodell haben wir mehrere Module, die sich grundsätzlich hierfür eignen. Im Bachelorstudium sind dies im dritten Semester das Modul »Personalmanagement« sowie im letzten Studiensemester das Modul »Arbeitswissenschaft« und im Masterstudium das Modul »Unternehmensführung und Managementsysteme«.

Erste Erfahrungen zeigen, dass Studierende höherer Semester, insbesondere Masterstudierende, eher bereit sind, sich aus fachwissenschaftlicher Perspektive mit Achtsamkeitsforschung und *mindful leadership* auseinanderzusetzen. Meist verfügen sie bereits über eine gewisse Achtsamkeitspraxis und wir registrieren eine Bereitschaft, sich mit dem Thema zu befassen – vielleicht aufgrund des höheren Alters und der größeren beruflichen Erfahrung, über die diese Studierenden zum Teil schon verfügen. Wir neigen aktuell dazu, das Thema Achtsamkeit aus theoretisch-konzeptioneller Sicht umfänglicher im Masterstudium zu vertiefen. Im Bachelorstudium wird die theoretische Fundierung in eher knapper Form realisiert.

Das Modul »Arbeitswissenschaft« eignet sich beispielsweise, um praktische Achtsamkeitsübungen in einen größeren Kontext einzuordnen. In diesem Modul stehen arbeitende Menschen im Mittelpunkt der Betrachtungen. Dabei werden den Studierenden grundlegende physiologische Kenntnisse und Messmethoden vermittelt. Gleichzeitig erfahren sie aber auch immer sich selbst in ihrer eigenen körperlichen Bedingtheit und können mit einfachen Übungen einen Zugang zu sich selbst erleben. In einer Stillen Minute hören sie den Nachklang einer Arbeitsglocke – wie es weniger achtsam Arbeitende in vielen Fabriken seit langer Zeit getan haben. Die abgewandelte Rosinenübung eignet sich in Verbindung mit den eigenen Sinneswahrnehmungen zur Einführung in die Grundlagen der Sinnesphysiologie. Ausgewählte kurze Elemente des Body Scans helfen den Studierenden, sich auf die Wahrnehmung der eigenen Beanspruchung in vorgestellten Arbeitssituationen zu konzentrieren und sich diese bewusst zu machen. Durch die Reflexion des MBSR-Ansatzes im Kontrast zum arbeitswissenschaftlichen Belastungs-/Beanspruchungskonzept werden sowohl Bezüge zum aktuellen Studienalltag als auch zur voraussichtlichen späteren Berufstätigkeit hergestellt.

Im Bachelormodul »Personalmanagement« sowie im Mastermodul »Unternehmensführung und Managementsysteme« wird die Achtsamkeit in Bezug zu Führung gesetzt. Die aktuellen Diskussionen zu *mindful leadership* werden hier aufgenommen.

Vierte Ebene: Studium-Integrale-Angebot an der Ernst-Abbe-Hochschule Jena

Mit dem MBST® 1.0 wurde von Mike Sandbothe, Reyk Albrecht und Hubert Ostermaier ein Achtsamkeitsformat entwickelt, welches studiengangsübergreifend ein intensives Zuwenden der Studierenden zur Achtsamkeitspraxis ermöglicht.

An der EAH Jena steht dieses Modul als sogenanntes Studium-Integrale-Wahlpflichtangebot den Studierenden aller Studiengänge offen. Das Konzept integriert individuell-soziale und systemisch-ökologische Achtsamkeitsübungen. Es basiert auf dem im Rahmen des Thüringer Modells transformierten MBSR-Programm nach Jon Kabat-Zinn und kombiniert dieses mit sozialen Achtsamkeitsübungen nach Gregory Kramer und Tania Singer sowie systemisch-ökologischen Achtsamkeitsübungen nach Arawana Hayashi und Otto Scharmer (siehe Kapitel I.1 und III.4 in diesem Buch).

Aktuell belegen pro Semester über 70 Studierende aus so unterschiedlichen Fachbereichen wie Sozialwesen, Betriebswirtschaft, Medizin- und Biotechnologie, Gesundheit und Pflege sowie Wirtschaftsingenieurwesen das mit drei ECTS-Punkten versehene Modul. Die Leitung des Moduls liegt an der EAH Jena in den Händen von zwei Professoren aus dem Fachbereich Wirtschaftsingenieurwesen und dem Fachbereich Sozialwesen, die beide zertifizierte MBSR- und MBST® 1.0- Trainer sind.

Bachelor WI Semester	Hubert Ostermaier	Rüdiger Mottl	Brigitte Mottl	Burkhard Schmager	MBST® (Wahlpflichtfach)
1	Achtsamkeitspraxis			Achtsamkeitspraxis	
2	Achtsamkeitspraxis				
3	Achtsamkeitspraxis und -theorie	Achtsamkeitspraxis	Achtsamkeitspraxis		
4				Achtsamkeitspraxis	Vertiefte Achtsamkeitspraxis
5 (Praxissemester)					
6	Achtsamkeitspraxis	Achtsamkeitspraxis	Achtsamkeitspraxis		Vertiefte Achtsamkeitspraxis
7 (Theorieteil und Bachelorarbeit)				Achtsamkeitspraxis und -theorie	

Master WI Semester	Hubert Ostermaier	Rüdiger Mottl	Brigitte Mottl	Burkhard Schmager	MBST® (Wahlpflichtfach)
1	Achtsamkeitspraxis und -theorie	Achtsamkeitspraxis		Achtsamkeitspraxis	
2	Achtsamkeitspraxis und -theorie	Achtsamkeitspraxis		Achtsamkeitspraxis	Vertiefte Achtsamkeitspraxis
3 (Masterarbeit)					

Tabelle 1: Das Gesamtkonzept achtsamer Lehre im konsekutiven Bachelor-Masterstudium Wirtschaftsingenieurwesen an der EAH Jena

Die Übersicht in Tabelle 1 veranschaulicht unser Gesamtkonzept für den Bachelorstudiengang sowie den konsekutiven Masterstudiengang Wirtschaftsingenieurwesen.

Zielsetzung ist, dass die Studierenden von Beginn bis Ende ihres Studiums in einer abwechslungsreichen, aufeinander abgestimmten Achtsamkeitspraxis eigene Erfahrungen machen können. Durch die vier achtsamen Hochschullehrenden ist sichergestellt, dass in jedem

Semester achtsamkeitsorientierte Übungen – in für Wirtschaftsingenieur:innen typische Fachveranstaltungen integriert – angeboten werden. Wenn die Studierenden möchten, können sie sich im Studium-Integrale-Wahlpflichtfach MBST® 1.0 einer ganzsemestrigen Achtsamkeitspraxis zuwenden. Die Erläuterung des Gesamtkonzeptes und eine theoretische Diskussion finden im dritten und siebten Bachelorsemester sowie im ersten Mastersemester statt.

Ein regelmäßiger Austausch unter den achtsamen Hochschullehrenden stellt sicher, dass einzelne Übungen, wie Dyaden oder Atemraumübung, nur einmal erläutert und sukzessive vertieft werden. Ein weiteres Ziel besteht darin, einen ausreichenden Variantenreichtum an Achtsamkeitsübungen anzubieten.

Weitere Kolleg:innen stehen unserem Konzept interessiert gegenüber. Die Fachbereichsleitung ermuntert uns, die von uns entwickelten vier Ebenen der Integration von Achtsamkeit am Fachbereich Wirtschaftsingenieurwesen weiter umzusetzen.

6. Evaluationsergebnisse im Bachelor- und Masterstudium Wirtschaftsingenieurwesen

Als wir begannen, Achtsamkeitsangebote in Fachmodule zu integrieren, führten wir zwei Evaluierungen[1] durch, eine in den Bachelorstudiengängen, eine im Masterstudiengang Wirtschaftsingenieurwesen. Gefragt wurde nach der persönlichen Erfahrung mit Achtsamkeitsübungen und nach einer Beurteilung der Wirksamkeit. Die folgenden Ausführungen und Zitate beziehen sich auf diese Evaluierungen.

Ein zentrales Ergebnis vorneweg: Eine deutliche Mehrheit der befragten Wirtschaftsingenieurstudierenden – über 80 Prozent – bewerteten die angebotenen Achtsamkeitsübungen ausgesprochen positiv und empfanden sie für sich als sehr hilfreich. Die Übrigen standen der Achtsamkeitspraxis neutral gegenüber, ein kleiner Teil lehnte sie ab. Achtsamkeitsangebote finden nicht durchweg positive Resonanz, das ist die Realität! Und das unterscheidet die Integration von Achtsamkeitspraxis in die Pflichtmodule eines Studiengangs auch entscheidend von allen freiwillig bzw. als Wahlpflichtveran-

---

1 Das waren eine Onlineevaluierung vom 22. Mai 2019 in den Bachelorstudiengängen Wirtschaftsingenieurwesen und E-Commerce, zweites Semester, 54 Teilnehmende, Rücklaufquote: 50 %, sowie eine Evaluierung vom 15. Januar 2020 im Masterstudiengang Wirtschaftsingenieurwesen, erstes und zweites Semester, 26 Teilnehmende, Rücklaufquote: 100 %, EAH Jena.

staltungen besuchten Achtsamkeitsseminaren. Dozent:innen, die Achtsamkeitsangebote in ihre Lehre integrieren wollen, müssen mit dieser Spreizung leben.

Wir haben damit zweierlei Erfahrungen gemacht: Erstens hat sich gezeigt, dass, solange wir authentisch bleiben und hinter unseren Ansätzen stehen, alle Studierenden, auch diejenigen, welche keinen Zugang zur Achtsamkeitspraxis finden, unsere Achtsamkeitsangebote zumindest akzeptieren. D.h. aber auch, situativ zu reagieren: Eine Stille Minute oder auch eine Atemraumübung anleiten sollte man unserer Einschätzung nach nur, wenn die Situation für den Lehrenden selbst stimmig ist. Ansonsten lässt man es besser und verschiebt die Meditation auf eine andere Veranstaltung. Zweitens schätzen die Studierenden, wenn sich die Dozent:innen um sie bemühen. Die Achtsamkeitsübungen richten sich ja an die Studierenden selbst, an jede und jeden Einzelnen. Dieses Engagement honorieren die Studierenden und dies beeinflusst die Atmosphäre im Seminarraum.

Zu den Evaluationsergebnissen im Einzelnen

Wenig überraschend war, dass die Studierenden Achtsamkeitspausen nach 60 Minuten Lehrveranstaltung fast durchgängig begrüßten. Die Begründungen waren zum Teil überraschend tiefgründig. Z.B.: »Ja unbedingt, das erzeugt neue Energie.« »Ich finde die Pause gut, da danach die Motivation wieder steigt und man besser zuhören kann und aufmerksamer ist.« Die weitaus meisten Studierenden sind angetan und aus Sicht der Lehrenden ist die Aufmerksamkeitsspanne nach der Pause wieder ganz oben. Organisatorisch funktioniert die Pause ohne Probleme. Nach fünf Minuten kann der Unterricht fortgesetzt werden.

»Keine Unterbrechung beim Argumentieren; jeder kann seine Meinung ausformulieren; auch eher zurückhaltende Kommilitonen bringen sich ein.« »Ich fand es toll, dass wirklich jeder in der Gruppe was gesagt hat, auch die, die sonst nie was sagen. Das gab es noch nie.« »Ich bin zur Einsicht gekommen, dass […].« »Ich fand interessant, auf was für Gedanken mein Gegenüber gekommen ist.« Derartige Reaktionen waren typisch nach Dyaden. Grundsätzlich war es für die Studierenden ungewohnt, ohne Unterbrechungen zuzuhören, sich dem Gegenüber voll und ganz zu widmen. Sie genossen es, ihre Gedanken zu Ende zu bringen. Die Diskussionskultur wird durch den gezielten Einsatz von Dyaden signifikant verändert; gezeichnet von gegenseitigem Respekt und der starken Bereitschaft, sich in die Diskussionen einzubringen.

Teambildungsübungen mit bis zu 40 Studierenden – verlegt aus dem Seminarraum auf den Flur – wurden von den Studierenden selbst als sehr einprägsam erlebt. Praktiziert wurden Übungen aus dem im Rahmen des Thüringer Modells entwickelten *mindful experience training*, um die Bedeutung der Kommunikation und Führung für die Bewältigung von Gruppenaufgaben nicht nur kopfgesteuert, sondern auch mit Herz und Hand zu vermitteln (siehe Kapitel II.7 in diesem Buch). Derartige Einschübe kosten natürlich Zeit, aber folgende beispielhafte Reaktionen der Studierenden belegen den Erfolg: »Durch das ›*Out of the box*‹-Denken werden völlig neue Anstöße gegeben, wodurch das Wissen besser vermittelt wird.« »Sehr gute Übung, dadurch konnte man manche Mechanismen direkt erfahren und es viel besser begreifen.« »War eine interessante Sache. Kannte ich persönlich vorher nicht und bleibt im Kopf.«

Wie werden angeleitete Kurzmeditationen angenommen? Vorab: Die Studierenden machten durch die Bank mit. Die Evaluierungsergebnisse untermauern dies. Eine Mehrheit findet Meditation für sich hilfreich. Je weiter im Studium fortgeschritten, desto ausgeprägter ist diese Rückmeldung. Oder anders formuliert: Masterstudierende und Bachelorstudierende im sechsten Semester können mit Meditation mehr anfangen als Erstsemester. Die Reaktionen: »Meditation ist beruhigend und lässt nachfolgende Aufgaben konzentrierter und fokussierter angehen.« »Es fühlt sich an, als ob ich draußen gewesen wäre.« »Ich weiß nicht, was anders ist, aber es ist etwas anders.«

Als Zwischenfazit kann hervorgehoben werden, dass die meisten Studierenden durch die Achtsamkeitsübungen für sich unmittelbar einen Effekt spüren und diesem positiv gegenüberstehen. Oft wünschen sie sich Variationen.

Besonders interessiert waren wir an den Rückmeldungen von Masterstudierenden, welche neben der Erfahrung mit eingebetteten Achtsamkeitsübungen auch theoretisch mit dem Konzept *mindful leadership* sowie der Achtsamkeitsforschung konfrontiert wurden. Im Kern der Evaluierung standen folgende Fragen:

»Glauben Sie, dass Menschen durch eine Achtsamkeitspraxis (Pausen, Meditation, Dyaden, …)«

- »offenherziger, einfühlsamer werden?«
- »kreativer werden?«
- »eine höhere Veränderungsbereitschaft entwickeln, zu Perspektivenwechsel befähigt werden?«
- »eher bereit sind, mutige Schritte zu gehen, mit mehr Selbstbewusstsein?«

Die Fragen zielten also auf unsere Kernhypothese: Achtsamkeitsübungen schaffen für Studierende einen Raum, in welchem sich Studierende einfühlsamer, neugieriger und kreativer, aber auch handlungsbereiter, mutiger und selbstbewusster entwickeln können. Die Einschätzung der Masterstudierenden in der Befragung: Eine deutliche Mehrheit beantwortete die Fragen mit »ganz sicher« oder »es kommt darauf an«. Der Rest antwortete mit »eher nicht«, vereinzelt sogar mit »nein, ganz sicher nicht«. Die Studierenden, die »es kommt darauf an« geantwortet hatten, waren aufgefordert, dies näher auszuführen. Überwiegend wurde als Voraussetzung die persönliche Bereitschaft genannt, sich überhaupt auf Veränderung einzulassen. Sicherlich eine sehr richtige Einschätzung: Fehlt diese Bereitschaft oder entwickelt sie sich nicht im Zeitablauf, so bleiben Achtsamkeitsangebote wirkungslos.

7. Unser Fazit

Achtsamkeit kann die Bildung an Hochschulen um zentrale Facetten bereichern.

Die Achtsamkeitspraxis stellt unserer Ansicht nach eine Erweiterung oder sogar eine neue Grundlage bisheriger didaktischer Konzepte dar. Die Lehr- und Lernkultur an der Hochschule verändert sich durch den achtsamen Umgang der Lehrenden und der Studierenden mit sich selbst und untereinander.

Achtsamkeit bietet einen Entwicklungsraum, in welchem sich gesundheitsfördernde Wirkungen entfalten sowie sich über eine Bewusstseinsbildung Persönlichkeitskompetenzen entwickeln können, welche für die Bewältigung von Herausforderungen im Studium und im Beruf vorteilhaft sind.

Diese Kompetenzen werden mit der Achtsamkeitspraxis neben den herkömmlichen Studieninhalten als Metabildung vermittelt: Achtsamkeitsangebote im Studium können nach unserer Vorstellung dazu beitragen, die innere Haltung der Studierenden zu beeinflussen, deren Selbstkompetenz zu steigern, transformierende Kräfte freizusetzen sowie ihren Mut zu fördern, Veränderungen tatsächlich umzusetzen.

Literatur

Beutelsbacher, Stefan (2019): Die »großen Neun« bestimmen unser Schicksal, in: *welt.de*, 23.11.2019, welt.de/wirtschaft/article203694902/Kuenstliche-Intelligenz-Die-grossen-Neun-bestimmen-unser-Schicksal.html [letzter Zugriff 01.11.2024].

Bruin, Andreas de (2021): *Achtsamkeit und Meditation im Hochschulkontext. 10 Jahre Münchner Modell*, Bielefeld.

FFBTWI – Fakultäten- und Fachbereichstag Wirtschaftsingenieurwesen e.V./VWI – Verband Deutscher Wirtschaftsingenieure (Hg.; 2019): *Qualifikationsrahmen Wirtschaftsingenieurwesen*, 3. Aufl., Stuttgart.

Kramer, Gregory (2009): *Einsichts-Dialog. Weisheit und Mitgefühl durch Meditation im Dialog. Eine buddhistische Praxis*, Freiamt im Schwarzwald.

Nida-Rümelin, Julian (2020): *Digitaler Humanismus. Eine Ethik für das Zeitalter der Künstlichen Intelligenz*, München.

Ostermaier, Hubert (2019): »Mit Dyaden zu achtsamer Lehr- und Lernkultur«, in: *DUZ Magazin* 5, S. 60–63.

Rösgen, Maximilian (2018): »Neues entsteht durch Freiraum – Interview mit dem Zukunftsforscher und Systemtheoretiker Christian Schuldt«, in: *wiwo.de*, 23.09.2018, wiwo.de/erfolg/management/innovationsforscher-im-interview-neues-entsteht-durch-freiraum/23067498.html [letzter Zugriff 01.11.2024].

Sandbothe, Mike/Albrecht, Reyk/Ostermaier, Hubert (2024): *Achtsamkeiten. Übungen für mich, für uns und für die Welt*, 2. Aufl., München.

Scharmer, Claus Otto/Käufer, Katrin (2008): »Führung vor der leeren Leinwand – Presencing als soziale Technik«, in: *Organisationsentwicklung* 27(2), S. 4–11.

Thiagarajan, Sivasailam/Bergh, Samuel van den (2014): *Interaktive Trainingsmethoden: Thiagis Aktivitäten für berufliches, interkulturelles und politisches Lernen in Gruppen*, Schwalbach a. Ts.

Beate Priewasser, Maria T. Kluge und Veronika Schwienbacher

»Achtsamkeit« als Seminar im Bachelorstudium Psychologie der Universität Salzburg

Ein Kooperationsprojekt mit dem Verein für Achtsamkeit Osterloh e.V.

Abstract

Seit 2016 ist das Seminar »Achtsamkeit« jährlicher Bestandteil im Curriculum des Bachelorstudiums Psychologie an der Paris Lodron Universität Salzburg in Österreich. In Kooperation mit dem Verein für Achtsamkeit in Osterloh e.V. entwickelte sich die Lehrveranstaltung über die Jahre fortwährend weiter. Unter dem Fokus, den Studierenden im Kontext der universitären Lehre möglichst vielseitige Erfahrungen und Entwicklungen zu ermöglichen, ist ein einzigartiges didaktisches Konzept entstanden. Es ist gelungen, naturwissenschaftliche Forschung mit authentisch gelebter Achtsamkeit zu verbinden, wodurch die Inhalte in persönlichen Prozessen bei den Studierenden nachhaltige Vertiefung finden. Die Entwicklung des Seminars hin zu einer lernenden Gemeinschaft, in der die wissenschaftlichen Inhalte auf das eigene Leben bezogen werden können, wird in diesem Beitrag dargestellt.

1. Wie es dazu kam

Im Jahr 2015 besuchte Beate Priewasser, damals Projektmitarbeiterin und Lehrbeauftragte an der Universität, den Kurs Stressreduktion durch Achtsamkeit (MBSR) bei Maria Kluge in Salzburg, der sie nachhaltig beeindruckte:

> »Ich erfuhr, dass es in mir selbst einen Ort der Ruhe gibt, der mir in jedem Moment zur Verfügung steht. Besonders eindrucksvoll war für mich zu erleben, wie sehr sich dies auch in meiner Arbeit als Psychotherapeutin auswirkte. Ich hatte durch die Achtsamkeitsübungen eine Möglichkeit gefunden, während schwieriger Dynamiken in Kontakt mit meinem Gegenüber und zugleich in Kontakt mit mir selbst zu bleiben, und beobachtete fasziniert die unmittelbare Auswirkung auf die Situation und meine Klient:innen. Ich begann, vor jeder

Therapieeinheit eine Atemübung zu machen, um mit jenem Ort der Ruhe in meinem Inneren in Kontakt zu kommen und mich auf die Arbeit mit meinen Klient:innen vorzubereiten. Im universitären Alltag wurden ganz alltägliche Handlungen zu kleinen Achtsamkeitsritualen, welche mir regelmäßig ein kurzes Innehalten verschafften. Der Wunsch nach mehr Kontinuität in meiner formellen Praxis führte mich schließlich zu einem zweiten MBSR-Kurs bei Maria Kluge, der dieses Mal in Osterloh und dem wunderschönen Haus des Vereins für Achtsamkeit stattfand.«

Beate Priewasser[1]

Parallel zum persönlichen Weg entstand bei Beate Priewasser und einer an Achtsamkeit interessierten Kollegin, Dr. Daniela Kloo, der Wunsch, ein gemeinsames Seminar zum Thema Achtsamkeit am Fachbereich für Psychologie der Paris Lodron Universität Salzburg anzubieten. Zu den Forschungsschwerpunkten der beiden Wissenschaftlerinnen – die Entwicklung von *theory of mind* und exekutiven Funktionen – ließen sich schnell Anknüpfungspunkte finden. Durch die große Flexibilität in Bezug auf die inhaltliche Ausrichtung (z.B. Klinische Psychologie, Entwicklungspsychologie, Neuropsychologie) konnte das Thema relativ einfach in das Curriculum des Psychologiestudiums an der Naturwissenschaftlichen Fakultät integriert werden, wo es seither regelmäßig im Bachelorstudium angeboten wird. Im Hinblick auf die inhaltliche Gestaltung war klar, dass es praktische Inhalte braucht, damit das Konzept Achtsamkeit von den Studierenden nicht nur theoretisch, sondern auch in seiner praktischen Tiefe und lebensweltlichen

1 Hier und für alle anderen wörtlichen Zitate der Autorinnen gilt: Sie entstammen Interviewsituationen oder Gesprächen der drei Autorinnen.

Konkretion verstanden werden konnte. Es war naheliegend, dass diese Qualitäten nur durch erfahrene Praktizierende vermittelt werden konnten. Maria Kluge öffnete durch die Annahme der Einladung, eine praktische Einheit des Seminars zu gestalten, den Weg zu einer jahrelangen, sich gegenseitig inspirierenden Zusammenarbeit zwischen den Lehrenden der Universität und denen des Vereins für Achtsamkeit in Osterloh e.V.

Maria Kluge beschreibt ihre Begegnung mit diesem Seminar, der Universität und den Studierenden wie folgt:

> »Ich war damals, und bin auch heute noch, immer wieder berührt, dass nach wie vor auf so veraltete Weise und Strenge unterrichtet wird. Die Universität hat sich hier im Laufe der Geschichte eine Komfortzone geschaffen, die uns eine Illusion der Sicherheit gibt. Mein Anliegen ist es, aus dieser Komfortzone, den Mustern und der Gewohnheit, herauszukommen. Oft werden Hindernisse angenommen, die gar nicht da sind. Mir war es wichtig, die Perspektive des Körpers einzubringen. In den Strukturen, in denen wir festsitzen, vom Kindergarten bis zur Hochschule, wird immer noch der Körper ignoriert. Die Studierenden habe ich im Seminar sehr neurowissenschaftlich orientiert erlebt, mit Interesse vor allem an der Statistik und am Forschen und mit wenig Praxiserfahrung und Praxisbezug. Mir ging es darum, den Ansatz in das Seminar einzubringen: Wenn ich es nicht auch selber mache, macht es keinen Sinn!«

Das Seminar konnte sich u.a. auch deshalb an der Universität etablieren, weil es von Beginn an sehr positive Rückmeldungen von den Studierenden gab, oft auch zusammen mit Wünschen und Anregungen, die die Gestaltung des jeweils darauffolgenden Kurses mitprägten. Mehr als 70 Studierende standen zeitweise auf der Warteliste. Auffallend war und ist, dass es jedes Jahr unter den Teilnehmer:innen Studierende gibt, die bereits regelmäßig praktizieren und ihre Expertise zu verschiedenen Arten von Meditationen ins Seminar einbringen. Häufig kommen Studierende auch, weil sie in ihrem Praktikum Achtsamkeitskurse kennengelernt haben und nun selbst mehr darüber lernen wollen. Und natürlich gibt es auch immer jene, die das Seminar einfach besuchen, weil es gerade in ihre Studiumsplanung passt, ohne weitere konkrete Motivation für das Seminarthema. Da es stets sehr erwünscht ist, dass die Studierenden sowohl ihre praktische Expertise und Erfahrungen als auch ihre Zweifel und Kritik einbringen, kommt es gerade wegen dieser Vielfalt an Motivationen und Erfahrungen zu einer Atmosphäre der gemeinsamen Auseinandersetzung. Eine Studierende beschreibt dies zwei Jahre nach dem Besuch des Seminars sehr treffend:

> »Ich fand es sehr gut, dass wir Studierende selbständig Inhalte aufbereitet und vorgestellt haben und uns so noch intensiver damit auseinandergesetzt haben. Das Seminar war für mich eine wohltuende Abwechslung im intensiven Universitätsalltag, weil es das schnelle Alltagstempo etwas rausgenommen hat. Es war für mich eine Verbindung von Lernen/Erfahren von Neuem mit Innehalten/inneren Raum Schaffen. Für mich war es eine besondere Erfahrung, dass es in einer Lehrveranstaltung nicht zwingend eine starke Hierarchie braucht (im Sinne von Professor:in steht vor einer großen Meute im Hörsaal, die Studierenden werden mit Inhalten versorgt), um Neues zu lernen. Es kann und darf auch ein ruhiger und gemeinsamer Prozess sein.«
>
> *Studierendenrückmeldung in einer E-Mail an Beate Priewasser*

2. Das didaktische Konzept in kontinuierlicher Entwicklung

Zwischen dem anfänglichen und dem heutigen Konzept liegt eine kontinuierliche, erfahrungsbasierte Weiterentwicklung. Insbesondere durch den intensiven Austausch im Zuge der Nach- und Vorbereitung der einzelnen Einheiten zwischen Lehrveranstaltungsleiterinnen und Achtsamkeitslehrer:innen sowie durch die aktive Beteiligung der Studierenden und den Einbezug ihrer Rückmeldungen ist und bleibt alles in stetiger, kreativer Veränderung. Im Folgenden werden die didaktischen Elemente und deren Veränderungen im Laufe der Zeit beschrieben, Auszüge aus Beiträgen und Rückmeldungen der Studierenden ergänzen die Darstellungen.

Literaturseminar mit Übungen im Sommersemester 2016

Das Seminar war als Literaturseminar mit praktischen Übungen konzipiert und sollte den Studierenden gleichermaßen Einblick in die aktuelle psychologische Achtsamkeitsforschung geben, wie auch praktische Erfahrungen mit Achtsamkeitsübungen ermöglichen. Als übergeordnete Ziele wurden das eigenständige Erfassen und Interpretieren von wissenschaftlicher Literatur und die differenzierte

Auseinandersetzung mit dem Thema Achtsamkeit definiert. Nachfolgend wird der Aufbau des Seminars kurz skizziert:

Artikel lesen, zusammenfassen und Stellung nehmen

Die Studierenden wurden angehalten, mehrere wissenschaftliche Artikel zu lesen (zwischen zwei und vier pro Seminartermin). Die gesamte Literatur wurde vorgegeben und behandelte aktuelle Grundlagen- und Anwendungsforschung zu klinisch-psychologischen, neuro-, entwicklungs- und gesundheitspsychologischen Aspekten von Achtsamkeit und Selbstmitgefühl. Vor jedem Termin verfassten die Studierenden zu einem dieser Artikel eine schriftliche Zusammenfassung und Stellungnahme im Umfang von einer Seite. Darin sollten zum einen die Kernthese und die zentralen Ergebnisse dargestellt werden sowie zum anderen – unter Einbezug weiterer Literatur – konstruktiv dazu Stellung genommen werden. Diese schriftliche Abfassung wurde einige Tage vor dem Seminartermin auf die *E-learning*-Plattform hochgeladen und diente als Grundlage für die Diskussion.

Referat mit Diskussion und Übung

Je zwei oder drei Studierende hielten zusammen ein Impulsreferat über einen vorgegebenen wissenschaftlichen Artikel und leiteten im Anschluss eine Diskussion dazu an. Teil des Beitrags war außerdem eine Achtsamkeitsübung, welche die Studierenden selbst wählten und anleiteten. Dabei sollten sie eine Übung mit Bezug zum vorgestellten Artikel aus den klassischen Programmen wie MBSR, achtsamkeitsbasierte kognitive Therapie (MBCT) oder achtsames Selbstmitgefühl (MSC) auswählen (z.B. Body Scan, Atemmeditation, Gehmeditation, Rosinenübung, Mitgefühlsmeditation). Im Anschluss wurden die Erfahrungen in der Übung gemeinsam reflektiert. Die Studierenden wurden ermutigt, dies als Übungsmöglichkeit zu sehen, die Anleitung von Gruppenübungen auszuprobieren. Pro Seminartermin wurden zwei oder drei Impulsreferate gehalten.

Beurteilung

Die Note setzte sich aus der Qualität des Referats mit Leitung der Diskussion (40 Prozent), der schriftlichen Zusammenfassungen mit Stellungnahmen (50 Prozent) sowie der aktiven Teilnahme an den Diskussionen (10 Prozent) zusammen.

Praxiseinheit

Etwa nach der Hälfte der Veranstaltung folgte eine Praxiseinheit mit einem oder einer ausgebildeten Achtsamkeitslehrenden. In dieser Einheit übten die Studierenden Achtsamkeit unter Anleitung von erfahrenen Praktiker:innen und hatten dabei die Möglichkeit, Fragen zur eigenen Praxis oder aber auch zu Ausbildungsmöglichkeiten etc. zu stellen. Gestaltet wurden diese Praxiseinheiten sehr individuell von den jeweiligen Lehrer:innen.

Die Rückmeldungen der Studierenden zu den Praxiseinheiten waren von Anfang an sehr positiv. Eine große Sehnsucht nach mehr praktischen Erfahrungen im Kontext der Universität wurde dabei immer wieder deutlich. Die Begegnungen mit den Achtsamkeitslehrer:innen beeindruckten die Studierenden nachhaltig. Dabei war zu beobachten, dass es für die Achtsamkeitslehrer:innen, auch für sehr erfahrene, mit einer gewissen Aufregung verbunden war, in einem Seminar an der Universität zu unterrichten. Es gab eine Vorsicht in der Annäherung von beiden Seiten, möglicherweise auch ein Zeichen dafür, dass es ein Erleben von ›unterschiedlichen oder gar getrennten Welten‹ gibt. Die Universität mit ihren hierarchischen Strukturen, ihrem Anspruch an Wissenschaftlichkeit, ihrem Leistungsdenken und der Maxime der Generalisierung in der quantitativen Forschung scheint den persönlichen und individuellen Erfahrungen in der praktischen Auseinandersetzung mit Achtsamkeit mit dem klaren Bezug zum eigenen Körpererleben als Referenz und dem gleichzeitigen Erleben des Individuums als Teil einer Gemeinschaft fast widersprüchlich gegenüberzustehen. Es stellte sich die Frage, warum das so ist und ob das so bleiben muss.

> »Allein durch die Gestaltung der Hörsäle wird der unterschiedliche Zugang dieser zwei Welten sichtbar. In einem auf Frontalunterricht ausgerichteten Setting kann sich nur wenig Gemeinschaft ereignen. Wir machen aber immer wieder die Erfahrung, dass Gemeinschaft und unser Austausch, unser Eingebundensein in sie, hilfreich und heilsam sind. Man muss sich diese Ablenkung bewusst machen: Frontalunterricht vermittelt ein falsches Bild von Kontrolle und Bei-sich-Sein, von Fokus. Dabei fehlt jedoch der Austausch untereinander, und ich bin gleichzeitig auch nicht im Fokus bei mir, sondern bei der Person vorne. Über die Schule und die Jahre, die wir in dem System verbringen, werden wir so immer mehr blockiert und es wird verhindert, dass wir im gegenseitigen Austausch viel Einsicht erlangen. Und dass wir durch Uns-Hinterfragen und durch Konflikte in einen echten Austausch gelangen. Diese Konflikte finden in einem linearen Frontalunterricht nicht statt. Es entsteht die Illusion, dass die Person vorne der Dirigent ist. Aber sie ist nicht der Dirigent,

> sie ist ein Vorbild. Und sie kann den anderen im Grunde nicht vorgeben, wie es zu tun und zu machen ist. Denn wir können kein anderes Instrument bespielen als unser eigenes«.
>
> *Studierendenrückmeldung in einer E-Mail an Beate Priewasser*

Spezialisierung durch eigene Forschungsfragen in den Sommersemestern 2017 und 2018

Exposé und Poster

Um den Studierenden die Gelegenheit zu geben, sich in ein eigenes Interessengebiet zu vertiefen, wurde – neben Referat und Zusammenfassung mit Stellungnahme – die Ausarbeitung einer eigenen Forschungsidee zum Thema Achtsamkeit als eine zusätzliche Aufgabe eingeführt. Diese Idee sollte im Laufe des Seminars gefunden, dann in einem Exposé verschriftlicht und schließlich in der letzten Einheit bei einer Postersession in einer fünfminütigen Präsentation der Gruppe vorgestellt werden. Alle genannten Leistungen (Referat, Artikel und Stellungnahme, Exposé und Poster) flossen gleichwertig in die Beurteilung ein (je 30 Prozent und 10 Prozent aktive Teilnahme an der Diskussion).

Durch diese Aufgabe reduzierte sich die Menge der von der Seminarleitung vorgegebenen Literatur und die Studierenden konnten eigene Interessen mit dem Thema Achtsamkeit verknüpfen und weiter vertiefen. Darüber hinaus wurde durch die Ausarbeitung der Forschungsfrage das Lernfeld der Methoden der empirischen Forschung integriert, und den Studierenden wurde deutlich bewusst, wie schwierig und aufwändig es ist, die vielen hochinteressanten Forschungsfragen zum Thema Achtsamkeit in methodisch ausgezeichneter Qualität umzusetzen. Trotzdem wurde diese Aufgabe als Möglichkeit zur Spezialisierung von den Studierenden sehr geschätzt. Es wurden Themen aus sehr persönlichen Motiven gewählt oder an bestehende Kompetenzen angeknüpft. Diese Expertise wurde dann in den Präsentationen der Fragestellungen sichtbar. Nicht selten wurden die so entstandenen Forschungsfragen in Bachelor- und Masterarbeiten weiterverfolgt:

> »Die Atmosphäre im Seminar war sehr entspannt. Ich hatte nicht das Gefühl, ›gute‹ Leistungen bringen zu müssen oder bewertet zu werden; es war eher so, dass ich mich wohlfühlte, wodurch ich mich auf die Thematik des Seminars vollends konzentrieren und einlassen konnte. Somit konnte ich auch viel effizienter theoretisches und praktisches Wissen gewinnen. Obwohl ich eine gewisse Skepsis gegenüber dem

Thema hatte, hilft mir heute das in diesem Seminar Gelernte in stressigen Situationen. Ich habe mich danach in einer anderen Seminararbeit weiter mit dem Thema beschäftigt und werde nun auch meine Masterarbeit dazu schreiben. Dieses Seminar zählt zu einer der wertvollsten Lehrveranstaltungen, welche ich in den letzten fünf Jahren besuchen durfte. Ich konnte einiges über mich selbst lernen und profitiere im privaten, aber auch beruflichen Kontext davon. Ich bin sehr froh, mich damals zu diesem Seminar angemeldet zu haben.«

Studierendenrückmeldung in einer E-Mail an Beate Priewasser

Ein solcher Rückblick ist nichts Ungewöhnliches, es kommt immer wieder vor, dass ehemalige Studierende Jahre später erzählen, dass dieses Seminar sie auch für ihr weiteres Studium nachhaltig geprägt hat.

Basisartikel und Morgenmeditation im Sommersemester 2019

Basisartikel

Mit der Einführung des Systems der Basisartikel wurde den Studierenden eine noch intensivere Spezialisierung auf das eigene Interessengebiet ermöglicht. Gleichzeitig konnte aber auch garantiert werden, dass die Grundlagenliteratur einen ebenso zentralen Platz einnimmt. Das Vorgehen hierzu wird im Folgenden beschrieben.

Bei der Vorstellung des Seminarkonzepts wurden die Studierenden angeregt, ein individuelles Thema im Zusammenhang mit Achtsamkeit/Selbstmitgefühl zu wählen, in das sie sich in diesem Seminar vertiefen möchten. Zu diesem Thema sollte ein wissenschaftlicher Artikel gesucht werden, über den sie ihr Referat halten wollten. Die individuell gewählten Artikel wurden von der Lehrveranstaltungsleiterin zu sogenannten Themenblöcken gruppiert und je einem Seminartermin zugeordnet. So ergaben sich z.B. »Selbstmitgefühl« als thematischer Schwerpunkt oder auch Konkreteres wie »Achtsamkeit im Sport«. Jedem Themenblock wurde ein Basisartikel zugewiesen, z.B. ein Artikel zur Konzeptualisierung von Selbstmitgefühl von Kristin Neff.

Die Aufgabe der Studierenden war es, vor jeder Einheit den jeweiligen Basisartikel zu lesen und, wie oben beschrieben, in Form von Zusammenfassung und Stellungnahme zu bearbeiten. Die Referent:innen des jeweiligen Themenblocks präsentierten dann beim Seminartermin ihre selbstgewählten Studien und stellten dabei Bezüge zum Basisartikel her. In der anschließenden Diskussion konnten die Inhalte des Basisartikels schließlich in vielfältigen Bezügen besprochen werden, da die individuellen Themen der Referate dafür eine breite Grundlage darstellten. Dies wurde insbesondere zu einem sehr anregenden Austausch, weil der persönliche Bezug der Referent:innen spürbar war und dadurch bei den Mitstudent:innen authentisches Interesse geweckt wurde.

Freiwillige Morgenmeditation vor der Einheit

Um dem Wunsch nach mehr Achtsamkeitspraxis entgegenzukommen, bekam die Gruppe in diesem Semester das Angebot, vor dem Beginn des Seminars eine halbe Stunde gemeinsam Achtsamkeit zu üben. Etwa die Hälfte der Teilnehmer:innen nahm dies an und kam um 8:30 Uhr in den Seminarraum, um gemeinsam 20 Minuten zu meditieren. Im Laufe des Semesters schwankte die Zahl der ›Morgenmeditierenden‹ unregelmäßig und eine kleine Gruppe an regelmäßigen Teilnehmer:innen kristallisierte sich zunehmend heraus. Ein besonders schönes Erlebnis war dabei das Sitzen auf der Wiese am Ufer des großen Teiches vor der Universität an den ersten schönen Tagen im Frühsommer – in Stille. In Ruhe und Gemeinsamkeit begannen die Seminare nach diesem Erleben. Eine dieser Seminareinheiten wurde zu einem besonderen Gruppenerlebnis:

> »Weil es ein wunderbar sonniger Frühsommervormittag war, führten die Referent:innen der Einheit die Gruppe nach den ersten Referaten auf die Wiese hinter der Universität und leiteten dort die geplanten Achtsamkeitsübungen an. In der Nachbesprechung der Übungen entstand eine sehr besondere Atmosphäre. Es schien mir so, als ob die Natur uns alle freier machte im Ausprobieren der Übungen, im Erzählen der Erfahrungen, im Verlassen von Hierarchien. Niemand wollte mehr in den Seminarraum zurück, aber ein letztes Referat, vorbereitet wie üblich als PowerPoint-Präsentation, musste noch gehalten werden in dieser Seminareinheit. Es zeigte sich für alle Anwesenden eine beeindruckende Tiefe, mit der die unglaublich mutige Studentin das Thema Achtsamkeit und Schmerz verstanden hatte, als sie spontan und völlig frei darüber referierte, im Kreis der Gruppe sitzend, unter den Bäumen am Wasser vor der Universität. Dieses Erlebnis weckte in mir den Wunsch, den Studierenden im nächsten Semester mehr praktische Erfahrungen im Rahmen des Seminars zu ermöglichen.«
>
> *Beate Priewasser*

Für das kommende Semester wurde deshalb das Seminar so konzipiert, dass Praxis und Theorie zu gleichen Teilen vertreten sein sollten. Anstelle der von den Studierenden selbst angeleiteten Übungen sollte eine Achtsamkeitslehrerin oder ein Achtsamkeitslehrer in jeder der neun Seminareinheiten Übungen aus dem MBSR von Jon Kabat-Zinn durchführen.

Achtsamkeit Online im Sommersemester 2020

Im März 2020 wurden die Universitäten aufgrund der Covid-19-Pandemie geschlossen und alle waren herausgefordert zu improvisieren. Noch ohne jegliche Erfahrung im Online-*teaching* war es unklar, ob und wie gemeinsames Praktizieren von Achtsamkeit als *distance learning* überhaupt möglich sein würde. Maria Kluge ließ sich sehr spontan darauf ein, den praktischen Teil auch im Onlineformat zu halten, und so konnte das Seminar auch in der Zeit nach dem Ausbruch der Pandemie durchgeführt werden.

Praxis und Theorie zu nahezu gleichen Teilen in der Videokonferenz

Lehrende und Studierende machten sich in diesem Semester zunächst zusammen mit den Möglichkeiten und Grenzen der Onlinevideoplattformen vertraut. Schon während der ersten Termine wurde klar, dass nicht nur das Halten von Vorträgen und Referaten, sondern auch das Unterrichten und Üben von Achtsamkeit über dieses Medium erstaunlich gut funktioniert. Im theoretischen Teil wurde das Konzept der Basisartikel und Themenblöcke (wie oben beschrieben) durchgeführt und in der letzten Einheit wurden die Poster präsentiert. Als praktischen Teil gestaltete Maria Kluge die erste Hälfte jeder Einheit mit Achtsamkeitsübungen und viel interaktivem Austausch darüber, wie die Übungen erlebt wurden. Die Studierenden wurden immer wieder dazu motiviert, auch außerhalb der gemeinsamen Termine für sich zu praktizieren, und bekamen dafür zwischen den Einheiten Impulse per E-Mail zugeschickt. Das Üben außerhalb der Einheiten war ein freiwilliges Angebot und nicht Teil der für die Lehrveranstaltung zu erbringenden Leistungen. Der Wunsch dabei war, dass die Studierenden durch die praktischen Erfahrungen und den Austausch darüber, Achtsamkeit ganz für sich und an sich selber kennenlernen und entdecken, und sich nicht nur über das Lesen von Artikeln und Forschungsarbeiten theoretisch mit dem Thema auseinandersetzen.

Die große Dankbarkeit in den Rückmeldungen der Studierenden am Ende dieses Semesters war sehr berührend. Für einige hatte das Seminar – in Zeiten großer Unsicherheit zu Beginn der Pandemie, mit dem Lockdown und den damit einhergehenden Einschränkungen des sozialen Kontaktes – eine sehr große Bedeutung bekommen. Hier wurde Gemeinsamkeit und lebendiger Austausch erlebt, der so vielen in dieser Zeit stark fehlte. Die Regelmäßigkeit unserer Treffen, der persönliche Austausch und das praktische Üben wurden als stabilisierend beschrieben. In dieser wohl für alle auch persönlich herausfordernden und im Außen sehr kontaktbeschränkten Zeit war die Möglichkeit für einen wohlwollenden Kontakt nach innen, mit sich selbst, zu sich selbst und dadurch zu anderen, vermutlich umso wichtiger.

> »Allein eine Minute den eigenen Atem zu zählen, bewirkt schon eine Veränderung. Durch diese kleine Zuwendung zu sich selbst entsteht bereits eine Beziehung zu sich. Man kann sagen, der Fokus auf den Atem wird zur Selbstliebe im Atem. Und wenn wir als Menschen uns selbst und anderen gegenüber so ehrlich exponieren und preisgeben, können wir erkennen, wie sehr wir das *alle* brauchen.«
>
> *Maria Kluge*

In den Rückmeldungen wurde aber auch die starke Belastung deutlich, der die Studierenden durch die hohen universitären Anforderungen ausgesetzt waren. Auch in diesem Seminar wurde sehr viel Theorie in sehr kurzer Zeit besprochen, und obwohl eine intensive individuelle Auseinandersetzung der Einzelnen stattfand, stellte sich die Frage: Inwieweit kann dem Anspruch von Achtsamkeit nach Fokussierung auf das wirkliche, persönliche Interesse und dem Wecken einer tiefen eigenen Neugier (welche nur dem eigenen Körper, dem eigenen Sein entspringen kann) in einem Seminar im universitären Kontext nachgekommen werden? Neugier bezieht sich im universitären Kontext nicht zuallererst auf das Persönliche, auf die Neugier auf die eigene, tiefe Frage, sondern auf mögliche Forschungs- und Kritikpunkte, letztlich auf die Allgemeingültigkeit von Aussagen. Persönliche Neugier entwickelt sich jedoch nur aus eigenen Impulsen, die wir in uns spüren. Um die eigene Neugier zu entwickeln und zu leben, brauchen wir Mut und Vertrauen in uns und unseren Körper. Der wissenschaftliche Anspruch der Verallgemeinerung und die in dieser Tradition dargestellten Forschungsergebnisse können hier sogar noch zusätzlich verunsichern – denn das Der-eigenen-Intuition-Folgen scheint hierzu im Widerspruch zu stehen. Gleichzeitig zeigt uns aber die Geschichte, dass große Forschungsfragen stets aus der Quelle der Intuition der Forschenden entspringen.

> »Wenn ich mich fokussieren kann und weiß, was ich zutiefst möchte, entstehen wie von selbst Klarheit, Moral, Ethik; es entsteht eine Lust auf das Lernen und das Forschen, anstelle von Frust durch das Lernen. ›The call is always from inside‹ – der Zugang dazu geschieht über den eigenen Körper.«
>
> *Maria Kluge*

Die Universität wird nur dann zu einem echten Ort des kreativen Denkens, der Veränderung und Weiterentwicklung, wenn durch den Fokus auf das Denken und Forschen der Körper und die Beziehung nach innen nicht vernachlässigt werden. *»Wir leben in unserem Körper, haben ihn immer dabei, und wir können ihn auch beim Betreten eines Ortes, natürlich auch eines Ortes wie der Universität, nicht beiseitestellen. Genau diese Illusion wird aber meiner Empfindung nach vielfach so gelebt«,* hält Maria Kluge fest. Darum ist es so wichtig, vertraute Komfortzonen (wie die einer starken kognitiven Orientierung im Sinne von Denken und bereits etabliertem wissenschaftlichen Forschen) zu verlassen, Impulse zu setzen, Experimente zu wagen und sich ehrlich zu fragen: Was ergibt wirklich Sinn? Was soll Studierenden in der heutigen Zeit mitgegeben werden? Welche Werkzeuge brauchen wir unter Berücksichtigung der aktuellen Gegebenheiten für die Zukunft, für Entwicklung?

Auf Basis dieser Fragen entstanden eine inspirierende und lebendige Zusammenarbeit und der Anspruch, auch im universitären Kontext ein Setting zu schaffen, das diesen Raum für tiefe innere Neugier und persönliches Forschen und Wachsen ermöglicht. Zusammen mit einem kleinen Team wurde das Seminar in einem gemeinsamen Prozess neu konzipiert. Die Modelle der *Achtsamen Hochschule* von Andreas de Bruin, Mike Sandbothe und Reyk Albrecht wurden dafür hinzugezogen. Es folgte eine völlige Umgestaltung mit gänzlich neuen Elementen, wie dem Führen eines Meditationstagebuchs, der Einladung von Gastreferent:innen und dem Schreiben von Transferaufgaben.

Tagebücher, Gastreferent:innen und Transferaufgaben im Sommersemester 2021

Auch im Sommersemester 2021 musste das Seminar, bedingt durch die Pandemie, online stattfinden.

Um Achtsamkeit auch im Lehrveranstaltungskonzept selbst umzusetzen, wurde entschieden, dass die Ziele des Seminars für die Studierenden durch zwei wesentliche Anforderungen erreicht werden können: 1. Präsenz (im Sinne von Aufmerksamkeit) während der Einheiten und 2. tägliches Üben zwischen den Einheiten. Die Erste wurde durch

Transferaufgaben, die in den letzten 20 Minuten jeder Seminareinheit geschrieben wurden, und die Zweite durch das Führen eines Meditationstagebuches (nach dem Vorbild von Andreas de Bruin, vgl. Bruin 2021) überprüft und dokumentiert. Diese beiden Elemente stellten die Grundlage für die Leistungsbeurteilung dar.

Der *workload* über die drei ECTS-Punkte (75 Arbeitsstunden) verteilte sich demnach wie folgt: Anwesenheit und aktive Teilnahme (36 Stunden), Etablierung einer eigenen Achtsamkeitspraxis mit schriftlicher Reflexion (30 Minuten) an sechs Tagen pro Woche (28 Stunden) sowie eine Exkursion ins Achtsamkeitszentrum Osterloh für ein eintägiges Schweigeretreat oder eine entsprechende Ersatzleistung (zehn Stunden). In der Lehrveranstaltungsbeschreibung wurde dies folgendermaßen formuliert: »Erwartet wird die Bereitschaft, sich auf eine intensive Auseinandersetzung einzulassen, die auch eine tägliche Praxis einschließt.«

Inhaltlich sollten im Verlauf des Semesters unterschiedliche Aspekte der Achtsamkeit beleuchtet werden: die formell und informell geübte *individuelle Achtsamkeit* (über die Körperübungen, die mentalen Prozesse, die Kommunikation ›mit sich selbst‹); die *soziale Achtsamkeit* (durch den Social Body Scan, die Themenbereiche Empathie und Mitgefühl, der Kommunikation und der emotionalen Intelligenz im sozialen Kontext sowie soziale Kompetenzen); die *Achtsamkeit im wissenschaftlichen Kontext* (durch die Beschäftigung mit Achtsamkeitsforschung im Kontext der Psychologie); die *Achtsamkeit in Umwelt und Gesellschaft* (Achtsamkeit an der Universität selbst als Institution), wo alle zuvor genannten Aspekte von Achtsamkeit wirksam werden könn(t)en (siehe Kapitel I.1 und III.4 in diesem Buch).

Durch die Verschränkung von Wissenserwerb mit individuellem Erfahrungslernen (gemeint ist die unmittelbare Erfahrung in praktischen Übungen) soll das didaktische Konzept des Seminars die Integration von Wissen, Werthaltungen und Fertigkeiten in das persönliche Kompetenzprofil und damit einen Transfer auf komplexe Situationen im beruflichen und privaten Alltag ermöglichen.

Im Folgenden werden die einzelnen Elemente der Seminareinheiten beschrieben.

Meditativer Beginn und gemeinsames Üben

Die erste Stunde jeder Einheit begann mit Achtsamkeitsübungen, angeleitet von Maria Kluge. Neben klassischen Meditationen aus dem MBSR-Programm von Jon Kabat-Zinn und kreativen Übungen aus dem unten genauer beschriebenen Buch *The Toolbox is You*[2] (2016) von Maria Kluge gab es in dieser Stunde viel Austausch zwischen Lehrenden und den Studierenden sowie eine Begleitung beim Etablieren der eigenen Praxis und dem Schreiben des Meditationstagebuchs (vgl. Bruin 2021). Die Fokussierung durch das Üben gleich zu Beginn erwies sich als nachhaltiger Einstieg, der eine achtsame Kommunikation während der weiteren Seminarzeit förderte.

Vorträge von Gastreferent:innen mit praktischen Übungen

Um auch die theoretischen Inhalte lebensnah zu vermitteln, wurden sie von jenen Menschen vorgetragen, die diese Inhalte auch selbst erforschen und/oder anwenden. Maria Kluge war dieser Aspekt ein besonderes Anliegen, da es ihr wichtig war, dass die Student:innen Menschen aus Forschung und Praxis im Bereich der Achtsamkeit kennenlernen, Menschen, die sich schon lange mit dem Thema auseinandersetzen und neue Impulse in das Seminar bringen:

> »Durch jeden Menschen, mit dem wir uns austauschen, gewinnen wir andere Perspektiven – die jeden auf irgendeine Weise ansprechen. Menschen werden zu Vorbildern, und wenn wir schon so viele (Vor-)Bilder in unseren Kopf übernehmen, so sollten wir für die Auswahl wenigstens ins Museum gehen und uns nicht auf eine Zwei-Bilder-Galerie beschränken.«

Die Gastreferent:innen gestalteten zwei Stunden des Seminars zu einem Themenschwerpunkt ihrer Wahl. Der Vortrag wurde ergänzt durch Achtsamkeitsübungen und die Möglichkeit zum persönlichen Austausch. Präsentiert wurden u.a. aktuelle Forschungsarbeiten (z.B. Britta Hölzel, Steffi Heger, Petra Meyer), Themenfelder rund um Achtsamkeit in der praktischen Arbeit (z.B. Stefan Machka, Veronika Schwienbacher, Jimmy Koch) oder verschiedene Modelle für die Umsetzung von Achtsamkeit an Hochschulen (z.B. Andreas de Bruin, Mike Sandbothe sowie Henning Früh, Richard Möllers und Theresa Strasser vom Meditation Kollektiv Salzburg). Durch die unterschiedlichen Referent:innen, ihre persönlichen Zugänge zur Achtsamkeit und ihre individuelle Art, Achtsamkeitsübungen anzuleiten, sollten die Studierenden eine Idee davon erhalten, wie vielfältig das Verständnis und das Praktizieren

---

2 Alle Informationen und auch der kostenlose Download bzw. der Link zur Gratisbuchbestellung ist zu finden unter thetoolboxisyou.com/de/ [letzter Zugriff 01.11.2024].

von Achtsamkeit in Theorie und Praxis ist. Im direkten Austausch mit den unterschiedlichsten Forschenden und Lehrenden, die auch selbst praktizieren und die Themen daher sowohl theoretisch als auch praktisch mit Authentizität vermitteln können, konnten persönliche Fragen gestellt und die eigene Auseinandersetzung mit dem Thema Achtsamkeit weiterentwickelt werden.

Achtsame Pause

Im Seminar gab es eine 30-minütige Pause, die von den Gastreferent:innen mit einem Impuls für eine achtsame Gestaltung eingeleitet wurde. Die Studierenden waren eingeladen, diesem im Rahmen der Pause nachzugehen. Ein solcher Impuls konnte z.B. sein, besonderes Augenmerk auf bestimmte Sinne bzw. Sinneswahrnehmungen zu legen oder das eigene Tempo bei einer Tätigkeit, wie z.B. gehen oder essen, stark zu verlangsamen und dadurch das eigene Tun und Sein bewusst zu erleben.

Transferaufgaben

Am Ende jeder Seminareinheit wurde durch eine Transferaufgabe der Wissenstransfer von den Inhalten des Vortrags zum eigenen Erleben angeregt. Diese schriftliche Reflexion sollte gleichzeitig den Transfer selbst unterstützen wie auch den Wissenserwerb und Kompetenzaufbau beurteilbar machen. Für die Lehrveranstaltungsleiterinnen stellten die Transferaufgaben ein Feedback dar, das nach jeder Einheit verdeutlichte, inwieweit die Inhalte aufgenommen und in ihrer Tiefe verstanden wurden.

Die Studierenden bekamen hierfür Impulsfragen per E-Mail zugesandt und hatten in etwa 20 Minuten Zeit für deren Bearbeitung. Die Fragen wurden vorab von der Seminarleitung in Abstimmung mit den Gastreferent:innen erstellt und sollten eine direkte Verknüpfung und Verschränkung des theoretischen Inputs der jeweiligen Seminareinheit mit den persönlichen Erfahrungen in den praktischen Übungen anregen. Zudem waren die Impulse der Transferaufgaben so gestaltet, dass die Inhalte der Lehrveranstaltung mit persönlichen Themen in Verbindung gebracht werden konnten. Durch diese Verknüpfung sollten die Inhalte nachhaltig in Erinnerung bleiben, z.B., indem man sich mit der eigenen Präsenz als Teilnehmer:in des Seminars auseinandersetzen oder entdecken sollte, wo der Wunsch nach Vertiefung eines Themas besteht, wo sich Skepsis oder Widerstände gegenüber Inhalten zeigen, wo Vorurteile und wo bei körperlichen Übungen vielleicht sogar Blockaden bemerkt werden oder inwieweit die Inhalte einen Gewinn für das Studium oder das private Leben bedeuten könnten.

Um die Transferaufgaben zu verdeutlichen, folgt hier ein konkretes Beispiel aus der ersten Einheit des Seminars, an dem die Ziele des Seminars und die individuellen Möglichkeiten, die es bietet, besprochen wurden. Folgendes Zitat von Meister Eckhart (1260-1377) wurde mit den Studierenden eingangs gelesen: »Wenn der Mensch ein inwendiges Werk werden will, so muss er all seine Kräfte in sich ziehen, wie in einen Winkel seiner Seele, und muss sich verbergen vor allen Bildern und Formen, und da kann er dann wirken. Da muss er in ein Vergessen und in ein Nichtwissen kommen.« (Meister Eckhart 1903: 28)[3]

Die dazugehörigen Fragen im Rahmen der Transferaufgabe waren:
- Worum geht es in diesem Seminar?
  Worum geht es *dir* in diesem Seminar?
- Was ist deine Zuversicht, was wirst du mitnehmen?
- Was hat dich heute inspiriert?
- Was hat dich am Zitat berührt?
- Was ist deine eigene Intention für diesen Kurs und wie erreichst du sie?

Eine Studentin antwortete im Rahmen ihrer Transferaufgabe:

> »Das Zitat von Meister Eckhart gefällt mir sehr gut, vor allem, dass sich der Mensch vor allen Bildern und Formen verbergen muss, da ich so gerne mehr zu mir finden möchte und erkennen [möchte], wer ich tief in mir bin, unabhängig von allen Einflüssen in meinem Leben. Ich möchte mich nicht immer nur anpassen und fügen müssen, es anderen recht machen; stattdessen mehr für mich einstehen, meine Stimme erheben für mich selbst, mich nicht in Erwartungen verlieren.
> Meine Intention für die nächsten Wochen, aber auch darüber hinaus ist, dass ich in mir ankommen möchte. Ich möchte für mich selbst genug sein, und das auch ausleben – etwas freier und losgelöster von allem, was mich zurückhält und klein macht; dabei etwas innere Ruhe finden und gelassen sein.
> Ich wünsche mir, dass mir die Achtsamkeit hilft, mich zu zentrieren und auf das fokussieren zu können, was wirklich wichtig und gut für mich ist.
> Mir selber ein Zuhause geben. Loslassen.
> Im Hier-und-Jetzt sein.«

---

3 Zum Zusammenhang von Meister Eckhart und Achtsamkeit siehe Kapitel III.1 in diesem Buch.

Tägliches Üben und Reflexion im Meditationstagebuch

> »Meditation ist wie Zähneputzen und Essen, es geht nicht, dass ich es einmal mache und einmal nicht. Es ist mentale Hygiene, die uns gesund hält. Es ist im Grunde unethisch gegenüber dem Körper und dem Geist, wenn ich es nicht ganz regelmäßig, im Grunde täglich, mache.«
>
> *Maria Kluge*

Erstmals wurde das tägliche Praktizieren von 20 Minuten (und das anschließende zehnminütige schriftliche Reflektieren darüber) ein prüfungsimmanenter Bestandteil des Seminars. Den Studierenden sollte dies die Möglichkeit geben, unterschiedliche Formen des Praktizierens von Achtsamkeit für sich auszuprobieren und herauszufinden, wie sich diese in ihre individuellen Tagesabläufe integrieren lassen. Als Inspiration dafür erhielten sie vor Seminarbeginn ein Bücherpaket postalisch zugestellt. Enthalten waren das Buch *Achtsamkeit für Anfänger* von Jon Kabat-Zinn (2013) mit Audiodateien, *The Toolbox is You* von Maria Kluge (2016) und *Achtsamkeit und Meditation im Hochschulkontext. 10 Jahre Münchner Modell* von Andreas de Bruin (2021). Mit diesen Unterlagen hatten die Studierenden eine Basis an unterschiedlichen Möglichkeiten und Inspirationen für die eigene Praxis: Audiodateien mit angeleiteten Meditationen, Tagebuchauszüge von Studierenden des Münchner Modells und eine Vielfalt an kreativen Möglichkeiten zur Auseinandersetzung durch das Buch *The Toolbox is You* (Kluge 2016).

Das Führen eines Meditationstagebuches sollte die Studierenden beim täglichen Üben unterstützen. Eine derartige Dokumentation beschreibt de Bruin dahingehend als hilfreich, dass sie für den Aufbau einer täglichen Praxis wichtige Einsichten bringen kann, wie: »Wann und wo meditiere ich gut? Welche Uhrzeit passt mir am besten? Warum? Welche Übung ist wann geeignet?« (Bruin 2021: 60) Im Semesterverlauf wurde beobachtet, dass die Aufgabe, ein Tagebuch zu führen, bei manchen Studierenden jedoch genau das Gegenteil bewirkte: Sie fühlten sich dadurch nicht unterstützt, sondern unter Druck gesetzt. Daraufhin wurde nochmals stärker betont, dass das Tagebuch als eine Möglichkeit zu sehen sei, sich selbst im Etablieren einer täglichen Meditationspraxis zu unterstützen, und dass es daher sehr individuell eingesetzt und gestaltet werden könne. Das vordergründige Ziel war es, täglich zu üben – dies konnte auch ohne die Führung eines Tagebuches erreicht werden. Bei den Nachbesprechungen der Tagebücher am Ende des Seminars zeigte sich, dass dieses Instrument von den Studierenden höchst individuell genutzt und von manchen sehr geschätzt wurde.

Eine Studierende führte u.a. einen *habit tracker*. Sie schreibt in der Seminarreflexion dazu: »Ich habe mir am Anfang des Tagebuches einen *habit tracker* hineingemacht. Der hat mich besonders am Anfang motiviert. Irgendwann habe ich ihn aber eher als Druck wahrgenommen und hab ihn deshalb auch aufgehört.«

Eine andere Studierende schreibt über das Führen des Tagebuches:

> »Jeder Monat hat seine eigene Farbe bekommen. Lila war April, Mai war gelb und der Juni war rosa. Hier sieht man ein paar meiner Einträge (chronologisch), ich denke, es lässt sich erkennen, dass ich den Umfang im Laufe der Zeit gekürzt habe. Ich habe Momente ausgesucht, die sehr gut, aber auch welche, die sehr durchwachsen waren. Auch neugierige Momente, bei denen ich etwas Neues ausprobieren wollte, waren dabei.«

Ein weiteres Tagebuchbeispiel, wieder einer anderen Studierenden:

> »Wann: 16. Mai
> Was: Maranatha
> Wo: Schwarzenberg
> Persönliches Befinden: 100, 200 Meter vor dem Gipfel war ich total kaputt und war kurz davor, dass ich einfach aufgebe und wieder zum Auto zurückgehe. Dann ist mir Maranatha[4] in den Kopf gekommen. Ich habe dann bei jedem Schritt eine Silbe gesagt und ich hab' es dann doch noch auf den Gipfel geschafft. Ich bin dann mit so einem tollen Ausblick belohnt worden.«

Schweigeretreat

Die Student:innen erhielten das Angebot, nach Beendigung des Seminars und des Semesters an einem Tagesschweigeretreat in Osterloh, dem Haus des Vereins für Achtsamkeit in Osterloh e.V., teilzunehmen. Dadurch sollte interessierten und motivierten Seminarteilnehmer:innen die Möglichkeit gegeben werden, sich an diesem inspirierenden Ort (erstmals) im persönlichen Kontakt und im direkten gegenseitigen Austausch der Achtsamkeitspraxis in der Gruppe zu widmen. Einige Studierende nahmen dieses Angebot in Anspruch, und der Tag wurde als so gewinnbringend und bereichernd erlebt, dass ein der-

---

4 »Maranatha« ist ein urchristliches Mantra, das aus dem Aramäischen stammt. »Das Wiederholen des Mantras bietet einen Fokussierungspunkt und dient zur Ausrichtung des Geistes.« (de Bruin 2021: 103)

artiges Angebot auch für das nachfolgende Semester geplant wurde. Drei Studentinnen bekundeten an diesem Tag, dass sie auch im neuen Semester gerne wieder Teil des Seminars wären. Die Idee eines begleitenden Tutoriums durch Studierende war geboren.

Selbstbeurteilung

Als Bewertungsgrundlage dienten die Transferaufgaben, die Anwesenheit, die aktive Teilnahme und die Meditationstagebücher. Für den letzten Seminartermin fassten die Studierenden ihre Transferaufgaben und die für sie persönlich wichtigsten und bedeutendsten Auszüge aus ihrem Meditationstagebuch zusammen und sendeten diese per E-Mail an die Seminarleitung. In einem kurzen individuellen Abschlussgespräch sollten sie auf Basis dieser schriftlichen Vorbereitung ihren eigenen Lernprozess im Laufe des Seminars darstellen. Im Zuge dieses Abschlussgespräches wurde die Frage gestellt, wie zufrieden sie bzw. er mit dem persönlichen Prozess in diesem Semester im Hinblick auf die beiden hauptsächlichen Ziele des Seminars – aufmerksame Präsenz während der Seminareinheiten und Etablierung einer eigenen Übungspraxis zwischen den Seminareinheiten – war. Es wurde besprochen, inwieweit die eigene Beurteilung mit dem Eindruck der Lehrveranstaltungsleiterinnen übereinstimmte. Die Student:innen sollten schließlich beschreiben, ob sie ihren Lernprozess im Hinblick auf die eigenen, in der ersten Transferaufgabe formulierten Ziele, mit einem »Sehr gut« oder »Gut« beurteilen würden. Die erste Reaktion darauf war bei vielen, dass es ihnen in der Situation sehr schwerfallen würde, sich selbst beurteilen zu müssen. Berührend dabei war die Ernsthaftigkeit und große Ehrlichkeit, mit der die Studierenden ihren Prozess beschrieben. Vor allem jene, die sich selbst ein »Gut« gaben, fanden, dass sie noch mehr geben, noch tiefer in das Seminar hätten einsteigen können. Häufig waren die Urteile über die eigene Inkonsequenz im Zusammenhang mit der täglichen Praxis sogar sehr hart und mussten im Gespräch in ein milderes Licht gerückt werden.

Der direkte Austausch mit jedem und jeder einzelnen Studierenden in dem etwa fünfminütigen Gespräch zeigte am Ende des Semesters auf, wer die Angebote des Seminars gut für sich anwenden konnte, aber auch, bei wem im Laufe der Zeit das Interesse nachgelassen hatte oder wer aufgrund persönlicher Belastungen mit den Übungen überfordert war und mehr Unterstützung gebraucht hätte. Aufgrund dieser Erfahrung wurde entschieden, im nächsten Semester diese Gespräche bereits zu Beginn, in der Mitte und am Ende des Semesters zu führen, um näher am Prozess zu sein und bei Schwierigkeiten bereits während des Semesters gut begleiten zu können. Darüber hinaus sollte – mitunter auf Wunsch einiger Studierender – wieder mehr Auseinandersetzung mit wissenschaftlichen Befunden und Theorien stattfinden. Der Anspruch war, die Theorie dieses Mal in Form von erfahrungsbasiertem Lernen zu integrieren; einem Lernen, das zum vertieften Verstehen der allgemeinpsychologischen Prozesse im Rahmen der Achtsamkeitspraxis führen sollte. Insbesondere sollte dabei ein Fokus auf die Körpererfahrung der besprochenen Phänomene gelegt werden. Die Beiträge der Gastreferent:innen sollten beibehalten werden, aber kürzer sein, um mehr Zeit für die Begleitung durch die Lehrveranstaltungsleiterinnen selbst zu schaffen.

Theorie, Körperbezug, Einzelgespräche und ein Tutorium im Wintersemester 2021/22

Nach zwei Semestern im reinen Onlineformat sollte das Seminar dieses Mal – soweit möglich – im Rahmen der geltenden Covid-Bestimmungen in Präsenz an der Universität stattfinden.

In der Vorbereitung wurden bewährte und als besonders wichtig und bereichernd empfundene Elemente der letzten Jahre zusammengeführt. Das primäre Ziel des Seminars blieb, die Studierenden dazu anzuregen, ihre persönliche Neugier in Bezug auf die Achtsamkeit zu entdecken und sich selbst in Bezug auf die eigenen mentalen Prozesse zu erforschen. Die Verteilung des *workload* blieb unverändert mit den Schwerpunkten auf Anwesenheit und aktive Teilnahme (36 Stunden), Etablierung einer eigenen Achtsamkeitspraxis (30 Minuten) an sechs Tagen pro Woche (28 Stunden) und dem Schweigeretreat im Achtsamkeitszentrum Osterloh (oder eine entsprechende Ersatzleistung, 10 Stunden).

Praktisches Üben, viele Möglichkeiten zum Austausch untereinander, das erfahrungsbasierte Erarbeiten von weniger, aber ausgewählter Forschungsliteratur, das Hören und Erleben von Gastreferent:innen und der Austausch mit diesen sowie Transferaufgaben und wöchentliche Hausübungen wurden zu zentralen Elementen dieses Semesters.

Vorbesprechung

In der ersten Woche des Semesters, nachdem die Anmeldung und die Vergabe der Seminarplätze abgeschlossen waren, fand eine Vorbesprechung statt. In dieser wurden den Studierenden das Format und Konzept der Lehrveranstaltung vorgestellt. Insbesondere die starke Praxisorientierung und die Bereitschaft, sich auf eigene Meditationserfahrungen einzulassen, wurden besprochen. Durch gemeinsame Meditationen und Übungen bekamen die Studierenden einen unmittelbaren Eindruck, und sie wurden angehalten, bewusst zu entscheiden, ob sie sich auf diesen Prozess einlassen möchten oder nicht. Im Falle einer Abmeldung hätten Studierende der Warteliste nachrücken können.

Schrittweise Vertiefung der von Hölzel et al. (vgl. 2011) und Singer/Klimecki (vgl. 2014) vorgeschlagenen Wirkmechanismen von Achtsamkeit

Wissenschaftliche Literatur zu allgemein-psychologischen Funktionen wurde mit nur wenigen Artikeln gezielt integriert und mit den Erfahrungen aus der eigenen Achtsamkeitspraxis verknüpft und so vertieft. Theoriegrundlagen waren die Artikel: »How Does Mindfulness Meditation Work? Proposing Mechanisms of Action From a Conceptual and Neural Perspective« von Britta Hölzel et al. (2011) und »Empathy and Compassion« von Singer/Klimecki (2014). Die darin postulierten Wirkfaktoren – Aufmerksamkeitsfokussierung, Emotionsregulation, Mitgefühl, Körperwahrnehmung und die veränderte Perspektive auf das Selbst – bildeten den Tagesschwerpunkt je einer Einheit. Die letzte Einheit thematisierte die Integration aller diskutierter Wirkfaktoren. Im 35-minütigen Literaturteil wurde jeweils eine Funktion gemeinsam erarbeitet. Da auch alle weiteren Elemente in der Einheit – von der Einstimmungsmeditation und dem praktischen Übungsteil über den Pausenimpuls bis hin zur Hausübung der Vorwoche – sich auf das jeweilige Schwerpunktthema bezogen, konnten dabei viele Bezüge hergestellt werden, um die Theorie auch phänomenologisch zu explorieren. Z.B. können beim Thema Aufmerksamkeitsfokussierung die Beobachtung des eigenen Abschweifens und Zurückholens der Aufmerksamkeit beim Praktizieren der Hausübung zur Unterstützung der Theorie herangezogen werden. Im Literaturteil wurden außerdem inhaltliche Bezüge zu den Vorträgen der Gastreferent:innen hergestellt und so vorbereitet.

Hausübungen mit Vor- und Nachbesprechung

Bereits in der Vorwoche wurde eine zum Tagesfokus passende Hausaufgabe (z.B. Atemmeditation) gegeben, die dann in der Gruppe nachbesprochen wurde. Im Fokus stehen dabei die individuelle Erfahrung der Teilnehmer:innen und das Teilen dieser Erfahrungen in der Gruppe.

Impuls und Meditation als Einstimmung

Der Beginn der Einheit wurde durch einen zum jeweiligen Schwerpunkt passenden Impuls in Form eines Zitats, Gedichts, Bildes oder Textes meditativ eingeleitet (z.B.: »Du musst Dein Ändern leben«).

Praktische Übungen zum Tagesschwerpunkt mit besonderem Fokus auf die Körperwahrnehmung

In der praktischen Übungseinheit wurde ebenfalls ein zum Schwerpunkt passendes Element aus dem Buch *The Toolbox is You* (Kluge 2016) ausgewählt und mit der Gruppe bearbeitet. Ein besonderer Fokus lag dabei auf der Bedeutung der Körperwahrnehmung (z.B. die Übung: »1 Minute Atmen«, aus dem Kapitel 1: »Der Atem – Breath and Breathing«, ebd.: 18).

Achtsame Pause

Für die 30-minütige Pause wurde wieder ein Impuls an die Student:innen weitergegeben, z.B. bewusstes Verlangsamen und Beobachten des Zurückfallens in Gewohnheiten.

Vorträge von Gastreferent:innen mit praktischen Übungen

Ausgewählte Referent:innen wurden erneut oder auch erstmals angefragt, mit einem auf den jeweiligen Themenschwerpunkt abgestimmten, sehr fokussierten Beitrag am Seminar teilzunehmen. Wert gelegt wurde dabei darauf, dass neben einem kurzen Theorie-Input auch eine Übung sowie ausreichend Zeit für einen persönlichen Austausch mit den Studierenden vorhanden war. Die Referent:innen wurden über eine Onlinevideoplattform dazugeschaltet und hatten einen Zeitraum von insgesamt 60 Minuten zur Verfügung.

Transferaufgabe

In den letzten 30 Minuten der Einheit wurden die Studierenden anhand von Impulsfragen aufgefordert, die Erfahrungen der unterschiedlichen Ebenen – Selbsterfahrung in der Hausübung, Übungen und Austausch in der Gruppe, Körperwahrnehmungen, Gastvortrag, Wirkmodell – zu reflektieren und zusammenzuführen.

Nach der Einheit mit dem Schwerpunkt Aufmerksamkeitsregulation wurde den Studierenden als Transferaufgabe z.B. eine Frage zum nachstehenden Zitat von William James präsentiert: »Was verbindest Du nach der heutigen Einheit mit diesem Zitat?«: »Die Fähigkeit, die wandernde Aufmerksamkeit immer wieder willkürlich zurückzubringen, ist die wahre Wurzel des Verstandes, des Charakters und des Willens. Niemand ist seiner selbst mächtig, der sie nicht besitzt.« (James 1909: 226f)

Individuelle Gespräche zur Prozessbegleitung

In etwa fünfminütige, individuelle Gespräche mit den Lehrveranstaltungsleiterinnen zu Beginn, in der Mitte und am Ende des Semesters sollten die Studierenden in ihrem Prozess der Etablierung einer eigenen regelmäßigen Praxis unterstützen. Dabei ging es jeweils darum, die eigene Intention für dieses Seminar zunächst darzustellen, dann den eigenen Prozess jeweils zu reflektieren und schließlich am Ende des Seminars auch zu beurteilen. Parallel dazu gab es andere Inhalte für die restliche Gruppe: Achtsamkeitsübungen zum Einstieg und für die Gruppenbildung; Vertiefen der bisherigen Inhalte und das Selbstanleiten üben; Erfahrungsaustausch zur beruflichen Anwendung und Ideen für eigene Möglichkeiten der Weitergabe und der weiteren Anwendung entwickeln.

Tutorium

Drei Studentinnen des Sommersemesters 2021 äußerten den Wunsch, das Seminar, die Lehrenden bzw. die Studierenden gerne in irgendeiner Form und Funktion unterstützen zu wollen. Da sie es selbst schön gefunden hätten, sich auch zwischen den Seminarterminen mit Kommiliton:innen auszutauschen, gemeinsam zu üben, Erfahrungen zu teilen und Unverstandenes zu klären, gestalteten sie wöchentlich am Vorabend zum nächsten Seminartermin ein halbstündiges Onlinetutorium, das die Teilnehmer:innen für sich zur Unterstützung besuchen konnten.

Beurteilung

Die Grundlage für die Beurteilung bildeten wieder die Transferaufgaben und die Selbsteinschätzung der Studierenden über ihren individuellen Prozess in der letzten Seminareinheit.

3. Sechs Jahre gemeinsam lernen und lehren

Über die Jahre hinweg hat sich das Seminar »Achtsamkeit« am Fachbereich für Psychologie in Salzburg kontinuierlich weiterentwickelt. Geleitet durch den Wunsch und den Anspruch, den Studierenden im Rahmen des Studiums ›echte‹ Erfahrungen im Praktizieren von Achtsamkeit zu ermöglichen, wurden viele Versuche, Experimente und Wagnisse eingegangen, insbesondere durch die Einbeziehung von Expert:innen aus Praxis und Forschung. Letztlich entstand ein Konzept, das durch eine enge Verknüpfung zwischen theoretischer Auseinandersetzung und unmittelbarer Erfahrung individuelles Lernen auf vielen Ebenen ermöglicht und begleitet. Der persönliche Prozess der Studierenden in der Kultivierung von Achtsamkeit in ihrem Alltag sowie die Auseinandersetzung und der direkte Austausch mit Forscher:innen und Praktiker:innen mit ihren individuellen Zugängen zu Achtsamkeit wurden zu grundlegenden Elementen, die den Aufbau von Wissen und Kompetenzen mit Lebendigkeit und Ernsthaftigkeit komplementieren.

Vor dem Hintergrund der Achtsamkeit waren traditionelle Konstrukte der universitären Lehre zu hinterfragen, insbesondere wenn sie für die offene zwischenmenschliche Begegnung von Lehrenden und Studierenden hinderlich waren, eine Begegnung, die von zentraler Bedeutung für Motivation und nachhaltigen Wissensaufbau ist. Beim Verlassen von letztlich auch haltgebenden Strukturen, wie der Vermittlung großer Mengen an Theorie oder der Notengebung, wurden paradoxerweise erst recht wieder Ängste vor dem Beurteiltwerden, dem ›Nichtgenügen‹ im universitären Kontext seitens der Lehrenden sowie der Studierenden sichtbar. Diese loszulassen und stattdessen Vertrauen ineinander aufzubauen, wurde als ein für alle Beteiligten immer wieder neu herausfordernder Prozess wahrgenommen. Der Blick von außen, der durch Maria Kluge hinzukam, war eine wertvolle Unterstützung in diesem Prozess. Es bedurfte auch des Mutes der Studierenden, dass sich das Seminar mehr und mehr zu einem intrinsisch motivierten Lernen entwickeln konnte, geprägt durch persönliche Bezüge und inspirierende Begegnungen. Der Anspruch war, für die Entwicklung junger Menschen auch geistige Nahrung und Impulse bereitzustellen, die über den Wissenserwerb hinausgehen und ethisch-moralische Entwicklungsmöglichkeiten genauso miteinschließen wie Erfahrungen über die eigenen Strategien zum Umgang mit Stress, Kommunikationskompetenzen, Emotionsregulation und Aufmerksamkeitslenkung. Derartige Lernerfahrungen können bereits während des Studiums einen Grundstein für einen verantwortlichen Umgang mit der eigenen mentalen Gesundheit legen und sollten daher insbesondere in einem Studienfach wie Psychologie auch im Hinblick auf den weiteren Beruf in die universitäre Lehre integriert sein.

Maria Kluge sieht ihren aktiven Beitrag und die Weiterentwicklung und Umsetzung dieses Achtsamkeitsseminares, als eindeutig und notwendig:

> »Es ist die Aufgabe unseres Bildungssystems, die mentale Gesundheit der Studierenden zu unterstützen – ein Faktum, was im Bereich der körperlichen Gesundheit bereits vor Jahrzehnten verstanden wurde. Die Erwartungen an eine zeitgemäße Universität werden mit dem Angebot eines solchen Seminares erfüllt. Hier wird den Studierenden die Möglichkeit gegeben, in ihrem späteren eigenen Handeln beruflich und persönlich Menschlichkeit zu leben und in die Welt zu tragen.«

Basierend auf ihrer 40-jährigen Erfahrung in Körperarbeit, Seminar- und Lehrtätigkeit stellt sie weiter fest: »Ein solches Seminar ist kein Luxus. Es ist eine absolute Notwendigkeit, derartige Seminare anzubieten. *It's no luxury, it's a necessitiy for our world, our universe.*« Dabei ist es in ihren Augen die schwerste Aufgabe der Welt, den ständigen Anfängergeist in uns zu kultivieren, »alles ist *immer neu*, so wie jeder Atemzug; ganz da sein: den Körper mit seinem Rhythmus und seiner inneren Weisheit arbeiten lassen. Die mentale Gesundheit sät und unterstützt die Gesellschaft bei einer derartigen Kultivierung.«

Letztlich ist der Prozess, wie er hier im Laufe der Jahre durchlaufen wurde, die natürliche Konsequenz einer achtsamen Haltung: ein stetiger Anfängergeist, der sich neugierig darin übt, sich selbst, anderen Menschen und schließlich allem gegenüber, was ihn oder sie umgibt, wacher und liebevoller zu werden. Achtsamkeit schenkt dem *Menschen*, als Lehrenden und Studierenden zugleich, die Verantwortung für ein authentisches, würdevolles und zutiefst gelebtes Leben.

Bei all dem steht eine achtsame Haltung in keiner Weise im Widerspruch zu den Zielen der Wissenschaft. Im Gegenteil, sie ermöglicht Fortschritt und Innovation, indem sie konditionierte Denkmuster erkennen hilft und dem Individuum einen Zugang sowohl zum eigenen Potenzial als auch zur geteilten Menschlichkeit erschließt. Jon Kabat-Zinn sieht die Achtsamkeit, das Verweilen im Gewahrsein und die Empfindung der Allverbundenheit, Kooperation und Güte als grundlegend dafür an, dass die engen Grenzen der Eigeninteressen aktiv überwunden werden können und sich der Geist dadurch selbst in Beziehung zum Ganzen erforschen kann (vgl. Kabat-Zinn 2013: 113). Wissenschaftler:innen, die ihre eigenen Denkmuster erkennen können und aus Liebe Verantwortung für das Wohl der Gesellschaft übernehmen, werden Fragen beforschen, die unser Menschsein berühren, und werden die Gesellschaft beschenken mit Werken, die eben diese Beziehung zum Ganzen in sich tragen und für alle erlebbar machen:

> »Wir können sagen, dass all die großen Werke der Kunst, Kultur und Wissenschaft – die Ausstellungsstücke der Museen und die Bücher in den Bibliotheken, die Musik, die in Konzerthäusern gespielt wird, und die Texte in den großen Werken der Literatur und Poesie – aus einem menschlichen Geist kommen, der sich selbst in einem gewissen Maße kennt oder zumindest daran interessiert ist, die Schnittstelle zwischen Wissen und Nicht-Wissen zu erforschen.«
>
> *Jon Kabat-Zinn (2013: 113)*

Danksagung

Wir bedanken uns tief aus dem Herzen bei allen Studierenden für ihre Großzügigkeit und ihre Bereitschaft, sich einzulassen und uns teilhaben zu lassen. Ein besonderer Dank geht an Gina, Laura und Johanna, unsere Tutorinnen, und alle Studierenden, deren Beiträge und Bildmaterialien wir für diesen Text verwenden durften.

Literatur

Bruin, Andreas de (2021): *Achtsamkeit und Meditation im Hochschulkontext. 10 Jahre Münchner Modell*, Bielefeld.

Hölzel, Britta K./Lazar, Sara W./Gard, Tim/Schumann-Olivier, Zev/Vago, David R./Ott, Ulrich (2011): »How Does Mindfulness Meditation Work? Proposing Mechanisms of Action From a Conceptual and Neural Perspective«, in: *Perspectives on Psychological Science* 6(6), S. 537–559, doi.org/10.1177/1745691611419671.

James, William (1909): *Psychologie*, Leipzig (Original: [1892]: *Psychology. Briefer Course*, New York).

Kabat-Zinn, Jon (2013): *Achtsamkeit für Anfänger*, Freiburg i. Br.

Kluge, Maria (2016): *The Toolbox is You*, Osterloh, thetoolboxisyou.com/de/ [letzter Zugriff 01.11.2024].

Meister Eckhart (1903): »Vom Unwissen«, in: ders.: *Meister Eckharts mystische Schriften*, Berlin, S. 24–33, zeno.org/nid/20009222502 [letzter Zugriff 01.11.2024].

Singer, Tania/Klimecki, Olga M. (2014): »Empathy and Compassion«, in: *Current Biology* 24(18), S. 875–878, doi.org/10.1016/j.cub.2014.06.054.

Stefanie Tränkle

Mindfulness-based interventions in polizeilicher Hochschullehre, Praxis und Forschung

Abstract

Mindfulness-based interventions (MBIs) sind in der deutschen Polizeiwelt noch nicht so recht angekommen. Zwar finden sich punktuell engagierte Ansätze, aber eine klare Strategie ist in Deutschland nicht zu erkennen. Hier setzt das vorliegende Kapitel an. Er soll verdeutlichen, dass Achtsamkeitsangebote auch in der Polizeiwelt möglich sind und dass gerade die Ausbildungsphase – hier am Beispiel des Studiums für die Zulassung zum gehobenen Polizeivollzugsdienst – die Chance ist, um Studierende nicht nur mit den nötigen Stressmanagementkompetenzen für den Lernalltag und die Prüfungsphasen auszustatten, sondern ihnen auch Ressourcen zur Stärkung ihrer mentalen, kognitiven und sozialen Resilienz für ein herausforderndes Berufsleben mitzugeben. Deshalb wird aus der eigenen Hochschullehre berichtet, d.h., das Kapitel beschreibt, in welchem Setting seit einigen Jahren Achtsamkeitskurse im Rahmen von Wahlmodulangeboten durchgeführt werden und welche Erfahrungen die Autorin und ihre Kursteilnehmenden damit machen. Dann wird der Fokus geweitet, um aus der internationalen Polizeipraxis und Forschung zu berichten, wie es um das Thema *mindful policing* – Achtsamkeit in der Polizeiwelt – bestellt ist.

Einleitung

Mit seinen drei Kameraaugen nahm er uns direkt ins Visier. Die Studierenden meines Wahlmodulkurses waren barfuß im Gras auf dem Sportplatz der Polizeihochschule. Die Gruppe begann gerade in aller Stille mit einer Meditationsübung im Gehen, den Blick gesenkt, manche mit geschlossenen Augen. Da bemerkte ich den Mähroboter, der sich beharrlich über den Rasen auf uns zu futterte. Die Gruppe sollte nicht unterbrochen werden. Doch wie kommuniziert man mit einem riesigen Mähroboter? Auf Winken reagierte er nicht. In den Weg stellen half auch nicht. Als ich den Kniff raushatte, konnte ich ihn in eine andere Richtung dirigieren. Durch meine Umschubsmanöver aufmerksam geworden, kam ein Student vom Volleyballfeld am Ende des Sportplatzes zu mir herüber: »Was machen die da?«, fragte er, auf seine Kommiliton:innen zeigend. »Gehmeditation«, erklärte ich ihm, »jeden Schritt bewusst und wohlwollend wahrnehmen. Damit nicht die Gedanken umherwandern, sondern die Füße.« Mit einem verblüfften Blick auf die Klangschale in meiner Hand murmelte er vor sich hin: »Wow, dass es sowas bei uns gibt!«

Polizeistudierende sind, wie Studierende anderer Studiengänge auch, mit Prüfungsangst, Leistungsdruck und organisatorischer Multibelastung sowie mit selbstgemachtem Freizeitstress konfrontiert. Zusätzlich bringen sie Berufserfahrung mit, und zwar in Form täglicher Konfrontation mit menschlichem Leid, Gefahren für sich und andere sowie komplexen Entscheidungs- und Handlungsanforderungen. Selbstregulation, Stressmanagement und Resilienz kommen dagegen im Lehrplan eher theoretisch vor.

An der Hochschule für Polizei Baden-Württemberg[1] jedoch gibt es seit 2021 ein regelmäßiges Angebot, das von der Autorin im Rahmen des Wahlmodulbereichs für Studierende im Hauptstudium angeboten wird. Das Ziel des vorliegenden Beitrages besteht darin, Mut zu machen: Es ist möglich, auch an einer Polizeihochschule Achtsamkeitskurse zu implementieren. Da MBIs in der Polizei als Berufsfeld in Deutschland bislang nur vereinzelt zu finden sind, weitet der Beitrag den Blick: MBIs sind international nicht nur in den Sicherheits- und Ersthelfendenberufen breit verankert, sondern auch bestens empirisch validiert.

In Abschnitt 2 wird vorgestellt, mit welchem Setting es gelungen ist, die Kurse zu implementieren. Auch die Studierenden kommen zu Wort: Auf Basis einer qualitativen Auswertung wird berichtet, welche Erfahrungen sie im Kurs machen. Die Erfahrungen an der eigenen Hochschule werden dann in der Polizeipraxis als Berufswelt verortet.

---

1 Das bezieht sich auf den Bereich der sogenannten Kernhochschule, Campus Villingen-Schwenningen, Schwarzwald.

Während MBIs, wie oben erwähnt, in der deutschen Polizeiwelt noch nicht so recht angekommen sind, lohnt sich der Blick in die internationale Welt, wo es in den Sicherheits- und Ersthelfendenberufen ein breites Praxisfeld gibt (Abschnitt 3).

Wie es mit der empirischen Fundierung von MBIs im Polizeikontext aussieht, wird in Abschnitt 4 mit Blick auf die internationale Stress- und Resilienzforschung berichtet. Sie untersucht die Wirkung von MBIs auf die physische und psychische Resilienz, auf die kognitive Resilienz (Aufmerksamkeit, Entscheidungsfähigkeit), auf Affekte und Verhalten (Aggressivität und Fehlverhalten im Dienst), für soziale Resilienz (Sozialklima) sowie als Führungsstil *(mindful leadership)*.

1. MBSR-Kurse als Lehrveranstaltung an der Hochschule für Polizei Baden-Württemberg

Die Kurse, von denen hier berichtet wird, finden an der Schnittstelle von Polizei- und Hochschulwelt statt. Drei Erfahrungskontexte werden dafür zusammengebracht: Als Dozentin[2] an der Hochschule für Polizei Baden-Württemberg (HfPolBW) kann ich die Infrastruktur nutzen, als Sozialwissenschaftlerin interessieren mich die wissenschaftlichen Grundlagen, und als zertifizierte Trainerin für Stressreduktion durch Achtsamkeit (MBSR), Achtsamkeitstraining für Studierende (MBST® 1.0) und Qigong gebe ich leidenschaftlich gerne Achtsamkeitskurse für die Studierenden.

Wie sind die Rahmenbedingungen? An der HfPolBW mit Campus in Villingen-Schwenningen (Schwarzwald) studieren Anwärter:innen für den gehobenen Polizeivollzugsdienst. Der Studienabschluss stellt gleichzeitig eine Laufbahnprüfung dar. Die Zeugnisverleihung ist für die Absolvent:innen ein großer Tag, weil ihre blauen Schulterklappen durch silberne ersetzt werden und sie in eine höhere Gehaltsgruppe und eine höhere Laufbahn (gehobener Dienst) befördert werden. Die Studierendenschaft besteht zu etwa zwei Dritteln aus jungen Direkteinsteiger:innen, die zwar bereits im Studium verbeamtet und mit Uniform und Waffe ausgestattet werden, aber erst wenige Monate Erfahrung ›auf der Straße‹ gesammelt haben. Etwa ein Drittel der Studierendenschaft besteht aus berufserfahrenen Beamt:innen, die bereits mehrere Jahre im mittleren Polizeivollzugsdienst gearbeitet haben und in den gehobenen Dienst aufsteigen wollen. Es gibt verschiedene Studienzüge, die sich nach Berufserfahrung und nach Berufsorientierung (Schutz- vs. Kriminalpolizei) unterscheiden.

---

2 Die Autorin hat seit 2010 die Professur für Kriminologie und Soziologie inne. Sie gehört der Kriminalwissenschaftlichen Fakultät an.

»... *offline* ...« lautet der Titel der von mir angebotenen Achtsamkeitskurse, weil es darum geht, hin und wieder aus der ständigen Verfügbarkeit und dem Multitasking auszusteigen und sich auch in stressigen Zeiten bewusste Pausen zu gönnen. Wie lässt sich ein solches Setting in den Studienalltag integrieren? Zunächst galt es, eine geeignete organisatorische Verortung zu finden.[3] Zwar kommt der gesetzliche Rahmen des behördlichen Gesundheitsmanagements in den Sinn. Dieser Weg wurde jedoch wegen bürokratischer Hürden und vieler Limitationen verworfen. Stattdessen habe ich mich entschieden, die Möglichkeiten des Curriculums zu nutzen: Die Kurse werden im Rahmen des Wahlmodulbereichs ausgeschrieben, in dem die Studierenden im Hauptstudium Kurse freiwillig belegen können. Da sich die Kurse deputatsrelevant abrechnen lassen, sind sie unabhängig von den anderswo so leidigen Finanzierungsfragen.

Für die Studierenden hat die Veranstaltung den Stellenwert einer Lehrveranstaltung, d.h., eine Teilnahme ist ECTS[4]-relevant und zählt zur Gesamtnote. Die Ansiedelung im curricularen Angebot bedeutet für die Dozentin, dass die Kurse im Hauptamt und deputatsrelevant durchgeführt werden können. Auf dem Campus hat sich ein kleiner Raum gefunden, aus dem zur Kurszeit die Bestuhlung herausgeräumt und die von der Hochschule zur Verfügung gestellten Sitzkissen, Matten etc. herausgeholt werden. Die Kurse finden abends, am Ende des Vorlesungstages, auf dem Campus statt. Damit sie als Lehrangebot anerkannt werden, müssen curriculare Vorgaben beachtet werden, d.h., es muss ein benoteter Leistungsnachweis eingefordert werden, der als Erfahrungsbericht mit wissenschaftlicher Reflexion konzipiert ist. Der Unterricht erfolgt säkular und professionell im MBSR-Format, d.h. mit Zertifizierung durch und nach den Richtlinien des Verbandes MBSR-MBCT.[5] Soweit die Beschreibung – und wie ist seine Resonanz?

Wird das Angebot angenommen?

Die Zweifel aus der Anfangsphase waren schnell beseitigt: Das Wahlmodulangebot stößt auf reges Interesse bei den Studierenden und die Kurse sind x-fach überbucht. In der Anmeldephase erreichen

---

3 Eine ausführlichere Darstellung von Erfahrungswerten und Empfehlungen findet sich in Tränkle 2024b.

4 ECTS-Punkte sind das seit der Bolognareform eingeführte europäische standardisierte Bewertungssystem an Hochschulen.

5 Das ist der Verband der Achtsamkeitslehrenden MBSR-MBCT; siehe mbsr-verband.de [letzter Zugriff 01.11.2024].

mich zahlreiche E-Mails von Studierenden, die ihre persönliche Situation schildern und begründen, warum sie hoffen, über die Warteliste nachrücken zu können.

Wer meldet sich an?

Die Erfahrung der ersten Kurse zeigt, dass es vor allem die jungen weiblichen Studierenden sind, welche das Kursangebot annehmen. Vielleicht ist die Ungleichgewichtung auch ein Interaktionseffekt, da die Kursleitung ebenfalls weiblich ist. Obwohl die Geschlechterverteilung in den Studienjahrgängen paritätisch ist, machen männliche Studierende in den Kursen nur etwa ein Viertel aus.

Die Teilnehmenden bringen in der Regel keine nennenswerten Erfahrungen im Bereich Meditation mit. Ab und zu entsteht das Interesse über klassische Kampfsportarten, die mentale Fokussierungstechniken einsetzen. Einige nutzen sporadisch Apps auf dem Handy oder Yogavideos auf Youtube. Was sie dann zur Anmeldung motiviert, ist die Feststellung, dass das Üben ohne persönliche Begleitung und Gruppe sie nicht vorwärtsbringt. Der Wunsch nach einem festen Rahmen entsteht aus der Erfahrung, sich in den digitalen Angeboten zu verlieren und mehr Zeit mit der Suche nach der perfekten Einschlafanleitung auf einer Streamingplattform zu verbringen als mit der Übung selbst.

Welche hilfreichen Erfahrungen[6] mit Stressbewältigung machen die Studierenden, die sie der Kursteilnahme attribuieren?

Vier Themenfelder treten in den Berichten hervor: Stress- und Leistungsmuster, gesundheitliche Belastungen, schwierige Gefühle sowie Prozesse der Persönlichkeitsentwicklung und welche Rolle die achtsame Übungspraxis dabei spielt.

An erster Stelle stehen *Stress- und Leistungsmuster* im Lernalltag, mit denen sich die Berichte auseinandersetzen, beispielsweise die Erkenntnis, dass Selbstzweifel (*»Das schaffe ich nicht!«*) nicht die Realität, sondern ein Denkmuster sind. Es werden innere Bilder für die eigenen Ressourcen (»Kraftquelle«) gefunden. Auch ist von der Überraschung zu lesen, dass schon kleine Dinge viel bewirken, um fokussierter, ausgeruhter und weniger nervös in Prüfungen zu gehen. Wie sich Ent-Spannung überhaupt anfühlt, kann eine völlig neue Erfahrung sein. Eine Studierende hat den Ausdruck geprägt, mit den Übungen abends

---

6 Die Daten enthalten auch umfangreiche Auswertungen zu den einzelnen formellen und informellen Übungen und zu den Schwierigkeiten mit der Übungspraxis. Diese können jedoch im Rahmen dieses Beitrags nicht ausgeführt werden.

»das Ich zu entknittern«. Eine zentrale Lernerfahrung für viele ist: »auf den Körper hören«, was angesichts der Sportlichkeit der Teilnehmenden erstaunlich ist. Es geht darum, Körpersignale (Schmerzen, Hunger, Müdigkeit) zu erkennen und zu respektieren: Durch den Kurs realisieren einige, welchen Stress sie sich mit strengen Fitness- und Ernährungsplänen bereiten, insbesondere, wie sehr sie sich dabei der Kontrolle durch technische Geräte (Smartwatch, Apps ...) aussetzen.

Der zweite Themenbereich sind *gesundheitliche Belastungen*, die vor allem für die jungen Studierenden, die noch nicht lebenszeitverbeamtet sind, existenziell bedrohlich sind, weil sie zur Entlassung führen können. Krankheiten werden in der polizeiärztlichen Untersuchung versteckt, Behandlungen herausgezögert bis nach dem Studium, Verletzungen ignoriert, Schmerzen medikamentös unterdrückt. Daher wundert es nicht, dass dies ein Kernthema ist, mit dem sich die Studierenden in ihren Berichten auseinandersetzen. Hier wird, mal in kleinen Schritten, mal in machtvollen Schlüsselerfahrungen, ausgelotet, inwieweit die achtsame Übungspraxis unterstützen kann, eine Symptomatik zu akzeptieren und Linderung zu finden.

Der dritte Themenbereich gilt den *schwierigen Gefühlen*. Der Vorlesungsalltag bietet hinreichend Gelegenheit, um den achtsamen Umgang mit Ärger zu üben. Überrascht hat mich beim Lesen der Berichte, wie viele Trauererfahrungen thematisiert werden. Hinter dem Studienalltag am Campus mit all der sportlichen Aktivität und fröhlichen Geselligkeit junger Menschen verbergen sich Geschichten von tiefer emotionaler Betroffenheit und Zerrissenheit. Insbesondere miterlebte Suizide im Dienst oder im sozialen Umfeld spielen eine Rolle, aber auch Sterbebegleitung und andere Verlusterfahrungen tauchen als Thema auf.

Der vierte Themenbereich umfasst Prozesse der *Persönlichkeitsentwicklung*. Qualitäten des inneren Erlebens werden entdeckt: Dankbarkeit, Akzeptanz und Mitgefühl. Auch setzen sie sich mit Lebensentscheidungen auseinander, die zum jungen Erwachsenenalter gehören. Ab und zu wird durch den Kurs auch eine Auseinandersetzung mit dem Berufswunsch angestoßen.

2. Mindful policing
Mindfulness in der internationalen Polizeiwelt

Ist Meditation in polizeilichen Praxiswelten verbreitet? Gibt es Polizist:innen, die formell oder informell in ihren Dienstalltag Achtsamkeitsübungen einbauen? Gibt es dafür Kursangebote? Der in der angloamerikanischen Fach- und Wissenschaftswelt gebräuchliche Begriff *mindful policing*[7] holt das Konzept der Achtsamkeit in die Polizeiwelt. Im engeren Sinne ist damit gemeint, dass Polizist:innen auf ihr Stresslevel achten und Kompetenzen erwerben, die ihre Stressmuster auf gesundheitsförderliche Weise reduzieren: erstens im Kontext der Sicherheits- und Risikoberufe, zweitens im Kontext der Ersthelfendenberufe. Im weiteren Sinne ist auch gemeint, bei der Gestaltung von Polizeiarbeit nach innen und außen eine achtsame Haltung einfließen zu lassen, ob im Kontakt zu Bürger:innen, im Team oder im Führungsverhalten. Beide überschneiden sich, setzen aber unterschiedliche Akzente.

Erste Ansätze für *mindfulness* sind vor etwa 25 Jahren in amerikanischen Sicherheits- und Risikoberufen festzustellen, vor allem im Militär. Später folgten Polizei und Feuerwehr. Vor allem in den USA wird das Konzept zur Unterstützung der Einsatzkräfte, insbesondere solcher in *High-risk*-Einsätzen, schon länger angewandt. Das Setting findet breite Anwendung im US-amerikanischen Militär, wo es auch finanziell mit hohen Summen durch die Behörden gefördert wird. Das Interesse richtet sich vor allem auf Soldat:innen *ready for deployment*, d.h. in der intensiven Ausbildungsphase vor dem Einsatz in Kriegs- und Krisengebieten (vgl. Johnson et al. 2014). Das Interesse des Militärs erklärt sich aus den Anforderungen der Einsätze: klare Situationsbeurteilung, fehlerfreie Entscheidungen, Emotionsregulation vor allem in Einsätzen mit Waffengebrauch. Außerdem ist für das Militär die psychische Regeneration von Truppen, die aus dem Einsatz zurückkehren, von höchstem Interesse. Pionierleistungen hat hier Amishi Jha (vgl. 2022) geleistet, die auf Basis ihrer neuropsychologischen Forschungen die NATO, das World Economic Forum und das Pentagon berät.[8]

Ein zweiter Kontext, in dem sich *mindful policing* entwickelt, sind die Ersthelfendenberufe oder auch ›Blaulichtberufe‹, im Amerikanischen *first responder* genannt: Polizei, Feuerwehr, Notarztteams. Hier geht es um die psychosomatische Resilienz der Einsatzkräfte. Es gibt eine Reihe unterschiedlicher Ansätze, die meisten sind jedoch zumindest inspiriert von MBSR. Die International Association of Chiefs of Police (vgl. IACP o.J.) hat ein *Toolkit* zum Thema *mindfulness* erarbeitet, um das Wohlbefinden und die Stressregulation von Polizeikräften zu stärken. Der *Community Policing Dispatch* (vgl. o.A. 2021) ist der Newsletter des staatlichen Office of Community Oriented Policing Services. 2017 wurde das Thema *mindfulness* breit aufgegriffen und zur Anwendung empfohlen. Die Wissen-

---

7 Korrekt wäre die Übersetzung ›achtsame Polizeiarbeit‹, allerdings sollte diese meines Erachtens vermieden werden. Besser ist es, beim Original zu bleiben oder von ›Achtsamkeit für Polizeibeamt:innen‹ zu sprechen.

8 Weiterführend aus Sicht der Polizeipraxis vgl. beispielsweise Pandya 2017.

schaftler:innen Christopher/Hunsinger et al. (vgl. 2018) haben ein polizeispezifisches Setting entwickelt und evaluiert, das unter dem Akronym MBRT *(mindfulness-based resilience training)* geführt wird. Die auf den Polizeibereich spezialisierte Forschungsgruppe am Center for Healthy Minds von Richard Davidson formuliert Strategien für die erfolgreiche Implementation von MBRT (vgl. Grupe/Smith/McGehee 2021).

In der deutschen Polizeiwelt ist diese Entwicklung, zurückhaltend ausgedrückt, noch kaum angekommen. Punktuell gibt es Ansätze, aber eine größere Strategie ist nicht zu erkennen oder mir nicht zugänglich. Während Meditationsangebote in deutschen Berufs- als auch in Bildungswelten weit verbreitet sind, ›fremdelt‹ der Polizeibereich damit. Dabei ist Meditation in der Polizei durchaus anschlussfähig: Inspiriert von traditionellen Kampfsportarten werden Atemtechniken und mentale Übungen mancherorts in das Einsatztraining integriert. Unter dem Stichwort ›mentale Stärke‹ wird die Einsatztauglichkeit trainiert. Angebote, die das ganze *Mindfulness*-Spektrum einbeziehen, sind jedoch nur vereinzelt vorhanden.[9] Leicht zu finden sind Angebote im Rahmen der behördlichen Gesundheitsprävention der Präsidien, in denen Achtsamkeit als Nebenaspekt bzw. in Mischformaten mitgeführt wird (Yoga, Bogenschießen etc.). Programme, in denen Achtsamkeit ›pur‹ im Setting eines Meditationskurses geübt wird, gibt es allerdings seltener. Anders verhält es sich jedoch im baden-württembergischen Polizeipräsidium Offenburg,[10] wo ein breit gefächertes Achtsamkeitsprogramm durch die Führungsspitze gefördert wird (vgl. Renter 2022). Die Besonderheit ist, dass das Programm nicht im Bereich des betrieblichen Gesundheitsmanagements angesiedelt ist, sondern eine eigene Finanzierung erhält. Das Präsidium sorgt auch für die Zertifizierung des hausinternen Teams, dessen Seminare sich an alle Beschäftigten richten.

3. Forschungsstand zu *mindful policing*

Wo findet man Anwendungsforschung zu MBIs im Berufsfeld Polizei? Disziplinär verortet ist das Forschungsfeld in der Stress- und Resilienzforschung, die fachlich zur Psychologie, den Neurowissenschaften, aber auch der Medizin gehört, denn es geht hier in erster Linie um die Gesundheit und die Einsatztauglichkeit von Einsatzkräften. Innerhalb dieses Feldes gibt es zum einen eine breit gefächerte *Mindfulness*-Forschung, zum anderen Polizeiforschung, die sich mit den Folgen berufsspezifi-

9 Für einen Überblick vgl. Tränkle 2024b.

10 Die Autorin dankt Frau Kriminaloberkommissarin Jennifer Knapp, Polizeipräsidium Offenburg, für die Mitteilung im Januar 2024.

schen Stresses befasst (vgl. Tränkle 2024a). Es ist die Schnittstelle aus diesen beiden Bereichen innerhalb der Stress- und Resilienzforschung, die hier von Interesse ist. International (mit Fokus auf den angloamerikanischen Forschungsraum) liegen einige Dutzend Studien vor, deren Studiendesign auf die Wirkung von MBIs auf polizeiliche Einsatzkräfte abzielt. In Deutschland jedoch gibt es nach meiner Kenntnis keine Studien – was nicht verwundert, da es ja auch kaum MBIs in der Praxis gibt.

Der Schwerpunkt der Forschung liegt eindeutig auf der Salutogenese im Rahmen der Stress- und Resilienzforschung: Inwiefern kann durch MBIs die berufsspezifische Stressbelastung von Polizeikräften minimiert werden? Ein erster Aspekt der *Mindful-policing*-Forschung ist eher präventiv und auf Alltagsbewältigung ausgerichtet. Es geht darum, wie durch MBIs die Gesundheit erhalten werden kann. Trainings auf der Basis von Achtsamkeit und Meditation vermitteln Fähigkeiten, mit denen berufsspezifischer Stress besser reguliert werden kann als ohne diese Fähigkeiten. Der Mechanismus läuft über die subjektive Stresswahrnehmung (vgl. Chen/Grupe 2021; Hoeve et al. 2021). Die Wirkung manifestiert sich an zahlreichen Stressmarkern (somatische Beschwerden, Schlaf, Affekte) sowie im subjektiven Wohlbefinden. MBIs verbessern auch physiologische Stressmarker bei Polizeikräften wie beispielsweise die Herzfunktion oder Cortisolausschüttung (vgl. Christopher/Goerling et al. 2016). In der Gesamtbetrachtung bedeutet eine Meditationspraxis bessere Gesundheitswerte von Polizeikräften und eine höhere Lebensqualität *(officer wellbeing)*, und dies wiederum manifestiert sich in einer höheren Arbeitsmotivation.

Ein zweiter Bereich der *Mindful-policing*-Forschung sind *stressbedingte Folgeerkrankungen*, d.h. *chronische psychosomatische Belastungen*. Kann eine *Mindfulness*-Praxis Schlafprobleme, chronische Schmerzen, Depressivität und Angsterkrankungen, Burnout-Neigung und Alkoholmissbrauch von Polizeibeamt:innen lindern? Zwei Beispiele aus der Befundlage: Den Zusammenhang von *Mindfulness*-Training und Alkoholmissbrauch sowie Burnout unter Polizeikräften untersuchen Rehder et al. (vgl. 2021). Die Ergebnisse weisen darauf hin, dass es zwischen der Teilnahme am polizeispezifischen *Mindfulness*-Training (MBRT) und Alkoholkonsum einen indirekten Zusammenhang gibt: Das Training verringert die Burnout-Werte und dadurch sinkt der Alkoholkonsum. Die Befunde deuten darauf hin, dass MBRT Fähigkeiten vermittelt, um im Polizeidienst besser mit organisationalen und operationalen Stressoren umgehen zu können. Achtsamkeit scheint ein Prädiktor für eine Verringerung von problematischem Alkoholkonsum zu sein, während Selbstmitgefühl, also der freundliche Umgang mit sich selbst, ein Prädiktor für verringertes Burnout ist (vgl. Kaplan et al. 2020).

Aus neurologischer Sicht wurde untersucht, ob das MBRT-Training die Fähigkeit zur Schmerzbewältigung von Polizeibeamt:innen beeinflusst. Colgan et al. (vgl. 2021) fanden heraus, dass die im Training vermittelte Fähigkeit, die eigene Reaktivität zu zügeln, eine entscheidende Rolle spielt. *Mindful nonreactivity* ist eine Moderatorvariable, die zwischen chronischen Stress und Schmerzbewältigung tritt. Teilnehmende, die geringere Werte in ihrer Reaktivität erzielten, konnten ihr chronisches Stresslevel senken – wodurch sich auch die Fähigkeit verbesserte, mit körperlichen Schmerzen umgehen zu können.

Ein dritter Gesundheitsaspekt der *Mindful-policing*-Forschung gilt posttraumatischen Belastungsstörung (PTBS). Zu den berufsspezifischen Stressoren gehören Einsätze oder Arbeitsbereiche mit Traumapotenzial, die zu primären Viktimisierungen (durch Gefahrensituationen oder das Miterleben von menschlichem Leid) und sekundären Viktimisierungen (z.B. durch Ermittlungsarbeiten im Bereich Kinderpornographie) führen können. Zu diesem Thema ist nicht nur die Stressforschung an sich umfangreich (vgl. Tränkle 2024a), sondern auch die *Mindfulness*-Forschung. Kernbefunde sind: PTBS-Symptome können durch *Mindfulness*-Trainings im Polizeiberuf verringert werden (vgl. Grupe/McGehee et al. 2021; Gruppe/Stoller et al. 2021). Zwar kann nicht die Heftigkeit des Erlebens verringert, aber posttraumatische Heilungsprozesse können unterstützt werden (vgl. Grupe/McGehee et al. 2021).

Ein weiterer Forschungsbereich widmet sich dem *Sozialverhalten im Einsatz* und der Qualität der Bürgerinteraktionen. Vor dem Hintergrund des Diskurses um illegitime Polizeigewalt (vor allem in den USA) richtet die *Mindfulness*-Forschung ihr Augenmerk auf das *Risiko von Fehlverhalten* im Dienst durch unerwünschte Affekte wie Ungeduld und Reizbarkeit, vor allem, wenn sie in Aggressivität umschlagen. Aggressivität als Stressmarker ist im Kontext des Polizeiberufes besonders relevant, weil gestresste Einsatzkräfte eine ›kürzere Zündschnur‹ (Polizeijargon) haben, es also zu dienstlichem Fehlverhalten kommen kann. In der polizeibezogenen *Mindfulness*-Forschung geht es daher darum, wie das Sozialverhalten im Einsatz, konkret die Qualität der Bürgerinteraktionen, durch MBIs verbessert und Aggression reduziert werden kann (vgl. Bergman/Christopher/Bowen 2016; Christopher/Hunsinger et al. 2018). Eine Intervention aus dem Spektrum der meditationsbasierten Achtsamkeitskurse kann hier ansetzen, indem Frühzeichen für die eigene Ärgerlichkeit rechtzeitig bemerkt und reguliert werden (emotionale Reaktivität), bevor sie zu ausagierter Aggression wird, ohne jedoch die Fähigkeit zur dienstlich notwendigen Reaktionsfähigkeit einzuschränken. Außerdem wird erforscht, ob *Mindfulness*-Trainings helfen können, durch Förderung der Interozeption eigene vorurteilsbehaftete Wahrnehmungen zu erkennen. Der Übungspraxis und ihrem Einfluss auf die Aggressivität von *police officers* widmeten sich Ribeiro et al. (vgl. 2020), die an einem kleinen Sample Parameter zur Übungspraxis zu Hause unter anderem mittels App-Tracking untersuchten. Ihr Kernbefund lautet: Die Häufigkeit (Frequenz) des Übens hängt mit verminderter Aggressivität zusammen. Aber auch die Dauer der Praxis ist ein Prädiktor für verringerte Aggressivität.

In der Polizei spielen die *kognitive Resilienz* und die *Performanz im Einsatz* eine große Rolle: Sich ablenkungsfrei konzentrieren zu können und auch in Hochstress- und Risikosituationen die richtige Entscheidung zu treffen und das richtige Einsatzmittel (Waffe) zu wählen, ist lebenswichtig (vgl. Hunsinger/Christopher/Schmidt 2019). Ansonsten liegen ›reine‹ Polizeistudien in der *Mindfulness*-Forschung nicht vor. Hier lohnt es sich, die Recherchekriterien auf Forschung im Bereich der Sicherheits- und *First-responder*-Berufe zu erweitern. Die experimentell forschende Neurowissenschaftlerin Amishi Jha kommt über das Thema »Aufmerksamkeit« zur *mindfulness* (vgl. Jha et al. 2022): Das Arbeitsgedächtnis ist wichtig für die Ausführung anspruchsvoller kognitiver Tätigkeiten, beispielsweise Planen, Entscheidungs-, Konzentrations- und Merkfähigkeit. Das Arbeitsgedächtnis kann aber durch hohe Anforderungen und anhaltenden Stress überlastet sein. Dies gilt vor allem für Militärangehörige, die *peak cognitive functioning* brauchen, um ihre Missionen zu erfüllen, dabei aber gleichzeitig immensen Belastungen und Risiken ausgesetzt sind. Für die spezifischen Anforderungen im Militärdienst hat Jha ein vierwöchiges Format entwickelt, das wesentlich darauf zielt, durch Achtsamkeitstrainings das Arbeitsgedächtnis zu unterstützen: *mindfulness-based attention training*. Im Militärkontext wurde untersucht, inwieweit dieses Training die kognitive Resilienz ›puffern‹ kann (vgl. Jha et al. 2020). Der Kernbefund lautet: *Mindfulness*-Training hat einen schützenden Effekt auf das Arbeitsgedächtnis.

In den polizeilichen Führungswissenschaften ist das Thema *mindful leadership* noch kaum angekommen: Eine qualitative Studie mit meditationserfahrenen Führungskräften stammt aus Kanada (vgl. Sylven 2023). Die explorativ-qualitative Dissertation erforscht mittels Interviews und *focus groups* mit polizeilichen Führungskräften, inwiefern *Mindfulness*-Praxis ihre Arbeit beeinflusst. Als Wirkbereiche wurden Performanz, Sozialklima, Wohlbefinden, Selbstkontrolle, Entscheidungsverhalten, Konfliktlösungen, Empathie und anderes herausgearbeitet. Ansonsten ist erstaunlich wenig Polizeispezifisches vorhanden.

4. Fazit

»Unser Dienst erfordert den ganzen Menschen«, heißt es im Leitbild der Polizei Baden-Württemberg. Damit dies möglich wird, braucht es im Dienstalltag und im Studienbetrieb – bildlich gesprochen – Räume, in denen die mit der Uniform verknüpften Rollenanforderungen abgelegt werden können und die persönliche Seite zum Vorschein kommen darf. Sich auf einer menschlichen Ebene begegnen und feststellen, dass dem eigenen Stressempfinden universelle Erfahrungen zugrunde liegen, schafft Verbundenheit. Achtsamkeitskurse im Studienbetrieb einer Polizeihochschule erweisen sich als Möglichkeit, solche Räume zu eröffnen.

Auf den vorangehenden Seiten wurde die Polizeiwelt als Anwendungsfeld für MBIs beleuchtet, und zwar an der Schnittstelle dreier Welten: Polizei, Hochschule und *Mindfulness*-Community. Der Bogen wurde von Erfahrungen mit der Implementation und Durchführung für Studierende einer Polizeihochschule über die Praxislandschaft *(mindful policing)* bis zur wissenschaftlichen Fundierung im Kontext der Stress- und Resilienzforschung gespannt. Wenngleich in Deutschland noch wenig verbreitet, zeigen doch die eigenen Erfahrungen, dass es machbar ist. Die internationalen Forschungsbefunde sind ermutigend, denn es gibt international ein fest etabliertes und wachsendes Praxisfeld auch in Sicherheits- und Ersthelfendenberufen.

Für die Zukunft stellt sich die Frage, ob die bisherigen MBSR-Kurse das methodische Optimum sind. Welches Format passt am besten zu Rahmenbedingungen, Zielgruppe und der berufsspezifischen Kultur? Um die Akzeptanz in der Polizeiwelt zu erhöhen, könnte das Setting ›praxisnaher‹ gestaltet werden. Eine Möglichkeit dafür wäre die Übersetzung und Anwendung des für Sicherheitsberufe entwickelten Formats MBRT (siehe oben). Alternativ kann das Setting so variiert werden, dass es ›hochschultauglicher‹ wird. Der erste Schritt dazu ist bereits erfolgt: Im Wintersemester 2023/24 wurde an der HfPolBW erstmals ein Format ausprobiert, das an die Rahmenbedingungen eines Semesterablaufs angepasst ist: das MBST® 1.0. Die Autorin hofft, mit dem eigenen Kursangebot und der wissenschaftlichen Reflexion die Verbreitung in der deutschen Polizeipraxis und -ausbildung zu fördern und zum Diskurs über achtsame Hochschulen beizutragen.

Literatur

Bergman, Aaron L./Christopher, Michael S./Bowen, Sarah (2016): »Changes in Facets of Mindfulness Predict Stress and Anger Outcomes for Police Officers«, in: *Mindfulness* 7(4), S. 851-858, doi.org/10.1007/s12671-016-0522-z.

Chen, Shuanghong/Grupe, Daniel W. (2021): »Trait Mindfulness Moderates the Association Between Stressor Exposure and Perceived Stress in Law Enforcement Officers«, in: *Mindfulness* 12(9), S. 2325-2338, doi.org/10.1007/s12671-021-01707-4.

Christopher, Michael S./Goerling, Richard J./Rogers, Brant S./Hunsinger, Matthew/Baron, Greg/Bergman, Aaron L./Zava, David T. (2016): »A Pilot Study Evaluating the Effectiveness of a Mindfulness-Based Intervention on Cortisol Awakening Response and Health Outcomes among Law Enforcement Officers«, in: *Journal of Police and Criminal Psychology* 31(1), S. 15-28, doi.org/10.1007/s11896-015-9161-x.

Christopher, Michael S./Hunsinger, Matthew/Goerling, Lt. Richard J./Bowen, Sarah/Rogers, Brant S./Gross, Cynthia R./Dapolonia, Eli/Pruessner, Jens C. (2018): »Mindfulness-based resilience training to reduce health risk, stress reactivity, and aggression among law enforcement officers: A feasibility and preliminary efficacy trial«, in: *Psychiatry Research* 264, S. 104-115, doi.org/10.1016/j.psychres.2018.03.059.

Colgan, Dana Dharmakaya/Eddy, Ashley/Bowen, Sarah/Christopher, Michael (2021): »Mindful Nonreactivity Moderates the Relationship between Chronic Stress and Pain Interference in Law Enforcement Officers«, in: *Journal of Police and Criminal Psychology* 36(1), S. 56-62, doi.org/10.1007/s11896-019-09336-3.

Grupe, Daniel W./McGehee, Chad/Smith, Chris/Francis, Andrew D./Mumford, Jeanette A./Davidson, Richard J. (2021): »Mindfulness training reduces PTSD symptoms and improves stress-related health outcomes in police officers«, in: *Journal of Police and Criminal Psychology* 36(1), S. 72-85, doi.org/10.1007/s11896-019-09351-4.

Grupe, Daniel W./Smith, Chris/McGehee, Chad (2021): »Introducing Mindfulness Training and Research Into Policing: Strategies for Successful Implementations«, in: Eamonn Patrick Arble/Bengt B. Arnetz (Hg.), *Interventions, Training, and Technologies for Improved Police Well-Being and Performance*, Hershey, S. 125-149.

Grupe, Daniel W./Stoller, Jonah L./Alonso, Carmen/McGehee, Chad/Smith, Chris/Mumford, Jeanette A./Rosenkranz, Melissa A./Davidson, Richard J. (2021): »The Impact of Mindfulness Training on Police Officer Stress, Mental Health, and Salivary Cortisol Levels«, in: *Frontiers in Psychology* 12, 720753, doi.org/10.3389/fpsyg.2021.720753.

Hoeve, Machteld/Bruin, Esther I. de/Rooij, Floor van/Bögels, Susan M. (2021): »Effects of a Mindfulness-Based Intervention for Police Officers«, in: *Mindfulness* 12(7), S. 1672-1684, doi.org/10.1007/s12671-021-01631-7.

Hunsinger, Matthew/Christopher, Michael/Schmidt, Andi M. (2019): »Mindfulness Training, Implicit Bias, and Force Response Decision-making«, in: *Mindfulness* 10(12), S. 2555-2566, doi.org/10.1007/s12671-019-01213-8.

IACP – International Association of Chiefs of Police (Hg.; o.J.): »Mindfulness – Toolkit for Law Enforcement«, in: *theiacp.org*, o.D., theiacp.org/sites/default/files/257860_IACP_Mindfulness_Toolkit_p5.pdf [letzter Zugriff 01.11.2024].

Jha, Amishi P. (2022): *Peak Mind. In nur zwölf Minuten am Tag zu mehr Konzentration und Aufmerksamkeit*, München.

Jha, Amishi P./Zanesco, Anthony P./Denkova, Ekaterina/MacNulty, William K./Rogers, Scott L. (2022): »The Effects of Mindfulness Training on Working Memory Performance in High-Demand Cohorts: a Multi-study Investigation«, in: *Journal of Cognitive Enhancement* 6(2), S. 192-204, doi.org/10.1007/s41465-021-00228-1.

Jha, Amishi P./Zanesco, Anthony P./Denkova, Ekaterina/Morrison, Alexandra B./Ramos, Nicolas/Chichester, Keith/Gaddy, John W./Rogers, Scott L. (2020): »Bolstering Cognitive Resilience via Train-the-Trainer Delivery of Mindfulness Training in Applied High-Demand Settings«, in: *Mindfulness* 11(3), S. 683-697, doi.org/10.1007/s12671-019-01284-7.

Johnson, Douglas C./Thom, Nathaniel J./Stanley, Elizabeth A./Haase, Lori/Simmons, Alan N./Shih, Pei-An B./Thompson, Wesley K./Potterat, Eric G./Minor, Thomas R./Paulus, Martin P. (2014): »Modifying Resilience Mechanisms in At-Risk Individuals: A Controlled Study of Mindfulness Training in Marines Preparing for Deployment«, in: *The American Journal of Psychiatry* 171(8), S. 844-853, doi.org/10.1176/appi.ajp.2014.13040502.

Kaplan, Josh/Bergman, Aaron L./Green, Kaylie/Dapolonia, Eli/Christopher, Michael (2020): »Relative Impact of Mindfulness, Self-Compassion, and Psychological Flexibility on Alcohol Use and Burnout Among Law Enforcement Officers«, in: *Journal of Alternative and Complementary Medicine* 26(12), S. 1190-1194, doi.org/10.1089/acm.2020.0178.

O.A. (2021): »Police Use of Mindfulness Training for Mental Health«, in: *Community Policing Dispatch* 14(5), cops.usdoj.gov/html/dispatch/05-2021/mindfulness_training.html [letzter Zugriff 01.11.2024].

Pandya, Samta P. (2017): »Dealing with crime, criminals and the criminal justice system through spirituality: A cross-national experimental study with police officers«, in: *The Police Journal* 90(4), S. 348-377, doi.org/10.1177/0032258X16681024.

Rehder, Kristoffer/Eddy, Ashley/Kaplan, Josh/Bergman, Aaron/Christopher, Michael (2021): »The Relationships Between Reduced Alcohol Use and Decreased Burnout Following Mindfulness-Based Resilience Training in Law Enforcement Officers«, in: *Journal of Alternative and Complementary Medicine* 27(11), S. 984-990, doi.org/10.1089/acm.2021.0052.

Renter, Reinhard (2022): »Achtsamkeitsprogramm des Polizeipräsidiums Offenburg«, in: Dieter Wehe/Helmut Siller (Hg.), *Handbuch Polizeimanagement*, Wiesbaden, S. 603-621.

Ribeiro, Leticia/Colgan, Dana D./Hoke, Candice K./Hunsinger, Matthew/Bowen, Sarah/Oken, Barry S./Christopher, Michael S. (2020): »Differential Impact of Mindfulness Practices on Aggression Among Law Enforcement Officers«, in: *Mindfulness* 11(3), S. 734-745, doi.org/10.1007/s12671-019-01289-2.

Sylven, Les (2023): »Mindful police leadership: Opening essential new pathways to 21st-century police leadership and culture«, in: *Journal of Community Safety and Well-Being* 8(4), S. 157-165, doi.org/10.35502/jcswb.338.

Tränkle, Stefanie (2024a): »Mindful Policing. Das Potential von Meditation als Resilienztraining für die Polizei«, in: *SIAK-Journal – Zeitschrift für Polizeiwissenschaft und polizeiliche Praxis* 2, S. 81-97, doi.org/10.7396/2024_2_G.

Tränkle, Stefanie (2024b): »Mindful Policing: Meditation als Resilienz-Tool für den Polizeidienst. Praxisbeispiele, Forschungsstand und Erfahrungswerte«, in: *Polizei Info Report* [im Druck].

Peter Braun, Reyk Albrecht, Lena Saniye Güngör und Natalie Pfaff

Achtsamkeit und wissenschaftliches Schreiben an der Friedrich-Schiller-Universität Jena

Abstract

Wie wirkt sich die formale Achtsamkeitspraxis auf das wissenschaftliche Schreiben aus – und umgekehrt: Welche Schreibübungen fördern eine achtsame Haltung? Diese Fragen haben wir in zwei unterschiedlich angelegten und im Rahmen des Thüringer Modells *Achtsame Hochschulen* durchgeführten Lehrveranstaltungen erprobt. In unserem Beitrag verbinden wir die dort gesammelten Erfahrungen mit der modernen Schreibprozessforschung und leiten daraus sechs Qualitäten ab, die das kognitiv dominierte wissenschaftliche Schreiben fördern und zu einem Schreiben in Achtsamkeit verwandeln. Durch regelmäßige Übung können Schreibende so für sich eine selbstbewusste und selbstregulierende Position als wissenschaftliche Autor:innen gewinnen und zu einer neuen Form der Kreativität finden.

Einleitung

Lesen und Schreiben stellen grundlegende Tätigkeiten und Fertigkeiten jeder Wissenschaft dar. Ohne die gewonnenen Daten aufzuzeichnen, zu diskutieren und zu kommunizieren, gäbe es keinen wissenschaftlichen Diskurs – ganz unabhängig davon, wie in den einzelnen Disziplinen und Fächerkulturen, ob in Maschinenbau oder Philosophie, ob in Geschichtswissenschaft oder Medizin, neue Befunde erhoben oder hergeleitet werden. Das Erlernen dieser kommunikativen Fertigkeiten bildet einen wichtigen Teil des Studiums und stellt Studierende vor große Herausforderungen, die zunehmen, je weniger sie darin angeleitet und begleitet werden. Aber auch fortgeschrittene und etablierte Wissenschaftler:innen ringen aus den verschiedensten Gründen oftmals mit dem Abfassen von Artikeln oder längeren Publikationen.

Vor diesem Hintergrund haben wir uns im Rahmen des Thüringer Modells *Achtsame Hochschulen* die Frage gestellt, welche Elemente der Achtsamkeit das wissenschaftliche Schreiben einerseits entlasten und zu einem schonenderen Umgang mit dem damit verbundenen psychischen Druck und Stress führen können, anderseits die zum Denken und Schreiben notwendige Kreativität und Konzentration fördern können.

Unsere Ausführungen basieren – neben den während des Modellprojekts gesammelten Erfahrungen – vor allem auf zwei experimentellen Lehrveranstaltungen: 1. ein Seminar im Wintersemester 2018/19 an der Friedrich-Schiller-Universität Jean mit dem Titel »Achtsamkeit und Schreiben«, an dem 25 Studierende der Fächer Angewandte Ethik und Germanistische Literaturwissenschaft teilgenommen haben, und 2. eine Projektwoche zur Förderung der wissenschaftlichen Kreativität unter dem Obertitel *Achtsames Schreiben* im Frühjahr 2019, die Doktorand:innen und Postdoktorand:innen der am Thüringer Modell *Achtsame Hochschulen* beteiligten Partnerhochschulen offenstand und in der wir das wissenschaftliche Schreiben mit intensiver Meditation verbunden haben. Daran nahmen insgesamt zehn Doktorand:innen der Ernst-Abbe-Hochschule Jena, der Friedrich-Schiller-Universität Jena und der TU Ilmenau teil, ferner ein Doktorand der Universität Tübingen, eine Lehrbeauftragte der Alice-Salomon-Hochschule Berlin und ein Hochschuldozent der Bauhaus-Universität Weimar. Aus beiden Veranstaltungen liegen uns Erfahrungsberichte und Reflexionen der Teilnehmenden vor.

Am Ende des Beitrages stellen wir unsere beiden Lehrexperimente in ihren charakteristischen Zügen als exemplarische Beispiele vor, um achtsames wissenschaftliches Schreiben zu vermitteln. Im Hauptteil werden wir auf Grundlage der in den beiden Veranstaltungen gesammelten Erfahrungen beschreiben, welche Qualitäten der Achtsamkeit sich positiv auf das wissenschaftliche Schreiben ausgewirkt haben und wie diese Qualitäten einerseits über Achtsamkeitspraktiken, andererseits aber auch durch Schreibübungen erprobt und kultiviert werden können. Zunächst aber gilt es, die gegenwärtig leitende kognitionswissenschaftliche Konzeption des wissenschaftlichen Schreibens knapp zu skizzieren, die allen schreibdidaktischen Initiativen an Hochschulen und einem Großteil der aktuellen Schreibratgeberliteratur zugrunde liegt.

1. Die kognitionswissenschaftliche Konzeption des wissenschaftlichen Schreibens

In den 1980er Jahren fand ein Paradigmenwechsel in der wissenschaftlichen Beschäftigung mit dem Schreiben statt. Waren bis dahin textlinguistische Ansätze vorherrschend, die an fertigen Texten deren konstitutive Elemente freilegten, wandte sich nun, angeführt von der Psychologie und der Kognitionswissenschaft, das Interesse dem Prozess des Schreibens zu, also dem Weg, auf dem durch verschiedene Phasen und Fassungen ein Text zuallererst entsteht. Großen Einfluss gewannen die Arbeiten von Linda Flower und John Hayes (vgl. Flower/Hayes 1981). Sie entwerfen den Prozess des Schreibens als ein komplexes System unterscheidbarer kognitiver Prozesse und mentaler Handlungen, die von den Schreibenden geplant, koordiniert und überprüft werden müssen.

Flower und Hayes trennen zunächst zwischen dem, was außerhalb eines Schreibenden liegt und an ihn herangetragen wird, z.B. der institutionelle Rahmen, die Art der Schreibaufgabe oder ein Abgabetermin, und dem, was innerhalb des Schreibenden abläuft. Bei den inneren Prozessen differenzieren sie wiederum zwischen den Anteilen des Langzeitgedächtnisses, das beispielsweise für die sprachlichen und grammatischen Kenntnisse oder für das erarbeitete Wissen über das jeweilige Thema verantwortlich ist, und den kognitiven Tätigkeiten, die bei der unmittelbaren Aktivität des Schreibens ausgeführt werden. Diese teilen sich ihrerseits in drei Felder auf, die Flower und Hayes *Planen*, Übersetzen und Überprüfen nennen. Zunächst werden Einfälle und Ideen generiert und ein möglicher Aufbau mit einem Ziel entworfen. Sodann werden diese Ideen und Gedanken in ihrer noch fragmentarischen Form in einen linearen, grammatisch korrekten und für andere nachvollziehbaren und im Idealfall gut zu lesenden Text übersetzt. Flower und Hayes betonen, dass es sich dabei tatsächlich um eine ›Übersetzungsleistung‹ handelt, verläuft doch das Denken vielmehr assoziativ und in Wortfragmenten anstatt linear und in vollständigen, grammatikalisch richtigen Sätzen. Liegt dann eine Fassung des Textes bzw. eines Abschnittes davon vor, muss dieser überprüft und bewertet werden, um sodann mit Hilfe neuer Ideen den Text zu überarbeiten oder daran weiterzuarbeiten, um dann erneut begutachtet zu werden.

All diese Tätigkeiten können, und darauf legen Flower und Hayes Wert, zu jedem Zeitpunkt des Schreibprozesses stattfinden – bei kontinuierlicher Aktivierung der verschiedenen Wissensbestände aus dem Langzeitgedächtnis. Aufgrund dieser Vielfältigkeit postulieren sie auch eine Instanz, die – wie ein Dirigent ein Orchester – alle beteiligten Arbeitsprozesse koordiniert. Sie nennen diese Instanz, die alle

Fäden in der Hand hält, *Monitor*. Sie ist insbesondere für das Umschalten zwischen den verschiedenen mentalen Handlungen zuständig und muss gleichzeitig die jeweils verfolgten Zwischenziele sowie das große Endziel im Auge behalten.

Aus dieser kognitionswissenschaftlichen Konzeption ergibt sich ein doppeltes Bild des Schreibens. Einerseits besteht es aus den vielen, gleichzeitig verlaufenden und zu synchronisierenden Prozessen während der unmittelbaren Aktivität des Schreibens, andererseits ist es an eine Langzeitperspektive gebunden, in der das gesamte Schreibprojekt kontinuierlich im Hinblick auf den institutionellen und zeitlichen Rahmen geprüft werden muss.

Die Digitalisierung, die zu der Zeit, als Flower und Hayes ihr Modell entwickelten, erst ganz am Anfang stand, hat das wissenschaftliche Arbeiten verändert und der Instanz des Monitors neue und weitere Kontrollen aufgebürdet. Da wissenschaftliche Literatur heute sehr leicht zugänglich ist und jederzeit abgerufen werden kann, ist die Versuchung groß, die Aktivität des Schreibens zu unterbrechen, um nochmals in den entsprechenden Texten nachzulesen und ein Argument oder Zitat zu überprüfen. Der Monitor muss also auch dahingehend sensibilisiert werden. Darüber hinaus laden Internet und Social Media jederzeit dazu ein, sich abzulenken und das Schreiben zu unterbrechen und weiter hinauszuschieben. Die Frequenz des Umschaltens zwischen verschiedenen kognitiven Prozessen ist dadurch noch weiter erhöht worden und muss vom Monitor bewältigt werden. Zudem muss diese Zunahme stets mit der immer zugleich einzunehmenden zielgerichteten Langzeitperspektive abgeglichen werden. Durch die neuen medialen Bedingungen muss der Monitor also seine Kontrollfunktionen nochmals erhöhen, was wiederum gerade bei unerfahrenen Schreiber:innen zu einer enormen Belastung und zu einer schnelleren mentalen Erschöpfung führt.

2. Die sechs Qualitäten der Achtsamkeit

Auf der Basis dieses Modells kann die Achtsamkeit in verschiedener Weise auf den Schreibprozess einwirken und dazu beitragen, die zielgerichtete Orientierung auf den fertigen Text sowohl zu ermöglichen als auch gleichzeitig mit der für das Schreiben notwendigen Konzentration auf die unmittelbaren Aktivitäten des Schreibens in Einklang zu bringen. Achtsamkeit kann damit zu einem besseren, psychischen Umgang mit erlebten Druck- und Stresssituationen und den sie begleitenden Ängsten führen und als Widerlager zu einer Überbewertung der Monitorfunktion des Bewusstseins fungieren, die sich bis zu dem

Zwang steigern kann, stets alles unter Kontrolle haben zu müssen. Sie kann sich aber auch auf die zu schreibenden Texte selbst auswirken. Achtsames Schreiben verbessert mithin nicht nur die Begleitumstände eines wissenschaftlichen Schreibprojekts, sondern hebt auch das Niveau der entstehenden Texte an. Wer also durch eine kontinuierliche Praxis Qualitäten der Achtsamkeit für sich ausbildet und zudem lernt, diese durch fremde Anleitung oder bewusste Selbststeuerung auch für das wissenschaftliche Schreiben einzusetzen, kann seine Schreibprojekte ›gesünder‹, lustvoller und letztlich auch selbstbestimmter gestalten. Nach unserer Erfahrung sind es vor allem sechs Qualitäten, die dabei wirksam werden und die wir nun im Folgenden skizzieren.

Erste Qualität der Achtsamkeit – Präsenz

Präsenz oder Gegenwärtigkeit ist die Grundhaltung der Achtsamkeit, die einen Menschen befähigt, im unmittelbaren Moment, im ›Jetzt‹, zu sein. Für Jon Kabat-Zinn bedeutet Achtsamkeit »auf eine bestimmte Weise aufmerksam zu sein: bewusst im gegenwärtigen Augenblick und ohne zu urteilen« (Kabat-Zinn 2015: 20). Präsenz impliziert mithin, die Sinneseindrücke und Körperempfindungen, die uns in einem Moment erreichen, nicht nur auf uns eindringen zu lassen und ihnen mit einer Vielzahl von Routinen und verinnerlichten Verhaltensmustern zu begegnen, die unterhalb der Schwelle des Bewusstseins bleiben. Vielmehr gilt es, diese Eindrücke aktiv zu beobachten, sie sich dadurch bewusst zu machen und gleichzeitig auch das zu bemerken, was sie in uns auslösen. So können schließlich Außenwelt und Innenwelt in einem intensiven Erleben des Moments zusammenkommen.

Im Hinblick auf das wissenschaftliche Schreiben bedeutet Präsenz folglich eine aktive und bewusste Aufmerksamkeit für den jeweiligen Schreibmoment. Sie befähigt, sich ganz auf diesen einen Moment einzulassen und sich für die jeweils anstehende Aufgabe zu sammeln – sei es, einen Text zu lesen und zu referieren, Daten auszuwerten und zu interpretieren oder ein Argument in seinem Für und Wider zu entwickeln. Im Hinblick auf das damit verbundene Formulieren von Sätzen rückt das bewegliche Spiel der Wörter und das kontinuierliche Ausprobieren und Prüfen alternativer Wendungen in den Mittelpunkt der Aufmerksamkeit. Die mit der Präsenz verbundene Haltung einer beobachtenden Aufmerksamkeit schließt somit neben dem aktiven Hervorbringen von Sätzen immer auch ein Hinhören und Zuhören der daran beteiligten Wörter und Satzpartikel mit ein.

Alle grundlegenden Übungen der Achtsamkeit fördern die Fähigkeit zur Präsenz, sei es der Body Scan, die Atemmeditation oder das langsame Gehen. Sie wählen eine körperliche Tätigkeit aus, die wir gewöhnlich automatisiert vollziehen – wie das Atmen oder das Gehen –, oder sie schneiden, wie im Body Scan, eine sehr begrenzte Körperregion heraus, um sich ganz und bewusst darauf zu konzentrieren. Zudem werden all diese Vorgänge verlangsamt und zeitlich gedehnt, damit sie in kleinere Einheiten zerlegt und somit noch genauer und noch intensiver wahrgenommen werden können.

Dadurch angeregt haben wir eine kleine Schreibmeditation entwickelt, in der die Teilnehmer:innen ihre sinnliche Aufmerksamkeit ganz auf das Schreiben lenken. Auch wenn wir heute überwiegend auf einer Tastatur schreiben, haben wir für diese Meditation das Schreiben mit Stift auf einem Stück Papier gewählt, weil sie in einer direkteren Beziehung zum Körper steht und immer eine Spur des Somatischen enthält (vgl. Drawert 2012: 64–79). Die Aufmerksamkeit auf das Schreiben ist eingebettet in eine autobiographische Schreibaufgabe, in der sich die Teilnehmenden eine Situation aus der letzten Woche vergegenwärtigen sollen. Im Anleiten der Meditation haben wir nun immer wieder die Sinnlichkeit und Körperlichkeit des Schreibvorgangs angesprochen: die Bewegungen der Hand mit ihren Schwüngen und Bögen, der sanfte Fluss und das Gleiten des Stifts, die zärtliche Reibung auf dem Papier. Die Teilnehmenden wurden dabei angehalten, sehr langsam zu schreiben. Zudem haben wir in die Übung immer wieder kleine Pausen eingebaut, in denen das Geschehen nachwirken kann. Wie bei allen anderen meditativen Praktiken der Achtsamkeit gilt es auch hier, Abschweifungen des Geistes zu bemerken und die Aufmerksamkeit sachte und ohne Bewertung wieder auf das Schreiben zurückzuführen. Auf diese Weise üben die Teilnehmer:innen einerseits die aktive und bewusste Beobachtung des Schreibens, andererseits erleben sie auch den Vorgang selbst, wie sich zunächst ein Einfall in ersten Gedanken äußert, entfaltet und schließlich mittels körperlicher Bewegungen durch die Buchstaben auf dem Papier Gestalt gewinnen und in schriftlicher Form festgehalten wird.

Zweite Qualität der Achtsamkeit – Selbstwahrnehmung

Wer durch regelmäßige meditative Praxis seinen inneren Beobachter oder ihre innere Beobachterin schult, kann ihn oder sie nicht nur für das bewusste Erleben des einzelnen Moments aktivieren, sondern auch für eine introspektive Selbstwahrnehmung einsetzen und auf die eigenen Körperempfindungen, Gefühle und die jeweilige mentale Verfassung richten. Hierbei ist es wichtig, eben diese drei Bereiche unterscheiden zu lernen und in ihrer jeweiligen Eigenart wahrzunehmen. Ferner gilt hier umso mehr, das Beobachtete nicht zu bewerten, sondern es anzunehmen, so wie es gerade in diesem Augenblick ist. Je hartnäckiger wir negative Körperempfindungen und Gefühle verdrängen oder sie uns anders wünschen, desto größer werden sie oftmals und pochen umso mehr darauf, wahrgenommen zu werden.

Für das Schreiben ist eine kontinuierliche Selbstwahrnehmung elementar. Denn auf diese Weise werden sich die Schreibenden ihrer jeweiligen Ausgangslage bewusst. Kein Schreibprozess – nicht einmal im wissenschaftlichen Schreiben – findet allein im Kopf statt; der Körper und die Gefühle schreiben stets mit. Ein Nullpunkt des wissenschaftlichen Schreibens, an dem alles andere ausgeblendet wäre und sich ein leerer Raum allein für die intellektuellen Prozeduren des verfolgten wissenschaftlichen Projekts eröffnen würde, existiert nicht. Selbstwahrnehmung ist deshalb ein wichtiger Regulator. Sie erkennt, welches Maß an Selbstfürsorge jeweils notwendig ist, beispielsweise wann eine Pause, wann ein Gang an die frische Luft angebracht ist, um konzentriert weiterschreiben zu können.

Die Selbstwahrnehmung begleitet aber auch den Lauf des Schreibens. Geschulte innere Beobachter:innen nehmen wahr, wenn sie im Schreiben abschweifen oder sich von ganz anderen Gedanken ablenken lassen, und führen ihre Aufmerksamkeit dann behutsam zu ihren Schreibprojekten zurück. Dank Selbstwahrnehmung nehmen sie wahr, wenn sie sich an einem Punkt verbeißen oder sich in einen bestimmten Gedanken verrennen. Oftmals fungiert hierbei der Körper als seismographischer Vorbote. Wenn sich die Muskeln an irgendeiner Stelle verkrampfen und sich Schmerz einstellt, wird auch der Denk- und Schreibfluss innerhalb kurzer Zeit abbrechen. Die Fähigkeit der Selbstwahrnehmung wirkt sich somit immer auch auf das Niveau des Textes aus, ja, sie vermag es sogar, auch dort Abschweifungen zu bemerken und mögliche Sackgassen zu erkennen.

Die Selbstwahrnehmung lässt sich sowohl durch Meditation als auch durch Schreiben schulen. Beide Wege ergänzen sich wechselseitig. Eine angeleitete Achtsamkeitsmeditation kann nach einiger Zeit die Wahrnehmung auf die drei Bereiche – den Körper, die Gefühle und die Gedanken – lenken, jeweils getrennt und mit genügend Zeit, um nicht allein die erste, sogleich aufkommende Regung wahrzunehmen.

Aber auch schreibend lassen sich diese drei Bereiche untersuchen. Dazu bietet sich das *freewriting* an: ein spontanes, flüssiges Schreiben über eine kurze Zeit von maximal zehn Minuten, das nicht sogleich beurteilt und auf Inhalt und Form geprüft wird, sondern stattdessen den kreativen Kräften Raum gibt, das festzuhalten, was sich an Gedanken oder Empfindungen gerade einstellt (vgl. Elbow 1998). *Freewriting* lässt sich sehr unterschiedlich fokussieren und für viele Aspekte eines wissenschaftlichen Schreibprojekts einsetzen, beispielsweise um die Gedanken zu einem gerade gelesenen Artikel zusammenzufassen oder für sich selbst den Kerngedanken eines Kapitels zu klären. Es eignet sich aber auch sehr gut, um gerade am Beginn eines Schreibtages den jeweiligen Zustand des Körpers, der Gefühlslage und des Intellekts wahrzunehmen, aufzuschreiben und damit anzunehmen.

Dritte Qualität der Achtsamkeit – Neugier

Die Neugier ist der wohl wichtigste Antrieb für jede wissenschaftliche Tätigkeit. Im Kontext der Achtsamkeit spielt sie ebenfalls eine wichtige Rolle und wird hier als *beginner's mind* oder *Anfänger:innengeist* kultiviert. Neugierig zu sein, wird dabei durch eine paradoxe Aufgabe geübt: Gerade die Handlungen, die wir täglich ausführen und die mithin drohen, in Routinen zu erstarren, sollen wir – willentlich – so ausführen, als vollzögen wir sie zum ersten Mal und als böten sie uns lauter Überraschungen. Immer wieder bewusst eine Haltung der Neugier einzunehmen, will der durchaus hilfreichen Tendenz, viele Vorgänge zu verinnerlichen und sie zu verselbständigen, entgegenwirken. In der Achtsamkeit meint die durch den Anfänger:innengeist geschulte Neugier also die Fähigkeit, auch bereits in ähnlicher Form bekannten Erfahrungen oder Objekten immer wieder neu zu begegnen und diese in ihrer jeweiligen Einzigartigkeit zu würdigen.

Gerade bei längeren wissenschaftlichen Schreibprojekten kann sich der Eindruck einstellen, die Arbeit werde eintönig. Zugleich droht sie, aus der Langzeitperspektive beobachtet, kein Ende zu nehmen. An jedem neuen Arbeitstag gilt es von neuem an dem anzuknüpfen, was bereits vorliegt – Ideen, Lektüren, Notizen, Daten, Auswertungen, Entwürfe oder Textfassungen. Manchmal reagieren wir darauf mit einem Gefühl der Langeweile. Ein geschulter Anfänger:innengeist kann damit bewusst umgehen. Er zerreißt den Kokon der Monotonie, weckt das Interesse an dem wissenschaftlichen Projekt erneut und kann zudem die Aufmerksamkeit auf noch nicht bedachte und bisher übersehene Aspekte lenken. Zudem ermöglicht er eine grundlegende wissenschaftliche Fähigkeit: sich einem Gegenstand von mehreren Seiten zu nähern und unterschiedliche – nicht zuletzt interdisziplinäre – Perspektiven einzunehmen. Er hat damit einen wichtigen Anteil an der wissenschaftlichen Kreativität, die überhaupt erst Fortschritte ermöglicht, indem sie bereits Bekanntem neue Seiten abgewinnt oder in der Lage ist, das Bekannte neu zu denken.

Viele Formen der Meditation bilden und stärken den Anfänger:innengeist. Sie lehren, sich selbst immer wieder mit Neugier zu begegnen. Indem sie die Aufmerksamkeit immer wieder auf dieselben grundlegenden körperlichen Tätigkeiten wie das Atmen oder das

Gehen lenken, erneuern sie jedes Mal deren Wahrnehmung. Sie ermöglichen uns, die feinen Unterschiede zu erkennen, die den Atemfluss oder die Bewegung des Gehens gerade heute, gerade in diesem Augenblick bestimmen.

Schreibend kann der Anfänger:innengeist sehr gut durch ein Arbeitsjournal gestärkt werden. Darin kann der Schreibende immer wieder seine spontanen Gedanken zu dem Projekt festhalten, gerade wenn sie einen neuen Blick darauf eröffnen. Dabei gilt es, die besondere, verdichtete und nicht sofort einzuholende Erkenntnisqualität der Anfangsideen – nicht umsonst sprechen wir von ›Geistesblitzen‹ – zu bewahren und sie möglichst unmittelbar niederzuschreiben.

Eine zugespitzte Schreibaufgabe, die den Wechsel von Perspektiven einüben soll, haben wir aus der Psychologie übernommen: Die Schreibenden sollen sich hierbei ein für sie beglückendes oder auch belastendes Erlebnis wählen und es zuerst aus der naheliegenden Ich-Perspektive, also in der ersten Person, niederschreiben. Sodann sind sie aufgefordert, dasselbe Erlebnis in der zweiten Person und dann noch einmal in der dritten Person zu beschreiben und im Anschluss über die verschiedenen Fassungen zu reflektieren. Tatsächlich ergeben sich dabei Unterschiede. Die Fassung in der ersten Person zeichnet sich in den meisten Fällen durch eine hohe Identifikation mit dem Erlebnis aus und beschreibt die Gedanken und Gefühle sehr detailliert. Demgegenüber ist der Du-Perspektive eine stärkere Empathie und auch Sorge um das nun mit ›du‹ angesprochene Subjekt zu eigen. In der dritten Person schließlich wird der größte Abstand zu dem Erlebnis eingenommen. In diesen Textfassungen finden sich sehr häufig mehr distanzierende und rationalisierende Formulierungen und manchmal stellt sich sogar die Haltung einer oder eines unbeteiligten Beobachtenden ein. Diese Übung schlägt zugleich eine Brücke zu einer weiteren, wichtigen Qualität der Achtsamkeit.

Vierte Qualität der Achtsamkeit – Loslassen: Nichtidentifikation mit Gefühlen, Gedanken und Urteilen

Eine befreiende Erfahrung macht, wer im Laufe seiner Achtsamkeitspraxis entdeckt, dass er nicht ganz und gar mit seinen Gefühlen, Gedanken und Urteilen identisch ist. Weder machen sie ihn vollständig aus, noch ist er ihnen vollständig ausgeliefert. So sah beispielsweise eine Teilnehmerin lange einen bestimmten Abschnitt ihres Lebens und ihr damaliges Verhalten sehr kritisch. Die Erinnerung löste negative, fast krampfartige Gefühle aus. Sie warf sich vieles vor und sprach darüber mit einer spürbaren Härte gegen sich selbst. Im Zuge der oben beschriebenen Schreibaufgabe und einer anschließenden Dyade erfuhr sie, dass sie diesen Lebensabschnitt auch ganz anders und sehr viel wohlwollender sich selbst gegenüber erzählen konnte. Statt zu verurteilen, was sie damals unterlassen und nicht erreicht hatte, konnte sie nun die positiven Aspekte sehen, die ihr früheres Verhalten in sich barg, und konnte darin sogar Werte erkennen, die heute noch für sie gültig sind. Mit Nichtidentifikation ist im Rahmen der Achtsamkeit also die Fähigkeit benannt, sich weder über noch mit Urteilen, Gedanken oder Gefühlen zu definieren und diese Urteile, Gedanken und Gefühle als veränderlich zu verstehen.

Gerade längere wissenschaftliche Schreibprojekte wie Abschlussarbeiten oder Dissertationen besitzen für die Schreibenden in aller Regel einen hohen Stellenwert. Aus ihnen beziehen sie ihr Selbstwertgefühl, mit ihnen identifizieren sie sich. Manche klammern sich regelrecht an diese Schreibprojekte, weil sie keine Perspektive darüber hinaus entwickeln können und die Frage nach der eigenen Zukunft deshalb angstbesetzt ist. Andere wieder erobern sich einen intellektuellen Ort in der Welt, indem sie sich stark mit einer Theorie oder Schule und ihren intellektuellen Held:innen identifizieren und diese Identifikation weit über das Schreibprojekt hinaus auch habituell, beispielsweise durch die Kleidung oder die Vorliebe für ein bestimmtes Getränk, ausleben.

Es steht außer Frage, dass wir aus der Identifikation mit einem Projekt die dafür notwendige Motivation und Ausdauer gewinnen. Die Fähigkeit des Loslassens und der Nichtidentifikation kann hingegen der Gefahr einer übersteigerten Identifikation begegnen. Es handelt sich dabei um eine wichtige Gegenkraft, erlaubt sie doch, immer wieder auch auf Distanz zu dem Projekt zu gehen und sich emotional oder intellektuell neu zu ihm zu positionieren. In diesem Zusammenhang hat ein Teilnehmer dafür eine eindrückliche Metapher gefunden: Das Wechselspiel von Identifikation und Nichtidentifikation, sagte er, erinnere ihn an einen Walfisch. Die Schreibenden müssten tief in ihr Projekt eintauchen, sie müssten aber auch von Zeit zu Zeit auftauchen, um wieder Luft zu holen.

Geschult wird die Fähigkeit der Nichtidentifikation vor allem durch fortgeschrittene Meditationspraktiken. Die Erfahrung zeigt, dass mit zunehmender Achtsamkeitspraxis die Veränderlichkeit von Urteilen und Gedanken deutlicher und die Identifikation mit ihnen geringer wird. Unterstützend wirken auch Meditationspraktiken, in denen die Beobachtung der eigenen Gedanken und der Abstände und Räume zwischen ihnen als eigenes Element integriert werden. Eine Schreibübung, die es ermöglicht, jenes Wechselspiel von Identifikation und Nichtidentifikation zu thematisieren, bietet ein fiktiver Brief, der für einen vertrauten älteren Menschen bestimmt ist, beispielsweise für die Oma oder für einen väterlichen Freund, und in dem nicht nur über den Inhalt oder Fortgang der Arbeit berichtet, sondern eben auch jenes Verhältnis beschrieben wird. Alternativ können auch die Form eines Dialogs gewählt und ein fiktives Gespräch aufgezeichnet werden. Gerade am Schreiben eines Dialogs haben viele Teilnehmende große Freude entwickelt und die Aufgabe mit großem Spaß erfüllt.

Fünfte Qualität der Achtsamkeit – Vertrauen ins Entstehende

Eng verknüpft mit der Fähigkeit des Loslassens ist eine weitere Qualität, die in der Achtsamkeit kultiviert wird: darauf zu vertrauen, was in einem Moment und aus einem Moment heraus entsteht. Es ist mithin die Fähigkeit, sich dem zu überlassen, was den jeweils gegebenen Umständen entspricht, bzw. dem, was sich gerade, den jeweils gegebenen Umständen entsprechend, verändert – gleichsam einzutauchen in das Kräftefeld, das jede Situation aus allen zusammenwirkenden Kräften kreiert.

Für das Schreiben formt sich daraus ein weiteres Gegengewicht zu der Notwendigkeit des Planens und der ständigen Kontrolle des Schreibprozesses. Nur allzu leicht nämlich kippt diese Notwendigkeit in einen Zwang um, der den Schreibfluss hindert, anstatt diesen zu fördern. Es muss beispielsweise nur der Zeitdruck zunehmen. Gestützt wird das Vertrauen ins Entstehende durch die Erfahrung, dass ein Schreibprojekt jenseits der willentlichen Arbeit am Schreibtisch im Halb- und Unbewussten weiterarbeitet und sich Einfälle oder gar Lösungen für Fragen, die lange offengeblieben sind, gerade dann einstellen, wenn wir mit etwas ganz anderem beschäftigt sind, beispielsweise damit, spazieren zu gehen, zu schwimmen oder sogar zu schlafen. In der Kreativitätsforschung wird in diesem Zusammenhang von der *Inkubationsphase* gesprochen, die als integraler Bestandteil und damit notwendig für einen kreativen Prozess erachtet wird (vgl. Csíkszentmihályi 2010). Denn gerade im absichtslosen Halb- oder Unbewussten können die mit einer Forschungsfrage verbundenen Daten und Informationen beweglicher und vorurteilsfreier aufeinander reagieren und sich auf neue Weise miteinander verbinden. Jedes Schreibprojekt entwickelt also eine Eigendynamik, die sich der bewussten Kontrolle entzieht. Diese Erfahrung muss aber nicht beunruhigen, sondern kann im Licht der Achtsamkeit positiv und produktiv gedeutet werden.

Das gilt nicht nur für die Zeiten der Freizeit und Entspannung. Auch wenn wir bewusst und mit willentlicher Anstrengung an Forschungsprojekten arbeiten, kommt jene Eigendynamik zum Tragen. Auch dann stoßen die Elemente, die wir in unserer Arbeit zusammenführen, aufeinander entwickeln eine oder mehrere Reaktionen und bilden entsprechende Muster aus. Die Aufgabe der Forschenden und Schreibenden besteht dann vielmehr darin, für diese Reaktionen und ihre Muster, also für das, was entsteht, möglichst offen zu sein, sie zu beobachten und festzuhalten.

In besonderer Weise wird das Vertrauen in das Entstehende in der Einsichtsmeditation geübt, die Gregory Kramer aus der buddhistischen Tradition als *Insight Dialogue* (Kramer 2007) entwickelt hat und die zu den achtsamen und gewaltfreien Kommunikationsformen zu zählen ist. Hierbei werden die in der Konstellation der Dyade vereinten Gesprächspartner:innen aufgefordert, ganz im Augenblick zu sein. Während die eine aus dem Moment heraus spricht, aufmerksam und neugierig gegenüber sich selbst, hört der andere aufmerksam zu, ohne sich zu überlegen, was er selbst gleich sagen wird. Ziel ist es, auf das achtsam zu werden, was in dieser dyadischen Situation aus wachem und unterstützendem Zuhören und spontaner Rede entsteht. Besonders intensiv ist diese Form der Gesprächsmeditation, wenn eine Frage wiederholt an die Teilnehmer:innen gestellt wird und sie sich mehr als einmal mit ihr auseinandersetzen müssen.

Sechste Qualität der Achtsamkeit – Bescheidenheit

Jon Kabat-Zinn hat bei der Entwicklung seines für die Achtsamkeitsbewegung grundlegenden MBSR-Kurses bewusst ein Konzept entworfen, das religiöse und weltanschauliche Neutralität anstrebt. Damit ebnete er den Weg für eine breite Aufnahme der von ihm entwickelten bzw. aus dem Buddhismus adaptierten Übungen (siehe Kapitel III.2 in diesem Buch). Dennoch führt die kontinuierliche Praxis der Achtsamkeitsübungen zu bestimmten grundlegenden Einstellungen und Haltungen zur Welt, die ihren Widerhall im Buddhismus, Hinduismus und der Yogaphilosophie besitzen. Wir wollen sie am Ende unserer Liste der achtsamen Qualitäten nur andeuten und unter dem Sammelbegriff der Bescheidenheit fassen, der in der Demut auch im Christentum eine Entsprechung gefunden hat. Wir wollen ihn wiederum als eine Gegenkraft zu der in unserer Gesellschaft dominanten Vorstellung von der Autonomie des Subjekts verstehen, die sich seit ca. 250 Jahren in der westlichen Moderne herausgebildet hat. In der Genieästhetik der Klassik und Romantik um 1800 hat sie eine zugespitzte Ausprägung erfahren, die nicht allein in der Kunst, sondern auch in der Wissenschaft Fuß gefasst hat – was sich nicht zuletzt an den Kategorien und dem Ansehen des Nobelpreises ablesen lässt.

Gegen alle Formen, das Subjekt absolut zu setzen, verstehen wir Bescheidenheit im Sinne der Achtsamkeit als die Fähigkeit, in den Fluss der konstanten Veränderung einzutauchen und sich als lebendiges und bewegliches Element dieses Flusses zu erleben. Auf das Schreiben übertragen meint dies die Fähigkeit, sich trotz der Regie, die wir dabei übernehmen, der Bewegung und Dynamik eines Forschungs- und Schreibprojekts überlassen zu können und sich als ein darin mitfließendes Element zu erleben. Wenn dies auch nur für einzelne Momente gelingt, können wir auch den hohen Ansprüchen, die wir an uns selbst stellen und denen wir oft mit einer großen Härte begegnen, ein stärker wohlwollendes Mitgefühl entgegenbringen. Lust, Motivation und Zufriedenheit werden dadurch steigen.

Die Fähigkeit zur Bescheidenheit stärkt nicht zuletzt den kollektiven Charakter von Wissenschaft, der im Begriff der *scientific community* zum Ausdruck kommt. In vielen Disziplinen, allen voran in den Naturwissenschaften, wird selbstverständlich in Teams gearbeitet, die wiederum weltweit mit anderen Teams vernetzt sind. Aber auch in jenen Sozial- und Kulturwissenschaften, in denen Wissenschaftler:innen singulär an ihrem Schreibtisch Forschungsprojekten nachgehen, beruhen diese auf einem dichten Gewebe von Arbeiten anderer. Gegen die Tendenz der Selbstüberhöhung wirkt Bescheidenheit als Gegengift und schärft das Bewusstsein für die Eingebundenheit in das weltweite Netzwerk des Wissens.

Alle sechs genannten Qualitäten der Achtsamkeit – Präsenz, Selbstwahrnehmung, Neugier, Nichtidentifikation, Vertrauen in das Entstehende und Bescheidenheit – fördern den wissenschaftlichen Schreibprozess. Teils erlauben sie, die komplexen Vorgänge, die dabei zusammenspielen und synchronisiert werden müssen, bewusst wahrzunehmen, und eröffnen damit die Möglichkeit, sich ihnen gegenüber aktiv – und d.h. mit Freiheit – zu verhalten. Sie stärken damit eine selbstbewusste und selbstregulierende Position als wissenschaftliche Autorin oder wissenschaftlicher Autor. Teils wirken sie jedoch auch als Gegengewicht, entlasten von Anspannung und Druck, beugen einer Selbstüberforderung vor, erhöhen die Konzentrationsfähigkeit und ermöglichen – auch im Sinne eines *monotasking* – ein Arbeiten in Präsenz. Nicht zuletzt verschieben sie auch die europäisch-westliche Auffassung der Kreativität. Das Subjekt muss nicht alles und zu jeder Zeit ganz aus sich schöpfen und aus sich hervorbringen. Kreativität im Sinne der Achtsamkeit umfasst auch ein unterstützendes und vertrauensvolles Zuhören auf das, was entsteht, und ein regelmäßiges Auftauchen aus dem Meer der Daten und ihrer Auswertung.

3. Lehrformate

Hochschulen und Universitäten sind unserer Erfahrung nach gut beraten, sich nicht nur als Lernort für das wissenschaftliche Schreiben zu begreifen und ein entsprechendes Angebot für die Studierenden bereitzustellen – sei es in Form von eigens dafür entwickelten Lehrveranstaltungen oder in einer eigenen Institution wie einem Schreibzentrum. Idealerweise käme beides zusammen, denn Schreibzentren als zentrale Einrichtungen thematisieren eher die übergreifenden Aspekte des wissenschaftlichen Schreibens, während Lehrveranstaltungen, zumal wenn sie in einer Fachkultur verankert sind, eher die disziplinenspezifischen Aspekte berücksichtigen können. Hochschulen und Universitäten sind ebenfalls gut beraten, wenn sie in dieses Lernangebot auch die Achtsamkeit integrieren. Wie dies umgesetzt werden kann, hängt von den jeweiligen Bedingungen und Möglichkeiten vor Ort ab. Eine Zusammenarbeit mit Achtsamkeitslehrer:innen von außen ist ebenso vorstellbar wie eine entsprechende Schulung der dafür offenen Lehrenden, beispielsweise durch das in Kapitel I.1 dieses Buches beschriebene Achtsamkeitstraining für Lehrende (MBTT® 1.0). In welcher Konstellation die Anleitung auch erfolgt, eine ideale Voraussetzung wiederum, um Achtsamkeit speziell für das wissenschaftliche Schreiben fruchtbar machen zu können, wäre es, wenn die Studierenden bereits Erfahrung mit Achtsamkeit gesammelt haben, beispielsweise durch den Besuch des Achtsamkeitstrainings für Studierende (MBST® 1.0; vgl. Kapitel I.1 in diesem Buch). Da die Situation jedoch von Ort zu Ort sehr verschieden ist, wollen wir zum Schluss unsere beiden Lehrveranstaltungen vorstellen, die unseren Ausführungen zugrunde liegen. Wir verstehen sie ausdrücklich als Anregung, um von diesen Beispielen ausgehend und angepasst an die jeweilige Situation vor Ort eigene Konzepte zu entwickeln.

Seminar: »Achtsamkeit und Schreiben«

Für unser Seminar »Achtsamkeit und Schreiben« setzten wir keine Vorerfahrungen voraus. Nur eine einzige Teilnehmerin hatte zuvor einen Achtsamkeitskurs besucht. Der wöchentliche Rhythmus mit wechselnden, inhaltlichen Themen und die Zeitgrenze von 90 Minuten boten für eine intensive Praxis von Achtsamkeitsübungen nur wenig Spielraum. Dennoch eröffneten und schlossen wir jede Sitzung mit einer kurzen Meditation und schoben häufig auch in der Mitte eine weitere kleine Übung ein, die in der Regel vor dem Seminarraum in einem Kreis stehend stattfand. Damit wollten wir den Teilnehmenden vor allem bewusst vollzogene Erfahrungen von Präsenz ermöglichen.

Zudem mussten alle Teilnehmer:innen über den Zeitraum des Seminars ein *Achtsamkeitstagebuch* führen, das wir vor allem zu Beginn mit gezielten Aufgaben angeleitet haben. Durch das Festhalten bestimmter Alltagssituationen sollten sich die Teilnehmenden ihrer Gefühle, beispielsweise Stress, Traurigkeit oder Euphorie, und ihrer Verhaltensmuster bewusst werden und darüber die Qualität der Selbstwahrnehmung erfahren. Das Achtsamkeitstagebuch war wiederum ein Teil des Portfolios, das die Teilnehmenden im Laufe des Seminars anlegen mussten und zu dem ferner weitere Schreibaufgaben, das Sammeln von Material zum Thema und eine abschließende Reflexion im Umfang von drei bis vier Seiten gehörten.

Inhaltlich beschäftigten wir uns im Laufe des Seminars mit zentralen Aspekten des Schreibens, beispielsweise mit der Frage der Motivation und deren Ursprung sowie mit dem Schreibprozess und dessen Phasen. Wichtig war uns überdies, den Teilnehmenden Wege zu ihrer Kreativität bzw. ihrem kreativen Anteil aufzuzeigen. Als Übung sollten sie hierfür schreibend in Kontakt mit ihrer ›inneren Schreiberin‹ bzw. ihrem ›inneren Schreiber‹ – als einer möglichen Figuration jenes kreativen Anteils – treten, deren Geschichte erkunden und sie in einem Dialog zum Sprechen bringen (vgl. Vom Scheidt 2003: 100ff.). Sie mussten damit eine Art Archäologie ihrer selbst betreiben, da dieser Anteil in vielen Fällen durch den schulischen, aber auch universitären Unterricht verschüttet worden war. Auch sollten sie sich gemeinsam mit ihrer ›inneren Schreiberin‹, ihrem ›inneren Schreiber‹ einem lebensgeschichtlich für sie wichtigen Bild, Buch oder Musikstück zuwenden, es nochmals betrachten, lesen oder anhören und die gegenwärtigen Gedanken dazu aufschreiben (vgl. Cameron 2009: 45ff.). Alle zu erfüllenden Schreibaufgaben wurden in der darauffolgenden Sitzung wieder aufgegriffen und eine Möglichkeit für Fragen und Austausch geschaffen – oftmals in Form einer Dyade, um die Teilnehmenden auch mit dieser Form der achtsamen Kommunikation vertraut zu machen.

Überdies haben wir im Seminar auch die Tradition der Achtsamkeit und ihre kulturellen Hintergründe im Buddhismus thematisiert. Um die Erfahrung der konkreten Achtsamkeitsübungen vertiefen zu können, haben wir uns außerhalb des wöchentlichen Rhythmus für einen Tag an einem geeigneten Ort getroffen, an dem Yogamatten und Sitzkissen vorhanden waren. So war es möglich, den Teilnehmenden auch die Erfahrung der längeren Praktiken der Achtsamkeit wie Body Scan, Geh- und Sitzmeditation zu vermitteln. Dieser Tag fand im Schweigen statt und eröffnete auf diese Weise noch einmal neue Perspektiven auf den eigenen Geist und die inneren Prozesse, die auch für das Schreiben von großer Bedeutung sind.

Die Fragen, wie Achtsamkeit und Schreiben zusammenfinden, worin sie sich unterstützen und worin sie auch konflikthaft aufeinanderstoßen, waren schließlich den letzten Sitzungen vorbehalten, die vor allem in Gruppenarbeit und mit gemeinsamen Präsentationen stattfanden. Diese Sitzungen galten zugleich als Vorbereitung für die das Portfolio abschließende Reflexion in schriftlicher Form, die alle wieder individuell verfassten. Diese reflektierenden Texte boten ein eindrucksvolles Bild von der jeweils ganz persönlichen Auseinandersetzung der Teilnehmer:innen mit dem Schreiben auf der Grundlage der Achtsamkeit.

Projektwoche: achtsames Schreiben

Eröffnete das Seminar also die Möglichkeit, dass Studierende erste Erfahrungen mit Achtsamkeit im Studienalltag und mit konkretem Bezug zum wissenschaftlichen Schreiben sammeln konnten, bot die Projektwoche ideale Bedingungen, das Zusammenwirken von meditativer Praxis und Schreiben – abseits des Alltags – konkret auszuprobieren. Zwar wurden auch hier Erfahrungen in Achtsamkeit nicht vorausgesetzt, die Einbettung in das Thüringer Modell *Achtsame Hochschulen* brachte es aber mit sich, dass gut zwei Drittel der 13 Teilnehmenden über eine bereits mehrjährige Erfahrung in meditativer Praxis verfügten. Dies erleichterte ihnen die Einhaltung des streng strukturierten Tagesablaufs, der um 7:00 Uhr morgens mit einer einstündigen Meditation begann und um 20:30 Uhr mit einer Abendmeditation schloss.

Für die Meditationseinheiten griffen wir auf die klassischen, von Kabat-Zinn entwickelten formalen Achtsamkeitspraktiken des Body Scans, der Gehmeditation und der verschiedenen Formen der Sitzmeditation zurück (Vgl. Kabat-Zinn 2013). Letztere reichten von der Atemmeditation, die wir an den morgendlichen Sonnengruß und andere leichte Yogaübungen anschlossen, bis zu langen Sitzmeditationen im Schweigen, die den Abenden vorbehalten waren. Zudem integrierten wir an einem Abend die Berg-, an einem anderen die Herzmeditation. Die Meditationseinheiten sollten ein Gegengewicht zu den Schreibeinheiten ermöglichen. Sie waren im Sinne der oben beschriebenen Qualitäten einerseits dazu gedacht, Selbstbeobachtung zu stärken, andererseits aber auch im Sinne der Nichtidentifikation eine Distanz zum Schreiben herzustellen und einen Raum jenseits des Sprachlichen zu eröffnen.

Bei der Planung der Projektwoche haben wir uns am Aufbau der Schreibretreats von Natalie Goldberg orientiert, von denen sie in ihrem Buch *The True Secret of Writing* berichtet (Goldberg 2013). Allerdings haben wir ihren Zeitplan verschoben und die Zeiten für das Schreiben deutlich verlängert, da wir ja eine intensive Schreibwoche für Doktorand:innen und Postdoktorand:innen schaffen wollten, in der sie konzentriert an ihren Projekten arbeiten konnten. So entschieden wir uns für zwei längere Schreibblöcke zwischen 9:00 und 13:00 Uhr und nochmals zwischen 16:00 und 18:30 Uhr. Auch haben wir, anders als Natalie Goldberg, Schreiben und Meditation räumlich getrennt. Es gab einen eigenen Raum für die Meditationen und Yogaeinheiten sowie einen eigenen Schreibraum, in dem wir gemeinsam, jeweils an einem eigenen Tisch, gearbeitet haben.

Auf diese Weise haben wir an einem Tag durchschnittlich knapp sechs Stunden geschrieben und drei Stunden meditiert. Eine Grunderfahrung, die alle teilten, war, dass wir durch das regelmäßige Meditieren die sechs Stunden wacher und konzentrierter und mithin mit einer größeren Präsenz arbeiten konnten. Zwar fiel es selbst uns Leitenden, die wir mit einer Zimbel alle Einheiten ein- und ausläuteten, gerade am Vormittag manchmal schwer, die Schreibzeit für eine Gehmeditation zu unterbrechen. Doch von der halben Stunde an der frischen Luft und der Konzentration auf den Augenblick des Gehens, die uns zunächst von unseren Schreibprojekten wegzuführen schienen – vielmehr war es, wie sich bald herausstellte, nur die Angst davor, dass es so sein könnte –, haben alle profitiert.

Ein Teilnehmer berichtete zudem in der abschließenden Reflexionsrunde von einer für ihn wichtigen Erfahrung. Nach zwei Dritteln der Zeit kam er mit seinem Schreibprojekt, das er sich für die Woche vorgenommen hatte, nicht mehr weiter. Statt sich nun, wie bei ihm sonst üblich, darin weiter zu verbeißen und schließlich zu verzweifeln, konnte er sich bewusst dafür entscheiden, das Projekt für diese Tage loszulassen und sich einer anderen, kleineren Aufgabe zuzuwenden, die ebenfalls auf ihn wartete – ohne sich dafür Vorwürfe zu machen oder die Entscheidung in anderer Weise zu bewerten. Die kontinuierliche Meditation habe ihm, sagte er, dabei geholfen.

Ein weiteres wichtiges Element dieser Woche war für viele Teilnehmer:innen die Möglichkeit, mit den Leitern in Einzelgesprächen über ihr Projekt im Hinblick auf das Schreiben und die begleitenden Arbeitsprozesse oder aber über ihre Achtsamkeitspraxis zu sprechen. So konnten Selbstwahrnehmungen in der Meditation oder beim Schreiben nochmals gemeinsam in einem Zweiergespräch reflektiert werden. Einen Nachmittag haben wir, ohne die Struktur zu verändern, zudem im Schweigen verbracht, was von sehr vielen als eine besondere Erfahrung beschrieben wurde.

Die beiden hier kurz beschriebenen Veranstaltungen, in denen Achtsamkeit und Schreiben eng miteinander verbunden waren, haben uns sehr inspiriert und ermutigt. In beiden Kursen war die Resonanz ausgesprochen gut; das Bemühen, wissenschaftliches Schreiben zu unterrichten bzw. zu praktizieren und mit Achtsamkeitspraktiken zu verbinden, wurde sehr begrüßt. Deshalb möchten wir ans Ende unseres Beitrages zwei Erfahrungen von Teilnehmenden an der Projektwoche stellen, die sie in ihren Reflexionen beschrieben haben und die für uns eine Vision für alle Versuche darstellen, Achtsamkeit und Schreiben zu einem *achtsamen Schreiben* miteinander zu verknüpfen. Eine Teilnehmerin schrieb:

> »Außerdem war eine Auswirkung, dass – so mein Empfinden – mein ›Kontrollsystem‹ im Gehirn aktiver war. Ich konnte bewusster entscheiden, was die jeweils nächste Aufgabe sein sollte, was gerade Priorität war. Ich bin beim Lesen gedanklich oft abgeschweift, habe dies aber schneller gemerkt und konnte mich dann bewusst entschließen, mich dem Buch oder meinen manchmal auch inspirierenden Gedanken zuzuwenden. Ich konnte meinen ›Akkustand‹ besser annehmen: Wenn ich müde war, habe ich eben eine Pause gemacht, wenn ich hellwach und konzentriert war, konnte ich mich darüber freuen. Normalerweise versuche ich – wie sehr viele Menschen – dringend weiterzuarbeiten, um etwas zu schaffen.«

Und ein anderer Teilnehmer fasste seine Erfahrungen so zusammen:

> »Ich glaube, ich habe eine ganz wichtige Blockade abgearbeitet, und zwar den Glauben daran, dass ich nicht schreiben kann. Nicht, dass ich nicht ein paar ganz gelungene Vorträge und Artikel geschrieben hätte – das meine ich nicht. Ich habe die Schreibzeiten sehr intensiv erlebt und fast durchweg ohne Verzweiflungsgefühle. Ich habe eine Verbindung zwischen dem Schreiben und mir gefunden. Dabei spielt die Achtsamkeit eine sehr wichtige Rolle: Es ging immer wieder darum, sich nicht in den Anforderungen zu verlieren, sondern im Kontakt mit sich bleiben zu können, und zwar über die längeren Meditationsphasen. Es ist für mich ein spannender Prozess eingeläutet worden, den ich mir immer gewünscht habe: in Selbstachtung schreiben zu können.«

Literatur

Cameron, Julia (2009): *Der Weg des Künstlers. Ein spiritueller Pfad zur Aktivierung unserer Kreativität*, München.

Csíkszentmihályi, Mihaly (2010): *Kreativität. Wie Sie das Unmögliche schaffen und ihre Grenzen überwinden*, Stuttgart.

Drawert, Kurt (2012): *Schreiben. Vom Leben der Texte*, München.

Elbow, Peter (1998 [1973]): *Writing Without Teachers*. Oxford/New York.

Flower, Linda/Hayes, John (1981): »A Cognitive Process Theory of Writing«, in: *College Composition and Communication* 32(4), S. 365-387, doi.org/10.58680/ccc198115885 (Übersetzung: [2014]: »Schreiben als kognitiver Prozess. Eine Theorie«, in: Stephanie Dreyfürst/Nadja Sennewald (Hg.), *Schreiben. Grundlagentexte zur Theorie, Didaktik und Beratung*, Opladen, S. 35-56).

Goldberg, Natalie (2013): *The True Secret of Writing. Connecting Life with Language*, New York.

Kabat-Zinn, Jon (2013): *Gesund durch Meditation. Das große Buch der Selbstheilung mit MBSR*, München.

Kabat-Zinn, Jon (2015): *Im Alltag Ruhe finden. Meditationen für ein gelassenes Leben*, München.

Kramer, Gregory (2007): *Insight Dialogue. The Interpersonal Path to Freedom*, Boulder.

Vom Scheidt, Jürgen (1989): *Kreatives Schreiben. Texte als Wege zu sich selbst und anderen,* Frankfurt a.M.

Außerdem wollen wir noch auf ein Buch hinweisen, das Achtsamkeit und kreatives Schreiben miteinander verbindet:

Schneider, Sandra Miriam (2018): *Achtsames Schreiben. Wie Sie Klarheit und Gelassenheit gewinnen*, Berlin.

Birgit Jäpelt

Zen-Meditation und Achtsamkeitstraining für Studierende (MBST®) an der Universität Erfurt

Abstract

Die Verortung des Begriffes Achtsamkeit in der buddhistischen Tradition in Verbindung mit konstruktivistischen Theorien stellt einen Baustein des Seminars »Labor auf dem Sitzkissen« im Studium Fundamentale der Universität Erfurt dar. Als weiteres Seminarformat wird im gleichen Kontext das im Rahmen des Thüringer Modells *Achtsame Hochschulen* entwickelte Achtsamkeitstraining für Studierende (MBST®) angeboten. Ausgehend von den Erfahrungen in der Umsetzung erfolgt eine Reflexion darüber, welcher Bildungswert dem Zusammentreffen dieser beiden Lehrangebote im universitären Kontext zugeschrieben werden könnte.

Einleitung

Die Universität Erfurt versteht sich als eine geisteswissenschaftliche Reformuniversität mit kultur- und gesellschaftswissenschaftlichem Profil. Ein hoher Anteil von Studierenden strebt einen beruflichen Werdegang an, bei dem es im Wesentlichen um die Gestaltung von zwischenmenschlichen Beziehungen geht, z.B.:

- Lehrer:innen agieren mit Schüler:innen und Eltern
- Erziehungswissenschaftler:innen kooperieren mit Bildungspartner:innen
- Einrichtungsleiter:innen handeln gemeinsam mit Mitarbeiter:innen
- Psycholog:innen interagieren mit Klient:innen

Von ihnen werden Fähigkeiten erwartet, die es ermöglichen, Beziehungen so zu gestalten, dass die sich ihnen anvertrauenden Menschen lernen können, ihre eigenen Möglichkeiten zu erweitern (vgl. Jäpelt

2014). Das setzt einen wertschätzenden Umgang mit jeder Person voraus. Besonders hilfreich ist dabei die Fähigkeit zu achtsamer Präsenz, wie sie in diesen beiden Seminaren entwickelt werden kann.

Das »Labor auf dem Sitzkissen« wird seit dem Wintersemester (WS) 2009/10 als Wahlpflichtseminar im Rahmen des Studium Fundamentale[1] der Universität Erfurt angeboten. Studierende erwerben sechs Leistungspunkte (ECTS) und schließen das Seminar mit einer benoteten Prüfungsleistung ab.

Die äußeren räumlichen Bedingungen nennen wir metaphorisch »Labor auf dem Sitzkissen«: den Sitzplatz bestehend aus Unterlage und Sitzkissen sowie das Selbsterleben in einer bestimmten Haltung der Sitzmeditation (*Zazen*[2]). Die Veranstaltung bietet die Möglichkeit, durch das Einnehmen und Kultivieren einer bestimmten Körper- und Geisteshaltung einen Erfahrungsraum entstehen zu lassen, in dem Menschen sich selbst zum Studienobjekt machen und sich als ein solches erforschen können. Darüber hinaus gibt es theoretische Anteile, welche die Teilnehmenden in Vorbereitung auf eine Präsentation und mit Blick auf die Initiierung eines Gedankenaustauschs erarbeiten. Bis zum Sommersemester (SoSe) 2024 haben sich etwas mehr als 800 Studierende aus verschiedenen Studienrichtungen der Universität

1 »Die Studierenden sollen nicht nur fachliche Kenntnisse erwerben, sondern auch wichtige Kernkompetenzen zur Bildung ihrer Persönlichkeit ausbilden. Das Studium Fundamentale zielt darauf, den Studierenden bestimmte Kompetenzen zu vermitteln, die im Rahmen des Fachstudiums nur im begrenzten Rahmen erworben bzw. vermittelt werden können. [...] Die Teilnahme am Studium Fundamentale ist für alle Bachelor-Studierenden der Universität obligatorisch.« (Vgl.: uni-erfurt.de/studium/studium-fundamentale [letzter Zugriff 01.11.2024].

2 *Zazen* meint stilles Sitzen *(za)* in Versunkenheit *(zen)*, in längere Zazenperioden wird Gehmeditation *(Kinhin)* integriert.

Erfurt – im Rahmen dieses Lehrangebotes – der Untersuchung ihres »Ich-Selbst« (Zwiebel/Weischede 2015: 57-62) gewidmet.

Meine langjährigen Erfahrungen mit Zen-Meditation und deren Integration in die akademische Lehre eröffneten mir die Möglichkeit, seit dem SoSe 2018 im Studium Fundamentale zusätzlich zum Seminar »Labor auf dem Sitzkissen« die Lehrveranstaltung »Achtsamkeitstraining für Studierende (MBST®) – Achtsam studieren« anzubieten. Dieses im Rahmen des Thüringer Modells *Achtsame Hochschulen* prototypisch entwickelte MBST® haben bis zum SoSe 2022 mehr als 100 Studierende absolviert. Sie erwerben sechs Leistungspunkte (ECTS) und schließen das Seminar mit einer benoteten Prüfungsleistung ab.

Zwei Lehrende verantworten die Durchführung der wöchentlichen Übungen und des Achtsamkeitsnachmittages sowie die Bewertung der Prüfungsleistung als theoriegeleitete Auseinandersetzung mit der Erfahrung. Letztere erfolgt in der Regel erst im Anschluss an das Seminar während der Erarbeitung der Prüfungsleistung in Form einer schriftlichen Theorie-Praxis-Reflexion. Dabei wird eine Verbindung zwischen der eigenen Erfahrung im Seminar bzw. im Alltag – unter Einbezug des Achtsamkeitstagebuches *(diary)* – und dem wissenschaftlichen Diskurs zur Achtsamkeitsforschung hergestellt (vgl. hierzu auch Kapitel II.1 in diesem Buch, S. 218 – S. 221).

In der Vorlesungszeit gibt es weitere Trainingsangebote mit integrierten Achtsamkeitsübungen. Die meisten Achtsamkeits- und Yogakurse werden vom Universitätssportverein Erfurt e.V. organisiert. Außerdem lade ich montags in der Zeit von 18.00 bis 20.00 Uhr zur Zen-Meditation ein. Damit stehen für die Seminarteilnehmer:innen ergänzende Übungsangebote zur Verfügung.

Die Lehrtätigkeit im MBST® hat mich darin ermutigt, mehr Achtsamkeitsübungen in meine Seminare zu integrieren (z.B. stille Momente, achtsame Dialoge, *focusing* im *Thinking-at-the-edge*-Prozess nach dem Ansatz von Eugene Gendlin [vgl. 2017]). Im Rahmen des universitären Gesundheitsmanagements geht es darum, solche Angebote regelmäßig zu kommunizieren (vgl. Werneburg/Reifegerste/Jäpelt 2021) und die existierenden Angebote zu verstetigen, um verlässliche Räume und Zeiten zu schaffen, in denen gemeinsam geübt werden kann.

Neben meinen Lehrerfahrungen im Bereich der Zen-Meditation hat mich die Teilnahme am Achtsamkeitstraining für Hochschullehrende (MBTT®), das im Rahmen des Thüringer Modells *Achtsame Hochschulen* angeboten wurde, dabei unterstützt, das MBST® im Team-*teaching* mit eigens dafür ausgebildeten Achtsamkeitstrainer:innen an der Uni Erfurt durchzuführen. Darüber hinaus nahm ich aus dem zwölfwöchigen MBTT® vor allem die Erfahrung mit, wie sich Lehrende wechselseitig darin unterstützen können, einen achtsamkeitsbasierten Wandel der Lehr- und Lernkultur zu befördern. Die Lehrenden tragen dazu bei, dass achtsame Präsenz zu einem selbstverständlichen Teil von Bildungsprozessen an Hochschulen werden kann. Achtsamkeitsübungen in der Gemeinschaft von Hochschullehrenden zu erleben, die diesen Wert erkennen, war für mich besonders bedeutsam. Diese intensive und besondere Erfahrung wirkt bis heute.

In den folgenden drei Abschnitten wird das Seminarkonzept des »Labors« beschrieben. In Abschnitt 4 folgen vergleichende Überlegungen zur Relation beider Konzeptionen (»Labor« und MBST) bevor im abschließenden Abschnitt 5 Implikationen für eine nachhaltige Praxis diskutiert werden.

1. Das »Labor«
Theoretische Rahmungen zur Selbsterforschung

> »Das Bewusstsein, insbesondere das begriffliche Bewusstsein, kann nicht das Medium der Erkenntnis und Verwirklichung sein. Warum nicht? Weil die Funktion des Bewusstseins darin besteht, uns eine vorhersehbare, begreifbare, weil sequenziell in chronologischen Abläufen wahrnehmbare und bedeutsame Welt zu liefern, wo doch die Welt in ihrem Wirken in Wahrheit unbeständig und unmittelbar ist. Aufgrund seines ureigenen Wesens trennt uns das Bewusstsein davon ab, wie wir und alle Dinge eigentlich existieren. Begriffe verallgemeinern unsere unmittelbare Wahrnehmungserfahrung. Obwohl also das begriffliche, vergleichende Bewusstsein überaus nützlich, als Medium für die Sprache und das narrative Selbst sogar unabdingbar ist, kann Bewusstsein nicht das Medium für die Unbeständigkeit der Welt sein und auch nicht für die Weisheit, wie die Welt tatsächlich existiert, frei von Sprache, frei von Begriffen und frei von selbstbezogenem Denken.«
>
> *Richard Baker (2004: 37)*

In dem hier vorgestellten Seminar treffen konstruktivistische und buddhistische Sichtweisen, vertreten durch jeweils eine oder einen der beiden Lehrenden,[3] aufeinander und durchdringen sich wechselseitig.

3 Das sind Birgit Jäpelt als Sonderpädagogin (konstruktivistische Perspektive) und Gerald Weischede als Zen-Lehrer (buddhistische Perspektive; vgl.: lebendiges-zen.de/lehrlinie/ [letzter Zugriff 01.11.2024]).

Beide Perspektiven beziehen sich auf die Annahme, dass Menschen Wirklichkeiten konstruieren:

- *konstruktivistische Perspektive* – Selbsterkenntnis: »Jedes Tun ist Erkennen und jedes Erkennen ist Tun.« (Maturana/Varela 1987: 32)
- *buddhistische Perspektive* – Selbsterwachen: »Tiefe Erkenntnisse und Einsichten auf dem Sitzkissen auf der einen Seite und eine durchgängig praktizierte Achtsamkeit auf der anderen Seite sind die Voraussetzungen, die Welt und unser Leben in seiner ganzen Fülle weniger getäuscht oder gar ungetäuscht zu erleben.« (Weischede 2012: o.S.)

Die praktische Bedeutung dieser Perspektiven wird exemplarisch an der in der Sonderpädagogik vertretenen konstruktivistischen Theorie[4] verdeutlicht, innerhalb derer epistemologische Fragen diskutiert werden, z.B., wie elaboriert Pädagog:innen Behinderung definieren und deuten, soziale Wirklichkeiten erschaffen und diese reflektieren (vgl. Palmowski/Heuwinkel 2002). Dabei kann das eigene Herstellungsprozesserleben von (sonderpädagogischen) Beziehungen zum Lerngegenstand werden. »Aus der Identifikation mit den kulturellen Normen und Eigenarten der eigenen Gemeinschaft kann Verachtung gegenüber denjenigen entstehen, die anders sind und dadurch zeigen, dass die eigene Lebensform nicht das Maß der Dinge ist« (Vogd 2016: 378).

In seinem Buch *Welten ohne Grund* (Vogd 2014) widmet sich Werner Vogd[5] der Verbindung von Konstruktivismus und Buddhismus. Gemeinsam ist beiden Ansätzen die *Unmöglichkeit objektiver Sicherheiten* und die damit einhergehende Herausforderung, in einem Möglichkeitsraum ohne festen Grund navigieren zu können. Wenn diese beiden Reflexionsweisen aufeinandertreffen, bilden sie ein Kontinuum von Sprechen und Schweigen.

---

4 Im Rahmen eines einführenden Überblicks- und Studienbuches über die Theoriebildung in der Sonderpädagogik beschreiben Roland Stein und Thomas Müller (vgl. 2016) u.a. zwei für dieses Seminar relevante Perspektiven: die konstruktivistische Pädagogik, die etwa seit den 1990er Jahren die Epistemologie in den Vordergrund stellt (vgl. ebd.: 127-135), und die geisteswissenschaftliche Pädagogik in ihrer lang zurückreichenden Tradition eines Verstehens von Geist und Welt (vgl. ebd.: 51-80).

5 Vogd ist Leiter des von der Deutschen Forschungsgemeinschaft geförderten Projektes *Buddhismus im Westen* (vgl.: researchgate.net/publication/326490110_Auf_der_Suche_nach_Sakularem_Buddhismus_Contradictio_in_adiecto [letzter Zugriff 01.11.2024]).

Selbsterforschung als Reflexion kognitiver Praxis reduziert die Komplexität der Welt auf diskursiv unterscheidendes Denken und narrative Konstrukte in Sprache als Grundlage zur Herstellung von Kausalitäten im Handlungsablauf.

Selbsterforschung als Reflexion meditativer Praxis geht über den Bereich gesprochener Sprache hinaus und ermöglicht ein Bewusstsein, in dem das narrative *Selbst* substanzlos in gegenseitiger Bedingtheit erfahren wird.

Selbsterforschung führt zu Erkenntnissen über die eigenen Wahrnehmungs- und Bewertungsprozesse, mit denen permanent Welt und *Selbst* hergestellt werden. Das schließt die Konstruktion der anderen ein. Im Seminar geht es darüber hinaus auch um Fragen zu einer »Methodologie der Innenerfahrung« (Walach 2013: 5) und eine Auseinandersetzung mit Gütekriterien qualitativer Sozialforschung.

Eine zentrale Annahme des Radikalen Konstruktivismus, wie sie Ernst von Glasersfeld (1917–2010) oder Heinz von Foerster (1911–2002) formuliert haben, besteht darin, Objektivität auszuschließen und Wissen als

> »einen möglichen Weg [zu verwenden], um zwischen den ›Gegenständen‹ durchzukommen[. Und dabei schließt] das Finden eines befriedigenden Wegs nie aus, daß da andere befriedigende Wege gefunden werden können. Darum kann, vom konstruktivistischen Gesichtspunkt aus, auch nie ein bestimmter gangbarer Weg, eine bestimmte Lösung eines Problems oder eine bestimmte Vorstellung von einem Sachverhalt als die objektiv richtige oder wahre bezeichnet werden«.
>
> *Ernst von Glasersfeld (2006: 32)*

Erkenntnis steht damit unmittelbar im Dienste der jeweiligen einzelnen Existenz im Kontext einer Sprachgemeinschaft. Dabei werden die Begriffe Wirklichkeit und Realität insoweit unterschieden, als *Wirklichkeit* aus einem Netzwerk von Begriffen und Beziehungen zu Erfahrungen aufgebaut wird, die sich als passend erwiesen. *Realität* hingegen wird mit der Illusion von absoluter Gültigkeit, Wahrheit bzw. Objektivität gleichgesetzt.

Heinz von Foerster hat zu dieser Position die weithin bekannte Aussage formuliert: »Die genialste Strategie, sich der Verantwortung zu entziehen, ist ›Objektivität‹. Objektivität verlangt die Trennung des Beobachters vom Beobachteten« (Foerster 2006: 44). Wer sich jedoch der Verantwortung für die Beschreibungen von Wirklichkeit stellt, »muss auch einen faktischen oder begrifflichen Entstehungsmechanismus für den Beobachter, das heißt einen Ablauf, angeben, der zum Beobachten führen könnte« (Maturana 2001: 24). Im konstruktivistischen Verständnis zeigen sich an dieser Stelle die Grenzen der Sprache darin, Beobachter:innen und Beobachtetes in Relation zueinander, aber zugleich auch nicht voneinander trennbar zu denken. Unterscheidungen sind Teil und Ganzes *einer* Wirklichkeit. In Qualitäten des Bewusstseins handelt es sich um ein Kontinuum zwischen Dualität und Nondualität. Vor allem Francisco Varela (1946–2001) hat sich als einer der bekanntesten Kognitionsforscher des 20. Jahrhunderts intensiv mit der Verbindung von wissenschaftlicher Objektivität und buddhistischer Erfahrung auseinandergesetzt und eine ausgewiesene Form von *first-person experience* etabliert, bei der die jahrhundertealten Methoden buddhistischer Achtsamkeitspraxis und Meditation zur Erforschung des Geistes Anwendung finden und ein angenommenes Selbst ein Selbst mit denselben Instrumenten untersuchen und reflektieren kann (vgl. Rosch 2003).

Den hier entwickelten Zusammenhang ernst nehmend, sollte also auch die Beobachterin Birgit Jäpelt, als Autorin dieses Artikels, ihre Vorannahmen transparent machen. Dies würde jedoch den Rahmen dieses Beitrages überspannen. Wesentlich erscheint mir aber zu erwähnen, dass sich der Zugang zur Meditation für mich vor etwa 15 Jahren über die Auseinandersetzung mit konstruktivistischen Modellen ergab. Während konstruktivistische Positionen zumeist in der Sprache navigieren,[6] war mir vor allem das Vokabular des zirkulären Fragens hilfreich, wie es z.B. von Thomas Pfeffer (2001: 107) als Forschungsinstrument und -methode diskutiert wird: »Auf Basis dieser erkenntnistheoretischen Prämissen führt die Fremdbeobachtung eines Gegenstandes zur Selbstbeobachtung des Beobachters. Was ein Beobachter beobachten kann, sind Phänomene, die er mitproduziert.« Darüber hinaus bietet die stille Meditation einen Erfahrungsraum im vorsprachlichen Bereich, ein empfundenes (nonverbales bzw. affektives) Wissen. »Wenn wir also irgendeine menschliche Aktivität verstehen wollen, müssen wir auf die Emotion achten, die den Handlungsbereich festlegt, in dem diese Aktivität stattfindet, und im weiteren Verlauf die mit dieser Emotion verknüpften Handlungen sehen lernen« (Maturana 2001: 111). Von der damit verbundenen Erweiterung meiner Gefühlsräume und meiner Erkenntnismöglichkeiten bin ich bis heute fasziniert.

---

6 Während radikal konstruktivistische Vertreter wie z.B. Ernst von Glasersfeld auf eine kognitive Konstruktion von Wissen ausgerichtet sind, stehen Luc Ciompi (vgl. 1997) und Rolf Arnold (vgl. 2009) für eine Ausrichtung auf das komplementäre Zusammenwirken von Affekt und Kognition, also für eine emotionale Konstruktion der Wirklichkeit (vgl. auch Maturana/Werden-Zöller 1997).

2. Achtsamkeit und Meditation
Ein Geistestraining[7]

> »Den Weg der Meditation erlernen heißt, sich selbst erlernen. Sich selbst erlernen heißt, sich selbst vergessen. Sich selbst vergessen heißt, durch die zehntausend dharma von selbst erwiesen werden. Durch die zehntausend dharma von selbst erwiesen werden heißt, Leib und Herz meiner selbst sowie Leib und Herz des Anderen abfallen zu lassen. Die Spur des Erwachens kann verschwinden, die verschwundene Spur des Erwachens soll man lang, lang hervortreten lassen.«
>
> *Ryosuke Ohashi/Rolf Elberfeld (2006: 38f)*

An dieser Stelle beschreiben wir den Bedeutungsrahmen von Achtsamkeit, wie wir ihn im »Labor auf dem Sitzkissen« erarbeiten und praktizieren. Im Interpretationssystem des Buddhismus ist Achtsamkeit ein Teil des *edlen achtfachen Pfades* in der Gruppe der *Vertiefung* (vgl. Abbildung 1).

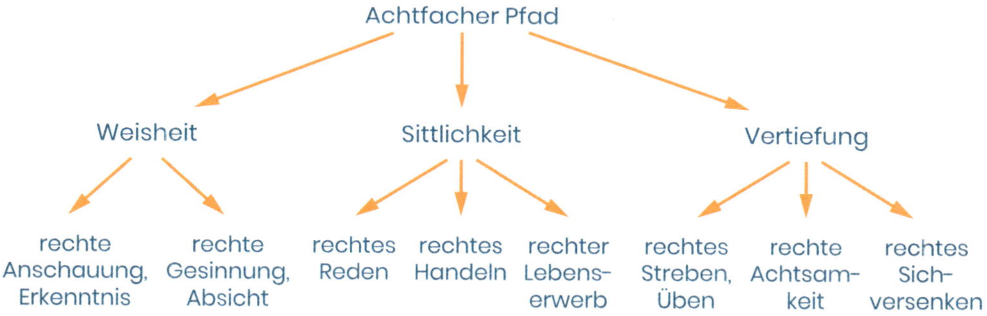

Abbildung 1: Achtfacher Pfad – Struktur

Der edle achtfache Pfad ist die buddhistische Antwort auf die Frage nach der Überwindung des Leidens und steht in der letztgenannten der vier edlen Wahrheiten:[8] der Wahrheit über den Pfad der Ausübung, der zur Beendigung des Leidens führt.

---

7 Dieser und der folgende Abschnitt basieren auf einer unveröffentlichten Textfassung (vgl. Jäpelt/Weischede o.J.).

8 Diese sind: 1. die edle Wahrheit über das Leiden; 2. die edle Wahrheit über die Ursache des Leidens; 3. die edle Wahrheit über die Beendigung des Leidens; 4. die edle Wahrheit über den Pfad der Ausübung, der zur Beendigung des Leidens führt.

In dieser Tradition sind Meditation und Achtsamkeit nicht dasselbe. *Achtsamkeit ist ein Geisteszustand, der sowohl spontan auftreten als auch geübt und kultiviert werden kann.* Dieses Üben wird Praxis genannt.

In der Regel kennen wir zwei grundlegende Geisteszustände: das Wachbewusstsein und das Schlafbewusstsein. Die menschliche Fähigkeit, sich konzentrieren zu können, ist die Voraussetzung für die Achtsamkeit. Konzentration selbst allerdings erzeugt eine Art Tunnelblick, durch den die umgebende jeweilige Umwelt mehr oder weniger aus dem Blickfeld verschwindet. Durch die Praxis der Achtsamkeit wird die Wahrnehmung erweitert und der umgebende Raum, die Umwelt, im Sinne einer Gesamtwahrnehmung miteingeschlossen.

Achtsamkeit ist eine besondere Form der Aufmerksamkeitslenkung, bei der den Erlebnisinhalten in diesem Augenblick Aufmerksamkeit geschenkt wird. Augenblick meint den aktuellen Moment. Es geht darum, in Kontakt zu sein mit der gegenwärtigen Situation.

Achtsamkeit ist eine Haltung. Es ist die Haltung, in möglichst allen Lebenssituationen wach zu sein. Genauer betrachtet, bezieht sich diese auf die körperliche und die geistige Haltung. Ein weiterer Aspekt dieser Haltung ist der des Nichtwertens. Im Unterschied zum Alltagsbewusstsein, in dem wir darauf angewiesen sind zu kategorisieren, bedeutet achtsam zu sein, die auftretenden Bewusstseinsinhalte *nicht* zu kategorisieren, sondern sie einfach nur wahrzunehmen.

Das Studium der rechten Achtsamkeit bezieht sich auf vier Grundlagen:

- *Achtsamkeit auf den Körper*: Das Studium des Atems bildet die Grundlage der Körperachtsamkeit. Die vier Haltungen (Liegen, Sitzen, Stehen und Gehen) und die Körperteile werden studiert (das Feste, Flüssige, Gasförmige, Warme und Kalte) und die Veränderungen des Körpers als kontinuierlicher Wandel realisiert. Dies meint die gelebte Verwirklichung, dass sich alles immer in Veränderung befindet, alle Phänomene in gegenseitiger Abhängigkeit entstehen und sich kontinuierlich gegenseitig beeinflussen.
- *Achtsamkeit auf die Gefühle*: Da wir Reaktionswesen sind, reagieren wir in jeder Situation mit Gefühlen von angenehm, unangenehm, weder/noch oder nicht greifbar, die wir genau studieren können. Diese Reaktionen beeinflussen all unser Handeln kontinuierlich. Von daher erhalten sie ihre Wichtigkeit.
- *Achtsamkeit auf die Geistesobjekte*: Hier werden alle Geistesinhalte wahrgenommen und genau untersucht

(Gedanken, Bilder, Assoziationen), wie sie entstehen und wohin sie gehen. Die Fähigkeit, den Geist von seinen Inhalten getrennt wahrzunehmen, ist ein entscheidender Schritt, Objekte als Erscheinungen im Geist wahrzunehmen. Darüber hinaus kann hier die Nichtidentifikation mit den Geistesinhalten eingeübt werden.
- *Achtsamkeit auf den Geist*: Der Geist ist die treibende Kraft, diesen Geist-Raum oder dieses Geist-Feld genau zu untersuchen. Hier wird noch einmal deutlich, dass wir die Achtsamkeit im Sinne eines Erweckens erlernen können.

Beginnend mit der Erforschung des Körpers bis hin zur Erforschung des Geistes ist es eine Praxis und zugleich der Weg eines Trainings. Im wahrsten Sinne des Wortes ist es ein Trainieren des Geistes, ein *Geistestraining*.

Meditation als formelle Praxis ist zeitlich begrenzt und bildet die Grundlage für die informelle Praxis der Achtsamkeit im Alltag, die wiederum Momente des Innehaltens einschließt.

Formelle buddhistische Meditation wird auf dem Meditationskissen[9] praktiziert, in einem geschützten Raum, zusammen mit anderen Meditierenden oder auch allein. Dabei unterscheiden sich die konkreten Formen der Praxis. Zen ist eine der Richtungen des Buddhismus, die besonderen Wert auf die *Praxis der Meditation als Weg zum Erwachen* legt. »Als kürzesten, aber auch steilsten Weg zum Erwachen lehrt Zen die Praxis des *Zazen*, des ›Sitzens in Versunkenheit‹« (Diener 1992: 243). Darin eingeschlossen ist meist auch eine bestimmte Form der Gehmeditation *(Kinhin)*. Außerhalb des *Zazens* wirkt im Alltag eine informelle Achtsamkeitspraxis im Gewahrsein für das Entstehen und Vergehen von Erfahrungen, ohne sofort darauf reagieren zu müssen bzw. es ist frei von *Verblendung (Täuschung)*. Praktisch bedeutet dies, achtsam hinsichtlich des ersten, ursprünglichen Kontaktes mit etwas zu sein. Es bedeutet, dass der erste ursprüngliche Kontakt sich nicht im Denken manifestiert, sondern sich im noch nicht sprachlichen Bereich befindet. Dies zu erfahren ist eine Fähigkeit, die durch Training oder Schulung erlernbar ist. Im Seminar werden diesbezügliche Studieneinheiten als Unterbrechungen für Stille eingebunden. Konkret ergibt sich eine solche *stille Zeit* durch ein Tonsignal mit der Zimbel, der Glocke oder der Stimme. Es handelt sich um eine *Musterunterbrechung* gewohnter Abläufe.

---

9 Alternativ kann ein Bänkchen oder ein Stuhl genutzt werden.

Der normalerweise ablaufende Prozess vom ersten Kontakt mit einem Objekt bis hin zum Bewusstsein von diesem Objekt (Denken) wird im Buddhismus in einer Abfolge von *fünf Skandhas* beschrieben und bezieht sich auf:

1. die Form
2. die Gefühle
3. die Wahrnehmung
4. die Form- und Willenskräfte
5. das Bewusstsein im Prozess ihres Entstehens (vgl. Weischede/Zwiebel 2009: 82ff.)

Dies ereignet sich im Bruchteil einer Sekunde und bleibt deshalb den meisten Menschen verborgen. »Die intuitive Intelligenz der Zweiten Skandha, die Energie der Dritten und die Intellektualisierung der Vierten vereinen sich zur Erzeugung von Gedanken und Gefühlen« (Trungpa 1975: 111f.). In der Wahrnehmungstheorie findet sich mit der Wahrnehmungskette[10] ein vergleichbares Modell, im neurowissenschaftlichen Kontext spricht man von emergierenden Mustern.[11]

Genau hinzuschauen, wird im Rahmen der Achtsamkeitspraxis als Fähigkeit entwickelt. Sie führt dazu, Handlungen in kleine Episoden aufzuteilen, um diese dann genau studieren zu können. Dabei stellen wir fest, dass jedes Detail selbst einen Prozess durchläuft. Etwas erscheint in unserem Bewusstsein, es wird sozusagen geboren, es entfaltet sich zu seiner ganzen Größe, dann beginnt ein Sterbeprozess, in dem das Objekt sich langsam auflöst und zum Schluss vollständig verschwindet. Damit ist diese Episode in sich abgeschlossen und kann Platz machen für ein neues Objekt der Achtsamkeit. Wir folgen einfach der jeweiligen Veränderung (vgl. Weischede/Zwiebel 2009: 63ff.). Dieser Prozess trifft sowohl auf Geistiges als auch Materielles zu. Alles ist diesem Ablauf des Entstehens und Vergehens unterworfen – das eine in sehr kurzen

10 Gerrig/Zimbardo (vgl. 2008: 110) beschreiben den Prozess der Wahrnehmung als dreistufigen Transformationsprozess (Empfinden, Organisieren, Identifizieren und Einordnen). Dabei unterscheiden sie in Bottom-up- und Top-down-Verarbeitung.

11 »Bei einem Menschen, der wach ist und Inhalte im Geist hat, entsteht Bewusstsein, wenn zum Geist eine Selbst-Funktion hinzukommt, die den geistigen Inhalt entsprechend den jeweiligen Bedürfnissen ausrichtet und so Subjektivität hervorbringt. Die Selbst-Funktion ist kein allwissender Homunculus, sondern innerhalb des virtuellen Musterungsprozesses, den wir Geist nennen, das emergente Ergebnis eines weiteren virtuellen Elements: eines erdachten *Protagonisten* für unsere geistigen Vorgänge« (Damasio 2011: 178; Hervorhebung im Original).

Zeitabläufen, anderes in sehr langen. So reiht sich eine jeweils in sich abgeschlossene Episode an die andere. Verbunden sind diese kleinen Einheiten nur dadurch miteinander, dass sie zeitlich aufeinander folgen und dass eine Einheit die Voraussetzung oder Grundlage der nächsten sein kann. Achtsamkeit als Prozess wird Schritt für Schritt erlernt und führt in Verbindung mit *Zazen* als dem *Stillen-Sitzen-in-Versunkenheit* zu mehr Klarheit. Achtsamkeit ist somit ein Werkzeug oder eine Praxis, die zu einer grundlegenden Transformation menschlicher Wahrnehmung und somit zu einem *erwachten Leben* führen kann, vollständig bewusst und wach für jeden einzelnen Moment.

Die Studierenden können im Verlauf des Seminars eine Ahnung davon entwickeln, wie sich die Wahrnehmung ihres Selbst verändert, wenn sie beginnen diese Praxis zu kultivieren. Darin erfahren sie zunächst eine Möglichkeit, mit belastenden Situationen souveräner umzugehen, vor allem aber lernen sie ihre Bewertungsmuster zu kontextualisieren bzw. zu relativieren und gelassener im Umgang mit sich und anderen zu werden. Dabei können sich bewusste und/oder situativ ergebende nichtbewusste Entscheidungen einstellen. Eine mögliche Weise, die hier skizzierten Reflexionsansätze kennenzulernen, wird nachfolgend im institutionellen Rahmen universitärer Lehre vorgestellt.

3. Zur Organisation des »Labors«

> »Become the laboratory by standing still, or sitting on the cushion provided. Proceed to do nothing. Relax your posture and attitude, and observe, with a light touch, whatever comes into experience. That's the experiment. Note the specific manifestation of mind as if they were data. Repeat as many times as you can this gesture of full presence, of mindfulness. The laboratory is now portable and you may carry it with you wherever you go. Keep track of your findings!«
>
> *Francisco J. Varela (2001: 448f.)*

Eine Auseinandersetzung mit dem eigenen Vorverständnis bzw. der eigenen Lernausgangslage markiert den individuellen Beginn des Seminars. Dazu formulieren die Studierenden einen kurzen Text und reichen diesen bei uns Lehrenden ein (vgl. 3.1). Rückmeldungen zu den Texten erhalten sie innerhalb eines in den Seminarkontext einführenden Treffens. Dieses dient außerdem der Verteilung von Themen und der Bildung von Kleingruppen für die selbst organisierte Vorbereitung einer Lerneinheit aus Präsentation und anschließender Moderation (vgl. 3.2 und 3.3). Es folgen zwei Blockveranstaltungen, bei denen freitags jeweils eine und samstags jeweils zwei thematische Lerneinheiten durchgeführt werden (vgl. 3.4 und 3.5).

Darüber hinaus geben wir Impulse aus unserer jeweiligen Perspektive, der konstruktivistischen und der buddhistischen. Methodische Grundlagen in der Gestaltung des Lehr- und Lernkontextes sind die Praxis der Achtsamkeit, der stillen Meditation *(Zazen)* und die des Dialogs. Den Seminarraum räumen wir dafür leer und reinigen ihn gemeinsam. An den Wänden entlang richten wir Meditationsplätze und in der Mitte des Raumes Sitzplätze im Stuhlkreis her.

Die institutionelle Verankerung einer Lehrveranstaltung bewirkt, dass Studierende ihren Arbeitsaufwand für ihren Abschluss anerkannt und benotet bekommen. Weil wir Meditation und die damit verbundene Selbsterforschung nicht bewerten, richtet sich unsere Bewertung darauf, wie sich ein Verständnis der konstruktivistischen und buddhistischen Theorien für die Erklärung von Selbsterforschungsprozessen und der daraus folgenden Erkenntnis (konstruktivistisch) bzw. eines möglichen Selbsterwachens (buddhistisch) zeigt. So gibt das Seminar auch einen Raum für intellektuelle Auseinandersetzungen mit den aus jahrtausendealter Erfahrung hervorgegangenen buddhistischen Konzepten. Dialogische und meditative Praxis befördern sich wechselseitig und erzeugen ein »angemessen ungewöhnlich[es]« (Andersen 2018: 34f.) Format universitärer Lehre, sowohl im Umgang mit kulturell vermittelten Wissensbeständen als auch im Umgang mit Nichtwissen. Nicht zu wissen ist mit den Worten von Shunryū Suzuki[12] Anfängergeist: »Im Anfänger-Geist gibt es viele Möglichkeiten, im Geist des Experten nur wenige« (Suzuki 2002: 22). Um diese angemessen ungewöhnliche Weise der Seminargestaltung zu illustrieren, werden hier zwei Anregungen und vier Bewertungen aus den Evaluationsbögen (2015-2020) zitiert:

»Anregen würde ich ...«

- »›Es sollten mehr Seminare in diesem Stil durchgeführt werden.‹« *(Evaluationsbogen WS 2015/16)*
- »›dass Fragen zum Referat genauer beantwortet werden (nicht ausweichen[d]).‹« *(Evaluationsbogen WS 19/20)*

---

12 Suzuki Shunryū (1905-1971) war japanischer Zen-Meister, kam 1958 in die USA und wurde zu einem der einflussreichsten Zen-Lehrer seiner Zeit. Auch durch ihn wurde Zen in den USA populär. In seiner Nachfolge praktiziert heute in den USA und in Deutschland u.a. Richard Baker Roshi (vgl. dharma-sangha.de/lehrende [letzter Zugriff 01.11.2024]).

Die letztgenannte Anregung kann als Ausdruck dessen verstanden werden, dass Fragen nach Erfahrungen tatsächlich keine eindeutigen Antworten zulassen und stattdessen der eigenen Erforschung von Antwortmöglichkeiten bedürfen. In Seminaren und Vorlesungen ist es ungewöhnlich, den Fragen von Studierenden in dieser Weise *auszuweichen* bzw. die Fragen an die Fragenden zurückzugeben.

»Besonders gut gefallen an dieser Lehrveranstaltung hat mir …«

- »›die lockere Atmosphäre, die gute Betreuung durch die Dozenten, dass man für sich selbst etwas lernt,was man auch mitnehmen kann, Selbsterfahrungen im Seminar, etwas ganz anderes im Alltag ausprobiert.‹« *(Evaluationsbogen SoSe 2016)*
- »›die Atmosphäre im Raum, es ist toll, dass wir gemeinsam den Raum für unser Seminar herrichten und auch gemeinsam wieder aufräumen. Durch die Einteilung in die Referate wurden neue Freundschaften geschlossen und man bekommt von den anderen immer wieder Anregungen, mit Achtsamkeit durch den Alltag zu gehen, das ist super und man ist somit offener für neue Erfahrungen. Da das Meditieren mir alleine zu Hause schwerfällt, stellt das Seminar für mich einen sehr großen Anhaltspunkt dar, da ich weiß, dass das Meditieren in der großen Gruppe klappt. Ich bleibe auf alle Fälle beim Meditieren und hoffe, dass es mir von Mal zu Mal besser gelingen wird.‹« *(Evaluationsbogen WS 2018/19)*
- »›Ich freue mich, dass überhaupt eine solche Veranstaltung angeboten wird.‹« *(Evaluationsbogen WS 2018/19)*
- »›Die positive Atmosphäre und die interessanten Diskussionen. Kein Druck reden zu müssen. Ein aufgenommenes [sic!] Gefühl entgegengebracht zu bekommen.‹« *(Evaluationsbogen WS 2019/20)*

Besonders an den Samstagen, an denen wir den bereits vorbereiteten Raum betreten, entsteht eine besondere Atmosphäre durch schweigendes Ankommen im »Labor«, 20 Minuten *Zazen*, zehn Minuten formelle Gehmeditation *(Kinhin)* und 20 Minuten *Zazen*. Dem Raum wird auch dadurch eine ungewohnte Konnotation zuteil, die im Kontrast zur traditionellen Nutzung von Seminarräumen steht.

Motivationsschreiben (Studienvorleistung)

Die vorab eingereichte Studienleistung soll folgende Fragen beantworten:

- Warum entscheide ich mich für dieses Seminar?
- Wie kann ich mich zum Gegenstand meiner eigenen Forschung machen?
- Wie verstehe ich eine solche Wissenschaft?

Qualitativ zeigt sich in den Ausarbeitungen das Bedürfnis nach Ruhe und Entspannung.

> »Ähnlich häufig, wie das Interesse an der Thematik, ist der Wunsch nach einem Werkzeug zur Entspannung und Stressbewältigung. Die Bewerber äußern den Bedarf, ›[...] neue Möglichkeiten der Entspannung kennen zu lernen‹ [...]. Aufgrund der hohen Belastung des Studienalltags, zusätzlich zu der familiären Situation, sei das Erlernen von Entspannungstechniken und Stressbewältigungsstrategien wünschenswert.«
>
> *Fiene Weigel (2014: 11)*

Während der Abschussreflexion am Ende des zweiten Blockseminars konkretisieren die Teilnehmer:innen ihren Lernerfolg unter Bezugnahme auf ihr *Motivationsschreiben* und vervollständigen auf diese Weise den Lernprozess.

Einführung in den »Labor«-Kontext (Einzeltermin)

In einer einführenden Veranstaltung von 90 Minuten erfolgt die Vorstellung thematischer Schwerpunkte für Seminarbeiträge, die in Kleingruppen vorbereitet, im Seminar präsentiert und zum Gegenstand der Bewertung werden. Die Themen beziehen sich auf folgende Begriffe:

- Achtsamkeit
- Buddhismus
- Leerheit
- Geist und Bewusstsein
- Selbst

Diese inhaltliche Ausrichtung auf die oben angegebenen Schwerpunkte ist eine Vorgabe seitens der Lehrenden und soll genügend Raum für Wiederholungen und Relationen zwischen den Themen selbst als auch zwischen westlichen und östlichen Perspektiven eröffnen. »Achtsamkeit« und »Buddhismus« bilden die grundlegenden Themen am ersten

Wochenende. In dieser Blockveranstaltung erarbeiten wir auch konkrete Ideen zur täglichen Achtsamkeitspraxis zwischen den Seminarterminen, zur Nutzung eines Praxistagebuchs und laden zur regelmäßigen Zen-Meditation in den Raum der Stille ein.

Im Verlauf des zweiten Seminarwochenendes folgt die Vertiefung durch das Thema »Leerheit«, bezogen auf die Aktivitäten des Geistes, und die Funktion des Bewusstseins. Abschließend geht es um das Konzept des Selbst, wie es in der westlichen Perspektive u.a. von Kenneth Gergen (vgl. 2002: 147-178) herausgearbeitet wurde. Für Gergen »fungieren die individualistischen Annahmen wie Scheuklappen« (ebd.: 155), anders jedoch verhält es sich mit seiner Annahme eines in Beziehungen eingebundenen Selbst.

Inhaltliche Auseinandersetzung (Vorbereitung und Studienleistung)

In Gruppen mit einer durchschnittlichen Stärke von fünf bis sechs Teilnehmer:innen erarbeiten die Studierenden außerhalb der Seminarzeit buddhistische und – bezogen auf das Thema »Selbst« – konstruktivistische Perspektiven durch das Studium relevanter Literatur. Sie halten einen Impulsvortrag für eine etwa 15-minütige ›sichere Zeit‹ (planbarer bzw. vorhersehbarer Zeitabschnitt). Darüber hinaus übernehmen sie die Verantwortung für weitere 75 Minuten in Form einer Moderation von ›unsicherer Zeit‹. Hier üben sie sich in einer dialogischen Arbeitsweise und darin, situationsbezogen zu agieren und, mit den Worten von Alan Watts (1955), ein Gespür von »Weisheit [...] ungesicherten Lebens« zu entwickeln. Zum gewählten Themenschwerpunkt erstellen sie ein Handout. Abschließend sollen Fragen formuliert sein, für die trotz intensiver Beschäftigung mit der Thematik noch keine Antworten gefunden werden konnten: Forschungsfragen für das »Labor auf dem Sitzkissen«. Auf besondere Weise dokumentieren die unten angeführten Beispiele zu den Forschungsfragen auch die inhaltliche Ausrichtung des Seminars:

- »Wo ›sitzt‹ das Bewusstsein?« (Handout SoSe 2011)
- »Was passiert mit den eigenen Gedanken während der Meditation?« (Handout WS 2011/12)
- »Was bleibt von mir, wenn ich mich von meinem Konzept des ›Ich‹ löse?« (Handout SoSe 2013)
- »Wie kann etwas aus dem Nichts entstehen?« (Handout WS 2014/15)
- »Wie kann man ein Konzept aufstellen, das alle Konzepte in Frage stellt?«
- »Warum waren gerade die asiatischen Länder

prädestiniert für eine Glaubensrichtung wie den Buddhismus?« (beide Handout SoSe 2015)

- »›Sicherheit gibt es nur im Fluss des Lebens‹ – Ist nicht auch der Fluss des Lebens nur ein Konzept?« (Handout WS 2015/16)
- »Wie könnte eine Welt funktionieren, in der sich alle den Kernaussagen der Leerheit ›bewusst‹ sind und danach leben?«
- »Wer bin ich eigentlich?« (beide Handout SoSe 2016)
- »Werden wir gelebt? Wie kann man Geist beenden?« (Handout WS 2016/17)
- »Was ist die ›Erleuchtung‹?« (Handout SoSe 2017)
- »Wie findet man die, für einen [selbst] passende buddhistische Schule?«
- »Wo ist die Grenze zwischen Achtsamkeit und Meditation?«
- »Wenn ihr über eure Wirklichkeit nachdenkt, habt ihr Bedenken, dass ihr getäuscht werdet?«
- »Kann man sich selbst finden oder auch verlieren?« (alle Handout SoSe 2019)
- »Inwieweit kann man humorvoll sein, wenn man nur wahrnimmt ohne Bewertung?« (Handout WS 2019/20)
- »Was ist nun die Wirklichkeit?« (Ebd.)

Auf der Suche danach, wie die Erfahrung eines beständigen Selbst entsteht, beziehen sich die Fragen sowohl auf konstruktivistische als auch auf buddhistische Aspekte. Zum einen spiegelt sich hierin ein Bedürfnis nach Erkenntnis und zum anderen ein Bedürfnis nach Erfahrung. Darüber hinaus stellen die Studierenden Verbindungen zu aktuellen Erkenntnissen in Bereichen der Quantenphysik und der Bewusstseinsforschung sowie dem Welt- und Selbsterleben in Zeiten von Globalisierung her und reflektieren das Selbst im Hinblick auf die gegenwärtigen Möglichkeiten und Gefahren in digitalen Netzwerken.

Sich selbst erforschen in der Meditation (Blockseminar: »Labor«-Kontext)

Am Beginn des Seminars stehen angeleitete Meditationen, später nimmt der Anteil der schweigenden Zen-Meditation zu. Meditative Praxis führt dazu, die Welt weniger getäuscht oder gar ungetäuscht bzw. direkt zu erfahren (vgl. Weischede 2012). Die dem Seminar zugrunde gelegte Form der Meditation ist *Zazen*, stilles Sitzen, aufgerichtet den Atem spürend mit einem ruhigen und klaren Geist.

Sprache wird in der Praxis der Zen-Meditation darauf begrenzt, dass Anfänger:innen angeleitet werden, ihren Atem zu zählen. Die reinste Form ist schließlich, einfach ohne unterstützende Hilfsmittel zu sitzen

(*Shikantaza*[13]). Es handelt sich um ein Aussteigen aus der Gewohnheit, immer absichtsvoll und zielorientiert zu denken bzw. etwas zu tun. Das ›Ziel‹ der Zen-Meditation ist das Erwachen. Es ist das Erwachen in den jeweiligen jetzigen Augenblick, das Heraustreten aus der Dualität, das Fallenlassen aller Unterscheidungen hinein in die Nichtzweiheit.

Im Verlauf eines Seminartages wird zu Beginn und am Ende Zeit für *Zazen* eingeplant. Zwischenzeitlich erfolgt der Einbezug von weiteren Achtsamkeitsübungen. Eine einfache, und regelmäßig eingefügte, informelle Achtsamkeitsübung besteht darin, Körperpositionen wahrzunehmen: Wie fühlt es sich an, zu liegen, zu stehen, zu gehen und zu sitzen? »Wie fühlt sich Ihr Sitzen oder Liegen an, während Sie dies hier lesen? Spüren Sie Ihre Sitzhöcker, spüren Sie die Aufrichtung Ihrer Wirbelsäule? Wie fühlt sich die Haltung Ihres Kopfes an? Geben Sie Ihrem Atem genügend Raum? Stehen Sie z.B. von Ihrem Stuhl auf! Dabei beugen Sie den Rumpf nach vorn, spannen Ihre Beinmuskeln an und kommen zum Stehen. Wenn die stehende Aufrichtung ganz erreicht wurde, ist der Akt des Aufstehens beendet und abgeschlossen.« Solche Übungen unterbrechen den gewohnten Tagesablauf. »Achtsam halten wir einen Augenblick inne, bevor wir den ersten Schritt tun. Wir gehen zu unserem anvisierten Ziel. Angekommen halten wir wieder einen Augenblick inne und schließen diesen Vorgang ab, sind angekommen.« Eine weitere Übung ist mit einem gemeinsamen Essen verbunden, schweigend und gegenwärtig. Ähnlich wie bei der Rosinenübung (vgl. Kabat-Zinn 2013: 82f.) wird zum achtsamen Essen eingeladen. Das sind einfache Übungen, die die Studierenden in ihren Alltag mitnehmen können.

Im Rahmen des Seminars kann es nicht darum gehen, Erfahrungen vergleichbar mit denen langjähriger Meditationspraxis anzustreben. Ein Beitrag des Seminars kann jedoch darin gesehen werden, erste Kontakte mit dieser formellen Praxis zu ermöglichen.

Sich selbst erforschen im Dialog (Blockseminar: »Labor«-Kontext)

Das Gespräch erhält neben der Meditation eine große Bedeutung für den Austausch über Erfahrungen im Prozess der Selbsterforschung. Angestrebt wird eine dialogische Praxis in Anlehnung an Martin Buber und David Bohm und die Kernfähigkeiten[14] der Dialogpraxis. Dabei entsteht

---

13 *Shikantaza* heißt, nichts als (*shikan*) treffend (*ta*) sitzend (*za*).

14 Die Kernfähigkeiten für dialogische Praxis sind (vgl. Hartkemeyer/Hartkemeyer/Dhority 1998: 78-94): 1. Die Haltung eines Lerners verkörpern, 2. radikaler Respekt, 3. Offenheit, 4. ›Sprich von Herzen‹, 5. Zuhören, 6. Verlangsamung, 7. Annahmen und Bewertungen ›suspendieren‹, 8. produktives Plädieren, 9. eine erkundende Haltung üben, 10. den Beobachter beobachten.

ein direkter Bezug zu den Lerninhalten durch die angestrebte Fähigkeit, »den Beobachter beobachten« zu lernen (vgl. Hartkemeyer/Hartkemeyer/Dhority 1998: 94f.; Gergen 2002: 179–208). Sowohl die Lehrenden als auch die Studierenden definieren eine Gesprächskultur von Person zu Person auf Augenhöhe, die gegenseitige Belehrungen ausschließt, aber vielfältige Ideen zulässt. Jede Aussage wird wertgeschätzt. Sie ist in ihrer Aussagekraft darin begrenzt, direkte Erfahrung auszudrücken, weil sie das Denken in Begriffen voraussetzt. Insofern verbleiben Erfahrungen auch im nichtsprachlichen, zwischenmenschlichen Raum. Studierende berichten am Ende des Seminars darüber, dass sie wirksame Veränderungen im Interaktionsgeschehen bemerken konnten.

Praxistagebuch

Im Rahmen des Seminars werden die Teilnehmer:innen angehalten, ein Praxistagebuch zu führen, in dem Veränderungen notiert werden können. Die Entscheidung für die *Formen* der Auf-Zeichnungen bleibt den Studierenden überlassen. Zu diesen persönlichen Notizen fordern wir keinen Zugang ein.

4. Vergleichende Überlegungen zur Relation von MBST® und »Labor auf dem Sitzkissen«

> »Geist ist nicht wie Materie. Von etwas Materiellem kann man sich ein Bild machen und darüber meditieren – das ist beim Geist nicht so. Aber es gibt doch eine Möglichkeit, sich den Geist zu vergegenwärtigen, und die besteht darin, ihn von äußeren Gegenständen abzuziehen. Ohne die Ausrichtung auf seine Gegenstände bleibt der Geist allein übrig. Wenn Sie Achtsamkeit üben, haben Sie dadurch die Möglichkeit, die Ablenkung ihres Geistes durch äußere Gegenstände zu verhindern. Dann können Sie über ihren Geist meditieren. […] So kommen Sie nach einiger Zeit zu einer Erfahrung von Klarheit und Luzidität.«
>
> *Dalai Lama (zitiert nach Hayward/Varela 2007: 159)*

Im Hinblick auf meine Erfahrungen als Lehrende erlebe ich im MBST® vor allem die konkreten Anleitungen und die Fokussierung auf praktische Übungen als Bereicherung. Hier geht es in erster Linie um die Vermittlung von Erfahrungswissen. Darüber hinaus ermöglicht mir das »Labor auf dem Sitzkissen« den Dialog zwischen östlicher und westlicher Kultur im Hinblick auf das Konzept des Selbst zu führen.

Hier ereignet sich Vermittlung von kulturellem Wissen, das zum Verständnis von Erfahrungen herangezogen werden kann.

Die Übungen im MBST® erfuhr ich manchmal als sehr eng mit meiner persönlichen Zen-Praxis verbunden und manchmal auch im Kontrast dazu. Als Beispiel möchte ich den Umgang mit Fehlern erwähnen. In meiner Zen-Praxis studiere ich, Fehler und die damit einhergehenden Reizreaktionen zu bemerken, ohne diesen Reizreaktionen zu folgen, sondern die Situation vollständig zu durchleben. Im MBST® schließe ich jedoch in meine Anleitung ein, Haltungen zu korrigieren, die das Wohlbefinden stören bzw. eine angenehmere Position zu wählen. Diese Unterschiede zwischen persönlicher Zen-Praxis und der Praxis als MBST®-Trainerin zu bemerken und ihnen nachzuspüren, hat mich tief beeindruckt.

Studierenden kann ich auch deshalb beide Seminare empfehlen, weil sie auf unterschiedliche Weise auf das *Potenzial* von Geistesgegenwart und -klarheit ausgerichtet sind. In beiden Seminarformaten wird Achtsamkeit als obligatorischer Studienanteil im Wahlpflichtbereich definiert. Damit kann ein Verständnis von Bildung transportiert werden, das weiter als bisher und transformierend gedacht wird. »Als gebildet sind [...] diejenigen anzusehen, die ihr Denken, Fühlen und Handeln im Bewusstsein der sich in ihnen zu Wort meldenden emotionalen und kognitiven Wiederholungen – und [sind] diese auch nur ein Aufgreifen souffllierter Rede – zu artikulieren vermögen« (Arnold 2009: 131).

Während Menschen handeln oder sich beispielsweise in einer Lehrveranstaltung befinden, denken sie über Dinge aus der Vergangenheit oder über Dinge in der Zukunft nach. Sie sind oft unreflektiert und verfangen sich in automatisierten Verhaltens- und Erlebensmustern. Dieser *Autopilotenmodus* (vgl. Kabat-Zinn 2013) wird durch eine Achtsamkeitspraxis durchbrochen, deren Ziel es ist, das Bewusstsein wieder in den gegenwärtigen Augenblick zu holen.

Achtsamkeit ist eine besondere Form der Aufmerksamkeitslenkung zur Überwindung automatisch ablaufender Wiederholungen. Diesbezüglich treffen sich die im »Labor auf dem Sitzkissen« vertretene

- *konstruktivistische Perspektive* – Selbsterkenntnis – und die
- *buddhistische Perspektive* – Selbsterwachen – und werden ergänzt durch die im Rahmen des MBST® relevante
- *gesundheitliche Perspektive* – Selbststärkung.[15]

15 Zu den Etappen der Popularisierung und den damit einhergehenden Prozessen einer Ver- und Entweltlichung von Achtsamkeit mit den unterschiedlichen Vorstellungen über Selbst und Welt vgl. Schmidt 2020 sowie das Kapitel III.2 in diesem Buch.

Im Unterschied dazu führt buddhistische Meditation schließlich zu einer Überwindung des Anhaftens an ein Selbst. Konstruktivistische Perspektiven zum Selbst fokussieren sowohl auf kognitive als auch affektive Erkenntnisse. Auf diese Weise ergänzen sich drei verschiedene Perspektiven in Prozessen der Selbsterforschung. Es lässt sich eine institutionelle Organisation vorstellen, in der MBST® den spezifischen Angeboten (Zen-Meditation, *Vipassanā*, christliche Meditation oder transzendentale Meditation) vorangestellt wird. Auf der Basis der Erfahrung von Achtsamkeit im MBST® erfolgt durch die daran anschließenden Angebote eine kritische Einordnung in alte und jüngere Traditionslinien meditativer Praxis und deren Schnittstellen mit aktuellen naturwissenschaftlichen Ansätzen zur Erforschung des Bewusstseins.[16] Während das MBST®-Format, auf einem evaluierten Curriculum basierend, von entsprechend geschulten MBST®-Trainer:innen umgesetzt wird, steht das »Labor auf dem Sitzkissen« in stärkerer Abhängigkeit von den Lehrpersonen und deren Setzungen in Relation zur eigenen Meditationspraxis. Im Besonderen können die Lehrenden durch eine Haltung verkörperter Erfahrung der jeweils angebotenen und angesprochenen Meditation überzeugen. Im »Labor auf dem Sitzkissen« bietet sich ein intellektueller Raum für den interdisziplinären Dialog von zwei Lehrenden zu den oben beschriebenen Schnittstellen östlicher und westlicher Weisheit.

Im MBST® dominieren angeleitete Übungen, der dialogische Austausch bezieht sich hauptsächlich auf Erfahrungen und ganz bewusst nur zu einem kleinen Teil auf explizite Theorien. Damit ist eine Form gegeben, die sich in Studienstrukturen, konkret z.B. modular als *Übung*, oder in Konzepten zum universitären Gesundheitsmanagement verankern lässt. Im »Labor auf dem Sitzkissen« werden zentrale Aspekte der buddhistischen Lehre erkannt und zum Teil mit der eigenen Erfahrung in Verbindung gesetzt. Liefert Achtsamkeitspraxis den Zugang, kann Zen-Meditation Vertiefung und Geistesschulung anbieten.

> »Die erste große Entdeckung der Achtsamkeitsmeditation ist [...] meist keine umfassende Einsicht in die Natur des Geistes, sondern die eindringliche Erkenntnis, wie stark wir in der Regel von unserer Erfahrung getrennt sind [...]. Der Meditie-

16 Die wechselseitige Aufmerksamkeit für die unterschiedlichen Methoden von Wissenschaft und Meditation zur Erforschung kognitiver Prozesse bildet sich in den seit 1987 regelmäßig stattfindenden Veranstaltungen des Mind & Life Institute ab, die im Ergebnis eines Treffens von drei Visionären entstehen konnten: dem 14. Dalai Lama Tenzin Gyatso, Francisco Varela und Adam Engle (vgl. mindandlife.org/ [letzter Zugriff 01.11.2024]; vgl. auch Hayward 1987).

> rende entdeckt, dass jene abstrakte Haltung […] der Wissenschaft und Philosophie […] in Wahrheit die Haltung des unachtsamen täglichen Lebens ist.«
> *Francisco J. Varela/Evan Thompson/Eleanor Rosch (1992: 47)*

Beobachtungen zu beobachten, beginnt mit diesem *Bemerken*! So werden durch beide Seminarformate reflexive Kompetenzen gefördert, die eigene Verortung in der Welt zu bemerken und von dort aus den persönlichen Möglichkeitsraum zu erweitern. Die Kompetenz, den eigenen theoretischen Standort zu markieren und im Netzwerk von theoretischen Perspektiven navigieren zu können, verweist auf eine spezifische Qualität im wissenschaftlichen Studium. Die Praxis der Achtsamkeit und Meditation stellt ein *Handwerkszeug* zur Verfügung, um dieser Sichtweisen gewahr zu werden. Eine Welt in ihrer Unbeständigkeit zu studieren, erfordert regelmäßige und ausdauernde Praxis achtsamer Präsenz.

Wilfried Belschner (vgl. 2010) weist darauf hin, dass die auf Seiten der Forschenden vorgenommenen Unterscheidungen verschiedener Perspektiven selten auf das weite Spektrum zwischen dualer und nondualer Präsenz bezogen, sondern vielmehr nur Ergebnisse erfasst werden.

> »In den Forschungsberichten wird nun jedoch meist der Eindruck erweckt, dieses Oszillieren zwischen verschiedenen Zuständen des Wachzustandes würde gar nicht stattfinden, sondern die Forscher:innen würden sich während des Forschungsprozesses immer nur in einem Zustand, dem des rationalen Kalküls, befinden.«
> *Francisco J. Varela/Evan Thompson/Eleanor Rosch (1992: 91)*

Humberto Maturana (1990: 126) betont, dass wir »keine Probleme oder Fragen der wissenschaftlichen Analyse und Erklärung außerhalb unserer selbst in einer unabhängigen Welt« finden. Diese Zusammenhänge verweisen aus konstruktivistischer und buddhistischer Sicht auf die Art und Weise der Herstellung von Wirklichkeiten und erlauben die Frage danach, vor »welchen Herausforderungen […] die menschliche Erfahrung [steht], wenn wir den Geist wissenschaftlich erforschen« (Varela/Thompson/Rosch 1992: 11). Außerdem geht es um die Ausbildung in Selbst- und Fremdwahrnehmung im Sinne einer »Metabildung« (vgl. hierzu Albrecht/Güngör/Sandbothe 2020).

Eine systematische Beziehung zwischen beiden Seminarformaten könnte institutionell (z.B. in der Studienordnung) so gestaltet werden, dass das Achtsamkeitstraining (MBST®) ein niedrigschwelliges Angebot für den Einstieg in eine regelmäßige Praxis sein kann. Um diese zu intensivieren, kann sich ein wie auch immer ausgerichtetes »Labor« im Wahlpflichtbereich anschließen. Indem beides modular verankerte Seminare sind, erleben Studierende diese Bildungsangebote in einer Gleichwertigkeit zu anderen Seminarangeboten. Konsequent wäre es, wenn MBST® einen Platz im Pflichtbereich der Hauptstudienrichtungen erhalten würde. Weitere Angebote würden eine Kultivierung von formeller Meditation und Achtsamkeitspraxis im Studienalltag befördern. Dieser Artikel soll einen Beitrag dazu leisten, sowohl säkulare als auch spirituelle (religiöse) Rahmungen von Achtsamkeit und Meditation als Angebot nachhaltiger Bildung im Zusammenhang mit gegenwärtigen gesellschaftlichen Herausforderungen noch selbstverständlicher in Seminaren zu verorten, wie das bereits in etlichen Hochschulen der Fall ist (siehe die anderen Kapitel in diesem Buch sowie Dievernich/Döben-Henisch/Frey 2019, Albrecht/Güngör/Sandbothe 2020; Bruin 2021).

5. Implikationen für eine nachhaltige Praxis und Ausblick

> »Um zu reflectieren, muß der Geist in seiner fortschreitenden Tätigkeit einen Augenblick still stehen, das eben Vorgestellte in eine Einheit fassen, und auf diese Weise, als Gegenstand, sich selbst entgegenstellen. Die Einheiten, deren er auf diesem Weg mehrere bilden kann, vergleicht er wiederum untereinander, und trennt und verbindet sie nach seinem Bedürfnis.«
>
> *Wilhelm von Humboldt*
> *(1795/96, zitiert nach Gumin/Meier 2006: 32)*

Soziale Situationen erfordern verantwortliches professionelles Handeln im jetzigen Augenblick, achtsam mit sich selbst und der/dem anderen, bewusst im Augenblick und ohne zu urteilen. Alltagshandeln hingegen ist häufig geleitet von automatisch ablaufenden Prozessen mit Vorurteilen gegenüber sich selbst und anderen.

> »Einander beobachtend und ohne möglichen Bezug zu objektiven Kausalgesetzen definieren Menschen ihre Rollen als Pädagog:innen oder als Schüler:innen und ihre Beziehungen. Es handelt sich um Vorstellungen von Kausalitäten. Diese führen zu Kausalplänen auf der Handlungsebene. Eine Reflexion von Kausalplänen und Rollen ist erforderlich, wenn die eine oder die andere Ausrichtung für gut befunden wird und das pädagogische Handeln bestimmen soll.«
>
> *Birgit Jäpelt (2017: 173f.)*

Es geht um bewusste Unterscheidungen von Beschreibung, Erklärung und Bewertung, eine Kompetenz für den reflektierten Umgang mit den zunehmend komplexer werdenden Wissensbeständen. Achtsamkeitspraktizierende Lehrer:innen z.B. unterrichten deutlich schülerzentrierter, prozess- und motivationsorientierter. Geschlussfolgert werden kann,

> »dass Lehrkräfte, die über ein breites Reservoir an personal-psychischen Ressourcen verfügen (insbesondere Selbstwirksamkeit, Achtsamkeit und Ungewissheitstoleranz, Distanzierungsfähigkeit, emotionale Stabilität), offenbar Unterrichtsformen bevorzugen, die weniger störanfällig sind, was sich dann als subjektives Belastungsempfinden indirekt wiederum auf ihre Gesundheitssituation auswirken kann«.
> *Elke Döring-Seipel/Heinrich Dauber (2013: 115)*

Den Lehrenden im Hochschulkontext kommt eine entscheidende Bedeutung für die Kultivierung von formeller und informeller Achtsamkeitspraxis zu. Verlässliche Angebote wie das zwölfwöchige Achtsamkeitstraining für Lehrende (MBTT® 1.0) und die darauf aufbauenden fünf Module der Zertifikatsausbildung Achtsame Hochschullehrende (ZAH® 1.0) sollten institutionalisiert werden und so Beständigkeit im Hochschulkontext sichern. Auf diese Weise treffen in Achtsamkeit geschulte Lehrende auf ebenso kundige Studierende und integrieren selbstverständlich Achtsamkeitsübungen in den Seminarverlauf (siehe hierzu exemplarisch Kapitel II.2 in diesem Buch). Achtsamkeit als Schlüsselqualifikation ist aus der Pädagogik nicht mehr wegzudenken, und die Fähigkeit zur Selbsterforschung und -reflexion ist zentral für eine achtsame Pädagogik in Hochschule, Schule und anderen Bildungsinstitutionen (vgl. Kaltwasser 2016).

Selbstreflexion bedeutet nach Arnold zweierlei:

> »Zum einen die ständige Bewusstheit um die Konstruktivität der Wirklichkeit, zum anderen eine Bewusstheit um das eigene Eingebettetsein in die beobachteten inneren und äußeren Kontexte. Beide Bewusstheiten kennzeichnen eine Bildungsbewegung, in welcher die Beobachtung zur Selbst-Beobachtung wird; indem ich lerne, mich selbst bei der inneren Inszenierung der als äußerlich angenommenen Wirklichkeiten zu beobachten, werde ich zurückhaltender und auch schweigsamer.«
> *Rolf Arnold (2009: 130)*

Mit Blick auf die gesundheitsfördernde Wirkung von Achtsamkeit geht es darüber hinaus um Angebote für technische, wissenschaftliche und Verwaltungsmitarbeiter:innen, wie das im Rahmen des Thüringer Modells *Achtsame Hochschulen* entwickelte Achtsamkeitstraining für Mitarbeitende (MBET® 1.0) und eine intensive Koordination mit bereits bestehenden Angeboten im Rahmen der Gesundheitsförderung, z.B. Universitätssport. Diese könnten um bewusste Pausengestaltung mit Übungen zur Achtsamkeit, Entspannungsverfahren und Räumen der Stille ergänzt werden. Eine besondere Herausforderung besteht darin, externe Meditationsangebote für Studierende, Mitarbeiter:innen, Lehrende und andere Interessierte an Praxisorten zu vermitteln, an denen die Teilnahme an einem Retreat ermöglicht werden kann (siehe Kapitel I.6 in diesem Buch sowie Bruin 2021: 31-36).

Gegenwärtig macht sich die Sorge um eine Verbindung von Stressresistenz und Leistungssteigerung durch Achtsamkeit bemerkbar. Dies steht im Gegensatz zu fernöstlichen buddhistischen oder yogabezogenen Traditionen, die mit Begriffen wie Absichtslosigkeit, Anfängergeist, Nichtwissen und Nichtdenken operieren. Deshalb möchte ich mich abschließend auf den regelmäßig stattfindenden Kongress »Meditation und Wissenschaft«[17] beziehen. Das Thema im Jahr 2018 war: »Meditation zwischen Abgrund und Nirvana – Selbstoptimierung für eine neue Welt?« In seinem Vortrag auf eben diesem Kongress betont Gert Scobel (vgl. 2018b), dass es Zeit sei für *DeepMindfulness* im Unterschied zu *McMindfulness*. Achtsamkeit markiere erst den Anfang, denn in Wahrheit ginge es um Meditation. Er fordert eine Praxis im Bemühen um eine aufgeklärte und zukunftsfähige Gesellschaft auf der Basis eines veränderten Selbst durch Klärung des Geistes, ein Fallenlassen aller Unterscheidungen und einer damit verbundenen Fähigkeit, sich im »NichtDenken« zu verankern (Scobel 2018a). »Jede lebendige Situation hat wie ein Neugeborenes, trotz ihrer Ähnlichkeit, ein neues Gesicht, nie da gewesen, nie wiederkehrend. Sie verlangt eine Äußerung von dir, die nicht schon bereitliegen kann. Sie verlangt Gegenwart, Verantwortung, Dich.« (Buber 1986: 6)

17 Vgl. meditation-wissenschaft.org/ [letzter Zugriff 01.11.2024].

Literatur

Albrecht, Reyk/Güngör, Lena/Sandbothe, Mike (2020): »Achtsamkeit als Metabildung in der digitalen Gesellschaft«, in: Johannes Achatz/Reyk Albrech/Lena Güngör (Hg.), *Digitalisierung – Werte zählen?*, Würzburg, S. 157–170.

Andersen, Tom (2018): *Das Reflektierende Team: Dialoge und Dialoge über die Dialoge*, Dortmund.

Arnold, Rolf (2009): *Seit wann haben Sie das? Grundlinien eines emotionalen Konstruktivismus*, Heidelberg.

Baker, Richard (2004): »Leerheit – nicht Heiligkeit. Über die Handwerkskunst der Zen-Praxis (Teil 1)«, in: *Buddhismus aktuell* 18(2), S. 36–39.

Belschner, Wilfried (2010): *Forschen, erfahrungsbasiert. Eine bewusstseinspsychologische Perspektive*, Kröning.

Bruin, Andreas de (2021): *Achtsamkeit und Meditation im Hochschulkontext. 10 Jahre Münchner Modell*, Bielefeld.

Buber, Martin (1986 [1953]): *Reden über Erziehung*, Heidelberg.

Ciompi, Luc (1997): *Die emotionalen Grundlagen des Denkens: Entwurf einer fraktalen Affektlogik*, Göttingen.

Damasio, Antonio R. (2011): *Selbst ist der Mensch: Körper, Geist und die Entstehung des menschlichen Bewusstseins*, München.

Diener, Michael S. (Hg.; 1992): *Lexikon des Zen*, Berlin.

Dievernich, Frank E.P./Döben-Henisch, Gerd-Dietrich/Frey, Reiner (2019): *Bildung 5.0: Wissenschaft, Hochschulen und Meditation. Das Selbstprojekt*, Weinheim.

Döring-Seipel, Elke/Dauber, Heinrich (2013): *Was Lehrerinnen und Lehrer gesund hält. Empirische Ergebnisse zur Bedeutung psychosozialer Ressourcen im Lehrerberuf*, Göttingen.

Foerster, Heinz von (2006): »Entdecken oder Erfinden? Wie läßt sich Verstehen verstehen?«, in: Heinz Gumin/Heinrich Meier (Hg.), *Einführung in den Konstruktivismus*, München, S. 41–88.

Gendlin, Eugene (2017): *A Process Model*, Evanston.

Gergen, Kenneth J. (2002): *Konstruierte Wirklichkeiten. Eine Hinführung zum Konstruktionismus*, Stuttgart.

Gerrig, Richard J./Zimbardo, Philip G. (2008): *Psychologie*, München.

Glasersfeld, Ernst von (2006): »Konstruktion der Wirklichkeit und des Begriffs der Objektivität«, in: Heinz Gumin//Heinrich Meier (Hg.), *Einführung in den Konstruktivismus*, München, S. 9–39.

Gumin, Heinz/Meier, Heinrich (Hg.; 2006 [1992]): *Einführung in den Konstruktivismus*, München.

Hartkemeyer, Martina/Hartkemeyer, Johannes F./Dhority, L. Freeman (1998): *Miteinander denken. Das Geheimnis des Dialogs*, Stuttgart.

Hayward, Jeremy (1987): *Shifting Worlds, Changing Minds*, Boston.

Hayward, Jeremy/Varela, Francisco J. (2007): *Gewagte Denkwege: Wissenschaftler im Gespräch mit dem Dalai Lama*, München/Zürich.

Jäpelt, Birgit (2014): »Erweiterung von Möglichkeitsräumen durch eine differenzierte Betrachtung der Prozesse des Beobachtens. Der ›gute Geist‹ des Helfens – eine Beziehung zwischen Konstruktivismus und Buddhismus«, in: *Systemische Pädagogik* 4, S. 40–50.

Jäpelt, Birgit (2017): »Der ›sonderpädagogische Blick‹. Vom Erkenntniswert besonderer Perspektiven in der Gestaltung pädagogischer Wirklichkeiten«, in: Magdalena Gercke/Saskia Opalinski/Tim Thonagel (Hg.), *Inklusive Bildung und gesellschaftliche Exklusion. Zusammenhänge – Widersprüche – Konsequenzen*, Wiesbaden, S. 167-186.

Jäpelt, Birgit/Weischede, Gerald (o.J.): *Labor auf dem Sitzkissen. Möglichkeiten der Institutionalisierung von Achtsamkeit im Hochschulkontext*, unveröff. Dokument, Erfurt.

Kabat-Zinn, Jon (2013 [1990]): *Gesund durch Meditation*, München.

Kaltwasser, Vera (2016): *Praxisbuch Achtsamkeit in der Schule. Selbstregulation und Beziehungsfähigkeit als Basis von Bildung*, Weinheim/Basel.

Maturana, Humberto R. (1990): »Wissenschaft und Alltagsleben«, in: Wolfgang Krohn/Günter Küppers (Hg.), *Selbstorganisation. Aspekte einer wissenschaftlichen Revolution*, Braunschweig/Wiesbaden, S. 107-138.

Maturana, Humberto R. (2001): *Was ist Erkennen? Die Welt entsteht im Auge des Betrachters*, München.

Maturana, Humberto R./Varela, Francisco J. (1987): *Der Baum der Erkenntnis*, Bern.

Maturana, Humberto R./Werden-Zöller, Gerda (1997): *Liebe und Spiel. Die vergessenen Grundlagen des Menschseins. Matristische und patriarchale Lebensweisen*, 3. Aufl., Heidelberg.

Ohashi, Ryosuke/Elberfeld, Rolf (Hg.; 2006): *Shobogenzo – Ausgewählte Schriften: Anders Philosophieren aus dem Zen*, Tokyo.

Palmowski, Winfried/Heuwinkel, Matthias (2002): *Normal bin ich nicht behindert. Wirklichkeitskonstruktion bei Menschen, die behindert werden. Unterschiede, die Welten machen*, Dortmund.

Pfeffer, Thomas (2001): *Das »zirkuläre Fragen« als Forschungsmethode zur Luhmannschen Systemtheorie*, Heidelberg.

Rosch, Eleanor (2003): »For Francisco Varela: Explorer of the phenomenal world«, in: *Biological Research* 36(1), S. 13-15, dx.doi.org/10.4067/S0716-97602003000100003.

Scobel, Gert (2018a): *NichtDenken: Achtsamkeit und die Transformation von Körper, Geist und Gesellschaft*, Berlin.

Scobel, Gert (2018b): »Paradoxien der Meditation – Über Weisheit und Wissenschaft, säkulare Ethik und Fiktion«, Vortrag zum Kongress »Meditation zwischen Abgrund und Nirvana – Selbst-Optimierung für eine neue Welt?« (Video), meditation-wissenschaft.org/dokumentation/dokumentation_2018/ [letzter Zugriff 01.11.2024].

Schmidt, Jacob (2020): *Achtsamkeit als kulturelle Praxis: Zu den Selbst-Welt-Modellen eines populären Phänomens*, Bielefeld.

Stein, Roland/Müller, Thomas (2016): *Wissenschaftstheorie für Sonderpädagogen*, Bad Heilbronn.

Suzuki, Shunryo (2002 [1970]): *Zen-Geist. Anfänger-Geist*, Berlin.

Trungpa, Tschögyam (1975 [1973]): *Spiritueller Materialismus. Vom wahren geistigen Weg*, hg. v. Jon Baker u. Marvin Casper, Freiburg i. Br.

Varela, Francisco J. (2001): »The Portable Laboratory«, in: Hans-Ulrich Obrist/Barbara Vanderlinden (Hg.), *Laboratorium* (Ausst.-Kat., 27.06.-03.10.1999, Antwerpen), Köln, S. 448f.

Varela, Francisco J./Thompson, Evan/Rosch, Eleanor (1992): *Der mittlere Weg der Erkenntnis. Die Beziehung von Ich und Welt in der Kognitionswissenschaft – der Brückenschlag zwischen wissenschaftlicher Theorie und menschlicher Erfahrung*, Bern u.a.

Vogd, Werner (2014): *Welten ohne Grund. Buddhismus, Sinn und Konstruktion*, Heidelberg.

Vogd, Werner (2016): »Wozu achtsam sein und worauf die Achtsamkeit lenken? Welten ohne Grund bauen und darin heimisch werden«, in: *Kontext. Zeitschrift für systemische Perspektiven* 47(4), S. 374-384.

Walach, Harald (2013): »Wissenschaft und Zen«, in: *Zeitschrift für Bewusstseinswissenschaften. Transpersonale Psychologie und Psychotherapie* 19(1), S. 5-11.

Watts, Alan (1955): *Weisheit des ungesicherten Lebens*, München-Planegg.

Weigel, Fiene (2014): *Achtsamkeitspraxis in der Pädagogik – Eine Schlüsselqualifikation und ein Werkzeug zur Selbsterforschung*, unveröff. Bachelorarbeit, Erfurt.

Weischede, Gerald (2012): »Krankheit und Psyche im buddhistischen Selbstverständnis – Zen-Meditation als Heilungsweg?«, Vortrag, gehalten auf dem 4. Berliner psychiatrisch-religionswissenschaftliches Coloquium, 28.11.2012, Berlin, lebendiges-zen.de/krankheit-und-psyche-im-buddhistischen-selbstverstandnis-zen-meditation-als-heilungsweg/ [letzter Zugriff 01.11.2024].

Weischede, Gerald/Zwiebel, Ralf (2009): Neurose und Erleuchtung – Anfängergeist in Zen und Psychoanalyse, Stuttgart.

Werneburg, Inga/Reifegerste, Doreen/Jäpelt, Birgit (2021): »Lieber professionell als spirituell. Die Kommunikation von Angeboten der Achtsamkeitsförderung im Hochschulsetting«, in: *Prävention und Gesundheitsförderung* 18, S. 38-43, doi.org/10.1007/s11553-021-00920-2.

Zwiebel, Ralf/Weischede, Gerald (2015): *Buddha und Freud – Über buddhistisches und psychoanalytisches Denken*, Göttingen.

Ulrich Lakemann und Karin Krudup

Mindful experience training

Empirische Untersuchungen zu drei Veranstaltungen an der Ernst-Abbe-Hochschule Jena und auf Schloß Eyba

Abstract

Der Beitrag verdeutlicht in theoretischer und empirischer Perspektive die Potenziale einer Verbindung von Achtsamkeitstraining und Erlebnispädagogik. Das daraus entwickelte *mindful experience training* erweitert die eher gruppenbezogene Erlebnispädagogik auf das Individuum und das eher personenzentrierte Achtsamkeitstraining auf die Gruppe. In bisher drei Veranstaltungen wurden Stärken und Herausforderungen dieses Ansatzes evaluiert.

Einleitung

Ein zunächst experimenteller Denkansatz erwies sich in der praktischen Durchführung im Kontext des Thüringer Modells *Achtsame Hochschulen* als äußerst vielversprechend. Es geht um die Verbindung von Achtsamkeitstraining und Erlebnispädagogik. In bisher insgesamt drei von Karin Krudup und Ulrich Lakemann durchgeführten Veranstaltungen wechselten sich klassische Übungen aus der Erlebnispädagogik und Achtsamkeitspraxis ab. Zwei Seminare fanden im Frühjahr 2018 und 2019 mit jeweils etwa 20 Studierenden der Sozialen Arbeit an der Ernst-Abbe-Hochschule Jena statt. Ein Inkubationsworkshop im Herbst 2018 auf Schloss Eyba richtete sich demgegenüber besonders an Lehrende aus unterschiedlichen wissenschaftlichen Disziplinen verschiedener Hochschulen. Für diese etwa 20 Teilnehmenden ging es neben der praktischen Erprobung unseres Ansatzes vor allem auch um die Frage, inwiefern sich die Übungen aus diesem Inkubationsworkshop in ihrer Hochschullehre umsetzen lassen.

Zu Beginn wusste niemand, ob Achtsamkeitstraining und Erlebnispädagogik eher isoliert nebeneinanderstehen oder sich ergänzen würden. Sehr bald stellten sich viele Berührungspunkte einerseits und Kontraste andererseits heraus. Die Berührungen zwischen beiden methodischen Ansätzen waren nicht so nah, dass sie Kopien voneinander darstellten, die Kontraste nicht so groß, dass sie keine Nähe zuließen. So entstand ein Spannungsbogen mit vielen Wirkungsimpulsen für Individuen und Gruppen, die in dieser Vielfalt mit jeder einzelnen Methode nicht zu erzielen gewesen wären.

Im Folgenden wollen wir zunächst einzelne grundlegende Ausführungen zu den beiden methodischen Ansätzen des Achtsamkeitstrainings und der Erlebnispädagogik vornehmen, um dann ein paar theorieorientierte Überlegungen zu ihrer Verbindung zu entwickeln. Im letzten Kapitel geht es um die empirische Evaluation des praktisch erprobten Konzepts.

1. Methodische Grundlagen von Achtsamkeitstraining und Erlebnispädagogik

Da im vorliegenden Buch der thematische Schwerpunkt bereits auf der Achtsamkeitspraxis liegt, soll an dieser Stelle nur kurz darauf eingegangen werden. »Achtsamkeit beinhaltet, auf eine bestimmte Weise aufmerksam zu sein: bewusst, im gegenwärtigen Augenblick und ohne zu urteilen. Diese Art der Aufmerksamkeit steigert das Gewahrsein und fördert die Klarheit sowie die Fähigkeit, die Realität des gegenwärtigen Augenblicks zu akzeptieren.« (Kabat-Zinn 2010: 18)

Die historischen Wurzeln der Achtsamkeit reichen weit zurück in die buddhistische Tradition, wobei sich die Methode nicht zwangsläufig auf ihre religiöse Herkunft beruft. Durchgeführt werden Übungen der Körperwahrnehmung wie zum Beispiel der Body Scan, achtsame Gehmeditationen, Sitzmeditation oder Achtsamkeitsdyaden als Formen intensivierter Kommunikation zwischen zwei Personen. Kabat-Zinn hat das Achtsamkeitstraining MBSR (*mindfulness-based stress reduction*, Stressreduktion durch Achtsamkeit) 1979 im Klinikkontext mit chronisch Erkrankten entwickelt. Heute ist das Programm mitten in der Gesellschaft angekommen und wird im pädagogischen Feld, in der Wirtschaft und im Gesundheitsbereich schwerpunktmäßig zur Prävention angeboten. Im Thüringer Modell wurde es transformativ weiterentwickelt und auf die Bedürfnisse der unterschiedlichen Akteur:innen an Hochschulen zugeschnitten (vgl. Kapitel I.1 und III.4 in diesem Buch).

Auch die Erlebnispädagogik fußt auf einer Tradition. Sie geht vor allem zurück auf die Grundlagen der Reformpädagogik des 19. und 20. Jahrhunderts, in der handlungs- und erfahrungsorientierte Ansätze im Vordergrund standen. Als Begründer der Erlebnispädagogik wird im Allgemeinen Kurt Hahn angesehen, der im Rahmen des Internats Schloss Salem am Bodensee die Praxis einer »Erlebnistherapie gegen die Verfallserscheinungen der Gesellschaft« verfolgte (Hahn 1998: 291ff). Die grundlegende Idee ist, dass Lernprozesse erheblich effektiver sind, wenn sie nicht ausschließlich kognitiv, sondern auch emotional geprägt sind und handlungsorientiert erfahren werden.

In diesem Sinne definiert Michl (2020: 11) die Erlebnispädagogik folgendermaßen:

> »Erlebnispädagogik ist eine handlungsorientierte Methode und will durch exemplarische Lernprozesse, in denen junge Menschen vor physische, psychische und soziale Herausforderungen gestellt werden, diese jungen Menschen in ihrer Persönlichkeitsentwicklung fördern und sie dazu befähigen, ihre Lebenswelt verantwortlich zu gestalten.«

Zu ergänzen ist, dass natürlich auch Erwachsene eine Zielgruppe von Erlebnispädagogik sein können. Dabei geht es beispielsweise um Prozesse der Bildung und Stärkung von Teams im Erwerbskontext – dort oftmals als Outdoor-Training bezeichnet (vgl. Lakemann 2005).

Durchgeführt werden praktische Aufgaben außerhalb des gewohnten Alltags- und Arbeitskontextes, mit deren Hilfe beispielsweise Muster der Gruppendynamik und Rollenstruktur symbolisch verdeutlicht werden. Dazu das Beispiel ›Säureteich‹: In der Mitte eines ›Säureteichs‹, der durch ein an den Enden zusammengeknotetes Seil markiert wird, liegt eine Schatztruhe. Die Gruppe hat die Aufgabe, unter Nutzung eines Kletterseils, eines Klettergurtes und eines Helms, diesen Schatz aus dem ›Säureteich‹ zu bergen. Der Person, die sich über dem ›Säureteich‹ befindet, muss wegen der ›giftigen Säure‹ die Augen verbunden haben. Genutzt werden kann auch ein in der Nähe befindlicher Baum.

Im Anschluss an die Aktion gibt es in der Regel eine Reflexion, die ihrerseits methodisch unterschiedlich ausgestaltet sein kann und dazu dient, den Transfer des Erlebnisses in alltagstaugliche Erfahrungen zu überführen.[1]

---

1 Als weitere Einführung in die Erlebnispädagogik siehe beispielsweise Heckmair/Michl 2018. Zu erlebnispädagogischen Übungen siehe beispielsweise Reiners 2019.

Aus der Verbindung zwischen Achtsamkeitspraxis und Erlebnispädagogik kommen wir zum Begriff *mindful experience training*. Er geht einerseits zurück auf die oben bereits benannte Ursprungsbezeichnung MBSR von Kabat-Zinn und andererseits auf die Begriffe *experiential education* sowie Outdoortraining. Der amerikanische Begriff *experience* hat in diesem Zusammenhang den entscheidenden Vorteil, dass in seiner deutschen Übersetzung sowohl ›Erlebnis‹ wie auch ›Erfahrung‹ enthalten sind. Erlebnis und Erfahrung sind als ›E-Kette‹ in der Erlebnispädagogik aufeinander aufbauende Stadien (vgl. Michl 2020: 10ff.). Für unseren methodischen Ansatz passt außerdem der Begriff Training besser als Pädagogik. So wird in der erlebnisorientierten Arbeit mit Erwachsenen vor allem im Zusammenhang mit *teambuilding* eher von Outdoortraining statt von Erlebnispädagogik gesprochen. Auch in der Achtsamkeitspraxis ist der Begriff Training gebräuchlich. *Mindful experience training* verbindet also Achtsamkeit, Erlebnis, Erfahrung und Training.

2. Theoretische Grundlagen zur Verbindung von Achtsamkeitspraxis und Erlebnispädagogik

Das Konzept *mindful experience training*

Im Folgenden sollen ein paar theoretische Grundideen zur Entwicklung des *mindful experience training* als Verbindung der Achtsamkeitspraxis mit Outdoortraining bzw. Erlebnispädagogik formuliert werden. Diese befinden sich in einem Entwicklungsprozess, der insbesondere auch durch die zukünftige praktische Anwendung zusätzlich angeregt wird.

Das Achtsamkeitstraining findet zwar auch in Gruppen statt, die Übungen beziehen sich in der Regel aber eher auf die Person. Die meisten erlebnispädagogischen Übungen sind demgegenüber primär auf Gruppen ausgerichtet, beinhalten aber auch die Persönlichkeitsbildung. So gibt es in beiden Ansätzen immer auch das Vorhandensein und die Bezugnahme auf das jeweils andere System. Die Achtsamkeitspraxis hat typischerweise zum Ziel, das Innehalten und das Sein als Grundhaltung zu kultivieren. Demgegenüber ist Outdoortraining eher auf Aktionen, Handeln und das Lösen von Aufgaben ausgerichtet.

Durch die Kombination der beiden Ansätze zum *mindful experience training* verbreitert sich das Lernpotenzial für Personen und Gruppen. Beide Ansätze sind handlungsorientiert und beziehen den ganzen Menschen ein. Die im Zusammenhang mit Erlebnispädagogik oft zitierte Trilogie Kopf-Herz-Hand korrespondiert dabei in der Achtsamkeitspraxis mit der Trilogie Körper-Geist-Emotion.

Insofern ist in beiden Ansätzen die pädagogisch alte und durch die bildgebenden Verfahren der modernen Neurobiologie neu bestätigte Erkenntnis enthalten, dass sich effektive und nachhaltige Lernprozesse nicht auf kognitive Komponenten beschränken (vgl. z.B. Spitzer 2007). Die in Erlebnispädagogik und Outdoortraining vorgesehene Reflexion bleibt aber im Unterschied zu praktischen Achtsamkeitsübungen in der Regel an der Oberfläche. Reflektiert wird typischerweise über den Ablauf einer oder mehrerer Übungen, über die Frage der in ihnen erkennbaren Interaktionsmuster und über mögliche Konsequenzen für einen alltagstauglichen Transfer der Erlebnisse in Erfahrungen und Erkenntnisse.

Stärker als in der erlebnispädagogischen Reflexion rückt die innere Haltung des jeweiligen Individuums im *mindful experience training* in den Mittelpunkt. So lässt sich die klassische, nach einer Aktion folgende Reflexion in der Erlebnispädagogik besser mit Wahrnehmungs-, Sensibilisierungs- und Reflexionsübungen aus der Achtsamkeitspraxis verbinden. Sie eröffnen dem Individuum beispielsweise durch einen Body Scan den tieferen Zugang zu sich selbst vor dem Hintergrund einer zuvor stattgefundenen Gruppenerfahrung. Dementsprechend wird in der Achtsamkeitsübung zunächst intuitiv nach Erfahrungen auf der körperlichen, mentalen und emotionalen Ebene geforscht, die dann durch Nachfragen im erforschenden Gespräch unterstützend verbalisiert werden können. Dadurch verdeutlichen sich Konzepte, Erwartungen und Bewertungen mit ihrer Reaktivität und eröffnen Wahlmöglichkeiten: *respond* vs. *react*. Die offene, differenziertere, innere Haltung ist im *mindful experience training* dementsprechend eine Vertiefung und Bereicherung der Reflexion.

Auf diese Weise vorbereitet, beginnt im *mindful experience training* dann der Übergang in die nächste Gruppenaktion. Damit steigt die Wahrscheinlichkeit einer stärkeren Sensibilisierung für die Übernahme von Rollen in Gruppen und für Gruppenprozesse. Dadurch, dass man sich vorher mit sich selbst auseinandergesetzt hat, entsteht auch eine höhere Wahrnehmungsbereitschaft für sich selbst und die anderen im Kontakt mit der Gruppe. Die Konzentration steigt ebenso wie möglicherweise die Bereitschaft, sich auf neue Erfahrungen einzulassen, mit Rollen zu experimentieren und Grenzen zu überwinden. Das für die Achtsamkeitspraxis typische Eintauchen in das Hier und Jetzt ist mit dem Flowerlebnis vergleichbar, das für intensiv verlaufende erlebnisorientierte Aktionen charakteristisch ist. Individuum und Gruppe sind in starker Konzentration auf ihre Aufgabe miteinander verbunden, Handlungen ›fließen‹ ineinander und bilden fernab von Vergangenheit und Zukunft eine Einheit (vgl. Csíkszentmihályi 1995).

Outdoortraining und Achtsamkeitskurse sind beide als ein ›Trainingslager‹ für den Alltag anzusehen. In außergewöhnlichen Situationen können Experimente mit sich selbst und der Gruppe erfahren werden. Ihre Verbindung trägt zu einer verstärkten Professionalisierung der Arbeit mit Menschen bei. So fragen beide Ansätze danach, welche grundlegenden Konzepte vorhanden sind, beispielsweise mit Blick auf Alltagswahrnehmungen sowie alltägliche Entscheidungen und Handlungsweisen. In beiden Ansätzen wird versucht, aus gewohnten Prozessen auszusteigen, und danach gefragt, ob auch andere Verhaltensweisen möglich sind oder Bewertungen geändert werden können. So wird sowohl in der Erlebnispädagogik wie auch in der Achtsamkeitspraxis versucht, neue Muster im Gehirn herauszubilden, die der Lösung von Aufgaben oder der Lebensbewältigung insgesamt eher angemessen sind.

Deutlich wird im *mindful experience training* die Unterschiedlichkeit in der Gemeinsamkeit und die Gemeinsamkeit in der Unterschiedlichkeit. Achtsamkeit und Outdoortraining bzw. Erlebnispädagogik gehen wechselseitig dort ein Stück weiter, wo der jeweils andere Ansatz aufhört. Dies bestätigt sich auch in der empirischen Perspektive.

3. Ergebnisse einer empirischen Evaluation des *mindful experience training*

Unsere bisherige empirische Basis für die Verbindung von Achtsamkeitstraining und Erlebnispädagogik fußt auf dem in der Einleitung bereits erwähnten Inkubationsworkshop des Thüringer Modells *Achtsame Hochschulen* und zwei Seminaren im Bachelorstudium Soziale Arbeit an der Ernst-Abbe-Hochschule Jena. Von diesen war das erste ein reines Explorationsseminar, während das zweite ebenso evaluiert wurde wie der Inkubationsworkshop. Insgesamt haben sich 39 Teilnehmende am Ende des Inkubationsworkshops und des zweiten Seminars handschriftlich zu drei Fragen geäußert, von denen die erste auf die Potenziale des Achtsamkeitstrainings gerichtet war, die zweite auf die Potenziale der Erlebnispädagogik und die dritte auf die Verbindung der beiden Ansätze.

Die Antworten auf diese Fragen wurden transkribiert und mit MaxQDA, einem Analyseprogramm für qualitative Daten, ausgewertet (vgl. Kuckartz 2010). Zwar unterscheiden sich vor allem die Umsetzungsperspektiven zwischen den Studierenden einerseits und den teilnehmenden Hochschullehrenden aus dem Inkubationsworkshop andererseits, die generellen Aussagen zu Achtsamkeitstraining und Erlebnispädagogik weisen aber nicht so große Differenzen auf, als dass eine Trennung Sinn ergeben würde.

3.1 Potenziale des Achtsamkeitstrainings

Auf die Frage: »Welche Potenziale siehst du für dich selbst in der Achtsamkeit?«, betonen die Teilnehmenden aus Inkubationsworkshop und Seminar vor allem die Möglichkeiten der Öffnung, Emotionsregulation sowie die Förderung des Wohlbefindens und der eigenen Gesundheit. Sie entdecken darin Grundlagen für die eigene Weiterentwicklung, indem etwa eigene Muster, Denkweisen und Vorannahmen erkennbar werden. Hier einige Beispiele:

> »Die achtsame Haltung, der achtsame Umgang mit mir selbst und meiner Umgebung eröffnet mir persönlich die Schönheit der Welt bzw. genauer: die intensive Wahrnehmung und Würdigung der Welt in all ihren Facetten!«

Eine in das Alltagsleben einbezogene Achtsamkeit sei eine wichtige Hilfe, bewusst zu leben und effektiver zu arbeiten. Dabei beinhaltet dies sowohl die Achtsamkeit gegenüber sich selbst im Sinne von Selbsterkenntnis und Reflexion wie auch Achtsamkeit gegenüber der Natur und anderen Menschen als eine bewusstere, vertiefte und einfühlende Kommunikation.

> »Selbstbesinnung, zur Ruhe kommen, bei Problemen oder auch Themen zurückzutreten und zunächst nach den eigenen Motiven, Haltungen, Wertungen zu schauen, Abstand nehmen, die Perspektive erweitern.«

> »Achtsamkeit rettet jeden Tag mein Leben. Sie erfüllt mich, entspannt mich, macht mich glücklich! Sie lässt Ideen entstehen, mich klarer und strukturierter sein.«

So hat die Evaluation deutlich gezeigt, dass in der Achtsamkeitspraxis sowohl die individuelle wie auch die kollektive Dimension enthalten sind. Die höhere Präsenz in der Gegenwart bei Offenheit und Gelassenheit auch in schwierigen Situationen verbessert die eigene Wahrnehmung von Körper und Geist und steigert die Empathiefähigkeit.

> »Wenn ich mit mir selbst achtsam bin, bin ich es auch mit anderen. Wenn ich mit anderen achtsam bin, bin ich es auch mit mir. Es potenzieren sich die Energieflüsse, die Kraft versiegt nicht. Mit Geduld und Leichtigkeit den Alltag meistern, das ist Arbeit, aber es ist auch Entspannung. Umwelt, Geräusche, Vogelschwärme wahrnehmen und diese in den

inneren Bewegungsablauf integrieren. Atmen. Achtsamkeit ist Lebensbehutsamkeit, Entstressung. Achtsamkeite! – Ein neues Tätigkeitsverb als Aufforderung.«

Neben der Wahrnehmung äußerer Situationen beinhalten Achtsamkeitsübungen immer auch das Potenzial des Rückzugs und der individuellen Erfahrung eines harmonischen Zustandes von Körper und Geist, um die eigene Balance zu finden, zu entspannen und erfahrenen Stress zu reduzieren.

Studierende formulierten auch als Ziel die Integration von Achtsamkeitsübungen in die spätere eigene pädagogische Arbeit mit Gruppen, wie beispielsweise Jugendlichen. Teilnehmende des Inkubationsworkshops betonten das bewusstere Treffen von Entscheidungen durch eine achtsamkeitsbasierte Meditation. Immer wieder wurde auch das Potenzial einer wertfreien Beobachterrolle angesprochen, das Gefühl, frei von Druck nur ›sein‹ zu dürfen, und das Ziel, negative Gedanken besser in positive umzusetzen.

»Achtsamkeit bedeutet sehr viel für mich. Ich versuche meine Tage immer achtsamer zu gestalten und bewusst Momente der Stille einzubauen. Das Ganze wirkt sich dann natürlich auch auf alle Felder des Lebens aus und ich fände es interessant, später auch Achtsamkeit mit in den Job zu nehmen.«

3.2 Potenziale der Erlebnispädagogik

Zur Frage: »Welche Potenziale siehst du für dich selbst in der Erlebnispädagogik?«, heben die Teilnehmenden oftmals das Verlassen der Komfortzone, die Möglichkeit neue Situationen spielerisch zu erkunden sowie das Erkennen von Grenzen und deren Überwindung hervor.

»Es gibt Grenzen, die missachtet zu Gefahren werden können. Und es gibt Grenzen, die es eigentlich nicht gibt. Dies auszuloten ist das Potenzial von Erlebnispädagogik.«

Erlebnispädagogische Übungen führen zu intensiven Begegnungen mit neuen Herausforderungen und einem intensiven Bezug zu sich selbst. Durch das Ausprobieren anderer Verhaltensweisen werden neue Kompetenzen und neue Perspektiven entwickelt. Die Teilnehmenden fühlen sich durch Erfolge und manchmal auch durch Misserfolge gestärkt.

> »Mir haben diese erlebnispädagogischen Erlebnisse unglaublich gutgetan, ich weiß, dass ich meinen Akku damit aufladen kann. Wir hatten viele tolle Erfolgserlebnisse, die uns als Gruppe noch stärker zusammenschweißten. Spannend wären auch Misserfolge gewesen.«

Betont wird auch immer wieder das Gruppenerlebnis mit seinen typischen Rollen und Interaktionsmustern, das eine Spiegelung der eigenen Person ermöglicht und eine Spiegelung der Gruppenmitglieder durch die eigene Person.

> »Sich seiner eigenen Haltungen bewusst werden, sich in andere hineinzuversetzen, Gruppenprozesse zu verstehen, sich selbst auszuprobieren, einen Rahmen zu nutzen, Stresssituationen außerhalb des Alltags zu erleben und zu reflektieren, eine Balance zwischen den eigenen Bedürfnissen mit denen einer Gruppe zu finden, sich überraschen lassen, die Komfortzone zu verlassen, sich Fremden und Freunden nähern, Gemeinschaft erleben.«

Festgestellt wurde auch, dass Ängste wahrgenommen und zugelassen werden und das Zutrauen in die eigenen Fähigkeiten ebenso wächst wie das Vertrauen in die anderen Gruppenmitglieder sowie Selbstbewusstsein und Mut, sich in die Gruppe einzuordnen. Dabei ermöglichen die Ganzheitlichkeit und Handlungsorientierung der Erlebnispädagogik ein konkretes und intensives Gruppenerlebnis.

> »Menschen rücken wieder näher zusammen, Berührungsängste und Anonymität werden abgebaut. Kopf, Herz und Hand werden einbezogen und Inhalte werden nachhaltig vermittelt. Der ganze Körper wird zum Lernen genutzt. Gedanken und Widerstände werden direkt erfahrbar und sind nicht mehr abstrakt. Die Gruppendynamik kann gezielt unterstützt werden.«

Manche Teilnehmende betonen auch den Wechsel des Rahmens in die Natur mit ihren neuen Wahrnehmungsimpulsen und der Möglichkeit, vom Alltag abzuschalten. Dies und die positiven Effekte auf Gruppen betrachten sie auch als wichtige Elemente ihrer eigenen, zum Teil zukünftigen Arbeit. So entwickelte sich bei einer ganzen Reihe von Studierenden und Hochschullehrenden auch für die Erlebnispädagogik der Wunsch, sie in die eigene Arbeit einzubeziehen.

3.3 Potenziale des *mindful experience training*

Unsere Evaluation bezog sich mit der dritten Frage auf das *mindful experience training*: »Was hat dir die Verbindung der beiden Ansätze gebracht und welche eher schwierigen Herausforderungen zeichnen sich dabei aus deiner Sicht ab?« Wie bei vielen anderen Methoden ist eine wichtige Vorbedingung, um die Potenziale der beiden Ansätze erfolgreich erfassen zu können, dass sich die Teilnehmenden darauf einlassen und offen für entsprechende Erfahrungen sind. Den Tag mit Achtsamkeitsübungen zu beginnen, bedeutete für einige zunächst einmal Konzentration und Loslassen. Im weiteren Verlauf bestehen die offensichtlichsten Potenziale vor allem im Wechsel zwischen aktionsorientierter Spannung und achtsamkeitsbasierter Entspannung, im Wechsel also von Aktion und Ruhe. Die Gruppenerfahrungen, der Spaß an manchen erlebnispädagogischen Übungen und gemeinsam erzielte Erfolge stellen somit einen als notwendig erachteten Ausgleich für die Stille und den Gleichmut während der Achtsamkeitsphasen dar.

> »Abwechslung. Am Vormittag konnte man seinen Gefühlen und Gedanken nachgehen und abschalten, am Nachmittag konnte man sich gut in die Gruppe integrieren, mit der Gruppe zusammenarbeiten und Spaß haben.«

Betont wurde, dass die Achtsamkeitsübungen die auf das Individuum ausgerichteten Anteile der Erlebnispädagogik erweitern. Beide Ansätze ermöglichen ein intensives Erleben. Achtsamkeit sei eine Lebenseinstellung, die sich sehr gut in der Erlebnispädagogik erfahren lasse.

In diesem Sinne fördert das methodisch durchgeführte Achtsamkeitstraining eine für die Erfüllung vieler erlebnispädagogischer Aufgaben erforderliche Kreativität und die Erlebnispädagogik bringt die Achtsamkeitspraxis in die kollektive Umsetzung. Als gemeinsame Potenziale der beiden Ansätze wurde festgestellt, dass sie ein Gefühl der Verbundenheit, gegenseitigen Akzeptanz und Offenheit fördern:

> »Die erlebnispädagogischen Übungen führen mich in Situationen, in denen mir meine achtsame Haltung nützt (soweit ich sie schon habe) und/oder den Sinn einer starken, intensiven Achtsamkeit verdeutlicht.«

Angesichts der in vielerlei Hinsicht gemeinsamen Grundhaltungen zwischen Achtsamkeitstraining und Erlebnispädagogik und der gleichzeitig vorhandenen deutlichen Unterschiede ist es aus der Perspektive einiger Teilnehmender nicht erforderlich, beide Ansätze in ihrer praktischen Umsetzung weiter aufeinander zuzubewegen.

So standen Achtsamkeitstraining und Erlebnispädagogik nur scheinbar oder aus der Perspektive mancher Teilnehmenden nur zu Beginn der Veranstaltungen im Gegensatz zueinander. Sowohl im Laufe des Inkubationsworkshops als auch des Seminars wurde deutlich, dass beide Ansätze gut miteinander harmonieren:

> »Die Vielfältigkeit und Flexibilität beider Bereiche zeigt sich deutlich in der Verbindung. Auf den ersten Blick kann man schon eher skeptisch sein, wie zwei scheinbar so verschiedene Sachen verbunden werden können. Man muss sich auf jeden Fall darauf einlassen, um die Verbindung sehen zu können.«

Geäußert wurde auch, dass sich in der Abwechslung von erlebnispädagogischen Aktionen und Achtsamkeitsübungen die Wahrnehmung der Natur ebenso wie der anderen Gruppenmitglieder steigert und die Übungen konzentrierter durchzuführen sind. Festgestellt wurde, dass Erlebnispädagogik ohne Achtsamkeitstraining nur bedingt gelinge. So ist für die professionelle Durchführung und Anleitung erlebnispädagogischer Übungen ein achtsamer Umgang mit Teilnehmenden und sich selbst erforderlich. Betont wurden in diesem Zusammenhang auch das hohe Maß an Verantwortung vor allem bei erlebnispädagogischen Übungen mit jüngeren Menschen und der gute Ausgleich durch die Verbindung der beiden Ansätze im Sinne einer erhöhten Konzentration und Teilhabe.

Die folgenden Einzelthemen aus der Evaluation sollen an dieser Stelle näher ausgeführt werden:

Stärkung

Festgestellt wurde, dass die Verbindung von Achtsamkeitstraining und Erlebnispädagogik zur eigenen geistigen und körperlichen Stärkung beigetragen hat. Außerdem eröffnen sich durch die Erfahrung der eigenen Stärken und Schwächen Perspektiven für die eigene Weiterentwicklung. Beide Ansätze laden dazu ein, sich selbst besser kennenzulernen:

> »Es ist wichtig, im Einklang mit sich selbst zu sein, um auch in Gruppen gut agieren zu können. Achtsamkeit anderen gegenüber ist sehr wichtig.«

Weiterhin wurde festgestellt, dass Erlebnisse aufgrund des Achtsamkeitstrainings bewusster wahrgenommen werden. Grenzen werden sensibler behandelt und werden eher bewusst. Außerdem erleichtere die Erlebnispädagogik den Zugang zur formalen Achtsamkeitspraxis durch spielerisches Herangehen. Blinde Flecken des Alltags werden sichtbar und lassen sich freundlich betrachten.

> »Entspannter, gelassener und gleichmütiger an die Aufgaben heranzugehen, ohne Druck, das Ziel, etwas unbedingt erreichen zu müssen. Kein Gedanke daran, ob es gelingen könnte oder nicht. Ganz bei dem Prozess anwesend, beobachtend.«

Betont wurde auch eine Stärkung des Vertrauens, das einerseits durch die Achtsamkeitspraxis, andererseits auch durch die Erlebnispädagogik gefördert werde. Gerade bei vielen erlebnispädagogischen Übungen ist dieses Vertrauen in andere und die Gruppe eine Vorbedingung für eine erfolgreich absolvierte Übung. So ist die Erlebnispädagogik ›greifbarer‹ geworden und hat den Blick auf eine unbewusste Achtsamkeit eröffnet, mit der Anregung, zukünftig bewusster darauf zu achten.

Eng verbunden mit der Stärkung von Vertrauen wurde auch betont, dass sich durch das Achtsamkeitstraining die Empathie gegenüber anderen Gruppenmitgliedern erhöhe. Durch eine Steigerung von Vertrauen und Empathie lassen sich dann auch die bei erlebnispädagogischen Übungen erzielten Ergebnisse verbessern.

Individuum und Gruppe

Ein weiterer Teil der Einschätzungen beinhaltet die Verknüpfung der Perspektiven auf sich selbst und die Gruppe. Das nachfolgende Zitat zeigt dabei die Bedeutung dieser Verbindung für das Leben und geht damit im Sinne eines Transfers über die eigentliche Veranstaltung hinaus.

> »Mir wurde klar, dass die Kombination aus beiden sehr wichtig für das eigene Leben ist. Wenn man bewusst und mit offenen Sinnen und mit klaren Gefühlen durchs Leben geht und dabei nicht nur auf sich selbst achtet, weil man ständig in der Gruppe lernt, arbeitet oder lebt, dann erlebt man die Wichtigkeit der Kombination aus beiden.«

So zeigt die Verbindung der beiden Ansätze das Spannungsfeld zwischen dem Individuum als einzelner Person einerseits und andererseits seinen Handlungen sowie seiner Position in der Gruppe.

> »Innezuhalten und zunächst die eigene Präsenz zu spüren, erweitert den Blick und den Handlungsrahmen für mich. Achtsamkeit fördert die wertschätzende oder zumindest verstehende Haltung gegenüber anderen Einstellungen, Haltungen, Charakteren. Es fördert einen offeneren Umgang mit Konflikten, mit der Unterschiedlichkeit von Bedürfnissen, Erwartungen und Haltungen.«

Dabei kann die Entdeckung des Ich und dessen Integration in das Gruppengefüge eine gewisse Herausforderung darstellen. In jedem Fall eröffnet die Verbindung zwischen Achtsamkeit und Erlebnispädagogik aber einen jeweils individuellen Perspektivwechsel. So kann die Wechselwirkung zwischen Individuum und Gruppe gelingen,

> »wenn ich mir selbst bewusst bin, besser auf andere Menschen einzugehen, aber auch wenn ich bei mir bin, andere nicht zu vergessen.«

Ein sich selbst bewussteres Ich und ein gewisses Vertrauen in die Gruppe eröffnen dann auch Möglichkeiten, Neues im Gruppenkontext auszuprobieren. Das bedeutet beispielsweise, mit der eigenen Position in der Gruppe zu experimentieren und neue Rollen zu erproben. Selbst wenn das nicht umgesetzt wird, wird zumindest die realistische Wahrnehmung eröffnet, eine Wahl zwischen Neuem und Gewohntem zu haben:

> »Wenn ich um mich selbst weiß, wenn ich achtsam bin, kann ich die erlebnispädagogischen Übungen tatsächlich erleben und mitgestalten. Ich kann mich darauf einlassen, Rollen zu übernehmen, die der Gemeinschaft dienen, manchmal springe ich über einen Schatten, manchmal nutze ich gewohnte Bahnen, häufig gehe ich neue Wege.«

Achtsamkeitstraining und Erlebnispädagogik in einzelnen Übungen

Übungen aus dem Achtsamkeitstraining und der Erlebnispädagogik lassen sich auch in der Aktion selbst miteinander verknüpfen. Dies gilt z.B. für achtsames Gehen beim Auffinden von Gegenständen in einem Gelände. Möglich ist es auch, während einer erlebnispädagogischen Aktion in einer Strategiediskussion oder einer gerade stattfindenden Bewegung mittels eines Signals (z.B. Zimbel) innezuhalten, um dem gegenwärtigen Erleben Raum zu geben: Alle stehen still und werden sich ihrer selbst sowie der aktuellen Gruppensituation bewusst.

Dazu ein Beispiel: Im Verlauf des Inkubationsworkshops bekam die Gruppe am ersten Tag die Aufgabe, mit verbundenen Augen ein Seil so auf den Boden zu legen, dass daraus ein Quadrat wurde. Schnell entwickelte sich eine Gruppendynamik, in der zwei bis drei Teilnehmende die Führung übernahmen. Bei der anschließenden Reflexion wurde deutlich, dass sich einige andere vom Geschehen ausgeschlossen und damit sehr unwohl gefühlt hatten. Am nächsten Tag ging diese Erfahrung in die Übung ›elektrisches Feld‹ ein. Dabei hatte die Gruppe die Aufgabe, in einer halben Stunde zwei auf Stangen platzierte und mit Schnüren gehaltene Tennisbälle (›Plus- und Minuspole‹) gleichzeitig hochzuheben, auszutauschen und gleichzeitig wieder abzulegen. Teilnehmende mit direktem Kontakt zu den Schnüren hatten die Augen verbunden und wurden von anderen geführt. Beide Gruppen durften nicht unmittelbar miteinander kommunizieren, sondern nur über eine koordinierende Person. Die nicht zur verfügbaren Zeit hinzugerechnete Planungsphase dauerte sehr lange, wobei alle einbezogen wurden. Mögliche Herausforderungen wurden besprochen, man hörte sich gegenseitig sehr aufmerksam zu, und alle Beiträge wurden beachtet. Nach dem Start beruhigte und motivierte der Koordinator die Ausführenden. Die Übung verlief sehr konzentriert mit viel Wachheit und Präsenz. Das Ziel wurde im ersten Durchgang erreicht. Das Erfolgsrezept für dieses sensationelle Ergebnis war die Ruhe in der Aktion und die Freundlichkeit im Umgang miteinander. Die hohe Präsenz in der Übung löste sich anschließend in einer regelrechten Euphorie.

Herausforderungen

Zu Beginn der Veranstaltungen war es vor allem für Teilnehmende, die Achtsamkeitsübungen noch gar nicht kannten, eine gewisse Herausforderung, sich z.B. auf den Body Scan einzulassen. Auch erlebnispädagogische Übungen kosteten je nach Schweregrad für manche Überwindung. Nicht immer leicht war auch der Wechsel vom einen zum anderen Element. Betont wurde in diesem Zusammenhang, dass die Herausforderung in einem guten Wechsel der beiden Methoden mit dem Aufbau eines Spannungsbogens liege.

Auch aus der Perspektive der Teilnehmenden kann der Wechsel zwischen Achtsamkeitstraining und Erlebnispädagogik, also zwischen eher individuums- und eher gruppenbezogener Ausrichtung, eine Herausforderung sein:

> »Mit beiden Ansätzen in der Praxis zu arbeiten, braucht viel ›Achtsamkeit‹, denn in den Achtsamkeitsübungen habe ich mich viel mehr zu mir selbst geöffnet und bin damit in die

> erlebnispädagogischen Übungen gegangen. Darin liegt dann viel Verantwortung, vorsichtig zu sein. In diesen unterschiedlichen ›Sensibilisierungen‹ der beiden Ansätze in der Umsetzung liegt aber auch die Chance, sehr bewusst die Momente erleben zu können.«

Weitere Herausforderungen sehen einige Studierende vor allem mit Blick auf die spätere Anwendung im eigenen beruflichen Feld der praktischen sozialen Arbeit. Sie vermuten, dass es für sie später schwierig werden könne, eigene Übungen anzuleiten und die Verbindung von Achtsamkeitstraining und Erlebnispädagogik zu erzielen. Auch mit Blick auf einzelne Zielgruppen werden Herausforderungen gesehen. Vermutet wird, dass vor allem manche Jugendliche nicht mit dem notwendigen Ernst an die Aufgaben gehen. Auch traumatische Erlebnisse von teilnehmenden Personen werden in diesem Zusammenhang als Risiko genannt.

Hochschullehrende erwähnten als Herausforderung, dass es notwendig sei, die Begeisterung und das Verständnis bei der Weitergabe dieser Erfahrungen zu wecken, weil eine verbale Vermittlung nicht gelingen werde. Aber so lassen sich reformpädagogische Bestrebungen unterstützen und weiter fördern.

Grundsätzlich zeichnet sich auch bei der Verbindung von Erlebnispädagogik, Outdoortraining und Achtsamkeitsformaten die Frage eines gelingenden Transfers in den Alltag ab, der auch in beiden Ansätzen für sich genommen eine Herausforderung darstellt. Betont wurde in diesem Zusammenhang, dass man hierfür in den Veranstaltungen gutes ›Handwerkszeug‹ erlernt habe, um mit der eigenen professionellen Weiterentwicklung fortzufahren.

4. Fazit

Es ist deutlich geworden, dass die Verknüpfung erlebnispädagogischer und achtsamkeitsbezogener Elemente zu einem *mindful experience training* eine Verbreiterung des Potenzials der beiden Ansätze nach sich zieht. Die Verbindung besteht dabei vor allem im Kräfteverhältnis zwischen Gemeinsamkeiten und Unterschieden. Das Outdoortraining mit seinem Schwerpunkt auf Gruppenerfahrung und die Achtsamkeitspraxis mit ihrer primären Ausrichtung auf das Individuum verbreitern so das Spektrum und beziehen den ganzen Menschen noch stärker ein, als es in den jeweiligen Ansätzen ohnehin schon der Fall ist. In späteren Veranstaltungen des Thüringer Modells *Achtsame Hochschulen* hat der Inkubationsworkshop eine nachhaltige Tiefenwirkung hinterlassen und wurde oft mit einer begeisternden Erinnerung als das ›Eyba-Erlebnis‹ zitiert. Nun ist es für uns eine wichtige Zukunftsaufgabe, daran anzuknüpfen, das *mindful experience training* weiter praktisch zu erproben und konzeptionell weiterzuentwickeln.

Literatur

Csíkszentmihályi, Mihály (1995): *Flow. Das Geheimnis des Glücks*, 4. Aufl., Stuttgart.

Hahn, Kurt (1998): »Erziehung und die Krise der Demokratie. Erläuterungen zur Erlebnispädagogik« (1962), in: ders.: *Reform mit Augenmaß. Ausgewählte Schriften eines Politikers und Pädagogen*, hg. v. Michael Knoll, Stuttgart, S. 291-308.

Heckmair, Bernd/Michl, Werner (2018): *Erleben und Lernen: Einführung in die Erlebnispädagogik*, 8. Aufl., München/Basel.

Kabat-Zinn, Jon (2010): *Im Alltag Ruhe finden. Meditationen für ein gelassenes Leben*, München.

Kuckartz, Udo (2010): *Einführung in die computergestützte Analyse qualitativer Daten*, 3. Aufl., Wiesbaden.

Lakemann, Ulrich (Hg.; 2005): *Wirkungsimpulse von Erlebnispädagogik und Outdoor-Training. Empirische Ergebnisse aus Fallstudien*, Augsburg.

Michl, Werner (2020): *Erlebnispädagogik*, 4. Aufl., München/Basel.

Reiners, Annette (2019): *Praktische Erlebnispädagogik. Bewährte Sammlung motivierender Interaktionsspiele*, Augsburg.

Spitzer, Manfred (2007): *Lernen: Gehirnforschung und die Schule des Lebens*, München/Heidelberg.

Teil III

Inspirationsquellen für die Hochschule des 21. Jahrhunderts

Aldous Huxley

Bildung für Amphibien

Abstract

In seinem Essay von 1956, der hier erstmals in deutscher Übersetzung vorliegt, skizziert Aldous Huxley die Bildungsherausforderungen, die sich für den Menschen aufgrund seiner amphibischen Vielschichtigkeit ergeben. Homo sapiens ist ein verkörpertes Geistwesen, das sich sowohl in verbalen als auch in nonverbalen Welten bewegt. Aus Huxleys Sicht hat sich das organisierte Bildungswesen zu sehr auf den verbalen Bereich konzentriert. Er skizziert daher die Grundlagen dessen, was er »nonverbale Humanwissenschaften« nennt. Zu deren zukünftigem Curriculum macht er konkrete Vorschläge und gibt Hinweise, wie es sich für Grundschulen, weiterführende Schulen und Hochschulen entwickeln lässt.[1]

Bildung für Amphibien

Jeder Mensch ist eine Amphibie – oder, genauer gesagt, jeder Mensch ist fünf oder sechs Amphibien in einer Person. Gleichzeitig oder abwechselnd bewohnen wir viele verschiedene und sogar inkommensurable Universen. Zunächst einmal ist der Mensch ein verkörperter Geist. Als solcher bevölkert er diesen besonderen Planeten, während er gleichzeitig die Freiheit hat, die ganze raum- und zeitlose Welt des universellen Geistes zu erkunden. Das ist schlimm genug; aber es ist nur der Anfang unserer Probleme. Denn jeder von uns ist nicht nur ein verkörperter Geist, sondern auch ein höchst selbstbewusstes und egozentrisches Mitglied einer gesellschaftsfähigen Spezies. Wir leben in und für uns selbst, aber gleichzeitig leben wir auch in und, etwas widerwillig, für die uns umgebende soziale Gruppe. Auch hier sind wir sowohl das Produkt der Evolution als auch eine Spezies von Selfmademenschen. Mit anderen Worten, wir sind gleichzeitig Untertanen der Natur und Bürger einer rein menschlichen Republik, die von dem, was der heilige Paulus »eine nicht unbedeutende Stadt« nannte, bis hin zu den elendesten materiellen und moralischen Slums alles sein kann.

---

1 Englisches Original: Huxley, Aldous (1956): »Education of an Amphibian«, in: ders.: *Adonis and the Alphabet. And Other Essays*, London, S. 9-38. Das Abstract wurde von Mike Sandbothe verfasst.

Unterhalb der menschlichen Ebene bereitet das Amphibienhafte keine Schwierigkeiten. Die Kaulquappe weiß genau, wann sie sich ihres Schwanzes und ihrer Kiemen entledigen muss, um ein Frosch zu werden. Die Schildkröte stöbert unter Wasser, kommt ab und zu an die Oberfläche, um frische Luft zu schnappen, und krabbelt an Land, wenn die Paarungszeit anbricht. Und sie wiederholt dieses Schauspiel mit müheloser Pünktlichkeit über Jahre, manchmal über Jahrhunderte. Bei uns ist der Fall leider schmerzlich anders. Unsere menschliche Amphibienhaftigkeit – das mehrfache Doppelleben von Geschöpfen, die in einem halben Dutzend unvereinbarer Welten zu Hause sind – ist eine chronische Peinlichkeit, eine Quelle endloser Irrtümer und Verirrungen, unzähliger Verbrechen und Idiotien. Jeder Bereich unserer amphibischen Existenz hat seine eigenen besonderen Probleme, und sie alle zu erörtern, wäre eine enorme Aufgabe. Ich werde mich hier auf einen kleinen Ausschnitt eines dieser Bereiche beschränken. Ich werde über die Probleme eines Affen sprechen, der gelernt hat zu sprechen – eines unsterblichen Geistes, der noch nicht gelernt hat, auf Worte zu verzichten.

Der offizielle Name unserer Spezies ist Homo sapiens; aber es gibt viele Anthropologen, die es vorziehen, den Menschen als Homo Faber – den Schmied, den Hersteller von Werkzeugen – zu betrachten. Ich denke, es wäre möglich, diese beiden Definitionen in einer dritten zu vereinen. Wenn der Mensch ein Wissender und ein effizient Handelnder ist, dann nur, weil er auch ein Redner ist. Um Faber und sapiens zu sein, muss Homo zuerst *loquax*, der Redselige, sein. Ohne Sprache wären wir nur haarlose Schimpansen. In der Tat wären wir etwas viel Schlimmeres. Mit einem hohen IQ, aber ohne Sprache, wären wir wie die Yahoos in *Gullivers Reisen* – Geschöpfe, die zu klug sind, um sich vom Instinkt leiten zu lassen, zu egozentrisch, um in einem Zustand tierischer Anmut zu leben, und daher dazu verdammt, für immer frustriert und bösartig zwischen dem zufriedenen Affentum und der aufstrebenden Menschlichkeit zu verharren. Es war die Sprache, die die Anhäufung von Wissen und die Weitergabe von Informationen ermöglichte. Es war die Sprache, die den Ausdruck religiöser Einsichten, die Formulierung ethischer Ideale und die Kodifizierung von Gesetzen ermöglichte. Mit einem Wort, es war die Sprache, die uns zu menschlichen Wesen machte und die Zivilisation hervorbrachte.

Jede existierende Sprache ist eine implizite Theorie des Menschen und des Universums, eine virtuelle Philosophie. Diese virtuellen Philosophien vieler primitiver Völker sind mindestens so subtil, mindestens so angemessen für die innere und äußere Realität wie die großen klassischen Sprachen Europas und Asiens, bevor sie durch Mathematik und spezielle Vokabulare der Wissenschaft ergänzt wurden. Alle Sprachen sind ausnahmslos großartige Geniestreiche. Aber diese genialen Werke wurden von Menschen geschaffen, die genauso dumm sind wie wir. Man ist fast gezwungen, an die Existenz von etwas anderem und viel Intelligenterem als dem bewussten Selbst in jedem von uns zu glauben.

Auf jeden Fall ist die Sprache, wie auch immer sie entstanden und wie auch immer sie entwickelt sein mag, heute eine der wichtigsten Tatsachen jeder menschlichen Erfahrung. Sie ist das Medium, in dem wir leben und uns bewegen und das etwa 50 Prozent unseres Seins ausmacht. Wir sind wie Eisberge, die in der gegebenen Realität unserer Physiologie, unserer Intuitionen und Wahrnehmungen, unserer Schmerzen und Freuden schwimmen, aber gleichzeitig in die luftige Welt der Worte und Begriffe hinausragen. Verglichen mit den ozeanischen Tiefen ist diese Welt eine Welt des Lichts, eine Welt, in der man sehen und verstehen kann. Wir erfreuen uns an der verbalen Sonne, wir fühlen uns darin so frei wie Vögel oder sogar Engel. Aber leider ist unser Universum ein Ort, an dem niemand jemals etwas umsonst bekommt. Seine Geschenke sind wie die, die von den Herstellern von Frühstücksflocken so großzügig verteilt werden. Um sie zu bekommen, muss man einen Gutschein einlösen. Nehmen wir z.B. die Sprache, das größte aller Geschenke. Sie lässt uns in eine begriffliche Welt aus Licht und Luft eintreten, aber nur zu einem bestimmten Preis. Denn diese Welt des Lichts und der Luft ist auch eine Welt, in der die Winde der Doktrin zerstörerisch heulen; in der immer wieder trügerische Scheinsonnen über dem Horizont auftauchen; in der alle Arten von Gift aus den Propagandafabriken und den Kuttelmühlen strömen. Wir leben amphibisch, halb in Tatsachen und halb in Worten, halb in unmittelbarer Erfahrung und halb in abstrakten Begriffen, und versuchen die meiste Zeit, das Schlimmste aus beiden Welten zu machen. Wir benutzen die Sprache so schlecht, dass wir zu Sklaven unserer Klischees geworden sind und so dabei sind, entweder zu angepassten Spießbürgern oder zu Fanatikern und Doktrinären zu werden. Und wir benutzen die unmittelbare Erfahrung so schlecht, dass wir blind für die Realitäten unserer eigenen Natur und unempfindlich gegenüber dem Universum um uns herum werden. Das abstrakte Wissen, das uns die Worte bringen, wird mit konkreter Unwissenheit erkauft. In seinem Klassiker *Remembering* hat F.C. Bartlett die Ergebnisse einer Reihe von Experimenten aufgezeichnet, mit denen der Einfluss der Sprache auf die Erinnerung an verschiedene Arten von Erfahrungen getestet werden sollte. In einem der Tests wurden einer Gruppe von Versuchspersonen Fotos von Soldaten und Matrosen verschiedener Dienstgrade gezeigt, die dann gebeten wurden, die Gesichter zu beschreiben und in Abständen von einer halben Stunde bis zu einer Woche oder länger Fragen dazu zu beantworten.

> »Ein bestimmtes Gesicht löste oft sofort eine mehr oder weniger konventionelle, dem jeweiligen Typus entsprechende Haltung aus. Daraufhin beeinflusste die Haltung aktiv die Details der Darstellung. Sogar in der unmittelbaren Erinnerung neigten die Gesichtszüge oft dazu, konventioneller gestaltet zu werden, während sie sich in der späteren Erinnerung noch stärker den konventionellen Mustern anzunähern suchten.«

Andere Experimente wurden mit literarischem Material durchgeführt. Die Versuchspersonen wurden gebeten, eine Passage aus einem von Emersons Essays und ein indianisches Volksmärchen zu lesen. Wenn sie dieses Material unmittelbar nach der Lektüre und dann in größeren Abständen wiedergaben, verschwand alles, was an dem Aufsatz und der Geschichte frisch und originell war, tendenziell. Als Sklaven der Klischees, in denen sie sich gewohnheitsmäßig bewegten, veränderten die Probanden das Gelesene so, dass es ihren eigenen vertrauten Vorstellungen entsprach, wie sie in der Sprache ihrer Gesellschaftsschicht und Kultur zum Ausdruck kamen. Bartlett fasst die Ergebnisse dieser Experimente mit literarischem Material zusammen und kommt zu dem Schluss, dass, wenn sie aus dem Gedächtnis wiedergegeben werden, »alle Geschichten dazu neigen, ihrer individuellen Merkmale beraubt zu werden, die beschreibenden Passagen verlieren die meisten ihrer stilistischen und inhaltlichen Besonderheiten [...], die Argumente neigen dazu, auf einen kahlen Ausdruck konventioneller Meinungen reduziert zu werden«, oder, wenn sie einen originellen Standpunkt zum Ausdruck bringen, »neigen sie dazu, in entgegengesetzte konventionelle Ansichten überzugehen. Wo die Epitheta originell sind, neigen sie dazu, zu aktuellen, alltäglichen Begriffen zu werden. Der Stil verflacht und verliert jeden Anspruch auf Eindringlichkeit und Schönheit«. All das bestätigt nur, was jeder Schriftsteller schmerzlich am eigenen Leib erfährt: dass eine vollständige Kommunikation mit einem großen Publikum unmöglich ist, dass die meisten Menschen in die Literatur die standardisierten

Begriffe hineinlesen, mit denen sie sich auf den Weg gemacht haben, dass die mühsamen Bemühungen des Autors, ein adäquates verbales Äquivalent für die Erfahrung zu finden, von der Mehrheit seiner Leser einfach nicht wahrgenommen werden, die das, was Mallarmé die *sens plus pur* der Sprache des Künstlers nennt, automatisch in die schmutzigen und abgenutzten *mots de la tribu* verwandeln. Die Sprache, das ist offensichtlich, hat ihr Gresham'sches Gesetz. Schlechte Wörter neigen dazu, gute Wörter zu verdrängen, und Wörter im Allgemeinen, die guten wie die schlechten, neigen dazu, unmittelbare Erfahrungen und unsere Erinnerungen an unmittelbare Erfahrungen zu verdrängen. Und doch gäbe es ohne Worte kaum eine Erinnerung, egal welcher Art. Die ›Wolfskinder‹, die von Tieren erzogen wurden, können sich nicht an ihr wortloses Leben unter den Tieren erinnern. Und wie vollständig ist bei jedem von uns die Amnesie für all die neuartigen und ungeheuer aufregenden Erfahrungen der Kindheit – die Zeit des Nichtsprechens!

Wir sollten, sagt der heilige Paulus, »in dem Neuen des Geistes dienen und nicht in dem Alten des Buchstabens«. Denn »der Buchstabe tötet, aber der Geist macht lebendig«. Mit anderen Worten,

> »Grau, theurer Freund, ist alle Theorie,
> Und gruen des Lebens goldner Baum.«

Und in einem anderen Zusammenhang drückt Walt Whitman denselben Gedanken aus.

> »Als ich den gelehrten Astronomen hörte,
> als die Beweise, die Zahlen in Reihen geordnet vor mir lagen,
> Als man mir die Karten und Diagramme zeigte,
> dass ich sie addiere,
> dividiere und messe,
> Als ich sitzend den Astronomen hörte,
> wo er unter reichem Beifall im Hörsaale las –,
> Wie bald ward ich da unverantwortlich müde und krank:
> Bis ich mich erhob und hinausglitt,
> und von selbst davonwanderte
> In die mystische feuchte Nachtluft, und von Zeit zu Zeit
> Im vollkommenen Schweigen emporsah zu den Sternen!«

Zu viel theoretisieren ist, wie wir alle wissen, tödlich für die Seele. Zu viele Vorträge lassen den grünen Baum verdorren, verwandeln seine goldenen Früchte in Staub. Das Leben fließt in uns zurück, wenn wir uns vom abgestandenen Alten der theologischen Vorstellungen dem Neuen der spirituellen Erfahrung zuwenden; wenn wir die Beweise und Zahlen der gelehrten Astronomen gegen die nächtliche Stille und die Sterne austauschen. Der heilige Paulus und die Dichter sprechen über einige der offensichtlichsten Tatsachen der Erfahrung. Aber diese Tatsachen sind nicht die einzigen Tatsachen. Die Theorie ist grau und die Diagramme haben keinen Nährwert in sich. Und doch wären wir ohne wissenschaftliche Theorien, ohne Philosophie, Theologie und Recht nichts als Yahoos. Der Buchstabe verurteilt uns zum geistigen Tod; aber das Fehlen des Buchstabens verurteilt uns zu etwas ebenso Schlimmem. Ob wir es mögen oder nicht, wir sind Amphibien, die gleichzeitig in der Welt der Erfahrung und der Welt der Begriffe, in der Welt der direkten Wahrnehmung der Natur, Gottes und unserer selbst und in der Welt des abstrakten, verbalisierten Wissens über diese primären Tatsachen leben. Unsere Aufgabe als menschliche Wesen ist es, das Beste aus beiden Welten zu machen.

Leider hat das organisierte Bildungswesen bisher sehr wenig getan, um uns bei dieser Aufgabe zu helfen. Denn organisierte Bildung ist überwiegend verbale Bildung. Im Mittelalter waren die freien Künste sieben an der Zahl. Die ersten drei – Grammatik, Logik und Rhetorik – befassten sich mit der Sprache der allgemeinen Rede, der Philosophie bzw. der Literatur. Die vierte, die Arithmetik, war die Kunst des Umgangs mit der speziellen Sprache der Zahlen. Die Geometrie war die fünfte Kunst und schloss die Naturgeschichte ein; diese Naturgeschichte wurde jedoch fast ausschließlich in Enzyklopädien studiert, die von Männern verfasst wurden, die sie in anderen Enzyklopädien studiert hatten. Die sechste der freien Künste war die Astronomie, deren Studium eine gewisse Beobachtung des nichtverbalen Universums voraussetzte. In der Musik, der siebten und letzten der Künste, wurde ein nichtverbaler Aspekt des menschlichen Geistes studiert. (Wir sollten uns jedoch daran erinnern, dass die mittelalterlichen Pädagogen die Musik immer als Wissenschaft behandelten und sich kaum mit der Musik als Ausdrucksform, Quelle des Vergnügens oder der Erkenntnis befassten).

In der modernen Praxis ist ein Kurs in den freien Künsten weniger stark verbal geprägt als in der Vergangenheit. Worte sind immer noch das Medium, in dem Lehrer und Schüler den größten Teil ihrer Aktivitäten durchführen. Aber sie sind nicht das einzige Medium. Die moderne Bildung sieht zahlreiche Exkursionen in die äußere Natur und sogar in die innere Welt vor, in der die nichtverbale Seite unserer amphibischen Natur ihr Wesen hat. Die Schüler sind heute angehalten, nonverbale Fakten zu beobachten und mit ihnen zu experimentieren; sie werden ermutigt, ihre künstlerischen Fähigkeiten zu kultivieren, ihren

Geschmack zu verfeinern und ihre Sensibilität zu schärfen. All dies ist von großem Nutzen. Aber es ist noch nicht genug. Wir müssen mehr für den nonverbalen Teil unserer amphibischen Natur tun, wir müssen es besser machen, als wir es jetzt tun.

Die Vertreter der progressiven Erziehung denken wahrscheinlich, dass sie bereits alles tun, was getan werden kann. Unter dem Einfluss von John Dewey haben sie die Bedeutung der nonverbalen Aktivität als Mittel zum Lernen betont. Geschichte z.B. wird heute oft in einer Reihe von ›Projekten‹ unterrichtet. Stonehenge wird mit Ziegelsteinen im Hinterhof rekonstruiert. Das Leben im Mittelalter wird dramatisch nachgebildet – natürlich ohne den Schmutz, die Gewalt und die Theologie, die das Wesen dieses Lebens ausmachten. Ich weiß nicht, ob Kinder durch diese Art der Erziehung mehr lernen, als wenn man ihnen Bilder zeigt und sie ein intelligentes Buch lesen. Der wichtige Punkt in unserem gegenwärtigen Kontext ist, dass das ›Tun‹, durch das die Kinder lernen sollen, von den fortschrittlichen Pädagogen, die dies befürworten, nicht analysiert wird. Für sie ist Tun gleich Tun; es gibt keinen Unterschied zwischen der einen und der anderen Art von Tun. John Dewey selbst wusste es besser, aber seine Anhänger haben sich entschieden, seine Qualifikationen der Learning-by-Doing-Doktrin zu ignorieren und sich kopfüber und mit unhinterfragtem Enthusiasmus in ihre Projekte zu stürzen.

Doch bevor ich dieses Thema weiterverfolge, möchte ich noch einmal kurz auf unsere Amphibie zurückkommen. Zu meiner vorherigen Liste der Doppelleben des Menschen möchte ich noch einen weiteren Punkt hinzufügen. Jeder Mensch ist ein bewusstes Ich, aber unterhalb der Schwelle des Bewusstseins ist jeder Mensch auch ein Nichtselbst – oder genauer gesagt, er ist fünf oder sechs ineinander übergehende, aber klar unterscheidbare Nichtselbst. Da ist zunächst das persönliche, hausgemachte Nichtselbst – das Nichtselbst der Gewohnheiten und konditionierten Reflexe, das Nichtselbst der unterdrückten, aber immer noch undeutlich aktiven Impulse, das Nichtselbst der verschütteten, lebendigen Reaktionen auf ferne Ereignisse und vergessene Worte, das Nichtselbst der versteinerten Kindheit und der schwärenden Überreste einer Vergangenheit, die sich weigert zu sterben. Dieses persönliche Nichtselbst ist der Bereich des Unterbewusstseins, mit dem sich die Psychiatrie hauptsächlich beschäftigt. Dann kommt das Nichtselbst, das früher als vegetative Seele oder Entelechie bezeichnet wurde. Dies ist das Nichtselbst, das für den Körper verantwortlich ist – das Nichtselbst, das, wenn wir gehen wollen, tatsächlich das Gehen übernimmt, das Nichtselbst, das unsere Atmung, unseren Herzschlag und unsere Drüsensekrete kontrolliert; das Nichtselbst, das bereit ist, sogar Donuts zu verdauen; das Nichtselbst, das Wunden heilt und uns wieder gesund macht, wenn wir krank waren. Dann gibt es das Nichtselbst, das die Welt bewohnt, aus der wir unsere Einsichten und Inspirationen schöpfen. Dies ist das Nichtselbst, das durch seinen Daimon zu Sokrates sprach, das den Text von *Kubla Khan* träumte, das *König Lear* und *Agamemnon* und das *tibetische Totenbuch* diktierte, das Nichtselbst, das in uns allen für jeden Zuwachs an Weisheit, jeden plötzlichen Zuwachs an vitaler oder intellektueller Kraft verantwortlich ist. Jenseits dieser Welt der Inspiration liegt die Welt dessen, was Jung die Archetypen genannt hat – jene großen gemeinsamen Symbole, die für die tiefsten Tendenzen des Menschen, seine immerwährenden Konflikte und allgegenwärtigen Probleme stehen. Als Nächstes kommt die Welt der visionären Erfahrung, in der ein geheimnisvolles Nichtselbst nicht inmitten gemeinsamer menschlicher Symbole, aber inmitten gemeinsamer nichtmenschlicher Tatsachen lebt – Tatsachen, aus denen die Theologen der verschiedenen Religionen ihre Vorstellungen von der anderen Welt, von Himmel und Hölle abgeleitet haben. Und schließlich, jenseits von allem anderen, aber jedem geistigen oder materiellen Ereignis immanent, gibt es jenes universelle Nichtselbst, das die Menschen den Heiligen Geist, das Atman-Brahman, das Klare Licht, das Sosein genannt haben.

Ein Selbst kann auf viele verschiedene Weisen auf die mit ihm verbundenen Nichtselbst einwirken und von ihnen beeinflusst werden. Hier ist z.B. ein bewusstes Selbst, das unangemessen auf die Umstände reagiert. Dabei ist es geeignet, das persönliche Nichtselbst mit allen möglichen Ängsten, Begierden, Hass und falschen Urteilen zu füllen. So verzerrt, reagiert das persönliche Nichtselbst auf das bewusste Selbst und zwingt es, sich noch unangemessener zu verhalten als zuvor. Und so geht das Spiel weiter, wobei jede Partei zum Vergehen der anderen beiträgt. Das Selbst und das persönliche Nichtselbst haben eine Gesellschaft der gegenseitigen Verschlechterung gegründet.

Für das Nichtselbst, das für die Körperfunktionen zuständig ist, hat dies katastrophale Folgen. Sich selbst überlassen, ist diese physiologische Intelligenz kaum in der Lage, einen Fehler zu machen. Wird sie durch ein delinquentes Ego und ein irrsinniges persönliches Unterbewusstsein gestört, verliert sie ihre angeborene Unfehlbarkeit, und der Organismus fällt sofort psychosomatischen Krankheiten zum Opfer. Gesundheit ist ein Zustand der Harmonie zwischen dem bewussten Selbst, dem persönlichen Nichtselbst und der vegetativen Seele.

Die drei letztgenannten Nichtselbst bilden das eigentliche Wesen unseres Seins und sind doch so transzendent anders, dass es außerhalb unserer Macht steht, sie zu beeinflussen. Das Ego und das persönliche Nichtselbst können sich gegenseitig vergiften und der vegetativen Seele übel mitspielen. Dem innewohnenden Geist können sie nichts anhaben. Was sie tun können, was ihnen bei den meisten Menschen auch gelingt, ist, diese inneren Lichter zu verdunkeln. Sie errichten einen mehr oder weniger undurchsichtigen Schirm zwischen unserem Bewusstsein und dem transzendenten Nichtselbst, mit dem jedes Selbst verbunden ist. Was als Erleuchtung bezeichnet wird, ist einfach die Beseitigung dieser verdunkelnden Barriere.

Die vorangegangene Darstellung des Doppellebens des Menschen als ein mit einer Gruppe von Nichtselbst verbundenes Selbst war notwendigerweise sehr kurz und schematisch. Aber ich hoffe, dass sie dennoch dazu dienen kann, unser Problem zu beleuchten: Wie können wir das psychophysische Instrument schulen, mit dem wir lernen und leben?

Das psychophysische Instrument ist eins und unteilbar; aber für praktische Zwecke können wir es als aus mehreren verschiedenen Komponenten bestehend betrachten. Dementsprechend wird der Lehrplan unseres hypothetischen Kurses in dem, was man die nonverbalen Humanwissenschaften nennen könnte, die folgenden Punkte beinhalten: Schulung des kinästhetischen Sinns, Schulung der speziellen Sinne, Training des Gedächtnisses, Training der Kontrolle des autonomen Nervensystems, Schulung der geistigen Einsicht.

Die grundlegendste unserer Wahrnehmungen ist der kinästhetische Sinn. Das ist der Sinn, der die Muskelspannung im Körper registriert und der uns über die Veränderungen der Muskelspannung informiert, die mit der körperlichen Bewegung und den Veränderungen unseres Geisteszustands einhergehen. Der kinästhetische Sinn ist die Hauptkommunikationslinie zwischen dem bewussten Selbst und dem persönlichen Unterbewusstsein einerseits und der vegetativen Seele andererseits. Wenn dieser Sinn vernachlässigt wird – und in unserer städtisch-industriellen Zivilisation scheint er sehr leicht vernachlässigt zu werden – geschehen zwei Dinge. Erstens entwickelt das Individuum die Gewohnheit, sein psychophysisches Instrument unsachgemäß zu benutzen. Und zweitens verliert es seinen Sinn für das, was wir als muskuläre Moral bezeichnen können, seinen grundlegenden Maßstab für körperliches Recht und Unrecht. Gewohnheit ist unsere zweite Natur; und wenn wir etwas Unnatürliches lange genug getan haben, erscheint es uns durch bloße Gewöhnung völlig richtig und angemessen. Was wir auf dieser grundlegenden Ebene der psychophysischen Erziehung brauchen, ist eine Möglichkeit, unsere Gewohnheiten des falschen Gebrauchs zu verlernen, eine Methode, mit der der verkommene kinästhetische Sinn wieder in seine ursprüngliche Integrität zurückgeführt werden kann.

Eine solche Methode gibt es. Sie wurde in mehr als 50 Jahren Experimentier- und Lehrtätigkeit von F.M. Alexander entwickelt, einem gebürtigen Australier, der den größten Teil seines langen Lebens in England und den Vereinigten Staaten gearbeitet hat.[2] Die Bedeutung von Alexanders Arbeit wurde schon früh von John Dewey erkannt, der wertvolle Vorworte zu drei seiner Bücher schrieb. Alexanders grundlegende Entdeckung (die inzwischen von Physiologen und Zoologen aus anderen Bereichen bestätigt wurde) besteht darin, dass es, in Deweys Worten, »bestimmte grundlegende, zentrale organische Gewohnheiten und Einstellungen gibt, die *jede* Handlung, die wir ausführen, jeden Gebrauch, den wir von uns machen, bedingen«. Wenn wir diese natürlichen guten Gewohnheiten verlieren und uns unangemessene Nutzungsgewohnheiten auferlegen, läuft alles schief, nicht nur im Körper, sondern auch (insofern physische Ereignisse geistige Ereignisse bedingen) im Geist. Der Grad der Falschheit kann groß oder klein sein; aber da alle schlechten Gewohnheiten dazu neigen, mit der Zeit schlimmer zu werden, ist es in höchstem Maße wünschenswert, dass sie bei der frühesten Gelegenheit korrigiert werden. Alexanders Technik, schreibt John Dewey,

> »gibt dem Erzieher einen Standard psycho-physischer Gesundheit, die das, was wir sittliches Verhalten nennen, mit einschließt. Sie stellt auch die ›Mittel-wodurch‹ zur Verfügung, mit denen dieser Standard kontinuierlich angestrebt und weiterentwickelt werden kann, um als bewusstes Wissen an den zu Erziehenden weitergegeben zu werden. Sie bietet die Voraussetzungen und ist daher zentral für alle spezifischen erzieherischen Prozesse. Sie steht im gleichen Verhältnis zu Erziehung, wie diese zu allen anderen menschlichen Handlungen steht.«

Das sind starke Worte, denn Dewey war überzeugt, dass die einzige Hoffnung des Menschen in der Bildung liegt. Aber so wie die Bildung für die Welt als Ganze absolut notwendig ist, so sind Alexanders Methoden zur Schulung des psychophysischen Instruments für die Bildung absolut notwendig. Eine Schulbildung ohne eine angemessene Schulung des psychophysischen Instruments kann naturgemäß nicht mehr als eine begrenzte Menge an Gutem bewirken und kann, während sie die-

2 Für Einzelheiten über Alexanders Erziehungsmethoden wird der Leser auf seine vier Bücher verwiesen: *Man's Supreme Inheritance; Constructive Conscious Control; The Use of the Self; The Universal Constant of Living.*

se begrenzte Menge an Gutem bewirkt, dem Kind sehr viel Schaden zufügen, indem sie ihm systematisch Gewohnheiten des unsachgemäßen Gebrauchs einprägt. Lernen durch Tun ist nur dann ein vernünftiger Grundsatz, wenn das Tun ein gutes Tun ist. Wenn es sich um schlechtes Tun handelt (und in den allermeisten Fällen ist es schlecht), ist Lernen durch Tun hoffnungslos untauglich.

Es ist eine höchst merkwürdige Tatsache, dass von den Millionen von Pädagogen, die sich seit zwei Generationen ständig auf Deweys Autorität berufen, nur eine verschwindend geringe Handvoll sich jemals die Mühe gemacht hat, sich mit der Methode zu befassen, die Dewey selbst als absolut grundlegend für jedes wirksame Erziehungssystem ansah. Der Grund für diese Vernachlässigung ist denkbar einfach. Wie alle anderen haben auch die Pädagogen einen verkommenen kinästhetischen Sinn; und wie alle anderen wissen sie nicht, dass ihre Maßstäbe für körperliches Richtig und Falsch pervertiert worden sind. Langjährige Gewohnheiten des unsachgemäßen Gebrauchs lassen sie glauben, dass das, was sie als richtig und natürlich empfinden, tatsächlich richtig und natürlich ist. In Wirklichkeit ist es freilich falsch und unnatürlich, und es fühlt sich nur deshalb richtig an, weil sie daran gewöhnt sind. Sie können sich nicht davon überzeugen, dass an ihrem eigenen psychophysischen Instrument oder mit den psychophysischen Instrumenten ihrer Schüler etwas grundlegend falsch ist. Die enttäuschenden Ergebnisse der Erziehung werden von ihnen auf verschiedene Kombinationen von untergeordneten und oberflächlichen Ursachen zurückgeführt, niemals auf die grundlegende Ursache der Ursachen – unsachgemäße Anwendung und Verlust des natürlichen Standards der psychophysischen Gesundheit.

Die meisten von uns sind, wie Alexander nicht müde wird zu betonen, unverbesserliche »Endgewinner«. Wir sind so sehr darauf bedacht, ein bestimmtes Ziel zu erreichen, dass wir nie auf die psychophysischen Mittel achten, mit denen dieses Ziel erreicht werden soll. Soweit es uns betrifft, ist jedes Mittel gut genug. Aber die Natur des Universums ist so beschaffen, dass der Zweck niemals die Mittel rechtfertigen kann. Im Gegenteil, die Mittel bestimmen immer den Zweck. So lautete das Ziel der Alliierten im Ersten Weltkrieg, »die Welt für die Demokratie sicher zu machen«. Aber die Mittel waren uneingeschränkte Gewalt, und uneingeschränkte Gewalt ist nicht in der Lage, eine weltweite Demokratie zu schaffen. Uneingeschränkte Gewalt erzeugt u.a. Angst, Hass und soziales Chaos. Auf das Chaos folgt die Diktatur, und die Diktatur in Verbindung mit allgemeiner Angst und Hass führt erneut zu uneingeschränkter Gewalt. Dies ist ein Extremfall, aber das Prinzip, das er veranschaulicht, ist universell gültig. Im Bildungsbereich z.B. wird einem Kind ein Projekt aufgetragen. Das angestrebte Ziel ist das Erlernen einer Reihe von Fakten und der Erwerb bestimmter Fähigkeiten und moralisch wünschenswerter Verhaltensweisen. Zu den Mitteln, die zur Erreichung dieses Ziels eingesetzt werden, gehört jedoch auch das psychophysische Instrument des Kindes. Wenn dieses psychophysische Instrument (was wahrscheinlich der Fall ist) seinen Maßstab für körperliches Richtig und Falsch verloren hat und schlechten Gewohnheiten zum Opfer fällt und wenn (was so gut wie sicher ist) nichts Wirksames getan wird, um den Maßstab wiederherzustellen und die schlechten Gewohnheiten loszuwerden, dann werden die von wohlmeinenden Erziehern vorgeschlagenen Ziele nicht vollständig erreicht werden. Dieses Unvermögen, das psychophysische Instrument wirksam einzusetzen, ist sicherlich einer der Gründe, warum Bildung nie die Hoffnungen der Idealisten und Reformer erfüllt hat. Vor vier Generationen äußerte James Mill die Überzeugung, dass, wenn jeder lesen und schreiben könnte, alles gut wäre, für immer. Persönliche Freiheit und demokratisches Regieren wären gesichert, Kriege würden aufhören, die Vernunft würde sich überall durchsetzen. Heute kann jeder lesen und schreiben, und wir leben in einer Welt, in der es ständig Kriege gibt, in der die Freiheit auf dem Rückzug ist, in der die Demokratie in Gefahr ist, in einer Welt, in der die meisten Nutznießer der allgemeinen Bildung nur die Boulevardpresse, Comics und Krimis lesen.

Der Mensch ist, wie wir gesehen haben, ein Ich, das mit mehreren Nichtselbst verbunden ist. Durch die Entwicklung schlechter Gewohnheiten stören das bewusste Ego und das persönliche Unterbewusstsein das normale Funktionieren des tieferen Nichtselbst, von dem wir die tierische Gnade der körperlichen Gesundheit und die geistige Gnade der Einsicht erhalten. Wenn wir das psychophysische Instrument ausbilden wollen, müssen wir die Menschen in der Kunst schulen, aus ihrem eigenen Licht herauszukommen. Diese Wahrheit ist von allen Lehrern der psychophysischen Fähigkeiten entdeckt und fortwährend wiederentdeckt worden. Bei allen Tätigkeiten des Lebens, von den trivialsten bis zu den wichtigsten, liegt das Geheimnis des Könnens in der Fähigkeit, zwei scheinbar unvereinbare Zustände zu kombinieren – einen Zustand maximaler Aktivität und einen Zustand maximaler Entspannung. Dass diese Unvereinbarkeiten tatsächlich nebeneinander bestehen können, liegt natürlich an der amphibischen Natur des Menschen. Das, was entspannt sein muss, sind das Ego und das persönliche Unterbewusstsein, das, was aktiv sein muss, sind die vegetative Seele und die jenseits davon liegenden Nichtselbst. Die physiologischen und spirituellen Nichtselbst, mit denen wir verbunden sind, können ihre Arbeit nicht effektiv tun, bis das Ego und das persönliche Unterbewusstsein lernen, loszulassen.

Descartes gründete seine gesamte Philosophie auf die Behauptung: Cogito, ergo sum – ich denke, also bin ich. Das klingt gut, ist aber leider nicht wahr. Die Wahrheit ist, wie von Baader betont, nicht cogito, ergo sum, sondern *cogitor, ergo sum*. Meine Existenz hängt nicht davon ab, dass ich denke; sie hängt davon ab, dass ich, ob ich es weiß oder nicht, gedacht werde – gedacht von einem Geist, der viel größer ist als das Bewusstsein, das ich normalerweise mit mir selbst identifiziere. Diese Tatsache wird vom Tennisprofi ebenso erkannt wie vom Mystiker, vom Klavierlehrer ebenso wie vom Yogi, vom Gesangslehrer ebenso wie vom Zen-Meister und vom Vertreter des mentalen Gebets. Wenn ich aus dem Licht meines Nichtselbst herauskomme, werde ich erleuchtet sein. Wenn ich aufhöre, ängstlich zu *cogitare*, gebe ich mir die Chance, von einem Komitee innewohnender Intelligenzen *cogitor* zu werden, das meine Probleme viel besser lösen kann als ich. Wir müssen unseren bewussten Willen benutzen – aber wir müssen ihn dazu benutzen, unser Ego daran zu hindern, seinen alten schlechten Gewohnheiten zu erliegen oder auf andere Weise die inneren Lichter zu verdunkeln. Das bedeutet natürlich nicht, dass das bewusste Selbst jemals seine Position als Wissender, Denker und Urheber moralischer Urteile aufgeben kann. Es bedeutet aber, dass wir die verrückte Illusion aufgeben müssen, dass ein bewusstes Selbst, wie tugendhaft und intelligent es auch sein mag, seine Arbeit allein und ohne Hilfe erledigen kann. Gesundheit ist die Harmonie zwischen Selbst und Nichtselbst, und Tüchtigkeit auf jedem Gebiet erlangt derjenige, der gelernt hat, die Ressourcen seines Bewusstseins in den Dienst des Unbewussten zu stellen. Genie ist gleichzeitig Inspiration und Transpiration. Es hat keinen Sinn zu inhalieren, wenn wir nicht bereit sind zu schwitzen. Und es hat keinen Sinn zu schwitzen, wenn wir nicht wissen, wie wir die lebensspendende Luft einatmen können, die aus Welten jenseits unseres bewussten Selbstseins weht.

Die Kunst, Entspannung mit Aktivität zu verbinden, wurde von den Lehrern jeder Art von psychophysischer Fertigkeit erfunden und wieder neu erfunden. Leider haben diese Lehrer im Allgemeinen isoliert gearbeitet, jeder innerhalb des engen Bereichs seines Spezialgebiets. Die Aktivität, für die sie ihre Schüler ausbilden, ist nicht die von den Fortschrittspädagogen erlaubte und sogar geförderte unkreative Aktivität um der Aktivität willen. Es ist eine Tätigkeit in der richtigen Richtung, eine Tätigkeit nach grundsätzlich gesunden Prinzipien. Aus diesem Grund wird sie niemals den Schaden anrichten, der durch das unausgegorene Streben nach Gewinn verursacht wird. Aber obwohl sie mehr oder weniger harmlos ist, wäre sie nützlicher gewesen, wenn sie nicht als isolierte Spezialfähigkeit gelehrt worden wäre, sondern in Verbindung mit einer allgemeinen Ausbildung des kinästhetischen Sinns, einer totalen Ausbildung im Gebrauch des Selbst, wie sie von Alexander festgelegt und von John Dewey so wärmstens empfohlen wurde.

Wie viel das uns innewohnende Nichtselbst für uns tun kann, wenn wir ihm eine Chance geben, wurde in zwei bemerkenswerten kleinen Büchern dargelegt, die in den letzten Jahren erschienen sind. Das Erste trägt den Titel *Neue Wege zur Klaviertechnik* von dem verstorbenen Luigi Bonpensiere. Der Autor des Zweiten, *Zen und die Kunst des Bogenschießens*, ist ein deutscher Psychologe, der lange in Japan gelebt hat, Dr. Eugen Herrigel. Jedes dieser Bücher zeugt von der gleichen grundlegenden Wahrheit. Wenn der bewusste Wille dazu benutzt wird, schlechte Angewohnheiten, die uns natürlich erscheinen, zu unterdrücken, wenn das Ich dazu gebracht wird, nicht »jeden Nerv anzustrengen«, nicht verzweifelt zu versuchen, »etwas zu tun«, wenn das persönliche Unterbewusstsein dazu gebracht wird, seine klammernden Spannungen loszulassen, können die vegetative Seele und die Intelligenz, die jenseits der vegetativen Seele liegt, Wunder bewirken.

Als Naturwissenschaftler sind wir mit den Wundern vertraut, die die den Tieren innewohnende Intelligenz vollbringt – Wunder, die umso bemerkenswerter sind, als die betreffenden Lebewesen auf der bewussten Ebene keine Intelligenz zeigen. Ich spreche natürlich nicht von den Wundern des Instinkts, sondern von dem, was man als Ad-hoc-Intelligenz bezeichnen könnte, die Tiere manchmal in Situationen an den Tag legen, die in der Evolutionsgeschichte der Art noch nie vorgekommen sind. Wenn z.B. ein Papagei seinen Geräuschapparat benutzt, um die artikulierten Laute zu imitieren, die der völlig andersartige Geräuschapparat eines Menschen erzeugt, vollbringt eine ihm innewohnende Intelligenz eine wundersame Leistung der Ad-hoc-Intelligenz. Oder denken Sie an die außergewöhnliche Leistung des Sturmtauchers, der in einer Kiste von Wales nach Venedig gebracht wurde (weit über das normale Verbreitungsgebiet der Art hinaus), dort freigelassen wurde und zu gegebener Zeit wieder in seiner ursprünglichen Heimat auftauchte. Etwas anderes, etwas viel Intelligenteres als der bewusste Vogel vollbrachte das Wunder der Nachahmung für den Papagei und das noch erstaunlichere Wunder der Heimkehr für den Sturmtaucher. Unsere Aufgabe als Pädagogen ist es, herauszufinden, wie Menschen das Beste aus beiden Welten machen können – aus der Welt der selbstbewussten, verbalisierten Intelligenz und der Welt der unbewussten Intelligenzen, die dem Geist-Körper-System innewohnen und immer bereit sind, wenn wir ihnen nur eine halbe Chance geben, das zu tun, was für das ungestützte Ego unmöglich ist.

Der kinästhetische Sinn sagt uns, was in unserem psychophysischen Organismus vor sich geht. Die anderen Sinne – Sehen, Hören, Tasten, Schmecken und Riechen – geben uns Informationen über die äußere Welt. Die moderne Bildung tut nichts, um den kinästhetischen Sinn zu schulen, und sehr wenig in Bezug auf die anderen Sinne. Die meisten Kinder erhalten zwar eine Art musikalische Ausbildung, die eine Schulung der auditiven Unterscheidungsfähigkeit mit sich bringt. Aber die anderen Sinne werden sich selbst zur Bildung überlassen und bilden sich selbst, so gut es geht. So wird in Bezug auf das Sehen – ein Thema, an dem ich durch die Umstände ein besonderes und oft schmerzhaftes Interesse habe – nichts getan, um die Schärfe, Geschwindigkeit oder Genauigkeit der Wahrnehmung zu verbessern. Und was noch überraschender ist, es wird so gut wie nichts getan, um das Auftreten von Sehfehlern zu verhindern, die in unseren Schulen so erschreckend häufig auftreten. Die Beleuchtung in den meisten Schulräumen und Bibliotheken reicht von schlecht bis abscheulich, und unter diesen ungünstigen Bedingungen werden die Kinder zum Lesen, Schreiben und Rechnen gezwungen, ohne die geringste Anleitung, mit welchen Mitteln das beabsichtigte Ziel erreicht werden soll. Unter diesen Umständen ist es verwunderlich, dass irgendein Kind aus dieser erzieherischen Tortur mit normalem Sehvermögen hervorgeht.

Die vorbeugende und heilende Schulung der visuellen Wahrnehmung beruht auf denselben Prinzipien, die auch die Lehrer anderer psychophysischer Fähigkeiten leiten. Um die Kunst des Sehens zu erlernen, müssen wir lernen, Entspannung mit Aktivität zu verbinden – Entspannung des Selbst und des persönlichen Unterbewusstseins, Aktivität der vegetativen Seele und des tieferen Nichtselbst. Der große Pionier auf dem Gebiet der Seherziehung war ein New Yorker Augenarzt, Dr. W.H. Bates, der seine Trainingsmethoden in den ersten drei Jahrzehnten dieses Jahrhunderts entwickelte. Bates wurde von den orthodoxen Ophthalmologen verurteilt. Denn die orthodoxen Ophthalmologen waren und sind in allzu vielen Fällen immer noch der Ansicht, dass die Augen optische Systeme sind, die isoliert behandelt werden können, ohne Rücksicht auf die Person, zu der sie gehören, und ohne Rücksicht auf den Geist, der die von den Augen übermittelten Botschaften interpretiert und der das eigentliche Sehen bewirkt. Weil ich ein Buch über die Theorie und Praxis der Seherziehung geschrieben habe, wurde ich von professionellen Kritikern als eine Mischung aus Schwachkopf und Scharlatan behandelt. Mit einer gewissen Belustigung stelle ich daher fest, dass die meisten der Ideen von Dr. Bates und mir von einer Gruppe von Fachleuten von höchstem Ansehen vertreten werden. Diese Gruppe gibt eine Zeitschrift namens *Psychological Optics* heraus – ein Name, der eine völlig neue Philosophie und revolutionäre Methodik impliziert. Der jüngste Wandel in der Einstellung zum Problem der Seherziehung ist in erster Linie Professor Samuel Renshaw zu verdanken, dem herausragenden Vertreter der Gestaltpsychologie, der an der Universität von Ohio lehrt. Renshaws Arbeiten über die Schulung der besonderen Sinne und des Gedächtnisses sind für alle Pädagogen von herausragender Bedeutung. Er hat gezeigt, dass es möglich ist, eine beliebige Gruppe nicht eigens ausgewählter Studierender zu nehmen und ihnen mit geeigneten Methoden beizubringen, mit enorm gesteigerter Schnelligkeit und Präzision zu sehen, eine Geschmackswahrnehmung zu entwickeln, die so fein ist wie die eines professionellen Whiskyblenders, und Gedächtnisleistungen zu vollbringen, die mit denen von so genannten Wunderkindern vergleichbar sind.

Bei der Schulung des Sehvermögens macht Renshaw ausgiebig Gebrauch vom Tachistoskop – einer magischen Laterne, die mit einem Verschluss ausgestattet ist, der die Projektion von Bildern über einen Zeitraum von einer Zehntel- bis zu einer Tausendstelsekunde oder weniger ermöglicht. Die meisten Schulungen werden mit Belichtungszeiten von einer Hundertstelsekunde durchgeführt.

Das Training mit dem Tachistoskop ist im Wesentlichen eine Methode zur Umgehung der schlechten Gewohnheiten, die das bewusste Selbst erworben hat. Beim normalen Sehen sind wir uns kaum jemals direkt unserer unmittelbaren Eindrücke bewusst. Denn diese unmittelbaren Eindrücke werden mehr oder weniger tiefgreifend durch einen Verstand verändert, der den größten Teil seines Denkens in Begriffen vollzieht. Jede Wahrnehmung wird sofort begrifflich gefasst und verallgemeinert, so dass wir das bestimmte Ding oder Ereignis nicht in seiner nackten Unmittelbarkeit sehen; wir sehen nur die objektive Illustration eines allgemeinen Begriffs, nur die Konkretisierung eines abstrakten Wortes. Unsere gewöhnlichen Wahrnehmungsgewohnheiten veranlassen uns, die Welt wie Platoniker zu sehen. Das Tachistoskop verwandelt uns in Nominalisten und Impressionisten.

Zu unserer normalen Tendenz, die Welt durch das brechende Medium der Sprache zu sehen, kommen noch die verschiedenen Irrtümer hinzu, die durch den unsachgemäßen Gebrauch des psychophysischen Instruments entstehen. Das Tachistoskop gibt uns keine Zeit, uns Gedanken zu machen oder unsere schlechten Gewohnheiten ins Spiel zu bringen. »Wenn du sehen willst, hör auf, es zu versuchen«. Dies ist ein beliebter Aphorismus von Praktikern der visuellen Erziehung. In der Tat kann man sagen, dass Bates' Trainingsmethode ausdrücklich zu dem Zweck entwickelt wurde, den Schüler daran zu hindern, es zu versuchen, und so das Feld für seine vegetative Seele und das tiefere Nichtselbst freizumachen. In ähnlicher Weise macht es das Tachistoskop dem Ego unmöglich, in seinem eigenen Licht zu stehen. Man kann nicht versuchen, etwas in einer Hundertstelsekunde zu sehen. Das Sehen kommt entweder zu Ihnen – oder es kommt nicht. Sie können nichts dagegen tun.

Das Tachistoskop wurde auch in der Ausbildung von Kunststudierenden eingesetzt. Diese neuartige und sehr erfolgreiche Methode wurde von Professor Hoyt Sherman in einem interessanten kleinen Buch beschrieben: *Drawing Through Seeing*. Auch hier werden alte, schlechte Gewohnheiten des verzerrten und begrifflichen Sehens mit Hilfe der blinkenden Laterna magica umgangen. Der Schüler gewinnt seine visuelle Unschuld zurück; für eine Hundertstelsekunde sieht er nur die Daten, nicht seine selbst gedimmten und verbalisierten Vorstellungen davon, was die Daten sein sollten. Zu Beginn von Shermans Kunstkurs bestehen die Daten aus abstrakten Formen, die in einer Vielzahl von Mustern angeordnet sind. Der Schüler lernt, diese Formen und ihre Beziehungen zu sehen, und fährt in der halben Minute der Dunkelheit, die auf jeden Blitz folgt, fort, jede aufeinanderfolgende Komposition freihändig auf großen Papierbögen zu reproduzieren.

Das Tachistoskop kann sich als ebenso wertvoll für die Allgemeinbildung erweisen, wie es sich für die Ausbildung von Kunststudierenden erwiesen hat. In einem groß angelegten Experiment erhielten Kinder der ersten Klasse zweimal wöchentlich 15-minütiges Tachistoskoptraining. Am Ende des Schuljahrs waren sie der Kontrollgruppe deutlich voraus. Sie lasen besser, verstanden mehr vom Rechnen und waren insgesamt interessierter am Lernen und folglich besser ausgebildet als vergleichbare Kinder, die auf die übliche Weise unterrichtet wurden. Außerdem hielten die positiven Effekte in den nächsten fünf Jahren an, obwohl das Training mit dem Tachistoskop nach dem ersten Jahr nicht fortgesetzt wurde. Es scheint, dass wir mit dem Tachistoskop ein äußerst wirksames Instrument besitzen, um nicht nur das Sehen zu trainieren, sondern auch den Teil des Verstandes, der das Sehen für den Lernprozess nutzt.

Von den speziellen Sinnen gehen wir nun zum autonomen Nervensystem über – jenem physiologischen Nichtselbst, von dem das Selbst für sein Wohlergehen und sogar für sein Leben abhängt. Wenn dieses physiologische Nichtselbst straffällig geworden ist, wenn (wie es nur allzu oft geschieht) unser bester Freund zu unserem schlimmsten Feind geworden ist, wie kann es dann dazu gebracht werden, sich zu benehmen?

Die Schulmedizin bedient sich einer Reihe von Medikamenten und greift in extremen Fällen auf die Chirurgie zurück; die unorthodoxe Medizin versucht, das vegetative System durch direkte mechanische

Einwirkung in Form von Osteopathie, Chiropraktik, Reflextherapie und Akupunktur zu beeinflussen. Aber ob orthodox oder unorthodox, die medizinische Behandlung liegt außerhalb des Bereichs der Bildung. In diesem Zusammenhang geht es nur darum, was ein Kind oder ein Erwachsener lernen kann, selbst zu tun.

Beginnen wir mit den verschiedenen Techniken der Entspannung. Indem wir die dem Willen unterworfenen Muskeln loslassen, sind wir in der Lage, zumindest einen Teil der Spannungen in Körperregionen zu lösen, die sich unserer willentlichen Kontrolle entziehen. Die Arbeit von Dr. Jacobson auf diesem Gebiet ist sehr bekannt. Noch wertvoller sind die von Herrn L.E. Eeman entwickelten Methoden, die er in seinem aufschlussreichen Buch *Co-operative Healing* beschreibt. Systematische Entspannung ist eines der Mittel, mit denen das bewusste Ego und das persönliche Unterbewusstsein dazu gebracht werden können, sich nicht mehr in die Tätigkeit der mit ihnen verbundenen Nichtselbst einzumischen.

Für diejenigen, die den Wunsch und die nötige Eignung haben, gibt es weitaus ausgefeiltere Trainingsmethoden, deren Ziel es ist, eine möglichst enge Zusammenarbeit zwischen dem bewussten Willen und dem autonomen Nervensystem herzustellen und dadurch die Bandbreite der psychophysischen Kapazität zu vergrößern. Ich selbst habe einen orientalischen Freund – von Beruf Arzt, von Berufung Derwisch –, der gerne sagt, dass »Schmerz nur eine Meinung ist«, und der bereit ist, die Wahrheit dessen zu beweisen, was er sagt, indem er sich Spieße durch sein Fleisch sticht und auf Nagelbetten liegt. Auch die Tätigkeit seines Herzens ist Ansichtssache. Er kann es auf vierzig Schläge pro Minute verlangsamen, wenn er an langsames Schlagen denkt, oder es auf hundertfünfzig beschleunigen, wenn er an Beschleunigung denkt. Sogar sein Stoffwechsel und seine Atmung sind Ansichtssache; denn er kann in einen Zustand des Winterschlafs übergehen, in dem die Atmung völlig zum Erliegen kommt und der Puls nicht mehr wahrnehmbar ist, und in diesem Zustand stunden- oder sogar tagelang bleiben.

Die Ausbildung des Derwischs oder des Hatha-Yogi ist eine langwierige Angelegenheit; und ob es sich wirklich lohnt, mehrere Jahre seines Lebens damit zu verbringen, sich die Kunst anzueignen, in Katalepsie zu verfallen, seine Zunge zu verschlucken und die Peristaltik seines Darms umzukehren, ist fraglich. Andererseits wäre es äußerst praktisch, wenn man in der Lage wäre, Neuralgien oder Hexenschuss als Meinungen zu behandeln, das Herz zu beruhigen, in Momenten von emotionalem Stress die Krämpfe aus den Eingeweiden zu lösen und nach Belieben in einen erholsamen Schlaf zu fallen. Das sind Fähigkeiten, die viele

Menschen ohne allzu große Schwierigkeiten erlangen können. Denn in diesen Bereichen können Suggestion und Autosuggestion – vor allem, wenn sie durch Hypnose und die posthypnotischen Suggestionen, die die Induktion von Autohypnose ermöglichen, verstärkt werden – die Art von Wundern vollbringen, die unsere Vorfahren noch bis vor wenigen Jahrhunderten, ohne zu zögern, dem göttlichen oder (wahrscheinlicher) teuflischen Eingreifen zuschrieben. Als Beispiel dafür, was ohne die geringste Schwierigkeit möglich ist, möchte ich den Fall eines mir bekannten Zahnarztes anführen, der alle seine kleinen Patienten und auch viele seiner älteren Patienten lehrt, sich selbst in lokale Unempfindlichkeit zu versetzen. Seine Methoden sind absurd einfach und funktionieren in der großen Mehrheit der Fälle wie ein Zauber.

Der letzte und wichtigste Zweig der nonverbalen Erziehung ist die Ausbildung in der Kunst der geistigen Einsicht. Dr. Suzuki, der große japanische Gelehrte, dem der Westen den größten Teil seines Wissens über den Zen-Buddhismus verdankt, hat spirituelle Einsicht oder Erleuchtung als »Bewusstwerden des Unbewussten« definiert. Und ein römisch-katholischer Theologe, Pater Victor White, drückt dieselbe Idee aus, wenn er schreibt, dass »das Überrationale durch das Unterrationale in das menschliche Bewusstsein eintritt«. Das ultimative Nichtselbst zu kennen, das die anderen Nichtselbst und das Ego transzendiert, das aber dennoch näher ist als das Atmen, näher als Hände und Füße – das ist die Vollendung des menschlichen Lebens, das Ende und der letzte Zweck der individuellen Existenz.

Das Ziel des Psychiaters ist es, den (statistisch) Abnormalen beizubringen, sich an die Verhaltensmuster einer Gesellschaft anzupassen, die aus (statistisch) Normalen besteht. Das Ziel des Erziehers in spiritueller Einsicht ist es, den (statistisch) Normalen beizubringen, dass sie in der Tat verrückt sind und etwas dagegen tun sollten. Das Problem ist, wie immer, wie man aus seinem eigenen Licht herauskommt. Unsere Aufgabe ist es, uns von verdunkelnden schlechten Gewohnheiten zu befreien – schlechten Gewohnheiten nicht nur auf der moralischen Ebene, sondern auch, und das ist grundlegender, auf der kognitiven, intellektuellen und emotionalen Ebene. Denn es sind diese schlechten Gewohnheiten des unrealistischen Denkens, des unangemessenen Fühlens und der verdorbenen Wahrnehmung, die das Ego dazu veranlassen, sich so zu verhalten, wie es dies tut. Wir müssen, um es mit Krishnamurtis Worten zu sagen, »Freiheit vom Bekannten« erlangen – Freiheit von den ungeprüften Postulaten, mit denen wir unsere Erfahrungen aus zweiter Hand machen, Freiheit von unseren konventionellen Gedanken und Gefühlen, Freiheit von unseren stereotypen Vorstellungen über die innere und äußere Realität.

»Was immer du über Gott sagst«, erklärt Eckhart, »ist unwahr«. Abgenutzte theologische und fromme Klischees sind nicht nur nicht dasselbe wie die Erfahrung des Lebens in seiner immanenten und transzendenten Fülle; sie sind sogar Hindernisse auf dem Weg zu einer solchen Erfahrung. Es ist ein Fall von grauer Theorie und grüner Realität; von Buchstaben, die den Geist töten; von Dogmen, die die Tatsachen verfälschen, auf die sie sich angeblich beziehen; von Ritualen und Rhetorik, die emotionale Erregung durch die Einsicht, die nur den Armen im Geiste, den »Jungfrauen«, wie Eckhart sie nennt, zuteilwird.

Im Zen wurde das jungfräuliche Bewusstsein *Wu-nien* oder *Wu-hsin – no-mind* oder *no-thought* – genannt. »Indem sie den Nicht-Gedanken, der im Gedanken liegt, festhalten«, sagt Hakuin in seinem *Lied der Meditation*, »hören sie (die Männer der Einsicht) in jeder Handlung, die sie ausführen, die Stimme der Wahrheit.« Der Nichtgedanke denkt nicht über die Welt in Begriffen von Nichtdingen nach. »Ins Nichts sehen«, sagt Shen-hui, »das ist wahres Sehen und ewiges Sehen.« Worte und Begriffe sind praktisch, ja unverzichtbar, denn unser Menschsein hängt von ihrem Gebrauch ab. Der jungfräuliche Nichtdenker bedient sich der Worte und Begriffe; aber er hütet sich, sie zu ernst zu nehmen, er lässt nicht zu, dass sie die Welt der unmittelbaren Erfahrung in ihrem tristen menschlichen Bild neu erschaffen, er hütet sich vor der Verurteilung und den abscheulichen Vergleichen, den Behauptungen des Verlangens und der Abneigung, die die Sprache von Natur aus den Sprachbenutzern aufzwingt: »Der vollkommene Weg weigert sich, Vorlieben zu haben. Nur wenn er von Liebe und Hass befreit ist, offenbart er sich ohne Verkleidung. Das, was du magst, gegen das, was du nicht magst, aufzustellen, das ist die Krankheit des Geistes.« Und so »richtet nicht, auf dass ihr nicht gerichtet werdet«. Denn »Gott gibt allem das Gleiche«, sagt Eckhart, »und da es von Gott ausgeht, sind alle Dinge gleich; Engel, Menschen und Geschöpfe gehen in ihrer ersten Emanation gleich von Gott aus. Die Dinge in ihrer ursprünglichen Emanation zu nehmen« (die Erfahrung mit einem jungfräulichen Geist in nichtverbalen Begriffen zu denken, als Nichts) »bedeutet, sie alle gleich zu nehmen. … Jeder Floh, wie er in Gott ist, ist edler als der höchste der Engel in sich selbst. Die Dinge sind alle gleich in Gott; sie sind Gott selbst.« Dementsprechend ist der Mensch, »dem Gott in einer Sache anders ist als in einer anderen und dem Gott in einer Sache lieber ist als in einer anderen Sache, der ist ein Barbar, noch in der Wildnis, ein Kind. Wem Gott in allem derselbe ist, der ist in den Stand des Menschen gekommen«.

Das vorgeschlagene Ziel ist die Wiederentdeckung eines jungfräulichen Nichtgeistes in uns selbst, der fähig ist, als Reaktion auf die unmittelbare Erfahrung nonverbal nicht zu denken. Aber die Ziele, die wir tatsächlich erreichen, werden immer von den Mitteln bestimmt, die wir einsetzen. Vollkommene Freiheit lässt sich nicht durch systematische Begrenzung erreichen. Die Jungfräulichkeit des Geistes lässt sich nicht in einem Kontext vorbestimmter Überzeugungen und Dogmen entdecken. Der einheitliche Nichtgedanke, der das Leben in seiner Gesamtheit erfährt, wird niemals durch konzentriertes Denken in Form von Worten oder visuellen Bildern über einen bestimmten Aspekt des Lebens, isoliert vom Rest, entstehen. Dr. Suzuki hat in seiner *Zen Doctrine of No-Mind* einen Teil eines Dialogs zwischen einem Zen-Meister, Shen-hui, und einem Mitglied einer der orthodoxeren Schulen des Mahayana übersetzt.

> »Der Meister fragte Teng: ›Welche Übung empfiehlst du, um die eigene Natur zu erkennen?‹
>
> Teng antwortete: ›Zuallererst ist es notwendig, Meditation zu praktizieren, indem man still im Schneidersitz sitzt. Wenn man diese Übung vollständig beherrscht, erwächst daraus Prajna (intuitives Verstehen), und durch dieses Prajna erlangt man das Sehen in die eigene Natur.‹
>
> Shen-hui erkundigte sich: ›Wenn man sich mit Meditation beschäftigt, ist das dann nicht eine speziell angelegte Übung?‹
>
> ›Ja, das ist sie.‹
>
> ›Wenn das so ist, ist diese spezielle Übung ein Akt des begrenzten Bewusstseins, und wie könnte sie zur Erkenntnis der eigenen Natur führen?‹«

Die Antwort ist, dass dies nicht möglich ist. Denn was gewöhnlich als Meditation bezeichnet wird, ist lediglich, in Krishnamurtis Worten, »die Kultivierung von Widerstand, von ausschließlicher Konzentration auf eine Idee unserer Wahl«. Yoga ist der Prozess des »Aufbaus einer Mauer des Widerstands« gegen jeden Gedanken, außer dem, den du gewählt hast. Aber was lässt uns wählen? »Offensichtlich basiert die Wahl auf Vergnügen, Belohnung oder Leistung; oder sie ist lediglich eine Reaktion auf die eigene Konditionierung oder Tradition.« Warum dann wählen?

»Anstatt Widerstand zu erzeugen, warum nicht auf jedes Interesse eingehen, wenn es auftaucht, und sich nicht nur auf eine Idee, ein Interesse konzentrieren?« Konstante und intensive Selbstwahrnehmung, frei von Vorurteilen, Vergleichen, Verurteilungen – dies wird zu dem führen, was Krishnamurti ›Klarheit‹ nennt, was Eckhart ›Jungfräulichkeit‹ nennt, was die Zen-Meister als *no-mind* bezeichnen. »Diese Klarheit darf nicht organisiert werden, denn sie kann nicht mit anderen ausgetauscht werden. Organisiertes Gruppendenken ist lediglich wiederholend. … Ohne dich selbst zu verstehen, hast du keine Grundlage für deine Gedanken; ohne Selbsterkenntnis ist das, was du sagst, nicht wahr.«

Eine wiederholte Wahrheit ist nicht mehr wahr; sie wird erst dann wieder zur Wahrheit, wenn sie vom Sprecher als unmittelbare Erfahrung erkannt wurde. Die organisierte Religion hat viel Gutes getan; sie hat auch viel Schaden angerichtet. Ob das Gute den Schaden überwiegt, ist bei der Lektüre der Geschichte schwer zu errechnen. Ganz sicher ist jedoch, dass diejenigen, die uns jetzt so wortgewandt versichern, dass die Menschheit durch eine große Wiederbelebung der organisierten Religion gerettet werden wird, sich einer zu starken Vereinfachung schuldig machen. Die organisierte Religion ist wie die indische Göttin Kali – sowohl die große Zerstörerin als auch die große Mutter und Schöpferin. Und die zerstörerische Seite der organisierten Religion wird in einer Welt, in der die lautesten Appelle für eine Wiederbelebung von Männern kommen, deren tiefste Loyalität nicht ihrem bekennenden Christentum oder Judentum oder Islam gilt, sondern dem Nationalismus, und deren Ziel es ist, den lokalen Glauben als Waffe in der Waffenkammer der Machtpolitik zu benutzen, sicher im Vordergrund stehen. Aber das alles nur am Rande, denn die organisierte Religion hat mit dem Thema, das wir hier besprochen haben, nämlich der nonverbalen Erziehung des Einzelnen zur geistigen Einsicht, nur wenig zu tun.

Auf den vorangegangenen Seiten habe ich sehr kurz beschrieben und sehr kurz erörtert, wie unser psychophysisches Instrument zu einer höheren Effizienz erzogen werden könnte. Es stellen sich nun zwei Fragen. Erstens: Ist eine solche Ausbildung in den nonverbalen Humanwissenschaften wünschenswert? Und zweitens, ist sie praktikabel? Kann sie für jeden zugänglich gemacht werden?

Auf die erste Frage ist meine Antwort ein klares Ja. Die Vorstellung, dass man junge Menschen bilden kann, ohne einen ernsthaften Versuch zu unternehmen, das psychophysische Instrument zu bilden, mit dem sie ihr ganzes Lernen und Leben bestreiten, erscheint auf den ersten Blick völlig absurd. Wenn ich auf meine eigene Schulzeit zurückblicke, erkenne ich die enormen Mängel eines Systems, das für meinen Körper nichts Besseres tun konnte als schwedischen Drill und obligatorischen Fußball, für meinen Charakter nichts Besseres als Preise, Strafen, Predigten und aufmunternde Reden und für meine Seele nichts Besseres als ein Lied vor dem Schlafengehen zur Begleitung des Harmoniums. Wie alle anderen funktioniere ich nur mit einem Bruchteil meines Potenzials. Wie dankbar wäre ich, wenn mir jemand beigebracht hätte, statt 15 oder vielleicht 20 Prozent 30 Prozent Effizienz zu erreichen!

Auf die zweite Frage – die Frage nach der Durchführbarkeit – kann ich keine Antwort geben. Das Problem, eine anständige Ausbildung in den nonverbalen Humanwissenschaften in den aktuellen Lehrplan einzubauen, ist eine Aufgabe für professionelle Pädagogen und Verwalter. Was zum jetzigen Zeitpunkt benötigt wird, ist intensive, umfangreiche und langwierige Forschung.

Eine Stiftung, die ein paar Millionen zur Verfügung hat, sollte einen Zehn- oder 15-Jahresplan für Beobachtungen und Experimente finanzieren. Am Ende dieses Zeitraums sollten wir wissen, welches die wichtigsten Elemente eines Programms zur psychophysischen Ausbildung sind, wie sie am besten in Grundschulen, weiterführenden Schulen und Hochschulen gelehrt werden können und welche Vorteile von einem solchen Ausbildungsgang zu erwarten sind. Ich selbst gehe davon aus, dass der Nutzen beträchtlich sein wird. Wir sollten jedoch nicht vergessen, dass das Kind zwar der Vater des Mannes ist, der Mann aber viel länger lebt als das Kind, und dass seine 40 oder 50 Jahre in der Welt unvergleichlich lehrreicher sind, sowohl zum Schlechten als auch zum Guten, als seine zehn bis 16 Jahre in der Schule. Es ist immer möglich, dass die desintegrierenden Wirkungen der Art von Zivilisation, unter der unsere Technologie uns zwingt zu leben, die konstruktiven Wirkungen selbst des besten und vollständigsten Systems der formalen Bildung vollständig aufheben können. Die Zeit allein wird es zeigen. In der Zwischenzeit können wir nur auf das Beste hoffen.

Aus dem Amerikanischen übersetzt von Angela Holtkamp, Denisa Sandbothe und Mike Sandbothe

Jacob Schmidt

Jon Kabat-Zinns Modellierung der Achtsamkeit

Abstract

Der Aufschwung der Achtsamkeit in den letzten 50 Jahren wurde getragen von blühenden Verheißungen – und begleitet von beißender Ablehnung. Beides lässt sich systematisch anhand einer doppelten Bewegung verstehen, wie sie idealtypisch bei Jon Kabat-Zinn vorzufinden ist: einer gleichzeitigen Ver- und Entweltlichung der Achtsamkeit. Das Kapitel zeigt auf, wie diese Modellierung der Achtsamkeit ihre breite gesellschaftliche Anschlussfähigkeit ermöglichte – und ermuntert zur Kritik des gesellschaftskritischen Individualismus, den diese Achtsamkeit als implizite normative Position enthält.

Einleitung

»Achtsamkeit« ist zu einem schillernden und kontrovers diskutierten Begriff avanciert. In den 1920er Jahren vom deutschsprachigen buddhistischen Mönch Nyanatiloka als eine Übersetzung des buddhistischen Konzepts *sati* (Pāli; Sanskrit: *smṛti*) etabliert (vgl. Nyanatiloka 1989: 7, 203; Schmidt 2015: 33),[1] wird Achtsamkeit (engl. *mindfulness*) seit den 1960er Jahren und insbesondere seit der Jahrtausendwende zum Inbegriff des populären Buddhismus und zum Label verschiedener Meditationsformen. Ausgehend von der Praxis in extensiven Retreats und von der Verwendung im psychologisch-medizinischen Kontext, diffundierte Achtsamkeit immer weiter in verschiedene gesellschaftliche Bereiche hinein. So gilt Achtsamkeit nun als neueste Mode des *human resource management*, etwa bei SAP oder Google. In der Schulpädagogik wird Achtsamkeit verstärkt eingesetzt und an Hochschulen versuchen immer mehr Projekte, Achtsamkeit für Lehrende und Studierende fruchtbar zu machen.[2] Zunehmend werden angeleitete

1 Die Übersetzungen der Pāli- und Sanskritbegriffe entnehme ich hier und im Folgenden durchgängig dem *Lexikon des Buddhismus* (vgl. Keown 2005).

2 Als Beispiele seien hier für den Bereich der Schulen das Projekt *GIK – Gesundheit, Integration, Konzentration – Achtsamkeit in der Schule*, das von der Uni-

Achtsamkeitsübungen auch per Smartphone-App wie Headspace, Buddhify, 10 % Happier, Balloon oder 7Mind vertrieben (instruktiv dazu Rutenberg 2018) und in der Populärkultur finden sich verstärkt explizite und implizite Verweise auf Buddhismus und Achtsamkeit – so etwa in dem 2014 oscarprämierten Film *Birdman*. Schließlich wird Achtsamkeit in der Presse vielfach behandelt und es entstehen zahlreiche Zeitschriften wie *Happinez*, *Flow* oder *Slow*, in denen Achtsamkeit regelmäßig thematisiert wird, oder gar Magazine wie *moment by moment*, die gänzlich diesem Gegenstand gewidmet sind.

Es lässt sich also konstatieren, dass Achtsamkeit zu einem populären Phänomen geworden ist. Der Erfolg der Achtsamkeit wird dabei häufig an einem Namen festgemacht: Jon Kabat-Zinn, ein US-amerikanischer und mittlerweile emeritierter Medizinprofessor, der Ende der 1970er Jahre den Kurs Stressreduktion durch Achtsamkeit (MBSR) entwickelte. Die Genese der Popularität der Achtsamkeit ist zwar, wie im nächsten Abschnitt deutlich werden wird, komplexer, aber an Kabat-Zinn lässt sich dennoch eine spezifische Modellierung der Achtsamkeit analysieren, die als grundlegende Bedingung ihrer Popularität zu verstehen ist. Achtsamkeit – so die leitende These dieses Beitrags – konnte sich aufgrund einer eigentümlichen und paradoxen Gleichzeitigkeit von Ver- und Entweltlichungsprozessen, die bei Kabat-Zinn idealtypisch zum Ausdruck kommen, zu einer populären Praxis entwickeln. Unter Verweltlichung verstehe ich dabei zweierlei: auf der einen Seite den Versuch, Achtsamkeit konsequent aus dem Weltbild des Buddhismus in eine für das wissenschaftliche Weltbild anschlussfähige Sprache zu übersetzen. Auf der anderen Seite bezeichne ich damit eine Modellierung der Achtsamkeit als eine Praxis, die ihren primären Ort nicht im zurückgezogenen Retreat, sondern im Alltag und in einer krisenhaf-

---

versität Duisburg-Essen betreut wird, und für den Bereich der Hochschulen das Thüringer Modell *Achtsame Hochschulen* sowie das Münchner Modell *Achtsamkeit und Meditation im Hochschulkontext* genannt.

ten Gesellschaft hat. Unter Entweltlichung verstehe ich hingegen eine Tendenz, die darin besteht, Achtsamkeit vor dem Hintergrund struktureller Probleme der sozialen und ökologischen Welt zu legitimieren, dabei jedoch die *soziale, politische* und *ökologische Welt* letztlich nicht in ihr Konzept von individueller und sozialer Transformation zu integrieren. Bevor die beiden Prozesse der Ver- und Entweltlichung am Beispiel Kabat-Zinns en détail ausgeführt werden, werden Kabat-Zinn und der von ihm entwickelte MBSR-Kurs zunächst im historischen Kontext und dann im Kontext der gegenwärtigen Achtsamkeitsströmung verortet.

1. Geschichte und Systematisierung der Achtsamkeitsströmungen

Die Achtsamkeitspraktiken – es wurde bereits darauf verwiesen – haben ihre Wurzeln im Buddhismus.[3] Der Buddhismus aber ist ein komplexes, historisch gewordenes und letztlich in seiner heutigen Form erst im Verlaufe des 19. Jahrhunderts konstruiertes Phänomen (vgl. McMahan 2008). Der historisch und religionswissenschaftlich fundierte Blick zeigt somit auch, dass die Achtsamkeitsmeditation eng mit einer spezifischen Ausprägung des Buddhismus zusammenhängt, nämlich mit der einflussreichen Reformbewegung des Theravāda in Südostasien gegen Ende des 19. Jahrhunderts. In der Buddhismusforschung wird diese Reformbewegung als ›buddhistischer Modernismus‹ (vgl. Bechert 1966) oder ›protestantischer Buddhismus‹ (vgl. Gombrich/Obeyesekere 1988) bezeichnet (vgl. prägnant auch Sharf 1995). Die Protagonisten der Reformbewegung wie Ledi Sayadaw (1846-1923) und Mahasi Sayadaw (1904-1982) kritisierten einen dekadenten Klerus und propagierten die Möglichkeit – entgegen der konservativen Doktrin des *Theravāda* –, dass nicht nur für Nonnen und Mönche, sondern auch für Lai:innen das Erlöschen des Leidens (Pāli: *nibbāna*; Sanskrit: *nirvāṇa*) zu realisieren sei. Und während zuvor Meditation sowohl unter Lai:innen als auch in den Klöstern kaum praktiziert wurde, zentrierten die Reformer die buddhistische Praxis um eine vereinfachte und als effektiv erachtete Meditationspraxis: die *Vipassanā*-Meditation (Pāli: ›Einsicht‹ oder ›Betrachtung‹).[4]

---

3 Die historische Verortung und die darauffolgenden Systematisierungsversuche können hier nur angedeutet bzw. benannt werden. Für eine ausführliche Rekonstruktion und Begründung vgl. Schmidt 2020: 73-145, Teil II.

4 Es sind daher erhebliche Zweifel angebracht, wenn Achtsamkeit oder Meditation als genuin buddhistisch aufgefasst werden. Vielmehr sprechen Buddhologen dabei von einem populären Vorurteil einer westlichen Perspektive auf den Buddhismus (vgl. Braun 2013: 3; Freiberger/Kleine 2011: 462). Anders

Die buddhistische Reformbewegung stellt eine entscheidende Entwicklung für die Popularität buddhistischer Meditation im europäischen und US-amerikanischen Raum dar, denn viele derer, die die buddhistische Meditation im ›Westen‹ verbreiteten, waren von ihr geprägt und lehrten just diese moderne *Vipassanā*-Meditation (grundlegend hierzu Wilson 2014). Als Beispiel lässt sich etwa der eingangs erwähnte deutschstämmige Mönch Nyanaponika (1901-1994) anführen, der u.a. bei dem burmesischen Mönch und Reformer Mahasi mit der *Vipassanā*-Meditation in Berührung kam und dessen Buch *The Heart of Buddhist Meditation* mit dem Untertitel *A Handbook of Mental Training Based on the Buddha's Way of Mindfulness* (vgl. Nyanaponika 2014) weitreichenden Einfluss hatte. So wurde es von westlichen Intellektuellen wie Erich Fromm (vgl. 1991: 69) wertschätzend rezipiert, und Kabat-Zinn erhebt es gar zum Gründungsdokument der Achtsamkeitsbewegung, wenn er schreibt: »The book that startet it all.«[5]

Die Popularisierung der Achtsamkeit im ›Westen‹ speist sich aber nicht nur aus dem *Theravāda*, sondern auch aus dem Zen (japanisch: ›Meditation‹ oder ›Versenkung‹), der zu der *Mahāyāna*-Tradition gehört. Neben zentralen Protagonisten wie dem japanischen Gelehrten Daisetz Teitarō Suzuki und dem Zenmeister Shunryū Suzuki in den USA und Eugen Herigel oder Karlfried Graf Dürckheim in Deutschland, die Zen nach Aufenthalten in Japan (bei Dürckheim als Diplomat des NS-Regimes) popularisierten,[6] war es vor allem Nhat Hanh, der Zen als eine Praxis der Achtsamkeit bekannt machte (vgl. Wilson 2014: 34). Bemerkenswert ist hier, dass Nhat Hanh Texte rezipiert und übersetzt, die als kanonische Basis der *Vipassanā*-Meditation gelten, darunter das wichtige *satipaṭṭhāna sutta* aus dem Pāli-Kanon, der Schriftbasis des *Theravāda* (vgl. Nhat Hanh 2009).

Neben der klerikalen Verbreitung waren es aber vor allem US-amerikanische Reisende, Hilfsarbeitende und Militärs, die in den 1960er Jahren in Südostasien in Kontakt mit buddhistischen Praktiken und mit der *Vipassanā*-Meditation kamen und diese seit den 1970er Jahren in den USA verbreiteten. Dazu zählen die bei Mahasi Sayadaw, Goenka und dem thailändischen Mönch Ajahn Chah ausgebildeten Amerikaner

---

gesagt: Diese Auffassung entspricht dem Programm einer spezifischen buddhistischen Strömung, eben jener des buddhistischen Modernismus (vgl. Bechert 1966).

5 So wird Kabat-Zinn zumindest auf der Neuausgabe des Buches zitiert (Nyanaponika 2014: Cover).

6 Für eine kurze Geschichte der Rezeption des Zen im europäischen Raum vgl. Prohl 2014: 490.

Jack Kornfield und Joseph Goldstein, die 1976 mit Sharon Salzberg und Jacqueline Schwartz das Lai:innenzentrum Insight Meditation Society in Massachusetts nahe Boston gründeten. Zusammen mit dem 1981 von Jack Kornfield aufgebauten Spirit Rock Meditation Center gelten diese Zentren als die beiden »powerhouses for the teaching« (Wilson 2014: 32) der *Vipassanā*-Meditation oder mittlerweile auch als *Insight*- oder Einsichtsmeditation bezeichneten Praxis (vgl. auch Fronsdal 1998: 168).

Jon Kabat-Zinn (geb. 1944) kam mit diesen (und anderen) Meditationsformen in Kontakt (vgl. Gilpin 2008: 238). Der Molekularbiologe und Professor an der University of Massachusetts Medical School entwickelte 1979 das achtwöchige Achtsamkeitsprogramm MBSR, eine Idee, die ihm während eines Retreats in der Insight Meditation Society gekommen war.[7] Das Programm bot er zunächst für Schmerzpatient:innen und für Stressabbau in der von ihm gegründeten Stress Reduction Clinic der University of Massachusetts Medical School an. Zudem begann Kabat-Zinn, MBSR wissenschaftlich zu evaluieren (vgl. Wilson 2014: 35, 84).

Zusammengefasst lassen sich vier Etappen unterscheiden, die als Bedingungen für die einleitend skizzierte Popularität der Achtsamkeit seit den 1990er und vor allem 2000er Jahren zu verstehen sind:

1. die buddhistische Reformbewegung in Südostasien im ausgehenden 19. Jahrhundert
2. die klerikale Verbreitung der *Vipassanā*-Meditation und der ›Zen-Achtsamkeit‹ Nhat Hanhs ab den 1950er Jahren
3. die Verbreitung der Einsichtsmeditation durch Lai:innen ab den 1970er Jahren
4. der medizinische Zugriff auf Achtsamkeitspraktiken, insbesondere durch Kabat-Zinn, seit Ende der 1970er Jahre

Bei diesen historisch komplexen und vielfachen Verwendungsweisen des Wortes ›Achtsamkeit‹ scheint es mir angemessen zu sein, von einer in sich heterogenen *Achtsamkeitsströmung* zu sprechen. Damit soll zum Ausdruck gebracht werden, dass wir es mit einem mal stärker und mal schwächer verzweigten und vernetzten Knäuel von Achtsamkeitsdiskursen, -praktiken und -protagonist:innen zu tun haben, in dem Kabat-Zinn eine, wenn auch einflussreiche, Position einnimmt.

Wie kann nun diese heterogene Achtsamkeitsströmung systematisiert werden? Dazu möchte ich zwei Vorschläge machen. Der erste be-

---

7 So wird Kabat-Zinn zumindest auf der Website der Insight Meditation Society zitiert, vgl. dharma.org/about-us/ims-turns-40 [letzter Zugriff 01.11.2024].

zieht sich auf die Mehrdeutigkeit des Achtsamkeitsbegriffs innerhalb der Achtsamkeitsströmung. So wird von Achtsamkeit in vier idealtypischen Verwendungsweisen gesprochen:

1. Die *Achtsamkeit von* bezieht sich auf die Art und Weise der Beziehung des Selbst zu seiner Sinnes- und Gedankenwelt. Gegenbegriffe sind dabei die Zerstreuung oder die Geistesabwesenheit.
2. Die *Achtsamkeit bei* bezieht sich auf die Forderung, alltägliche Aktivitäten achtsam und voller Hingabe, mit Klarheit und Selbstbeherrschung auszuüben. Entsprechende Gegenbegriffe sind hier der Autopilot und das Multitasking.
3. Die *Achtsamkeit auf* bezeichnet eine Form der Selbstsorge, im Sinne eines ›Achte auf dich‹. Selbstkasteiung und Selbstoptimierung dienen hierbei als Gegenbegriffe.
4. Die *Achtsamkeit für* zielt darauf, dass ein Individuum anderen oder der Einzigartigkeit der Welt die ›volle Aufmerksamkeit schenkt‹. Gegenbegriffe sind hier das Sichverschließen oder das Desinteresse.

Der zweite Systematisierungsvorschlag bezieht sich auf die spezifischen Modellierungen der Achtsamkeits*qualität*, die zugleich mit einem ganzen Netz von Vorstellungen und Konzepten über das Selbst und die Welt verbunden sind. Diesbezüglich lassen sich drei idealtypische Modelle innerhalb der Achtsamkeitsströmung unterscheiden: Als Erstes lässt sich ein Modell der *sezierend-distanzierten Achtsamkeit* rekonstruieren, das vor allem in der *Vipassanā*-Meditation vorkommt, etwa bei Nyanaponika (vgl. 1992), Gunaratana (vgl. 1993), Goenka (vgl. 2008) oder – mit Abstrichen – Goldstein (vgl. 2003). Durch die sezierend-distanzierte Beobachtung der Sinneswelt soll in diesem Modell das Leiden mittels einer sittlichen Vervollkommnung und mittels der befreienden Einsicht, etwa in die Vergänglichkeit der Dinge, überwunden werden. Das Versprechen des ersten Achtsamkeitsmodells ist: »Vervollkommne das Selbst und sehe die Welt, wie sie ist, und du wirst erlöst werden!« Zweitens lässt sich davon ein Modell der *interessiert-sorgenden Achtsamkeit* abgrenzen, das sich bei Nhat Hanh (vgl. 1987; 1992), Kornfield (vgl. 1993) und auch bei Kabat-Zinn aufspüren lässt. Die interessiert-zugewandte Beobachtung dient dazu, das ›eigentliche Selbst‹ und die Lebendigkeit und Verbundenheit mit der Welt zu erfahren. Das Versprechen ist hier: »Fühle und frage nach dem Besonderen und du wirst das eigentliche Leben spüren!« Neben diesen beiden Modellen hat sich nun, drittens, ein Modell *verfügend-funktionalistischer Achtsamkeit* entwickelt, das vor allem in den populärsten Varianten wie der App Headspace oder dem Googleprogramm Search Inside Yourself vorkommt (vgl. zu diesen Programmen Puddicombe 2012; Tan 2012).

Obwohl es Elemente der vorigen Modelle enthält, betont dieses Modell vor allem ein freies, autonomes Subjekt, das Achtsamkeit bei Bedarf quasi wie ein Instrument oder Tool anwendet. Das Versprechen ist hier entsprechend: »Mithilfe der achtsamen Tools kannst du die inneren Hindernisse beseitigen, die dich davon abhalten, *deine* Ziele und Zwecke zu verfolgen.«

Meine im Folgenden ausgeführte These ist nun, dass Kabat-Zinn zwar dem zweiten Modell angehört, also eine interessiert-sorgende Achtsamkeit modelliert, zugleich aber auch als der entscheidende Meilenstein für das dritte, das verfügend-funktionalistische Achtsamkeitsmodell, verstanden werden kann. Dabei spielen die zwei Prozesse der Ver- und Entweltlichung eine entscheidende Rolle, wie nun gezeigt werden wird.

2. Verweltlichung

»Appreciation for the present moment«

Kabat-Zinn vermeidet in seinem ersten Hauptwerk und dem MBSR-Kursbuch *Full Catastrophe Living* von 1991 den Verweis auf die buddhistischen Quellen der Achtsamkeitspraktiken, und das hat einen ganz einfachen, strategischen Grund: Es ist der Versuch, Achtsamkeit dem amerikanischen Mainstream so zugänglich wie möglich zu machen.[8] Dabei, so möchte ich behaupten, war Kabat-Zinn mit einer doppelten Schwierigkeit konfrontiert: Zum einen musste er gegen den Vorbehalt angehen, bei der Achtsamkeitsmeditation handele es sich um eine genuin religiöse oder gar esoterische Praxis, die als solche im Widerspruch zu einem empirisch-wissenschaftlichen Weltbild stünde. Zum anderen musste er Achtsamkeit vom weit verbreiteten Bild einer asketischen und weltabgewandten Praxis abgrenzen, ein

---

8 Kabat-Zinn formuliert diese Strategie explizit im Nachwort der überarbeiteten Ausgabe von *Full Catastrophe Living*: »MBSR was meant from the beginning to be an experiment to see whether mainstream America and American medicine and health care would be receptive to this transformative and liberative dharma perspective, if framed in a universal vocabulary and within an easily accessible and commonsensical format and idiom. MBSR and its ›cousins‹ (also etwa MBCT; Anmerkung d. Verf.) are expressions, however limited they may be in some regards, of the deep wisdom stemming from practices discovered and refined long ago in India and kept alive and refined further over millennia by multiple traditions – mostly but not exclusively Buddhism – in all the civilizations of Asia.« (Kabat-Zinn 2013: 603)

Bild, das sich ausgehend von der frühen Rezeption vor allem des *Theravāda* um 1900 fest im ›Westen‹ verankert hatte.[9] Denn als weltabgewandte Praxis würde Achtsamkeit dem westlichen hedonistisch-konsumistischen und arbeitsamen Lebensstil konträr gegenüberstehen und diesen in Frage stellen. Die Aufgabe Kabat-Zinns war es also, Achtsamkeit zu verweltlichen.

Die erste Schwierigkeit betreffend, also die Einspeisung der Achtsamkeit in ein empirisch-wissenschaftliches Weltbild, möchte ich drei Aspekte hervorheben, die für Kabat-Zinns Modellierung der Achtsamkeit charakteristisch sind:

1. die geschickte begriffliche Übersetzungsarbeit
2. die empirische Evaluation
3. der subjektgebundene Sinnüberschuss[10]

Die Übersetzungsarbeit Kabat-Zinns, erstens, zeigt sich etwa daran, dass er Achtsamkeit über den psychologischen Begriff der Aufmerksamkeit definiert (vgl. Kabat-Zinn 1994: 4) oder dass sein Verständnis von ›Akzeptanz‹ und ›Heilung‹ stark an den Einsichtsbegriff der *Vipassanā*-Meditation (»sehe die Welt, wie sie wirklich ist«) erinnert (vgl. etwa Kabat-Zinn 2013: 6, 27). Vor allem wird dies daran deutlich, dass Kabat-Zinn Achtsamkeit in den Stressdiskurs einschreibt – und damit in einen dominanten Diskurs der gesellschaftlichen Selbstverständigung seit den 1930er Jahren.[11] Seine breite Verwendung des Begriffs sowie auch die Verwendung von anderen Begriffen in anderen Werken (wie etwa *disease* in *Coming to Our Senses*; vgl. Kabat-Zinn 2005) lässt dabei vermuten, dass er ›Stress‹ als Übersetzung des buddhistischen Zentralbegriffs *dukkha* versteht.[12]

Neben dieser Übersetzungsarbeit in eine wissenschaftliche Sprache ist nun, zweitens, die wissenschaftliche Evaluation der Achtsam-

---

9 Die Rezeption des Buddhismus wurde maßgeblich geprägt von Arthur Schopenhauer und Max Weber (vgl. Baumann 1993: 45; Weber 2001: 439). Zu einer kritischen Auseinandersetzung mit Webers Buddhismusrezeption vgl. Schluchter 1984.

10 Die Versöhnung von Buddhismus – vor allem des *Theravāda* – mit einem (natur)wissenschaftlichen Weltbild ist Teil der seit dem Ende des 19. Jahrhunderts einsetzenden Buddhismusrezeption und -präsentation. Auffallend ist, dass die Versöhnung trotz der unterschiedlichen, gerade aktuellen Wissenschaftsparadigmen behauptet wurde (vgl. Cho 2012: 20; auch Lopez 2008).

11 Zum Stressdiskurs und der zeitlichen Einordnung vgl. Kury 2011: 140.

12 Es ist in der englischsprachigen Buddhologie durchaus üblich, *dukkha* (Pāli; Sanskrit: *duḥkha*) mit *stress* zu übersetzen. Kabat-Zinn verwendet in *Coming to Our Senses* den Begriff *dukkha* auch gelegentlich (vgl. Kabat-Zinn 2005: 127).

keit hervorzuheben.[13] Wenn Achtsamkeit heute gemeinhin als wissenschaftlich fundiert präsentiert und rezipiert wird, so ist das größtenteils auf das Wirken Kabat-Zinns zurückzuführen.[14] Achtsamkeit kann so als etwas beworben werden, dem nichts ›Übernatürliches‹ anhaftet. Einer möglichen Skepsis, die sich an religiösen oder spirituellen Praktiken entzünden könnte, kann so mit dem Verweis auf die Vielzahl wissenschaftlicher Ergebnisse begegnet werden. An dieser Stelle muss aber darauf hingewiesen werden, dass die wissenschaftliche Auseinandersetzung mit dem MBSR-Kurs vorrangig auf den Nachweis *gesundheitsfördernder Effekte* zielt und nicht auf viele Elemente der Praxis, die sich eher aus verschiedenen und auch buddhistischen Traditionen begründen – man denke nur an die Sitzhaltung, das Schließen der Augen, die Handhaltungen etc. Das gilt auch für die mit den Achtsamkeitspraktiken verbundenen ethisch-kulturellen Konzepte: etwa die Vorstellungen über das Selbst, die Welt oder das Glück (vgl. Arat 2017; Brown 2016; Schmidt 2020).

Diese Lücke, die eine solche Effektorientierung lässt, wird von Kabat-Zinn produktiv genutzt – womit ich zum dritten Punkt komme. Achtsamkeit ist für Kabat-Zinn mehr als Wissenschaft, in dem Sinne, dass sie *auch* als eine Praxis umfassender Sinnstiftung modelliert wird. So schreibt er etwa: »[O]ur mechanical descriptions tend to leave out the reverence, the awe, the miracle of it all […]. Poetry does better than neuroscience in this regard […]. Is what the poets know any less ›real‹ than what science ›knows‹? I don't think so.« (Kabat-Zinn 2005: 587) Das Wunder des Lebens und das Numinose sei nur poetisch artikulierbar und subjektiv zu erspüren – mittels Achtsamkeit. Da er aber das transzendente Moment, das über die Wissenschaftlichkeit hinausgeht, konsequent an die Erfahrung eines Subjekts bindet, steht sie nicht im Widerspruch zum wissenschaftlichen Weltbild – und bleibt damit anschlussfähig und attraktiv für Sinnsuchende.[15]

---

13 Die erste Studie von Kabat-Zinn erschien 1982 unter dem Titel *»An Outpatient Program in Behavioral Medicine for Chronic Pain Patients Based on the Practice of Mindfulness Meditation«* (Kabat-Zinn 1982).

14 Von den zehn meistzitierten psychologischen Studien in wissenschaftlichen Artikeln zum Thema Achtsamkeit stammen acht von Jon Kabat-Zinn oder seinen Kollegen John Teasdale, Zindel Segal und Mark Williams, die das Programm für die kognitive Therapie von Depressionsstörungen anwendeten (vgl. Valerio 2016: 173).

15 Den expliziten Versuch, beide Deutungen der Wirklichkeit zu versöhnen, unternimmt Kabat-Zinn in *Coming to Our Sense* mit dem Begriff der ›orthogonalen Realität‹ (vgl. Kabat-Zinn 2005: 347-352). Während, so seine Argumentation, die ›horizontale‹ Deutung der Wirklichkeit durch Wissenschaft begrenzt und trennend sei, lasse sich durch Achtsamkeit in dieser empirischen Rea-

Der letzte Punkt verweist schon auf die oben benannte zweite Herausforderung für Kabat-Zinns Versuch, Achtsamkeit in der Breite anschlussfähig zu machen: Achtsamkeit muss als welt*zu*gewandte und gerade nicht welt*ab*gewandte Praxis erscheinen. Da diese Verweltlichungsbewegung bereits im *Mahāyāna*/Zen im Zuge seiner Kritik am *Theravāda* zu finden ist, überrascht es nicht, dass Kabat-Zinns Position hier etwa mit der von Nhat Hanh korreliert. Gemeinsam ist diesen Positionen nämlich, dass durch sie die Vorstellung einer distanzierten und instrumentellen Achtsamkeit, wie sie in der oben benannten sezierend-distanzierten Achtsamkeit des ersten Modells zu finden ist, kritisiert wird (vgl. Kabat-Zinn 1994: 5; Kornfield 1993: 270; Nhat Hanh 1987: 40). Zudem wird die Achtsamkeit im Alltag bei alltäglichen Aktivitäten als die eigentliche Praxis aufgefasst. Das Alltägliche ist hier Anfang und Ende zugleich. Das vielmals mit Achtsamkeit in Verbindung gebrachte ›Leben im Hier und Jetzt‹ gewinnt auch erst in diesem Zuge eine emphatische Dimension. Den buddhistischen Zentralbegriff der Impermanenz (Pāli: *anicca*) deutet Kabat-Zinn daher auch als eine zu affirmierende ›Lebendigkeit‹, die die interessiert-verbundene Qualität des oben eingeführten ersten Achtsamkeitsmodells begründet. Während in der *Vipassanā*-Meditation die Impermanenz noch als Vergänglichkeit verstanden wird, aus der sich analog der distanziert-weltabgewandte Charakter des ersten Achtsamkeitsmodells ergibt, spricht Kabat-Zinn nun von einer »appreciation for the present moment« oder gar von »our appreciation of impermanence« (Kabat-Zinn 1994: 5, 214f.). Daraus wird auch verständlich, weshalb Kabat-Zinn die Achtsamkeit *bei* alltäglichen Aktivitäten radikal aufwertet und somit alle möglichen Aktivitäten – vom Gehen über Busfahren und Arbeiten bis hin zum Geschlechtsverkehr – explizite Chancen der Achtsamkeit werden (vgl. dazu illustrativ Kabat-Zinn 2013: 149f.).

Kabat-Zinns Verweltlichung der Achtsamkeit ist, so lässt sich also zusammenfassend sagen, einerseits darin zu sehen, dass er eine für die Gesundheitswissenschaften anschlussfähige Sprache findet, dass er die Achtsamkeit in Bezug auf ihre gesundheitsfördernden Effekte

---

lität eine Dimension der Verbundenheit, des Wunders und des Spirituellen erfassen. Mit dieser Gleichzeitigkeit des Empirischen mit dem Transzendenten steht Kabat-Zinn in einer von ihm auch herangezogenen Tradition des *Mahāyāna* auf der einen Seite und auf der anderen Seite in der romantisch-modernen Tradition, Religion und Moderne dadurch zu versöhnen, dass die innere, religiöse Erfahrung zum Angelpunkt des Religiösen erhoben wird (vgl. McMahan 2008: 77f.), wie häufig unter dem Begriff der Spiritualität diskutiert wird (vgl. Knoblauch 2009). Das trifft auch bereits auf den buddhistischen Modernismus zu, in dem die Zentrierung des Buddhismus um die Meditation forciert wurde (vgl. Sharf 1995).

wissenschaftlich evaluiert und dass er den Sinnüberschuss der Achtsamkeit konsequent an die subjektive Erfahrung bindet. Andererseits wird – beeinflusst durch die Rezeption des Zen – Achtsamkeit um den Alltag und um alltägliche Aktivitäten zentriert. Damit gelingt es Kabat-Zinn, sowohl Achtsamkeit gegen die im Säkularismus begründete Skepsis wie auch gegen das Vorurteil der Weltabgewandtheit zu behaupten. Nicht mehr nur das asketische Sitzen, sondern auch die alltäglichen Aktivitäten werden zur Chiffre seiner Achtsamkeit.

3. Entweltlichung

Wherever You Go, There You Are

Bisher wurde Kabat-Zinns Modellierung der Achtsamkeit konsequent als eine Verweltlichungsbewegung dargestellt. Sieht man allerdings genauer hin, so werden auch die ambivalenten Aspekte dieser Modellierung deutlich. Die Übersetzung etwa von *dukkha* in ›Stress‹ und die Implementierung von Achtsamkeit in psychotherapeutische Praktiken gehen auch mit einer Veränderung dessen einher, was unter ›Stress‹ bzw. ›Psychotherapie‹ verstanden wird.[16] Gleiches ließe sich anhand der ›Veralltäglichung der Achtsamkeit‹ zeigen, die zugleich mit einer ›Verachtsamung des Alltags‹ und damit mit einer Entweltlichung, einer Sakralisierung des Alltags, einhergeht.[17]

Die Ambivalenz von Ver- und Entweltlichung zeigt sich aber besonders deutlich in der weltkritischen Note, die Kabat-Zinns Werk durchzieht. Das Unbehagen mit der westlichen Moderne, das Gefühl, dass mit ihrer Lebensweise etwas nicht stimme oder dass das in ihr forcierte Selbst- und Weltverhältnis problematisch sei, taucht in all seinen Büchern auf. Zunächst lässt sich dieses explizierte Unbehagen an der westlichen Welt als ein Versuch verstehen, Achtsamkeit für eben diese Welt zugänglich zu machen, indem Achtsamkeit als Lösung dieses Unbehagens an der westlichen Welt und ihrer drängenden Probleme in Stellung gebracht wird.[18] Die Ambivalenz an Ka-

---

16 Dass sich u.a. durch die Rezeption und Verarbeitung von Achtsamkeit das psychotherapeutische Paradigma selbst verändert, wird innerhalb der psychotherapeutischen Forschung unter dem Stichwort der »dritten Welle der Verhaltenstherapie« diskutiert (Heidenreich/Michalak 2013). Es kann daher von einem gleichzeitigen Prozess der ›Psychologisierung der Achtsamkeit‹ und der ›Verachtsamung der Psychologie‹ gesprochen werden. Vgl. zu Letzterem auch aus einer machtkritischen Perspektive Barker 2014.

17 Vgl. zur Gleichzeitigkeit von Übersetzung und Transformation auch McMahan 2008: 16f.

18 Diese Dringlichkeit formuliert Kabat-Zinn durchaus drastisch: »[M]indfulness [...]

bat-Zinns Position wird nun daran deutlich, wie er die Notwendigkeit und Dringlichkeit der Achtsamkeit genau legitimiert.

Kabat-Zinns Legitimationsstrategie beginnt mit einer Diagnose des Leidens. Dieses wird, wie bereits gezeigt, bei Kabat-Zinn mal als Stress, »Dis-Ease« (Kabat-Zinn 2005: 22) oder gelegentlich in der buddhistischen Terminologie mit *dukkha* bezeichnet. Die Leidensdiagnosen begrenzt Kabat-Zinn aber nicht strikt auf einer individuellen Ebene, wie es für eine Bearbeitung im psychologisch-medizinischen Kontext ausreichend wäre.[19] Sie werden vielmehr eingebettet in verschiedentlich ausbuchstabierte kulturelle, gesellschaftliche und ökologische Krisendiagnosen. So wird Achtsamkeit vor dem Hintergrund einer Welt modelliert, die durch Hungerkrisen, Kriege, Ungerechtigkeiten und vor allem durch eine drohende Klimakrise gezeichnet wird (vgl. nur Kabat-Zinn 2005: 4; 2013: 12, 105). Ausführlich bettet Kabat-Zinn dabei seine Leidensdiagnose in die Gesellschaftsdiagnose einer zunehmenden Beschleunigung ein. Die sich beschleunigende Geschwindigkeit des Lebens, angefeuert vor allem von technologischem Fortschritt wie Digitalisierung und Kommunikationstechnologien, sieht er als dominante gesellschaftliche Entwicklung der letzten Jahrzehnte an und hält sie für die zentrale Bedingung einer Erhöhung des Stresses oder des »Dis-Ease« (Kabat-Zinn 2005: 22, 151-156; vgl. Kabat-Zinn 2013: xxxix f).

Aber auch wenn Kabat-Zinn – und das ist der dritte und springende Punkt – diese gesellschaftskritische Rahmung explizit und ausführlich beschreibt, taucht doch letztlich immer eines als Angelpunkt einer möglichen Transformation auf: der menschliche Geist oder die Psyche.[20] So lässt sich der Titel seines zweiten Buches *Wherever You Go, There You Are* diesbezüglich paradigmatisch lesen: Egal wo und in welcher Gesellschaft das Individuum eingebettet ist, es ist beides zugleich – das Problem und die Lösung. Auf Grundlage dieser Annahme wird es dann auch erst sinnvoll – der vierte und letzte Punkt –, eine detaillierte Theorie des problematischen Geistes

---

is a vital necessity if we are to survive and thrive as a species« (Kabat-Zinn 2013: 539). Diese Strategie wird auch in anderen Teilen der Achtsamkeitsströmung offensiv formuliert. So stellt etwa für Nyanaponika die Achtsamkeitsmeditation eine »Message of help« für den ›Westen‹ dar (Nyanaponika 1992: 19).

19 Im Buch des MBCT-Kurses, *Mindfulness-Based Cognitive Therapy for Depression* (Segal/Williams/Teasdale 2002), finden sich daher keine expliziten gesellschaftsdiagnostischen oder kulturkritischen Stellen.

20 In Bezug auf die Krisen der Welt schreibt Kabat-Zinn: »All stem from the human mind and human activity.« (Kabat-Zinn 2013: 539) Dieses Axiom, wonach das Leiden immer auf den menschlichen Geist zurückzuführen sei, bezeichnet Nyanaponika als »Mind Doctrine« (Nyanaponika 1992: 21).

auszuarbeiten, etwa die eines ›inneren Verschließens‹, der Zerstreuung oder des gehetzten Lebens im *doing mode* oder *automatic pilot* (vgl. etwa Kabat-Zinn 1994: 8).[21]

Die Legitimationsstrategie Kabat-Zinns zeichnet sich daher durch einen Reduktionismus aus: Es wird zwar eine gesellschaftliche Ebene benannt und beschrieben, doch letztlich sieht Kabat-Zinn das Problem in einem spezifischen menschlichen Innenleben, das durch einen *doing mode* strukturiert sei, der durch Achtsamkeit überwunden werden könne. Anders formuliert: In Kabat-Zinns Modellierung kommt die soziale, kulturelle und ökonomische Welt lediglich als Epiphänomen vor.

An dieser Entweltlichungstendenz möchte ich drei eng miteinander verwobene Aspekte hervorheben bzw. problematisieren: Der *erste Aspekt* betrifft die radikal individualistische Konzeption von gesellschaftlicher Veränderung, die bei Kabat-Zinn zum Ausdruck kommt. Sein Konzept ist individualistisch, da er letztlich jegliche Veränderung um den oben genannten Angelpunkt zentriert: ein Individuum, das achtsam wird. Radikal ist dieser Individualismus deshalb, weil zugleich keinerlei institutioneller Begriff entwickelt wird, worauf individuelle Veränderungen denn kumulieren könnten, wie es ein Bottom-up-Ansatz einer Graswurzelbewegung etwa vertreten könnte. Anders gesagt: Die Gesellschaft wird rein additiv als Versammlung Einzelner verstanden, womit sich der Begriff ›Gesellschaft‹ erübrigt.[22]

Der *zweite Aspekt* ist die Verantwortungsfixierung, die sich als Konsequenz der Entweltlichung ergibt. Wenn das Leiden oder der Stress letztlich immer im Individuum begründet sind, dann sind sie auch dort zu überwinden. Das ist zwar zunächst als eine Form der Selbstermächtigung gedacht (Das Individuum ist dem Leiden nicht ausgeliefert!), aber weshalb soziale Probleme wie Ungleichheit oder die Beschleunigung des Lebenstempos infolge von ökonomischen

---

21 Der Erfolg dieser Begriffe – *doing mode* und *automatic pilot* –, die bei Kabat-Zinn als Gegenbegriffe zur Achtsamkeit oder *being mode* ein unbewusst-tätiges, reaktives, unfreies Selbst- und Weltverhältnis beschreiben, ist erstaunlich: Auch in kognitionswissenschaftlichen Arbeiten zum Thema werden sie weiterbearbeitet (vgl. Michalak/Heidenreich/Williams 2012: 15; Segal/Williams/Teasdale 2002: 70f.).

22 Innerhalb der soziologischen Theorie wird bei der Erklärung gesellschaftlicher Veränderungen zwischen einem »methodologischen Individualismus« und einem »methodologischen Holismus« unterschieden (vgl. Rosa/Strecker/Kottmann 2013: 19). Da diese methodologischen Ansätze aber jeweils ›Gesellschaft‹ erklären wollen, ist Kabat-Zinns Ansatz meines Erachtens als ›radikal-individualistisch‹ oder a-soziologisch zu bezeichnen. Auch wenn Kabat-Zinn in *Coming to Our Senses* institutionelle Veränderungen anführt, so spricht er doch letztlich immer nur über Subjekte in diesen (vgl. Kabat-Zinn 2005: 353).

Wachstumsregimen gerade in meditativen Praktiken und nicht etwa in gewerkschaftlicher Partizipation angegangen werden sollten, bleibt vor allem eines: erklärungsbedürftig.

Daraus ergibt sich der *dritte Aspekt*: Kabat-Zinns Modellierung der Achtsamkeit birgt die Gefahr, dass eine womöglich erreichte Selbstermächtigung des Individuums mit einer politischen Sprachlosigkeit einhergeht. Denn wenn gesellschaftliche Diagnosen lediglich als universales Problem hör- und als individuelles Problem lösbar werden, wird beispielsweise die Diagnose einer Beschleunigung der Welt unter der Hand zu einem psychisch zu bearbeitenden Problem. Dieses Problem verschärft sich noch, wenn die Theorien zur Genese des Leidens als allgemeingültige Theorien des menschlichen Seins formuliert werden, wenn Achtsamkeit als ein vom historischen Buddha vor 2500 Jahren ›entdecktes‹ Heilmittel aufgefasst wird. Der Reduktionismus umfasst dann nämlich nicht nur die Zentrierung ums Individuum, sondern zudem zugleich eine Reduktion auf eine ontologisch-universelle Ebene.

Dieses Argument lässt sich am Beispiel beschleunigter Lebensverhältnisse konkretisieren. Die Zeitsoziologie hat – durchaus analog zu Kabat-Zinn – die soziale Beschleunigung als wichtiges Charakteristikum der gesellschaftlichen Transformation in der Moderne und vor allem ab den 1990er Jahren beschrieben (vgl. Rosa 2005). Zugleich arbeitet sie dabei heraus, wie daraus die strukturell bedingte Notwendigkeit eines flexiblen Lebens – etwa durch mehr befristete Arbeitsverträge, kürzere Produktionszyklen, hohe globale Konkurrenz etc. – als Anforderung an die Einzelnen herangetragen wird (vgl. ebd.: 352-390). Als adaptive, individual-lebenspraktische Haltung stellt sich so eine dem Surfen vergleichbare Lebensgestaltung heraus, in der Veränderungen als Chancen gedeutet werden und aus der gegenwärtigen Situation heraus gehandelt wird (vgl. prägnant Rosa 2011: 218). Während aber in zeitsoziologischen Analysen die Ambivalenz und historische Bedingtheit herausgearbeitet wird (vgl. hier auch Sennett 2006), wird bei Kabat-Zinn gerade die Metapher des Surfens als Ideal verwendet, wie mit der angenommenen ontologisch-fundamentalen Impermanenz zu leben sei. So zitiert er etwa Swami Satchitananda wie folgt: »You can't stop the waves, but you can learn to surf.« (Kabat-Zinn 1994: 32) Die Vermengung von historisch-gesellschaftlichen und fundamental-ontologischen Strukturen – also etwa von Beschleunigungsgesellschaft und einer Grundannahme wie: ›Die Welt ist Veränderung‹ – führt zur Gefahr der Naturalisierung bestehender Verhältnisse. Sprich: Die Beschleunigungsgesellschaft mitsamt ihren flexiblen Lebensverhältnissen wird als Ausdruck fundamentaler Unbeständigkeit erkannt, anstatt sie als konkrete, historisch gewordene und gemachte Struktur zu verstehen, die in ihrer Gemachtheit auch verändert werden könnte.

Zusammengefasst: Die bei Kabat-Zinn zu beobachtende Reduktionstendenz gesellschaftlicher Diagnosen lässt sich als eine Ignoranz der sozial-politischen Welt und als Zuflucht in eine sinnlich-alltägliche Welt deuten. Das um die gesellschaftliche Dimension entweltlichte Weltbild verkennt, dass Achtsamkeit eine kulturelle Praxis ihrer Zeit ist und als solche mit ihrer Zeit verwoben ist. Durch das Vergessen der Gewordenheit und der sozialen Bedingtheit entsteht die Gefahr einer sozialen und politischen Sprachlosigkeit. So wird nicht ersichtlich, wie aus der Achtsamkeitsströmung ein politisches Programm erwachsen könnte. Dieses müsste nämlich nicht nur die Arbeit am Individuum forcieren, sondern *auch* soziale Ursachen für das beklagte Leiden benennen *und* angehen. Kabat-Zinns Position lässt sich daher als ein gesellschaftskritischer Individualismus bezeichnen: Eine vordergründige Gesellschaftskritik kreist letztlich um ein Individuum, auf dessen Achtsamkeit alle Hoffnung ruht.

4. Fazit und Ausblick

Gesellschaftskritischer Individualismus – eine streitbare Position

Der Weg hin zu einer populären Achtsamkeit lässt sich durch drei Praktiken veranschaulichen, die zugleich als Chiffren verstanden werden können:

1. das extensive und disziplinierte Sitzen der *Vipassanā*-Meditation als Chiffre für eine sezierend-distanzierte Achtsamkeit, die letztlich auf eine überweltliche Erlösung zielt;
2. das alltägliche Gehen als Chiffre für eine verweltlichte Achtsamkeit des sinnlich-unmittelbaren und alltäglichen Hier und Jetzt, dem mit Interesse und Sorge begegnet wird; und
3. das Surfen als Entgrenzung der Anwendungsgebiete der Achtsamkeitspraktiken und als Chiffre für die Adaptivität oder Homologie der Achtsamkeit mit der gegenwärtigen Beschleunigungsgesellschaft.

Im vorliegenden Beitrag wurde die These ausgeführt, dass sich diese Popularisierung systematisch durch die von Kabat-Zinn forcierte Verweltlichung der Achtsamkeit als Reaktion auf zwei Herausforderungen – die religiös-buddhistischen Quellen und das Stigma der Weltabgewandtheit – verstehen lässt. Neben der Übersetzungsarbeit, Verwissenschaftlichung und Veralltäglichung der Achtsamkeit wurde dabei besonders auf die Ambivalenz eingegangen, die in dem von Kabat-Zinn formulierten Unbehagen an der modernen Welt zu sehen ist. Denn trotz dieser gesellschaftskritischen Note erhebt er das Individuum zum Angelpunkt der Transformation und für die Überwindung des verschiedentlich ausgeführten Leidens. Diese Position kann als eine Entweltlichung beschrieben werden, also eine Ignoranz der sozialen Welt und der Sozialität des scheinbar Individuellen, Natürlichen oder Universellen. Diese Gleichzeitigkeit von Gesellschaftskritik und radikalem Individualismus stellt sich daher als ein Transformationsmodell des gesellschaftskritischen Individualismus dar.

Auf der einen Seite wird daraus deutlich, weshalb Kabat-Zinn für die Popularisierung der Achtsamkeitsströmung so entscheidend ist: Achtsamkeit wird zu einer in vielen gesellschaftlichen Bereichen anschlussfähigen Praxis – und dort, wo sie gesellschaftskritisch wird, bleibt sie letztlich doch ohne Zähne. Auf der anderen Seite kann es deshalb auch nicht verwundern, dass Achtsamkeit mit zunehmender Popularität selbst verstärkt zum Gegenstand der Kritik geworden ist (vgl. Stratmann 2016; Figl 2017; vor allem und für die vielfach diskutierte Kritik an einer *McMindfulness*, [Purser 2019]). Neben der Kritik an einem fehlenden explizit-normativen Framing, wie sie etwa aus buddhistischen Traditionen heraus formuliert werden könnte, oder der Kritik an der individualistischen Konzeption, die für strukturell denkende Autor:innen naheliegend wäre, lässt sich die Konzeption des gesellschaftskritischen Individualismus aber auch schlicht in der Sache selbst kritisieren:[23] Indem Kabat-Zinn Achtsamkeit explizit als Lösung vermeintlicher Probleme der Welt positioniert, aber das Individuum zum Angelpunkt erhebt, klafft eine unüberbrückbare Lücke zwischen einem selbstermächtigten Individuum und einem inhaltlosen Gesellschaftsbegriff oder zwischen dem Lokalen und einem »Phantom des Globalen«.[24]

Mehr noch: Auch wenn Kabat-Zinn die Arbeit am Individuum hervorhebt, bleibt seine Position – durch die gesellschaftskritische Legitimierung – eine ethisch-politische Position. Über eine solche kann und muss in einer pluralistischen Demokratie diskutiert und gestritten werden. Gerade diese Streitbarkeit spricht aber einen wunden Punkt an. Denn Achtsamkeit übt – und das in vielen Kontexten unter Umständen auch völlig zu Recht – das Zuhören, das Verständnis und die Einsicht, nicht aber das Streitgespräch. Dabei scheint mir zudem die offensiv

---

23 Vgl. zur Unterscheidung externer Kritik und einer internen Kritik Jaeggi/Wesche 2016. Ich folge hier der internen Kritik.

24 Dies ist ein Begriff von Urs Stäheli, Karl H. Hörning und Julia Reuter (2004: 163), die, wenngleich nicht auf Achtsamkeit gemünzt, das grundsätzliche Problem einer Spannung zwischen lokaler Kritik und globalen Strukturen sehr präzise analysieren.

vorgetragene und vermeintlich wissenschaftliche Fundierung problematisch zu sein. Als ethisch-politische Position des gesellschaftskritischen Individualismus ist Achtsamkeit weder wissenschaftlich begründet noch unausweichlich oder gar alternativlos.[25] Auf das Problem des überbordenden Stresses etwa in Bildungseinrichtungen, Unternehmen und in privaten Lebensvollzügen gibt es viele Möglichkeiten zu reagieren und verschiedene soziale Ebenen, auf denen gehandelt werden kann. Ob Achtsamkeit *ein* oder *der* Lösungsansatz sein sollte, ist keine empirische oder wissenschaftliche, sondern vorrangig eine deliberativ zu bearbeitende Frage.

Dieses deliberative Moment lässt sich aber auch andersherum denken: Wenn Achtsamkeit in bestehende Institutionen eingeführt wird, kommt es unweigerlich zu konkreten, manifesten Widersprüchen – etwa zwischen Leistungsdruck innerhalb der Universitäten einerseits und einer Haltung der Gelassenheit und Ruhe andererseits. Wenn nun diese Widersprüche nicht Gegenstand des achtsamen Staunens über die Widersprüchlichkeit der Welt werden würden, könnten diese von Achtsamkeitspraktiken hervorgebrachten Spannungen auch einen soziologischen Lern- und Reflexionsprozess anstoßen. Es müsste dann um die Frage gehen, wie sich solche Erfahrungen in eine Sprache übersetzen ließen, mit der öffentlich und politisch diskutiert und gestritten werden könnte. Ein erster, ganz praktischer Schritt könnte sein, nicht nur zu meditieren, sondern vielleicht auch über die Bildungspolitik der letzten 20 Jahre zu diskutieren.

---

25 Das gilt freilich nicht nur für Achtsamkeitspraktiken, sondern auch für den Trend einer psychologisch-therapeutischen Weltdeutung, die seit der Mitte des letzten Jahrhunderts eine hegemoniale Deutungsschablone geworden ist (vgl. Illouz 2007; Rau 2010; Reckwitz 2013; Anhorn/Balzereit 2016).

Literatur

Anhorn, Roland/Balzereit, Marcus (2016): »Die ›Arbeit am Sozialen‹ als ›Arbeit am Selbst‹ – Herrschaft, Soziale Arbeit und die therapeutische Regierungsweise im Neo-Liberalismus: Einführende Skizzierung eines Theorie- und Forschungsprogramms«, in: Roland Anhorn/Marcus Balzereit (Hg.), *Handbuch Therapeutisierung und Soziale Arbeit*, S. 3-203, Wiesbaden.

Arat, Alp (2017): »›What it Means to Be Truly Human‹: The Postsecular Hack of Mindfulness«, in: *Social Compass* 64(2), S. 167-179, doi.org/10.1177/0037768617697390.

Barker, Kristin K. (2014): »Mindfulness Meditation: Do-It-Yourself Medicalization of Every Moment«, in: *Social Science & Medicine* 106, S. 168-176, doi.org/10.1016/j.socscimed.2014.01.024.

Baumann, Martin (1993): *Deutsche Buddhisten: Geschichte und Gemeinschaften*, Marburg.

Bechert, Heinz (1966): *Buddhismus, Staat und Gesellschaft in den Ländern des Theravada-Buddhismus*, Band 1: *Grundlagen. Ceylon*, Frankfurt a.M./Berlin.

Braun, Erik (2013): *The Birth of Insight: Meditation, Modern Buddhism, and the Burmese Monk Ledi Sayadaw*, Chicago.

Brown, Candy Gunther (2016): »Can ›Secular‹ Mindfulness Be Separated from Religion?«, in: Ronald E. Purser/David Forbes/Adam Burke (Hg.), *Handbook of Mindfulness: Culture, Context, and Social Engagement*, Cham, S. 75-94.

Cho, Francisca (2012): »Buddhism and Science: Translating and Re-translating Culture«, in: David L. McMahan (Hg.), *Buddhism in the Modern World*, London, S. 273-288.

Figl, Bettina (2017), »›Achtsamkeit ist ein Tranquilizer‹. Meditation ist narzisstisch und geht nicht an die Wurzel des Problems: Theodore Zeldin, Historiker an der Universität Oxford, steht Meditation und Achtsamkeit kritisch gegenüber« (Interview), in: *tagblatt-wienerzeitung.at*, 10.05.2017, zuletzt aktualisiert am 30.03.2018, tagblatt-wienerzeitung.at/nachrichten/chronik/oesterreich/885371-Achtsamkeit-ist-ein-Tranquilizer.html [letzter Zugriff 01.11.2024].

Freiberger, Oliver/Kleine, Christoph (2011): *Buddhismus: Handbuch und kritische Einführung*, Göttingen.

Fromm, Erich (1991): *Schriften aus dem Nachlass*, Band 1: *Vom Haben zum Sein. Wege und Irrwege der Selbsterfahrung*, hg. v. Rainer Funk, 4. Aufl., Weinheim/Basel.

Fronsdal, Gil (1998): »Insight Meditation in the United States: Life, Liberty, and the Pursuit of Happiness«, in: Charles S. Prebish/Kenneth K. Tanaka (Hg.), *The Faces of Buddhism in America*, Berkeley u.a., S. 163-182.

Gilpin, Richard (2008): »The Use of Theravāda Buddhist Practices and Perspectives in Mindfulness-Based Cognitive Therapy«, in: *Contemporary Buddhism* 9(2), S. 227-251, doi.org/10.1080/14639940802556560.

Goenka, Satya Narayan (2008): *The Discourse Summaries: Talks from a Ten-Day Course in Vipassanā Meditation Condensed by William Hart*, 4. Aufl., Onalaska.

Goldstein, Joseph (2003): *Insight Meditation: The Practice of Freedom*, Boston.

Gombrich, Richard/Obeyesekere, Gananath (1988): *Buddhism Transformed: Religious Change in Sri Lanka*, Princeton.

Gunaratana, Henepola (1993): *Mindfulness in Plain English*, Boston.

Heidenreich, Thomas/Michalak, Johannes (Hg.; 2013): *Die »dritte Welle« der Verhaltenstherapie*, Weinheim.

Illouz, Eva (2007): *Gefühle in Zeiten des Kapitalismus*, Frankfurt a.M.

Jaeggi, Rahel/Wesche, Tilo (2016): »Einführung: Was ist Kritik?«, in: Dies. (Hg.), *Was ist Kritik?*, Frankfurt a.M., S. 7-20.

Kabat-Zinn, Jon (1982): »An Outpatient Program in Behavioral Medicine for Chronic Pain Patients Based on the Practice of Mindfulness Meditation«, in: *General Hospital Psychiatry* 4(1), S. 33-47, doi.org/10.1016/0163-8343(82)90026-3.

Kabat-Zinn, Jon (1994): *Wherever You Go, There You Are: Mindfulness Meditation in Everyday Life*, New York.

Kabat-Zinn, Jon (2005): *Coming to Our Senses: Healing Ourselves and the World Through Mindfulness*, New York.

Kabat-Zinn, Jon (2013 [1990]): *Full Catastrophe Living: Using the Wisdom of Your Body and Mind to Face Stress, Pain, and Illness*, rev. u. aktual. Aufl., New York.

Keown, Damien (2005): *Lexikon des Buddhismus*, Düsseldorf.

Knoblauch, Hubert (2009): *Populäre Religion: Auf dem Weg in eine spirituelle Gesellschaft*, Frankfurt a.M.

Kornfield, Jack (1993): *A Path with Heart: A Guide Through the Perils and Promises of Spiritual Life*, New York.

Kury, Patrick (2011): »Selbsttechniken zwischen Tradition und Innovation: Die ersten deutschsprachigen Stress-Ratgeber der 1970er Jahre«, in: Sabine Maasen/Jens Elberfeld/Pascal Eitler/Maik Tändler (Hg.), *Das beratene Selbst*, Bielefeld.

Lopez, Donald S. (2008): *Buddhism and Science: A Guide for the Perplexed*, Chicago.

McMahan, David L. (2008): *The Making of Buddhist Modernism*, Oxford.

Michalak, Johannes/Heidenreich, Thomas/Williams J. Mark G. (2012): *Achtsamkeit*, Göttingen.

Nhat Hanh, Thich (1987): *The Miracle of Mindfulness: An Introduction to the Practice of Meditation*, Boston.

Nhat Hanh, Thich (1992): *Peace is Every Step: The Path of Mindfulness in Everyday Life*, New York.

Nhat Hanh, Thich (2009) *Transformation and Healing: Sutra on the Four Establishments of Mindfulness*, New York.

Nyanatiloka (Hg.; 1989): *Buddhistisches Wörterbuch: Kurzgefaßtes Handbuch der buddhistischen Lehren und Begriffe in alphabetischer Anordnung*, 4. Aufl., Konstanz.

Nyanaponika (1992): *The Heart of Buddhist Meditation: A Handbook of Mental Training Based on the Buddha's Way of Mindfulness. Satipatthana. With an Anthology of Relevant Texts translated from the Pali and Sanskrit*, Kandy.

Nyanaponika (2014): *The Heart of Buddhist Meditation: The Buddha's Way of Mindfulness*, San Francisco.

Prohl, Inken (2014): »Buddhism in Contemporary Europe«, in: Mario Poceski (Hg.), *The Wiley Blackwell Companion to East and Inner Asian Buddhism*, Oxford, S. 485-504.

Puddicombe, Andy (2012): *Get Some Headspace: 10 Minutes Can Make All the Difference*, London.

Purser, Ronald E. (2019): *McMindfulness: How Mindfulness Became the New Capitalist Spirituality*, London.

Rau, Alexandra (2010): *Psychopolitik*, Frankfurt a.M.

Reckwitz, Andreas (2013): *Die Erfindung der Kreativität: Zum Prozess gesellschaftlicher Ästhetisierung*, 3. Aufl., Berlin.

Rosa, Hartmut (2005): *Beschleunigung: Die Veränderung der Zeitstrukturen in der Moderne*, Frankfurt a.M.

Rosa, Hartmut (2011): »Terrorists and High-Speed Surfers: Towards a Sociological Conception of Performative Identity«, in: *BIOS – Zeitschrift für Biographiefor-*

schung, Oral History und Lebensverlaufsanalysen 24(2), S. 204-223, nbn-resolving.org/urn:nbn:de:0168-ssoar-392302.

Rosa, Hartmut/Strecker, David/Kottmann, Andrea (2013): *Soziologische Theorien*, 2. Aufl., Konstanz.

Rutenberg, Jürgen von (2018): »Buddha to go«, in: *Zeit Magazin* 9, S. 16-23.

Schluchter, Wolfgang (Hg.; 1984): *Max Webers Studie über Hinduismus und Buddhismus: Interpretation und Kritik*, Frankfurt a.M.

Schmidt, Jacob (2020): *Achtsamkeit als kulturelle Praxis: Zu den Selbst-Welt-Modellen eines populären Phänomens*, Bielefeld.

Schmidt, Stefan (2015): »Der Weg der Achtsamkeit: Vom historischen Buddhismus zur modernen Bewusstseinskultur«, in: Britta Hölzel/Christine Brähler (Hg.), *Achtsamkeit mitten im Leben*, München, S. 21-42.

Segal, Zindel V./Williams, J. Mark G./Teasdale, John D. (2002): *Mindfulness-Based Cognitive Therapy for Depression: A New Approach to Preventing Relapse*, New York.

Sennett, Richard (2006): *Der flexible Mensch*, 2. Aufl., Berlin.

Sharf, Robert (1995): »Buddhist Modernism and the Rhetoric of Meditative Experience«, in: *Numen* 42(3), S. 228-283, jstor.org/stable/3270219.

Stäheli, Urs/Hörning, Karl H./Reuter, Julia (2004): »Subversive Praktiken? Cultural Studies und die ›Macht‹ der Globalisierung«, in: Karl H. Hörning/Julia Reuter (Hg.), *Doing Culture. Neue Positionen zum Verhältnis von Kultur und sozialer Praxis*, Bielefeld, S. 154-166.

Stratmann, Birgit (2016): »›Achtsamkeit löst die Probleme nicht‹. Interview mit Hartmut Rosa«, in: *Netzwerk Ethik heute*, 07.11.2016, ethik-heute.org/achtsamkeit-loest-unsere-probleme-nicht/ [letzter Zugriff 01.11.2024].

Tan, Chade-Meng (2012): *Search Inside Yourself: The Unexpected Path to Achieving Success, Happiness (and World Peace)*, New York.

Valerio, Adam (2016): »Owning Mindfulness: A Bibliometric Analysis of Mindfulness Literature Trends Within and Outside of Buddhist Contexts«, in: *Contemporary Buddhism* 17(1), S. 157-183, doi.org/10.1080/14639947.2016.1162425.

Weber, Max (2001): *Wirtschaft und Gesellschaft: Religiöse Gemeinschaften*, hg. v. Hans G. Kippenberg, Tübingen.

Wilson, Jeff (2014): *Mindful America: The Mutual Transformation of Buddhist Meditation and American Culture*, New York.

Claus Otto Scharmer

Vertikale Bildung

Die Hochschule des 21. Jahrhunderts neu gestalten[1]

Abstract

Der Beitrag formuliert 12 Prinzipien für die Neugestaltung von Hochschulen im 21. Jahrhundert. Er schlägt vor, akademische Bildung so zu organisieren, dass sie auf die ökologischen, technologischen und sozialen Herausforderungen unserer Zeit angemessen reagiert. Das Spektrum der Prinzipien, die dazu beitragen sollen, die Kluft zwischen Wissen und Handeln zu schließen, reicht von der Gestaltung vertikaler Bildungsräume und der Verschiebung des äußeren und inneren Lernortes über den Einsatz von systemischem Denken und *social arts* bis hin zu Wissenschaft 2.0, Technologie 2.0 und dem sozialen Feld als viertem Lehrer. Als Einheit von Lehre, Forschung und transformativer Praxis können Hochschulen auf diesem Weg zum lebendigen Organ eines größeren Ganzen werden (Stadt, Region, globale Gemeinschaft).

Vertikale Bildung

Die von Schüler:innen organisierten Fridays-for-Future-Klimademonstrationen gehören zu den wichtigsten Stimmen in der heutigen Zeit. Die eskalierende Klimakatastrophe verschärft die gesellschaftliche Krise und lenkt den Blick auf die Bruchlinien in unserer Gesellschaft. Die jungen Menschen, die sich in dieser Umweltschutzbewegung zum Ziel gesetzt haben, die CO_2-Emissionen weltweit zu reduzieren, haben verstanden, dass es um ihre Zukunft geht. Und sie haben verstanden, dass Schule und Ausbildung keinen Sinn ergeben, wenn diese Zukunft existenziell gefährdet ist.

Wenn sich Schüler:innen organisieren, weil andere Fragen ihrer Lebenswirklichkeit so dringlich erscheinen, dass Ausbildung und Schule dahinter zurückstehen, dann müssen sich Schulen und Hochschulen fragen, wie sie sich zu diesen Realitäten ins Verhält-

1 Das englische Original dieses Artikels wurde 2019 unter dem Titel »Vertical Literacy: Reimagining the 21st-Century University« publiziert (Scharmer 2019b). Das Abstract hat Mike Sandbothe verfasst.

nis setzen und wie sie mit den technologischen, ökologischen und sozialen Disruptionen des 21. Jahrhunderts umgehen. Im Folgenden stelle ich einige Ideen für ein solches Weiterdenken in Form von 12 Prinzipien vor (siehe Abbildung 1).

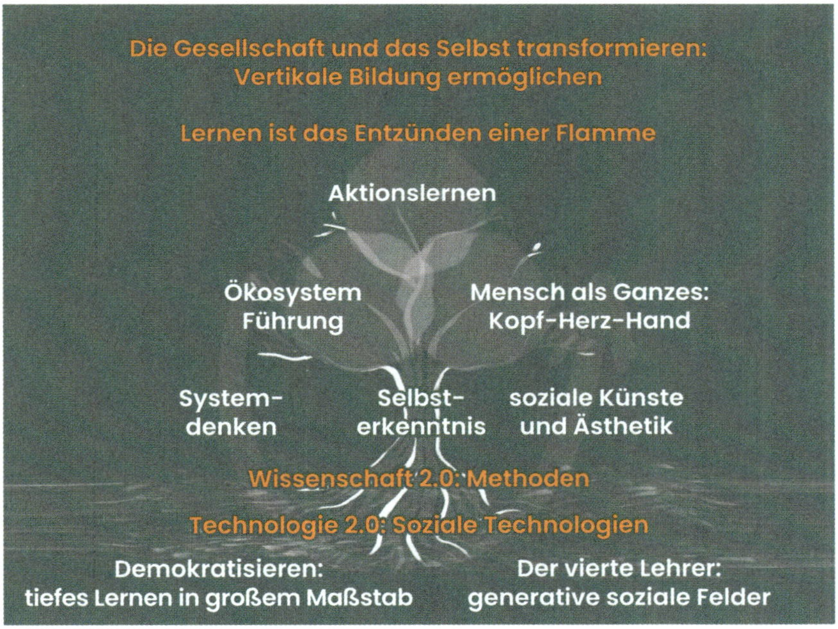

Abbildung 1: Zwölf Prinzipien für die Neuerfindung der Hochschule (und der Bildung) des 21. Jahrhunderts

Die klassische Hochschule definiert sich durch die Einheit von Forschung und Lehre; die moderne Hochschule erweitert diese Ziele und bringt Forschung, Lehre und die Anwendung in der Praxis zusammen. Die aktuellen historischen Umbrüche und Krisen werfen einen neuen Blick auf die Hochschule des 21. Jahrhunderts und laden dazu ein, Hochschule neu zu denken, und zwar als Einheit von Forschung, Lehre und einer die Gesellschaft und das Selbst transformierenden Praxis. Was heißt das?

Ausgangspunkt ist die Frage, worin der Beitrag von Hochschulen zur Lösung der gesellschaftlichen Krisen und, damit verbunden, zur gesellschaftlichen Transformation besteht. Hochschulen und der Bildungssektor im Allgemeinen leisten Beiträge zur Wissensgenerierung in unserer Gesellschaft. Darüber hinaus ermöglichen sie den Zugang zu dieser Forschung und diesen Erkenntnissen. Diese Leistungen sind wesentlich und die Grundlage für die Weiterentwicklung unserer Gesellschaft. Gleichzeitig wird deutlich, dass die Übersetzung dieser Erkenntnisse in die so notwendigen sozialen Veränderungen nicht immer gelingt. Beispiele sind die Klimakrise, die Wissenschaftler (allen voraus Professor Hans Joachim Schellnhuber) bereits in den 1970er Jahren als heraufziehende Krise analysiert und beschrieben haben, oder die vielfältigen Lösungsvorschläge zur Klimakrise, die die Wissenschaft entwickelt. Wir bezeichnen diese Differenz zwischen Wissen und Handeln als den *knowing-doing gap*: Z.B. sind technische Lösungsmöglichkeiten für die Klimakrise bekannt, die Transformation von Gesellschaft entlang dieser Erkenntnisse findet jedoch nicht statt. Lassen Sie uns als Beispiele das Pariser Klimaabkommen und die *17 Ziele für nachhaltige Entwicklung* (*Sustainable Development Goals*, SDGs)[2] betrachten. Die SDGs beschreiben die gegenwärtigen Transformationsziele einer nachhaltigen Entwicklung, wie sie von den Vereinten Nationen für das nächste Jahrzehnt formuliert wurden.

Die Schwierigkeiten, das Pariser Klimaabkommen und die SDGs weltweit zu implementieren, resultieren nicht aus einem Wissensdefizit. Das Problem ist der fehlende politische Wille und eine *Diskrepanz zwischen Wissen und Handeln*: eine Spaltung zwischen unserem kollektiven Bewusstsein und unserem kollektiven Tun. Diese Diskrepanz führt dazu, dass wir *kollektiv Resultate erzeugen, die niemand will*: massive Umweltzerstörung, Gesellschaften, die auseinanderbrechen, und eine durch die sozialen Medien erzeugte Abtrennung vieler Menschen von den tieferen Quellen ihres Selbst. Um diese Diskrepanz zu adressieren, brauchen wir neue Plattformen und neue Fähigkeiten, mit deren Hilfe wir unser mentales und soziales gesellschaftliches Betriebssystem vom *Egosystem*-Bewusstsein zum *Ökosystem*-Bewusstsein aktualisieren können.

---

2 Zu den 17 SDG vgl. sdgs.un.org/goals bzw. unric.org/de/17ziele/ [letzter Zugriff 01.11.2024].

Tabelle 1 zeigt die Evolution der Betriebssysteme unserer wichtigsten gesellschaftlichen Systeme: Von 1.0 (input- und autoritätszentriert) und 2.0 (leistungs- und effizienzzentriert) zu 3.0 (anwenderzentriert) und 4.0 (ökosystemzentriert).

Betriebs-system	Lernen/ Bildung	Gesundheit	Landwirt-schaft/ Lebensmittel	Finanzsystem	Steuerung
1.0: input- und autoritäts-zentriert	traditionell lehrerzent-riert	traditionelle arztzentrierte Medizin	traditionell landwirt-zentriert	traditionelles Finanzkapital	1.0 sichtbare Hand: *Hierarchie*
2.0: output- und effizienz-zentriert	prüfungs-zentriert	evidenz-basierte Medizin	industriell, Monokulturen	extraktives Kapital: exter-nalitätenblind	2.0 unsichtbare Hand: *Markt*
3.0: ergebnis- und anwender-zentriert	studenten-zentriert	patienten-zentrierte Medizin	biologisch, ökozentriert	*impact investment*: nachhaltige Vermögens-anlagen	3.0 organisierte Interessen-verbände: *Lobbyismus*
4.0: ko-kreativ und ökosystem-zentriert	tiefere Lernquellen aktivieren	Stärkung der Quellen der Gesund-heit	Nahrung als Medium für die Heilung von Erde und Mensch	generatives Kapital: das System trans-formieren	4.0 bewusstsein-orientiertes kollektives Handeln

Tabelle 1: Vier Betriebssysteme – vier Stufen der Systementwicklung

Da ich diese Matrix schon an anderer Stelle im Detail präsentiert habe, beschränke ich mich hier auf das Wesentliche: Die Matrix vergleicht die Entwicklungsschritte der Gesellschaft mit dem Prozess des Upgrading einer Software. Die vertikale Dimension dieser Matrix benennt die Evolution der gesellschaftlichen Betriebssysteme hin zu einer ökosystemzentrierten Betriebsweise. Jeder Ebene liegt ein anderer Koordinationsmechanismus zugrunde. In 1.0 wird das System hierarchisch koordiniert, in 2.0 effizienzorientiert etc. Die Matrix macht zudem sichtbar, dass Stufe-vier-Probleme sinnvollerweise nicht mit Instrumenten der Betriebssysteme 1.0, 2.0 oder 3.0 zu lösen sind. Wie bei einer Software beinhaltet jede Phase auch wesentliche Elemente der vorhergehenden Betriebssysteme.

Die Matrix benennt auf der horizontalen Ebene verschiedene Sektoren in der Gesellschaft und kann so die Entwicklung von Betriebssystemen in den verschiedenen Sektoren beschreiben. Beispielsweise wird im Sektor Bildung sichtbar, dass ein zentrales Problem in unseren Schulen und Hochschulen im Mangel an *vertikaler Bildung* besteht. Vertikale Bildung beschreibt die Fähigkeit, transformative Veränderungen zu initiieren und zu moderieren, d.h. von den Betriebssystemen 1.0 und 2.0 auf die Betriebssysteme 3.0 und 4.0 überzugehen. Beispiele für Fähigkeiten im Betriebssystem 3.0 und 4.0 sind:

- individuelle und kollektive Formen von Selbstreflexion
- neue Zugänge zu Neugierde, Mitgefühl und Mut
- Zuhören und reflexiver Dialog
- die Fähigkeit, neue Organisationsformen zu entwickeln (von Ego- zu Ökosystem-Denken)
- Steuerungsmechanismen zu kultivieren, die aus der Perspektive des Ganzen handeln
- den Raum für eine tiefgreifende Transformation offenzuhalten: loslassen und geschehen lassen

Wenn ich Führungskräfte oder Personalleiter:innen in Unternehmen oder anderen Organisationen frage, was sie sich heute wünschen, höre ich häufig, dass sie Menschen suchen, die agil und ko-kreativ sind und in einer Welt voller Unbeständigkeit, Unsicherheit, Komplexität und Unklarheit handlungsfähig sind. Oder mit der Begrifflichkeit der obigen Matrix: Sie brauchen Menschen, die sich flexibel zwischen den verschiedenen Betriebssystemen bewegen und auch ihre Organisationen auf die Ebene des Betriebssystems 4.0 bringen können.

Angebote, die Fähigkeit für vertikale Entwicklung aufzubauen, sind im Bildungssektor nur schwer zu finden. Oft ist die Curriculumgestaltung am Konzept der *horizontalen* Entwicklung orientiert (d.h., hier oder dort einen zusätzlichen Kurs hinzuzufügen) und nicht am Konzept der *vertikalen* Entwicklung, welche darin besteht, die Evolution des Bewusstseins zu einem Teil des Lernraumes zu machen. Um es mit dem Smartphone zu vergleichen: Es geht nicht darum, *eine neue App herunterzuladen*, sondern darum, das *Betriebssystem evolutionär weiterzuentwickeln*.

Kurz gesagt geht es in der vertikalen Bildung darum, Lern- und Entwicklungsräume für Studierende und Lernende so zu gestalten, dass eine Entwicklung *von einem Egosystem-Bewusstsein zu einem Öksystem-Bewusstsein* stattfinden kann. Damit könnte sich die Rolle von Hochschulen in diesem Jahrhundert dahin weiterentwickeln, dass sie

Individuen, Organisationen und gesellschaftlichen Systemen helfen, eben diese *vertikale Transformationskompetenz* aufzubauen und Wissensentwicklung mit dieser Form von Kompetenz zur Veränderung von sozialen Systemen zu verbinden.

Die folgenden zwölf Prinzipien fassen zusammen, wie dieses Konzept, die Hochschule des 21. Jahrhunderts als Ort zur Ausbildung von Transformationskompetenz zu gestalten, aussehen könnte. Diese Prinzipien sind nicht einfach eine Sammlung von Ideen. Sie basieren auf zwei Jahrzehnten Praxiserfahrung mit Transformationsprozessen. Dazu gehört die Gründung von und die Mitarbeit in einer globalen Bewegung von Lernenden und Lehrenden, die sich mit der Frage auseinandersetzen, wie sich Schulen und Hochschulen neu erfinden lassen. Bewegungen dieser Art können als Plattformen dienen, die Menschen und ihren Organisationen dabei helfen, die Welt zu einem besseren Ort zu machen. Dies geschieht, indem sie wegweisende Lösungen anbieten, um die drei größten Abgründe unserer Zeit[3] zu überbrücken: den ökologischen, den sozialen und den spirituellen Abgrund.

1. Gesellschaft und Selbst transformieren

Gestaltung vertikaler Bildungsräume

Wenn es in der Hochschule des 21. Jahrhunderts um die Einheit von Forschung, Lehre und Transformation von Gesellschaft und Selbst geht, müssen sich Lernende mit den zentralen Herausforderungen unserer Zeit beschäftigen. Um relevant für die Gesellschaft zu sein, müssen Hochschulen für die vor uns liegenden dringlichen Herausforderungen relevant sein. Dazu gehört z.B. die Implementierung der Ziele für nachhaltige Entwicklung (SDGs). Eine der größten Hürden stellt dabei die Kluft zwischen Wissen und Handeln dar. Das Adressieren dieser Kluft erfordert eine vertikale Bildung, die zu transformativem Wandel führt, indem sich das Bewusstsein von Ego zu Öko (bewusstseinsbasierte Systemveränderung) verschiebt. Dieses tiefgreifende Lernvermögen sollte über alle Ebenen hinweg kultiviert werden: von der individuellen Ebene (Raum für Selbstwahrnehmung) über Gruppen (vertieftes Zuhören und Dialog) und Organisationen (von zentralisierten Systemen zu Ökosystemen) bis zur Evolution von größeren Systemen (aus der Perspektive des Ganzen handeln). Alle diese Dimensionen sind im Spiel, wenn wir es mit einem transformativen Wandel in der Gesellschaft zu tun haben.

---

3 Vgl. u-school.org/about-pi [letzter Zugriff 01.11.2024].

2. Lernen ist das Entzünden einer Flamme

»Bildung ist das Entzünden einer Flamme, nicht das Füllen eines Fasses.« Diese Worte Plutarchs sind heute so wahr, wie sie es vor 2000 Jahren waren. Trotzdem ist der Irrglaube, dass Bildung darin besteht, Fässer zu füllen, erhalten geblieben. Wenn also das Entzünden der Flamme der ultimative Kernpunkt allen tiefgreifenden Lernens ist, warum überlassen wir das dann in den Bildungsinstitutionen mehr oder weniger dem Zufall? Wie können wir Lehr- und Lernbedingungen schaffen, die bei den Lernenden Flammen entzünden? Um den Lernenden dabei zu helfen, hier drei Zugänge:

- Die Flamme kann in der Begegnung mit Veränderungsmacher:innen, Unternehmer:innen oder Individuen entzündet werden, die aus ihren tiefen Lebensintentionen heraus handeln. Ein Dialog und die Auseinandersetzung mit diesen Initiator:innen verändert den Blick auf sich selbst. Das kann subtil sein, ist aber sehr real. Ein Funke springt über.
- Verlasse die eigene Blase – inklusive der Blase der eigenen Hochschule – und tauche in Orte von höchstem Potenzial ein; insbesondere in Orte außerhalb des Zentrums und am Rand eines Systems. Diese marginalisierte Perspektive macht es möglich, das System aus der Sicht derer wahrzunehmen, die institutionalisierten Rassismus und strukturelle Gewalt erleiden, und so die Begrenzungen eines Systems wahrzunehmen.
- Schaffe Lernräume und Praktiken, in denen verschiedene Qualitäten von Zuhören geübt werden können und in denen Lernende ihre inneren Erkenntnisquellen erkunden können.

3. Aktionslernen

Verschiebe den äußeren Lernraum

Diese Erweiterung von Hochschule braucht Studierende, die im Handeln lernen können, oder anders formuliert: Aktionslernen ist ein essenzieller Bestandteil dieses Lernraumes. Aktionslernen verändert die traditionelle Beziehung zwischen Lehrenden und Studierenden. Traditionelle Bildungsbeziehungen sind auf das Erklären (des Lehrenden) und das Zuhören (der Studierenden) fokussiert. Im Aktionslernen sind die Studierenden die Akteur:innen oder Unternehmer:innen für die Veränderung und die Lehrenden sind Coaches und Coachinnen, die den Raum offenhalten, damit die Lernenden ihr höchstes Zukunftspotenzial aktivieren können. Um Aktionslernen umfassend zu entwickeln, braucht es veränderte Lerninfrastrukturen und Seminarräume, die nicht primär für ein Vermitteln von Inhalten, sondern für ein Reflektieren von Handlungen konzipiert sind. Dies erfordert einen anderen Lernraumtypus, der studierendenzentrierte Formen des Lernens fördert.

4. Verschiebe den inneren Lernort

Lernende und Menschen, die Veränderung gestalten, kultivieren verschiedene Arten von Erkenntnisprozessen. Während das Aktionslernen den äußeren Lernort vom Seminarraum in die reale Welt verschiebt, wird beim ganzheitlichen Lernen der innere Lernort vom Kopf zum Herzen und vom Herzen zur Hand verlagert. Um diese verschiedenen Intelligenzen zu aktivieren, muss der Lernprozess durch Kultivierung von Neugierde (offener Geist), Mitgefühl (offenes Herz) und Mut (offener Wille) vertieft werden.

Abbildung 2 beschreibt den Lernzyklus von Theorie U, der einen Prozess vorschlägt, der Individuen, Teams oder Organisationen basierend auf diesen Prinzipien erlaubt, die Qualität von Lernen und Aufmerksamkeit entlang der vertikalen Achse zu vertiefen.[4]

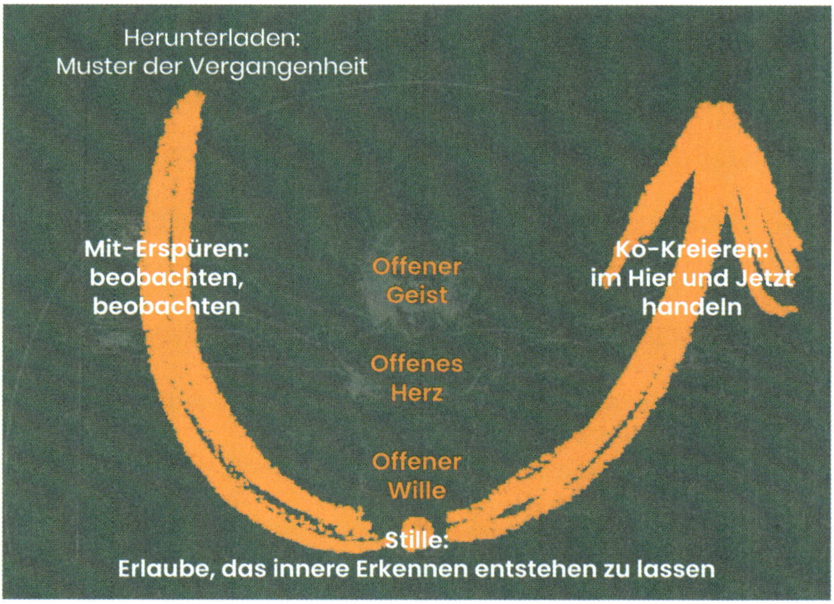

Abbildung 2: Der tiefe Lernzyklus zur Entwicklung einer vertikalen Bildung (Theorie U)

4 u-school.org/aboutus/theory-u [letzter Zugriff 23.06.2024].

5. Ökosystem-Leadership

Der Schritt vom ›Mir‹ zum ›Uns‹

Studierende und Lernende brauchen die Fähigkeit, vom Ökosystem her zu handeln. Wir beschreiben diese Kompetenz als Schritt vom ›Mir‹ zum ›Uns‹. Eine ökosystemische Herausforderung ist z.B. die Frage, wie es gelingt, eine Zusammenarbeit zwischen diversen Interessenvertreter:innen und Partner:innen so zu initiieren und zu moderieren, dass diese Gruppe als Ganze befähigt wird, sich von einer Silo- zur einer Systembetrachtungsweise oder von einem Egosystem- zu einem Ökosystem-Bewusstsein zu bewegen und aus dieser veränderten Wahrnehmung heraus zu handeln. Einen solchen sozialen Raum zu gestalten, ist eine der größten Führungsherausforderungen. Diese Kompetenz fehlt oft in Organisationen und die Hochschule der Zukunft kann hier sowohl als Partnerin als auch als Lernraum unsere Gesellschaft verändern. Plattformen und Ökosystem-Partnerschaften in den Städten und Regionen, in denen die Hochschulen eingebettet sind, können so schnell zu einem Labor für Studierende werden, in denen Partizipation, Innovation und Praxis stattfinden können.

6. Erkenne dich selbst

Lernende und Menschen, die Veränderungen initiieren, müssen sich selbst spüren und kennen. Sowohl in östlichen als auch in westlichen Weisheitstraditionen ist das ›Erkenne dich selbst‹ eine wesentliche Grundlage. In heutigen Zeiten, in einer Welt, in der sich alte Strukturen schnell auflösen, ist die Suche nach Selbsterkenntnis noch entscheidender geworden. »Wer bin ich?«, und: »Was ist mein Beruf bzw. meine Berufung?«, sind essenzielle Fragen, die wir uns nicht nur als Individuen stellen sollten, sondern auch als Organisationen, als Ökosysteme und – vor dem Hintergrund der globalen Ziele für nachhaltige Entwicklung – als Zivilisationen: Wer sind wir als menschliche Wesen? Wer wollen wir sein? Welche Art von Zukunft wollen wir mitgestalten und an welcher Art von Zukunft wollen wir teilhaben?

Wenn es um Selbsterkenntnis geht, zählt weniger der Ideenreichtum. Jeder kann eine Idee haben. Man kann sich jeden Augenblick eine Idee aus dem Netz ziehen. Die Währung, die am Ende des U-Prozesses zählt, ist die tägliche Praxis. Es ist das Handeln. Zu den Praktiken, die relevant für die Entwicklung des Selbsterspürens und der Selbsterkenntnis sind, gehören das Zuhören, die Kontemplation, die Achtsamkeit, das sozial-emotionale Lernen und die *Presencing*-Methoden (zum Erspüren und Verwirklichen unserer höchsten Zukunftspotentiale).

7. Systemisches Denken

Das System dazu bringen, sich selbst zu sehen

Lernende und Menschen, die Veränderungen bewirken, müssen Systemdenker:innen sein. Was ist der wichtigste praktische Beitrag des Systemdenkens für die Welt? Es ist der Gebrauch von Methoden und Werkzeugen, die *das System dazu bringen, sich selbst zu sehen*, d.h. Methoden, die Menschen in dem System erlauben, Muster zu erkennen, die sie kollektiv reproduzieren. Studierende brauchen Erfahrungen einer solchen Systemerkenntnis auf allen Veränderungsebenen, um handlungsfähig zu werden, also auf den Ebenen von Individuen, Gruppen, Organisationen und gesellschaftlichen Systemen.

8. Soziale Künste und Ästhetik

Das System dazu bringen, sich selbst zu spüren

Lernende und Menschen, die Veränderungen bewirken, brauchen einen Zugang zu sozialen Künsten und ästhetischen Praktiken. Die Kluft zwischen Wissen und Handeln ist die Trennung zwischen Kopf und Hand. Wie lässt sich diese Lücke schließen? Die Antwort ist: Das Herz aktivieren. Die Sinne aktivieren. Die ursprüngliche Bedeutung von ›Ästhetik‹ ist: *aisthesis* – sinnliches Wahrnehmen. Ästhetik verweist auf die Wichtigkeit, sämtliche Sinne, die wir haben, zu kultivieren.

Fortgeschrittenes Systemdenken umfasst zudem die Fähigkeit, Systeme zu sehen. Die Kluft zwischen Wissen und Handeln zu schließen, heißt, das System dazu zu bringen, sich selbst *wahrzunehmen*. Wie kann man diese Fähigkeit umfassend etablieren? Die Antwort lautet: durch *Übungsräume*, die auf sozialen Künsten basieren. *Soziale Künste* und Übungsräume bauen auf einer *sozialen Ästhetik* auf und sind die wichtigsten Instrumente, um diese grundlegenden Fähigkeiten zur sozialen Transformation zu entwickeln. Daher sollten sie in jedem Curriculum verankert sein, weil sie das Fundament für die vertikale Bildung darstellen.

9. Wissenschaft 2.0

Den wissenschaftlichen Beobachtungsstrahl auf das eigene beobachtende Selbst zurückbiegen

Studierende und Menschen, die Veränderungen bewirken, brauchen soziale Methoden. Die Wissenschaft verwendet Methoden, um Daten zu analysieren. Traditionelle Wissenschaft limitiert die Anwendung wissenschaftlicher Methoden vorrangig auf einen Datentyp: Daten basierend auf der Sichtweise der dritten Person, d.h. auf Dingen, die wir messen und zählen können. Dieses Konzept von Wissenschaft gilt es auszuweiten, indem alle drei Datentypen integriert werden: die dritte Person (externe Beobachtung), die zweite Person (intensives Zuhören und Dialog) und Daten der ersten Person (unsere eigenen Erfahrungen). Für diese Integration muss der *wissenschaftliche Beobachtungsstrahl auf das eigene beobachtende Selbst zurückgebogen werden* – d.h., nicht nur externe, sondern auch interne Erfahrungen werden erforscht, Daten, die eher subtile Aspekte unserer eigenen Erfahrung abbilden. Damit werden wissenschaftliche Methoden dort angewandt, wo sie im Kontext dieses Jahrhunderts am bedeutsamsten sind, nämlich bei der Kultivierung und Evolution unserer Selbsterkenntnis nicht nur als Individuen, sondern auch auf der kollektiven Ebene. Dies resultiert daraus, dass wir *ein System nicht ändern können, wenn wir das Bewusstsein nicht ändern*. Und *wir können das Bewusstsein nicht ändern, wenn wir das System nicht dazu bringen, sich selbst zu sehen.*

10. Technologie 2.0
Bewusstseinsbasierte soziale Technologien

Um das bis zu diesem Punkt Ausgeführte in die Praxis umzusetzen, brauchen Lernende und Menschen, die Veränderungen bewirken, neue bewusstseinsbasierte soziale Technologien. Bildung und die Kenntnis dieser sozialen Technologien sind nicht weniger wichtig als Rechnen oder Schreiben. Soziale Technologien bilden die grundlegenden Fertigkeiten, um in komplexen Umwelten mitzuwirken und zu arbeiten. Sie sind die Werkzeuge und Praktiken für eine Form von Wissen, das nicht nur den Geist (Neugier) öffnet, sondern auch das Herz (Mitgefühl) und den Willen (Mut).

Ein Beispiel hierfür ist das 4D-Mapping – eine Methode, die eine Forschungsgruppe des Presencing Institute unter Anwendung des *Social Presencing Theater*[5] entwickelt hat. Es ist eine Mischung aus sozialwissenschaftlicher Darstellung, Achtsamkeit, Aufstellungsarbeit und Theatermethoden. 4D-Mapping wird heute von hunderten von Teams in verschiedenen Organisationen und Kulturen angewendet. In einem zwei- bis dreistündigen Workshop wird es zu einem verlässlichen Werkzeug, wenn es darum geht, ein System selbst-reflexiv zu erkennen. Das Resultat dieser Methode ist 1. eine Landkarte, die die tiefer liegenden Strukturen eines Systems zur Darstellung bringt, 2. eine gemeinsame Sprache, mit deren Hilfe die verschiedenen Gruppen von Interessenvertreter:innen ihre tieferen strukturellen Anliegen ansprechen können,

5 Vgl. u-school.org/news/the-origin-of-social-presencing-theatre [letzter Zugriff 01.11.2024].

3. eine Reihe von Interventionspunkten und Ideen für Prototypen, die das System von A nach B führen, und als wichtigster Punkt 4. eine Verschiebung des Bewusstseins unter den Gruppenmitgliedern, die deren Perspektive vom Egosystem zum Ökosystem-Bewusstsein verändert.

Dazu zwei Beispiele für Praktiken sozialer Künste: Das Erste ist ein Videoclip über *Social Presencing Theater*.[6] Das Zweite ist ein Beispiel für generatives Schreiben von Olaf Baldini. Darin visualisiert er eine virtuelle Peer-Coaching-Sitzung mit hunderten von Teilnehmer:innen im u.lab-S: gesellschaftliche Transformation.[7] Er stellt nicht nur die faktischen Informationen eines Gesprächs dar, sondern visualisiert die tiefere Essenz des Prozesses. In diesem Fall sind es zwei Menschen, die einer dritten Person zuhören, was den Raum für ›größte Möglichkeiten‹ zwischen ihnen eröffnet.[8]

Dies sind lediglich zwei Beispiele. Studierende und Menschen, die in diesem Jahrhundert Veränderungen bewirken, brauchen soziale Technologien. Die Fähigkeiten des gemeinsamen Erspürens und des Ko-Kreierens stellen die ultimativen Ressourcen dar, um mit den vielfältigen Zusammenbrüchen und Disruptionen umzugehen, die bereits jetzt auf uns zukommen.

11. Demokratisieren

Infrastrukturen für transformatives Lernen

Die Demokratisierung des Zugangs zu Wissen ist eine der Haupterrungenschaften der letzten Jahrzehnte. Dennoch sind der Zugang zu qualitativer Bildung und der Zugang zu einem tiefen Lernzyklus nicht so leicht verfügbar. Am Massachusetts Institute of Technology (MIT) z.B. werden Bildungsinhalte online für jeden kostenlos verfügbar gemacht (durch OpenCourseWare und edX). Studien zeigen jedoch, dass Onlinelernen dazu tendiert, oberflächlich (kopf-zentriert) zu sein, und die Abschlussrate für diese Kurse sehr niedrig ist. Wie lässt sich also der Zyklus des Lernens, der Kopf, Herz und Hand einbezieht, für alle zugänglich machen?

Mit dieser Frage haben wir vor vier Jahren den Prototypen für einen *massive open online course* namens MITx u.lab[9] entwickelt. Mit mehr als 200.000 registrierten Nutzern, die mehr als 2000 Hubs weltweit in-

---

6 Vgl. vimeo.com/314787723 [letzter Zugriff 01.11.2024].

7 Vgl. u-school.org/4d-mapping [letzter Zugriff 01.11.2024].

8 Zu den Ursprüngen des Generativen Schreibens bzw. des generative scribing siehe kelvybird.com/generative-scribing/ [letzter Zugriff 01.11.2024].

9 Vgl. u-school.org/offerings/u-lab-1x-2023 [letzter Zugriff 01.11.2024].

itiiert haben, haben wir eine radikale Dezentralisierung des Klassenraums (bzw. des gemeinsam geteilten Raums) für Lernen gestartet. Umfragen zeigen, dass mehr als 30 Prozent der Teilnehmenden von ›lebensverändernden‹ Erfahrungen in diesen Kursen berichten. Wir haben 2020 damit begonnen, diese Methoden für Teams zugänglich zu machen, die gemeinsam ihre Veränderungsintention von einer Idee zum Prototyp[10] entwickeln wollen. Dieses globale Ökosystem von lokalen Teams, die durch eine Online-zu-offline-Support-Struktur verbunden sind, wird derzeit auch von MIT-Studierenden genutzt und unterstützt (in Kursen an der Sloan School of Management und dem Department of Urban Studies and Planning). Indem die Studierenden diese Werkzeuge für ihre eigenen Veränderungsinitiativen nutzen, lernen sie mit den basalen Instrumenten zur Bildung von Bewegungen im 21. Jahrhundert umzugehen.

12. Der vierte Lehrer

Fruchtbare soziale Felder kultivieren

Lernende und Menschen, die Veränderungen bewirken, müssen auch in der Lage sein, soziale Felder zu kultivieren. Die Reggio-Emilia-Pädagogik ist dafür bekannt, den *Raum bzw. den Lernort* als den dritten Lehrer (neben dem *Lernenden* und dem *Lehrenden* als den beiden ersten) zu definieren. Darauf aufbauend sehen wir die Kultivierung von *fruchtbaren sozialen Feldern*, von Beziehungen unter Lernenden, Lehrenden, Eltern, Gemeinschaften und der Natur, als einen Weg zu den tieferen Ressourcen von Wissen (›den vierten Lehrer‹). Was ist eine großartige Hochschule, eine tolle Schule? Erstens und vor allem ein fruchtbares soziales Feld.[11] Was mich zu meinem abschließenden Punkt führt.

Institutionelle Umstülpung: Ökosystem-Atmung praktizieren

Sind also die Fridays-for-Future-Demonstrationen von Schüler:innen und jungen Menschen in der ganzen Welt ein Beispiel für diese erweiterte Idee von Lernen? Aus Sicht vieler Schulen und Hochschulen sind sie es nicht. Aus Sicht der neu entstehenden Schule und Hochschule der Zukunft, die ich mit den zwölf Prinzipien beschrieben habe, gehören sie natürlich elementar dazu. Sie sind Innovator:innen einer neuen globalen Schule und Hochschule, die im Entstehen begriffen ist. Diese

---

10 Vgl. u-school.org/about-pi [letzter Zugriff 01.11.2024].

11 Vgl. huffpost.com/entry/uncovering-the-grammar-of-the-social-field_b_7524910 [letzter Zugriff 01.11.2024].

neue Schule und Hochschule lassen sich durch eine *institutionelle Umstülpung* charakterisieren. Umstülpung bedeutet, das Innere nach außen und das Äußere nach innen zu kehren. Von ›innen nach außen‹ bedeutet in diesem Fall, dass Lernende ihre Klassenräume verlassen und sich mit den wichtigsten Hotspots von sozialen Innovationen in ihren Städten, Regionen und Ökosystemen befassen. Kurz gesagt: *Die Stadt, die Region und das globale Ökosystem* werden zum *Klassenraum*. Von ›außen nach innen‹ heißt auch, dass die Probleme, die Herausforderungen der Welt, zurück zum Campus gebracht werden, wo sie im Zentrum des Studiums und der wissenschaftlichen Untersuchung stehen. Kurz gesagt: *Die Herausforderungen der Welt und der sozialen Transformationen* sind *das Curriculum.*

Die Dynamik dieser Umstülpung kann als ein ›ökosystemischer Atmungsprozess‹ beschrieben werden. Aktionslernende und Aktionsforschende gehen in die Welt und engagieren sich an den Fronten des gesellschaftlichen Wandels (›ausatmen‹); Menschen, die kreuz und quer aus allen möglichen Bereichen und Systemen kommen und Veränderungen vorantreiben, bringen dann ihre Erfahrungen mit an den Campus, um neu erlernte Anwendungswege und Handlungsweisen zu beschreiben, zu reflektieren, gemeinsam zu verstehen und weiterzuentwickeln (›einatmen‹). Die neue Hochschule entsteht durch diesen Prozess des Ökosystem-Atmens und dadurch, dass sie zu einem ›lebendigen Organ‹ eines größeren sozialen Ökosystems (Stadt, Region, globale Gemeinschaft) wird. Die Hochschule gestaltet diesen Prozess des *Erspürens und Sehens*, um so konkrete Schritte in gemeinsame Möglichkeiten zu initiieren.

Im Kern dieses Atmungsprozesses steht die vertikale Bildung – die Fähigkeit, das Bewusstsein von einer Ebene zur nächsten weiterzuentwickeln, von einem *Ego-* zu einem *Ökobewusstsein.*

Abbildung 3 fasst das zuvor Beschriebene zusammen, indem sie zwei wesentliche Innovationen im gegenwärtigen Lernsystem hervorhebt: 1. das *Vertiefen* des Lernzyklus (von kopfzentriert zu ganzheitlich) und 2. das Erweitern des Lernzyklus (vom Individuum zum Ökosystem). Mit anderen Worten: Wir müssen den Fokus unserer sozialen Lerninfrastrukturen von unten links in der Matrix (wohin derzeit sicherlich ein Großteil unserer Aufmerksamkeit und Ressourcen fließt) zum Rest der Matrix und insbesondere zum rechten oberen Bereich bewegen. Dieser Punkt ist heute häufig der blinde Fleck unseres Lernsystems (Beispiel für den oberen rechten Bereich: gesellschaftliche Transformationslabore).

Die zwölf Prinzipien sind Wegmarken, die uns dabei helfen, auf unserer Reise von unten links hin zur Integration der *Gesamt*matrix voranzukommen. Damit erweitern Schulen und Hochschulen ihren Fokus

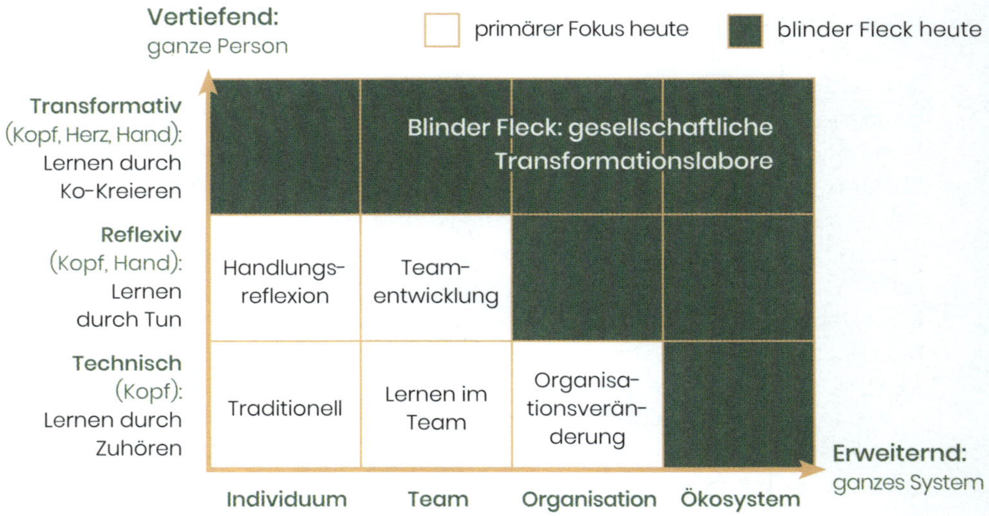

Abbildung 3: Matrix des Lernens und Führens: Erweiterung, Vertiefung

in Richtung des ›Atmens‹ und des Wohlbefindens der ganzen Stadt bzw. des Ökosystems, in das sie eingebettet sind. Wenn wir die Lernzyklen auf diese Art und Weise erweitern und vertiefen, werden unsere Bildungsinstitutionen in die Praxis der *Transformation von Gesellschaft und Selbst* eingebunden. Gesellschaftliche und persönliche Transformationen sind nicht voneinander zu trennen, sondern verschiedene Aspekte des gleichen, tieferen evolutionären Prozesses. Diesen Prozess auf eine bewusstere, systemischere, persönlichere und praktischere Art und Weise zu unterstützen und diese neuen Lerninfrastrukturen für alle zukünftigen Schüler:innen dieser Welt zugänglich zu machen, könnte durchaus unser größter Hebel sein, um den disruptiven Herausforderungen in unserer heutigen Zeit effektiv zu begegnen.

Aus dem Amerikanischen übersetzt
von Denisa Sandbothe und Mike Sandbothe

Literatur

Scharmer, Claus Otto (2019a): *Essentials der Theorie U. Grundprinzipien und Anwendungen*, Heidelberg.

Scharmer, Claus Otto (2019b): »Vertical Literacy: Reimagining the 21st-Century University«, in: *Medium*, 16.04.2019, medium.com/presencing-institute-blog/vertical-literacy-12-principles-for-reinventing-the-21st-century-university-39c2948192ee [letzter Zugriff 01.11.2024].

Mike Sandbothe, Reyk Albrecht und Thomas Corrinth

Brückenprogramme für die Hochschule des 21. Jahrhunderts

Mehrdimensionale Achtsamkeitstrainings und Methoden des verkörperten Denkens

Abstract

Das Kapitel führt Otto Scharmers Überlegungen zur vertikalen Bildung und Aldous Huxleys Entwurf der nonverbalen Humanwissenschaften zusammen. Vor dem Hintergrund einer kritischen Sichtung aktueller Verwendungsweisen des Wortes Achtsamkeit erläutern die Autoren den Unterschied zwischen eindimensionalen und mehrdimensionalen Achtsamkeitstrainings. Abschließend zeigen sie auf, wie das Zusammenspiel dieser Trainingsprogramme mit Methoden des verkörperten Denkens dazu beitragen kann, die Hochschule des 21. Jahrhunderts zu gestalten.[1]

Einleitung

Die kulturpolitische Basis dieses Kapitels stellen die Überlegungen dar, die der am Massachusetts Institute of Technology (MIT) lehrende Transformationsforscher Claus Otto Scharmer zur Hochschule des 21. Jahrhunderts angestellt hat. In ihrem Zentrum steht die von ihm als *vertikale Bildung* bezeichnete kulturelle Transformationskompetenz, die sich von der in Schulen und Hochschulen üblichen horizontalen Wissensvermittlung dadurch unterscheidet, dass sie in enger Verbindung mit den kognitiven Kompetenzen auch emotionale und voluntative Fähigkeiten auf gleichberechtigte Weise trainiert. Die Kultivierung des Zusammenspiels aller drei Formen der menschlichen Intelligenz (*open mind*, *open heart*, *open will*) wird in Polykrisenzeiten dringend benötigt, um die Kluft zwischen Wissen und Handeln zu schließen.

---

1 Eine gekürzte Fassung dieses Beitrags ist in englischer Übersetzung unter dem Titel »Multidimensional mindfulness trainings and methods of embodied thinking at universities of the 21st century« erschienen (Sandbothe/Albrecht/Corrinth 2024).

Als Ausgangspunkt werden die von Scharmer beschriebenen Grundbestimmungen der vertikalen Bildung einleitend skizziert und zu Aldous Huxleys Entwurf der nonverbalen Humanwissenschaften in Beziehung gesetzt. Auf dieser Grundlage widmen wir uns in vier Schritten der folgenden Frage: *Wie können mehrdimensionale Achtsamkeitstrainings und Methoden des verkörperten Denkens dazu beitragen, vertikale Bildung in der Hochschule des 21. Jahrhunderts zu fördern?*

Im *ersten* Schritt werden zwei Hinweise zur Verwendung des Wortes Achtsamkeit gegeben. Aus einer pragmatistischen Perspektive zeigen wir auf, dass die aktuelle Verwendungsweise des Wortes Achtsamkeit sowohl im alltäglichen als auch im wissenschaftlichen Sprachgebrauch einer »einseitige[n] Diät« (Wittgenstein 1971: § 593, 245) folgt. Im *zweiten* Schritt wird erläutert, wie sich im Bereich der säkularen Achtsamkeitstrainings eindimensionale und mehrdimensionale Kursprogramme voneinander unterscheiden. Im *dritten* Schritt werden ausgewählte Methoden des verkörperten Denkens vorgestellt und durch persönliche Erfahrungen konkretisiert. Vor diesem Hintergrund skizzieren wir im *vierten* und abschließenden Schritt einen Ausblick darauf, wie sich eindimensionale und mehrdimensionale Achtsamkeitstrainings sowie Ansätze des verkörperten Denkens als Brückenprogramme für den Übergang von der horizontalen zur vertikalen Hochschulbildung nutzen lassen.

1. Der Ausgangspunkt

Vertikale Bildung und nonverbale Humanwissenschaften

In seinem Beitrag zum vorliegenden Band hat Otto Scharmer die Aufgabe der Hochschule im 21. Jahrhundert wie folgt skizziert: »Die aktuellen historischen Umbrüche und Krisen werfen einen neuen Blick auf die Hochschule des 21. Jahrhunderts und laden dazu ein,

Hochschule neu zu denken, und zwar als Einheit von Forschung, Lehre und einer die Gesellschaft und das Selbst transformierenden Praxis.« (Kapitel III.3 in diesem Buch, S. 404)

Als transversale Metakompetenz, welche die drei genannten Aufgabenbereiche der Hochschule des 21. Jahrhunderts miteinander verbindet, exponiert Scharmer die von ihm sogenannte vertikale Bildung: »Vertikale Bildung beschreibt die Fähigkeit, transformative Veränderungen zu initiieren und zu moderieren, d.h. von den Betriebssystemen 1.0 und 2.0 auf die Betriebssysteme 3.0 und 4.0 überzugehen.« (Kapitel III.3 in diesem Buch, S. 406)

Die Evolution unserer gesellschaftlichen Systeme beschreibt Scharmer anhand von vier verschiedenen Betriebssystemen der modernen Kultur. Das erste ist input- und autoritätszentriert, das zweite leistungs- und effizienzzentriert, das dritte anwenderzentriert und das vierte ökosystemzentriert. Als »Beispiele für Fähigkeiten im Betriebssystem 3.0 und 4.0« nennt Scharmer die folgenden:

- »individuelle und kollektive Formen von Selbstreflexion
- neue Zugänge zu Neugierde, Mitgefühl und Mut
- Zuhören und reflexiver Dialog
- die Fähigkeit, neue Organisationsformen zu entwickeln (von Ego- zu Ökosystem-Denken)
- Steuerungsmechanismen zu kultivieren, die aus der Perspektive des Ganzen handeln
- den Raum für eine tiefgreifende Transformation offen zu halten: loslassen und geschehen lassen.« (Kapitel III.3 in diesem Buch, S. 406)

Zusammenfassend formuliert Scharmer: »Kurz gesagt geht es in der vertikalen Bildung darum, Lern- und Entwicklungsräume für Studierende und Lernende so zu gestalten, dass eine Entwicklung *von einem Egosystem-Bewusstsein zu einem Ökosystem-Bewusstsein* stattfinden kann.« (Kapitel III.3 in diesem Buch, S. 406) Wichtig ist dem systemischen Transformationsforscher dabei, dass die vertikale Vertiefung der akademischen Lehr- und Lernkultur »über alle Ebenen hinweg« erfolgt: »von der individuellen Ebene (Raum für Selbstwahrnehmung) über Gruppen (vertieftes Zuhören und Dialog) und Organisationen (von zentralisierten Systemen zu Ökosystemen) bis zur Evolution von größeren Systemen (aus der Perspektive des Ganzen handeln)« (Kapitel III.3 in diesem Buch, S. 407).

Mehr als 70 Jahre bevor Scharmer den oben zitierten Aufsatz zur vertikalen Bildung geschrieben hat, ist ein anderer wegweisender Text zur Transformation des modernen Bildungssystems erschienen. Es handelt sich um den 1956 von Aldous Huxley (1894–1963) veröffentlichten Essay *Bildung für Amphibien*. Die Mehrdimensionalität, die in Scharmers Aufzählung »über alle Ebenen hinweg« anklingt, wird in Huxleys stärker literarischem Text als »Amphibienhaftigkeit« der menschlichen Existenz charakterisiert; als das »mehrfache Doppelleben von Geschöpfen, die in einem halben Dutzend unvereinbarer Welten zu Hause sind« (Kapitel III.1 in diesem Buch, S. 359).

Der Mensch ist nicht nur »ein verkörperter Geist«, sondern auch ein soziales Wesen: »Wir leben in und für uns selbst, aber gleichzeitig leben wir auch in und, etwas widerwillig, für die uns umgebende soziale Gruppe.« (Kapitel III.1 in diesem Buch, S. 358) Als soziale Wesen sind wir zugleich auch Wesen, die im Medium der Sprache kommunizieren. Sie ermöglicht uns die »Anhäufung von Wissen« und die »Weitergabe von Informationen« (Kapitel III.1 in diesem Buch, S. 359). Für Huxley sind wir »Amphibien, die gleichzeitig in der Welt der Erfahrung und der Welt der Begriffe, in der Welt der direkten Wahrnehmung der Natur, Gottes und unserer selbst und in der Welt des abstrakten, verbalisierten Wissens über diese primären Tatsachen leben.« (Kapitel III.1 in diesem Buch, S. 363)

Vor diesem Hintergrund beschreibt Huxley die vertikale Tiefendimension der menschlichen Existenz als ein mit einer »Gruppe von Nichtselbst verbundenes Selbst« (Kapitel III.1 in diesem Buch, S. 366). Unterhalb des bewussten Ich liegen aus Huxleys Sicht

1. das Nichtselbst der Gewohnheiten und konditionierten Reflexe
2. das Nichtselbst, das für den Körper verantwortlich ist
3. die Welt, aus der wir unsere Einsichten und Inspirationen schöpfen
4. die Welt der Archetypen
5. die Welt der visionären Erfahrung
6. die Welt des Heiligen Geistes, des Atman-Brahman,
   des klaren Lichts und des Soseins

(vgl. Kapitel III.1 in diesem Buch, S. 364f)

Huxleys Diagnose des Bildungssystems seiner Zeit lautet: »[O]rganisierte Bildung ist überwiegend verbale Bildung« (Kapitel III.1 in diesem Buch, S. 363). Auch wenn diese Dominanz bereits in der Mitte des vergangenen Jahrhunderts durch reformpädagogische Bewegungen in Frage gestellt wurde, gilt Huxley zufolge nach wie vor: »Worte sind immer noch das Medium, in dem Lehrer und Schüler den größten Teil ihrer Aktivitäten durchführen« (Kapitel III.1 in diesem Buch, S. 363). Daraus zieht er den Schluss: »Wir müssen mehr für den nonverbalen Teil unserer amphibischen Natur tun« (Kapitel III.1 in diesem Buch, S. 364). Dieser Schluss ist nicht zuletzt auch deshalb bemerkenswert, weil er hier von einem der größten Sprachkünstler, Romanautoren und Essayisten des 20. Jahrhunderts gezogen wird.

Um für die Umsetzung der nonverbalen Humanwissenschaften einen ersten Anstoß zu geben, skizziert Huxley den »Lehrplan« eines »hypothetischen Kurses in dem, was man die nonverbalen Humanwissenschaften nennen könnte«. Dieser Plan lautet wie folgt: »Schulung des kinästhetischen Sinns, Schulung der speziellen Sinne, Training des Gedächtnisses, Training der Kontrolle des autonomen Nervensystems, Schulung der geistigen Einsicht« (Kapitel III.1 in diesem Buch, S. 366).

Von zentraler Bedeutung ist dabei der Sachverhalt, dass es sich nicht um die verbale Vermittlung von Wissen handelt, sondern um Formen der praktischen »Schulung« und des erfahrungsbasierten »Training[s]« der nonverbalen Dimensionen des menschlichen Amphibiums. Im Großen und Ganzen ist das, was Huxley hier als Lehrplan der nonverbalen Humanwissenschaften skizziert, nicht weit von dem entfernt, was Jon Kabat-Zinn 1979 in einem klinischen Kontext für therapeutische Zwecke entwickelt und in den letzten Jahrzehnten als säkulares Trainingsprogramm Stressreduktion durch Achtsamkeit (MBSR) weltweit bekannt gemacht hat (vgl. Kabat-Zinn 2013).

Der Sinn der Schulung in den nonverbalen Humanwissenschaften besteht Huxley zufolge darin, die unterschiedlichen Intelligenzen des Menschenwesens zu aktivieren bzw. zu entspannen. Das erläutert er wie folgt:

> »Bei allen Tätigkeiten des Lebens, von den trivialsten bis zu den wichtigsten, liegt das Geheimnis des Könnens in der Fähigkeit, zwei scheinbar unvereinbare Zustände zu kombinieren – einen Zustand maximaler Aktivität und einen Zustand maximaler Entspannung. Dass diese Unvereinbarkeiten tatsächlich nebeneinander bestehen können, liegt natürlich an der amphibischen Natur des Menschen. Das, was entspannt sein muss, sind das Ego und das persönliche Unterbewusstsein, das, was aktiv sein muss, sind die vegetative Seele und die jenseits davon liegenden Nichtselbst. Die physiologischen und spirituellen Nichtselbst, mit denen wir verbunden sind, können ihre Arbeit nicht effektiv tun, bis das Ego und das persönliche Unterbewusstsein lernen, loszulassen.«
>
> *(Kapitel III.1 in diesem Buch, S. 369)*

Es ist hilfreich, sich bewusst zu machen, was das für die bis heute prägende Ausrichtung unserer Bildungssysteme auf die mündliche oder schriftliche Verbalisierung durch die Sprache bedeutet. Huxley legt nahe, dass »das Geheimnis des Könnens« nicht zuletzt in der Fähigkeit liegt, das Medium der Worte vorübergehend loszulassen und die nonverbalen Erfahrungsräume unserer tiefer liegenden »physiologischen und spirituellen Nichtselbst« zu erkunden.

Und Huxley fügt hinzu:

> »Meine Existenz hängt nicht davon ab, dass ich denke; sie hängt davon ab, dass ich, ob ich es weiß oder nicht, gedacht werde – gedacht von einem Geist, der viel größer ist als das Bewusstsein, das ich normalerweise mit mir selbst identifiziere. Diese Tatsache wird vom Tennisprofi ebenso erkannt wie vom Mystiker, vom Klavierlehrer ebenso wie vom Yogi, vom Gesangslehrer ebenso wie vom Zen-Meister und vom Vertreter des mentalen Gebets.«
>
> *(Kapitel III.1 in diesem Buch, S. 370)*

Daraus folgert Huxley mit Blick auf eine zeitgemäße Weiterentwicklung des modernen Bildungssystems:

> »Unsere Aufgabe als Pädagogen ist es, herauszufinden, wie Menschen das Beste aus beiden Welten machen können – aus der Welt der selbstbewussten, verbalisierten Intelligenz und der Welt der unbewussten Intelligenzen, die dem Geist-Körper-System innewohnen und immer bereit sind, wenn wir ihnen nur eine halbe Chance geben, das zu tun, was für das ungestützte Ego unmöglich ist.«
>
> *(Kapitel III.1 in diesem Buch, S. 371)*

Für die folgenden Schritte ist es hilfreich, Huxleys Lehrplan der nonverbalen Humanwissenschaften in Beziehung zu Scharmers Konzept der vertikalen Bildung zu setzen. Die besondere Leistung von Scharmer und seiner Kollegin Arawana Hayashi besteht darin, dass sie – in der Terminologie von Huxley gesprochen – einen *zweiten* Lehrplan der nonverbalen Humanwissenschaften entwickelt haben. Dieser eröffnet die Möglichkeit, sich auf nonverbale Art und Weise mit den verschiedenen Nichtselbst-Ebenen von Gruppen, Organisationen und größeren Systemen zu verbinden. Der Name dieses aus einem Gefüge von sozialen, systemischen und ökologischen Achtsamkeitsübungen bestehenden Trainings lautet *Social Presencing Theater* (SPT; vgl. Hayashi 2021).

In einem Interview, das Scharmer 2019 dem Youtube-Kanal »Achtsame Hochschulen« gegeben hat, formuliert er wie folgt:

»Die Kultivierung des Individuums durch individuelle Achtsamkeitsübungen ist die notwendige, aber nicht die hinreichende Bedingung für systemische Transformation. Was noch hinzukommen muss, ist, dass wir die Kraft der Achtsamkeit anwenden auf die Transformation des Gesamtsystems, in dem wir uns bewegen. [...] Um in Praktiken und Techniken der kollektiven Phänomenologie einzutreten, haben wir am Presencing Institute Methoden entwickelt, und die wirksamste davon ist das *Social Presencing Theater*.«
Claus Otto Scharmer (2019a)

Diese von Scharmer, Hayashi und ihrem Team weltweit erprobte achtsamkeitsbasierte Sozialtechnologie bildet eine auf Kollektive ausgerichtete Grundlage für die vertikale Bildung. Sie ergänzt den ersten Lehrplan der nonverbalen Humanwissenschaft, den Aldous Huxley skizziert und Jon Kabat-Zinn entwickelt hat. Kabat-Zinns achtwöchiges individuelles Achtsamkeitstraining MBSR ermöglicht es den Kursteilnehmer:innen, sich auf nonverbale Art und Weise mit den verschiedenen Nichtselbst-Ebenen ihrer individuellen Existenz zu verbinden. Das SPT hilft den Kursteilnehmer:innen dabei, sich auf nonverbale Art und Weise für eine vergleichbare Verbindung zu den verschiedenen Nichtselbst-Ebenen unserer kollektiven und planetarischen Existenz zu öffnen (vgl. Scharmer 2024a).

›Nonverbal‹ bedeutet in beiden Fällen keinen vollständigen Ausschluss der Sprache aus der jeweiligen Achtsamkeitspraxis. Es bedeutet nur, dass im Zentrum der Übungen die Wahrnehmung dessen steht, was sich beobachten lässt, und es Teil der Übungen ist, Interpretationen und Bewertungen, die sich in Gedanken und Worten manifestieren, als Epiphänomene aufzufassen und nach Möglichkeit loszulassen bzw. ihren Einfluss auf den Beobachtungsprozess zu minimieren.

2. Zwei Hinweise zur Verwendungsweise des Wortes Achtsamkeit

Die Art und Weise, wie heute das Wort Achtsamkeit verwendet wird, hätte der Begründer der modernen Sprachphilosophie, Ludwig Wittgenstein (1889-1951), als »einseitige Diät« bezeichnet – und damit recht gehabt. Eine kulturpolitische Aufgabe würde er vermutlich darin sehen, die »Familienähnlichkeiten« (Wittgenstein 1971: § 67, 57) der unterschiedlichen Verwendungsweisen des Wortes Achtsamkeit und der damit verbundenen »Sprachspiele« (ebd.: §7, 19) im Detail zu untersuchen. Das ist hier nicht zu leisten. Wir beschränken uns auf zwei Hinweise, die für die im nächsten Schritt zu erläuternde Unterscheidung von eindimensionalen und mehrdimensionalen Achtsamkeitstrainings hilfreich sind.

Der *erste* Hinweis bezieht sich auf die in der Achtsamkeitsforschung etablierte Differenzierung zwischen Achtsamkeit als Praxis, Zustand, Fähigkeit und Haltung. In Kapitel I.1 sind wir darauf eingegangen und haben deutlich gemacht, dass wir uns in der Verwendung des Wortes Achtsamkeit von der Perspektive des amerikanischen Pragmatismus leiten lassen. Diese legt nahe, die komplexen und nur schwer zu untersuchenden Phänomene des Inneren (Zustände, Fähigkeiten, Haltungen) von den sichtbaren, konkreten und relativ einfach zu benennenden Praktiken her in den Blick zu nehmen, die mit der Hervorbringung bzw. Kultivierung der genannten Phänomene in Beziehung gebracht werden.

Das Wort Achtsamkeit gehört zum allgemeinen Sprachgebrauch. Wenn man seinen aktuellen Verwendungsweisen einen pragmatisch fundierten Sinn geben möchte, ist es hilfreich, die Achtsamkeitsübungen und Trainingsprogramme zu benennen, auf die sich das Wort direkt oder indirekt bezieht. Das wird beim inflationären und diffusen Gebrauch des Wortes, der heute vorherrscht, nur selten getan.

Der *zweite* Hinweis bezieht sich darauf, was sich zeigt, wenn man die Verwendung des Wortes Achtsamkeit von den zugrundeliegenden Achtsamkeitspraktiken her betrachtet. Tut man das, dann tritt zu Tage, dass der Sinn des Wortes Achtsamkeit sowohl im alltäglichen als auch im wissenschaftlichen Sprachgebrauch in den meisten Fällen auf *individuelle* Achtsamkeitsübungen verweist. Dabei handelt es sich um Praktiken, die jede und jeder für sich selbst auf der Yogamatte oder dem Sitzkissen (mit oder ohne Anleitung) durchführen kann, wie z.B. Body Scan, Sitz- und Gehmeditation oder achtsames Yoga.

Angesichts der weit verbreiteten Fokussierung auf individuelle Praktiken, für die es keine Trainingspartner:innen braucht, lässt sich festhalten, dass der derzeit vorherrschende Bedeutungshorizont des Wortes Achtsamkeit mit den Worten Wittgensteins als »einseitige Diät« zu charakterisieren ist. Die wenigsten Menschen (innerhalb und außerhalb des Wissenschaftssystems) wissen, dass es – neben den individuellen Achtsamkeitsübungen – die ebenfalls wissenschaftlich erforschten und hochwirksamen dyadischen, sozialen, systemischen und ökologischen Achtsamkeitsübungen gibt (siehe die »Einleitung« und Kapitel I.1 in diesem Buch).

Ein Vergleich mit der Verwendungsweise des Wortes Sport kann hier hilfreich sein. Hinsichtlich der zugrundeliegenden Trainingsprogramme ist es bei der Verwendung des Wortes Achtsamkeit derzeit so, als wenn man unter Sport z.B. nur individuelles Krafttraining oder Jogging verstehen würde. De facto verstehen wir aber unter Sport selbstverständlich auch Spiele zu zweit und zu viert (Tischtennis, Tennis, Federball und andere) sowie Spiele in größeren Gruppen (Fußball, Handball, Volleyball, Hockey und andere).

Vergleichbare Spiele bzw. Praktiken zu zweit, zu viert und in größeren Gruppen und Aufstellungen gibt es im Bereich der Achtsamkeit ebenfalls. Sie werden bei der Verwendung des Wortes Achtsamkeit weder im alltäglichen Sprachgebrauch noch in der Wissenschaft angemessen berücksichtigt. Erschwerend kommt hinzu, dass das Bewusstsein für dieses Defizit sowohl in der Öffentlichkeit als auch in weiten Teilen der Wissenschaft fehlt.

Die Verfechter:innen der individuellen Achtsamkeit vertreten die These, dass durch die individuelle Meditationspraxis auch die soziale und ökosystemische Bewusstseinsbildung gestärkt wird (vgl. Kabat-Zinn 2020). Tatsächlich wird der Raum des Bewusstseins durch individuelle Achtsamkeitsübungen erweitert. Das braucht jedoch Zeit und regelmäßige Praxis. In ihrem einflussreichen Grundlagenwerk der zeitgenössischen Meditationswirkungsforschung *Altered Traits* unterscheiden Daniel Goleman und Richard Davidson zwischen Anfänger:innen, langfristig Praktizierenden und professionellen Meditationsexpert:innen (vgl. Goleman/Richardson 2017: 249–274). Der mit tiefer greifenden Wirkungen verbundene Zeitfaktor – es braucht regelmäßige Praxis über viele Jahre oder Jahrzehnte – lässt es fraglich erscheinen, ob und inwiefern der Weg über die individuelle Achtsamkeitspraxis allein als mentale Grundlage für die in Zeiten der Polykrise anstehenden Transformationsprozesse ausreicht (vgl. Harari 2018: 405–417; Metzinger 2023: 169–183).

Wenn wir auf den Vergleich mit dem Sport zurückblicken, kommt noch ein anderer Aspekt hinzu. Im Bereich des Sports können die Verfechter:innen von Kraft- und Ausdauertraining sagen, dass, wer regelmäßig ein entsprechendes Training macht, aller Wahrscheinlichkeit nach besser Tennis oder Fußball spielen kann. Tatsächlich werden Kraft und Kondition durch das individuelle Training verbessert. Der Raum der Bewegungsmöglichkeiten bzw. die Kraft der Bewegung wird erweitert. Zugleich aber gilt, dass zum Tennis- und Fußballspielen nicht nur regelmäßiges individuelles Kraft- und Ausdauertraining gehört, sondern auch und vor allem regelmäßiges Tennis- und Fußballspielen zu zweit, zu viert bzw. in der Mannschaftsaufstellung.

Tennis und Fußball sind interaktive Sportarten, also strukturell anders gestaltete Praktiken als Kraftsport. Man kann sie nur schlecht bzw. nicht in ihrer vollen Qualität allein durchführen. Dyadische, soziale, systemische und ökologische Achtsamkeitspraktiken sind interaktive Übungsformen, also strukturell anders gestaltete Praktiken als der Übungskanon der individuellen Achtsamkeitspraxis. Man kann sie nicht oder nur qualitativ sehr reduziert ohne Partner:in durchführen.

Das bedeutet: Wenn man seine dyadische, soziale, systemische oder ökologische Achtsamkeit verbessern will, sollte man nach Möglichkeit nicht nur individuelle Achtsamkeitsübungen praktizieren, sondern auch den Kanon der dyadischen, sozialen und ökosystemischen Trainingsprogramme in sein Leben integrieren. Das ist deshalb von besonderer Wichtigkeit, weil die interaktiven Achtsamkeitspraktiken schneller als die individuellen zu wahrnehmbaren Veränderungen im sozialen und ökosystemischen Bereich führen.

Um die Ergebnisse des ersten Schritts unserer Überlegungen zusammenzufassen, ist eine Unterscheidung aus der zeitgenössischen Aufmerksamkeitspsychologie hilfreich. Dieser zufolge werden zwei Formen von Aufmerksamkeit unterschieden: die Fokusbildung der Scheinwerferaufmerksamkeit und das offene Gewahrsein der Flutlichtaufmerksamkeit (vgl. Jha 2022: 49–55). Die öffentliche Aufmerksamkeit, die das Wort Achtsamkeit derzeit erfährt, ist bestimmt von einem eindimensionalen Fokus auf individuelle Achtsamkeitsübungen. Schaltet man das Flutlicht ein und damit das offene Gewahrsein, tritt das volle Phänomen in den Blick. Es besteht nicht nur aus individuellen, sondern auch aus dyadischen, sozialen, systemischen und ökologischen Achtsamkeitspraktiken. Es ist nicht eindimensional, sondern mehrdimensional. Es gibt nicht nur eine Achtsamkeit, sondern mehrere (vgl. Sandbothe/Albrecht/Ostermaier 2024).

3. Säkulare Achtsamkeitstrainings für Hochschulen

Eindimensionale und mehrdimensionale Trainingsformate

Die Zusammenarbeit mit mehr als 40 Hochschulen in Deutschland, Österreich und der Schweiz hat uns gezeigt, dass es für die erfolgreiche Implementierung von Achtsamkeitstrainings an Hochschulen vorteilhaft ist, wenn die zu implementierenden Trainingsprogramme die folgenden Bedingungen erfüllen:

1. Das Vokabular des Trainingsprogramms ist säkular, d.h., es macht keinen Gebrauch von spiritueller oder religiöser Terminologie.
2. Das Trainingsprogramm wurde von international anerkannten Wissenschaftler:innen entwickelt, erprobt und erforscht.
3. Das Programm hat sich als nationaler oder internationaler Standard etabliert oder ist auf dem Weg dorthin.

Achtsamkeitskurse dieser Art bilden die Benchmark, an der es sich zu orientieren gilt, wenn es darum geht, Achtsamkeitstrainings an Hochschulen zu implementieren. Schaut man sich die diesem Maßstab entsprechenden Trainingsprogramme an, zeigt sich, dass es sich im Regelfall um Programme handelt, die eindeutige Schwerpunkte innerhalb des Spektrums der oben genannten Achtsamkeitsdimensionen (individuell, sozial, ökosystemisch) setzen.

Der Schwerpunkt des von Jon Kabat-Zinn 1979 entwickelten Achtsamkeitstrainings MBSR liegt auf den individuellen Achtsamkeitsübungen der Sitz- und Gehmeditation, des Body Scans und des achtsamen Yogas (vgl. Kabat-Zinn 2013). Der Schwerpunkt des von Tania Singer entwickelten sozialen Achtsamkeitstrainings liegt auf kontemplativen Dyaden. Dabei handelt es sich um eine Achtsamkeitspraxis, bei der jeweils zwei Personen gemeinsam meditieren und sich in einem geregelten Zeitablauf ohne Kommentare und ohne Bewertung wechselseitig von ihren Bewusstseinszuständen und Körperempfindungen berichten (vgl. Singer 2024).

Der Schwerpunkt des von Scharmer und Hayashi entwickelten SPT liegt auf sozialen, systemischen und ökologischen Achtsamkeitsübungen. Sie beziehen sich auf eine Person *(20 Minute Dance)*, zwei Personen *(Duet)*, vier bis fünf Personen (*Dance of Fives*, *Stuck*), Großgruppen (*Village*, *Field Dance*) oder auf das ökologische Gesamtsystem (*4D-Mapping*; vgl. Hayashi 2021).

Trainingsprogramme mit einer derart klaren und eindeutigen Schwerpunktbildung bezeichnen wir als *eindimensionale* Achtsamkeitstrainings. Das ist nicht abwertend gemeint; im Gegenteil. Um in einer der unterschiedlichen Achtsamkeitsdimensionen professionelle Kompetenz oder gar Meisterschaft zu erreichen, ist diese Art der Fokussierung sinnvoll und hilfreich. Ein Trainingsprogramm, in dem individuelle, soziale und ökosystemische Achtsamkeitspraktiken gezielt und systematisch miteinander verbunden sind, bezeichnen wir demgegenüber als *mehrdimensionales* Achtsamkeitstraining.

Die von Kabat-Zinn, Singer, Scharmer und Hayashi entwickelten eindimensionalen Achtsamkeitstrainings sind nicht auf den Kontext Hochschule zugeschnitten. Sie wurden jeweils für unterschiedliche Zielgruppen außerhalb des akademischen Bereichs konzipiert und werden heute weltweit in den entsprechenden Settings genutzt.

Aufgrund ihrer spezifischen Entstehungskontexte gehen die eindimensionalen Programme von Motivationslagen, Zweckbestimmungen und Zielperspektiven aus, die in Hochschulen nicht vorauszusetzen sind. So entstand Jon Kabat-Zinns MBSR im klinischen Kontext und zielte auf die Behandlung chronisch erkrankter Menschen. Hierdurch sind eine entsprechende Intensität und eine hohe Motivation sowie Verbindlichkeit der Teilnehmenden wesentlich und erwartbar. Das Dyadenprogramm von Tania Singer ist aus den neuro- und kognitionswissenschaftlichen Forschungszusammenhängen des *ReSource*-Projekts[2] hervorgegangen. Es intendiert eine psychologisch ausgerichtete Zuwendung in sozialen Interaktionen zu zweit und bedarf eines gesicherten und geschützten Kommunikationsraums, um persönliche Öffnung zu ermöglichen und Verletzungen zu vermeiden (vgl. Singer 2024; Singer/Koop/Godara o.J.). Das Programm von Otto Scharmer und Arawana Hayashi wiederum wurde für Führungskräfte in globalen Unternehmen und Multi-Stakeholder-Gruppen konzipiert, die unter hohem systemischen Transformationsdruck stehen (vgl. Scharmer 2019b; 2020; Scharmer/Kaufer 2025).

Im Unterschied dazu wurden die ersten und bisher einzigen mehrdimensionalen Achtsamkeitstrainings speziell für Hochschulangehörige konzipiert. Ihre Entstehungsgeschichte geht zurück auf das von Mike Sandbothe und Reyk Albrecht in zwei Forschungs- und Entwicklungsprojekten (von 2015 bis 2019) verfolgte Anliegen, zielgruppenspezifische Achtsamkeitstrainings für Hochschulen zu entwickeln. Aus den eindimensionalen Prototypen des Thüringer Modells *Achtsame Hochschulen* sind 2021 die neu konzipierten, mehrdimensionalen Programme Achtsamkeitstraining für Studierende (MBST® 1.0), Achtsamkeitstraining für Lehrende (MBTT® 1.0), Achtsamkeitstraining für Mitarbeitende (MBET® 1.0) und Achtsamkeitstraining für Führungskräfte (MBLT® 1.0) entstanden (siehe Kapitel I.1 in diesem Buch).

Der mehrdimensionale Aufbau des Kerncurriculums dieser Kurse lässt sich als eine Bewegung beschreiben, die von individuellen Übungen (Wochen eins bis sieben) über soziale und ökosystemische Übungen (Wochen acht bis elf) zurück zur individuellen Praxis (Woche zwölf) führt. So wird z.B. die empathische Offenheit anderen Menschen gegenüber nicht nur durch individuelle Übungen wie den Body Scan (Woche drei) und den Moving Body Scan (Woche acht), sondern auch durch soziale Achtsamkeitsübungen wie den Social Body Scan (Woche neun) trainiert. Dabei handelt es sich um eine Feedback-Übung für Kleingruppen. Sie ermöglicht es den Teilnehmenden, den sozialen Körper einer Gruppe auf geistiger, emotionaler und somatischer Ebene bewusst wahrzunehmen und kommunikativ zu spiegeln.

Darüber hinaus werden ökosystemische Achtsamkeitsübungen wie der Eco Body Scan (Woche zehn) und das Eco Sense Lab (Woche elf) genutzt. Mit Hilfe von menschlichen Körperskulpturen, welche die

2 Vgl. resource-project.org/ [letzter Zugriff 01.11.2024].

Teilnehmenden im Raum entstehen lassen, schult der Eco Body Scan die bewusste Wahrnehmung der Systeme, von denen wir ein Teil sind und die uns prägen, inklusive unserer Umwelt und des Lebens auf dem Planeten Erde. Die neuen Wortbildungen Moving Body Scan, Social Body Scan und Eco Body Scan lassen dabei den inneren Zusammenhang von individuellen, sozialen und ökosystemischen Übungen auch terminologisch deutlich werden.

Die breitenwirksame Programmimplementierung der mehrdimensionalen Achtsamkeitstrainings für Hochschulangehörige hat die Funktion einer Alphabetisierungsmaßnahme, die an Hochschulen benötigt wird, da Achtsamkeitspraxis (noch) kein im Lehrplan verankerter Teil der staatlichen Schulbildung ist. In der akademischen Praxis hat sich gezeigt, dass auf der Basis dieser Alphabetisierung in einem zweiten Schritt die eindimensionalen Achtsamkeitstrainings von Kabat-Zinn, Singer sowie Scharmer und Hayashi als weiterführende Angebote z.B. im Gesundheitsmanagement (MBSR), der psychosozialen Beratung (Dyadentraining) und mit ECTS-Punkten in den Studiengängen (SPT) auf Interesse stoßen, positiv angenommen und genutzt werden. Ohne eine entsprechende Vorbereitung durch mehrdimensionale Brückenprogramme werden die eindimensionalen Formate demgegenüber von Hochschulangehörigen häufig als Überforderung empfunden oder sogar abgelehnt.

Jon Kabat-Zinn hat diesen Ansatz als »[d]as Prinzip ›viele Türen, ein Raum‹« beschrieben. Er rekurriert dabei auf »die verschiedenen Türen, die sich derzeit überall auf der Welt öffnen« (»Vorwort« in diesem Buch, S. 13). Dazu gehören aus seiner Sicht nicht nur MBSR »und die gesamte Familie der achtsamkeitsbasierten Interventionen ([...] MPI) oder achtsamkeitsbasierten Programme ([...] MBP)«. Hinzu kommt »an einer gegenüberliegenden Wand desselben Raums [...] die Tür des ReSource-Ansatzes mit seiner unterstützenden Evidenzbasis, die auf die kreative Arbeit von Tania Singer und ihren Kollegen zurückgeht.« Und last, but not least:

> »An einer anderen Wand öffnen sich die Türen von Otto Scharmers Theorie U, zusammen mit der Pionierarbeit von Peter Senge, dem Presencing Institute, der ausdrucksstarken Gruppentheaterarbeit von Arawana Hayashi und ihren Kolleginnen und Mitarbeitern in der Welt der Unternehmen und Organisationen.«
>
> (»Vorwort« in diesem Buch, S. 13)

4. Methoden des *embodied critical thinking* für die Hochschule des 21. Jahrhunderts

Neben zielgruppenspezifischen Achtsamkeitstrainings existieren weitere Methoden und Techniken, die Hochschulen dabei unterstützen können, den Übergang vom horizontalen zum vertikalen Bildungsparadigma zu vollziehen. Dazu gehören körperbasierte Verbalisierungsmethoden, deren Ziel es ist, den mehrdimensionalen Raum des menschlichen Bewusstseins für Zwecke des kritischen Denkens zugänglicher zu machen. Eine Auswahl dieser Methoden wurde von 2021 bis 2023 im Rahmen des interdisziplinären europäischen Erasmus+-Ausbildungsprogramms *training in embodied critical thinking* (TECT) erprobt.[3] Aus dem Kanon dieses Programms konzentrieren wir uns im Folgenden auf die Methode des *thinking at the edge* (TAE) und das mikrophänomenologische Interview (MPI).

TECT wurde mit dem Ziel entwickelt, Studierenden, Lehrenden und Forschenden innovative Methoden an die Hand zu geben, um kritisches Denken in Zeiten der Polykrise methodisch zu vertiefen (vgl. Schoeller/Thorgeirsdottir 2019; Schoeller/Thorgeirsdottir/Walkerden 2025). Dabei spielen die Hinwendung zum *embodiment* in den Kognitionswissenschaften (vgl. Varela/Thompson/Rosch 1991) und die aktive Anwendung verkörperten Denkens in Forschung und Lehre eine zentrale Rolle. Inspirationsquellen für die pluralistische Methodologie von TECT sind neben dem Biologen und Neurowissenschaftler Francisco J. Varela (1946-2001), der auch Otto Scharmer bei der Entwicklung der Theorie U inspirierte, der Philosoph, Psychologe und Psychotherapeut Eugene T. Gendlin (1926-2017) und die Philosophin Claire Petitmengin.

Das auf drei Jahre angelegte TECT-Programm (2021-2023) startete jedes Jahr mit einem zwölfteiligen, wöchentlich stattfindenden Webinar mit theoretischem Input und praktischen Übungen. Im Anschluss daran fand eine einwöchige *summer school* zur Vertiefung von ausgewählten Methoden in Präsenz statt. Im Jahr 2021 war das die speziell für akademische Zwecke konzipierte Ideenfindungsmethode TAE, die Eugene T. Gendlin zusammen mit Mary N. Hendricks in den 1990er Jahren entwickelte. Sie geht aus der von Gendlin konzipierten populären Selbsthilfemethode *focusing* (vgl. Gendlin 1978) hervor, mit deren Hilfe die Aufmerksamkeitslenkung auf implizites Körperwissen und das, was Gendlin als *felt sense* bezeichnet, erleichtert werden soll. Dieses implizite Körperwissen beschreibt er so: »The body feels every situation, and also what we might do in it and what would happen. The body emp-

3 Vgl. trainingect.com/ [letzter Zugriff 01.11.2024].

loys this physical knowing all day quite automatically, but if you enter this bodily level directly, you can find many things and arrive at new steps that do not come automatically.« (Gendlin 2000: 258)

Angepasst an den akademischen Kontext, soll TAE Studierenden dabei helfen, eigene Forschungsansätze bis hin zu logisch konsistenten Theorien zu entwickeln – als ein Tool, das sie von einer diffus gefühlten neuen Idee bis zur wissenschaftlichen Ausarbeitung begleitet.

Gendlin beschreibt den TAE-Prozess so:

> »In TAE we provide the needed interaction without any imposition, by taking turns in what we call a ›Focusing partnership‹. In half the time I respond only to you. I follow you silently with my bodily understanding, and I tell you when I cannot follow. I speak from this understanding now and then but only to check if I follow. In TAE I write down all your exact words as they emerge (because otherwise they might be gone a moment later) and I read anything back to you when you want it. Then in the other half of the time you do only this for me.«
>
> *Eugene T. Gendlin (2004: 6)*

Zum Prozessbeginn wird das Thema, das erforscht wird, in einem *key sentence* formuliert. Dieser *key sentence* wird in der Dialogarbeit anschließend sprachlich kontinuierlich weiterentwickelt, indem z.B. in einem Wechsel aus körperlichem Spüren und Sprechen zu einzelnen Wörtern in Resonanz gegangen wird, um möglicherweise *fresh words* zu finden, die das, was ausgedrückt werden soll, noch passender wiedergeben. Die Dokumentation durch die Dialogpartnerin oder den Dialogpartner kann später bei der eigenen Ideenfindung unterstützen.

Die zuletzt genannte Prozessphase lag ungefähr in der Mitte der ersten TECT-*summer-school*, die 2021 in Reykjavik (Island) stattfand. Die Teilnehmenden unternahmen eine Gruppenexkursion zu einem Hügel, um von dort aus einen aktiven Vulkan zu beobachten. Zur Veranschaulichung des TAE-Prozesses dienen Notizen aus dem Tagebuch von Thomas Corrinth, der an dieser *summer school* teilgenommen hat:

> »Es war nicht nur visuell atemberaubend, auch die Geräusche faszinierten mich: eine Art Meeresrauschen, zwischendurch ein Knacken, Klacken, Ploppen und Knistern; aber auch Geräusche, die ich so noch nie in meinem Leben gehört habe. Je nachdem, wie der Wind stand, nahm ich Gerüche wahr – natürlich Schwefel, aber auch Elemente, die ich nicht kannte und für die mir die passenden Worte fehlen.

> Abends nach der Exkursion bemerkte ich, wie dieses Ereignis für mich persönlich etwas ausgelöst hat. Ich konnte es aber noch nicht verbalisieren.«
>
> *(Eintrag aus dem Tagebuch von Thomas Corrinth zur TECT-summer-school 2021)*

In den folgenden TAE-Schritten geht es u.a. darum, aktuelle persönliche Erfahrungen wie eine Linse für das eigene Forschungsthema zu verwenden. Auf diese Weise kann überprüft werden, ob sich neue Aspekte für das eigene Thema ergeben. Thomas Corrinth hat in seinem Tagebuch notiert, was passierte, als seine Dialogpartnerin ihm bei diesem Prozessschritt zuhörte:

> »Es sprudelte minutenlang nur so aus mir heraus – ähnlich wie am Tag zuvor die Lava aus dem Vulkan. Es war so, als ob sich die Worte und Sätze in den letzten zwölf Stunden nach dem Ereignis erst einmal bilden und miteinander in Beziehung setzen, ja Sinn ergeben mussten in meinem Körper. Nun kamen sie schon relativ klar formuliert und geordnet aus meinem Mund.«
>
> *(Eintrag aus dem Tagebuch von Thomas Corrinth zur TECT-summer-school 2021)*

Gendlin beschrieb dieses Geschehen wie folgt: »I have a bodily sense of what I am about to say. If I lose hold of that, I can't say it. If I have the sense of what I want to say, then all I do is open my mouth and rely on the words that will come. Language is deeply rooted in the way we physically exist in our interactive situations.« (Gendlin 2004: 3)

In den abschließenden TAE-Schritten, welche auch im Rahmen der *summer school* vollzogen wurden, ging es darum, aus den vielen Notizen drei Begriffe oder Begriffskombinationen auszuwählen, die den Kern des eigenen TAE-Prozesses am besten wiedergeben. Einer der Begriffe von Thomas Corrinth war ›fluidivity‹ – eine von ihm spontan erfundene Kombination aus *fluid* (›flüssig‹) und *connectivity* (›Verbindung‹, ›Anschlussfähigkeit‹).

Wie lässt sich TAE in den Kontext einer vertikalen Bildungslandschaft einordnen? Mit der *Focusing*-Methode hat Gendlin therapeutische Prozesse von Therapeut:innen unabhängig gemacht, also demokratisiert und dadurch indirekt gesellschaftliche Transformation gefördert. Im Unterschied dazu ist TAE eine Verbalisierungs- und Ideenfindungstechnik, die in ihrem Entstehungskontext primär dem akademischen Ziel einer körperbasierten Wissensproduktion diente.

Mit beiden Methoden gibt Gendlin den unbewussten, nonverbalen Intelligenzen einen Raum, um sie nutzbar für die selbstbewusste, verbalisierte Intelligenz zu machen. Die Gewichtung von Verbalisiertem (in gesprochener und geschriebener Form) ist dabei eine andere als bei den oben beschriebenen Achtsamkeitsprogrammen. Während in den Letzteren geübt wird, Gesprochenes und Geschriebenes als Epiphänomene wahrzunehmen, sind Worte und Sätze im TAE-Prozess als Zielvorgabe definiert und werden daher kontinuierlich abgewogen, immer weiter verfeinert und verschriftlicht.

Eine ähnliche Zielsetzung verfolgt das MPI. Die Philosophin Claire Petitmengin hat das von dem Psychologen Pierre Vermersch entwickelte *Explikationsinterview* (vgl. Vermersch 1994; Mark 2019: 134) im Anschluss an Varela (vgl. Varela/Shear 1999) für den Forschungskontext adaptiert und weiterentwickelt. Mit Hilfe des MPI sollen Erfahrungen in ihrem Entstehungsprozess besser nachvollziehbar und einer Versprachlichung zugänglich gemacht werden (vgl. Mark 2019: 133). Dabei geht es Petitmengin zufolge darum, wie sich eine Erfahrung phänomenologisch konkret entfaltet:

> »Becoming aware of the pre-reflective part of our experience involves a break with our customary attitude, which tends to be [...] to act without being conscious of the way we are going about it, without even being conscious of this lack of consciousness. We need to divert our attention from ›what‹, which usually absorbs it entirely, towards 'how'. This redirection of attention is sometimes triggered by an obstacle, or a failure, but may also be the result of training and learning.«
>
> *Claire Petitmengin (2006: 240)*

Die Grundannahmen und Basisstrukturen für ein MPI lassen sich wie folgt zusammenfassen (vgl. Mark 2019: 141): Das MPI

- bezieht sich auf einen singulären, nur wenige Sekunden umfassenden Erfahrungsmoment
- kann eine länger zurückliegende, wieder erinnerte Erfahrung *(invoked experience)* oder eine unmittelbar der Befragung vorausgehende Erfahrung *(provoked experience)* erforschen
- nähert sich durch die Fragestellungen dieser Erfahrung sukzessive an
- konzentriert sich mehr auf die Entfaltung der Erfahrung *(how?)* und weniger auf ihren Inhalt *(what?)*

- differenziert zwischen zeitlich zuzuordnenden Dimensionen (Diachronie) einer Erfahrung und Dimensionen, die nicht konkret zeitlich fassbar sind (Synchronie); über verschiedene Fragetechniken lassen sich die unterschiedlichen Dimensionen ›ansteuern‹

Das MPI unterliegt keinem vorbestimmten Ablauf und lässt somit eine offene Gesprächsentwicklung zu. Es startet mit der Wiedervergegenwärtigung der Erfahrung, indem die interviewende Person gezielte Fragen stellt, insbesondere zu Sinneswahrnehmungen des Interviewten. Im weiteren Prozess versucht die interviewende Person noch tiefer in die erinnerte Situation vorzudringen. Das Gesagte wird möglichst detailgetreu wiederholt und der oder die Interviewte bekommt die Möglichkeit, zu justieren oder zu ergänzen. In der Regel wird ein MPI aufgezeichnet. Da ein ausgearbeitetes mikrophänomenologisches Transkript hier den Rahmen sprengen würde, zitieren wir erneut aus dem Tagebuch von Thomas Corrinth, der auch bei der zweiten TECT-*summer-school* in Ljubljana (Slowenien) dabei war. Die folgende Notiz beschreibt den phänomenologischen Ausgangspunkt des anschließenden MPI:

> »Mitten in der slowenischen Natur liege ich auf dem Rücken in einer üppigen Blumenwiese, umgeben von atemberaubender, ziemlich unberührter Natur. Es ist ungefähr 25 Grad Celsius und wenige Zentimeter entfernt von mir liegt mein Trainingspartner. Wir haben die Augen geschlossen, schweigen und nehmen diese wundervolle Umgebung mit unseren Sinnen auf. Am eindrücklichsten sind die Insekten, deren Geräusche mich nach und nach regelrecht in einen Bann ziehen – Geräusche in einer Vielfalt und einem Lautstärkespektrum, das ich noch nie in meinem Leben gehört habe.«
>
> *(Eintrag aus dem Tagebuch von Thomas Corrinth zur TECT-summer-school 2022)*

Diese Geräuschkulisse stand im Fokus des MPI, das Corrinths Trainingspartner mit ihm führte. Nachdem der Interviewer durch bestimmte Fragen zur eben beschriebenen Erfahrungssituation geführt hatte, sezierte er Stück für Stück die Qualität dieser Geräuschkulisse. So entstand das Wort Insektenorchester. Der Interviewte beschrieb es als ein riesengroßes, harmonisches Orchester, das ihm die Kraft, Koordinationsfähigkeit und Intelligenz der Natur offenbarte. Bei der Frage, ob vielleicht noch etwas anderes da sei und wie sich das äußere, stellte er eine subtile Traurigkeit fest. Dieses imposante Insektenorchester war für ihn zwar wunderschön, es machte aber auch schlagartig bewusst, dass diese Erfahrung für ihn nicht normal ist: »Ich kann mich nicht daran erinnern, wann ich zuletzt eine solch intakte natürliche Umgebung, die sich mir akustisch so eindrucksvoll darbietet, erlebt habe. Mit einem Mal waren auch der Klimawandel und das Artensterben präsent in dieser Mikroerfahrung.« (Ebd.)

Wie sich in den persönlichen Schilderungen zeigt, erlaubt das MPI eine außerordentliche Präzision und Tiefenschärfe. Ähnlich wie beim TAE werden erinnerte Sinneswahrnehmungen und Körperempfindungen detailliert rekonstruiert, um Erfahrung auf dieser Basis phänomenologisch differenziert zu verbalisieren. Auch hier liegt die Zielperspektive beim Gesprochenen und Geschriebenen. Anders als Gendlin im TAE geht es Petitmengin im MPI jedoch nicht in erster Linie um die Entwicklung von neuen, logisch konsistenten Theorien und Konzepten, sondern auch und vor allem um das Aufdecken und Loslassen der gewohnten Beziehungsstrukturen unseres Verhältnisses zur Welt: »The very possibility of recognizing the usual structures of our relation to the world and of freeing ourselves from them has huge implications, which we are only beginning to discover, in all areas of human existence« (Petitmengin 2021: 70).

Das Aufdecken geschieht in umfangreichen Transkriptionen, in denen die spezifische Mikroerfahrung in ihrer Entwicklungs- und Beziehungsstruktur phänomenologisch präzise beschrieben wird. Im Unterschied dazu verdichtet der TAE-Prozess das auf das konkrete Erleben bezogene Denken Schritt für Schritt auf immer weniger, möglichst treffende Begriffe, um es auf diesem Weg theoriefähig zu machen. Der Fokus beider Methoden liegt auf der Versprachlichung nonverbaler Erfahrungsprozesse. TAE und MPI haben ihre eigene Kraft als Bildungsformen, indem sie Körperwissen zugänglich machen, Sinneswahrnehmungen schärfen, andere Artikulationsformen bieten und dabei auch die soziale Dimension – z.B. einen *Focusing*-Partner oder eine Interviewpartnerin – einbeziehen. Sowohl bei TAE als auch beim MPI handelt es sich um epistemische Techniken, die viel Übung, Zeit und Raum benötigen.

Ähnlich wie für die eindimensionalen Achtsamkeitsprogramme könnte auch für diese Methoden des verkörperten Denkens eine vorhergehende Alphabetisierungsmaßnahme im Hochschulkontext hilfreich sein. Das gilt auch und insbesondere, wenn man TAE und MPI nicht nur als fachspezifische Techniken für das kreative Schreiben in den Humanwissenschaften versteht. Als Fazit skizzieren wir abschließend einen Vorschlag, der die TECT-Methoden zusammen mit den mehrdimensionalen Achtsamkeitstrainings in den hochschulpolitischen Transformationsrahmen einordnet, der in der Einleitung im Rekurs auf Scharmer und Huxley entworfen wurde.

5. Fazit

Wie können mehrdimensionale Achtsamkeitskurse und TECT-Methoden den Übergang von der horizontalen zur vertikalen Hochschulkultur des 21. Jahrhunderts unterstützen? Auf welche Weise tragen sie dazu bei, im Sinne Huxleys »[u]nsere Aufgabe als Pädagogen« zu erfüllen, die darin besteht, »herauszufinden, wie Menschen das Beste aus beiden Welten machen können – aus der Welt der selbstbewussten, verbalisierten Intelligenz und der Welt der unbewussten Intelligenzen, die dem Geist-Körper-System innewohnen« (Kapitel III.1 in diesem Buch, S. 371; vgl. hierzu auch Huxley 1962). Wie kann daraus eine über die Humanwissenschaften hinausgehende Kraft entstehen, die eine vertikale Hochschulbildung in dem von Scharmer beschriebenen Sinn als »Einheit von Forschung, Lehre und einer die Gesellschaft und das Selbst transformierenden Praxis« (Kapitel III.3 in diesem Buch, S. 404) fördert?

Trägt man die mehrdimensionalen Achtsamkeitskurse und die TECT-Methoden in eine Skala der verbalen und nonverbalen Bildungspraktiken ein, dann wird deutlich, dass sich die TECT-Methoden und die mehrdimensionalen Achtsamkeitstrainings von unterschiedlichen Richtungen her aufeinander zu bewegen. Während sich die TECT-Methoden vom Verbalen aus ins Nonverbale und wieder zurück bewegen, vollzieht das Curriculum der mehrdimensionalen Achtsamkeitstrainings eine Bewegung, die sich im und am Nonverbalen orientiert und die Verbalisierung als Medium für die Erkundung der nonverbalen Räume des individuellen, sozialen und ökosystemischen Bewusstseins nutzt.

Beide Programme kombinieren jeweils verschiedene Methoden und Trainingsformen miteinander, haben eine pluralistische Methodologie und machen vertikale Dimensionen menschlicher Bildung in Hochschulen zugänglich. Sie verbinden den menschlichen Geist mit emotionalen und somatischen Erfahrungsräumen und setzen dabei unterschiedliche Akzente. TECT erkundet die nonverbalen Erfahrungsräume, um daraus epistemisch präzise Phänomenbeschreibungen (MPI) oder theoriefähige Wissensformen (TAE) zu generieren. Die mehrdimensionalen Achtsamkeitstrainings folgen keiner theoretisch ausgerichteten Agenda. Im Sinn einer pragmatistisch ausgerichteten Kulturpolitik (vgl. Gröschner/Sandbothe 2011) tragen sie zur hochschulpolitischen Förderung von Aufmerksamkeits- und Emotionsregulation sowie zur Ausrichtung von Bewegungsimpulsen und Willenskräften auf prosoziales und gemeinwohlorientiertes Verhalten in Zeiten der Polykrise bei.

Die mehrdimensionalen Achtsamkeitstrainings und TECT befinden sich in ihrem Entwicklungsprozess in unterschiedlichen Stadien. Die mehrdimensionalen Achtsamkeitstrainings gehen auf einen wissenschaftlichen Entwicklungs-, Evaluations- und Skalierungsprozess zurück, der 2015 in Jena begonnen hat und sich von Thüringen auf Hochschulen in Deutschland, Österreich und der Schweiz ausgeweitet hat. Die Kursprogramme wurden in einem *Rapid-prototyping*-Verfahren entwickelt, mit mehreren tausend Teilnehmenden erprobt sowie sozialwissenschaftlich und medizinisch evaluiert.

Der TECT-Ansatz wurde von 2021 bis 2023 in einem europaweiten Netzwerk konzipiert und 2024 in TECTU *(training embodied critical thinking and understanding)* umbenannt. Im Rahmen des Exzellenzförderprogramms *Freedom to Make Sense. Embodied, Experiential and Mindful Research* des isländischen Forschungszentrums RANNIS wird TECTU von 2024 bis 2027 systematisiert und dabei u.a. auch zu den mehrdimensionalen Achtsamkeitsprogrammen MBST® 1.0 und MBTT® 1.0 ins Verhältnis gesetzt. Wenn aus diesem Prozess ein eigenständiges TECTU-Curriculum hervorgeht, kann sich ein breitenwirksamer Evaluierungs- und Skalierungsprozess anschließen.

Ein evidenzbasiertes TECTU-Curriculum ließe sich als vorbereitende Alphabetisierung für höherstufige Weiterbildungsangebote (wie TAE und MPI) konzipieren. Es kann dann innerhalb der etablierten horizontalen Hochschulbildung zur Optimierung der Wissensproduktion insbesondere in den Humanwissenschaften eingesetzt werden. Darüber hinaus ist es auch als Brückenprogramm denkbar, das den Übergang von der horizontalen zur vertikalen Hochschulwelt erleichtert. In beiden Fällen könnte es den Einsatz von mehrdimensionalen Achtsamkeitstrainings an Hochschulen auf komplementäre Weise vorbereiten, stützen und/oder erweitern.

Überquert man die von den mehrdimensionalen Achtsamkeitstrainings und dem in Entwicklung befindlichen TECTU-Curriculum zu bildende Brücke, eröffnet sich der Möglichkeitsraum einer vertikalen Bildungslandschaft, die sich aus bereits bestehenden und weltweit erprobten Praktiken und Trainingsformaten zusammensetzen lässt. Den evolutionären Nukleus dieser Landschaft bilden Jon Kabat-Zinns MBSR, Tania Singers Dyadentraining, Arawana Hayashis SPT, Otto Scharmers Theorie U, Eugene Gendlins TAE und Claire Petitmengins MPI. Hinzu kommen weitere Bildungsangebote, die sich für Hochschulen adaptieren und zur methodischen Vernetzung von Wissen und Handeln nutzen lassen.

Das Spektrum dieser Angebote reicht von Richard Davidsons *healthy minds program*, Thich Nhat Hanhs engagiertem Buddhismus, *Vipassanā*, Zen und transzendentaler Meditation über Alexandertechnik und Feldenkraismethode, Tai Chi und Qigong bis zu *design thinking*, agilem Lernen, Resonanz- und Erlebnispädagogik. Als weitere Ansätze sind darüber hinaus Marshall Rosenbergs gewaltfreie Kommunikation,

Daniel Golemans emotionale Intelligenz, Ruth Cohns themenzentrierte Interaktion und Martin Seligmans positive Psychologie zu nennen.

Vor dem Hintergrund dieses breiten Feldes unterschiedlicher Programme und Trainingsformen ist es hilfreich, die beiden grundlegenden Aspekte der vertikalen Bildung in Erinnerung zu rufen, die in der Einleitung dieses Kapitels im Rekurs auf Scharmer und Huxley skizziert worden sind.

Der *erste* Aspekt vertikaler Bildung ist individueller Natur. Scharmer beschreibt ihn als vertikale Verbindung von *open mind*, *open heart* und *open will*. Huxley hat Ähnliches im Blick, wenn er die Integration der verbalen und nonverbalen Selbst- bzw. Nichtselbst-Anteile als Aufgabe des modernen Bildungssystems skizziert.

Der *zweite* Aspekt vertikaler Bildung ist kollektiver Natur. Scharmer beschreibt ihn als eine transversale Metakompetenz, die darin besteht, den Übergang von den kulturellen Betriebssystemen 1.0 und 2.0 zu den kulturellen Betriebssystemen 3.0 und 4.0 methodisch gestalten zu können. Die zur Vermittlung dieser Fähigkeit erforderlichen Lernangebote an Hochschulen erstrecken sich »von der individuellen Ebene (Raum für Selbstwahrnehmung) über Gruppen (vertieftes Zuhören und Dialog) und Organisationen (von zentralisierten Systemen zu Ökosystemen) bis zur Evolution von größeren Systemen (aus der Perspektive des Ganzen handeln)« (Kapitel III.3 in diesem Buch, S. 407).

De facto wird Hochschullehre zumeist jedoch noch so umgesetzt, dass input- und autoritätszentrierte (Betriebssystem 1.0) sowie leistungs- und effizienzzentrierte (Betriebssystem 2.0) Paradigmen den Lehrbetrieb dominieren. Hinzu kommen zunehmend mehr einzelne Lehrveranstaltungen, die sich – so gut es unter den gegebenen Rahmenbedingungen (Curricula, Modulhandbücher, Studien- und Prüfungsordnungen etc.) geht – am anwenderzentrierten Paradigma (Betriebssystem 3.0) orientieren. Das ökosystemzentrierte Lehr- und Lernparadigma (Betriebssystem 4.0) ist demgegenüber in den akademischen Bildungsinstitutionen noch sehr wenig verbreitet.

Auch in der Mehrzahl der von uns oben exemplarisch aufgezählten vertikalen Bildungsangebote wird das ökosystemzentrierte Lernen nicht explizit und gezielt realisiert. MBSR, Dyadentraining, *focusing*, TAE, MPI, *Vipassanā*, Zen, Feldenkraismethode, Alexandertechnik, positive Psychologie oder gewaltfreie Kommunikation setzen zwar die individuelle Vertikalität als Verbindung von *open mind*, *open heart* und *open will* auf jeweils unterschiedliche Art und Weise um. Jedoch vollziehen die wenigsten vertikalen Bildungsangebote den Schritt vom Betriebssystem 3.0 zum Betriebssystem 4.0 in voller Konsequenz.

Eine globale Transformation in Richtung 4.0 wird derzeit von der University Coalition for Student Inner Development vorbereitet.[4] Initiiert wurde das neuartige Netzwerk im Jahr 2024 von der Inner Development Foundation und dem Start-up-Unternehmen Rflect. Ziel der im Entstehen befindlichen Koalition von Modelluniversitäten ist es, für die ca. 200 Millionen Studierenden, die es auf der Welt gibt, wertebasierte innere Entwicklungsprozesse curricular zu fördern. So kann es gelingen, dass zukünftige Führungskräfte die Umsetzung der UN Sustainable Development Goals ernster nehmen und authentischer umsetzen, als das heute der Fall ist.[5]

Die Initiative ist ein gutes Beispiel für die kooperative Bottom-up-Perspektive, für die Scharmer zurückblickend auf das Jahr 2024 und vorausschauend auf die kommenden Jahre in seinem *Field of the Future*-Blog plädiert: „Letzten Endes wird das politische Geschehen von sozialen Bewegungen geprägt, und was in diesen Bewegungen geschieht, wird von dem geprägt, was vor Ort geschieht, von unserer Fähigkeit, lebendige Beispiele für das zu schaffen, was wir lokal, in unseren Bioregionen und darüber hinaus sehen wollen." (Scharmer 2024b; 2025)

---

4 Vgl. universityinnerdevelopment.org [letzter Zugriff 11.11.2024].

5 Vgl. hierzu auch oecd.org/en/about/projects/pisa-high-performing-systems-for-tomorrow-hpst.html [letzter Zugriff 31.03.2025].

Literatur

Brandom, Robert (2011): *Perspectives on Pragmatism. Classical, Recent, and Contemporary*, Cambridge, Mass./London.

Gendlin, Eugene T. (1978): *Focusing*, New York.

Gendlin, Eugene T. (2000): »When you feel the body from inside, there is a door«, in: Jeffrey K. Zeig (Hg.), *The Evolution of Psychotherapy. A Meeting of the Minds*, Phoenix, S. 255–271, focusing.org/gendlin/docs/gol_2232.html [letzter Zugriff 01.11.2024].

Gendlin, Eugene T. (2004): »Introduction to Thinking at the Edge«, in: *The Folio: A Journal for Focusing and Experiential Therapy* 19(1), S. 1–8, focusing.org/gendlin/docs/gol_2160.html [letzter Zugriff 01.11.2024].

Goleman, Daniel/Davidson, Richard (2017): *Altered Traits. Science Reveals How Meditation Changes Your Mind, Brain, and Body*, New York.

Gröschner Alexander/Sandbothe, Mike (Hg.; 2011): *Pragmatismus als Kulturpolitik. Beiträge zum Werk Richard Rortys*, Berlin.

Harari, Yuval Noah (2018): *21 Lektionen für das 21. Jahrhundert*, München.

Hayashi, Arawana (2021): *Social Presencing Theater. The Art of Making a True Move*, Cambridge, Mass.

Huxley, Aldous (1962): »Education on the Nonverbal Level«, in: *Daedalus* 91(2), S. 279–293.

Jha, Amishi P. (2022): *Peak Mind. In nur zwölf Minuten am Tag zu mehr Konzentration und Aufmerksamkeit*, München.

Kabat-Zinn, Jon (2020): *Achtsamkeit für alle. Weisheit zur Transformation der Welt*, Freiburg i. Br.

Kabat-Zinn, Jon (2013): *Gesund durch Meditation. Das vollständige Grundlagenwerk zu MBSR*, München (Original: [1990]: *Full Catastrophe Living. Using the Wisdom of Your Body and Mind to Face Stress, Pain, and Illness*, New York).

Mark, Elke (2019): *Taktil-performative und mikro-phänomenologische Forschungspraxis zur Erschließung von Wahrnehmungsprozessen*, Dissertation, Europa-Universität Flensburg.

Metzinger, Thomas (2023): *Bewusstseinskultur. Spiritualität, intellektuelle Redlichkeit und die planetare Krise*, München.

Petitmengin, Claire (2021): »On the Veiling and Unveiling of Experience: A Comparison Between the Micro-Phenomenological Method and the Practice of Meditation«, in: *Journal of Phenomenological Psychology* 52(1), S. 36–77, doi.org/10.1163/15691624-12341383.

Petitmengin, Claire (2006): »Describing One's Subjective Experience in the Second Person: An Interview Method for the Science of Consciousness«, in: *Phenomenology and the Cognitive Sciences* 5(3-4), S. 229–269, doi.org/10.1007/s11097-006-9022-2.

Reckwitz, Andreas/Rosa, Hartmut (2021): *Spätmoderne in der Krise. Was leistet die Gesellschaftstheorie?*, Berlin.

Sandbothe, Mike/Albrecht, Reyk/Corrinth, Thomas (2025): »Multidimensional mindfulness trainings and methods of embodied thinking at universities of the 21st century«, in: Donata Schoeller/Sigridur Thorgeirsdottir/Greg Walkerden (Hg.), *Practicing Embodied Thinking in Research and Learning*, London, S. 144–159.

Sandbothe, Mike/Albrecht, Reyk/Ostermaier, Hubert (2024): *Achtsamkeiten. Übungen für mich, für uns und für die Welt*, 2. Aufl., München.

Scharmer, Claus Otto (2019a): »Achtsamkeit und die Transformation der Gesellschaft«, in: *Youtube*, Kanal »Achtsame Hochschulen«, youtube.com/watch?v=H-ymjafNz1U [letzter Zugriff 01.11.2024].

Scharmer, Claus Otto (2019b): *Essentials der Theorie U. Grundprinzipien und Anwendungen*, Heidelberg.

Scharmer, Claus Otto (2020): *Theorie U – Von der Zukunft her führen. Presencing als soziale Technik*, Heidelberg (Original: [2016 (2007)]: *Theory U: Leading from the Future as It Emerges*, Oakland).

Scharmer, Claus Otto (2024a): »Fourth Person: The Knowing of the Field«, in: *Journal of Awareness-Based Systems Change* 4(1), S. 19–48, doi.org/10.47061/jasc.v4i1.7909.

Scharmer, Claus Otto (2024b): »An Emerging Third Option: Reclaiming Democracy from Dark Money & Dark Tech. Seven Observations On 2024 and What's Next«, in: *Medium*, 18.11.2024, medium.com/presencing-institute-blog/an-emerging-third-option-reclaiming-democracy-from-dark-money-dark-tech-3886bcd0469b [letzter Zugriff 01.02.2025].

Scharmer, Claus Otto (2025): »Universities as Innovation Ecologies for Human & Planetary Flourishing«, in: *Medium*, 29.03.2025, medium.com/presencing-institute-blog/universities-as-innovation-ecologies-for-human-and-planetary-flourishing-84313c75c0d7 [letzter Zugriff 31.03.2025].

Scharmer, Claus Otto/Kaufer, Katrin (2025): *Presencing: 7 Practices for Transforming Self, Society, and Business*, Oakland.

Schmidt, Jacob (2020): *Achtsamkeit als kulturelle Praxis. Zu den Selbst-Welt-Modellen eines populären Phänomens*, Bielefeld.

Schoeller, Donata/Thorgeirsdottir, Sigridur (2019): »Embodied Critical Thinking: The Experiential Turn and its Transformative Aspects«, in: *philoSOPHIA* 9(1), S. 92–109, doi.org/10.1353/phi.2019.0015.

Schoeller, Donata/Thorgeirsdottir, Sigridur/Walkerden, Greg (Hg.; 2025): *Practicing Embodied Thinking in Research and Learning*, London.

Singer, Tania (2024): »Contemplative Dyads. Training the mind and deepening our (connection through relational practices«, in: *Mind & Life Institute: Insights*, 09.01.2024, mindandlife.org/insight/contemplative-dyads/ [letzter Zugriff 01.11.2024].

Singer, Tania/Koop, Sarah/Godara, Malvika (o.J.): *Das CovSocial Projekt: Wie haben sich die Menschen in Berlin während der COVID-19-Pandemie gefühlt? Veränderungen der psychischen Gesundheit, der Resilienz und der sozialen Kohäsion*, Berlin, covsocial.de/wp-content/uploads/2021/11/CovSocial_DE_WEB.pdf [letzter Zugriff 01.11.2024].

Varela, Francisco J./Thompson, Evan/Rosch, Eleanor (1991): *The Embodied Mind: Cognitive Science and Human Experience*, Cambridge.

Varela, Francisco J./Shear, Jonathan (Hg.; 1999): *The View from Within. First-person approaches to the study of consciousness*, Bowling Green.

Vermersch, Pierre (1994): *L'entretien d'explicitation*, Paris.

Weghaupt, Dominik (2024): *Achtsamkeit und pädagogische Professionalität in der Lehrer*innenbildung*, Bielefeld.

Wittgenstein, Ludwig (1971): *Philosophische Untersuchungen*, Frankfurt a.M.

Anhang

Mike Sandbothe und Reyk Albrecht

Danksagung

Dank der Schwarmbildung

Wir (die beiden Herausgeber des Buches *Achtsame Hochschulen in der digitalen Gesellschaft*) haben 2012 mit der Integration von Achtsamkeitsübungen in die eigenen Lehrveranstaltungen begonnen: der eine (Mike Sandbothe) im Studiengang Soziale Arbeit an der Ernst-Abbe-Hochschule Jena, der andere (Reyk Albrecht) im Studiengang Angewandte Ethik an der Friedrich-Schiller-Universität Jena. Obwohl die Wege in Jena kurz sind, wussten wir zunächst nicht voneinander. Das hat sich 2014 geändert als Peter Mimietz und Bernd Langohr uns zusammengebracht haben. Für diese folgenreiche Initialzündung sind wir den beiden von Herzen dankbar.

Danach kamen an der Ernst-Abbe-Hochschule Jena Kolleg:innen aus den Fachbereichen Betriebswirtschaft, Medizintechnik und Biotechnologie, Maschinenbau und Wirtschaftsingenieurwesen hinzu. An der Friedrich-Schiller-Universität Jena hat Reyk Albrecht Achtsamkeitskurse auch für Lehrer:innen und Mediziner:innen gestartet und gemeinsame Lehrveranstaltungen mit dem Schreibzentrum der Universität durchgeführt.

Ein wichtiger nächster Schritt war die Unterstützung, die wir vom damaligen Rektor der Technischen Universität Ilmenau, Professor Peter Scharff, erfahren haben. Er hat uns auch mit dem damaligen Minister Wolfgang Tiefensee (Thüringer Ministerium für Wirtschaft, Wissenschaft und Digitale Gesellschaft) verbunden. Dieser hat dazu beigetragen, dass aus einer Jenaer Initiative das Thüringer Modell entstanden ist. Dank dieser Schwarmbildung bestand das Thüringer Modellprojekt zuletzt aus Kolleg:innen der beiden Jenaer Hochschulen, der Technischen Universität Ilmenau, der Bauhaus Universität Weimar, der Universität Erfurt und der Hochschule Nordhausen.

Für einen der beiden Herausgeber war der in diesem Band abgedruckte Huxley-Essay *Bildung für Amphibien* ein initialer Trigger für die Projektidee. In pragmatischer Hinsicht gilt das ganz besonders für den folgenden Satz, der sich auf das von Huxley skizzierte Kursprogramm der nonverbalen Humanwissenschaften bezieht:

»Eine Stiftung, die ein paar Millionen zur Verfügung hat, sollte einen Zehn- oder 15-Jahresplan für Beobachtungen und Experimente finanzieren. Am Ende dieses Zeitraums sollten wir wissen, welches die wichtigsten Elemente eines Programms zur psychophysischen Ausbildung sind, wie sie am besten in Grundschulen, weiterführenden Schulen und Hochschulen gelehrt werden können und welche Vorteile von einem solchen Ausbildungsgang zu erwarten sind.« Und Huxley fügt hinzu: »Ich selbst gehe davon aus, dass der Nutzen beträchtlich sein wird.«

(Kapitel III.1 in diesem Buch, S. 380)

Im Fall des Thüringer Modells *Achtsame Hochschulen* war es keine Stiftung, sondern die Gesundheitskasse AOK PLUS, die dankenswerterweise zwei Millionen Euro für eine entsprechende Experimentierphase zur Verfügung gestellt hat. Für einen Zehn- oder 15-Jahresplan hat das nicht gereicht, aber für den Fünfjahresplan, der von den beiden Herausgebern 2015 bis 2019 umgesetzt wurde. Zur Realisierung des daran anschließenden Zehnjahresplans wurde 2021 das Bildungsunternehmen Achtsam.Digital gegründet.

Unser Dank geht an den Vorstandsvorsitzenden der AOK Thüringen Hartmut Naumann (1941-2020), den Vorstandsvorsitzenden der AOK PLUS Rainer Striebel, die Bereichsleiter Gesundheit der AOK PLUS Dirk Molis und Heiko Kotte sowie an die damaligen Präsidenten der Ernst-Abbe-Hochschule Jena, der Friedrich-Schiller-Universität Jena und der Technischen Universität Ilmenau Professor Steffen Teichert, Professor Walter Rosenthal und Professor Peter Scharff.

Wer sich mit Institutionen in Deutschland auskennt, kann sich vorstellen, dass es für die beiden Herausgeber eine überaus lehrreiche Aufgabe war, den Steuerkreis des Thüringer Modells zu moderieren. Immerhin bestand er nicht nur aus den Präsidenten von drei unterschiedlichen Hochschulen, sondern darüber hinaus auch aus den Vertreter:innen einer Krankenkasse und des für die Wissenschaft zuständigen Ministeriums. Schon die unterschiedlichen Hochschulen sprechen ihre jeweils eigenen Verwaltungssprachen. Nimmt man dann noch die Krankenkasse und das Ministerium hinzu, entsteht eine einzigartige Symphonie recht unterschiedlicher und manchmal durchaus eigenwilliger Regelungen, Vorschriften und Vokabulare. Es war eine spannende Zeit!

Wichtige Navigationshilfen haben uns der musizierende und meditierende Justiziar der Ernst-Abbe-Hochschule Jena, Dr. Carsten Morgenroth, und noch mehr sein damaliger Chef, Kanzler Dr. Thoralf Held, gegeben. Das Gleiche gilt für die beiden damaligen Vizepräsidenten der Ernst-Abbe-Hochschule Jena Professor Burkhard Schmager und Professor Bruno Spessert. Wir danken ihnen dafür von Herzen.

Das Thüringer Modell *Achtsame Hochschulen* und das Bildungsunternehmen Achtsam.Digital wären nicht das, was sie geworden sind, ohne die mehr als 10.000 Studierenden, Lehrenden, Mitarbeitenden und Führenden, die an den von uns entwickelten Achtsamkeitstrainings bisher teilgenommen haben: von 2015 bis 2019 an den sechs Modellhochschulen in Thüringen und in der Zwischenzeit darüber hinaus an mehr als 40 Hochschulen in Deutschland, Österreich und der Schweiz.

Für die Herausgeber dieses Bandes haben sich im Laufe ihrer gemeinsamen Arbeit die drei folgenden Leitmaximen herauskristallisiert: *Keep it simple*, *less is more* und *slow down*. Insbesondere die konsequente Umsetzung der letztgenannten Maxime führt dazu, dass wir uns bei den Beiträger:innen zum vorliegenden Buch, der Verlagsleiterin Karin Werner, den Verlagsmitarbeitern Michael Volkmer und Gero Wierichs, unseren Lektor:innen Jan Wenke und Angelika Wulff sowie unserem grafischen Gestalter Nico Baumgarten nicht nur für die exzellente Kooperation, sondern auch für ihre Geduld bedanken. Was lange währt, wird endlich gut!

Unser ganz besonderer Dank gilt Jon Kabat-Zinn, Tania Singer, Otto Scharmer und Arawana Hayashi. Alle vier durften wir persönlich kennenlernen. Die Ideen, Werke und Trainingsprogramme dieser international renommierten Achtsamkeitspionier:innen haben uns zu dem inspiriert, was in diesem Band in seinen Grundzügen zur Darstellung kommt. Wir danken Jon Kabat-Zinn, dass er das Vorwort für dieses Buch geschrieben hat.

»She is a natural force.« Das hat Jon im Gespräch mit einem der beiden Herausgeber einmal halb im Spaß, halb im Ernst über Maria Kluge gesagt. Und es stimmt. Ohne Maria und ihren Mann John Kluge (1914-2010), der aus Chemnitz stammte und in den USA als Medienunternehmer zum Milliardär geworden ist, wäre die Achtsamkeitsbewegung in den USA und in Deutschland nicht das, was sie heute ist: eine im kulturellen Mainstream angekommene Transformationskraft.

Wir danken Maria Kluge für ihre großzügige Unterstützung bei all unseren Unternehmungen. Von ihrem interaktiven Achtsamkeitsbuch *The Toolbox is You* hat sie bereits 80.000 Exemplare und von unserem Buch *Achtsamkeiten* 10.000 Exemplare an Kindergärten, Schulen und Hochschulen kostenlos verteilt (vgl. thetoolboxisyou.com [letzter Zugriff: 01.11.2024]). So wie wir sie kennen, wird sie es ermöglichen, dass auch der vorliegende Band als Buchgeschenk in vielen Hochschulbibliotheken einen Platz finden kann. Wir hoffen, dass das Buch einen Beitrag dazu leistet, unser Bildungssystem Schritt für Schritt achtsamer, menschenfreundlicher, klima- und umweltbewusster werden zu lassen.

Keine Schwarmbildung ohne Teambildung

Zu den beiden Teams, die das Thüringer Modell und Achtsam.Digital gestaltet haben bzw. gestalten, gehören Günter Hudasch, Karin Krudup, Dr. Bernd Langohr und Denisa Sandbothe. Wir danken diesem achtsamen Unterstützer:innenquartett von Herzen für das Vertrauen, den Mut und die liebevolle Güte, die alle vier in die gemeinsame Arbeit eingebracht haben und nach wie vor einbringen.

Darüber hinaus geht unser Dank an unsere Jenaer Kollegen Heiko Haase und Burkhard Schmager. Sie waren von Anfang an mit dabei und haben die Achtsamkeit in den Fachbereichen Betriebswirtschaft und Wirtschaftsingenieurwesen der Ernst-Abbe-Hochschule Jena nachhaltig verankert. Auch Elke Klinger und Dr. Michael Hinz, welche die Supervision unseres Projekts übernommen haben, sowie unserem Jenaer Kollegen Hubert Ostermaier danken wir von Herzen. Der ›Musterschüler‹ des Thüringer Modells hat zusammen mit anderen zertifizierten achtsamen Hochschullehrenden an der Ernst-Abbe-Hochschule Jena und darüber hinaus auch deutschlandweit im Trio mit den beiden Herausgebern einiges in Bewegung gesetzt. Ohne ihn wären die in der Pandemie neu entwickelten Trainingsformate nicht das, was sie heute sind. Und ohne Andreas Voß, Heiko Haase, Arndt Lautenschläger und Anika Thomas-Künzel aus dem Jenaer Kollegium sowie die Kollegen Georg Seifert und Martin Bogdanski von der Berliner Charité wären die Prototypen nicht so gut erforscht, wie es in dem vorliegenden Band dokumentiert ist. Unser Dank geht an das transdisziplinäre Forscher:innenteam.

Management, Technik und Pressearbeit des Thüringer Modellprojekts lagen in den Händen von Sonja Morgenroth, Peter Mimietz, Tom Lichtwer (vormals: Schmidt), Lena Güngör und Thomas Corrinth. Management, Technik und Öffentlichkeitsarbeit der überregionalen Kooperationsplattform sowie von Achtsam.Digital liegen in den

Händen von Denisa Sandbothe, Frank und Tim Meyer-Pfauder, André Wipke und Thomas Corrinth. Den beiden Teams sei auf diesem Weg von Herzen gedankt.

Dasselbe gilt für die Achtsamkeitslehrer:innen in Deutschland, Österreich und der Schweiz, die unsere Formate mit so viel Begeisterung, Freude und Herzblut an Schulen, Hochschulen, Unternehmen und anderen Organisationen umsetzen. Betreut werden sie von einem erfahrenen *Train-the-trainer*-Team. Es besteht aus Günter Hudasch, Maria Kluge, Karin Krudup, Taiya Mikisch, Hubert Ostermaier, Denisa Sandbothe und den beiden Herausgebern. Unterstützend kommen hinzu Britta Hölzel, Amishi Jha, Olga Klimecki, Antje Miksch, Isabell Osann und Niko Kohls. Wir sind ihnen dankbar für die erfolgreiche, vertrauensvolle und langwährende Zusammenarbeit.

Kurz nach Projektbeginn waren Andreas de Bruin und Ulrich Pfeifer-Schaupp als Referenten bei den Jenaer Achtsamkeitstagen (2016) zu Gast. Sie haben uns vor Augen geführt, wie sie die spirituellen Quellen der Achtsamkeit in die Arbeit an ihren Hochschulen in München und Freiburg einbezogen haben. Last, but not least danken wir Kai Yin, ohne den es das alles so nicht gäbe. Er hat einfach immer wieder für das richtige Chi gesorgt.

Kurzviten der Autor:innen

Albrecht, Reyk, PD Dr.: Reyk Albrecht ist wissenschaftlicher Geschäftsführer des Ethikzentrums und des Bereichs Ethik in den Wissenschaften der Friedrich-Schiller-Universität Jena und arbeitet an der Medizinischen Fakultät. Zusammen mit Mike Sandbothe hat er die überregionale Kooperationsplattform *Achtsame Hochschulen*, das *Mindful Universities Research Lab* und das Bildungsunternehmen Achtsam.Digital gegründet. Er ist Trainer für Stressreduktion durch Achtsamkeit (MBSR) und Dyadentraining sowie Geschäftsführer, Formatentwickler und Trainer:innen-Ausbilder bei Achtsam Digital.

Altner, Nils, Prof. Dr.: Nils Altner lehrt Professionelle Selbstfürsorge an der Alice Salomon Hochschule Berlin und forscht im Projektverbund »Demokratiefähigkeiten bilden« im Auftrag des Ministeriums für Kultur und Wissenschaften des Landes Nordrhein-Westfalen. Der zertifizierte Trainer für Stressreduktion durch Achtsamkeit (MBSR) bietet überregional die Weiterbildung »GAMMA – Gesundheit, Achtsamkeit und Mitgefühl in der menschenbezogenen Arbeit« an.

Aßmann, Martina, Dr.: Martina Aßmann ist Ärztin für Arbeitsmedizin und Psychotherapie, Lehrerin und Ausbilderin für Stressreduktion durch Achtsamkeit (MBSR) und achtsamkeitsbasierte kognitive Therapie (MBCT) sowie Trainerin für Achtsamkeitstraining für Studierende (MBST® 1.0). Sie hat eine Praxis für achtsamkeitsbasierte Psychotherapie und Beratung und ist im Vorstand des Verbands der Achtsamkeitslehrenden MBSR/MBCT. Für das Netzwerk Ethik heute hat sie das Weisheitstraining mitentwickelt.

Bogdanski, Martin, M.Sc.: Martin Bogdanski ist wissenschaftlicher Mitarbeiter an der Charité Berlin. Der Ingenieur für Medizintechnik mit Schwerpunkt Biosignalanalyse war maßgeblich an der medizinischen Evaluation der Prototypen des Achtsamkeitstrainings für Studierende (MBST®) an der Ernst-Abbe-Hochschule Jena im Rahmen des Thüringer Modells *Achtsame Hochschulen* beteiligt.

Boyadzhieva, Asena, M.Sc.: Asena Boyadzhieva ist Achtsamkeits- und Yogalehrerin. Die zertifizierte Trainerin für Achtsamkeitstraining für Studierende (MBST® 1.0) hat an der Universität Wien Kognitionswissenschaften studiert.

Braun, Peter, apl. Prof. Dr.: Peter Braun lehrt Literatur- und Medienwissenschaft sowie Schreiben an der Friedrich-Schiller-Universität Jena. Zusammen mit Dirk von Petersdorff leitet er den Masterstudiengang Professionelles Schreiben. Er ist zertifizierter achtsamer Hochschullehrer und integriert in seine Lehrveranstaltungen und Workshops zum Schreiben Elemente der Achtsamkeit und der Meditation.

Corrinth, Thomas, M.A.: Thomas Corrinth ist nach leitenden Positionen in der Wirtschaft seit 2015 freiberuflich tätig. Der Kommunikationswissenschaftler und Diplomjournalist ist Ansprechpartner für die Presse- und Öffentlichkeitsarbeit des Thüringer Modells *Achtsame Hochschulen* sowie des Bildungsunternehmens Achtsam.Digital. Er ist zertifizierter Trainer für Achtsamkeitstraining für Mitarbeitende (MBET® 1.0).

Döring, Nicola, Prof. Dr.: Nicola Döring ist Professorin für Medienpsychologie und Medienkonzeption am Institut für Medien und Kommunikationswissenschaft der Technischen Universität Ilmenau. Sie ist zertifizierte achtsame Hochschullehrerin.

Fitz, Laura, M.Sc: Laura Fitz hat an der Universität Innsbruck Psychologie studiert. Die zertifizierte Trainerin für Achtsamkeitstraining für Studierende (MBST® 1.0) leitet in Kooperation mit der österreichischen HochschülerInnenschaft (ÖH) an der Universität Innsbruck Achtsamkeitstrainings für Studierende.

Franze, Andreas, Prof. Dr.-Ing.: Andreas Franze ist Professor für Baumechanik und Baudynamik an der Hochschule für Technik und Wirtschaft Dresden. Er ist Mitbegründer des Netzwerks achtsamer Hochschulen in Dresden (NaHiD) und zertifizierter Trainer für Achtsamkeitstraining für Studierende (MBST® 1.0), Achtsamkeitstraining für Mitarbeitende (MBET® 1.0) und Achtsamkeitstraining für Lehrende (MBTT® 1.0).

Giebel, Jan: Jan Giebel arbeitet als Teaching Assistant an der Universität Salzburg. Der in Ausbildung befindliche Trainer für Achtsamkeitstraining für Studierende (MBST® 1.0) leitet dort das Meditation Kollektiv Salzburg.

Graefe, David: David Graefe studiert an der Universität Göttingen Medizin und promoviert dort über die Wirkung von Achtsamkeitstrainings im Medizinstudium. Er ist in der Ausbildung zum Trainer für Achtsamkeitstraining für Studierende (MBST® 1.0).

Güngör, Lena Saniye, M. Sc.: Lena Saniye Güngör ist Abgeordnete im Thüringer Landtag. An der Friedrich-Schiller-Universität Jena hat sie ein Psychologiestudium mit Schwerpunkt Arbeit, Bildung und Gesellschaft und ein Studium in Angewandter Ethik und Konfliktmanagement abgeschlossen. Sie war als wissenschaftliche Mitarbeiterin im Thüringer Modell *Achtsame Hochschulen* tätig.

Haase, Heiko, Prof. Dr.: Heiko Haase ist Professor für Allgemeine Betriebswirtschaft, insbesondere Gründungs- und Innovationsmanagement, am Fachbereich Betriebswirtschaft der Ernst-Abbe-Hochschule Jena und verantwortet dort das Center for Innovation and Entrepreneurship. Er leitete die sozialwissenschaftliche Evaluation im Thüringer Modell Achtsame Hochschulen.

Hermesmeyer-Kühler, Astrid, Dipl.-Soz.: Astrid Hermesmeyer-Kühler hatte viele Jahre eine leitende Position in einem Sozialverband. Seit 2019 ist sie freiberuflich tätig. Als (Lehr-)Supervisorin (DGSV), Coachin, Mediatorin, Dozentin an verschiedenen Hochschulen und zertifizierte Trainerin für Stressreduktion durch Achtsamkeit (MBSR) und Achtsamkeitstraining für Studierende (MBST® 1.0) verfügt sie über ein vielfältiges Erfahrungsfeld in der Anwendung von achtsamkeitsbasierten Methoden.

Huxley, Aldous: Aldous Huxley war ein Schriftsteller, Philosoph und Intellektueller, der u.a. durch seinen Roman *Brave New World* weltbekannt geworden ist. Er wurde siebenmal für den Nobelpreis für Literatur nominiert und hat das Angebot der britischen Regierung abgelehnt, in den Ritterstand erhoben zu werden.

Jäpelt, Birgit, Dr.: Birgit Jäpelt ist wissenschaftliche Mitarbeiterin im Bereich Sonderpädagogik an der Universität Erfurt. Sie praktiziert seit vielen Jahren Zen-Meditation und engagiert sich dafür, den Zusammenhang zwischen den Grundlagen des Buddhismus und einer konstruktivistischen Erkenntnistheorie in Theorie und Praxis für die universitäre Lehre handhabbar zu machen. Sie ist zertifizierte Trainerin für Achtsamkeitstraining für Studierende (MBST® 1.0).

Kabat-Zinn, Jon, Prof. Dr.: Jon Kabat-Zinn ist emeritierter Professor für Medizin an der University of Massachusetts Medical School und Begründer des Center for Mindfulness in Medicine, Health Care, and Society. Das von ihm 1979 entwickelte Achtsamkeitstraining Stressreduktion durch Achtsamkeit (MBSR) hat zusammen mit seinen Publikationen dazu beigetragen, dass Achtsamkeit im kulturellen Mainstream angekommen ist.

Kluge, Maria T.: Maria Kluge ist Gründerin und Vorsitzende des Vereins für Achtsamkeit in Osterloh. Sie gehört zu den ersten von Jon Kabat-Zinn ausgebildeten Achtsamkeitslehrerinnen und war die treibende Kraft beim Aufbau des Mindfulness Center an der Universität von Virginia. Die Körpertherapeutin und Buchautorin bringt mit *The Toolbox is You* Achtsamkeitsübungen an Schulen und Universitäten.

Kramer, Evelin: Evelin Kramer arbeitet als zertifizierte Trainerin für Stressreduktion durch Achtsamkeit (MBSR), Achtsamkeitstraining für Studierende (MBST® 1.0) und Achtsamkeitstraining für Lehrende (MBTT® 1.0) in Firmen, Bildungseinrichtungen, Krebs-Selbsthilfegruppen sowie als freie Dozentin an der Universität Ulm und anderen Hochschulen. Die studierte Pädagogin und diplomierte Kirchenmusikerin hält Fachvorträge zu Achtsamkeit, Resilienz und Gesundheitsförderung.

Kramer, Klaus, Prof. Dr.: Klaus Kramer ist Arzt, Professor für Allgemein- und Viszeralchirurgie und leitet in der gleichnamigen Klinik am Universitätsklinikum Ulm den Fachbereich Integrative Medizin mit Schwerpunkt Integrative Onkologie. Als zertifizierter Trainer für Stressreduktion durch Achtsamkeit (MBSR), Achtsamkeitstraining für Studierende (MBST® 1.0) und Achtsamkeitstraining für Lehrende (MBTT® 1.0) richtet er seit 2016 Achtsamkeitskurse für Medizinstudierende am Universitätsklinikum Ulm aus und eröffnet auch den Patient:innen mit Krebs den Sinn für Achtsamkeitspraxis als wertvolle resilienzfördernde Ressource.

Krudup, Karin: Karin Krudup ist Leiterin für die Ausbildungen zur Trainerin bzw. zum Trainer für Stressreduktion durch Achtsamkeit (MBSR) im Institut für Achtsamkeit. Sie leitet Metta- und Achtsamkeitsretreats und gehört zu den Pionierinnen für MBSR und Achtsamkeit in Deutschland. Die ausgebildete Pädagogin (Lehramt, Zweites Staatsexamen), Beraterin und Supervisorin gehört zum Kursentwicklerteam des Thüringer Modells *Achtsame Hochschulen* und ist Trainer:innenausbilderin bei Achtsam.Digital.

Lakemann, Ulrich, Prof. Dr.: Ulrich Lakemann ist Professor für Sozialwissenschaften und war von 1994 bis 2020 an der Ernst-Abbe-Hochschule Jena am Fachbereich Sozialwesen als Soziologe und Erlebnispädagoge in Lehre und Forschung tätig. Nach seiner aktiven Hochschulzeit hat er die Professor Lakemann GmbH gegründet und führt praxisorientierte Sozialforschungs- und Beratungsprojekte durch.

Langohr, Bernd, Dr.: Bernd Langohr ist promovierter Mediziner und zertifizierter Lehrer für Stressreduktion durch Achtsamkeit (MBSR) und achtsamkeitsbasierte kognitive Therapie (MBCT). Er ist als Dozent und Supervisor in der MBSR-Ausbildung am Institut für Achtsamkeit tätig und hat weitreichende Erfahrungen mit der Konzeption und dem Unterrichten von Achtsamkeitsformaten im klinischen und universitären Kontext, u.a. im Rahmen des Thüringer Modells *Achtsame Hochschulen.*

Lautenschläger, Arndt, Dr.: Arndt Lautenschläger ist wissenschaftlicher Mitarbeiter und Dozent für Entrepreneurship und Innovationsmanagement am Fachbereich Betriebswirtschaft der Ernst-Abbe-Hochschule Jena. Er wirkte an der sozialwissenschaftlichen Evaluation im Thüringer Modell *Achtsame Hochschulen* maßgeblich mit.

Mikisch, Taiya, Dr.: Taiya Mikisch ist promovierte Tanzwissenschaftlerin und Kulturanthropologin. Sie arbeitet freiberuflich als Resilienz- und Achtsamkeitstrainerin sowie als Generative Facilitator und Achtsam. Digital-Trainer:innenausbilderin. Sie ist zertifizierte Trainerin für Achtsamkeitstraining für Studierende (MBST® 1.0) und Achtsamkeitstraining für Mitarbeitende (MBET® 1.0).

Möllers, Richard, M.Sc.: Richard Möllers ist zertifizierter Trainer für Achtsamkeitstraining für Studierende (MBST® 1.0) und arbeitet als Lehrveranstaltungsleiter an verschiedenen Universitäten im deutschsprachigen Raum, darunter die Goethe-Universität Frankfurt a.M., die Universität Freiburg und das Karlsruher Institut für Technologie (KIT). Außerdem arbeitet er als zertifizierter Coach für Potenzialentfaltung mit verschiedenen Unternehmensberatungen zusammen.

Mottl, Brigitte, Dipl.-Kffr.: Brigitte Mottl ist Lehrkraft für besondere Aufgaben am Fachbereich Wirtschaftsingenieurwesen der Ernst-Abbe-Hochschule Jena. Sie hat im Rahmen des Thüringer Modells *Achtsame Hochschulen* eine Ausbildung zur zertifizierten achtsamen Hochschullehrerin erfolgreich absolviert.

Mottl, Rüdiger, Prof. Dr.: Rüdiger Mottl ist Professor für Betriebswirtschaftslehre, insbesondere Betriebliches Rechnungswesen, am Fachbereich Wirtschaftsingenieurwesen der Ernst-Abbe-Hochschule Jena. Er hat im Rahmen des Thüringer Modells *Achtsame Hochschulen* eine Ausbildung zum zertifizierten achtsamen Hochschullehrer erfolgreich absolviert.

Ostermaier, Hubert, Prof. Dr.: Hubert Ostermaier ist Professor für Unternehmensführung an der Ernst-Abbe-Hochschule Jena. Der zertifizierte Lehrer für Stressreduktion durch Achtsamkeit (MBSR) lehrt und forscht zu *mindful leadership* und unterstützt Organisationen auf ihrem Weg hin zu einer achtsamkeitsorientierten Organisationskultur. Darüber hinaus ist er zertifizierter Trainer für Achtsamkeitstraining für Studierende (MBST® 1.0), Achtsamkeitstraining für Lehrende (MBTT® 1.0) und Achtsamkeitstraining für Führungskräfte (MBLT® 1.0.) sowie Trainer:innenausbilder bei Achtsam.Digital.

Pfaff, Natalie, M.A., M.Sc.: Natalie Pfaff ist Doktorandin und Lehrbeauftragte am Lehrstuhl für Phänomenologie und Bildtheorie und war zuvor Tutorin am Schreibzentrum der Friedrich-Schiller-Universität Jena.

Priewasser, Beate, Dr.: Beate Priewasser ist Entwicklungspsychologin und Psychotherapeutin und leitet das Forschungsinstitut Early Life Care an der Paracelsus Medizinischen Privatuniversität Salzburg. Sie ist zertifizierte Trainerin für Achtsamkeitstraining für Studierende (MBST® 1.0) und hat an der Paris Lodron Universität Salzburg über viele Jahre Achtsamkeit im Bachelorstudium Psychologie unterrichtet.

Ramstetter, Lena, Dr.: Lena Ramstetter ist wissenschaftliche Mitarbeiterin an der Professur für Politics and Gender, Diversity and Equality der Paris Lodron Universität Salzburg. In ihrer Forschung und Lehre geht sie der Frage nach, wie *inner work* unsere Beziehung zu unserer Mitwelt beeinflusst.

Reil, Kirstin, MBA: Kirstin Reil ist wissenschaftliche Mitarbeiterin im Zentrum für Lehren und Lernen der Hochschule Bremen mit langjähriger Erfahrung in der (akademischen) Weiterbildung. Sie ist ausgebildete Meditationslehrerin in tibetisch-buddhistischer Tradition und zertifizierte Trainerin für Achtsamkeitstraining für Studierende (MBST® 1.0).

Sandbothe, Denisa, M.A.: Denisa Sandbothe arbeitet als Schulpsychologin an der Bergschule St. Elisabeth in Heilbad Heiligenstadt. Die Heilpraktikerin für Psychotherapie ist zertifizierte Trainerin für Stressreduktion durch Achtsamkeit (MBSR), Achtsamkeitsbasiertes Mitgefühlstraining

(MBCL), Achtsamkeitstraining für Schüler:innen und Studierende (MBST® 1.0), Achtsamkeitstraining für Lehrende (MBTT® 1.0), Achtsamkeitstraining für Mitarbeitende (MBET® 1.0) und Achtsamkeitstraining für Führungskräfte (MBLT® 1.0) sowie Trainer:innenausbilderin bei Achtsam.Digital.

Sandbothe, Mike, Prof. Dr.: Mike Sandbothe ist Professor für Kultur und Medien an der Ernst-Abbe-Hochschule Jena. Zusammen mit Reyk Albrecht hat er die überregionale Kooperationsplattform *Achtsame Hochschulen*, das *Mindful Universities Research Lab* und das Bildungsunternehmen Achtsam.Digital gegründet. Er ist Trainer für Stressreduktion durch Achtsamkeit (MBSR) und *Social Presencing Theater* (SPT) sowie Geschäftsführer, Formatentwickler und Trainer:innen-Ausbilder bei Achtsam Digital.

Scharmer, Claus Otto, Prof. Dr.: Claus Otto Scharmer ist Senior Lecturer am Massachusetts Institute of Technology (MIT) in Cambridge/Mass. (USA) und Gründungs-Chairman des Presencing Institute. Der Entwickler der *Change-management*-Methode Theorie U und Mitentwickler des ökosystemischen Trainingsprogamms *Social Presencing Theater* (SPT) wurde mit dem Jamieson Prize for Excellence in Teaching und dem European Leonardo Corporate Learning Award ausgezeichnet. Er ist Mitbegründer des *MITx-Online-u-lab* mit mehr als 250.000 Nutzer:innen aus 186 Ländern und hat *Action Learning Labs* für UN-Organisationen und *SDG Leadership Labs* für UN-Länderteams in 26 Ländern ins Leben gerufen.

Schmager, Burkhard, Prof. Dr.-Ing.: Burkhard Schmager ist emeritierter Professor für Betriebswirtschaftslehre und Produktionsmanagement am Fachbereich Wirtschaftsingenieurwesen der Ernst-Abbe-Hochschule Jena und zertifizierter achtsamer Hochschullehrer.

Schmidt, Jacob, Dr.: Jacob Schmidt studierte Psychologie und Gesellschaftstheorie in Jena und promovierte zum Thema »Achtsamkeit als kulturelle Praxis«. Er arbeitet als Referent für strategische Kommunikation in der Grünen-Fraktion im Brandenburger Landtag. Sein Buch *Viel Lärm um Achtsamkeit: Oder warum es so schwer ist, in unserer Gesellschaft ein gutes Leben zu führen* erschien 2024.

Schneider, Gerda, M.A.: Gerda Schneider arbeitet freiberuflich als Dozentin, Trainerin und Coachin für Soft Skills in Verwaltung und Wirtschaft. Sie ist zertifizierte Trainerin für Stressreduktion durch Achtsamkeit (MBSR), Achtsamkeitstraining für Studierende (MBST® 1.0) und Achtsamkeitstraining für Mitarbeitende (MBET® 1.0) sowie für Hui Chun Gong und Resilienz.

Schwienbacher, Veronika, Mag.: Veronika Schwienbacher ist klinische Gesundheitspsychologin, Psychotherapeutin sowie Seminarleiterin in freier Praxis in Salzburg.

Seifert, Georg, Prof. Dr.: Georg Seifert ist Facharzt für Kinder- und Jugendmedizin und Professor für Kinderonkologie und Integrative Medizin an der Charité Berlin. Er hat bei der medizinischen Evaluation des Thüringer Modells *Achtsame Hochschulen* mitgearbeitet.

Strasser, Theresa, M.A.: Theresa Strasser arbeitet als Trainerin an der Universität Salzburg. Freiberuflich und in Anstellung ist sie als Coachin und psychologische Beraterin tätig. Das Thema »Bildung für nachhaltige Entwicklung« bringt sie durch achtsamkeitsbasierte Workshops und Lehrveranstaltungen an die Universität Salzburg.

Tränkle, Stefanie, Prof. Dr.: Stefanie Tränkle lehrt an der Hochschule für Polizei Baden-Württemberg Kriminologie und Soziologie. Die Sozialwissenschaftlerin forscht zum Thema »Achtsamkeit in der Polizei *(mindful policing)*« im Kontext der Stress- und Resilienzforschung. Als zertifizierte Qigongkursleiterin, Lehrerin für Stressreduktion durch Achtsamkeit (MBSR) und achtsamkeitsbasierte kognitive Therapie (MBCT) sowie Achtsamkeitstraining für Studierende (MBST® 1.0) gibt sie Achtsamkeitskurse für Studierende der Polizeihochschule sowie für die Justiz.

Voss, Andreas, Prof. Dr.: Andreas Voss ist Gastprofessor für angewandte Biosignalanalyse an der TU Ilmenau und der Charité Berlin. Der Emeritus hat als Professor für Biosignalanalyse und medizinische Informationssysteme bis 2020 an der Ernst-Abbe-Hochschule Jena gelehrt und dort das Institut für Innovative Gesundheitstechnologien (IGHT) sowie die medizinische Evaluation im Thüringer Modell *Achtsame Hochschulen* geleitet.

Walther, Mario, Prof. Dr.: Mario Walther ist Professor für Mathematik am Fachbereich Grundlagenwissenschaften der Ernst-Abbe-Hochschule Jena. Er hat bei der medizinischen Evaluation des Thüringer Modells *Achtsame Hochschulen* mitgearbeitet.

Wigger, Matthias: Matthias Wigger führt freiberuflich Achtsamkeitskurse für Unternehmen und Privatpersonen in der Schweiz durch. Er ist zertifizierter Trainer für Stressreduktion durch Achtsamkeit (MBSR) und Achtamkeitstraining für Studierende (MBST® 1.0) sowie Mitglied des MBSR-Kreises Luzern und von MindfulnessSwiss.